Gerd Mietzel

# Wege in die Psychologie

Klett-Cotta

Klett-Cotta
© J.G. Cotta'sche Buchhandlung Nachfolger GmbH, gegr. 1659,
Stuttgart 1994
Alle Rechte vorbehalten
Fotomechanische Wiedergabe nur mit Genehmigung des Verlags
Printed in Germany
Die 1.-6. Auflage ist im Ernst-Klett-Verlag erschienen
Überzug: Klett-Cotta-Design
Gesetzt aus der 9 Punkt Stempel Garamond
von Offizin Wissenbach, Höchberg bei Würzburg
Auf säure- und holzfreiem Werkdruckpapier
gedruckt und gebunden
von Gutmann & Co. GmbH, 74388 Talheim
ISBN 3-608-91660-1

Elfte Auflage, 2002

Bibliographische Information Der Deutschen Bibliothek
Die Deutsche Bibliothek verzeichnet diese Publikation in der
Deutschen Nationalbibliographie; detaillierte bibliographische
Daten sind im Internet über <http://dnb.ddb.de> abrufbar.

Die 1. Auflage der holländischen Ausgabe ist 1996,
und die 2. Auflage der polnischen Ausgabe ist 1999 erschienen

# Inhalt

Vorwort . . . . . . . . . . . . . . . . . . . . . . . . . . . . . . . . . 9
1. Ziele, Ansätze und Anwendungen in der Psychologie . . . . . . . . . . 11
1.1 Studium des Verhaltens und Erlebens als Aufgabe der Psychologie . . . . . . 12
1.2 Psychologie als Forschungsgebiet . . . . . . . . . . . . . . . . . . . . 15
1.2.1 Kritische Auseinandersetzung mit vorgefundenen
 Erklärungen und Herausarbeitung eigener Fragen . . . . . . . . . . . 16
1.2.2 Einige Kennzeichen wissenschaftlicher Untersuchungen . . . . . . . . . 17
1.3 Unterschiedliche Sichtweisen menschlichen Verhaltens . . . . . . . . . . 25
1.3.1 Die biologische Sichtweise . . . . . . . . . . . . . . . . . . . . . . 25
1.3.2 Die behavioristische Sichtweise . . . . . . . . . . . . . . . . . . . . 27
1.3.3 Die konstruktivistische Sichtweise . . . . . . . . . . . . . . . . . . . 34
1.3.4 Die psychoanalytische Sichtweise . . . . . . . . . . . . . . . . . . . 37
1.3.5 Die humanistische Sichtweise . . . . . . . . . . . . . . . . . . . . . 41
1.3.6 Vergleich unterschiedlicher Sichtweisen . . . . . . . . . . . . . . . . 43
1.4 Einige Arbeitsbereiche der Angewandten Psychologie . . . . . . . . . . . 44
1.4.1 Aufgaben Klinischer Psychologen . . . . . . . . . . . . . . . . . . . 46
1.4.2 Aufgaben von Arbeits- und Organisationspsychologen . . . . . . . . . . 50
1.5 Erkenntnisse der Grundlagen- und der
 Angewandten Forschung in nachfolgenden Kapiteln . . . . . . . . . . 59

2. Psychologie der menschlichen Entwicklung . . . . . . . . . . . . . . . 61
2.1 Kennzeichnung der Entwicklungspsychologie . . . . . . . . . . . . . . . 62
2.2 Methoden zum Studium von Veränderungen . . . . . . . . . . . . . . . 64
2.2.1 Erfassung von Veränderungen im Längsschnitt . . . . . . . . . . . . . 64
2.2.2 Erfassung von Veränderungen im Querschnitt . . . . . . . . . . . . . . 66
2.2.3 Kombination von Längsschnitt- und Querschnittmethode . . . . . . . . . 67
2.3 Erklärungen von Veränderungen im menschlichen Lebenslauf . . . . . . . 68
2.3.1 Biologische Grundlagen der Entwicklung . . . . . . . . . . . . . . . . 68
2.3.2 Das Anlage-Umwelt-Problem . . . . . . . . . . . . . . . . . . . . . 72
2.4 Ausgewählte Forschungsbereiche der Entwicklungspsychologie . . . . . . 88
2.4.1 Veränderungen im körperlich-motorischen Bereich . . . . . . . . . . . 88
2.4.2 Sozial-emotionale Bindungen in der frühen Kindheit . . . . . . . . . . 92
2.4.3 Entwicklung ausgewählter kognitiver Funktionen . . . . . . . . . . . . 98
2.4.4 Veränderungen im Lebenslauf, die eng oder nur geringfügig
 mit dem Alter zusammenhängen . . . . . . . . . . . . . . . . . . . 103

| | | |
|---|---|---|
| 3. | Psychologie der Wahrnehmung | 110 |
| 3.1 | Sinnesorgane: Eingangspforte für physikalische Reize | 111 |
| 3.1.1 | Allgemeine Kennzeichen der Sinnesorgane | 111 |
| 3.2 | Aufbau und Funktionsweise des Sehorgans | 119 |
| 3.2.1 | Elektromagnetische Schwingungen als Grundlage visueller Wahrnehmungseindrücke | 119 |
| 3.2.2 | Umsetzung physikalischer Energie in nervöse Impulse durch Rezeptoren | 120 |
| 3.2.3 | Theorien zur Erklärung des Farbensehens | 122 |
| 3.2.4 | Verarbeitung und Weiterleitung visueller Informationen durch das Zentralnervensystem | 125 |
| 3.3 | Interpretation registrierter Reize durch Wahrnehmungsprozesse | 128 |
| 3.3.1 | Visuelle Reize als Grundlage der Wahrnehmung | 129 |
| 3.3.2 | Aufmerksamkeit und Wahrnehmung | 131 |
| 3.3.3 | Organisation der Wahrnehmung | 141 |
| 3.3.4 | Über das Zusammenwirken datenabhängiger und kognitionsgeleiteter Prozesse | 152 |

| | | |
|---|---|---|
| **4.** | **Grundlegende Prozesse des Lernens** | **157** |
| 4.1 | Kennzeichnung des Lernens | 157 |
| 4.1.1 | Unterscheidung zwischen Lernen und Verhalten | 157 |
| 4.1.2 | Relativ überdauernde Verhaltensveränderung | 158 |
| 4.1.3 | Lernen als Ergebnis von Übung und Erfahrung | 159 |
| 4.1.4 | Theorien des Lernens | 160 |
| 4.2 | Lernen durch Konditionierung | 162 |
| 4.2.1 | Klassische Konditionierung | 162 |
| 4.2.2 | Operante Konditionierung | 173 |
| 4.3 | Kognitive Sichtweisen des Lernens | 191 |
| 4.3.1 | Latentes Lernen und kognitive Landkarten | 193 |
| 4.3.2 | Vom Versuch-und-Irrtum-Verhalten zur Einsicht | 194 |
| 4.3.3 | Lernen durch Nachahmung von Vorbildern | 197 |

| | | |
|---|---|---|
| **5.** | **Das Problemlösen und seine Voraussetzungen** | **202** |
| 5.1 | Entstehung und Anwendung von Begriffen | 203 |
| 5.1.1 | Begriffe als Klassen | 203 |
| 5.2 | Exkurs: Ordnung und Kontrolle durch das Selbstkonzept | 208 |
| 5.3 | Anpassung an Umweltbedingungen durch Problemlösen | 212 |
| 5.3.1 | Stadien des Problemlösungsprozesses | 212 |
| 5.3.2 | Behinderung der Lösungssuche durch frühere Erfahrungen | 220 |
| 5.4 | Problemlösungsverhalten als Ausdruck der Intelligenz | 223 |
| 5.4.1 | Die Suche nach Methoden zur Messung der Intelligenz: Wege und Irrwege | 224 |
| 5.4.2 | Bewältigung alltäglicher Probleme durch praktische Intelligenz | 235 |

5.4.3 Die Umweltbedingtheit intelligenten Verhaltens . . . . . . . . . . . . . 239
5.4.4 Wege der Intelligenzforschung: Vom Produkt zum Prozeß . . . . . . . . 240

6. **Psychologie des Gedächtnisses** . . . . . . . . . . . . . . . . . . . . . . 242
6.1 Gedächtnis als Informationsverarbeitung . . . . . . . . . . . . . . . . . 243
6.1.1 Das sensorische Register: Eingangspforte für Sinnesreize . . . . . . . . 245
6.1.2 Das Kurzzeitgedächtnis . . . . . . . . . . . . . . . . . . . . . . . . . 248
6.1.3 Das Langzeitgedächtnis . . . . . . . . . . . . . . . . . . . . . . . . . 255
6.2 Das Vergessen und seine Erklärung . . . . . . . . . . . . . . . . . . . . 265
6.2.1 Der Zerfall von »Spuren« . . . . . . . . . . . . . . . . . . . . . . . . 266
6.2.2 Wechselseitige Störung von früher und später Gelerntem: Interferenz . . . . 266
6.2.3 Unzugänglichkeit von Gedächtnisinhalten aufgrund fehlender Abrufreize . . . 267
6.2.4 Motiviertes Vergessen . . . . . . . . . . . . . . . . . . . . . . . . . . 268
6.3 Möglichkeiten der Förderung des Behaltens . . . . . . . . . . . . . . . . 269
6.3.1 Regeln zur Gestaltung der Übungstätigkeit . . . . . . . . . . . . . . . . 270
6.3.2 Mnemotechniken als Hilfen bei der Erarbeitung
      von schwer organisierbarem Lernmaterial . . . . . . . . . . . . . . . . 275

7. **Psychologie der Motivation** . . . . . . . . . . . . . . . . . . . . . . . 282
7.1 Motiviertes Verhalten und seine Erklärung . . . . . . . . . . . . . . . . 283
7.1.1 Kennzeichnung motivierten Verhaltens . . . . . . . . . . . . . . . . . . 283
7.1.2 Bestandteile motivationspsychologischer Erklärungen . . . . . . . . . . . 285
7.2 Theorien einzelner Motivationsbereiche . . . . . . . . . . . . . . . . . . 288
7.2.1 Das Eßverhalten und seine Erklärung . . . . . . . . . . . . . . . . . . 288
7.2.2 Aggressionen und ihre Erklärung . . . . . . . . . . . . . . . . . . . . 295
7.2.3 Einige Bedingungen zur Förderung der Lernmotivation . . . . . . . . . . 318

8. **Psychologie der Gefühle und die Auseinandersetzung mit Streß** . . . . . 328
8.1 Kennzeichnung und Klassifikation der Gefühle . . . . . . . . . . . . . . 329
8.2 Die Rolle des autonomen Nervensystems und der Hormone . . . . . . . . 331
8.3 Theoretische Ansätze zur Erklärung von Gefühlserlebnissen . . . . . . . 336
8.3.1 Das Gehirn als zentrale Schaltstelle für Gefühlserleben
      und körperliche Reaktionen . . . . . . . . . . . . . . . . . . . . . . . 337
8.3.2 Beziehungen zwischen körperlichen Veränderungen
      und bestimmten Gefühlserlebnissen . . . . . . . . . . . . . . . . . . . 338
8.3.3 Gefühlserlebnisse als Ergebnis physiologischer Erregung und kognitiver Prozesse 342
8.3.4 Die Theorie entgegengesetzter Prozesse . . . . . . . . . . . . . . . . . 346
8.4 Die Übermittlung von Gefühlserlebnissen in sozialen Kontakten . . . . . 349
8.4.1 Biologische Grundlagen des Gefühlsausdrucks . . . . . . . . . . . . . . 349
8.4.2 Regeln zur Darstellung von Gefühlen in sozialen Situationen . . . . . . . 351
8.4.3 Möglichkeiten der Vortäuschung »falscher« Gefühle . . . . . . . . . . . 354

| | | |
|---|---|---|
| 8.5 | Streß: Folgen und Bewältigung | 357 |
| 8.5.1 | Kennzeichnung von Streß | 358 |
| 8.5.2 | Entstehungsbedingungen von Streß | 360 |
| 8.5.3 | Persönlichkeit und Streßgefährdung | 364 |
| 8.5.4 | Möglichkeiten zur Abwehr von Streß | 368 |
| | | |
| **9.** | **Psychologie sozialer Prozesse** | 374 |
| 9.1 | Gewinnung eines Eindrucks von anderen durch soziale Wahrnehmung | 357 |
| 9.1.1 | Die Entstehung erster Eindrücke | 376 |
| 9.1.2 | Ursachenzuschreibung in der Personenwahrnehmung | 381 |
| 9.2 | Unterschiedliche Wahrnehmung von Menschen aus Wir- und Fremdgruppen | 392 |
| 9.3 | Psychologie des Vorurteils | 395 |
| 9.4 | Von der Begegnung zur sozialen Anziehung | 400 |
| 9.4.1 | Vertrautheit durch wiederholte Begegnungen | 401 |
| 9.4.2 | Gleich und gleich gesellt sich gern | 404 |
| 9.4.3 | Die Norm der Gegenseitigkeit | 405 |
| 9.4.4 | Sozial-emotionale Bindung durch Liebe | 406 |
| 9.5 | Der Einfluß von Gruppen auf ihre Mitglieder | 411 |
| 9.5.1 | Bestimmung sozialer Wirklichkeiten | 412 |
| 9.5.2 | Vermeidung sozialer Zurückweisung durch Anpassung an andere | 413 |
| 9.5.3 | Die Reaktion der Mehrheit auf ihre Außenseiter | 415 |
| 9.5.4 | Veränderung von Mehrheitsüberzeugungen durch Außenseiter | 416 |

**Literaturverzeichnis** . . . . . . . . . . . . . . . . . . . . . 421

**Register** . . . . . . . . . . . . . . . . . . . . . 461

**Bildnachweise** . . . . . . . . . . . . . . . . . . . . 470

**Interaktives Multimediales Tutorium** . . . . . . . . . . . . . . . . . . . 475

# Vorwort

Verlag und Autor freuen sich, daß sie hiermit eine neunte Auflage der *Wege in die Psychologie* vorlegen können. Sie enthält gegenüber der achten Auflage zahlreiche Korrekturen. Erstmals findet der Begriff »Konstruktivismus« Eingang in diesen Text. Zudem wurde der Abschnitt »7.2.3 Förderung der Lernmotivation« völlig überarbeitet.

Das bisher dieser Einführung entgegengebrachte Interesse läßt sich als Bestätigung dafür werten, daß die *Wege in die Psychologie* mit ihrer Themenauswahl und ihrer Darstellungsart Zustimmung bei den Lesern gefunden haben. Als Adressaten sollen auch von dieser überarbeiteten Fassung alle angesprochen werden, die einen ersten Zugang zur Psychologie suchen. »Aller Anfang ist schwer«, besagt bereits die sprichwörtliche Weisheit. Deshalb berücksichtigen die *Wege in die Psychologie*, daß die Einführung eines Interessenten in ein neues Fachgebiet nicht auch noch zusätzlich mit einer komplizierten sprachlichen Darstellungsart belastet sein darf. Die Anregung und Aufrechterhaltung der Motivation des Lesers war bei der Gestaltung des Textes in allen nachfolgenden Kapiteln oberste Leitlinie. Deshalb beschränken sich die *Wege in die Psychologie* nicht darauf, aktuelle wissenschaftliche Erkenntnisse aus fast sämtlichen Arbeitsgebieten wiederzugeben. Zusätzlich sollen ausgewählte Hintergrundinformationen wiederholt daran erinnern, daß psychologische Forschungen letztlich von Menschen getragen werden, deren wissenschaftliche Beiträge gar nicht so selten durch den Zufall oder durch besonders günstige, manchmal auch tragische Umstände angeregt worden sind. Großer Wert wurde zudem darauf gelegt, daß die Psychologie nicht nur als reines Forschungsgebiet, sondern ebenso als Angewandte Wissenschaft vorgestellt wird.

Der Autor dankt allen, die ihm Anregung und Korrekturen mitgeteilt haben. Er ermuntert auch die Leser dieser Auflage, alles mitzuteilen, was bei einer zukünftigen Auflage bewahrt und was verbessert werden sollte.

Duisburg, im Herbst 1998

Prof. Dr. Gerd Mietzel
Gerhard-Mercator-Universität
47048 Duisburg
E-Mail: Mietzel@uni-duisburg.de

# 1. Ziele, Ansätze und Anwendungen der Psychologie

In seiner Auseinandersetzung mit der Umwelt wird der Mensch immer wieder vor Probleme gestellt, deren Bewältigung ihm nicht ohne weiteres gelingt. Es ergeben sich Fragen, auf die er eine Antwort finden möchte. Warum versagt ein Kind bei seiner schulischen Arbeit? Weshalb fällt es einigen Menschen schwer, z. B. mathematische Aufgaben zu lösen, während andere damit offenbar keine Schwierigkeiten haben? Worauf ist es zurückzuführen, daß man vieles, was man gerne im Gedächtnis behalten möchte, sehr schnell wieder vergißt? Weshalb gerät man mit einigen Menschen immer wieder ziemlich leicht in Streit, während man zu anderen liebevolle und freundliche Gefühle entwickelt? Wie läßt sich erklären, daß einige Menschen in bestimmten Situationen allein gelassen werden, in denen sie der Hilfe anderer dringend bedürfen?

Fragen dieser Art gibt es praktisch in unbegrenzter Anzahl. Im Alltagsleben beantwor-

Abb. 1.1
*Läßt sich ausbleibende Hilfeleistung mit »Gleichgültigkeit und Abgestumpftheit« des modernen Großstädters ausreichend erklären?*

tet man sich solche Fragen vielfach mit dem »gesunden Menschenverstand« – auch ohne Mithilfe der Psychologie. Man erklärt das Schulversagen z. B. mit »Faulheit«. Wer Schwierigkeiten bei der Auseinandersetzung mit mathematischen Problemen hat, gilt als »mathematisch unbegabt«. Als Ursache für ein schnelles Vergessen wird ein »schlechtes Gedächtnis« in Anspruch genommen. Streitereien – so erklärt man – werden vor allem von solchen Menschen ausgelöst, die »aggressiv« sind. Und die gelegentlich ausbleibende Hilfeleistung von Menschen führt man auf »Gleichgültigkeit« und »Abgestumpftheit« zurück; eventuell fügt man seiner Erklärung noch hinzu, daß sich solche Merkmale »unter den Bedingungen des modernen Großstadtlebens entwickeln«.

Es ist keineswegs ungewöhnlich, daß ein Psychologe Fragen aufgreift, die nach seinen Beobachtungen in der Öffentlichkeit – also z. B. in den Medien oder in privaten Unterhaltungen – verstärkt diskutiert werden, um sie zum Gegenstand seiner Forschungen zu machen. In der Regel werden die Fragen von ihm allerdings anders formuliert: Sind Menschen unter bestimmten Bedingungen eher bereit, Hilfsbedürftigen ihre Unterstützung anzubieten, als unter anderen? Wie lassen sich Situationen kennzeichnen, unter denen mit einer gesteigerten Hilfsbereitschaft zu rechnen ist? Unterscheiden sich Menschen *allgemein* in ihrer Bereitschaft, Hilfe zu leisten?

Sowohl bei der Formulierung seiner Fragen als auch bei seinen Untersuchungen zu ihrer Beantwortung unterwirft sich der Psychologe einer Reihe formaler Regeln. Er läßt sich von der Erwartung leiten, daß er durch seine wissenschaftlichen Arbeiten in die Lage versetzt wird, Fragen zum menschlichen Verhalten besser beantworten zu können als der »Alltagspsychologe«. Er hofft weiterhin, daß er durch seine Arbeiten einen Beitrag zur Lösung vorliegender »alltäglicher« Probleme leistet, um auf diese Weise das Leben von Menschen lebenswerter zu machen.

Im vorliegenden Kapitel wird versucht, das Arbeitsgebiet des Psychologen eingehender zu kennzeichnen. Es sollen allgemeine Ziele der Psychologie dargestellt werden. Obwohl sich alle Fachvertreter um die Verbesserung der Voraussetzungen bemühen, Verhalten zu beschreiben, zu erklären, zu kontrollieren, eventuell vorherzusagen und zu verändern, unterscheiden sie sich teilweise in den jeweiligen Blickwinkeln. Einige dieser Sichtweisen, die während der jungen Geschichte der Psychologie besondere Bedeutung gewonnen haben, werden im folgenden skizziert. Abschließend soll ein Einblick in Arbeitsbereiche gegeben werden, in denen Psychologen der Gegenwart häufig tätig sind.

## 1.1 Studium des Verhaltens und Erlebens als Aufgabe der Psychologie

Das erste Psychologische Institut der Welt wurde im Jahre 1879 von Wilhelm Wundt in Leipzig offiziell eröffnet (die Räume hat er allerdings bereits früher, nämlich seit seiner Berufung zum Professor im Jahre 1875, genutzt). Der kleine Raum, der zuvor teilweise als Mensa gedient hatte, befand sich in einem erbärmlichen Zustand. Wundts Antrag an die Verwaltung der Universität, ihm bessere Versuchsräume zur Verfügung zu stellen, wurde

# Ziele, Ansätze und Anwendungen der Psychologie

Abb. 1.2
*Dieses historische Foto gibt Einblick in das erste Psychologische Institut mit seinem Gründer, Wilhelm Wundt, in der Mitte.*

jedoch abgelehnt. Man wollte keine Wissenschaft unterstützen, die Studenten aufforderte, den Inhalt ihres Geistes zu erforschen. Könnte jungen Menschen dadurch nicht »der Kopf verdreht« werden (Hilgard, 1987)? Trotz der ungünstigen Umstände gewann Wundts Institut aber sehr schnell an Ansehen. Ein Besucher dieser Forschungsstätte konnte beispielsweise beobachten, wie ein Versuchsleiter einfache Sinnesreize darbot und seine Versuchspersonen aufforderte, ihre »Empfindungen« zu beschreiben. So verbrachten sie mehrere Stunden damit, dem Ticken eines Taktgebers (Metronom) zuzuhören, der manchmal schneller und manchmal langsamer gestellt worden war. Auf die Frage, wie sie die Geräusche des Instruments erlebten, erklärten die Versuchspersonen z.B., daß ein schnelles Ticken bei ihnen Erregung auslöste, während eine langsame Einstellung des Taktgebers entspannend wirkte. Vor jedem Tickgeräusch, so behaupteten die Versuchspersonen weiterhin, hätten sie schwach wahrnehmbare Gefühle einer gewissen Spannung, während sie unmittelbar danach Erleichterung verspüren würden. Die hier erstmalig systematisch verwendete Methode des In-sich-Hineinsehens bezeichnet man als *Introspektion*. Wundt hoffte auf diese Weise, die Gedanken, Gefühle, Stimmungen usw. von Menschen studieren zu können.

Zur Untersuchung zahlreicher weiterer psychologischer Fragen hatte Wundt auch häufigen Gebrauch von der experimentellen

Methode gemacht. Damit wurden von ihm Grundsteine gelegt, auf denen die experimentelle Psychologie aufgebaut hat. Die häufige Anwendung der Introspektion wurde einige Jahrzehnte später allerdings heftig kritisiert. Der Amerikaner John Watson (1913) hielt diese Methode für unwissenschaftlich. Sie würde nur zu wilden Spekulationen über das angeblich Beobachtbare veranlassen. Watson vertrat seinen Standpunkt außerordentlich radikal, denn er erklärte in der Einleitung seines Buches *Psychologie vom Standpunkt eines Behavioristen*: »Der Leser wird keine Diskussion über das Bewußtsein finden und auch keine Auskunft über Begriffe wie Empfindung, Wahrnehmung, Aufmerksamkeit, Vorstellung, Wille usw. erhalten. Diese Wörter haben einen guten Klang; aber ich habe festgestellt, daß ich auf sie verzichten kann. ... Offengestanden weiß ich nicht, was sie bedeuten. Ich glaube auch nicht, daß irgend jemand sie in stets übereinstimmender Weise zu gebrauchen vermag« (Watson, 1919). Auf die Frage, wie Watson Erkenntnisse gewinnen wollte, erklärte er: »Wir wollen uns auf Dinge beschränken, die beobachtbar sind. ... Was aber können wir beobachten? Wir können Verhalten beobachten – das, was der Organismus tut und sagt« (Watson, 1925). Aber stützte Wundt sich in seinen Forschungen nicht letztlich auch nur darauf, was seine Versuchspersonen ihm gesagt hatten? Gerade darin liegt für Watson der kritische Punkt: In der Psychologie sollte man sich auf solche Untersuchungsgegenstände beschränken, die mehreren *unabhängigen* Beobachtern zugänglich sind. Gefühle, Stimmungen oder Vorgänge während des Denkens kann ein Mensch nur bei sich selbst beobachten. Das, was er darüber mitteilt, ist von Außenstehenden aber nicht mehr überprüfbar. Aus diesem Grunde lassen sich – nach Watson – über die Introspektion keine Erkenntnisse gewinnen, die dem Anspruch auf Wissenschaftlichkeit gerecht werden. Es ist das Verdienst Watsons, sich vergleichsweise früh in der Geschichte der Psychologie gegen die Anwendung von Methoden gewandt zu haben, die subjektiven und damit unkontrollierbaren Einflüssen Raum geben.

Trotz sehr unterschiedlicher Standpunkte läßt sich aber bei Wundt und Watson eine Gemeinsamkeit entdecken: Für beide ist die Beobachtung dessen, was Versuchspersonen tun oder sagen, die Grundlage ihrer Erkenntnisse. Wundt und Watson stimmen weiterhin darin überein, daß sich Beobachtung auch auf die begleitenden Bedingungen zu richten hat, unter denen das Verhalten auftritt. Sie unterscheiden sich aber radikal bezüglich der Auffassung, welche psychologischen Gegebenheiten (z. B. »Gefühle«, »Aufmerksamkeit«, »Wille«) zum Gegenstand einer wissenschaftlichen Untersuchung werden können, und bezüglich der Frage, inwieweit sich der Psychologe auf die Beobachtungen verlassen kann, über die ihm *andere* berichten. Auf die Kritik an Wundts Methoden wird an anderer Stelle noch weiter eingegangen (s. S. 27, 32).

Man kann die bisher herausgearbeitete Gemeinsamkeit zur Grundlage einer Definition der Psychologie machen: Gegenstand der Psychologie ist *das Studium des Verhaltens und Erlebens und deren Bedingungen*, wobei Vertreter unterschiedlicher Sichtweisen hinzufügen müssen, welche Bedingungen nach ihrer Meinung zugänglich sind. Die meisten zeitgenössischen Psychologen würden die radikale Einschränkung Watsons nicht mehr anerkennen; sie erklären, daß sie Verhalten beobachten und bemüht sind, Zusammenhänge zwischen dem Verhalten einerseits sowie inneren (z. B. Vorstellungen, Gefühle, Erlebnisweisen) und äußeren (physikalische, soziale und andere Merkmale) Bedingungen andererseits aufzudecken. Allerdings – so muß man bei genauerer Betrachtung feststellen – ist mit dieser Kennzeichnung der Psychologie als Wissenschaft nicht viel mehr gesagt, als wenn man definiert, ein Auto sei – in den Worten von Carole Wade und Carol Tavris (1993) – »ein Fahrzeug, mit dem Menschen von einer Stelle zur anderen befördert werden«. Eine solche Definition ist zwar zutreffend, aber man erfährt durch sie nicht, wie ein Auto aussieht, wie es sich z. B. von Bussen und Eisenbahnen unterscheidet oder wie der Vergaser arbeitet.

Die genannte Definition unterstützt offenkundig das Bemühen, ein klares Bild von der Psychologie zu gewinnen, nur unzureichend. Diesem Ziel ist nur näherzukommen, wenn man sich genauer ansieht, was Psychologen tun: Welche Fragen sie stellen, wie sie diese zu beantworten versuchen, wie sie ihre Befunde erklären, was sie mit ihren Erkenntnissen anfangen. Das vorliegende Buch enthält solche Informationen. Zunächst wird an einem Beispiel gezeigt, welche Ereignisse Anlaß für Forschungsarbeiten werden können, wie Begriffe definiert werden müssen, bevor sich Zusammenhänge aufdecken lassen.

## 1.2 Psychologie als Forschungsgebiet

Zu Beginn dieses Kapitels wurde eine kleine Auswahl von Fragen genannt, von denen jede zum Ausgangspunkt einer psychologischen Untersuchung werden könnte. Fragen entstehen nach Beobachtung von Verhaltensweisen, die sich mit dem vorliegenden Wissen nicht in Einklang bringen lassen. Wie konnten Menschen so reagieren? Man sucht nach Erklärungen und stellt sie – nachdem man sie gefunden hat – möglicherweise nicht mehr in Frage. Keineswegs sind alle im Alltagsleben gefundenen Antworten pauschal als unzutreffend zurückzuweisen. Aus wissenschaftlicher Sicht ist jede Antwort auf eine Frage aber immer eine vorläufige. Stets sind weitere Beobachtungen erforderlich, um sie zu überprüfen. Im folgenden soll mit Hilfe eines Beispiels beschrieben werden, wie vor einigen Jahrzehnten ein tragisches Ereignis von den Medien weithin bekannt gemacht wurde. Einige Menschen hatten Verhaltensweisen gezeigt, die bei den Empfängern der Nachricht zunächst nur Unverständnis hervorriefen. Journalisten beschränkten sich aber nicht darauf, den Vorfall zu beschreiben. Sie taten darüber hinaus das, was man von ihnen erwartete. Sie boten auch Erklärungen an. Das Ereignis hätte möglicherweise niemals Eingang in die psychologische Literatur gefunden, wenn sich damals unter den Lesern und Zuschauern nicht zwei Psychologen gefunden hätten, die gleich mehrere Gründe fanden, um an den Schlußfolgerungen der Journalisten zu zweifeln. Deshalb wurde von ihnen beschlossen, den Fragen in eigenen Forschungen nachzugehen. Die Kritik der Wissenschaftler an der Arbeit der Journalisten und die nach dem Vorfall durchgeführten psychologischen Untersuchungen eignen sich recht gut, um einige Kennzeichen der Psychologie als Forschungsgebiet vorzustellen.

### 1.2.1 Kritische Auseinandersetzung mit vorgefundenen Erklärungen und Herausarbeitung eigener Fragen

Am 13. März 1964 kehrte in New York nachts um 3 Uhr eine junge Frau, *Kitty Genovese*, von ihrer Arbeit heim. Auf dem Weg von ihrem Auto zum Eingang ihrer Wohnung wurde sie von einem Mann über einen Zeitraum von mehr als einer halben Stunde durch zahlreiche Messerstiche brutal mißhandelt, bis sie schließlich ihren Verletzungen erlag. Mindestens 38 Anwohner hatten den Überfall von ihren Fenstern aus beobachtet, aber keiner kam dem Opfer zu Hilfe. Es wurde nicht einmal die Polizei verständigt! Wäre es nicht die Pflicht eines jeden gewesen, der diesen Vorfall beobachtet hat, sich um seinen Nächsten ebenso zu kümmern, wie es der *barmherzige Samariter* (Lukas 10, 25–37) getan hat, der dem Opfer eines Raubüberfalls die Wunden verband, Öl und Wein darauf goß und den Verwundeten zur Herberge brachte, um ihn dort zu pflegen?

*Kitty Genovese* hatte sich in einer Situation befunden, in der sie auf die Hilfe anderer angewiesen war. Zwar hatten weder Journalisten noch Psychologen den Überfall und seine Bedingungen (die Anwohner waren ein Teil dieser Bedingung!) unmittelbar beobachtet. Durch sorgfältige Befragungen der Zeugen ließ sich aber nachträglich ermitteln, was sich in jener Nacht ereignet hatte: Eine junge Frau war in eine *Notsituation* geraten, in der sie von anderen keine Hilfe erhielt, obwohl zahlreiche Bewohner der umliegenden Häuser auf den Überfall aufmerksam geworden waren. Bei dem Überfall auf *Kitty Genovese* hatte es sich zweifellos um einen besonders tragischen Fall gehandelt; aber es war keineswegs zum erstenmal in einer Großstadt passiert, daß Menschen in Notfallsituationen von anderen keine Hilfe erhalten hatten. Deshalb sahen sich die Journalisten berechtigt, folgenden allgemeinen Zusammenhang zu behaupten: Wenn Menschen in einer Großstadt Zeuge einer Notfallsituation werden, sind sie zu keiner Hilfeleistung bereit. Damit war zunächst nur ein Zusammenhang behauptet worden, der einer *Erklärung* bedurfte, denn das Verhalten der Anwohner widersprach vorherrschenden moralischen Wertvorstellungen. Erklärungen geben Antworten auf Warum-Fragen: Warum helfen Großstädter einem Menschen nicht, der sich in einer Notsituation befindet? Die Journalisten erklärten sich den Zusammenhang, indem sie feststellten, Großstadtmenschen würden keine Hilfe leisten, weil sie »abgestumpft« und »gleichgültig« sind. Da die Journalisten eine Warum-Frage beantwortet hatten, ist nicht zu bestrei-

Abb. 1.3
*Das Opfer eines Raubüberfalls wird – nachdem es Erste Hilfe erhalten hat – vom barmherzigen Samariter zur Herberge gebracht.*

ten, daß es sich bei ihrer Antwort um eine Erklärung gehandelt hat. Vielen Menschen erschien diese Erklärung wahrscheinlich auch einleuchtend und plausibel. Für eine Wissenschaft reicht Plausibilität allerdings nicht aus, um sie als zutreffend anzuerkennen. Es ist deshalb ihre Aufgabe, sich mit vorgelegten Erklärungen kritisch auseinanderzusetzen.

In der gebotenen »Erklärung« wird also davon ausgegangen, daß Großstadtmenschen praktisch keine Verhaltensweisen zeigen, die durch den Begriff »Hilfeleistung« zu klassifizieren sind. Eine solche Annahme rechtfertigt sich jedoch nicht nach Beobachtung von Personen in einer einzigen Situation. Vielmehr müßte man die Menschen unauffällig durch ihren Alltag begleiten, um festzustellen, wie sie auf zahlreiche Alltagssituationen reagieren. Bleiben sie auch tatenlos, wenn sie ein offenbar verirrter Tourist in New York nach dem Weg fragt? Helfen sie auch nicht, wenn eine ältere Person vor ihnen auf dem Bürgersteig stolpert und hinfällt? Bleiben sie ebenso gleichgültig, wenn die Kassiererin im Supermarkt vor ihren Augen in Ohnmacht fällt? Sind sie auch unter keinen Umständen bereit, einer älteren Person beim Aufsammeln von Äpfeln zu helfen, die nach dem Aufreißen ihrer Tragetasche auf den Boden gefallen waren? Sobald man beobachtet, daß Großstadtmenschen in einigen Situationen der genannten Art Hilfe leisten, muß die Gültigkeit der Behauptung, sie verhielten sich in Notsituationen stets teilnahmslos, als unzureichend zurückgewiesen werden.

Zahlreiche Psychologen setzten sich kritisch mit den »Erklärungen« der Medien auseinander, die auf die Meinungsbildung der Öffentlichkeit einen nicht zu unterschätzenden Einfluß nahmen. Dazu gehörten auch John Darley und Bibb Latané (1968), die beide als Psychologen an Universitäten der Großstadt New York arbeiteten. Auch sie waren damals, wie Darley einmal erklärte, »geschockt« von dem Mord an *Kitty Genovese*. Darley und Latané vereinbarten, sich einmal zu einem Abendessen zu treffen. Bereits während der Mahlzeit begannen sie, sich mit dem Verhalten der Zeugen eingehender zu beschäftigen. »Weil wir Sozialpsychologen waren«, so erklärt Darley (Myers, 1988), »spielte in unseren Überlegungen keine Rolle, wie sich Menschen voneinander unterscheiden können, und ebensowenig, welche Persönlichkeitsmängel die ›apathischen‹ Personen gehabt haben können, die versagt hatten, als sie in jener Nacht hätten handeln sollen. [Uns interessierte] vielmehr, in welcher Hinsicht sich Menschen gleichen und daß jedermann in jener Situation genauso hätte handeln können wie diese Personen. Als wir mit unserem Abendessen fertig waren, hatten wir zahlreiche Faktoren benannt, die alle zusammen zu dem überraschenden Ergebnis führen könnten: Niemand hilft.« Am Ende ihrer Mahlzeit stellten sich den beiden Psychologen mehrere Fragen: Wäre es nicht möglich, daß sich die untätig gebliebenen Zeugen des Überfalls auf *Kitty Genovese* in einer Konfliktsituation befunden haben? Wurde ihre grundsätzliche Bereitschaft zur Hilfeleistung in Notsituationen vielleicht durch irgendwelche Bedingungen der Situation behindert? Darley und Latané entschlossen sich, Experimente durchzuführen, von denen sie eine Antwort auf ihre Fragen erhofften.

### 1.2.2 Einige Kennzeichen wissenschaftlicher Untersuchungen

Nicht zuletzt weil sie selbst in New York lebten, zweifelten Darley und Latané an der Behauptung, daß alle anderen Bewohner dieser Großstadt »abgestumpft« und »gleichgültig« sein sollten. Eine solche Behauptung widersprach ihren Erfahrungen. Statt dessen meinten die beiden Psychologen, daß einige Situationen eher fördernd, andere dagegen eher hemmend auf die Hilfsbereitschaft eines Menschen wirken. Um diese *Vermutung* überprüfen zu können, formulierten sie zahlreiche *Hypothesen*, die in mehreren Experimenten überprüft werden sollten. Bei einer Hypothese handelt es sich um eine »Wenn – dann – Aussage«. Die in nachfolgenden Experimenten durchgeführten Beobachtungen lieferten die Grundlage zur Überprüfung der zuvor aufgestellten Hypothesen. Das Ziel Darleys und Latanés bestand darin, ein besseres *Verständnis* menschlicher Hilfeleistung zu erlangen. Man versteht ein Ereignis, wenn man es erklären kann. In jeder wissenschaftlichen Untersuchung geht sorgfältiges Beobachten dem Verständnis voraus. Je besser man weiß, von welchen Bedingungen Hilfeleistungen abhängen, desto treffsicherer kann man *vorhersagen*, ob ihr Auftreten in einer bestimmten Situation wahrscheinlich ist oder nicht. Wenn man das Wissen hat, eine Verhaltensweise ziemlich treffsicher vorherzusagen, besitzt man auch eine gute Voraussetzung, sie zu *verändern*. Darley und Latané waren ja persönlich betroffen, als sie von dem grausamen Schicksal gehört hatten, das *Kitty Genovese* widerfahren war. Ein solcher Fall sollte sich möglichst nicht wiederholen. Sie hofften deshalb, zum Abschluß ihrer Forschungen Hinweise geben zu können, wie sich die Hilfsbereitschaft von Zeugen bei zukünftigen Anlässen fördern ließ.

Das Ziel wissenschaftlicher Arbeit, Verhalten besser zu verstehen, vorherzusagen und es eventuell zu verändern, ist nur zu erreichen, wenn bestimmte Regeln beachtet und angewendet werden. Auf einige dieser Regeln wird im folgenden hingewiesen, wenn über einen kleinen Ausschnitt der Forschungen von Darley und Latané berichtet wird.

### 1.2.2.1 Unterscheidung zwischen Merkmals- und operationaler Definition

In ihren vermeintlichen Erklärungen verwendeten die Journalisten Begriffe wie »Hilfsbereitschaft«, »Abgestumpftheit« und »Gleichgültigkeit«. Begriffe sind Klassen, in die sich Unterbegriffe oder konkrete Gegebenheiten einordnen lassen (s. hierzu ausführlicher S. 203 ff.). Dies ist an einem Beispiel zu erläutern. Der Oberbegriff »Geometrische Figuren« gestattet es, die Unterbegriffe wie »Quadrat«, »Rechteck«, »Kreis« usw. einzuordnen. Alle genannten Unterbegriffe besitzen nämlich gemeinsame Merkmale, die in der Merkmalsdefinition »Geometrische Figuren« enthalten ist. Die Begriffe »Stuhl«, »Tisch« und »Schrank« kann man unter dem Oberbegriff »Möbel« klassifizieren, weil sie gemeinsame Merkmale besitzen, die in der Merkmalsdefinition von »Möbel« festgelegt sind.

Man kann dem Oberbegriff »geometrische Figuren« anstelle von Unterbegriffen auch konkrete Gegebenheiten zuordnen. Es besteht also die Möglichkeit, sich Quadrate, Rechtecke sowie Kreise zu zeichnen und als beobachtbare Gegenstände in die Klasse »geometrische Figuren« einzuordnen. In diesem Fall wurde etwas *getan*, denn man hat sich die Figuren beschafft oder selbst hergestellt. Auf die Frage eines Schülers, was geometrische Figuren sind, könnte ein Lehrer seinem Schüler konkrete Beispiele (also beobachtbare Quadrate, Rechtecke und Kreise) vorlegen. In einem solchen Fall bedient sich der Lehrer einer *operationalen Definition*, womit zum Ausdruck gebracht wird, daß ein abstrakter Begriff (z. B. geometrische Figuren) in etwas umgesetzt wird, was beobachtbar und meßbar ist.

Man kann auch versuchen, Begriffe durch Mitteilung von Merkmalsdefinitionen zu erläutern. Wenn ein Lehrer sich z. B. auf die Erklärung beschränkt, Dreiecke bestünden aus drei Strecken unterschiedlicher Länge, die an ihren Endpunkten verbunden sind, dann besteht die Gefahr, daß der Lernende immer noch nicht selbständig Dreiecke zeichnen oder von anderen geometrischen Figuren unterscheiden kann. Sofern der Lehrer das Dreieck aber operational definiert, d.h., Dreiecke unterschiedlicher Größe und Farbe auswählt, um sie seinem Schüler als Beispiele vorzulegen, erhält der Lernende bessere Möglichkeiten, nachvollziehen zu können, wovon die Rede ist.

Um Mißverständnisse in Diskussionen zu vermeiden, beschränken sich empirisch arbeitende Psychologen nicht darauf, für die von ihnen verwendeten Begriffe Merkmalsdefinitionen mitzuteilen. Sie könnten z. B. feststellen, Hilfeleistung sei jede Handlung, die darauf gerichtet ist, die Not eines Menschen zu lindern. Psychologen unterwerfen sich zusätzlich der Forderung, ihre Begriffe in Abhängigkeit von den jeweiligen Merkmalsdefinitionen zu operationalisieren. Es reicht also nicht aus, auf theoretischer Ebene zu erläutern, durch welche Merkmale für sie der Begriff »Hilfeleistung« gekennzeichnet ist (Merkmalsdefinition). Sie müssen zusätzlich *auf der Ebene des Beobachtbaren* konkrete Verhaltensweisen aufzeigen, die entsprechend ihrer Merkmalsdefinition als Hilfeleistung zu klassifizieren sind. Bei operationaler Definition eines Begriffs gibt man also genau an, was getan wird (oder getan worden ist), um ihn zu beobachten oder zu messen. Welche »Operationen«, d.h. in diesem Fall: Reaktionen von anderen, sollen als Ausdruck von Hilfeleistung gelten, nachdem einer Kundin im Supermarkt beispielsweise eine Tragetasche gerissen ist? Ein Experimentator könnte z.B. festlegen, daß ein Beobachter dieses Vorfalls immer dann Hilfe leistet, wenn er wenigstens einen Teil der auf dem Boden liegenden Ware aufsammelt und diesen unverzüglich der Kundin zurückgibt.

Die von einem Experimentator gewählte operationale Definition stellt stets eine Auswahl aus einer unendlichen Menge theoretisch möglicher Definitionen dar. In einem Experiment muß man sich für eine oder einige wenige entscheiden. Bei seiner Auswahl läßt man sich davon leiten, welche der zahllosen »Operationen« am besten durchführbar ist. Bei der Untersuchung der Hilfeleistung ist es selbstverständlich, daß man nur solche Notsituationen schafft, die den Versuchspersonen auch zugemutet werden können. Ein tragisches Ereignis, wie der Überfall auf *Kitty Genovese*, läßt sich experimentell nicht nachgestalten. Durch diese »ethischen Rücksichten« setzt sich der verantwortungsbewußte Experimentator Grenzen mit der Folge, daß seine Beobachtungsergebnisse nur begrenzt gültig sind.

### 1.2.2.2 Überprüfung behaupteter Zusammenhänge unter kontrollierten Bedingungen

Das *Experiment* eröffnet die Möglichkeit, Untersuchungsbedingungen in besonders hohem Maße zu kontrollieren. Folglich stellt sich die Frage, wie sich eine »Notfallsituation« in einem Experiment gestalten läßt. Eine Möglichkeit, den tragischen Fall von *Kitty Genovese* zu inszenieren, verbot sich aus den gerade genannten ethischen Gründen. Darley und Latané hofften aber, auch dann etwas über die menschliche Hilfsbereitschaft sowie über die sie fördernden und hemmenden Bedingungen erfahren zu können, wenn sie sich in ihren Experimenten darauf beschränkten, Versuchspersonen auf zumutbare Notsituationen reagieren zu lassen.

Aus der Gesamtheit denkbarer Notsituationen trafen Darley und Latané (1968) folgende Auswahl: 59 Versuchspersonen (männliche und weibliche Studenten) wurden, nach der Begrüßung durch den Experimentator, aufgefordert, miteinander über persönliche Probleme bei der Anpassung an das Universitätsleben zu diskutieren. Um ihre Anonymität zu gewährleisten, wurde jede Versuchsperson einzeln in einen kleinen Raum geführt. Dort sollte sie ihre Gedanken über Mikrophon und Kopfhörer mit anderen austauschen, die *dem Anschein nach* ebenfalls einzeln in benachbarten vergleichbaren Räumen saßen. Eine kritische Situation trat jeweils ein, als die Versuchspersonen kurze Zeit nach Beginn des Gedankenaustauschs von einem ihrer »Diskussionspartner« plötzlich die Mitteilung erhielt, daß er sich nicht wohl fühlen würde. Die Versuchsperson erfuhr weiterhin, daß das Gruppenmitglied manchmal an schweren epileptischen Anfällen leide und ein solcher gerade unmittelbar bevorzustehen scheine. Kurz darauf wurde die Stimme lauter, stotternd, und von Würgelauten unterbrochen. Aus den Wortfetzen ließen sich deutlich Hilferufe heraushören. Diese Inszenierung stellte für Darley und Latané die *operationale Reiz-Definition* für »Notsituation« dar. Die Ausgangsfrage der Experimentatoren lautete jedoch nicht, welche Personen einem Opfer zur Hilfe eilen würden und welche nicht. Vielmehr gingen Darley und Latané davon aus, daß bestimmte Bedingungen der Situation die Hilfeleistung fördern oder hemmen können. Ist es entscheidend, ob ein Mensch allein oder zusammen mit anderen Zeuge eines Notfalls wird? Dieser Frage gingen Darley und Latané nach, indem sie bei einigen Versuchspersonen den Eindruck vermittelten, sie seien die einzigen (Bedingung 1), die von dem epileptischen Anfall erfahren hätten. In einer anderen experimentellen Bedingung erweckten sie den Eindruck, daß noch eine weitere (Bedingung 2) oder zwei weitere Zeugen (Bedingung 3) zugegen waren.

Die von Darley und Latané geschaffene Notsituation beschreibt die Bedingungen, die auf die Versuchsperson(en) wirken soll; sie wird vom Versuchsleiter kontrolliert. Man spricht in der experimentellen Psychologie auch von der »Wirkgröße«, dem »unabhängigen Merkmal« oder von der »unabhängigen Variablen«. Zu klären ist nun, ob und gegebenenfalls wie Versuchspersonen (unter den Bedingungen 1, 2 und 3) auf die vom Versuchsleiter jeweils geschaffene Bedingung reagieren. Darley und Latané registrierten, ob die Versuchspersonen innerhalb von sechs Minuten (nachdem sich das Opfer eines epileptischen Anfalls erstmals gemeldet hatte) ihren Raum verließen und, gegebenenfalls, wie schnell eine solche Reaktion nach Einsetzen des vorgespielten epileptischen Anfalls erfolgte. Damit hatten die Experimentatoren den Begriff »Hilfeleistung« operationalisiert. Für Experimentalpsychologen ist dies zugleich die »Zielgröße«, auch »abhängiges Merkmal« oder »abhängige Variable« genannt. War nun die Zielgröße (das Verhalten der Versuchspersonen) von der Wirkgröße (der Mitteilung der Notsituation unter Bedingungen 1, 2 und 3) abhängig? Die folgende Tabelle faßt die Beobachtungsergebnisse zusammen.

Tab. 1.1
Die Anzahl angeblich anwesender Zeugen in einer Notsituation und die Häufigkeit bzw. Schnelligkeit ihrer Hilfereaktion

| Anzahl der Zeugen | Häufigkeit der Hilfeleistung in Prozent | Durchschnittliche Zeit der Hilfeleistung in Sekunden |
|---|---|---|
| 1 | 85 | 52 |
| 2 | 62 | 93 |
| 3 | 31 | 100 |

Wenn Versuchspersonen meinen, sie seien die einzigen Zeugen des Notfalls, dann ist die Wahrscheinlichkeit für Hilfeleistung besonders hoch (85 Prozent), ihre Reaktion erfolgt verhältnismäßig schnell (nach durchschnittlich 52 Sekunden). Sofern eine Versuchsperson unter dem Eindruck steht, daß außer ihr noch ein weiterer Anwesender Kenntnis von dem Hilferuf erhalten hat, sinkt die Wahrscheinlichkeit dafür, daß sie eingreift, auf 62 Prozent, und sie zögert – sofern sie überhaupt reagiert – durchschnittlich 93 Sekunden, bevor sie erkennbar etwas unternimmt. Am geringsten ist mit 31 Prozent die Wahrscheinlichkeit einer Hilfeleistung, wenn eine Versuchsperson glaubt, es gäbe noch zwei weitere Zeugen. Sofern sie dennoch handelt, wartet sie im Durchschnitt 100 Sekunden.

Dieses Untersuchungsergebnis bestätigt den von Darley und Latané vermuteten Zusammenhang: Je mehr Menschen Zeugen einer Notsituation werden, desto geringer ist die Bereitschaft jedes einzelnen zum Einschreiten und desto mehr zögert er, Hilfe zu leisten. Läßt sich das Ergebnis des Experiments aber auf andere Notsituationen verallgemeinern? Hängt die Bereitschaft eines Menschen zur Hilfeleistung auch in anderen Situationen von der Anzahl der gleichzeitig anwesenden Zeugen ab? Aufgedeckte Zusammenhänge müssen sich bewähren, denn sie lassen *Vorhersagen* zu, deren Richtigkeit zu überprüfen ist. Gestützt auf den bereits bekannten Zusammenhang macht man z. B. die Vorhersage, daß die Hilfsbereitschaft von Passanten für einen Mann am Straßenrand, der sich tatsächlich oder dem Anschein nach in einer Notsituation befindet, von der Anzahl der anwesenden Zeugen abhängt. Auf einer belebten Geschäftsstraße müßten sich die Fußgänger demnach seltener und zögernder um einen Hilflosen kümmern als in einer ruhigen Seitenstraße. Wenn sich die Vorhersage abermals bestätigt, und davon ist auszugehen (Latané und Nida, 1981), steigt das Vertrauen des Experimentators in den von ihm aufgedeckten Zusammenhang.

### 1.2.2.3 Verhalten als Ergebnis zahlreicher Bedingungen und Einflüsse

Wenn man einen Stein aufhebt und ihn anschließend wieder losläßt, dann kann man mit hundertprozentiger Sicherheit vorhersagen, daß der Stein wieder zu Boden fallen wird (der Physiker mag auf eine ganz seltene Ausnahme verweisen). In der Psychologie gibt es keinen Zusammenhang, der derartig sichere und allgemeine Vorhersagen gestattet. Diese Einsicht vermittelte auch Jesus mit seinem Gleichnis vom barmherzigen Samariter: Ein Mann, der sich auf dem Weg von Jerusalem nach Jericho befunden hatte, war Opfer eines Raubüberfalls geworden. Drei Menschen wurden Zeugen der Notsituation: Ein Priester, ein Levit, das ist ein Gehilfe des Priesters, und ein Samariter, also ein Ungläubiger. Die meisten Zuhörer hätten auf die Frage, wer von den Genannten wohl Hilfe geleistet habe, vermutlich zuerst den Priester und dann den Leviten benannt. Die Aufmerksamkeit der beiden Männer, die sich regelmäßig mit Gebeten, Bibelzitaten und Kirchenfeiern beschäftigten, war aber vermutlich von religiösen Gedanken so sehr in Anspruch genommen, daß sie der Not des Hilfsbedürftigen nicht genügend Beachtung schenkten. Wahrscheinlich waren die beiden Kirchenmänner, die als geachtete Persönlichkeiten des öffentlichen Lebens sicherlich viele Verpflichtungen wahrzunehmen hatten, auch in großer Eile, um einen festgesetzten Termin nicht zu verpassen (Darley und Batson, 1973). Man kann das Gleichnis von Jesus also auch als Mahnung verstehen, seine Verhaltensvorhersagen nicht nur auf vergleichsweise stabile Persönlichkeitsmerkmale zu stützen, sondern zusätzliche Bedingungen in der Person (z. B. hohe Inanspruchnahme der Aufmerksamkeit durch eigene Gedanken) oder der Situation (z. B. situational bedingte Eile durch Termindruck) zu berücksichtigen.

Hätte ein empirisch ausgerichteter Psychologe das Geschehen beobachtet, das sich irgendwo auf dem Weg von Jerusalem nach Jericho ereignet hat, wäre er zu dem Ergebnis gekommen, daß die Wahrscheinlichkeit einer Hilfeleistung bei 33 Prozent lag (eine von drei beobachteten Personen half). Viele tausend Jahre später wurde von einem Kollegen registriert, wie viele Passanten sich um einen Mann kümmerten, dessen Bein mit blutdurchtränkten Bandagen umwickelt war und der vor ihnen zusammenbrach. Die Hilfsbereitschaft der Menschen hing auch mit der Größe des Wohnortes zusammen, in dem sich die Notsituation ereignete. In einer Gemeinde mit weniger als 1000 Einwohnern halfen etwa 42 Prozent der Passanten; in Orten, in denen 5000 bis 20000 Menschen lebten, sank die Rate der Hilfsbereitschaft auf 37 Prozent, und in Millionenstädten waren es nur noch 17 Prozent (Amato, 1983). Bei der Erklärung der Unterschiede sollte man die Hilfsbereitschaft nicht einfach auf unterschiedliche Grade der Abgestumpftheit und Gleichgültigkeit zurückführen. Es ließ sich beispielsweise auch beobachten, daß Menschen in ländlichen Gegenden langsamer gehen als in Städten. Menschen bewegen sich um so schneller, je größer die Stadt ist, in der sie sich befinden (Freedman et al., 1978). In größeren Städten haben Menschen es offenbar eiliger, und infolgedessen haben sie weniger Zeit, auf das zu achten, was um sie herum vor sich geht. In Großstädten wird auch mehr Lärm produziert, der ebenfalls einen Einfluß auf die Hilfsbereitschaft des einzelnen zu nehmen scheint. Man

Abb. 1.4
*Steht die Beobachtung, daß Menschen in Großstädten sich schneller voranbewegen, in einem Zusammenhang mit der Beobachtung, daß sie sich auch seltener einem Hilfsbedürftigen zuwenden?*

hat z. B. beobachtet, wie Passanten auf einen Menschen reagieren, der einen Arm in Gips hat und vor ihnen einen Stapel Bücher fallen läßt. Wenn sich dieser Vorfall in einer ruhigen Umgebung ereignete, halfen 80 Prozent der Passanten. Wenn dagegen in unmittelbarer Nähe ein Rasenmäher laute Geräusche produzierte, halfen nur 15 Prozent der Passanten (Mathews und Cannon, 1975).

Allerdings fällt auf, daß sich auch in einer sehr kleinen Gemeinde nur etwa 40 von 100 Menschen einem Hilfsbedürftigen zuwenden. Wovon hängt ihr Verhalten ab? Psychologen haben in den letzten Jahrzehnten in weit mehr als 1000 Büchern und Aufsätzen versucht, diese Frage zu beantworten (Dowd, 1984). Ihre Suche nach Persönlichkeitsmerkmalen, nach denen man helfende von nicht helfenden Menschen unterscheiden könnte, hat überwiegend enttäuschende Ergebnisse erbracht (Darley et al. 1991). Es hat sich aber gezeigt, daß Persönlichkeitsmerkmale des möglichen oder tatsächlichen Helfers in *Wechselwirkung* zu Merkmalen des Opfers und zu Bedingungen der Notsituationen stehen. Es kommt also nicht nur auf denjenigen an, der hilft, sondern auch auf den anderen, der zur Hilfe herausfordert und diese annimmt.

Wenn ein Mensch plötzlich einer Notsituation gegenübersteht, hängt es mit von seiner augenblicklichen Stimmungslage ab, wie er darauf reagiert. Fröhlichkeit ist eine gute Voraussetzung zum Helfen (Berkowitz, 1987), während ein trauriger Mensch sich wahrscheinlich so lange nicht um einen Hilfsbedürftigen kümmern wird, wie er mit einer guten Tat nicht die Hoffnung verbindet, sich aus dem Stimmungstief zu befreien (Cunningham et al., 1979). Besonders stark wird eine Bereitschaft zum Helfen gehemmt, wenn man nicht genau weiß, ob man wirklich helfen kann; ein Versagen könnte ja eine öffentliche Blamage nach sich ziehen (Huston und Korte, 1976). Deshalb erhöht ein Kranker beispielsweise seine Chancen, Hilfe zu bekommen, wenn er dafür genaue Anweisungen gibt (»Stecken Sie mir bitte eine der roten Pillen in den Mund, die sich in meiner rechten Manteltasche in einer weißen Schachtel befinden!«). Wenn ein Mensch dagegen nach Wahrnehmung anderer durch eigenes Verschulden (z. B. hoher Alkoholgenuß infolge mangelnder Selbstbeherrschung, AIDS durch »unmoralisches« Verhalten) in eine Notsituation gekommen ist, fällt es Beobachtern verhältnismäßig leicht, sich gegenüber dem Opfer teilnahmslos zu verhalten (Pilivian et al., 1969). Wenn für einen Beobachter dagegen der Eindruck vorherrscht, daß ein Hilfsuchender unverschuldet in seine Notlage gekommen ist (etwa im Falle einer AIDS-Infektion nach einer Bluttransfusion oder nach hohem Alkoholgenuß wegen einer vermeintlich genetischen Veranlagung), ist mit Sympathie und Zuwendung zu rechnen (Weiner, 1993). Sofern sich zudem Zeugen einer Notsituation und ihre Opfer persönlich kennen, besteht eine günstige Bedingung für eine helfende Zuwendung (Rutkowski et al., 1983).

Psychologen können also zahlreiche Erklärungen für die Beobachtung anbieten, daß nur 40 Prozent der Passanten einem Opfer helfen. Bei Wiederholung der Untersuchungen unter weitgehend gleichen Bedingungen wird man nicht sagen können, *welche* der sich nähernden Passanten Hilfe leisten werden, wohl aber, daß sich etwa 40 Prozent dem Opfer zuwenden dürften. Damit ist eine wesentliche Möglichkeit, zugleich aber auch eine entscheidende Grenze der Psychologie aufgezeigt worden. Da Verhalten – wie bereits erwähnt – von vielen Bedingungen abhängt, von denen keineswegs alle zu einem gegebenen Zeitpunkt bekannt sind, lassen sich im psychologischen Bereich nur Vorhersagen von größerer oder geringerer Wahrscheinlichkeit abgeben. Man kann also nicht sagen, wer hilft, sondern nur, daß etwa vier von zehn Personen helfen werden.

Zusammenhänge, die in einschlägigen Untersuchungen aufgedeckt worden sind, lassen zwar nur Wahrscheinlichkeitsvorhersagen zu; dennoch liefern diese dem Psychologen Grundlagen für Empfehlungen. So hat man Kranken z.B. geraten, zufällig Anwesenden im Falle eines plötzlichen Anfalls sehr konkret mitzuteilen, wie sie ihm helfen können. Menschen waren um so eher bereit, sich um Unfallopfer zu kümmern, je intensiver sie in Kursen zur Ersten Hilfe die angemessenen Reaktionen auf typische Unfälle des Alltagslebens geübt hatten. Wenn persönliche Bekanntschaft die Bereitschaft zum Helfen in Notsituationen erhöht, konnte man Bewohnern größerer Häuserblocks raten, sich nicht sozial zu isolieren, sondern statt dessen aktiv Kontakte mit Nachbarn zu suchen. Der Katalog von Empfehlungen ließe sich noch erweitern. In den nachfolgenden Kapiteln werden viele weitere Beispiele zeigen, daß der Psychologe aufgrund seiner Kenntnisse Beiträge leistet, Lebensbedingungen von Menschen zu verbessern.

### 1.2.2.4 Ordnen von Zusammenhängen durch Theorien

John Darley und Bibb Latané und zahlreiche andere Psychologen deckten durch ihre Experimente viele Zusammenhänge zwischen bestimmten vorausgehenden Bedingungen und nachfolgenden Verhaltensweisen auf. Sie beobachteten Menschen, die in großer Eile einem Ziel zustrebten und dadurch in ihrer Aufmerksamkeit so eingeschränkt waren, daß sie eine Notsituation gar nicht bemerkten. Sie zeigten, daß die Wahrnehmung eines Hilferufes nicht automatisch eine Reaktion nach sich zieht. Wenn gleichzeitig viele Zeugen anwesend sind, läßt der eigene Verantwortungsdruck und damit auch die Bereitschaft zur Hilfeleistung nach. Von einem Menschen in guter Stimmungslage kann das Opfer einer Notsituation dagegen eher Zuwendung erwarten. Der Beobachter eines Hilfsbedürftigen muß allerdings davon überzeugt sein, den Anforderungen der Notsituation entsprechen zu können.

Durch das Studium menschlicher Reaktionen auf Notsituationen wurden zahlreiche Zusammenhänge aufgedeckt, die geordnet werden mußten und insgesamt zu einer Theorie der Hilfeleistung geführt haben. Eine Theorie umfaßt also in geordneter Form die Gesamtheit bekannter Zusammenhänge und deren Beziehungen. Es gibt kein allgemein vorgeschriebenes Ordnungssystem. Wenn zwei Psychologen sich über Reaktionen von Menschen auf Notsituationen unterhalten, werden sie auf viele Gemeinsamkeiten aufmerksam. Jeder nimmt seine Ordnungen aber stets *auch* vor dem Hintergrund seiner besonderen, d.h. einmaligen Erfahrungen vor. Deshalb dürfte es keine zwei Menschen geben, die bezüglich der ihnen jeweils bekannten Zusammenhänge zur Erklärung von Hilfeleistungen und der von ihnen vorgenommenen Ordnung *völlig* übereinstimmen.

Es kommt hinzu, daß Theorien stets vorläufigen Charakter haben. Wenn man etwas beobachtet, das in die bestehende Ordnung nicht hineinpaßt, gibt es grundsätzlich zwei Möglichkeiten: Man nimmt die Abweichung intuitiv gar nicht zur Kenntnis und läßt die bislang vorgenommene Ordnung fortbestehen (nach dem Motto: Ausnahmen bestätigen die Regel). Die andere Möglichkeit besteht darin, die Ordnung so zu verändern, daß sie wieder sämtlichen Beobachtungen gerecht wird. Ein traditionell denkender Mann kann also sein Wissen über das Rollenverhalten von Mann und Frau, das er vor ca. dreißig Jahren erworben hat, weiterhin für gültig halten und inzwischen erfolgte Veränderungen der Geschlechtsrollen schlichtweg leugnen. Er mag aber auch erkennen, daß die früher gültigen Zusammenhänge nicht mehr mit dem aktuellen Verhalten von Mann und Frau übereinstimmen. Infolgedessen verändert er sein Wissen über das Verhalten der Geschlechter und nimmt entsprechend eine Neuordnung vor. Als Folge davon besitzt er eine »neue Theorie« von Mann und Frau.

## 1.3 Unterschiedliche Sichtweisen menschlichen Verhaltens

Die meisten Psychologen sehen ihre Aufgabe darin, das Wissen über menschliches Verhalten und dessen Bedingungen zu verbessern. Es gibt aber verschiedene Möglichkeiten, dieses Ziel zu erreichen. Psychologen lassen sich nämlich – wie andere Wissenschaftler auch – danach unterscheiden, welches Bild sie sich von der menschlichen Natur machen, welches *Menschenbild* sie besitzen. Sie stimmen in ihrem Verständnis von Wissenschaft durchaus nicht überein, und sie bevorzugen unterschiedliche Methoden in ihren Forschungen. Einige Psychologen sind davon überzeugt, daß sie sich bei ihren Studien auf das beobachtbare menschliche Verhalten beschränken sollten, denn sie sehen keine Möglichkeiten, subjektive Erfahrungen, »innere« Prozesse, wie z. B. Gefühle und Gedanken, objektiv zu erfassen. Andere richten ihren Blick vor allem auf physiologische Prozesse, d.h., sie beschäftigen sich mit dem Nervensystem, mit der Funktion von Drüsen und den Funktionen der Sinnesorgane. Daneben gibt es solche, die es als wichtigste Aufgabe ansehen, Wahrnehmen, Denken, Fühlen usw. zu studieren.

Offenkundig gibt es verschiedene Möglichkeiten, das Verhalten von Menschen in einer gegebenen Situation zum Gegenstand psychologischer Forschung zu machen. Verschiedenen Betrachtungsweisen liegen unterschiedliche Erkenntnisinteressen und damit auch jeweils bestimmte Theorien vom Menschen zugrunde. Diese wiederum lassen einige Methoden geeigneter als andere erscheinen. So wie man sich über ein geographisches Gebiet durch Studium einer Wanderkarte, einer Straßenkarte, einer Wirtschaftskarte oder einer Klimakarte informieren kann, haben verschiedene Sichtweisen beim Studium des Menschen Erkenntnisse gefördert, die – zusammengefügt – ein umfassenderes Verständnis vom Menschen und seinem Verhalten eröffnen. Einige bedeutsame Sichtweisen der Psychologie werden im folgenden dargestellt.

### 1.3.1 Die biologische Sichtweise

Am 11. April 1861 wurde dem französischen Chirurgen Paul Broca ein Patient aus einer Heilanstalt für »Geisteskranke« vorgeführt. Dieser hatte sich am linken Bein eine schwere Infektion zugezogen. Broca interessierte sich jedoch viel mehr für eine andere Auffälligkeit, wegen der dieser Mann 21 Jahre in der Anstalt verbracht hatte. Er konnte nicht sprechen, obwohl seine Stimmbänder völlig in Ordnung schienen. Broca hatte wenig Gelegenheit, seinem Patienten zu helfen, denn dieser starb bereits sechs Tage nach der ersten Begegnung. Der Arzt sah sich daraufhin das Gehirn des Patienten etwas genauer an. Nach Öffnung des Schädels machte er eine tatsächlich bedeutsame Entdeckung: Das Gehirn wies auf der linken Seite in der Nähe der Stirn auffällig viele Narben auf. Sie stammten entweder von einer älteren Verletzung oder von einer Erkrankung. Broca schloß aus seiner Untersuchung, daß bei einem gesunden Menschen das Sprechen wahrscheinlich von bestimmten Hirnteilen kontrolliert wird, von Regionen also, die bei seinem verstorbenen Patienten geschädigt war.

Eine weitere in diesem Zusammenhang bedeutsame Beobachtung geht auf den deutschen Arzt Gustav Fritsch zurück. Er mußte während des Krieges wiederholt Soldaten behandeln, die während der Schlacht Kopfverletzungen erlitten hatten. In einigen Fällen lag das Gehirn der Verwundeten frei, weil die Schädelknochen zertrümmert worden waren. Fritsch stellte fest, daß bei zufälligen Berührungen der Oberfläche verschiedener Hirnstellen jeweils bestimmte Muskeln der Patienten zusammenzuckten. Konnte es sein, daß die Körperbewegungen unmittelbar vom Gehirn ausgelöst werden? Fritsch wollte es genauer wissen. Nach Kriegsende ergab sich für den Arzt die Gelegenheit, seinen Fragen nachzugehen. Im Jahre 1870 faßte er in Berlin zusammen mit einem Kollegen den Entschluß, die Funktionen des Gehirns eingehender zu untersuchen. Ein entscheidendes Experiment, so wird berichtet, wurde wegen Platzmangels auf der häuslichen Kommode durchgeführt:

Nachdem bei einem Hund der Schädelknochen geöffnet worden war, wurden mit Hilfe von Drähten einzelne Hirnteile elektrisch gereizt. Dabei war zu beobachten, daß über eine Hirnstelle beispielsweise das Zusammenziehen der Beinmuskeln zu erreichen war, während bei Reizung einer anderen Stelle Kopfmuskeln reagierten (Price et al., 1982).

Durch solche und weitere Studien gewann man während des 19. Jahrhunderts bedeutsame Belege dafür, daß es zwischen bestimmten Teilen des Gehirns und beobachtbaren Reaktionen des Organismus offenbar enge Beziehungen gibt. Sicherlich war der Kenntnisstand zunächst noch außerordentlich lückenhaft. Eine Überzeugung, die ihre Wurzeln in der Antike hatte, wurde durch diese Beobachtungen jedoch wesentlich erschüttert. In der Antike waren viele Philosophen von der Unabhängigkeit von Körper und Seele überzeugt, denn – so meinten sie – beide folgten unterschiedlichen Gesetzen. Diesen Gedanken griff der französische Philosoph René Descartes (1596–1650) auf. Er glaubte an die Unabhängigkeit von Geist und Seele. Beide würden sich jedoch wechselseitig im Gehirn beeinflussen.

Ein zeitgenössischer biologisch orientierter Psychologe wird sich eher mit der Auffassung Baruch de Spinoza (1632–1677) identifizieren können, wonach Körper und Seele nur zwei Seiten derselben Wirklichkeit darstellen. Während sich der Biologe mehr für die biologischen Bausteine und ihr Funktionieren interessiert, fragt der biologisch orientierte Psychologe, welche Beziehungen zwischen diesen biologischen Bausteinen und dem Verhalten bestehen. Vereinfacht ausgedrückt läßt sich nach dieser Sichtweise feststellen, daß Veränderungen im Körper entsprechende Änderungen im Erleben und Verhalten zur Folge haben und umgekehrt. Psychische Zustände führen zu biologisch nachweisbaren Reaktionen. Denken und Fühlen können letztlich nur deshalb in einem menschlichen Körper stattfinden, weil dafür biologische Voraussetzungen geschaffen worden sind.

Einige biologisch orientierte Psychologen bemühen sich, den Zusammenhang zwischen Erbausstattung und Verhalten aufzudecken. Andere richten ihr Interesse auf die Erforschung des Gehirns. In ihren Studien versuchen sie u.a. Fragen der folgenden Art zu klären: Welche chemischen Veränderungen finden im Gehirn während des Lernens statt? Was passiert im Zentralnervensystem, wenn ein Mensch aggressiv ist? Gibt es für Verhaltensauffälligkeiten auch eine biochemische Grundlage? Als man den biologisch orientierten Psychologen Richard Thompson (1986) einmal fragte, warum das Studium des Gehirns ein wichtiges Forschungsgebiet sei, antwortete er, er habe vielleicht selbst eine »extrem voreingenommene Sichtweise«, aber für ihn gelte, »die einzige Möglichkeit, grundlegende Fragen der Psychologie – so etwa, was ist das Wesen der Empfindung, der Wahrnehmung, des Gedächtnisses, der Denkprozesse und des Geistes? – zu lösen, erfolgt nur über das Verständnis des biologischen Trägers, und das sind das Gehirn und seine Prozesse. Was mich betrifft, dies ist *das* Gebiet der Psychologie.«

Es ist sicherlich berechtigt, das Gehirn als oberste »Kommandozentrale« des Körpers zu sehen. Wie gelingt es aber, Befehle an andere Körperteile weiterzugeben? Wie wird das Herz veranlaßt, schneller oder langsamer zu schlagen? Wie erfahren die Hände, daß sie einen Gegenstand ergreifen sollen? Und woher weiß der Körper eines jugendlichen Menschen, daß es Zeit ist, das Wachstum einzustellen? Das Gehirn übermittelt seine Nachrichten zum einen über das Nervensystem (wobei die Nerven auf eine rasche Weiterleitung von meist abgestuften Signalen spezialisiert sind); zum anderen stehen ihm die Drüsen, das sogenannte endokrine System, zur Verfügung. Als Botenstoffe dienen hierbei die Hormone, die über das Kreislaufsystem – die Blutbahnen – zum Ziel gelangen.

Aus verständlichen Gründen muß man sich bei der Erforschung des Gehirns und des weiteren Nervensystems auf Tieruntersuchungen beschränken. Die Verallgemeinerung der Ergebnisse auf den Menschen hat daher mit Vorsicht zu erfolgen. Entscheidend ergänzt werden solche Studien durch Erfahrungen aus dem klinischen Bereich. Das Studium von Menschen mit Hirnerkrankungen (z. B. Tumoren) oder Verletzungen, die chirurgische Eingriffe erfordern, hat das Wissen über das Gehirn und seine Funktionen in den letzten Jahren erheblich erweitert. Um solche Arbeiten wenigstens beispielhaft vorzustellen, wird im Info-Kasten 1.1 über die Ergebnisse von Studien an Patienten mit »geteiltem« Großhirn berichtet.

### 1.3.2 Die behavioristische Sichtweise

Die Begründer der Psychologie besaßen zunächst alle Voraussetzungen, den Menschen aus biologischer Sicht zu studieren. Sie wiesen fast ausnahmslos eine Ausbildung als Arzt oder Physiologe auf. Die Naturwissenschaften dienten ihnen zumeist auch als Vorbild für wissenschaftliches Arbeiten. Zweifellos war es dieses Vorbild der Naturwissenschaften, das Watson zur Ablehnung der *Introspektion* (s. S. 13 f.) veranlaßte. Wenn die Psychologie den Anspruch erheben wollte, als ein wissen-

## Info-Kasten 1.1
### Wie reagieren Menschen, bei denen aus medizinischen Gründen die Verbindungen zwischen den beiden Großhirnhälften durchtrennt werden mußten?

Im Jahre 1908 erregte eine Frau wegen seltsamer Verhaltensweisen die Aufmerksamkeit von Ärzten. Die linke Hand der Patientin war offenbar völlig außer Kontrolle geraten. Sie warf mit Kissen um sich, zerstörte Einrichtungsgegenstände und versuchte sich sogar zu erwürgen. Mit der rechten Hand war die Frau bemüht, ihre linke Hand von der Kehle wegzuziehen. Ein Neurologe äußerte den Verdacht, daß bei der Patientin die Verbindung zwischen den beiden Gehirnhälften gestört sein könnte. Die Öffnung des Schädels nach dem Tode der Frau bestätigte die Vermutung des Mediziners (Miller, 1983). Wie läßt sich aus heutiger Sicht die Verhaltensauffälligkeit der Patientin erklären?

Unmittelbar unter den Schädelknochen befindet sich das Gehirn. Es besteht aus zwei Hälften, die durch eine Spalte getrennt sind. Viele Nervenfasern (der sogenannte Balken) verbinden diese beiden Hälften miteinander. Wie der Abbildung 1.5 zu entnehmen ist, übermitteln z.B. die Sehnerven der linken Hirnhälfte die Sinnesdaten, die auf die linke Seite der Netzhaut (den Sinneszellen des Auges) treffen. Sinnesinformationen, die von der linken Blickfeldseite auf die rechte Seite der beiden Netzhäute treffen, werden der rechten Hirnhälfte zugeleitet. Die Zeichnung zeigt auch den »Balken«, der die beiden Hirnhälften miteinander verbindet.

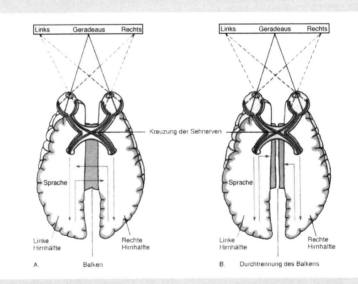

Abb. 1.5
*Die Verbindung linker und rechter Netzhauthälften mit dem Gehirn. Auf dem Weg zum Gehirn überkreuzen sich die Sehnerven. Rechte und linke Hirnhälfte sind durch Nervenstränge, den sogenannten »Balken«, miteinander verbunden.*

Normalerweise tauschen die beiden Hirnhälften ihre Informationen aus, d.h., sie informieren sich gegenseitig, was auf den beiden Netzhauthälften abgebildet ist. Was passiert aber, wenn man die Nervenverbindungen zwischen den beiden Hirnhälften durchtrennt? Diese Frage stellte sich bereits einer der Gründungsväter der experimentellen Psychologie, der Arzt und Philosoph Gustav Fechner (1860). Er glaubte, daß die beiden Hirnhälften spiegelbildliche Abbilder voneinander seien. Was würde mit dem menschlichen Bewußtsein geschehen, wenn die beiden Hirnteile voneinander getrennt wären? Fechner glaubte, daß als Folge einer solchen Maßnahme zwei verschiedene bewußte Erfahrungen entstehen würden. Er ahnte damals nicht, daß sich etwa hundert Jahre später, im Jahre 1961, eine Situation ergeben würde, seine Vermutung zu überprüfen. Damals hatten sich zwei Hirnchirurgen entschlossen, als letzte Maßnahme einem an Epilepsie leidenden Patienten zu helfen, indem sie die Verbindungswege zerschnitten (Sperry, 1982): Welche Beeinträchtigungen zeigte der Patient nach erfolgter Durchtrennung der Verbindungswege? Überraschenderweise verbesserte sich nicht nur der Zustand des Mannes ganz erheblich; er schien den Eingriff auch ohne erkennbare Nachwirkungen überstanden zu haben. Ist es aber wahrscheinlich, daß Millionen von Nervenverbindungen im Gehirn keinerlei Aufgabe zukommt? Diese Frage stellte sich auch Roger Sperry (1964, 1982) vom Institut für Technologie in Kalifornien. Für seine Arbeiten auf diesem Gebiet erhielt Sperry 1981 den Nobelpreis.

Zur Durchführung seiner Untersuchungen baute sich Sperry eine besondere Vorrichtung, deren wesentliche Kennzeichen in Abbildung 1.6 dargestellt sind. Damit war es möglich, sehr kurzzeitig (eine Zehntelsekunde oder kürzer) Dias darzubieten, während der Patient seinen

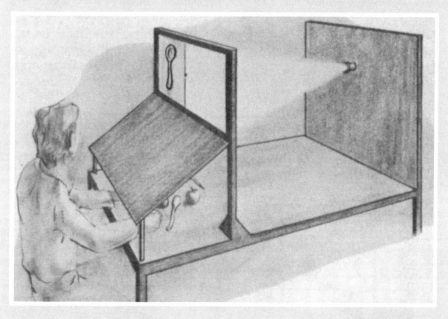

Abb. 1.6
*Sperrys Apparat zur Untersuchung von Patienten mit getrennten Hirnhälften*

Blick auf einen markierten Punkt in der Mitte des Blickfeldes richtete. Auf diese Weise wurde erreicht, daß die eine Hälfte des Bildes jeweils nur auf die linke, die andere Hälfte nur auf die rechte Netzhauthälfte der Augen traf.

Wenn Sperry einem Patienten z. B. einen Löffel auf der rechten Seite des Blickfeldes darbot, konnte dieser mitteilen, was er sah. Bei Darbietung desselben Gegenstandes auf der linken Seite reagierte der Patient dagegen mit Schweigen und Ratlosigkeit. Im ersten Fall war das Bild des Löffels auf die linke Seite der beiden Netzhäute projiziert worden. Es erfolgte sodann eine Übermittlung an die linke Hirnhälfte, wo sich normalerweise das Sprachzentrum befindet. Dieser Teil des Gehirns ist in der Lage, sprachliche Informationen aufzunehmen und zu verarbeiten. Bei der zweiten Darbietung erfuhr nur die rechte Hirnhälfte von dem Löffel; es bestand wegen der vorgenommenen Operation jedoch keine Möglichkeit, diese Information der linken, »sprachkundigen« Seite zu übertragen. Obwohl der Patient in diesem Fall sprachlich nicht mitteilen konnte, was er gesehen hat, konnte er den »wahrgenommenen« Gegenstand aber hinter einer Sichtblende ertasten und den Löffel unter mehreren anderen Gegenständen auswählen. Der Patient mußte sich dabei allerdings der linken Hand bedienen, denn diese steht wiederum unter Kontrolle der rechten Hirnhälfte, die gleichfalls Tasterfahrungen von der linken Körperhälfte empfängt.

In einem anderen Experiment erhielten Patienten mit getrennten Hirnhälften ein Bild dargeboten, das aus zwei verschiedenen Gesichtshälften zusammengesetzt war. Ein solches Bild wurde wiederum so dargeboten, daß die linke Hirnhälfte die Informationen von der rechten Bildhälfte empfing, während die rechte Hirnhälfte nur etwas von der linken Bildhälfte erfuhr. Den Patienten wurden sodann vier vollständige Bilder gezeigt, darunter fanden sich auch die beiden Gesichter, denen die Hälften für die Bildkomposition entnommen worden waren. Konnten die Patienten anhand der vier normalen Bilder mitteilen, welches sie zuvor gesehen hatten? Das hing davon ab, wie sie ihre Antwort zu geben hatten. Wenn sie auf sprachlichem Wege reagieren sollten, wählten sie aus den vier Bildern

Abb. 1.7
*Die Antworten, die Patienten mit getrennten Hirnhälften bei Wiedererkennungsaufgaben nannten, hingen davon ab, ob sprachlich oder durch Zeigen zu reagieren war.*

dasjenige aus, das die linke Hirnhälfte »gesehen« hatte. Sofern sie dagegen aufgefordert worden waren, durch Zeigen zu antworten, dann verwiesen sie auf das Bild, das der rechten Hirnhälfte übermittelt worden war (Levy et al., 1972).

Menschen mit getrennten Hirnhälften entwickelten unter bestimmten Bedingungen besondere Methoden, um Schwierigkeiten bestimmter Art zu überwinden. In einem Experiment wurde der rechten Hirnhälfte entweder eine rote oder eine grüne Karte dargeboten. Bei der Aufforderung, die Farbe der jeweils dargebotenen Karte zu benennen, konnte das linke Gehirn nur raten. Wenn fälschlich »grün« gesagt wurde, hörte dies die rechte Hirnhälfte, die ihre Kontrollmöglichkeit der Kopfmuskeln daraufhin einsetzte und ein Schütteln des Kopfes »befahl«. Das linke Hirn empfing diese Nachricht und ließ bei einer zweiten Reaktion die Antwort »rot« statt »grün« verlauten (Nebes, 1974).

Im täglichen Leben bereitet es Patienten jedoch keine Schwierigkeiten, sich zurechtzufinden. Es genügt z. B. eine Drehung des Kopfes, um Informationen auf beide Netzhauthälften des Auges gelangen zu lassen; Gegenstände können leicht mit beiden Händen betastet werden. Mit Hilfe der geschilderten Methode ist es möglich, die Aufgabenteilung der beiden Hirnhälften genauer kennenzulernen. Die linke Hirnhälfte ist der rechten in zahlreichen Funktionen überlegen. Auf dieser Seite sind nicht nur Sprachfähigkeiten angesiedelt; diese Hälfte zeigt ihre Überlegenheit auch bei mathematischen Problemen und logischen Schlußfolgerungen.

Die rechte Hirnhälfte verfügt dagegen nur über sehr geringe sprachliche Fähigkeiten; sie ist mehr auf die Wahrnehmung, auf künstlerische Fähigkeiten sowie auf räumliches Vorstellungsvermögen spezialisiert (Levy, 1985).

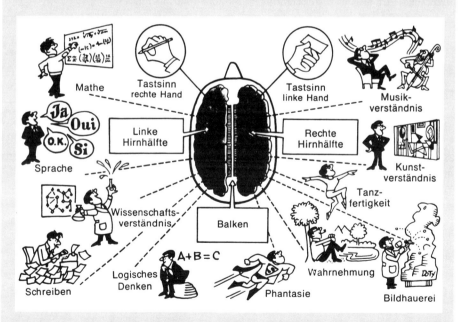

Abb. 1.8
*Die Arbeitsteilung des menschlichen Gehirns*

Abb. 1.9
John B. Watson (1878–1958)

schaftliches Arbeitsgebiet anerkannt zu werden, sollte sie ihre Beobachtungen nur auf das richten, was jedermann grundsätzlich zugänglich ist: das Verhalten (engl.: *behavior*) und dessen Bedingungen. Bestärkt wurde Watson in dieser Ansicht durch die Arbeiten des russischen Physiologen Iwan Pawlow, über dessen Forschungen im vierten Kapitel (s. S. 162 ff.) ausführlicher berichtet wird. Pawlow hatte zufällig festgestellt, daß Hunde lernen können, auf einen akustischen Reiz mit Speichelfluß zu reagieren. Er hatte sie *konditioniert*, d. h. Bedingungen beschrieben, unter denen ein zunächst neutraler Reiz die Funktion erwirbt, eine bestimmte Reaktion auszulösen. Wenn das gesamte menschliche Verhalten auf angeborene Reflexe und Konditionierungen zurückzuführen ist, so überlegte Watson, ist die Introspektion in der Tat überflüssig, denn die Auslöserreize sind ebenso wie die darauffolgenden Reaktionen beobachtbar und meßbar. Die psychologischen Erfahrungen, für die sich Wundt interessiert hatte, könnten ohne weiteres im dunkeln bleiben. Sie finden ohnehin – wie Watsons Schüler das nannten – in einer *black box*, in einem Behälter statt, in dem wegen der Dunkelheit nichts zu erkennen ist. Um das Verhalten von Pawlows Hund zu erklären, muß man offenkundig nicht mehr wissen, welche Prozesse *im* Tier vor einer Reaktion ablaufen, oder gar, ob es sich womöglich etwas gedacht haben könnte. Zur Erläuterung einer Konditionierung brauchte Pawlow keine vagen Begriffe in Anspruch zu nehmen, sondern lediglich genau zu beschreiben, wie Reize (Klingelreiz – Futter) für jedermann beobachtbar zur Auslösung einer meßbaren Reaktion (Menge des abgeleiteten Speichels) aufeinander folgen müssen. Der Physiologe Pawlow hatte einen Weg aufgezeigt, wie sich Verhalten objektiv beschreiben, vorhersagen und kontrollieren läßt.

Da Watson es als Psychologe ablehnte, über mögliche Prozesse *im* Organismus zu spekulieren, war es nur folgerichtig, die psychologische Entwicklung des Menschen nicht mit *inneren* Bedingungen zu erklären. Was aber bestimmt die Entwicklung dann? Der britische Philosoph John Locke (1632–1704) hatte gelehrt, der Mensch komme als »leeres Blatt« *(tabula rasa)* auf die Welt, und dieses würde erst von den nachfolgenden Erfahrungen beschrieben. Man brauchte demnach nur noch zu erforschen, wie *Erfahrungen* menschliches Verhalten verändern. Auf das Studium des Lernens und seiner Bedingungen richtete sich daraufhin für mehrere Jahrzehnte das Hauptinteresse Watsons und seiner Schüler. Welche Möglichkeiten Erkenntnisse im Bereich der Lernpsychologie einmal eröffnen könnten, nahm er in seiner Begeisterung bereits vorweg als er schrieb: »Gebt mir ein Dutzend Kinder und eine Welt, in der ich sie aufziehen kann.

Ich garantiere dann, daß ich jedes zu dem mache, was ich möchte: Arzt, Rechtsanwalt, Künstler, Unternehmer oder auch Bettler und Dieb« (Watson, 1925).

Der strenge Behaviorist stellte sich den Menschen als ein passives Wesen vor, dessen Verhalten ausschließlich unter der Kontrolle der Umwelt steht. So widmete Burrhus Skinner seine gesamte wissenschaftliche Laufbahn der Frage, wie sich das Verhalten von Mensch und Tier unter Kontrolle bringen und entsprechend verändern läßt. Skinner wurde ein konsequenter Verfechter der behavioristischen Sichtweise. Für ihn funktionieren Tier und Mensch wie Maschinen; sie reagieren automatisch auf bestimmte Reize. Gedanken, Gefühle oder Einstellungen können seiner Meinung nach nicht zum Gegenstand psychologischer Untersuchungen gemacht werden.

Mit der Herausforderung, sich in der Psychologie auf das allgemein Beobachtbare zu beschränken, und mit seiner Behauptung einer schier grenzenlos erscheinenden Einflußmöglichkeit der Umwelt auf den Entwicklungsprozeß hat Watson die Richtung psychologischer Arbeiten während der ersten Hälfte des 20. Jahrhunderts entscheidend mitbestimmt. Er war Wegbereiter für die Entstehung der sogenannten *S-R-Psychologie* (S für *Stimulus:* Reiz und R für *Response*: Verhalten); durch sie werden beobachtbare Reize studiert, die ein bestimmtes Verhalten entstehen lassen, aufrechterhalten und verändern. Der mächtige Einfluß behavioristischen Denkens wirkt zweifellos in der heutigen Psychologie immer noch nach.

Die entscheidende Vorstellung der Behavioristen, wonach Organismen passiv sind und ihr Verhalten durch die Umwelt zu kontrollieren ist, wurde auch nach der sogenannten »kognitiven Wende« in den 1950er Jahren keineswegs sofort aufgegeben. Damals sammelten Psychologen erste Erfahrungen mit elektronischen Rechenautomaten. Bekanntlich läßt sich auch bei ihnen zwischen einem *Input* (Eingabe von Daten) und einem *Output* (etwa Ausgabe auf einem Drucker) unterscheiden. Was aber mit den Daten geschehen soll, die man einem Rechner eingegeben hat, und wie das Ergebnis von Rechenprozessen ausgegeben werden soll, wird über das Programm (die *Software*) kontrolliert. Wenn Maschinen nach entsprechender Programmierung Informationen verarbeiten, Daten speichern können, die sich bei Bedarf auch wieder aus dem Speicher herauslesen lassen, dann müßte man doch auch studieren können, wie entsprechende Prozesse beim Menschen ablaufen. Nehmen nicht auch Menschen über ihre Sinnesorgane Daten auf, von denen einige ausgewählt, verarbeitet und so im Gedächtnis abgespeichert werden, daß sie bei Bedarf wieder abrufbar sind? Wenn man die Verarbeitungsschritte kontrollieren und gestalten kann, die zwischen Input und Output von Rechenmaschinen liegen, so die Überlegungen dieser Psychologen, müßte man doch auch studieren können, welche Prozesse bei einem Menschen zwischen S und R stattfinden.

Psychologen »informationstheoretischer Orientierung« hatten einen gangbaren Weg entdeckt, in die »black box« hineinzuschauen und zu studieren, welche kognitiven Prozesse es dem Menschen ermöglichen, sich seiner Umwelt anzupassen. Dennoch muß man auch diese Psychologen als (Neo-)Behavioristen bezeichnen, denn sie vergleichen den Menschen schließlich mit einer Maschine, die auf Befehle von »außen« wartet und mit eingegebenen Daten nichts geschehen läßt, was sich der Kontrolle von außen entzieht.

Orientiert am Computer, dem Daten eingegeben werden, die in seiner Umwelt bereits existieren, geht der Behaviorist davon aus, daß dem Lernenden Wissen *vermittelt* wird, das aber bereits unabhängig von ihm existiert. Das Wissen muß ihm nur noch übergeben, wie in ein Gefäß »eingefüllt« werden. Im Falle einer erfolgreichen Vermittlung besteht zwischen dem Wissen, das *im* Lernenden gespeichert wird, und dem Wissen, das in seiner Umwelt vorhanden ist, eine sehr hohe Übereinstimmung.

Ist aber der Mensch wirklich »von Natur aus« passiv und somit prinzipiell mit einer Maschine vergleichbar? Würde man dem Menschen nicht viel eher gerecht, wenn man ihn sich aktiv und wenigstens zu einem bestimmten Grade als selbstbestimmend vorstellt? Von Psychologen, die sich an einem »konstruktivistischen« Ansatz orientieren, erhält man auf diese Frage ein klares »Ja« als Antwort.

### 1.3.3 Die konstruktivistische Sichtweise

Wundts Arbeiten wurden nicht nur von den Behavioristen als unwissenschaftlich zurückgewiesen. In den Kreis seiner Kritiker reihten sich auch deutsche Psychologen ein, die als »Gestaltpsychologen« bekannt geworden sind. Diese wandten sich gegen die »elementaristische« Denkweise Wundts, für den sich nämlich bewußte Erfahrungen in kleinste Teile, in Elemente zerlegen lassen (s. hierzu auch S. 129 f.). Für Wundt und seine Schüler gab es drei wichtige Fragen: 1. Welche Elemente liegen den Erfahrungen zugrunde? 2. Wie sind diese Elemente miteinander verbunden? und 3. Wodurch werden die Elemente veranlaßt, sich zu verbinden? Dem menschlichen Geist wurden schöpferische Fähigkeiten zugeschrieben, die verschiedene »Elemente« zu Erfahrungen zusammenfügen. Solche Vorstellungen stießen bei den Gestaltpsychologen auf Ablehnung. Einer ihrer Mitbegründer war (neben Max Wertheimer und Kurt Koffka) Wolfgang Köhler, der sich später (1978) erinnerte, wie die Lehre Wundts auf ihn gewirkt hatte. »Was uns verwirrte, war, ... daß menschliches Leben, offenkundig so farbig und so außerordentlich schwungvoll, tatsächlich etwas furchtbar Langweiliges war.« Für Wertheimers Sohn Michael (1970) war Wundt ein »humorloser, aggressiver Mensch und unermüdlicher Arbeiter«.

Das Bewußtsein, so erklärten die Gestaltpsychologen, lasse sich nicht einfach in einzelne Elemente zerlegen und anschließend wieder daraus zusammensetzen. Was die Gestaltpsychologen damit sagen wollten, kann man mit Hilfe der in Abbildung 1.10 dargestellten Reizvorlage erläutern.

Die in der Abbildung dargestellten Einzelreize ordnen sich für den Wahrnehmenden zu einer Spirale. Dieser Formeindruck geht aber verloren, wenn man die Punkte jeweils einzeln untersucht. Man muß schon die Punkte in ihrer Gesamtheit sehen, um die Form einer Spirale zu erkennen.

Die Gestaltpsychologen setzten sich auch mit den Behavioristen traditioneller Prägung auseinander. Diese gingen davon aus, daß Umweltreize eine unmittelbare Wirkung auf das Verhalten hätten. Dem setzten die Gestaltpsychologen entgegen, daß das Verhalten vielmehr davon abhängt, wie Reize vom Wahrnehmenden interpretiert werden. Im Unterschied zur behavioristischen Annahme wird also der Mensch als aktives Wesen gesehen, das die über die Sinnesorgane eintreffenden Informationen ordnet und gestaltet, d. h., der Mensch gibt ihnen einen Sinn, er schreibt ihnen Bedeutung zu. Worauf aber greift ein Mensch zurück, wenn er sich Vorgefundenes zu erklären, ihm einen Sinn zu geben versucht? Die Gestaltpsychologen waren bei der Antwort auf diese Frage noch außerordentlich vage. Die Konstruktivisten – zu ihnen gehört vor allem auch der Schweizer Psychologe Jean Piaget (siehe zu seinen Vorstellungen ausführlicher: Mietzel, 1998) – geben dazu eine genauere Antwort. Sie stellen fest, daß Menschen sich das, was sie »erfahren«, auch das, was man ihnen mitteilt, stets vor dem Hintergrund ihres Vorwissens erklären. Wissen wird demnach nicht, wie bei den Behavioristen, passiv *erworben*, sondern es muß vom Lernenden auf dem Wege aktiver Prozesse *konstruiert* werden. Die Unterschiede zwischen Behavioristen und Konstruktivisten lassen sich auch verdeutlichen, wenn man sich ihre jeweiligen Antworten auf folgende Frage genauer ansieht: Wie erwirbt ein Leser neues Wissen, wenn er sich sehr intensiv mit dem vorliegenden Buch beschäftigt?

Der Behaviorist würde in seiner Antwort darauf hinweisen, daß das vom Buch dargestellte Wissen bereits vorhanden war, bevor dieses in die Hände des Lesers kam. Je länger und gründlicher sich aber ein Leser mit diesem Text beschäftigt, desto mehr stimmt nach Überzeugung eines Behavioristen das dem Gedächtnis übergebene und dort gespeicherte Wissen mit dem überein, was in diesem Buch dargestellt wird. Für den Behavioristen ist die Schlußfolgerung selbstverständlich, daß zwei Leser, die ihre Aufmerksamkeit sehr lange und sehr intensiv auf das Buch *Wege in die Psychologie* gerichtet haben, schließlich eine hohe Übereinstimmung in ihrem Wissen aufweisen, das ihnen der Autor zu »vermitteln« versucht hat. Aber der konstruktivistisch orientierte Psychologe wird diesem Schluß heftig widersprechen. In seiner Begründung verweist er darauf, daß sich jeder Leser der Textdarstellung mit einem Vorwissen zuwendet, das auf der Grundlage seiner individuellen Erfahrungen entstanden ist. Auf dieses Vorwissen greift der Leser zurück, um sich das Dargestellte verständlich zu machen. Wenn sich also zwei Leser demselben Text zuwenden, den sie mit Hilfe ihres niemals über-

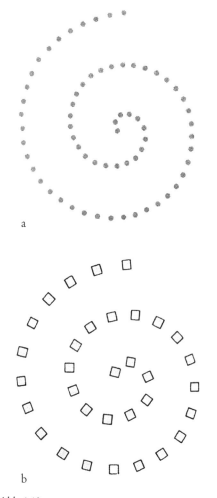

Abb. 1.10
*Ein Reizmuster zum Nachweis von Ordnungstendenzen im Wahrnehmungsprozeß*

einstimmenden Vorwissens aufzuarbeiten und zu verstehen versuchen, können sie nach Abschluß der Lektüre auf keinen Fall ein völlig gleiches Verständnis konstruiert haben! Sie mögen trotzdem sehr wohl in der Lage sein, oberflächliche und das heißt, wenig verarbeitete Wissensinhalte wiederzugeben.

Wie reagiert nun ein Mensch, der in seiner Umwelt irgend etwas vorfindet, das er mit Hilfe seines Vorwissens zu interpretieren hat? So wird ihm beispielsweise die Zeichnung der Abbildung 1.11 vorgelegt. Was stellt sie dar?

Abb. 1.11
*Bedeutungszuschreibung bei Betrachtung einer Zeichnung. Was ist hier dargestellt?*

Viele Betrachter entdecken darin etwas, das sie bereits kennen. Nach dieser »Entdeckung« findet keine weitere Verarbeitung des Dargestellten mehr statt. Erst die Aufforderung an mehrere Betrachter, über das Gesehene miteinander zu sprechen, deckt auf, daß sie keine einheitlichen Bedeutungszuschreibungen vorgenommen haben. Einige Betrachter konstruieren nämlich aus der Zeichnung eine Maus oder eine Ratte, während andere darin einen glatzköpfigen Mann sehen. Nur wenige haben spontan erkannt, daß die Abbildung *beides* enthält.

Ähnlich könnte es einem Leser bei der Lektüre des vorliegenden Buches gehen. Er könnte entscheiden, daß eine Textpassage nichts Neues enthält, sondern lediglich darstellt, was er schon weiß. Diese Entscheidung kann richtig, aber auch unzutreffend sein. Im letzteren Fall zieht ein Leser beispielsweise den Schluß, eine Textpassage würde etwas enthalten, was er bereits weiß, obwohl sie tatsächlich eine neue Einzelheit enthält, die er einfach ignoriert hat. In einem solchen Fall kommt der Prozeß einer tieferen Verarbeitung gar nicht in Gang. Erst die Diskussion mehrerer Leser über den Inhalt des Textes könnte einige darauf aufmerksam machen, daß er nicht nur Vertrautes enthält und daß es erforderlich wäre, das bereits Bekannte (die Wissensstruktur) zu verändern, um die neuen Informationen darin einzubauen. Allerdings garantiert der *von anderen* gelieferte Hinweis, daß eine Textpassage neue Informationen enthalte, keineswegs, daß diese auch aufgearbeitet werden. Wenn nämlich Zusammenhänge dargestellt werden, die dem Vorwissen des Lesers widersprechen, kann er entscheiden, daß sie unzutreffend und deshalb nicht wert sind, sich mit ihnen eingehender zu beschäftigen (warum sollte man sich gründlicher einem dargestellten Sachverhalt zuwenden, der bereits als *unrichtig* »erkannt« worden ist?). Psychologen konstruktivistischer Orientierung gehen also davon aus, daß ein Lernender – als Ausdruck eigener Aktivität – über seine kognitiven Prozesse selbst und unter Inanspruchnahme seines Vorwissens entscheidend mitbestimmt; sie haben nachgewiesen, daß diese sich keineswegs so leicht unter Kontrolle *von außen* bringen lassen, wie es für Behavioristen den Anschein hat.

## 1.3.4 Die psychoanalytische Sichtweise

Kennzeichnend für Wundt und seine Schüler, für Watson sowie ihm folgende Behavioristen, für Gestaltpsychologen und – nachfolgend – für konstruktivistisch orientierte Psychologen war, daß sie an Universitäten forschten. Für einen jungen Nervenarzt, Sigmund Freud, eröffnete sich demgegenüber ein ganz anderes Erfahrungsfeld. Zu Beginn seiner Karriere vertrat er eine biologische Sichtweise und ging zunächst – ebenso wie seine medizinischen akademischen Lehrer – davon aus, daß die Ursache für normales und abweichendes Verhalten im Nervensystem zu suchen sei. Tatsächlich interessierte ihn nach Abschluß seines Medizinstudiums am meisten die Funktion des Nervensystems, dessen weitere Erforschung er am liebsten zum Ziel seiner beruflichen Laufbahn gemacht hätte. Durch eine Reihe von ungünstigen Umständen schien es für Freud jedoch ziemlich aussichtslos, an einer Forschungsstätte eine Anstellung auf Lebenszeit zu erhalten. Da er Geld benötigte, nicht zuletzt auch wegen seiner Heiratspläne, entschloß sich Freud dazu, eine Arztpraxis in Wien zu eröffnen.

Freud schuf sich mit seiner Arbeit außerhalb der Universität eine ganz neue Erfahrungsgrundlage. Seine Patienten, dabei handelte es sich überwiegend um wohlhabende Frauen mittlerer und gehobener Schichten, waren zuvor häufig bereits bei anderen Ärzten gewesen, ohne die erhoffte Hilfe zu erhalten. In der Tat mußte sich Freud mit merkwürdigen Symptomen auseinandersetzen. Seine Patienten litten u. a. unter Gefühllosigkeit der Hände, Lähmungen der Beine oder an Hör- und Sehausfällen. Dennoch schien das Nervensystem völlig in Ordnung zu sein. Freud beobachtete somit Verhaltensauffällig-

Abb. 1.12
*Sigmund Freud (1856–1939)*

keiten, die sich bei den Versuchspersonen Wundts und seiner Schüler niemals gezeigt hatten. Im Rahmen seiner Bemühungen, die Auffälligkeiten seiner Patienten zu erklären, erhielt Freud entscheidende Hinweise von seinem Kollegen und Freund Joseph Breuer. Dieser erzählte ihm von einer Patientin, die sich wegen eines ganzen Bündels von Problemen in seine Behandlung begeben hatte. Da diese Patientin, *Anna O.*, eine bedeutsame Rolle in der Entstehungsgeschichte der Psychoanalyse gespielt hat, wird auf diesen Fall im Info-Kasten 1.2 näher eingegangen.

Freud schloß aus den Berichten seines Kollegen und den Erfahrungen mit seinen eigenen Patienten, daß die Ursachen für die Symptome im »Unbewußten« gesucht werden müßten. Freud hoffte zunächst, über die Hypnose

Zugang zu dem Unbewußten seiner Patienten zu gewinnen. Er erkannte jedoch bald die Schwächen dieser Methode: Auf sie sprachen nicht alle Patienten an, und außerdem gingen nach dem Erwachen nicht selten Erinnerungen, die während der Hypnose zugänglich gewesen waren, wieder verloren. Deshalb entwickelte Freud die Methode der »freien Assoziation«. Der Patient wird dabei aufgefordert, sich zu entspannen und ganz allgemein oder zu einem bestimmten Reizwort alles zu berichten, was ihm in den Sinn kommt; er soll auch lächerlich erscheinende und beunruhigende Gedanken offen mitteilen. Freud griff dabei auf eine Methode zurück, die bereits im alten Griechenland angewandt worden war. So regt beispielsweise *Sokrates* in dem Lustspiel *Die Wolken* von Aristophanes (ca. 445–385 v. Chr.) einen Mann zur freien Assoziation (»den Gedanken fahren zu lassen«) an, damit dieser Aufschluß über sich selbst gewinnt.

Freud gelangte zu der Überzeugung, daß das Bewußtsein nur den Gipfel eines Eisbergs darstellt. Verhalten und Erleben hängen danach in einem nicht zu unterschätzenden Umfang von Inhalten des Unbewußten ab. Die Psychologie müßte – so forderte Freud – beim Studium menschlichen Verhaltens das Hauptaugenmerk auf das Unbewußte richten.

Nach der grundlegenden Annahme Freuds wird der Mensch mit unbewußten Trieben geboren, über die er nur wenig Kontrolle besitzt. Von Beginn seines Lebens an streben diese Triebe nach irgendeiner Form der Befriedigung. Bereits während der ersten Lebensjahre erfährt das Kind jedoch, daß sich diese – nach Ansicht Freuds sexuellen und aggressiven – Triebe auf Ziele richten, die seine Umgebung (und das ist die Wirklichkeit) keineswegs als wünschenswert ansieht. Eltern verbieten und bestrafen Verhalten, das auf Triebbefriedigung gerichtet ist. Gleichzeitig nehmen Vater und Mutter während der ersten sechs Lebensjahre des Kindes mit der Art ihrer Reaktion wesentlichen Einfluß auf dessen Charakterentwicklung. Während des Vorschulalters bildet sich beim Kind eine moralische Instanz. Im günstigsten Fall werden die Triebe fortan auf Ziele gelenkt, die von der Wirklichkeit akzeptiert und den eigenen moralischen Ansprüchen gerecht werden. Dieser Balanceakt kann aber sehr wohl mißlingen, und folglich besteht jederzeit die Möglichkeit, daß Triebansprüche ins Bewußtsein vordringen und damit Angst und Furcht auslösen. Den meisten Menschen gelingt es mehr oder weniger zufriedenstellend, sich mit den widerstrebenden Kräften zu arrangieren. Freud war jedoch davon überzeugt, daß seine Patienten bei diesem Balanceakt gescheitert waren. Ihre Symptome brachten zum Ausdruck, daß sich entweder zu mächtige Triebe der Kontrolle des Ichs entzogen, die Wirklichkeit ihnen zu wenig Möglichkeiten einer Befriedigung eröffnet hatte oder ihre moralischen Ansprüche zu hoch waren.

Freud sah in der psychoanalytischen Methode eine Möglichkeit, unbewußte, »verdrängte« Inhalte ins Bewußtsein zu rufen, damit sie dort aufgearbeitet werden können. In seinen späteren Schriften zeichnete er aber ein pessimistisches Bild von den Möglichkeiten, den Menschen nennenswert zu verändern. Er glaubte nicht, daß dieses grundsätzlich als unfrei gesehene Wesen jemals zu einer Überwindung seiner inneren Natur kommen würde.

Es ist behauptet worden, daß Freud der Menschheit den dritten großen Schock in ihrem Dasein versetzt hat. Zuerst mußte sie erfahren, daß sie sich mit der Erde nicht im

## Info-Kasten 1.2:
### Wie Sigmund Freud durch den Fall *Anna O.* wesentliche Anregungen für die Entwicklung seiner Psychoanalyse erhielt

Der angesehene Wiener Arzt Joseph Breuer behandelte im Jahre 1880 eine 21jährige Patientin, deren Fall der wissenschaftlichen Öffentlichkeit zunächst unter dem Decknamen *Anna O.* beschrieben worden ist. Sie hatte sich aufopfernd um die Pflege ihres todkranken Vaters gekümmert und dabei schließlich einen Nervenzusammenbruch erlitten. Sie schilderte ihrem Arzt eine Fülle von Symptomen, die Breuer zunächst durch hypnotische Suggestion zu heilen versuchte.

Im Verlaufe der fast täglichen Behandlung begann die Patientin, den Inhalt der bis dahin relativ unpersönlich verlaufenden Gespräche zu verändern. Sie berichtete zunehmend häufiger über ihre privaten Gedanken. Im weiteren Verlauf passierte etwas Unerwartetes: Die allgemeine Stimmungslage von *Anna O.* verbesserte sich zusehends. Gleichzeitig verschwanden Symptome, nachdem sie darüber gesprochen hatte. So entwickelte die Patientin z. B. inmitten eines heißen Sommers eine Abneigung, Wasser zu trinken, obwohl sie erheblichen Durst hatte. Breuer versetzte sie daraufhin unter Hypnose und forderte sie auf, die Erlebnisse zu schildern, die mit ihren Symptomen in Beziehung standen. Sobald die Erlebnisse zur Sprache gebracht und noch einmal kräftig nacherlebt worden waren, wurde das Verschwinden der Symptome erwartet. Die Abneigung, Wasser zu trinken, führte *Anna O.* auf die zufällige Beobachtung eines Hundes zurück, der aus einem Glas getrunken hatte. Nachdem *Anna O.* sich mit erheblicher emotionaler Beteiligung an dieses Erlebnis erinnert hatte, bat sie um ein Glas Wasser und trank den Inhalt ohne Schwierigkeiten aus. Als sie von der Hypnose aufwachte, hatte sie immer noch das Glas an den Lippen. Ihre Symptome, so ist dem ärztlichen Bericht zu entnehmen, waren verschwunden. Sie sind auch niemals wieder aufgetreten.

Die Patientin litt weiterhin an der Lähmung ihres rechten Armes. Unter Hypnose konnte sie sich erinnern, daß sie einmal ein schreckliches Erlebnis hatte, während sie am Krankenbett ihres Vaters Wache hielt. In ihrer Phantasie sah sie plötzlich eine Schlange, die den kranken Mann

Abb. 1.13
*Anna O. (Bertha Pappenheim) im Jahre 1882*

angriff. *Anna O.* sah sich jedoch nicht in der Lage, rettend einzugreifen, denn sie konnte ihren Arm, den sie über die Rückenlehne ihres Stuhles geschwungen hatte, nicht bewegen. Er war in Wirklichkeit vorübergehend eingeschlafen. Indem die Patientin unter Mithilfe ihres Arztes sämtliche Symptome auf jene Erlebnisse zurückführte, die offenbar einmal ihre Auslöser gewesen waren, gelang es ihr, sich von ihr zu befreien. *Anna O.* selbst führte den Heilungserfolg auf die *Redekur* zurück.

Die Sitzungen mit Breuer hatten jedoch noch eine weitere Wirkung. Durch das häufige Zusammentreffen und die dabei geführten offenen Gespräche entwickelte sich während des zweiten Behandlungsjahres zwischen dem Arzt und seiner Patientin eine Beziehung persönlicher Zuneigung. Breuer verbrachte immer mehr Zeit mit seiner Patientin und sprach auch zu Hause mit zunehmender Häufigkeit von den Erfolgen seiner Behandlungsmethode. Wahrscheinlich nicht ohne Hilfe seiner Frau gelangte Breuer schließlich zu der Einsicht, daß er sich in seine junge Patientin verliebt hatte. Breuer beendete daraufhin sofort die Behandlung, um mit seiner Frau eine Reise anzutreten.

Breuer hat über seine Erfahrungen mit *Anna O.* zunächst nur mit dem 15 Jahre jüngeren Kollegen Sigmund Freud gesprochen, der schließlich auch durchsetzte, daß beide gemeinsam über diesen Fall im Jahre 1895 berichteten. Freud hat später seinen älteren Kollegen vielfach als den Schöpfer der Psychoanalyse bezeichnet, und dieser wiederum hatte die Ehre an seine Patientin *Anna O.* weitergereicht (Breuer und Freud, 1895).

Freud behauptete später, er sei auf die *kathartische Methode* (die anregt, zuvor unverarbeitete Erlebnisse unter erheblicher emotionaler Beteiligung nochmals zu durchleben) durch Breuers Fall aufmerksam geworden, bei dem sich auch eine *Übertragung* entwickelt habe. Historiker haben inzwischen darauf hingewiesen, daß Breuer seine Patientin wahrscheinlich nicht geheilt hat. Es spricht einiges dafür, daß *Anna O.* an einer tuberkulösen Hirnhautentzündung litt, die sie sich bei der Pflege ihres sterbenden Vaters zugezogen hatte. Inzwischen weiß man, daß es sich bei *Anna O.* um *Bertha Pappenheim* handelte, die sich in zahlreichen Schriften für die Rechte der Frauen einsetzte und sich in der Sozialarbeit engagierte. So arbeitete sie 12 Jahre als Leiterin eines Waisenhauses und gründete ein Heim für unverheiratete Frauen. Den ihrer Obhut anvertrauten Menschen hat sie angeblich nicht gestattet, sich einer Psychoanalyse zu unterziehen (Erdelyi, 1985; Zimmer, 1986; Sulloway, 1979).

Mittelpunkt des Weltalls befindet. Dann hatte »die Krone der Schöpfung« die Abstammung von affenähnlichen Wesen zur Kenntnis zu nehmen. Schließlich zerschlug Freud die schmeichelhafte Vorstellung, der Mensch werde ausschließlich von der Vernunft geleitet; außerdem gebe es noch nicht einmal eine asexuelle, »reine« Kindheit.

Bei aller – berechtigten – Kritik darf man Freuds große Verdienste nicht übersehen. Er förderte die Erkenntnis, daß körperliche Krankheitsbilder oder auffällige Verhaltensweisen nicht nur physiologisch bestimmt und entsprechend zu behandeln sind. Er brachte sie vielmehr mit rein psychologischen Prozessen in Verbindung, die bei seinen Patienten, aber auch bei normalen Menschen auftreten. »Psychisch kranke« und »gesunde Menschen« unterschieden sich für ihn nicht mehr in grundsätzlicher Weise; ein fließender Übergang war hergestellt. Freuds Betonung der Bedeutung der frühen Kindheit für die nachfolgende Entwicklung deckt sich mit den Erkenntnissen der modernen Kinderpsychologie, die sich dabei allerdings auf einen anderen theoretischen Hintergrund bezieht. Schließlich sollte erwähnt werden, daß die Arbeiten Freuds gegenüber denen Wundts, der sich auf das Studium der bewußten Prozesse beschränkte, eine erhebliche Ausweitung des psychologischen Arbeitsgebiets anregten. Zwar sind nicht alle Psychologen der Gegenwart bereit, den Begriff des Unbewußten im Freudschen Sinne anzuerkennen; sie würden aber wahrscheinlich zustimmen, daß einem Menschen keineswegs sämtliche psychologischen Prozesse stets und vollkommen gegenwärtig sind.

Während die Psychoanalyse Zuspruch in der Literatur und Kunst fand und das Interesse weiter Kreise der Bevölkerung erregen konnte, ist ihr die Anerkennung durch die akademische – die an den Universitäten vertretene – Psychologie weitgehend versagt geblieben. Die Gründe sind vielfältig; selbst einfache Mißverständnisse haben diese Abseitsstellung mitbedingt[1]. Entscheidend war aber sicherlich auch, daß sich die Vertreter der Psychoanalyse, Freud und seine Schüler, zur Absicherung ihrer Erkenntnisse nicht ähnlich objektiver Methoden wie jener bedienten, die im Rahmen des behavioristischen Ansatzes entwickelt worden sind.

Tatsächlich machten die strengen Methodiker der Psychologie erhebliche Kritik gegenüber der Psychoanalyse geltend. Sie bemängelten die unzureichende – zu allgemeine und »verwaschene« – Definition der Begriffe, die einer Messung nicht zugänglich waren. Sie wiesen darauf hin, daß keine Aussagen darüber vorlagen, unter welchen Bedingungen die angenommenen Prozesse (z. B. Verdrängung) auftreten. Insgesamt warf man der Psychoanalyse vor, sie könne jedes beobachtete Ereignis zwar *nachträglich* erklären; sie gestatte jedoch keine Vorhersagen über zukünftige Entwicklungen.

## 1.3.5 Die humanistische Sichtweise

Die Patienten, die Freud in seiner ärztlichen Praxis kennenlernte, litten teilweise schwer an ihren Symptomen; sie waren deshalb keine lebensfrohen Menschen. Freuds Theorie spiegelt diese einseitigen Erfahrungen wider, denn in seinen Schriften ist viel von feindseligen Gefühlen, von Neid, Furcht, Niedergeschlagenheit usw. die Rede, aber nicht von Fröhlichkeit, Optimismus, Überschwenglichkeit oder Zuversicht. Freud spricht von »bösen« Trieben, die eine Gesellschaft kontrollieren muß. Menschen sind aus der Sicht Freuds nicht frei, sondern sie werden von Kräften getrieben, die aus dem Unbewußten wirken. Freiheit gab es auch aus behavioristischer Sicht nicht, denn das Verhalten von Organismen hängt für ihre traditionellen Vertreter ausschließlich von Bedingungen der Umwelt ab. Lebewesen sind – wie bei Freud – im Grunde »Opfer«. Mit solchen Vorstellungen konnten sich einige Psychologen, die in den vierziger Jahren eine Orientierung suchten, nicht anfreunden. Vor allem der Behaviorismus, so beklagten sie, habe mit seiner S-R-Psychologie die Person völlig »vergessen« und die Psychoanalyse sei so sehr mit den negativen Seiten des Menschen beschäftigt, daß

---

[1] Michael Wertheimer (1970) sieht z.B. in einem Übersetzungsfehler einen Grund dafür, daß die amerikanische Psychologie der ersten Jahre des 20. Jahrhunderts die Psychoanalyse kaum zur Kenntnis nahm. Das für Freud bedeutungsvolle Wort »Trieb« wurde anfangs mit »instinct« und nicht – was angemessener wäre – mit »drive« wiedergegeben. Zur damaligen Zeit war man in Amerika ausgesprochen »instinktfeindlich«.

es Zeit für eine Neubesinnung und, neben Behaviorismus und Psychoanalyse, zur Einführung einer *dritten Kraft* sei. Aus dieser Unzufriedenheit heraus entwickelte sich die »Humanistische Psychologie«, an deren »Geburt« Carl Rogers (1902–1987) und Abraham Maslow (1908–1970) wesentlichen Anteil hatten. Entscheidende Anregungen erhielten diese beiden Psychologen nicht, wie Freud, von Patienten, sondern aufgrund ihrer Kontakte mit Studenten und solchen Menschen, die in Beratungsstellen um Rat nachgesucht hatten. Persönlichkeitstheorien sollten, so fordert Maslow, durch Erforschung gesunder Persönlichkeiten entwickelt werden, denn »das Studium verkrüppelter, verkümmerter, unreifer und ungesunder Leute kann nur zu einer verkrüppelten Psychologie und einer verkrüppelten Philosophie führen« (Maslow, 1970).

Nach dem von den humanistischen Psychologen entworfenen Bild können Menschen sehr wohl eigene Entscheidungen treffen, und wenn sie die Gelegenheit dazu erhalten, übernehmen sie selbst die Verantwortung für ihr Leben. Sie sind bestrebt, das Beste aus ihrem Leben zu machen. Das Ziel ist die *Selbst-Verwirklichung* (Maslow, 1970, 1971). Eine Gesellschaft, die auf ihre Mitglieder Druck ausübt, die ihnen keine Freiheit gewährt, kann allerdings aus »guten« Menschen passive, verschreckte, unzufriedene oder auch aggressive Wesen machen.

Die humanistischen Psychologen zeichnen zweifellos ein ziemlich vorteilhaftes Bild von der menschlichen Natur. Ihre Vertreter haben dazu beigetragen, daß Psychologen sich inzwischen auch mit positiven Seiten menschlichen Verhaltens beschäftigen, wie z. B. Hilfsbereitschaft oder Liebe. In der Streßforschung untersucht man u.a., welche Bedeutung eine optimistische Lebenseinstellung für die Gesundheit hat (s. S. 367). Die Beiträge ihrer Ver-

Abb. 1.14
*Zu den Begründern der humanistischen Psychologie gehörten Carl Rogers (links) und Abraham Maslow (rechts).*

treter weisen aber auch erhebliche Schwächen auf. Es werden viele Begriffe verwendet, die unzureichend definiert sind. Woran erkennt man beispielsweise einen Menschen, der das Ziel der Selbst-Verwirklichung erreicht hat (das gelingt nach Maslows Feststellungen ohnehin nur einem Prozent der Bevölkerung), und worin unterscheidet sich dieser von anderen, die diesem Ziel noch fern sind? Viele Feststellungen sind zudem einer wissenschaftlichen Überprüfung nicht zugänglich, so beispielsweise die Behauptungen, Menschen besäßen einen freien Willen, sie seien von Natur aus gut und ganz allgemein bestrebt, ihre gesamten Möglichkeiten auszuschöpfen. Die Humanistische Psychologie gewann vor allem viele Anhänger unter den Klinischen Psychologen, die mit dem psychoanalytischen bzw. behavioristischen Menschenbild unzufrieden waren. Humanistische Psychologen bringen vorwiegend eine Lebensphilosophie zum Ausdruck. Kritiker haben darauf hingewiesen, daß mit der Behauptung, der Mensch sei von Natur aus gut, Wertsetzungen erfolgt seien, die sich mit einem wissenschaftlichen Ansatz nicht vereinbaren lassen. Wenn man zudem der Aufforderung zur Selbst-Verwirklichung konsequent nachkommt, ist die Vernachlässigung der Interessen anderer eine notwendige Folge. Damit junge Menschen nachdrücklich erfahren, daß die eigene Selbst-Verwirklichung nicht auf Kosten anderer erstrebt werden darf, hat man ein globales Lernziel formuliert, das im öffentlichen Schulwesen die Inhalte sämtlicher Unterrichtsfächer der Oberstufe mitbestimmt: Selbst-Verwirklichung *in sozialer Verantwortung*.

### 1.3.6 Vergleich unterschiedlicher Sichtweisen

Jede Sichtweise stützt sich auf bestimmte Annahmen, die letztlich unüberprüfbar sind. Deshalb kann die Frage nach der »richtigen« und »falschen« Sichtweise nicht beantwortet werden. Glücklicherweise gibt es keinerlei Veranlassung, sich für *eine* Sichtweise zu entscheiden. Viele Psychologen sind davon überzeugt, daß sich ein psychologischer Sachverhalt am besten aufhellen läßt, wenn man ihn von unterschiedlichen Standorten aus betrachtet. Der *Behaviorist* stellt nun einmal andere Fragen als der *konstruktivistisch* oder der *humanistisch* ausgerichtete Psychologe. Wenn man beispielsweise erklären möchte, warum einige Menschen übermäßig viel Alkohol trinken, dann stellt ein biologisch ausgerichteter Psychologe andere Fragen (z. B.: Gibt es vielleicht eine genetische Veranlagung?) als der Behaviorist (finden sich gelernte Anreize in der Umwelt?), der Psychoanalytiker (wird versucht, durch Trinken Ängste abzubauen?) oder der konstruktivistisch ausgerichtete Psychologe (z. B.: Welche Gedanken gehen dem »Griff zur Flasche« voraus, welche begleiten das Trinken?). Als sich die Psychologie noch in ihren »Kinderschuhen« befand, haben sich die Vertreter der verschiedener Sichtweisen teilweise heftig befehdet. Man fühlte sich einer bestimmten Denkrichtung tief verbunden und war davon überzeugt, damit den besseren Zugang zum Verständnis des Menschen und seines Verhaltens zu gewinnen. Die meisten Psychologen der Gegenwart erkennen an, daß jede Sichtweise Vor- und Nachteile hat. Wie das Studium der nachfolgenden Kapitel zeigen wird, hat jede Sichtweise etwas zur Erweiterung des psychologischen Wissens beizutragen.

## 1.4 Einige Arbeitsbereiche der Angewandten Psychologie

Nur wenige Studenten, die nach mindestens acht Semestern ein Diplom in Psychologie oder nach weiteren Jahren zusätzlich einen Doktorgrad erworben haben, verbleiben im akademischen Bereich der Lehre und Forschung. Die Mehrheit der Psychologen arbeitet in Berufen außerhalb der Universität in angewandten Tätigkeitsfeldern. Eine Ausnahme stellen nur die Vertreter der *Pädagogischen Psychologie* dar, die überwiegend an Universitäten sowie an solchen Einrichtungen lehren und forschen, die Pädagogen, insbesondere Lehrer, ausbilden. Sie untersuchen in ihren wissenschaftlichen Arbeiten häufig Lern- und Behaltensprozesse. Sie entwickeln (und überprüfen) Vorschläge, wie Lehre und Unterricht im öffentlichen Schulwesen, zunehmend aber auch in Weiter- und Fortbildungseinrichtungen, zu fördern sind. Viele Vertreter dieses Fachgebietes haben sich als Instruktionspsychologen spezialisiert. Als solche erforschen sie, wie die Lehre (Instruktion) zu verbessern ist. Ihr Interesse gilt nicht nur »normalen« Lernenden, sondern auch solchen, die Lernschwierigkeiten aufweisen. Auch die Frage nach bestmöglicher Förderung außerordentlich begabter Schüler hat einige Pädagogische Psychologen zu besonderen Forschungsprojekten veranlaßt.

Wie lassen sich die Arbeiten praktisch tätiger Psychologen kennzeichnen? Angesichts der Vielfältigkeit der Aufgabenbereiche entdeckt man kaum Merkmale, die bei allen Praktikern in gleicher Weise zu finden sind. Ein ziemlich junges Anwendungsgebiet ist z. B. die *Gesundheitspsychologie* (Haisch und Zeither, 1991; Schwarzer, 1990). Ihre Vertreter interessieren sich für die Zusammenhänge zwischen einem bestimmten Lebensstil (z.B. sitzende Lebensweise, Rauchen und Alkoholkonsum) und Gesundheit. Gesundheitspsychologen studieren weiterhin den Zusammenhang zwischen Streß und dem Risiko, Opfer verschiedener Erkrankungen, einschließlich Krebs, zu werden (s. S. 361 f.). Sie haben ebenso aufdecken können, welche Rolle die soziale Unterstützung bei der Genesung von Patienten spielt.

Als weiteres Gebiet hat in jüngerer Zeit die *Umweltpsychologie* zunehmende Beachtung gefunden. Dabei geht es um die Beziehung zwischen Menschen und ihrer Umwelt. Allein durch sein Dasein verändert jedes Lebewesen seine Umwelt; aber gleichzeitig geht auch von der Umwelt ein entscheidender Einfluß auf das Individuum aus. Umweltpsychologen haben sich u. a. dafür interessiert, wie Menschen auf die Lebensbedingungen einer Großstadt reagieren. Wie wirkt z.B. der Lärm, die vergleichsweise dichte Besiedlung und auch das gesteigerte Gefährdungsrisiko auf einen Großstädter? Umweltpsychologen arbeiten auch mit Architekten bei der Gestaltung von Wohngebieten, Häusern, Büros usw. zusammen. Zunehmend interessieren sich Umweltpsychologen weiterhin für die Frage, wie das Umweltbewußtsein der Menschen zu steigern ist. Umweltpsychologen hoffen, rechtzeitig abwenden zu können, was Garret Hardin (1968, 1977) einmal die *Tragödien der gemeinschaftlichen Nutzungen* genannt hat oder unter dem Stichwort der *Allmende-Klemme* diskutiert wird (Spada et al., 1985). Wenn die Nutznießer der natürlichen Vorräte nicht bereit sind, hohe soziale Verantwortung zu übernehmen, ist für alle eine Katastrophe unausweichlich. Zur Veranschaulichung denke man an eine Gesellschaft, die überwiegend von Landwirtschaft lebt und deren Mitglieder Weideland gemeinschaftlich nutzen. Eine solche Gesellschaft besteht beispielsweise aus zehn Familien, die Viehzucht betreiben. Zu ihrem Gemeinschaftsbesitz gehört u. a. eine Weide. Damit dieses *Gemeinschaftsfeld* nicht überbeansprucht wird, erhält jede Familie die Erlaubnis, nur eine ihrer Kühe darauf grasen zu lassen. Was passiert nun, wenn sich *eine* Familie dafür entscheiden sollte, ein zweites Tier auf dieses Feld zu schicken? Die Versuchung ist groß, weil daraufhin mit einer Verdoppelung des Einkommens zu rechnen ist, während die zusätzliche Belastung des Feldes lediglich 10 Prozent beträgt. Vermutlich wird die Weide für elf Kühe immer noch ausreichend Nahrung zur Verfügung stellen. Wenn allerdings sämtliche Familien eine solche Entscheidung treffen sollten, ist mit einer Überbeanspruchung der Weide und infolgedessen mit einer Tragödie zu rechnen, weil sie schließlich nicht einmal mehr für ein einziges Tier ausreichend Nahrung hervorbringt. Eine vergleichbare Katastrophe steht der Menschheit bevor, wenn auch nur ein kleinerer Teil soziale Verantwortung vermissen läßt und die Umwelt derartig belastet, daß die Lebensgrundlage aller beeinträchtigt, wenn nicht sogar zerstört wird. Solange also nur wenige achtlos bei der Produktion und Beseitigung von Müll sind, wenn nur eine Minderheit sorglos fossile Energie verschwendet, sofern nur eine geringe Anzahl der Menschen Wälder kahlschlägt, ist das natürliche Gleichgewicht noch nicht besorgniserregend gestört. Allerdings fördert der wachsende Reichtum der wenigen, die gegen das Gebot der sozialen Verantwortlichkeit verstoßen, die Begehrlichkeit der anderen. Erst die Beteiligung einer Mehrheit an der Ausbeutung der Natur läßt aus dem »Gemeinschaftsfeld« eine Wüste, eine das Leben abweisende Umgebung werden. Auch der Glaube an die grenzenlosen natürlichen Vorräte der Weltmeere bringt eine Fischart nach der anderen der völligen Auslöschung näher (Hardin, 1968).

Menschen, die es an sozialer Verantwortung fehlen lassen und gegen die Gesetze der Gemeinschaft verstoßen, müssen mit einer Anklage vor Gericht rechnen. Auch in diesem Bereich sind Psychologen tätig. Sie arbeiten in der *Kriminal-* oder *Forensischen Psychologie* (vom lateinischen *forensis*, Forum, der Öffentliche Platz in einer antiken römischen Stadt, auf dem u. a. auch Gerichtsverhandlungen stattfanden). Forensische Psychologen wirken an der Erhellung solcher psychologischen Probleme mit, die vor und während einer Gerichtsverhandlung auftreten können. Ebenso fallen ihnen

Abb. 1.15
*Umweltpsychologen helfen u. a. mit, ein weiteres Absinken der Lebensbedingungen auf der Erde zu verhindern, indem sie nach Wegen suchen, das Umweltbewußtsein der Bevölkerung zu erhöhen.*

Aufgaben bei der Beurteilung von Inhaftierten (z.B. Prüfung der Angemessenheit einer vorzeitigen Entlassung) und deren Wiedereingliederung in die Gesellschaft zu. Die Rechtsprechung geht z.b. davon aus, daß eine Schuldzuweisung nur möglich ist, wenn ein Angeklagter für seine Tat »verantwortlich« war. Er muß also in der Lage sein, zwischen Gut und Böse zu unterscheiden. Forensische Psychologen können vom Gericht beauftragt werden, die Zurechnungsfähigkeit eines Angeklagten zu beurteilen. Es ist allerdings außerordentlich schwierig, nachträglich die *seelisch-geistige Verfassung* eines Menschen zum Zeitpunkt einer Tat zu beurteilen oder zur Frage einer »Wiederholungskriminalität« Stellung zu nehmen. Psychologen und Psychiater erstellen nicht selten bei einer Beurteilung desselben Täters unterschiedliche Gutachten (Hans, 1989). Weiterhin wirken Psychologen bei der Begutachtung von Zeugenaussagen mit (s. hierzu auch Info-Kasten 6.2, S. 263 f.).

Auf angewandte Arbeitsbereiche der genannten Art kann sich ein Student in der Regel noch nicht während seiner Ausbildung vorbereiten, denn entsprechende Fachvertreter gibt es an Lehr- und Forschungsstätten nur in Ausnahmefällen. Demgegenüber sind die folgenden drei Bereiche fast immer an Psychologischen Instituten vertreten: Arbeits-, Betriebs- und Organisations- sowie Klinische und Pädagogische Psychologie. Zwei Fachgebiete, die Klinische sowie die Arbeits- und Organisationspsychologie, sollen im folgenden etwas ausführlicher vorgestellt werden.

## 1.4.1 Aufgaben Klinischer Psychologen

Vielfach wird davon ausgegangen, daß alle Psychologen in klinischen Bereichen arbeiten.

Typisch ist eine Erfahrung, von der Peter Gray (1991) berichtet: »Wenn ich zu einer Party gehe und als Psychologe vorgestellt werde, reagieren die Menschen entweder peinlich berührt und mit Schweigen, oder sie fangen an, mir von ihren Problemen zu erzählen. Ich habe gelernt, ihnen unmittelbar darauf zu erklären, daß ich ein *solcher* Psychologe nicht bin – kein Klinischer Psychologe, der Menschen behandelt, sondern ein Lehrender und Forscher, der bestimmte Grundlagen des Lernens und der Motivation untersucht.« Das öffentliche Vorurteil, wonach alle Psychologen in klinischen Bereichen tätig sind, scheint – trotz zahlreicher Aufklärungsversuche – in breiten Kreisen der Bevölkerung unausrottbar fortzubestehen.

Mit dem Wort »klinisch« verbinden viele Menschen eine medizinische Einrichtung, in die Kranke eingeliefert und in der sie behandelt werden. Tatsächlich arbeiten Psychologen auch in Krankenhäusern. Die Einsatzmöglichkeiten Klinischer Psychologen gehen jedoch über Arbeiten »am Krankenbett« weit hinaus, wie die folgende Übersicht zeigt, die sich auf die Ergebnisse einer deutschen Erhebung aus den Jahren 1977/78 stützt (Fichter und Wittchen, 1980):

**Gesundheitswesen:**
»Am Krankenbett«: 23,0 %
Ambulante Einrichtungen: 5,0 %
**Beratungswesen:** 31,8 %
**Erziehungswesen:** 13,0 %
**Freiberufliche Einzel-/Gruppenpraxis:** 19,5 %
**Verschiedenes** (Sozial-, Arbeits- u. Gesundheitsamt): 7,7 %

In diesen Bereichen beschäftigen sich die meisten Psychologen mit Störungen, Krankheiten oder außergewöhnlichen psychischen Zuständen (Bastine, 1990), und – deshalb die Beibehaltung der Kennzeichnung *klinisch* – sie bemühen sich um deren Behandlung. Wie aber Reiner Bastine (1990) in seinem einführenden Werk zur Klinischen Psychologie feststellt, sind Vertreter dieses Fachgebietes auch im Erziehungswesen und in der Berufsberatung tätig, wo sie sich nicht nur mit Auffälligkeiten beschäftigen, sondern sich z. B. auch an Beratungen zur Schul-, Berufs- und Bildungslaufbahn beteiligen.

Auf den ersten Blick erscheinen die Tätigkeitsfelder Klinischer Psychologen außerordentlich vielfältig und verschiedenartig. Dennoch lassen sich einige gemeinsame Schwerpunkte ihrer Arbeit herausstellen. Sie setzen anerkannte psychologische Verfahren in der Diagnostik ein und stützen sich auf deren Ergebnisse in der Beratung oder bei therapeutischen Maßnahmen. (Nicht immer lassen sich Diagnostik und Therapie eindeutig voneinander unterscheiden, so etwa in Freuds Psychoanalyse, die Fortschritte im Therapieprozeß mit der Entdeckung und Aufarbeitung von Ängsten und Konflikten gleichsetzt, die dem Klienten zunächst verborgen waren.) Eine von Klinischen Psychologen vor allem geforderte, aber in der Praxis zumeist vernachlässigte Aufgabe stellt die sogenannte *Vorbeugung* dar; darin bemühen sich Klinische Psychologen um Aufdeckung und Schaffung solcher Bedingungen, unter denen sich auffälliges oder abweichendes Verhalten möglichst gar nicht erst entwickelt.

### 1.4.1.1 Erfassung psychologischer Merkmale durch Diagnostik

Bevor der Klinische Psychologe bei der Lösung psychologischer Aufgaben – sowohl in der Beratung als auch in der Therapie – mitwirken kann, muß er etwas von seinem Klienten wissen. Psychologen ziehen häufig die Bezeichnung *Klient* vor, um damit zum Ausdruck zu bringen, daß sie von diesem eine aktivere Mitarbeit erwarten; er soll nicht – wie nach traditionellem Verständnis ein *Patient* – Maßnahmen nur passiv über sich ergehen lassen. In Abhängigkeit von der jeweiligen Fragestellung sind Klinische Psychologen daran interessiert, Informationen z. B. über die Intelligenz, die Konzentrationsfähigkeit, die emotionale Stabilität oder andere Merkmale ihres Klienten zu erhalten; dies geschieht durch Beobachtung. Zu unterscheiden ist allerdings, ob diese Beobachtung unter natürlichen Bedingungen, im Rahmen einer Befragung bzw. eines Interviews oder unter »standardisierten« Testbedingungen durchgeführt wird.

Es liegt sicherlich nahe, einen Menschen in seinen alltäglichen Situationen zu beobachten, um ihn näher kennenzulernen. So könnte sich ein Lehrer z. B. an einen Schulpsychologen mit der Frage wenden, wie er auf einen Schüler reagieren sollte, der nach seiner eigenen Wahrnehmung während des Unterrichts häufiger stört. Durch teilnehmende Beobachtung am Unterricht könnte der Psychologe vermutlich aufschlußreiche Hinweise gewinnen. Stehen die wahrgenommenen Störungen in irgendeinem Zusammenhang mit dem Lehrerverhalten? Tritt das »Stör«-Verhalten auch im Unterricht anderer Lehrer auf? Besuche im Klassenzimmer könnten zur Klärung solcher Fragen beitragen. Allerdings ist zu beachten, daß Menschen ihr Verhalten verändern, sobald sie bemerken, von anderen beobachtet zu werden. Der Psychologe müßte also bemüht sein, sich bei der Beobachtung so unauffällig wie möglich zu verhalten.

Selbstverständlich erfordern Beobachtungen in natürlichen Situationen einen erheblichen Zeitaufwand. Häufiger werden Klinische Psychologen die notwendigen Beobachtungen folglich innerhalb ihres Beratungszimmers durchführen. Sie müssen allerdings damit rechnen, daß sich das zu untersuchende Verhalten – beispielsweise die »Störung« – dort nicht ebenso wie in der natürlichen Umgebung zeigt, also z. B. im Klassenzimmer. In einer solchen künstlich geschaffenen Situation wird der Klinische Psychologe beobachten, wie sich sein Klient in einer Gesprächssituation verhält, und er wird sich um weitere Aufschlüsse durch Auswertung von Testergebnissen bemühen.

Der Klinische Psychologe George Kelly (1958) gab seinen Kollegen einmal den einfachen Ratschlag: »Wenn ihr wissen wollt, was in der Gedankenwelt einer Person vorgeht, dann fragt sie doch einfach. Sie könnte darüber Auskunft geben.« Das diagnostische Gespräch gehört zu den ältesten Methoden der Klinischen Psychologie. Sigmund Freud gewann den größten Teil seiner Erkenntnisse aus sehr intensiven Gesprächen mit seinen Patienten. Der Vorteil solcher Gespräche liegt darin, daß sie individuell an die Probleme und Bedürfnisse eines Ratsuchenden angepaßt werden können. Kritiker befürchten aber, daß die Auswahl der Fragen zu subjektiv ist. Psychologen, die unabhängig voneinander mit demselben Klienten Gespräche führen, könnten diesen sehr unterschiedlich beurteilen. Das gilt besonders bei unterschiedlichen theoretischen Orientierungen Klinischer Psychologen. Für einen Psychoanalytiker ist das, was ihm ein Klient verschweigt, ebenso bedeutsam wie das, was er ihm mitteilt. Demgegenüber wird sich ein behavioristisch ausgerichteter Psychologe nur für tatsächlich gezeigtes Verhalten interessieren. Ein humanistisch ausgerichteter klinischer Psychologe interessiert sich wahrscheinlich vor allem für die subjektiven Sichtweisen seines Klienten und weniger dafür, ob diese mit der Wirklichkeit übereinstimmen. Deshalb gibt es Bemühungen, den Gesprächsablauf zu »standardisieren«. Damit soll gewährleistet werden, daß mehrere Psychologen unabhängig voneinander zu möglichst einheitlichen Ergebnissen gelangen.

Ein Verfahren ist standardisiert, wenn genau festgelegt ist, wie es durchzuführen, auszuwerten und zu interpretieren ist. Die »Objektivität«, das heißt, der Grad der Übereinstimmung mehrerer Beobachter, wird durch solche Festlegungen zweifellos erhöht. Die Möglichkeit, die Fragen auf die besonderen Probleme eines Ratsuchenden oder Klien-

Abb. 1.16
*Zu den wichtigsten psychologischen Verfahren, die im Rahmen von Diagnostik verwendet werden, gehören psychologische Tests. Sie enthalten Aufgaben, auf die der Getestete zu reagieren hat. Diese Reaktionen sollen Rückschlüsse auf Merkmale der Person zulassen.*

ten abzustimmen, ist bei Anwendung eines standardisierten Verfahrens allerdings erheblich eingeschränkt.

In der Klinischen Psychologie wurden verschiedene Tests entwickelt, durch die eine Standardisierung der diagnostischen Untersuchung zumindest annähernd gegeben ist. Psychologische Tests bestehen aus einer Reihe von Aufgaben, die dem Klienten in schriftlicher oder mündlicher Form dargeboten werden. Gemeinsam ist allen psychologischen Tests, daß mit Hilfe einer Reihe von Aufgaben eine Stichprobe von Verhaltensweisen erhoben wird (Anastasi, 1982), um daraus allgemeine Rückschlüsse auf die jeweils getestete Person ziehen zu können (London und Bray, 1980). Welche Verhaltensweisen jeweils beobachtet werden, ergibt sich aus den jeweiligen Zielsetzungen. Psychologen haben Tests konstruiert, deren Ergebnisse auf verschiedenartige Fähigkeiten, Fertigkeiten, Interessen, Einstellungen, Wertausrichtungen und Persönlichkeitsmerkmale schließen lassen sollen. In die Konstruktion jedes psychologischen Tests sind bestimmte Annahmen des jeweiligen Autors miteingeflossen. Mit diesen Annahmen sollte der Anwender stets vertraut sein, um die Ergebnisse angemessen interpretieren zu können. Auf einige Annahmen traditioneller Intelligenztests wird im fünften Kapitel (s. S. 224 ff.) näher eingegangen.

### 1.4.1.2 Veränderung durch Beratung und Psychotherapie

Sehr verschiedene Gründe können einen Menschen dazu bewegen, in therapeutische Behandlung zu gehen, die nicht nur von Klinischen Psychologen, sondern u.a. auch von Psychiatern durchgeführt wird, sofern diese über eine entsprechende Zusatzausbildung verfügen. Behandelt werden – um nur einige Beispiele zu nennen – Menschen mit erheblichen Verhaltensauffälligkeiten (z.B. schwere und andauernde Niedergeschlagenheit, Alkoholismus etc.) sowie solche, die erhebliche oder geringfügige Schwierigkeiten bei der Anpassung an bestimmte Lebensbedingungen aufweisen. Es sind vor allem diese zuletzt genannten Anlässe zum Aufsuchen eines Klinischen Psychologen, die eine Unterscheidung zwischen *Therapie* und *Beratung* nicht immer leicht machen. Eine Beratung kann z.B. gesucht werden, wenn Hilfe bei Entscheidungen in bestimmten Lebenssituationen benötigt wird. In einer Beratung werden einem Ratsuchenden, nicht selten unter Berücksichtigung diagnostischer Befunde, vor allem Informationen weitergegeben, durch die seine Entscheidungsgrundlage verbessert wird. So stellt sich u.a. die Frage, welche weiterführende Schule ein Kind angesichts seiner besonderen Begabung besuchen sollte oder welche Berufswahl die vom Klinischen Psychologen diagnostizierten Fähigkeiten und Interessen besonders nahelegen. Probleme, die eine Therapie ratsam erscheinen lassen, sind dagegen nicht mehr einfach dadurch zu lösen, daß man einem Menschen bestimmte Informationen mitteilt. Zumeist wird durch Therapien versucht (aber eine eindeutige Abgrenzung zur Beratung ist eben nicht immer möglich), Veränderungen herbeizuführen, die auch den Gefühlsbereich miteinbeziehen. So suchen z.B. die einen Hilfe bei einem Therapeuten, um ihre Angst vor dem Fliegen oder vor dem Reden in der Öffentlichkeit zu überwinden. Anderen gelingt es möglicherweise nicht allein, den Verlust eines nahen Angehörigen (eines Lebenspartners, eines Elternteils) zu verarbeiten. Einige Therapeuten sind darauf spezialisiert, Menschen bei der Bewältigung von Problemen in ihren Partnerschaften zu helfen. Klienten begeben sich in Behandlung, weil sie einfach unzufrieden sind mit ihrem Leben, ohne daß sie dafür einen besonderen Grund anzugeben wüßten. Schließlich gibt es noch eine Gruppe von Menschen, die sich an einen Therapeuten wenden, um mit seiner Hilfe mehr über die eigene Person zu erfahren und zu einer besseren Ausschöpfung eigener Möglichkeiten zu kommen. Info-Kasten 1.3 belegt an einigen geschichtlichen Beispielen, daß die Anwendung therapeutischer Maßnahmen keineswegs eine Erfindung der Neuzeit darstellt. Bei früheren Generationen fanden sich allerdings sehr unterschiedliche Auffassungen darüber, welches Verhalten der »Behandlung« bedurfte, worauf seine Entstehung zurückzuführen war und wie es wieder beseitigt werden mußte.

Die Anzahl der während des 20. Jahrhunderts entwickelten Therapien ist außerordentlich groß. Es gibt Behandlungsmethoden, die sich nur auf eine einzige Sitzung beschränken, und andere, die sich über mehrere Jahre erstrecken. Einige Therapien wenden sich vor allem an die Einsicht des Klienten, andere sind mehr auf emotionale Bereiche oder eine Verhaltensveränderung gerichtet. Es gibt Therapiemethoden, in denen nur gesprochen wird, während andere auch Körperübungen mit einbeziehen. In einigen Verfahren wendet sich ein Therapeut an *einen* Klienten, während in anderen die therapeutische Wirkung einer Gruppe einbezogen wird. Einige Autoren meinen, sie hätten mindestens 250 unterscheidbare psychologische Therapieansätze gezählt (Corsini, 1981), während eine andere Zählung sogar auf 400 kommt (Karasu, 1986). Diese Vielfalt hängt wesentlich damit zusammen, daß ständig neue Therapien entwickelt werden, während bereits vorliegende niemals mit der Begründung ihrer Unwirksamkeit

wieder zurückgezogen worden sind (Parloff, 1976). Dennoch bleiben nur wenige Therapien übrig, wenn man lediglich jene auswählt, die sich in Wirksamkeitsprüfungen bislang gut bewährt haben: Zu ihnen gehören Verhaltenstherapie und Gesprächstherapie (Grawe, 1992). Ob die Psychoanalyse sich weiterhin gegenüber erheblichen Einwänden behaupten kann, ist fraglich. Einige meinen, Freuds Methode könne allenfalls gesunden Menschen mit guter Bildung helfen, ein besseres Verständnis der eigenen Person zu erlangen (Michels, 1990). Wenn einige Klienten dennoch von ihr profitiert hätten, dann sei ein solcher Erfolg wohl mehr auf die positive emotionale Zuwendung der Therapeuten und kaum auf die psychoanalytischen Interpretationen und Analysen zurückzuführen (Wallerstein, 1989).

## 1.4.2 Aufgaben von Arbeits- und Organisationspsychologen

Als der amerikanische Ingenieur Frederick Taylor um die letzte Jahrhundertwende ein Stahlwerk besuchte, richtete sich sein interessierter Blick u. a. auch auf eine Gruppe Arbeiter, die 40 kg schwere Rohstahlblöcke aufhoben, um sie einige Meter weiter zu einem Stapel zu bringen, von wo aus sie schließlich auf Eisenbahnwaggons verladen wurden. Nachdem Taylor sich genau die Bewegungsabläufe dieser Arbeiter angesehen hatte, gelangte er zu der Überzeugung, daß ein paar Veränderungen zu einer Vervierfachung der Produktion führen könnten. Taylor sollte recht bekommen. Nachdem die Arbeiter sich genau in Einklang mit den von Taylor entworfenen Vorschriften bewegten, stieg ihre Leistung entsprechend den Erwartungen an. Die Löhne konnten daraufhin um 60 Prozent an-

## Info-Kasten 1.3
### Wie wurden Menschen mit »gestörten« und auffälligen Verhaltensweisen in der Vergangenheit »behandelt«?

Die Behandlung »gestörten« oder auffälligen Verhaltens stellt keine Erfindung der Neuzeit dar. Über Jahrtausende läßt sich die Überzeugung nachweisen, daß Dämonen in den menschlichen Körper eingedrungen sind, woraufhin das Opfer fremdartige, unverständliche Verhaltensweisen zeigt (Coleman et al., 1984). Abbildung 1.17 zeigt Schädel aus der Steinzeit, in die offenkundig runde Löcher gemeißelt worden sind, um Dämonen die Möglichkeit zu eröffnen, den menschlichen Körper wieder zu verlassen. Einige Schädel weisen Knochenheilungen auf. Dies läßt darauf schließen, daß »Behandelte« den Eingriff noch für mehrere Jahre überlebt haben müssen. Ähnliche Auffassungen sind aus dem alten Ägypten (etwa 1500 v. Chr.), China und Griechenland überliefert. Dort hoffte man, die vermeintlich bösen Geister austreiben zu können, indem man ihnen das Leben schwer zu machen versuchte. Den »Besessenen« wurde Gift verabreicht, dem u. a. Blut von Eidechsen, Ausscheidungen von Krokodilen und Fliegendreck beigemischt worden war.

Die Vorstellung, daß auffällige Verhaltensweisen das Werk böser Geister seien, war auch im Mittelalter weit verbreitet. Während des 15. Jahrhunderts übernahmen Priester die Behandlung, indem sie die Austreibung zunächst mit Gebeten und Weihwasser, im Falle sehr »widerstandsfähiger Dämonen« mit grausameren Methoden versuchten. *Martin Luther* soll (im Jahre 1540) vorgeschlagen haben, einen geistig zurückgebliebenen Jungen zu ersticken, weil dieser zum Gefangenen des Teufels geworden war, der aus ihm »eine Fleischmasse ohne Seele« gemacht hätte (Tappert, 1967). Frauen konnten als Hexen verfolgt werden. In einem umfangreichen Werk, *Malleus Maleficarum*, aus dem Jahre 1478, zählen zwei Priester sehr genau die Symptome von Hexen auf. Sie beschreiben ebenso, auf welche Weise solche Opfer zu Geständnissen gebracht werden können. Dieses Werk ent-

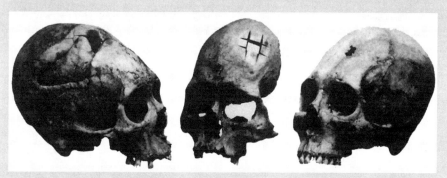

Abb. 1.17
*Schädelfunde aus der Steinzeit, die von vorgeschichtlichen Behandlungsmethoden zeugen. Durch gemeißelte Öffnungen im Schädel vermutlich auffälliger Menschen sollten Dämonen die Gelegenheit erhalten, den Körper wieder zu verlassen.*

hält eine Aufzählung schlimmster Foltermethoden.

Seit Beginn des 16. Jahrhunderts verlor die Auffassung, Menschen könnten von bösen Geistern besessen sein, allmählich an Bedeutung, ohne daß eine andere weithin anerkannte Erklärung für Geisteskrankheiten an ihre Stelle trat. Menschen mit abweichenden Verhaltensweisen wurden zunehmend in besonderen Heimen unter unwürdigsten Bedingungen untergebracht. Die älteste solcher Anstalten ist vermutlich das *St. Mary of Bethlehem Hospital* in London (als *Bedlam* bekannt), in das seit 1547 die »Narren« und »Wahnsinnigen« eingeliefert worden sind. Die Insassen wurden gequält, ausgepeitscht und so schlecht ernährt, daß viele bald nach ihrer Einlieferung den Hungertod erlitten. Das »schlechte Blut« galt als Ursache ihrer Schwermut oder ihres Dämmerzustands. Deshalb wurden die Venen regelmäßig aufgeschlitzt, damit das Blut in bereitstehende Lederbehälter fließen konnte (s. Abbildung 1.18, rechts unten). Die Wärter konnten ihre Einnahmen verbessern, indem sie die Insassen der Öffentlichkeit zur Besichtigung und zur Unterhaltung anboten (s. Abbildung 1.18, S. 53). *Bedlam* war keine Ausnahme, denn ähnliche Bewahranstalten waren bis ins 18. und 19. Jahrhundert in Europa weithin verbreitet.

Fortschritte der Wissenschaften ließen während des 18. und 19. Jahrhunderts allmählich ein neues Verständnis vom abweichenden Verhalten entstehen. Im Grunde wurde damit an Gedanken angeknüpft, die bereits der griechische Arzt Hippokrates (ca. 450 bis 377 v. Chr.) geäußert hatte, die sich aber nicht durchsetzen konnten und für viele Jahrhunderte wieder in Vergessenheit geraten waren. Für einige Kranke war es eine glückliche Fügung, als am 25. April 1793 (inmitten der Französischen Revolution) der Arzt Philippe Pinel (1745–1826) zum Direktor einer Anstalt in Paris wurde, in der hauptsächlich »Geisteskranke« untergebracht worden waren. Kurz nach seinem Amtsantritt (am 2. September 1793) wurde dem Antrag des Arztes stattgegeben, etwa fünfzig Insassen von ihren Ketten zu befreien. Diesen war fortan erlaubt, sich innerhalb des Geländes frei zu bewegen. Der Arzt sah in diesen Patienten Menschen, denen er mit Freundlichkeit und Respekt begegnete. Diese Behandlung führte zu beachtlichen Ergebnissen. Leider fand das Beispiel Pinels zunächst wenig Nachahmer. Dennoch wurde damit ein entscheidender Anfang unternommen, gestörte und auffällige Menschen als Kranke zu sehen. Ein großer Durchbruch erfolgte, als der deutsche Psychiater Emil Kraepelin (1856–1926), ein Schüler Wundts, in seinem Lehrbuch schrieb, daß seelische und geistige Krankheiten als Folge krankhafter Veränderungen des Gehirns entstehen. Damit hatte sich die *organische Sichtweise* entwickelt, die Auffälligkeiten auf innere Ursachen zurückführte.

Sind aber alle Störungen des Verhaltens organischer Natur? Von den Arbeiten des umstrittenen österreichischen Arztes Franz Anton Mesmer (1734–1815) sollten später Anregungen für

Ziele, Ansätze und Anwendungen der Psychologie 53

eine andere Sichtweise ausgehen. Der in Paris praktizierende Mesmer glaubte, daß Krankheiten entstehen, wenn unsichtbare magnetische Flüssigkeiten aus dem Gleichgewicht geraten. Durch Berührung der kranken Körperteile gelang es Mesmer häufig, seine Patienten von langjährigen Lähmungen und anderen Symptomen zu befreien. Seine Erfolge sprachen sich schnell herum und erreichten schließlich auch die akademische Welt. Mesmer, der offenkundig seine Patienten in Trancezustände versetzt hatte und in der Lage war, sie durch Suggestion zu heilen, fand wegen seiner »Theorie« und seines merkwürdigen Auftretens allerdings keine Anerkennung. Erst nachdem der Pariser Neurologe Jean-Martin Charcot (1825–1893) die Arbeiten Mesmers aufgegriffen und systematisch studiert und angewandt hatte, ergab sich eine weitere Sichtweise auffälliger Verhaltensweisen: Charcot zeigte, daß sich Hysterie (deren Symptome u. a. Schwächeanfälle, Lähmungen, beeinträchtigte Hör- und Sehleistungen waren, ohne daß sich dafür eine organische Erklärung fand) durch Hypnose heilen läßt. Es waren Charcots Arbeiten, die einen erheblichen Einfluß auf Sigmund Freud ausübten. Die Ursache der Symptome lagen für Charcot und Freud aber im Patienten (s. S. 38 ff.). Dieser mußte durch eine entsprechende Behandlung verändert werden, wenn er von seinen Symptomen befreit werden sollte. Der Patient hatte seine unbewältigten Erlebnisse aufzuarbeiten und seine Konflikte zu lösen. Damit war die *medizinische Sicht-*

Abb. 1.18
*Einigen Insassen von Bedlam wurde regelmäßig »schlechtes« Blut entnommen, das als Ursache ihres gestörten Verhaltens galt (Bild S. 52). Während des 18. Jahrhunderts galt es als unterhaltend, so auch für die beiden dargestellten Besucherinnen (Bild oben), den »Wahnsinnigen« zuzuschauen.*

> weise entstanden, nach der die Ursachen auffälligen Verhaltens *im* Patienten liegen.
> Eine andere Sichtweise wurde vom Behaviorismus angeregt. Seine Vertreter führten Verhalten auf bestimmte Bedingungen der Umwelt zurück (s. S. 32 ff.). Für Lernpsychologen sind »gestörte« Verhaltensweisen auf grundsätzlich gleiche Weise entstanden wie normale. Man brauche also nur die Verhaltenskonsequenzen zu ändern, um die Störungen wieder abzubauen. Die meisten Psychologen bevorzugen heute eine Sichtweise, nach der Verhaltensstörungen das Ergebnis einer Wechselwirkung darstellen. Sie erkennen also innere (eventuell auch genetische) Ursachen an, sie berücksichtigen aber gleichzeitig, daß diese biologischen Voraussetzungen stets auf bestimmte (vielleicht ungünstige, »krankmachende«) Umweltbedingungen treffen. In Abhängigkeit von der jeweiligen Störung kann sich die Therapie also darauf richten, auf körperliche Prozesse einzuwirken, die Umwelt oder beides zu verändern.

gehoben werden. Taylor wird seither vielfach als einer der Gründungsväter der Arbeits- und Organisationspsychologie angesehen. Er hat die nachfolgenden Arbeiten in diesem Fachgebiet nachdrücklich beeinflußt. Nach seiner Meinung ist es die Aufgabe einer Unternehmensleitung, geeignete Arbeiter zu finden und sie anzulernen. Taylor (1911) glaubte allerdings, der »durchschnittliche« Arbeiter sei von Natur aus faul, aber durch finanzielle Anreize zu bewegen, jede eintönige und ermüdende Tätigkeit (Fließbandarbeit!) auszuführen. Diese einfache »Motivationstheorie« erwies sich jedoch als falsch, obwohl sie noch heute die Vorstellungen einiger Führungskräfte zu bestimmen scheint. Mehrere Entwicklungen führten dazu, daß die Arbeitsmoral abnahm. Damit sank auch die Qualität der erbrachten Leistungen. Sollte die menschliche Motivation möglicherweise doch von anderen Faktoren als von finanzieller Belohnung bestimmt werden? Hängt die Produktivität der Arbeit noch von weiteren Bedingungen ab? Für solche Fragen interessierte sich u. a. auch Elton Mayo (1933) zusammen mit einigen Mitarbeitern (Roethlisberger und Dickson, 1939).

In einem großen Elektrokonzern, den Hawthorne-Werken in der Nähe Chicagos, hatten sie Arbeiter bei der Herstellung bestimmter Teile von Telefonen beobachtet. Sie änderten zahlreiche Bedingungen am Arbeitsplatz (z. B. die Beleuchtung, Pausen) und stellten nach jeder Maßnahme eine Verbesserung der Arbeitsproduktivität fest. Mit Erstaunen mußten die Forscher jedoch feststellen, daß die Produktivität auch anstieg, nachdem sie schrittweise alle Veränderungen wieder rückgängig gemacht hatten (der sogenannte Hawthorne-Effekt). Viel bedeutsamer als die physikalische Umwelt war offenbar die Wahrnehmung der Arbeiter, als Teilnehmer einer wissenschaftlichen Studie beachtet und damit aufgewertet zu werden. Obwohl die Beobachtungen und Schlußfolgerungen Mayos inzwischen heftig kritisiert und in Frage gestellt worden sind (Rice, 1982; Walter-Busch, 1989), übten seine Arbeiten einen außerordentlich großen Einfluß auf die Arbeits- und Organisationspsychologie aus. Fortan kümmerten sich viele Psychologen verstärkt darum, die Arbeitszufriedenheit zu erhöhen, die offenbar entscheidend von den sozialen Beziehungen des Arbeiters abhängt.

Man versuchte nunmehr die Produktivität durch Förderung der Beziehungen des einzelnen zu seinen Kollegen und seinen Vorgesetzten zu erhöhen. Psychologen waren weiterhin bemüht, Bedingungen – in diesem Fall: soziale Bedingungen – zu manipulieren, um die Betriebsangehörigen zu größeren Leistungen zu veranlassen. Erst unter dem Einfluß der humanistischen Psychologen definierten die Arbeits- und Organisationspsychologen ihre Aufgabe neu.

Gegen Ende der fünfziger, Anfang der sechziger Jahre rückten – nach Eberhard Ulich (1992) – »die Bedürfnisse nach Selbstverwirklichung und psychologischem Wachstum in den Vordergrund des Interesses«. Arbeits- und Organisationspsychologen versuchten nunmehr, in Betrieben Bedingungen zu schaffen, unter denen der Mitarbeiter seine Arbeit als persönlich bedeutsam erleben konnte. Während Taylor die Tätigkeit des einzelnen detailliert festgelegt und dem Arbeiter damit sämtliche Entscheidungen abgenommen hatte, wird dieser nunmehr unter dem Einfluß humanistischer Psychologen zur Mitbestimmung herausgefordert.

Arbeits- und Organisationspsychologen haben sich im Verlauf der letzten Jahrzehnte teilweise so spezialisiert, daß es in diesem Rahmen unmöglich ist, ihre Tätigkeitsfelder angemessen zu beschreiben (siehe hierzu Weinert, 1987). Um wenigstens einen kleinen Einblick in ihre Arbeit zu geben, sind hier einige ihrer Aufgaben und Zielsetzungen aufgeführt: wechselseitige Anpassung von Mensch und Arbeitsbedingungen sowie Mithilfe bei der Steigerung der Arbeitszufriedenheit.

### 1.4.2.1 Entwicklung und Anwendung psychologischer Verfahren bei der Personalauswahl

Ausschlaggebend für die Beschäftigung in einem Unternehmen ist in der Regel der Verlauf und das Ergebnis eines Einstellungsgesprächs, das Aufschluß über Persönlichkeitsmerkmale und die besonderen Qualifikationen von Bewerbern geben soll. Die Annahme liegt nahe, daß bei allen Maßnahmen zur Auswahl geeigneter Bewerber Psychologen eine bedeutsame Aufgabe zufällt. Das trifft allerdings nicht zu, wie Alfred Gebert (1989) feststellt: »Bei weniger als 10 Prozent aller Eignungsuntersuchungen sind Psychologen beteiligt.« In der Mehrheit der Fälle würden Fachfremde über die Einstellung von Bewerbern entscheiden. Sind die im Rahmen von Einstellungsprüfungen verwendeten diagnostischen Verfahren inzwischen so weit entwickelt, daß Psychologen sie nicht mehr verbessern können?

Verschiedene Forscher haben unabhängig voneinander den Erfolg von Einstellungsentscheidungen untersucht, die auf der Grundlage von Gesprächen (Interviews) getroffen worden sind. Gelingt auf diese Weise tatsächlich eine Auswahl von Mitarbeitern, die sich anschließend bewähren? Das ist *nicht* zu erwarten, denn Sozialpsychologen benennen zahlreiche Fehler, die verfälschend auf die Personwahrnehmung wirken (s. S. 375 ff.). Entsprechendes gilt auch für Entscheidungen, die sich auf die Eindrücke bei Einstellungsgesprächen stützen. Interviewer legen in der Regel zu viel Gewicht auf Merkmale, von denen der Erfolg bei der in Aussicht genommenen Tätigkeit gar nicht abhängt (Zedeck und Cascio, 1984). Auch aktuelle Stimmungen des Beurteilers können die Personalentscheidung mitbestimmen (Baron, 1987). Es überrascht deshalb nicht, wenn nach kritischer Auseinandersetzung mit einschlägigen Untersuchungen zusammenfassend festgestellt wird, daß das Interview ein mangelhaftes Verfahren zur Vorhersage eines zukünftigen Berufserfolges darstellt (Dorfman, 1989). Arbeits- und Organisationspsychologen versuchen bereits seit längerer Zeit, den Schwächen des Einstellungsverfahrens entgegenzuwirken. Verbesserung könnte die Anwendung standardisierter Interviews (s. S. 48) bringen; Nachweise ihrer Bewährung auf einer etwas breiteren Grundlage liegen im Augenblick allerdings noch nicht vor (Schmitt und Robertson, 1990).

Würden sich Verfahren zur Auswahl von Bewerbern nicht verbessern lassen, wenn man sich bei seinen Empfehlungen auf die Ergebnisse sorgfältig konstruierter Tests stützt? Solche Verfahren können tatsächlich helfen, die Irrtümer bei der Kandidatenauswahl für einige Tätigkeitsbereiche zu vermindern (McCormick und Ilgen, 1980). Dennoch ist die Anwendung von Tests oder zumindest die optimistische Bewertung ihrer Ergebnisse in letzter Zeit häufig kritisiert worden (Drenth, 1989). Vielfach liegt ihnen die Annahme zugrunde, daß sich die gemessenen Merkmale während der weiteren Entwicklung nicht mehr verändern. Besteht unter diesen Bedingungen nicht aber die Gefahr, daß beim Ausleseverfahren Bewerber zurückgewiesen werden, die durch Schulung sehr wohl an die geforderten Aufgaben heranzuführen wären? Könnte man die diagnostizierten Schwächen möglicherweise auch dadurch leicht überwinden, daß man die zu übernehmenden betrieblichen Aufgaben verändert?

Der Einsatz von Tests mag in solchen Fällen noch zu rechtfertigen sein, in denen zur Übernahme von Tätigkeiten bestimmte motorische Geschicklichkeiten vorausgesetzt werden müssen oder Leistungen zu erbringen sind, die ziemlich genau festliegen. Zur Auswahl von Kräften in Führungspositionen eignen sie sich vermutlich nicht. Arbeits- und Organisationspsychologen haben zu diesem Zweck weitere Verfahren entwickelt. Als Beispiel sei hier nur das sogenannte *Assessment Center* genannt (Gebert, 1989), durch das sechs bis zwölf Kandidaten gleichzeitig beurteilt werden. Statt die zu Beurteilenden nur zu interviewen, werden ihnen unterschiedliche Aufgaben gestellt: Papier-und-Bleistift-Tests, Rollenspiele und typische Tätigkeiten in derjenigen Position, für die sie sich beworben haben. Die Reaktionen der Kandidaten werden von mehreren Beobachtern bewertet. Die Erfolgsquote dieses Verfahrens ist im Vergleich zu anderen verhältnismäßig hoch (Gaugler et al., 1987).

### 1.4.2.2 Anpassung des Arbeitsplatzes an den Menschen

Wenn man studiert, wie Menschen sich bei der Bedienung von Kopierautomaten verhalten, dann wird man wahrscheinlich früher oder später darauf aufmerksam, daß viele Benutzer Bedienungsvorschriften mißachten: Obwohl mit Nachdruck darauf hingewiesen wird, Kopien nur mit geschlossenem Deckel vorzunehmen, wird diese Mahnung häufig mißachtet. Zweifellos erscheint es einigen Benutzern dieser Geräte einfach lästig, ein wiederholtes Öffnen und Schließen nach jedem Kopiervorgang vorzunehmen. Eine Befragung würde ergeben, daß tatsächlich keine Einsicht in den Sinn dieser Maßnahme besteht. Da fast allen Benutzern die Funktionsweise der Maschine unbekannt ist, bleibt ihnen auch verborgen, daß der hohe Lichteinfall bei geöffneter Abdeckhaube zum Verrußen des Systems führt.

Da viele Arbeitsplätze heute den Umgang mit komplizierten Maschinen erfordern, können Bedienungsfehler, wie sie im Falle von Kopierern ständig vorkommen, eventuell verhängnisvolle Wirkungen nach sich ziehen. Bis in die vierziger Jahre des 20. Jahrhunderts waren am Arbeitsplatz die bereitgestellten Maschinen im großen und ganzen noch überschaubar genug, um dem Gedanken einer möglichen Fehlbedienung hinreichend Beachtung zu schenken. Beim Bau von Maschinen fanden ausschließlich technische Gesichtspunkte Berücksichtigung. Menschen hatten sich an Maschinen anzupassen. Mögliche Gefährdungen, bis ins Unerträgliche gesteigerte Arbeitsplatzbedingungen und häufige Bedienungsfehler wurden in Kauf genommen. Allenfalls versuchte man durch ein entsprechendes Auswahlverfahren Arbeiter zu finden, die den Anforderungen noch am besten gewachsen waren. Erst zahlreiche während des Zweiten Weltkrieges eingesetzte Geräte (Radar, komplizierte, schnelle Reaktionen erfordernde Flugzeuge, Unterseeboote) verlangten Reaktionen unter völlig »unnatürlichen« Umweltbedingungen und riefen derartig häufig Bedienungsfehler hervor, daß die Notwendigkeit erkannt wurde, die Maschinen anwendungsfreundlicher zu gestalten (Schultz und Schultz, 1990). Damit entwickelte sich ein Gebiet, das man heute als »Psychologie der Mensch-Maschine-Systeme« oder als *Ingenieurpsychologie* bezeichnet. Auf ihre Dienste kann man in einer Welt, die von technischen

Abb. 1.19
*Ingenieurpsychologen sind bemüht, Geräte und Maschinen so zu gestalten, daß deren Bedienung (und das heißt auch: Kontrolle) so einfach und fehlerfrei wie möglich erfolgen kann.*

Einrichtungen beherrscht wird, nicht mehr verzichten. Dies läßt sich besonders eindrucksvoll am Beispiel von Atomkraftwerken belegen. Die Beinahe-Katastrophe in *Three-Mile-Island* läßt sich unter anderem auch darauf zurückführen, daß Kontrollinstrumente und Warnanzeigen in zu großem Abstand voneinander angebracht waren. Als das Wartungspersonal beim Ablesen der Kontrollinstrumente auf gefährliche Entwicklungen aufmerksam wurde, verlor es wertvolle Zeit, bis es zu einer anderen Stelle des Raumes geeilt war, von wo aus sich dem verhängnisvollen Prozeß entgegenwirken ließ (Kantowitz und Sorkin, 1983; siehe auch Dörner, 1989). Bei Gegenständen des alltäglichen Gebrauchs vermißt man häufig noch die Mitwirkung von Ingenieurpsychologen bei ihrer Formgestaltung. Viele Waschmaschinen, Kameras oder Videorekorder wurden hergestellt, ohne daß vorher ausreichend geklärt worden ist, wie Benutzer sie am besten bedienen könnten (Norman, 1988). So erleichtert es beispielsweise die Handhabung, wenn Schalter und Knöpfe mit verschiedenen Funktionen an einem Gerät sich deutlich in ihrem Aussehen (Farbe, Form usw.) voneinander abheben.

### 1.4.2.3 Steigerung der Arbeitszufriedenheit durch Umgestaltung der Arbeitsbedingungen

Die heute fast schon selbstverständliche Erwartung, Zufriedenheit am Arbeitsplatz anzustreben, ist auf den Einfluß der humanistischen Psychologen zurückzuführen. Arbeits- und Organisationspsychologen, die an der Verwirklichung dieser Zielsetzung arbeiten, stehen allerdings vor einer außerordentlich schwierigen Aufgabe. Das Ergebnis der Zufriedenheit hängt, im Unterschied zu Taylors Sichtweise (s. S. 50 f.), nicht nur von der Höhe der Entlohnung ab, sondern zusätzlich von persönlichen Erwartungen, von physikalischen Bedingungen am Arbeitsplatz, von der Qualität der Mitarbeiterbeziehungen, vom Eindruck einer gerechten Behandlung durch Vorgesetzte und vielen weiteren Gegebenheiten. Läßt sich die Wirkung tatsächlicher Arbeitszufriedenheit einfach vorhersagen? – Die Erwartung, daß eine Steigerung der Zufriedenheit unmittelbar auch einen Anstieg der Produktion nach sich zieht, hat sich nicht bestätigt. Zufriedenheit muß nicht unbedingt Auswirkungen auf das Arbeitsverhalten haben (Oskamp, 1984). Gibt es möglicherweise dennoch Bedingungen, unter denen nicht nur ein hohes Maß an Arbeitszufriedenheit der Beschäftigten, sondern gleichzeitig eine gesteigerte Produktivität zu erwarten ist? Befürworter der *Mitbestimmung* behaupten z. B., deren Einführung stärke die Arbeitsmoral, senke die Fehlzeiten, verringere die Anzahl der Kündigungen und erhöhe die Produktivität (Marrow et al., 1967). Man hat solche Behauptungen wiederholt nachgeprüft und dabei feststellen müssen, daß die Zusammenhänge keineswegs so einfach sind (Locke und Schweiger, 1979). Angesichts der widersprüchlichen Ergebnisse haben Arbeits- und Organisationspsychologen ihre Frage genauer formuliert (Vroom und Jago, 1988): Unter welchen Bedingungen bewährt sich welche Form der Mitbestimmung? Sollte man einen Beschäftigten unmittelbar oder über gewählte Vertreter auf Entscheidungsprozesse einwirken lassen? Bewährt sich eine Mitbestimmung bei allen möglichen oder nur bei bestimmten Angelegenheiten? Wie reagieren Vorgesetzte auf die Mitbestimmung ihrer Untergebenen? Sehen diese möglicherweise in Entscheidungen unterhalb ihrer Ebene einen Angriff auf ihre Führungsrolle, so daß sie mit Widerstand reagieren? Wie ist solchen Reaktionsweisen von vornherein entgegenzuwirken?

Für Arbeits- und Organisationspsychologen eröffnet sich mit solchen und vielen weiteren Fragen ein sehr weites Forschungsfeld. Auch von ihren Antworten wird es abhängen, ob sich in Industriebetrieben Bedingungen schaffen lassen, unter denen Beschäftigte bereit und in der Lage sind, Produkte herzustellen, die unter ständig verschärften Wettbewerbsbedingungen auf dem internationalen Markt zu verkaufen sind.

## 1.5 Erkenntnisse der Grundlagen- und der Angewandten Forschung in nachfolgenden Kapiteln

In der Angewandten Psychologie werden keine Theorien entwickelt, die sich von denen der Grundlagenforschung grundlegend unterscheiden. Ein experimentell arbeitender Gedächtnispsychologe versucht etwa, kognitive Prozesse und ihre Bedingungen aufzudecken, die für das Vergessen verantwortlich zu machen sind. Ein pädagogischer Psychologe ist an solchen Erkenntnissen sehr wohl interessiert, denn im Unterricht soll ja dem Vergessen häufig entgegengewirkt werden. Auch ein forensischer Psychologe meldet sein Interesse an den Ergebnissen aus der Gedächtnisforschung an, denn er hat bei der Begutachtung von Zeugenaussagen beispielsweise zu klären, was der Beobachter einer Tat eventuell vergessen hat und mit welchen Hilfen man vielleicht Erinnerungen auffrischen kann, die bereits verblaßt sind. Die beiden Angewandten Psychologien wenden sich dem Vergessen also nur mit anderen Fragestellungen zu: Es reicht ihnen nicht das Wissen darüber, weshalb Vergessen überhaupt erfolgt, sondern zusätzlich interessiert sie, wie sie dieses Wissen für ihre besonderen Zielsetzungen nutzbar machen können. Ihnen ist auch gegenwärtig, daß die Erkenntnisse aus der Grundlagenforschung nicht einfach übernommen werden können. Der pädagogische Psychologe berücksichtigt, daß die Bedingungen des Klassenzimmers nicht mit denen des Experimentalraumes übereinstimmen: Im Gegensatz zu Versuchspersonen treffen sich Schüler fast täglich, um Lerninhalte zu erarbeiten, die sich von den Aufgaben einer Gedächtnisstudie unterscheiden können. Möglicherweise entdeckt auch der forensische Psychologe, daß die Situation, die mit der Beobachtung eines Unfalls im Alltagsleben und der anschließenden Befragung durch die Polizei Merkmale enthält, die sich in den Experimenten der Grundlagenforschung nicht finden. Der pädagogische und der forensische Psychologe sehen sich also herausgefordert, die Erkenntnisse der Grundlagenforschung unter den besonderen Bedingungen ihrer Arbeitsfelder zu überprüfen. Aus der angewandten Forschung muß keineswegs eine neue, vielleicht aber eine erweiterte Theorie entstehen, die den Prozeß des Vergessens etwas differenzierter darstellt. Der Grundlagenforscher kann von der Überprüfung seiner Erkenntnisse in der Praxis und ihrer Erweiterung durchaus Nutzen ziehen.

Jedes der Arbeitsgebiete, die in den folgenden Kapiteln vorgestellt werden sollen, enthält Erkenntnisse der Grundlagenforschung, wiederholt aber auch Beiträge aus der Angewandten Psychologie. Erkenntnisse der Entwicklungspsychologie (2. Kapitel), der Wahrnehmungspsychologie (3. Kapitel), Lernpsychologie (4. Kapitel), Psychologie des Problemlösungsverhaltens und der Intelligenz (5. Kapitel), Gedächtnispsychologie (6. Kapitel), Motivationspsychologie (7. Kapitel), Psychologie der Gefühle und des Streßerlebens (8. Kapitel) sowie schließlich Sozialpsychologie (9. Kapitel) berücksichtigen zwar stets Erkenntnisse der Grundlagenforschung; wann immer möglich soll jedoch wiederholt gezeigt werden, wo und wie diese Erkenntnisse helfen können, alltägliche psychologische Ereignisse besser zu erklären, zu kontrollieren und vorherzusagen.

## Empfohlene Literatur zur Ergänzung und zur Vertiefung:

*Klinische Psychologie:*
REINECKER, H. (Hrsg.) (1993) : *Lehrbuch der Klinischen Psychologie.* Göttingen: Hogrefe.
DAVISON, G.C. & NEALE, J.M. ($^5$1998): *Klinische Psychologie. Ein Lehrbuch.* Weinheim: PVU.

*Arbeits-, Organisations- und Betriebspsychologie:*
FREY, D., GRAF HOYOS, C. & STAHLBERG, C. (1992): *Angewandte Psychologie. Ein Lehrbuch.* Weinheim: PVU.
WEINERT, A.B. ($^4$1998): *Organisationspsychologie. Ein Lehrbuch.* Weinheim: PVU.

*Konsumentenforschung (Werbepsychologie):*
KROEBER-RIEL, W. ($^6$1992): *Konsumentenverhalten.* München: Vahlen.

*Pädagogische Psychologie:*
MIETZEL, G. (1998): *Pädagogische Psychologie des Lernens und Lehrens.* Göttingen: Hogrefe.

# 2. Psychologie der menschlichen Entwicklung

»Die ganze Welt«, so läßt William Shakespeare einen seiner Helden im Schauspiel *Wie es euch gefällt* (Zweiter Aufzug, 7. Szene) sagen, »ist eine Bühne. Und alle Frau'n und Männer bloß Spieler. Sie treten auf und gehen wieder ab, und einer spielt im Leben viele Rollen.« Durch sieben Akte beschreibt Shakespeare die »wechselnde Geschichte« des Menschen, die als Kind beginnt und die im siebten Akt endet, wenn mit der »zweiten Kindheit ... gänzliches Vergessen« erfolgt und der Mensch »ohne Augen, ohne Zahn, Geschmack und alles« darauf wartet, daß sich der Vorhang vor ihm endgültig schließt. In gewisser Hinsicht ist die Sichtweise Shakespeares sehr wohl als modern zu bezeichnen, denn für ihn endet die »wechselnde Geschichte« des Menschen nicht, wie bei der älteren Entwicklungspsychologie, mit Erreichung des Jugendalters, sondern offenkundig erst mit dem Tod. Das »Drama« des menschlichen Lebens – um bei diesem Vergleich zu bleiben – sieht tatsächlich viele »Szenen« und Ereignisse vor, die von der Mehrzahl der Menschen erlebt und durchlaufen werden: Es beginnt damit, daß sich eine männliche und eine weibliche Geschlechtszelle im mütterlichen Organismus vereinen. Etwa neun Monate später betritt ein bereits etwa drei Kilogramm schwerer »Spieler« die Bühne, um im weiteren Verlauf Szenen zu spielen, die einem bestimmten Muster folgen: Im Alter von etwa zwölf Monaten wird das Kind sein erstes Wort sinnvoll äußern. Als Sechsjähriges beginnt es seine schulische Ausbildung. Als Jugendlicher steht der Mensch vor dem Spiegel, um sich über sein Aussehen Gedanken zu machen. Er sammelt in Partnerschaften Erfahrungen in der Liebe. Als junger Erwachsener arbeitet er am Aufbau einer beruflichen Karriere. Möglicherweise findet ein Hineinwachsen in die Elternschaft statt. Etwa als Fünfzigjähriger entdeckt er erstmalig klare Anzeichen eines alternden Körpers, und schließlich steht er als ›Ruheständler‹ vor der Aufgabe, seinen Tagesablauf neu zu organisieren. Irgendwann erfährt der sich entwickelnde Mensch gegebenenfalls den Tod des Lebenspartners, und schließlich bewertet er vielleicht das eigene Leben in einem Rückblick.

Sicherlich lassen sich im menschlichen Lebenslauf viele Gemeinsamkeiten entdecken. Noch mehr beeindruckt aber die Verschiedenartigkeit. Der Mensch besitzt zu Beginn seines Lebens die Möglichkeit, viele verschiedene Lebenswege einzuschlagen, aber zum Zeitpunkt des Todes hat er nur einen gelebt (Barash, 1979). Die Entwicklung ist demnach keineswegs so vorhersehbar wie der Handlungsablauf eines Bühnenspiels. Die Entwicklungspsychologie kann sich also nicht darauf beschränken, einen »normalen« Lebenslauf zu beschreiben, denn einen solchen gibt es gar nicht. Sie hat aufzudecken, wann, wie und wodurch sich Menschen in *allen* Abschnitten ihrer Entwicklung verändern können. Auf welche Bedingungen und Ereignisse ist es zurückzuführen, daß Frauen und Männer »aus der Möglichkeit verschiedener Lebenswege« ihren eigenen *einen* entstehen lassen?

## 2.1 Kennzeichnung der Entwicklungspsychologie

Entwicklungspsychologen interessieren sich für *Veränderungen*, die zwischen der Empfängnis (dem Beginn des individuellen Lebens) und dem Tod zu beobachten sind. Paul Baltes (1973) schreibt der Entwicklungspsychologie drei verschiedene Aufgaben zu: Beschreibung, Erklärung und Optimierung. Am Anfang steht also zunächst einmal eine Beschreibung dessen, was beobachtet worden ist. Eine der bekanntesten Beschreibungen in der Entwicklungspsychologie hat vor vielen Jahrzehnten Mary Shirley (1933) geliefert. Auf der Grundlage ihrer Beobachtungen hat sie protokolliert, wie sich die Motorik (diejenige Bewegung, die die Fortbewegung zum Ziel hat) von 25 Kindern während der ersten 15 Lebensmonate veränderte. Das Ergebnis ihrer Beobachtungen faßt Abbildung 2.1 zusammen.

Shirley ordnete ihre Beobachtungsergebnisse nach dem Lebensalter. So berichtet sie, daß die Kinder sieben Monate nach der Geburt in der Lage waren, ohne Hilfe zu sitzen. Die Jungen und Mädchen konnten im neunten Lebensmonat stehen, sofern sie sich an Möbeln festhielten, und mit elf Monaten bewegten sie sich auf beiden Beinen voran, wenn sie an die Hand genommen wurden. Ohne Hilfe gingen sie erst im Alter von 15 Monaten.

Wenn die motorische Entwicklung *aller* Kinder in der von Shirley beschriebenen Weise verlaufen würde, bestünde kein Anlaß, die Ebene der Beschreibung zu verlassen. Veränderungen erfolgen jedoch keineswegs in derartig gleichförmiger Weise. Kinder von heute entwickeln sich sogar insgesamt schneller; sie erreichen die von Shirley benannten motorischen Stationen zwei bis vier Monate früher als die in den dreißiger Jahren beobachteten Kinder. Dieser Unterschied fordert eine Erklärung heraus, die über die bloße Beschreibung hinausgeht. Warum können die meisten der heute lebenden Kinder bereits im Alter von zwölf Monaten ohne Hilfe laufen? Die Antwort fällt nicht einheitlich aus. Einige Psychologen führen die Beschleunigung darauf zurück, daß sich im Verlauf dieses Jahrhunderts die Ernährungsbedingungen und die Gesundheitsfürsorge ständig verbessert haben. Andere verweisen in ihrer Erklärung darauf, daß Kinder der Gegenwart mehr Übungsgelegenheiten erhalten. Ihnen steht ein größeres Spielzeugangebot zur Verfügung, das ihre motorische Geschicklichkeit fördern kann. Shirleys Kinder hätten demgegenüber nicht so viel Freiheit wie nachfolgende Generationen gehabt; sie seien verhältnismäßig häufig in Laufställen oder – bei Spaziergängen – im Kinderwagen gewesen. Welcher Erklärung ist nun der Vorzug zu geben? Es ist Aufgabe der Entwicklungspsychologie, jene Ereignisse und Bedingungen zu erforschen, von denen die Entwicklung abhängt. Die wissenschaftlichen Untersuchungen könnten zum Ergebnis führen, daß Veränderungen sowohl von Bedingungen der Ernährung und Gesundheitsfürsorge als auch von veränderten Lerngelegenheiten abhängen.

Entwicklungspsychologen beschränken sich nicht darauf, Veränderungen zu beschreiben und zu erklären. Sie hoffen zusätzlich, daß sie durch ihre Erkenntnisse in die Lage versetzt werden, die Entwicklung des einzelnen zu *optimieren*. Das heißt, sie möchten Voraussetzungen verbessern, um auf Entwicklungsverläufe Einfluß zu nehmen, damit diese in eine wünschenswerte Richtung gelenkt werden. So machte beispielsweise René Spitz (1973) während der Zeit des Zweiten Weltkrieges darauf aufmerksam, daß es nicht ausreicht, Säuglinge angemessen zu ernähren und ihnen gesundheitliche Fürsorge zuteil werden zu lassen. Spitz hatte Kinder beobachtet, die ihr erstes Lebensjahr in einer Klinik verbringen mußten. Da ein Mangel an Pflegepersonal bestand, gab es für sie nur wenige Gelegenheiten für persönliche Kontakte. Niemand sprach mit ihnen, sie besaßen keine Spielgelegenheiten und erfuhren keine liebevolle Zuwendung. Verglichen mit Gleichaltri-

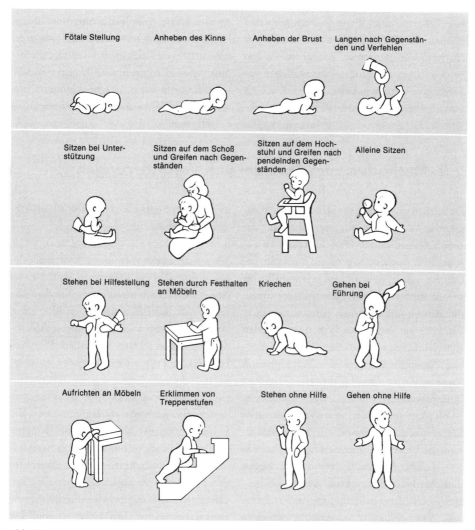

Abb. 2.1
*Entwicklung der Motorik während der ersten 15 Monate nach der Geburt*

gen, die in einer normalen Familie aufwuchsen, zeigten die Heimkinder auffällige Verhaltensweisen: Sie waren apathisch, das heißt, sie nahmen an ihrer ohnehin ereignisarmen Umwelt keinen Anteil. Viele dieser Kinder zeigten als Ersatzbefriedigung auffällige Schaukelbewegungen. In ihrer psychischen und körperlichen Entwicklung blieben diese Kinder erheblich hinter Gleichaltrigen zurück. Spitz faßte die unter diesen Bedingungen entstandenen Auffälligkeiten unter dem Begriff *Hospitalismus* zusammen. Ein Drittel der von Spitz untersuchten jungen Patienten starb vor Erreichung des ersten Lebensjahres. Aus weiteren Studien ging hervor, daß sich das Schicksal solcher Kinder erheblich verbessern läßt, wenn man sie in die Obhut von Erwachsenen gibt, die ihnen besondere Aufmerksamkeit zukommen lassen, mit ihnen spielen und auf ihre Bedürfnisse angemessen reagieren (Skeels, 1966; Hunt, 1982). Spitz hat durch seine im Grunde erschreckenden Untersuchungsergebnisse bewirkt, daß sich das Pflegepersonal in Kliniken fortan nicht nur den körperlichen Bedürfnissen der Kinder zuwandte, sondern darüber hinaus bemüht war, sie auch im sozial-emotionalen Bereich anzusprechen. Spitz lieferte einen Beitrag, die Bedingungen in Kliniken und Heimen zu verbessern und somit die Entwicklungsverläufe von Kleinkindern in diesen Heimen positiv zu beeinflussen.

## 2.2 Methoden zum Studium von Veränderungen

Da es Aufgabe der Entwicklungspsychologie ist, Veränderungen, die zwischen der Empfängnis und dem Tod auftreten, zu beschreiben, vorherzusagen, zu kontrollieren und zu erklären, ergibt sich die Aufgabe, Informationen über Menschen zu gewinnen, die sich in verschiedenen Abschnitten ihrer Entwicklung befinden. Wie unterscheiden sich Zehnjährige von Zwanzigjährigen? Welche Aufschlüsse ergibt ein Vergleich von Zwanzig- und Dreißigjährigen? Entwicklungspsychologen haben zwei verschiedene Methoden verwendet, um Veränderungen untersuchen zu können: die Längsschnitt- und die Querschnittmethode. Beide weisen Vor- und Nachteile auf. Läßt sich womöglich eine Methode entwickeln, durch die man die Vorteile beider Methoden zur Erfassung von Veränderungen miteinander vereinen kann?

### 2.2.1 Erfassung von Veränderungen im Längsschnitt

Wenn man wissen will, wie sich Menschen im Laufe ihres Lebens verändern, liegt es nahe, eine Längsschnittuntersuchung durchzuführen, bei der *dieselben* Menschen über einen längeren Zeitraum in regelmäßigen Abständen beobachtet werden. Eine solche Stichprobe bezeichnet man auch als *Kohorte*. Eine Kohorte umfaßt alle Personen, die während eines enger umgrenzten Zeitraums, meist sogar im selben Jahr, geboren sind. Durch wiederholte Untersuchung der Mitglieder einer Kohorte erhält man Informationen darüber, wie sich Persönlichkeitsmerkmale mit zunehmendem Alter verändern. Man kann gleichzeitig studieren, wie vorausgegangene Ereignisse und Bedingungen (z.B. Ernährung) Einfluß auf späteres Verhalten (so etwa im intellektuellen Bereich) nehmen. Solche Informationen sind für Entwicklungspsychologen von großer Bedeutung.

Längsschnittuntersuchungen weisen aber auch erhebliche Nachteile auf. Wissenschaftler hätten ja viele Jahre, unter Umständen sogar Jahrzehnte zu warten, bis alle Informationen vorliegen. Wenn Entwicklungspsychologen beispielsweise untersuchen wollten, wie sich die Intelligenz im Altersbereich zwischen 15 und 80 Jahren verändert, benötigten sie 65 Jahre, bis ihnen sämtliche Untersuchungsdaten vorlägen. An dieser Fragestellung müßten mindestens zwei Psychologengenerationen arbeiten. Dabei wird sich mit Sicherheit nicht erreichen lassen, daß alle ursprünglich ausgewählten Teilnehmer bis zum geplanten Untersuchungsende zur Verfügung stehen. Eine im Laufe der Zeit erfolgende Verringerung der Stichprobe bräuchte die verantwortlichen Wissenschaftler nicht zu beunruhigen, wenn ausschließlich der Zufall über »Ausfälle« in einer Längsschnittuntersuchung entscheiden würde. Davon kann man jedoch nicht ausgehen. Vielmehr muß erfahrungsgemäß verstärkt auf überdurchschnittlich leistungsfähige Personen verzichtet werden, die besonders viel beschäftigt sind oder die nach Annahme eines besonders attraktiven beruflichen Angebotes ihren Heimatort verlassen haben. Ebenso muß man zur Kenntnis nehmen, daß auch verhältnismäßig viele unterdurchschnittlich intelligente Teilnehmer ihre weitere Mitarbeit aufkündigen, vermutlich weil ihnen die Testuntersuchungen Unbehagen bereiten. Wo immer solche systematischen »Verluste« auftreten, muß die Ausgewogenheit der Stichprobe zunehmend in Frage gestellt werden. Die auf die jeweils verbleibenden Mitglieder gestützten Ergebnisse geben womöglich nur noch ein verzerrtes Bild von der Intelligenz einer Altersgruppe.

Außergewöhnlich Intelligente und solche, die sich im unteren Intelligenzbereich befinden, geben kein angemessenes Abbild mehr von ihrer Altersgruppe, sie sind unterrepräsentiert.

Selbst wenn es aber einmal gelingen sollte, sämtliche Teilnehmer einer Längsschnittstudie über viele Jahre regelmäßig zu untersuchen, bleibt eine Unzulänglichkeit dieser Methode bestehen, die sich am besten an einem Beispiel erläutern läßt. Wenn man einmal annimmt, daß Jugendliche im Jahre 1960 danach befragt worden wären, wie sie das Zusammenleben unverheirateter Paare beurteilen würden, hätte sich vielleicht ein großer Teil gegenüber einer solchen Lebensform ablehnend geäußert. Welche Antworten sind von denselben Befragten dreißig Jahre später zu erwarten? Die inzwischen etwa Fünfzigjährigen sehen das Zusammenleben unverheirateter Paare nunmehr sehr viel wohlwollender. Läßt sich nun aus dieser beobachteten Veränderung der Schluß ziehen, daß Menschen im Verlauf ihres Erwachsenenalter *allgemein* toleranter werden? Das ist sicherlich nicht der Fall, denn die von 1960 bis zur Gegenwart beobachtete Einstellungsänderung ist mit hoher Wahrscheinlichkeit davon beeinflußt worden, daß die Gesellschaft während dieses Zeitraumes in wachsendem Maße bereit war, unterschiedliche Formen des Zusammenlebens von Paaren zu tolerieren. Die beobachtete Veränderung wäre demnach kein *allgemeines* Merkmal der Entwicklung, sondern sie stellt eine Reaktion auf eine Veränderung in der Umwelt, in diesem Fall also der Gesellschaft dar. Deshalb ist nicht unbedingt zu erwarten, daß sich die nachgewiesene Veränderung abermals bei jenen Menschen wiederholen wird, die gegenwärtig im Jugendalter sind und nach Ablauf von dreißig Jahren ein weiteres Mal befragt würden. Wenn man also im Verlauf eines längeren Zeitraumes bei denselben Menschen Veränderungen feststellt, ist nicht aufzuklären, ob es sich dabei um ein allgemeines Kennzeichen der Entwicklung handelt oder ob darin eine Veränderung der Umwelt zum Ausdruck kommt. Es stellt ein Kennzeichen der Längsschnittmethode dar, daß sich bei ihr Alters- und Umwelteinflüsse vermischen.

### 2.2.2 Erfassung von Veränderungen im Querschnitt

Zur Vermeidung des außerordentlich großen Zeit- und Kostenaufwands von Längsschnittuntersuchungen führen die meisten Entwicklungspsychologen Querschnittuntersuchungen durch. Dabei werden Angehörige verschiedener Altersgruppen *zum gleichen Zeitpunkt* untersucht. Die beteiligten Kohorten können dann miteinander verglichen werden. Wenn man etwa wissen will, welche Veränderungen zwischen der Geburt und dem 18. Lebensjahr auftreten, stellt man z. B. 18 Stichproben zusammen, von denen jede jeweils eine bestimmte Altersgruppe vertritt, also eine Stichprobe mit Einjährigen, eine weitere mit Zweijährigen usw. bis zu einer Stichprobe von Achtzehnjährigen. Der zeitliche Vorteil der Querschnittmethode liegt auf der Hand. Man braucht nicht achtzehn Jahre zu warten, bis die Ergebnisse der Achtzehnjährigen vorliegen, sondern man untersucht sämtliche Altersgruppen fast gleichzeitig. Die Gefahr, daß Untersuchungsteilnehmer im Verlauf der Zeit nicht mehr zur Verfügung stehen, entfällt. Diesen Vorteilen stehen jedoch auch wieder Nachteile gegenüber.

Wenn es sich bei den Mitgliedern der verschiedenen Altersgruppen nicht um dieselben, sondern um unterschiedliche Personen handelt, kann man beobachtete Veränderungen nicht sicher auf deren Entwicklung zurückführen. Auf eine solche ist nur dann zu schließen, wenn Veränderungen bei *denselben* Personen beobachtet worden sind. Unterschiede zwischen Kohorten können auch Veränderungen in der Umwelt wiedergeben. Diese Einflußgröße blieb in den ersten Querschnittstudien zur Erforschung der Intelligenzentwicklung zunächst unbeachtet. Ihre Ergebnisse erweckten den Eindruck, daß die Intelligenz-«Entwicklung» einen Gipfelpunkt erreicht, nachdem Menschen die frühen zwanziger Jahre erreicht haben. Den Untersuchungsdaten wurde weiterhin entnommen, daß die Entwicklung nach diesem Gipfelpunkt zunächst allmählich, ab dem sechzigsten Lebensjahr sogar verstärkt abnimmt (Jones und Kaplan, 1945). Die Annahme eines altersbedingten Abbaus der Intelligenz wurde jedoch nach Bekanntwerden erster Ergebnisse aus Längsschnittstudien erschüttert, denn diese zeichneten ein sehr viel günstigeres Bild. Die im Längsschnitt beobachteten Versuchspersonen zeigten vielfach bis zum Alter von sechzig Jahren einen Anstieg der Intelligenz. Gesunde und aktive Menschen konnten ihre kognitive Leistungsfähigkeit auch danach noch sehr wohl bewahren. Wie war es möglich, daß sich die Ergebnisse von Längs- und Querschnittuntersuchungen in so auffallender Weise widersprachen? Entwicklungspsychologen verweisen in ihrer Antwort auf den Einfluß des *Kohorten-Effekts*.

Angehörige einer Kohorte, die fast zur gleichen Zeit geboren sind, erfahren in einer Gesellschaft bestimmte Lebensbedingungen und viele bedeutsame historische Ereignisse in einem Altersabschnitt, in dem sie davon besonders nachhaltig beeinflußt werden, also in ihrer Jugend und im frühen Erwachsenenalter.

Wer beispielsweise im Jahre 1940 geboren wurde, ist in seiner weiteren Entwicklung wahrscheinlich wesentlich von den Aufbaujahren der Nachkriegszeit mitbestimmt worden. Zehn Jahre später Geborene haben möglicherweise die Studentenunruhen der sechziger Jahre, durch die viele damals vorherrschende Werte in Frage gestellt wurden, mit besonderem Nachdruck erlebt. Mit der Geburt in den sechziger Jahren war das Hineinwachsen in eine Wohlstandsgesellschaft vorgezeichnet. Die Kohorten der Jahrgänge 1940, 1950, 1960 usw. unterscheiden sich also nicht nur bezüglich ihres Alters zu einem bestimmten Zeitpunkt. Ihre Entwicklung während des Erwachsenenalters ist wenigstens bis zu einem gewissen Grade auch von den jeweils besonderen Erfahrungen während eines kritischen Lebensabschnittes mitbestimmt worden, während eines Altersbereichs also, in dem Menschen davon verhältnismäßig stark beeinflußt werden.

Auch aus den Ergebnissen der Querschnittstudien, die Aufschluß über die Entwicklung der Intelligenz während des Erwachsenenalters geben sollten, wurden in Unkenntnis des Kohorten-Effekts unzutreffende Schlußfolgerungen gezogen. Wiederholt hatte sich bestätigt, daß die Leistungen in einem Intelligenztest mit zunehmendem Lebensalter geringer ausfallen. Es blieb unberücksichtigt, daß sich die beteiligten Kohorten nicht nur bezüglich ihres Durchschnittsalters, sondern auch in Hinblick auf ihre Ausbildung unterschieden. Je jünger die Teilnehmer der Querschnittstudien waren, desto länger hatten die meisten von ihnen die Schule besucht. Wahrscheinlich hatte sich im Lauf der Zeit auch die Qualität des Unterrichts verändert. Die verhältnismäßig geringen Testleistungen der älteren Jahrgänge waren demnach wenigstens teilweise als Ergebnis einer kürzeren Ausbildungszeit zustande gekommen. Die in einer Querschnittstudie aufgedeckten Unterschiede zwischen den beteiligten Altersgruppen können also entwicklungsbedingte Unterschiede widerspiegeln, ebenso aber auch unter der Einwirkung des Kohorten-Effekts zustande gekommen sein. Es ist ein Nachteil der Querschnittmethode, daß sich in ihr beide Einflußfaktoren vermischen.

## 2.2.3 Kombination von Längsschnitt- und Querschnittmethode

Um einige der Nachteile von Längs- und Querschnittmethode zu überwinden, hat Warner Schaie (1965, 1977) vorgeschlagen, beide miteinander zu kombinieren. Folgt man dieser Anregung, so untersucht man die Teilnehmer sämtlicher Kohorten einer Querschnittstudie wiederholt innerhalb eines kürzeren Zeitraums. Auf diese Weise könnte man die Stichprobe der Zehnjährigen nochmals untersuchen, wenn sie 15 und 20 Jahre alt geworden sind. Die Gruppe der Zwanzigjährigen wird abermals untersucht, wenn ihre Mitglieder 25 und 30 Jahre alt sind usw.

Entwicklungspsychologen haben sich beispielsweise dafür interessiert, ob sich der Konsum von Alkohol während des späten Erwachsenenalters verändert (Adams et al., 1990). Sie haben deshalb *im Querschnitt* Teilnehmer befragt, die sich im Altersbereich zwischen 60 und 86 Jahren befanden. Die Ergebnisse erbrachten folgenden Zusammenhang: Je älter die Befragten waren, desto weniger »Trinker« fanden sich unter ihnen. Nimmt demnach der Alkoholkonsum während des späten Erwachsenenalters *allgemein* ab? Das wäre zuverlässiger zu beantworten, wenn man den Kohorten-Effekt kontrollieren könnte. Man hat deshalb das Trinkverhalten sämtlicher Teilnehmer über einen Zeitraum von sieben Jahren *im Längsschnitt* verfolgt. Bei jeder Wiederholung der Befragung blieb die Beziehung zum Alter allerdings unverändert, d. h., es wurde jedes Jahr weniger getrunken. Da sich das Ergebnis der Querschnittstudie auch im Längsschnitt bestätigte, ist mit noch mehr Sicherheit festzustellen, daß die Abnahme des Alkoholkonsums während des späten Erwachsenenalters mit dem Lebensalter in Beziehung steht und in der anfänglichen Querschnittstudie nicht als Ergebnis unterschiedlicher Lebenserfahrungen der beteiligten Kohorten zustande gekommen ist.

## 2.3 Erklärungen von Veränderungen im menschlichen Lebenslauf

Durch die Anwendung von Quer- und Längsschnittmethoden läßt sich zwar nachweisen, daß Veränderungen im menschlichen Lebenslauf stattfinden. Mit den Ergebnissen befindet man sich aber erst auf der Ebene der Beschreibung. Die wiederholte Untersuchung von Teilnehmern zeigt, daß einige Veränderungen in einem engen Zusammenhang zum Lebensalter stehen, während andere das Ergebnis von Umweltbedingungen darstellen. Die entwicklungspsychologische Forschung ist nun um die Aufdeckung jener Ereignisse und Bedingungen bemüht, die richtungsgebend für die menschliche Entwicklung sind. Es gibt Veränderungen, die vor allem in sehr frühen Lebensabschnitten, ebenso aber auch im höheren Lebensalter ziemlich unmittelbar genetisch kontrolliert werden. Sie stehen in einem recht engen Zusammenhang zum Lebensalter. Andere Veränderungen sind stärker von äußeren Lebensbedingungen abhängig. Der Entwicklungspsychologe studiert darüber hinaus Reaktionen auf Ereignisse, die nicht von jedem Menschen erfahren werden und deren Auftreten im menschlichen Lebenslauf grundsätzlich schwer vorhersagbar ist.

### 2.3.1 Biologische Grundlagen der Entwicklung

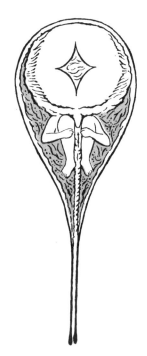

Abb. 2.2
*van Leeuwenhoek glaubte, jede Samenzelle enthalte einen bereits vorgeformten Embryo, der nach dem Eindringen in den weiblichen Körper wächst.*

Am Anfang jedes menschlichen Lebens steht eine einzige Zelle, die nicht einmal die Größe eines Stecknadelkopfs besitzt. Diese Zelle stellt das Ergebnis einer Verschmelzung von männlicher Samenzelle und weiblicher Eizelle dar. Der holländische Naturforscher Antoni van Leeuwenhoek (1677) hatte sich die männlichen Geschlechtszellen durch sein eigens gebautes Vergrößerungsgerät etwas genauer angesehen. Was er dabei wahrnahm, gibt Abbildung 2.2 wieder.

Nach dieser Abbildung könnte man zu dem Schluß gelangen, in der Geschlechtszelle befinde sich ein bereits weitgehend ausgestalteter Mensch; danach brächte die nachfolgende Entwicklung nur noch eine Vergrößerung des menschlichen Körpers. Leeuwenhoeks Wahrnehmung war jedoch falsch. Es mußten noch einige Jahrhunderte vergehen, bis die Biologen begannen, dem inneren Kern einer menschlichen Zelle einige seiner »Geheimnisse« zu entlocken.

### 2.3.1.1 Der Zellkern als Träger der Erbinformationen

Der Blick durch ein modernes Elektronenmikroskop zeigt kein »vorgeformtes Lebewesen«, das Leeuwenhoek zu sehen glaubte. Im Zellkern erkennt man zunächst die Kernschleifen oder *Chromosomen*; sie befinden sich in jeder Körperzelle (s. Abbildung 2.3 a). Jede menschliche Geschlechtszelle besitzt 23, jede Körperzelle die doppelte Anzahl, nämlich 46 Chromosomen. Die Chromosomen lassen sich der Größe nach ordnen und ent-

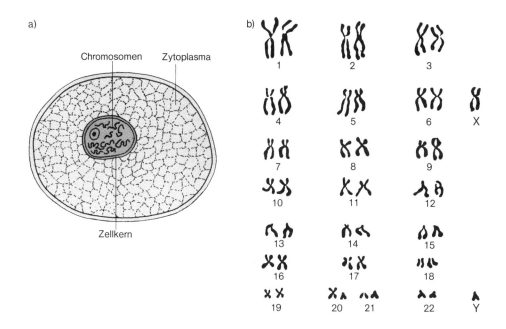

Abb. 2.3
*a: Schematische Darstellung einer Zelle, in deren Kern sich Chromosomen befinden.*
*b: Die 46 Chromosomen des Menschen*

sprechend numerieren. Wie aus Abbildung 2.3 b ersichtlich, gehören zu jeder Ziffer zwei Chromosomen gleicher Form, wobei eines jeweils von der Mutter, das andere vom Vater stammt.

Wie aus der Abbildung 2.3 hervorgeht, haben zwei Chromosomen anstelle einer Ziffer die Buchstaben X und Y als Kennzeichnung erhalten. Diesen Chromosomen fällt die Aufgabe der Geschlechtsbestimmung zu, d. h., sie entscheiden darüber, ob sich ein Junge oder ein Mädchen entwickelt. Das X Chromosom ist nur in der weiblichen Körperzelle paarweise (XX) vorhanden. Jede männliche Körperzelle enthält dagegen ein X- und ein Y-Chromosom. Ein X-Chromosom in der Zelle stammt stets von der Mutter, während eine männliche Samenzelle entweder ein weiteres X-Chromosom oder ein Y-Chromosom liefert.

Jedes Chromosom setzt sich aus den Trägern der Erbanlagen zusammen, die man als Gene bezeichnet. Sie bestehen aus einem Riesenmolekül, das abgekürzt die Bezeichnung DNS (für Desoxyribonukleinsäure) erhalten hat. Bereits vor mehreren Jahrzehnten gelang es einigen Wissenschaftlern, im Chromosom eines niederen Organismus ein Gen zu isolieren, das sie fotografieren konnten (s. Abbildung 2.4); zwanzig Millionen solcher Gene sind zusammen genommen etwa einen Zentimeter lang.

Auf die Frage, wie viele Gene sich in der Körperzelle eines Menschen befinden, erhält man keine übereinstimmenden Antworten. Einige Schätzungen belaufen sich auf eine Million Gene. Eine entscheidende Aufgabe der Gene ist die Steuerung des Zellteilungsprozesses. Sie bestimmen, daß einige Zellen sich zu Haut-, Nerven- oder Knochenzellen entwickeln und daß sich aus anderen Organe wie das Herz, die Leber oder die Lunge bil-

den. Es läßt sich erahnen, welche Menge an Informationen in den Chromosomen gespeichert sein muß. Wenn man diese Informationen in Sprache umsetzen und niederschreiben könnte, würde man damit weit mehr Seiten und Bände zu füllen haben als eine große Lexikonsammlung umfaßt.

Nach Verschmelzung von weiblicher und männlicher Geschlechtszelle beginnt die entstandene Zelle *(Zygote)* mit der Teilung. Jede entstandene Zelle ist Träger der gleichen genetischen Informationen, aus denen letztlich die Anweisungen zur Entstehung des neuen Lebewesens hervorgehen. Von ihnen hängt es nicht nur ab, ob sich ein Individuum mit braunen oder blauen Augen, mit glattem oder gekräuseltem Haar entwickelt. Sie bestimmen ebenso den Entstehungsprozeß des Nervensystems, der Drüsen, der Sinnesorgane, der Muskeln, der Knochen, kurz, sämtlicher Körperteile eines menschlichen Organismus.

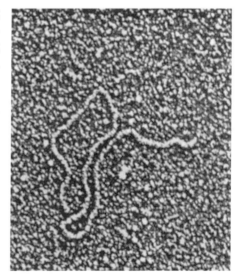

Abb. 2.4
*Das Gen, das erstmals isoliert und fotografiert werden konnte*

Wie die Gene ihre Informationen einsetzen, um aus einer einzigen Zelle einen menschlichen Körper zu entwickeln, muß zur Zeit noch weitgehend unbeantwortet bleiben. Es gibt wahrscheinlich kein menschliches Merkmal, dessen Entwicklung nur von einem Gen abhängt. Selbst die Farbe des Auges kann durch das Zusammenwirken mehrerer Gene bestimmt werden (Elmer-Dewitt, 1994). In der Regel ist die Entwicklung eines Körperorgans das Ergebnis einer Wechselwirkung sehr vieler Gene. So wird beispielsweise vermutet, daß an der Entstehung des Gehirns mehrere hundert Gene mitwirken.

Nicht alle Gene sind zu jedem Zeitpunkt aktiv. Im Verlauf der Entwicklung werden Gene zu festgelegten Zeitpunkten *ein*- und *aus*geschaltet. Wenn die »Nervengene« eingeschaltet sind, entsteht aus der Zelle eine Nervenzelle, bei *Ein*schaltung der Knochengene eine Knochenzelle usw. Der Entwicklungsabschnitt der Kindheit kommt zum Abschluß, wenn bestimmte Gene eingeschaltet werden, damit jene körperlichen Veränderungen bei Jungen und Mädchen erfolgen, die ihre sexuelle Reife zum Ziel haben. Der *Ein*- und *Aus*schaltmechanismus der Gene steuert die Entwicklung nach einem vorgegebenen Plan. In Einzelfällen wäre es allerdings aus medizinischer Sicht sicherlich hilfreich, wenn auf diesen Mechanismus Einfluß zu nehmen wäre. Jede Körperzelle z. B. eines Beinamputierten »weiß«, wie ein neues Bein nachwachsen könnte. Die Gene, die dieses Wachstum steuern, sind jedoch nur verhältnismäßig kurze Zeit beim ungeborenen Kind *ein*geschaltet. Später verhindert die *Aus*schaltung das Nachwachsen eines amputierten Körperteils. Jeder Organismus ist übrigens Träger auch solcher Gene, die im Verlauf seines gesamten Lebens niemals *ein*geschaltet werden. So hat man beispielsweise bei Hühnern Gene nachgewiesen, die das Entstehen von Zähnen anweisen könnten. Sie bleiben jedoch stets *aus*geschaltet (Kollar und Fisher, 1980).

### 2.3.1.2 Vom Genotypus zum Phänotypus

Bereits Johann Gregor Mendel (1822–1884) entdeckte, daß vom Erscheinungsbild – dem Phänotypus – einer Pflanze nicht ohne weiteres auf ihre genetische Ausstattung – den Genotypus – zu schließen ist. Er stellte durch seine Kreuzungsversuche fest, daß jedes Gen in einem Organismus zweimal vorkommt. Eines stammt stets von der Mutter, das andere vom Vater. Der Zufall entscheidet darüber, welches der beiden Gene jeweils an die nächste Generation weitergegeben wird. Die Gene eines Paares müssen sich nicht völlig gleichen. Wenn ein Mensch im Phänotypus braune Augen hat, läßt sich nicht ohne weiteres auf seinen Genotypus schließen, denn es gibt zwei Möglichkeiten: Entweder hat er sowohl von seinem Vater als auch von seiner Mutter die genetischen Grundlagen für braune Augenfarbe erhalten *(homozygot)*, oder ein Elternteil hat ihm Voraussetzungen für die braune, der andere Elternteil solche für die blaue Augenfarbe vererbt *(heterozygot)*. Obwohl das Kind genetische Grundlagen für braune und blaue Augen in sich trägt, wird es im Erscheinungsbild braune Augen zeigen. Die Gene, die die braune Augenfarbe kontrollieren, verhalten sich nämlich gegenüber den »blauen Genen« stets *dominant*, und das heißt, sie setzen sich stets durch und verhindern, daß blaue Augen entstehen. Im Erbgut eines Menschen mit blauen Augen kann sich kein Gen für braune Augen befinden. Er muß nur *rezessive* Gene zur Entwicklung blauer Augen enthalten. Das von rezessiven Genen kontrollierte Merkmal kann sich nur dann im Phänotyp niederschlagen, wenn sie im Erbgut eines Lebewesens zweimal vorkommen.

In der Regel bestimmen viele Genpaare den Ausprägungsgrad eines Merkmals mit. So ist auch für das Körperwachstum eine größere Anzahl von Genen verantwortlich. Die relative Anzahl dieser sowohl von der Mutter als auch vom Vater geerbten Gene entscheidet mit, welche Größe das Kind einmal als Erwachsener erreichen wird. Das gilt nicht nur für körperliche, sondern ebenso für psychische Merkmale. So ist davon auszugehen, daß auch beispielsweise an der Entwicklung der Intelligenz (was immer das letztlich sein mag; s. hierzu S. 224 ff.) mehrere Genpaare beteiligt sind.

Während sich Merkmale wie Augen- oder Haarfarbe vollkommen unter genetischer Kontrolle entwickeln, werden andere Merkmale von den jeweiligen Umweltbedingungen sehr viel stärker mitbestimmt. Die Gene schränken allenfalls die Vielfalt möglicher Erscheinungsformen ein. Das Merkmal Körpergröße liefert dafür ein Beispiel: Menschen, die während ihrer Kindheit und Jugend ausreichend und angemessen ernährt worden sind, werden größer als andere, die in diesen Lebensabschnitten eine unzureichende Ernährung erhalten haben. Unter beiden Bedingungen ist es auf den Einfluß der Gene zurückzuführen, daß es Menschen mit größerem und andere mit kleinerem Körperwuchs gibt. Gene legen also nicht für alle möglichen Bedingungen eine bestimmte Körpergröße eindeutig fest. Sie geben vielmehr *Reaktionsmöglichkeiten* vor (Gottesman, 1974), d. h., sie setzen Grenzen, innerhalb derer sich der Ausprägungsgrad eines Merkmals in Reaktion auf verschiedene Umwelten ändern kann. Ein Mensch, der von seinen Eltern einen hohen Körperwuchs geerbt hat, kann also bei unzulänglichen Ernährungsbedingungen die gleiche Körpergröße erreichen wie ein anderer, dessen Gene eine geringere Körpergröße vorsehen, der aber sehr gut ernährt worden ist.

## 2.3.2 Das Anlage-Umwelt-Problem

In der Mitte des vergangenen Jahrhunderts interessierte sich ein englischer Wissenschaftler, ein Vetter von Charles Darwin, Sir Francis Galton (1822–1911), für die Frage, warum sich Menschen in ihrem Leistungsverhalten so auffallend voneinander unterscheiden. Auf der Suche nach einer Antwort sah er sich den Stammbaum solcher Menschen genauer an, die Herausragendes in den Wissenschaften, in der Literatur, in der Kunst usw. geleistet hatten. Er kam zu dem Ergebnis, daß fast jeder dritte dieser außergewöhnlichen Persönlichkeiten einen nahen Verwandten (Geschwister, Väter, Kinder) aufwies, der ebenfalls bedeutsame Beiträge zur Wissenschaft und Kultur geleistet hatte. Galton war sich darüber im klaren, daß die von ihm untersuchten Personen stets auch anregende Umwelten in Kindheit und Jugend vorgefunden hatten. Dennoch entschied er sich dafür, die Bedeutung des Umwelteinflusses gering anzusetzen und die intellektuellen Leistungsunterschiede als Ergebnis des Erbeinflusses zu sehen. Galton vertrat somit den »anlagetheoretischen« Standpunkt, daß Leistungsunterschiede zwischen den Menschen auf entsprechende Unterschiede in den Erbanlagen zurückzuführen sind.

Zu der Stichprobe besonders schöpferischer Wissenschaftler, die Galton (1869) untersuchte, gehörten auch zwei englische Philosophen, *James Mill* und sein Sohn *John Stuart Mill* (Fancher, 1985). Im Unterschied zu Galton war *John Stuart Mill* aber davon überzeugt, daß er seinem Elternhaus nicht nur einen gehobenen Lebensstil, sondern außerdem eine hervorragende Ausbildung verdankte. Er wurde zu einem Kämpfer gegen Ungleichheiten, die nach seiner Überzeugung nicht von der Natur, sondern von der Gesellschaft geschaffen werden. Seinen Standpunkt als »Umwelttheoretiker« brachte er auch in seinem Buch *Prinzipien der Politischen Ökonomie* zum Ausdruck (Mill, 1848). Er schrieb darin, es sei unanständig, einfach zu leugnen, daß es soziale und moralische Einflüsse auf den Geist gibt. Es sei aber noch unanständiger, »Verschiedenheiten des menschlichen Gebarens und Charakters angeborenen, natürlichen Verschiedenheiten zuzuschreiben«. Damit hatten sich zwei Wissenschaftler zu Wort gemeldet, die das Anlage-Umwelt-Problem sehr unterschiedlich beantworteten. Sie hatten eine Diskussion in Gang gesetzt, die über viele Jahrzehnte andauerte, aber schließlich in eine Sackgasse führte, weil man eine Antwort auf eine Frage suchte, die zu einseitig gestellt war (»Was ist bedeutsamer für die Entwicklung: Anlage oder Umwelt?«). Inzwischen geht man in der Entwicklungspsychologie allgemein davon aus, daß Erbanlagen *und* Umwelt *untrennbar* zusammenwirken. Die Frage nach dem *Wie* dieses Zusammenwirkens ist allerdings immer noch keineswegs befriedigend geklärt.

### 2.3.2.1 Entwicklung als Produkt eines Zusammenwirkens von Anlage und Umwelt

In einem bedeutsamen Beitrag machte Anne Anastasi (1958) darauf aufmerksam, daß keine Klärung des Anlage-Umwelt-Problems zu erwarten ist, wenn man fragt, ob die Entwicklung eines Persönlichkeitsmerkmals, wie z. B. die der Intelligenz, mehr von den Erbanlagen *oder* mehr von der Umwelt abhängt. Psychologen sollten vielmehr klären, wie Entwicklung als Ergebnis eines Zusammenwirkens von Erbanlagen *und* Umwelt zustande kommt. Die »Oder-Frage« setzt nämlich voraus, daß mit der Erbanlage und der Umwelt Faktoren vorliegen, die unabhängig voneinander auf die Entwicklung einwirken können und folglich voneinander trennbar sind. Diese Voraussetzung, so erläutert Anastasi, ist jedoch gar nicht gegeben. Die Entwicklung eines Lebewesens findet stets in einer jeweiligen Umwelt statt. Ebenso gilt: Wenn es keine Erbanlagen gäbe, wäre auch kein Organismus vorhanden, auf den die Umwelt wirken könnte. Entwicklung kommt also stets durch das Zusammenwirken von Anlage und Umwelt zustande. Dies belegen sämtliche Untersuchungen an Familienmitgliedern unterschiedlichen Verwandtschaftsgrades, bei denen man bevorzugt Vergleiche ihrer Intelligenzentwicklung durchgeführt hat. Als Testverfahren hat man dabei auf sogenannte IQ-Tests (IQ als Abkürzung für Intelligenz-Quotient) zurückgegriffen, die nur einen kleinen Ausschnitt intelligenter Fähigkeiten erfassen. In Kapitel 5 wird über diese Tests und ihre Schwächen ausführlicher berichtet (s. S. 228 f.).

In der wohl bekanntesten Methode zur Untersuchung des Anlage-Umwelt-Problems zieht man eineiige und zweieiige Zwillinge heran. Eineiige Zwillinge besitzen, von wenigen Ausnahmen abgesehen, die gleiche Erbausstattung, denn sie haben sich aus derselben Zygote entwickelt. Es überrascht nicht, daß sich eineiige Zwillinge, die in derselben Familie aufwachsen, sowohl in ihrem Aussehen als auch in Hinblick auf sämtliche Persönlichkeitsmerkmale hochgradig ähneln; dazu trägt das gemeinsame Erbgut und zumindest eine gewisse Gleichartigkeit in den Umweltbedingungen bei (auch eineiige Zwillinge werden nicht völlig gleich behandelt!). In solchen Fällen ist der eine Zwilling weitgehend eine Kopie des anderen. Bleibt diese Übereinstimmung auch dann erhalten, wenn eineiige Zwillinge sehr bald nach ihrer Geburt getrennt werden, um daraufhin in unterschiedlichen Pflegefamilien aufzuwachsen? Die Forschung hat in der Vergangenheit eine ganze Reihe eineiiger Zwillinge aufspüren können, die ein solches Schicksal erfahren haben (Bouchard und McGue, 1981; Lykken, 1982). Ihre Untersuchung zeigte zwar, daß die Übereinstimmung ihrer Intelligenz-Quotienten geringer ist als bei zusammen aufgewachsenen eineiigen Zwillingen, sie fällt aber immer noch höher aus als bei zweieiigen Zwillingen, die in einer Familie lebten (zweieiige Zwillinge sind aus verschiedenen befruchteten Eizellen entstanden; in ihrer Erbausstattung sind sie sich nicht ähnlicher als normale Geschwister). Wenn eineiige Zwillinge ihre Ähnlichkeit in intellektueller Hinsicht auch noch in hohem Maße bewahren, nachdem sie frühzeitig getrennt worden sind und anschließend in verschiedenen Pflegefamilien gelebt haben, liegt es doch nahe, die immer noch vergleichsweise hohe Übereinstimmung ihrer intellektuellen Leistungen so zu erklären, daß sie durch gemeinsame Gene zustande gekommen ist. Diese Schlußfolgerung ist sicherlich nicht abwegig. Dennoch ist kritisch zu fragen, ob zu dieser Übereinstim-

Abb. 2.5
*Eineiige Zwillingspaare hat man wegen ihrer gemeinsamen Erbausstattung häufig studiert, um aus einem Vergleich ihrer Entwicklung Aufschlüsse zum Anlage-Umwelt-Problem zu erhalten.*

mung nicht gleichzeitig auch Umwelteinflüsse beigetragen haben können.

In den ersten Zwillingsstudien ging man davon aus, daß Zwillinge, die von verschiedenen Familien adoptiert worden waren, in unterschiedlichen Umwelten leben. Wie eine Nachprüfung ergab, traf diese Annahme allerdings nicht in allen Fällen zu. Die für Adoptionen zuständigen Jugendämter achten bei der Auswahl geeigneter Pflegefamilien sehr sorgfältig darauf, daß diese bestimmte Anforderungen erfüllen. Viele der bislang untersuchten, frühzeitig getrennten eineiigen Zwillinge sind sogar unter sehr ähnlichen Bedingungen aufgewachsen, denn vielfach wurden sie von Verwandten adoptiert, nicht selten fanden sie auch Aufnahme in verschiedenen Familien, die aber in derselben Gemeinde wohnten (Kamin, 1974; Taylor, 1980). So lebten sie beispielsweise beide auf dem Land oder gemeinsam in einer Stadt, ihre Pflegeeltern wiesen die gleiche Schulbildung auf, deren Einkommensverhältnisse glichen sich usw. Wenn man sich in der Zwillingsforschung nur auf solche eineiigen Zwillinge stützen würde, die in wirklich unterschiedlichen Familien und damit ziemlich verschiedenartigen Umwelten gelebt haben, vermindert sich die Übereinstimmung ihrer Intelligenzentwicklung in dramatischer Weise (Bronfenbrenner, 1975; Farber, 1981), d. h., trotz einer identischen Erbausstattung kann sich die Intelligenz im Falle sehr ungleicher Erfahrungen unterschiedlich entwickeln. Dies zeigt sich besonders, wenn man sich beim Vergleich der Zwillinge auf die Ergebnisse von IQ-Tests stützt, die in hohem Umfang Aufgaben enthalten, die dem Schulalltag entnommen sind. Wenn nun ein eineiiger Zwilling in einer Familie lebt, die auf sehr gute schulische Ausbildung achtet, während der getrennt lebende Zwilling nach kurzem Schulbesuch einen Beruf ergreift, sind unterschiedliche Leistungen in einem IQ-Test geradezu wahrscheinlich. Wenn man eineiige Zwillinge allerdings nicht nur nach der gemessenen Intelligenz, sondern bezüglich anderer Persönlichkeitsmerkmale miteinander vergleicht, wird man darauf aufmerksam, daß sie trotz Trennung auffallende Ähnlichkeiten entwickelt haben. Das gilt nicht nur für besondere Fähigkeiten, wie z. B. Musikalität oder handwerkliche Geschicklichkeit. Susan Farber (1981) hält es für möglich, daß auch *Angewohnheiten* und *nervöse Tics* eine gewisse genetische Grundlage besitzen, denn man entdeckte sie bei Zwillingen, die sich niemals zuvor gesehen hatten. Das gleiche gilt auch für *Mimik*, *Gestik* (s. hierzu Abbildung 2.6) und bestimmte *Spracheigentümlichkeiten*. Häufig haben getrennt aufgewachsene eineiige Zwillinge die gleichen *allgemeinen Lebenseinstellungen* (z. B. Pessimismus oder Optimismus) und *Stimmungen* entwickelt: Wenn einer von ihnen leicht mürrisch war oder Stimmungsschwankungen zeigte, konnte man mit großer Wahrscheinlichkeit die gleichen Merkmale beim anderen finden. Schließlich berichtet Farber auch von einer hohen Übereinstimmung in der *Furchtausprägung* oder *Ängstlichkeit*. Getrennt aufgewachsene Zwillinge ähnelten sich vielfach im Hinblick auf ihre Ängstlichkeit, die bei ihnen fast zum gleichen Zeitpunkt erstmalig aufgetreten war. Einige der bei Zwillingen beobachteten Übereinstimmungen könnten auch das Ergebnis zufälliger Einflüsse sein (Watson, 1981). Wäre es nicht aber möglich, daß die jeweils gleiche Erbausstattung ebenfalls einen Beitrag geleistet hat? Sandra Scarr hat sich darüber Gedanken gemacht, wie die Gene des Menschen Einfluß auf sein Verhalten gewinnen können. Bereits in den ersten Vorlesungen ihres Studiums wurden Feststellungen getroffen, die sie einfach nicht glauben wollte: »Man erzählte mir, daß es keine genetischen Unterschiede zwischen den Menschen gäbe. Ich wußte, daß dieses falsch sein mußte, aber es war die Zeit der fünfziger Jahre, der Höhepunkt eines fanatischen Glaubens an die Umweltwirkung. Alle Menschen hielt man für politisch gleich, und daraus leitete man irrtümlich ab, daß alle Menschen biologisch identisch sein müßten. Bereits eine geringe Vertrautheit mit der Evolution müßte einem sagen, daß die Menschen nicht genetisch identisch sein können« (Crider et al., 1993). Wie Scarr sich aufgrund ihrer Forschungsarbeiten den Einfluß der Gene auf die Entwicklung denkt, soll dargestellt werden, nachdem über das Zusammenwirken von Anlage und Umwelt vor der Geburt berichtet worden ist. Über eine Sichtweise, die vor allem die genetischen Grundlagen sozialer Verhaltensweisen herauszuarbeiten versucht, berichtet Info-Kasten 2.1.

### 2.3.2.2 Das Zusammenwirken von Anlagen und Umwelt während des Lebensabschnitts vor der Geburt

Noch zu Beginn der vierziger Jahre bestand in der medizinischen Fachwelt weithin die Überzeugung, daß ein Kind vor seiner Geburt stets besten Schutz vom mütterlichen Organismus erhält (Moore, 1989). Erschüttert wurde dieser Glaube nachdrücklich, nachdem ein australischer Arzt im Jahre 1941 darauf

Abb. 2.6
*Eineiige Zwillinge, die sich für ein Gruppenfoto zu formieren hatten. Auffallend ist, wie sich die jeweiligen Geschwister nicht nur in ihrer Mimik, sondern ebenso in ihrer Arm- und Beinhaltung ähneln.*

## Info-Kasten 2.1:
**Liegt allem sozialen Verhalten das Bemühen zugrunde, den Fortbestand der eigenen Gene zu sichern?**

Im Mittelpunkt von Darwins Evolutionstheorie steht das Bemühen eines Lebewesens, im Kampf ums Dasein wenigstens so lange zu überleben, bis es für eine möglichst große Nachkommenschaft gesorgt und somit einen Beitrag zur Erhaltung der eigenen Art geleistet hat. Bei Mensch und Tier sind allerdings gelegentlich Verhaltensweisen zu beobachten, die mit *Darwins* Vorstellungen nicht in Einklang zu bringen sind. Warum opfert beispielsweise eine Honigbiene ihr Leben, indem sie einen angreifenden Feind sticht? Warum sind einzelne Tiere, wie etwa das Backenhörnchen, bereit, bei drohender Gefahr ein weithin hörbares Warnsignal von sich zu geben, obwohl es damit gleichzeitig die Aufmerksamkeit eines möglichen Raubtieres auf sich lenkt? Antworten finden sich bei Vertretern der *Soziobiologie*, die komplexe soziale Verhaltensweisen und bestimmte Lebensformen genetisch zu erklären versuchen. Wie konnte sich selbstloses, altruistisches Verhalten im Verlauf der Evolution entwickeln? Edward Wilson (1975), der vielfach als der »Vater der Soziobiologie« bezeichnet wird, hat darauf eine Antwort gegeben, die ihm nach Veröffentlichung allerdings auch heftige Kritik einbrachte.

Eine grundlegende Annahme der Soziobiologie besagt, daß Gene sich eines Organismus bedienen, um Kopien von sich herstellen zu können. Hinter sozialen Verhaltensweisen ist das Bemühen der Gene zu sehen, mit Hilfe ihres Trägers ihren eigenen Fortbestand zu sichern. Wilson behauptet, daß helfende und altruistische Verhaltensweisen sehr wohl einen Auslesevorteil besitzen. Man dürfe nur nicht wie Darwin das Individuum in den Mittelpunkt rücken, sondern vielmehr dessen Gene. Altruismus sei letztlich auf »genetische Selbstsucht« zurückzuführen (Dawkins, 1976). Deshalb werde die Bereitschaft zur Rettung anderer vom Grad der Verwandtschaft mitbestimmt. Die Biene, die sich mit einem für sie tödlichen Stich gegen einen Eindringling wehrt, rettet vielleicht etwa 80 000 ihrer Schwestern das Leben, von der jede einen Teil ihrer Gene trägt (Wilson, 1978). Arbeitsbienen, die selbst nicht fortpflanzungsfähig sind, mußten eine andere Strategie zur Weitergabe ihrer Gene entwickeln: Sie kümmern sich um den Schutz ihrer Schwestern und opfern für sie bereitwillig ihr Leben (Ridley und Dawkins, 1981). Entsprechend stellt Wilson fest, daß Organismen sich leisten können, ihre eigenen Gene zu opfern, wenn sie dadurch die ihrer Verwandten retten. »Da sie viele ihrer eigenen Gene mit den Verwandten gleicher Herkunft teilen, vervielfältigen sie tatsächlich Teile ihrer eigenen Gen-Ausstattung, indem sie Verwandten helfen.« Soziobiologen meinen nun, daß die Bereitschaft zum selbstlosen Verhalten auch in der Erbausstattung des Menschen verankert sein könnte, da es sich in der Vergangenheit als erfolgreich erwiesen hat, Genen das Fortbestehen zu ermöglichen.

Menschen sind aber offenkundig nicht nur bereit, Verwandten zu helfen, wenn sie in Not sind. Sie kümmern sich, zumindest unter bestimmten Bedingungen (s. S. 19 ff.), ebenso um Fremde. Warum sollten »selbstsüchtige Gene« so etwas tun? Nach Meinung eines Soziobiologen gäbe es so etwas wie den »Altruismus auf Gegenseitigkeit« (Trivers, 1971). Menschen könnten nämlich ihre eigene Sicherheit erhöhen, indem sie einem Fremden helfen, der sich ihnen daraufhin möglicherweise erkenntlich zeigen wird. Es fördert also sehr wohl das Überleben des Individuums und damit das Fortbestehen seiner Gene, wenn man im Sinne der Gegenseitigkeit auch Fremden hilft. Deshalb könnte auch der »Altruismus auf Gegenseitigkeit« sehr wohl im Verlauf der Evolution genetisch verankert worden sein.

Lassen sich die Erklärungen der Soziobiologen auch belegen? Diese Frage zielt auf einen wunden Punkt dieses biologischen Fachgebietes. Soziobiologen nehmen stets eine Verhaltensweise, die bei Lebewesen einer Art gehäuft beobachtet worden ist, zum Anlaß, nach einer Erklärung für ihre Entstehung zu suchen. Dabei steht allerdings bereits von vornherein fest, daß diese Verhaltensweise in irgendeiner Weise im Dienste der selbstsüchtigen Gene steht. Es gilt also nur noch herauszufinden, wie die Gene von ihr profitieren könnten. Die Beiträge der Soziobiologie haben verständlicherweise Kritiker auf den Plan gerufen, die den Vorwurf erheben, genetische Faktoren würden gegenüber Umwelteinflüssen überbetont. Zugleich ist es nach Meinung vieler Entwicklungspsychologen allerdings ebenso ein Fehler, bei der Suche nach Erklärungen für menschliches Verhalten genetische Einflüsse von vornherein außer acht zu lassen. Worauf ist es beispielsweise zurückzuführen, daß Menschen in sämtlichen bekannten Kulturen das Leben in Gruppen bevorzugen? In dieser Hinsicht ähnelt der Mensch mehr dem geselligen Schimpansen als dem Orang-Utan, der soziale Erfahrungen nur durch Kontakte mit seiner Mutter und seinen Geschwistern sammelt. Darüber hinaus beobachtet man bei diesem Menschenaffen lediglich gelegentliche Sozialkontakte mit einem Geschlechtspartner bzw. Partnerin zum Zwecke der Paarung (Chagnon und Irons, 1979). Wäre es nicht möglich, daß die menschliche Neigung, in sozialen Gruppen zu leben, auch biologische Wurzeln hat? Weiterhin zeigt sich, daß fast überall auf der Erde Männer andere Formen der Aggressivität zeigen als Frauen (Hrdy, 1981). Die Aggressivität ist das einzige Merkmal, nach dem sich die Geschlechter offenbar ziemlich durchgängig unterscheiden (Maccoby, 1990). Martin Daly und Margo Wilson (1988) haben durch Studien in vielen verschiedenen Gesellschaften registriert, wie häufig Männer andere Männer und wie häufig Frauen andere Frauen jeweils ermordet hatten. In keinem Fall ließen sich Frauen-Frauen-Morde auch nur annähernd so häufig registrieren wie Männer-Männer-Morde; Männer übertrafen Frauen mindestens im Verhältnis 10:1. Erscheint es gerechtfertigt, zur Erklärung solcher Geschlechtsunterschiede genetische Einflüsse von vornherein auszuschließen? Es muß allerdings ausdrücklich davor gewarnt werden, Verhaltensweisen, die *auch* biologisch bestimmt sein können, für natürlich und damit für gerechtfertigt zu halten (Alexander, 1987). Es gibt kein menschliches Verhalten, das ausschließlich genetisch bestimmt wird. Man darf die Kultur, in der ein Mensch handelt, nicht – wie die Soziobiologen – einfach außer acht lassen. Stets hängt es von Merkmalen der Situation und ihrer Wahrnehmung durch den Beobachter ab, wie auf sie reagiert wird. Wenn man zu erklären hat, warum einige Männer aggressiver als andere auf die gleiche Situation reagieren, wird man mit einem Hinweis auf die genetische Ausstattung keine praktisch verwertbaren Aufschlüsse liefern. Die Erkenntnisse der Soziobiologen mögen dazu beitragen, das Verhalten von Vertretern einer bestimmten Art oder einzelner ihrer Gruppen besser vorherzusagen, nicht aber das Verhalten eines einzelnen (Tooby und Cosmides, 1989). An anderer Stelle wird darauf hingewiesen, daß die sozialpsychologische Forschung in den Genen lediglich Voraussetzungen für Aggressionen sieht (s. S. 301 f.).

aufmerksam wurde, daß viele Frauen, die während der Schwangerschaft an Röteln erkrankt waren, blinde Kinder zur Welt brachten (Gregg, 1941). Besonders nachhaltig brachte die sogenannte *Contergan*-Katastrophe den Glauben an ein geschütztes Kind in der Gebärmutter ins Wanken. Tierversuche erbrachten keinerlei Hinweise, daß *Contergan* mit Nebenwirkungen behaftet sein konnte. Es wurde zu Beginn der sechziger Jahre u.a. auch werdenden Müttern bedenkenlos verschrieben, um Symptome wie Übelkeit und Schlaflosigkeit zu begegnen. Erst zu spät wurde man auf einen verhängnisvollen Effekt aufmerksam: Frauen, die dieses Medikament während der ersten drei Schwangerschaftsmonate eingenommen hatten, brachten auffallend häufig Kinder mit fehlenden oder deformierten Gliedmaßen zur Welt. Es bedurfte offenbar erst dieser Katastrophe, damit sich die heute selbstverständliche Erkenntnis durchsetzte, daß Anlage und Umwelt bereits vor der Geburt zusammenwirken. Einige im folgenden kurz zu beschreibende körperliche Veränderungen des Kindes vor der Geburt erfolgen in einer »normalen« Umwelt, also im Körper einer Frau, die gesund ist, sich ausreichend und angemessen ernährt und die keinerlei Substanzen zu sich nimmt, die für das Ungeborene schädigend wirken könnten (Moore, 1989).

Nach der Befruchtung wandert die Zygote zur Gebärmutter, die sie nach etwa 12 bis 14 Tagen erreicht. An ihrem Ziel – inzwischen haben bereits zahlreiche Zellteilungen stattgefunden – nistet sich der Zellkörper in der Schleimhaut ein. Bestimmte Zellen machen es möglich, daß Teile der Gebärmutterschleimhaut aufgelöst werden, um auf diese Weise eine Nährstoffversorgung durch die Mutter aufzubauen. Damit geht der erste Lebensabschnitt, das *Stadium der Eizelle*, zu Ende, und es schließt sich das *embryonale Stadium* an. Zu keinem späteren Zeitpunkt wird die Entwicklung des Organismus noch einmal so schnell verlaufen wie in den nachfolgenden Wochen. In der dritten Schwangerschaftswoche hat der Embryo bereits etwa die zehntausendfache Größe der ursprünglichen Eizelle erreicht. Zu Beginn dieses Stadiums lassen sich drei verschiedene Zellschichten unterscheiden. Aus der einen werden sich das Nervensystem, die Sinnesorgane und die Haut entwickeln. Aus einer zweiten Zellschicht werden die inneren Organe, wie beispielsweise der Magen, die Leber und die Lunge hervorgehen. Und aus der dritten Zellschicht entstehen die Muskeln, das Skelett und die Blutgefäße. Sechs Wochen nach der Empfängnis lassen sich mit einem feinen Haar erste Reflexreaktionen auslösen. Am Ende des Embryonalstadiums sind Augen, Nase und Mund in Ansätzen erkennbar. Es haben sich Knospen gebildet, aus denen sich Arme und Beine entwickeln werden. Es läßt sich weiterhin ein sehr einfaches Gehirn nachweisen; das Nervensystem durchläuft während der ersten Schwangerschaftsmonate eine besonders schnelle Entwicklung. In jeder Minute entstehen 250 000 neue Gehirnzellen, bis eine Anzahl von über 100 Milliarden zum Zeitpunkt der Geburt erreicht wird (Cowan, 1979).

Eine sehr wichtige Aufgabe besitzt die Plazenta (auch Mutterkuchen genannt). Sie sorgt dafür, daß sich die Blutkreislaufsysteme der Mutter und des ungeborenen Kindes niemals vermischen. Eine teilweise durchlässige Membran wirkt wie ein Filter, denn sie sorgt dafür, daß einige Stoffe aus dem mütterlichen Blut, z. B. Zucker, Fette, Eiweiß, Vitamine ebenso wie Gase (z. B. Sauerstoff), zum Kind gelangen, während den etwas größeren Blutzellen der Durchfluß verwehrt wird. Auch Ausscheidungen des Kindes werden über die Plazenta abgeführt. Allerdings ist die Schutzfunktion dieses Filters keineswegs vollkommen; einige Schadstoffe werden durch ihn nicht zurückgehalten. Sie können die Entwicklung des jungen Organismus mehr oder weniger stark beeinträchtigen.

Wenn sich nach etwa acht bis neun Wochen die ersten Knochenzellen bilden, beginnt das *fötale Stadium*, das bis zur Geburt andauert; das Ungeborene bezeichnet man nunmehr als *Fötus*. Abbildung 2.7 A vermittelt einen Eindruck von dem körperlichen Entwicklungszustand eines Kindes, das sich in der zwölften Schwangerschaftswoche befindet. Teil B der Abbildung läßt deutlich erkennen, daß das Kind – im Fruchtwasser schwimmend – über die Nabelschnur mit dem Körper der Mutter in Verbindung steht. Ein drei Monate alter Fötus hat eine Körpergröße von 7,5 cm erreicht; er wiegt im Durchschnitt 28 Gramm. Die Organe, die ansatzweise bereits während des embryonalen Stadiums entstanden, sind nunmehr klar erkennbar. Am Kopf haben sich Stirn, Augenlider, Mund und Kinn ausgebildet. Die Knochen gewinnen sehr bald innere Festigkeit. Wie sehr sich inzwischen die Muskeln entwickelt haben, ist auch daran zu sehen, daß der Fötus gegen Ende des dritten

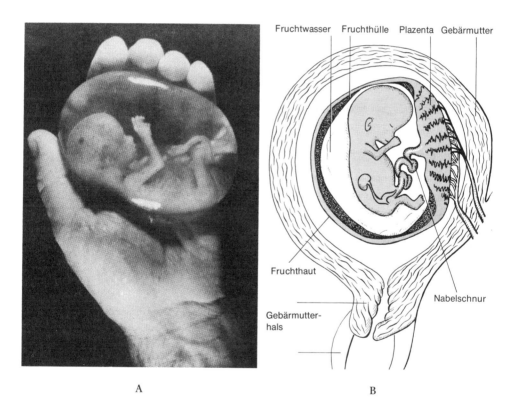

Abb. 2.7
*Das ungeborene Kind in der zwölften Schwangerschaftswoche*

Schwangerschaftsmonats Arme und Beine bewegt, die allerdings von der werdenden Mutter noch nicht bemerkt werden. Obwohl die etwa 100 Milliarden Gehirnzellen eines erwachsenen Gehirns bereits fünf Monate nach der Empfängnis vorhanden sind, wird der Aufbau ihrer auf 14 Billionen geschätzten Verbindungen untereinander selbst zum Zeitpunkt der Geburt noch nicht abgeschlossen sein. Rätselhaft erscheint der Forschung noch immer, nach welchem Plan die Verbindungen zwischen dem Gehirn und den Sinnesorganen sowie Muskeln aufgebaut werden. Die Gene spielen hierbei zweifellos eine entscheidende Rolle. Umweltbedingungen müssen aber ebenfalls auf ihre Entstehung einwirken, weil es keine zwei Gehirne mit übereinstimmenden Verbindungswegen gibt, nicht einmal bei eineiigen Zwillingen, die sich genetisch völlig gleichen (Vasta et al., 1992).

Veränderungen während der Schwangerschaft folgen überwiegend einem weitgehend festgelegten Plan, nicht nur in Hinblick auf ihre Abfolge, sondern auch bezüglich ihres zeitlichen Ablaufs. Wie stark diese vorgeburtliche Entwicklung von bestimmten Umweltbedingungen abhängt, wird erst in Fällen erheblicher Störungen offenkundig, die als Folge von *Teratogenen* auftreten (*Teratogen* leitet sich aus dem Griechischen her und bedeutet soviel wie »etwas, das ein Monster hervorbringt«). Als Teratogene bezeichnet man Umwelteinflüsse, die auf das Kind während des vorgeburtlichen Entwicklungsabschnitts schädigend wirken. Von etwa 1600 Umwelteinflüssen, deren mögliche Wirkung auf Embryo und Fötus man inzwischen untersucht hat, sind mindestens 30 als teratogen einzustufen (Shephard, 1986). Dazu gehören z. B. Virusinfektionen der Mutter, insbesondere die bereits genannten Röteln. Auch Rauschdrogen können die Barriere der Plazenta durchdringen und den Embryo oder Fötus erreichen (Fried und Watkinson, 1990). Mit Schädigungen des Ungeborenen ist weiterhin zu rechnen, wenn eine Frau während der Schwangerschaft Alkohol zu sich nimmt oder raucht. Kinder von »Trinkerinnen« können mit dem »Fötalen Alkohol-Syndrom« (oder auch *Alkohol-Embryopathie*) belastet sein, d. h., ihr Wachstum ist verzögert, das Gesicht deformiert (weit auseinanderliegende Augen, eine kleine nach oben zeigende Nase, kleine Unterlippe), das Gehirn unterentwickelt mit der Folge einer erheblich verminderten intellektuellen Leistungsfähigkeit. Konzentrationsschwierigkeiten und Bewegungsunruhe lassen sich auch noch im Vorschulalter nachweisen (Streissguth et al., 1989).

Wie kompliziert Anlagen und Umwelt bereits in der vorgeburtlichen Entwicklung zusammenwirken, erkennt man auch daran, daß aus dem Nachweis von Teratogenen noch lange nicht sicher auf eine Schädigung des Kindes im Mutterleib geschlossen werden kann. Ob dessen Gesundheit beeinträchtigt wird, hängt nämlich sowohl von seinen genetischen Voraussetzungen als auch von der Stärke der Einwirkung ab. Von besonderer Bedeutung ist zudem, zu welchem Zeitpunkt der Entwicklung Teratogene auf den grundsätzlich verwundbaren Organismus treffen. Das ungeborene Kind durchläuft während der vorgeburtlichen Entwicklung eine Reihe *kritischer Phasen*. Eine kritische Phase kennzeichnet einen kürzeren oder längeren Zeitabschnitt körperlicher Entwicklung, in der Umwelteinflüsse auf den Organismus verstärkt positiv oder negativ einwirken können. Wenn sich Organe des Embryos oder Fötus besonders schnell entwickeln, ist die Gefahr einer Schädigung durch Teratogene verhältnismäßig groß. Abbildung 2.8 zeigt in einer Übersicht, in welchem Entwicklungsabschnitt wichtige Körperorgane jeweils kritische Phasen durchlaufen.

Die Übersicht der Abbildung 2.8 stellt dar, daß Teratogene vor Einnistung des keimenden Lebens in die Gebärmutterschleimhaut praktisch noch keine Rolle spielen. Wenn dennoch sehr ungünstige Umweltbedingungen vorliegen, erfolgt eine Beeinträchtigung der gesamten, noch sehr primitiven Zellmasse, und das bedeutet ihren Tod. Nachdem das junge Leben mit Beginn des embryonalen Abschnitts von der Mutter direkt versorgt wird, ist die entscheidende Voraussetzung für das Eindringen schädlicher Substanzen in den Organismus geschaffen (die Frau weiß zu diesem Zeitpunkt unter Umständen noch gar nichts von der eingetretenen Schwangerschaft). Da sich die kindlichen Organe während der zweiten bis achten Schwangerschaftswoche zu formen beginnen, ist das Risiko einer Schädigung durch Teratogene besonders hoch, allerdings nicht gleichmäßig über diesen Zeitraum verteilt, wie sich am Beispiel einer Rötelinfektion zeigen läßt. Wenn werdende Mütter sich zwei Wochen nach ihrer letzten Monatsregel anstecken, werden nur etwa 2 bis 3 Prozent der Embryonen geschädigt. Wenn aber das Virus einen Monat

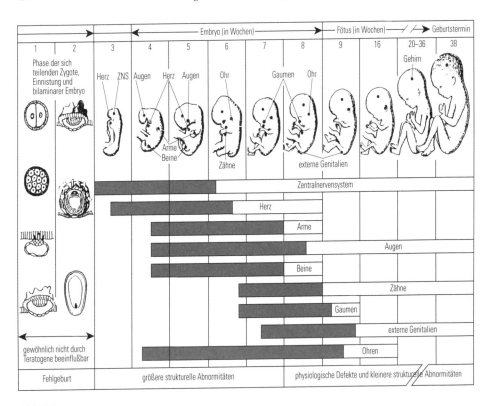

Abb. 2.8
*Kritische Phasen in der vorgeburtlichen Entwicklung*
  ▬ *hoch empfindlich für schädigende Einflüsse*    ☐ *mäßig empfindlich für schädigende Einflüsse*

nach der Empfängnis in den mütterlichen Organismus eindringt, ist mit der Schädigung jeder zweiten Leibesfrucht zu rechnen. Bei einer Ansteckung während des zweiten Monats rechnet man nur noch in 22 Prozent der Fälle mit negativen Einflüssen, und dieser Prozentsatz verringert sich bei einer Infektion während des dritten Schwangerschaftsmonats auf 6 bis 8 Prozent (Kurent und Sever, 1977).

Abbildung 2.8 zeigt weiterhin, daß die einzelnen Körperorgane unterschiedlich lange kritische Phasen aufweisen. So können Teratogene das Zentralnervensystem und das Auge über den gesamten Zeitraum der embryonalen und fötalen Entwicklung schädigen. Andere Körperteile oder Organe, wie z. B. die Beine oder auch der Gaumen, weisen nur eine verhältnismäßig kurze kritische Phase auf. Nach voller Ausbildung eines bestimmten Körperteils wird seine Schädigung durch die meisten Teratogene unwahrscheinlicher. Dennoch gehört eine gesunde Lebensführung zur großen Verantwortung werdender Eltern, denn menschliches Leben, insbesondere auch vor der Geburt, sollte *stets vor schädigenden Einwirkungen geschützt werden*. Info-Kasten 2.2 untersucht, ob und welche Chancen bestehen, angeborene (also vor der Geburt entstandene) körperliche Schädigungen im nachgeburtlichen Abschnitt wieder rückgängig zu machen.

### 2.3.2.3 Verschiedene Möglichkeiten der Gene zur Beeinflussung von Umweltbedingungen

Nach der traditionell behavioristischen Sichtweise ist der Mensch seiner Umwelt passiv ausgesetzt (s. S. 33). Entsprechend meinte Watson, er könne die Entwicklung eines Organismus in jede gewünschte Richtung lenken. Eine solche Auffassung findet in der heutigen Entwicklungspsychologie kaum noch Anhänger. Vielmehr wird überwiegend davon ausgegangen, daß Menschen an der Auswahl und Gestaltung ihrer Umwelt entscheidend mitwirken. Wie könnte diese Einflußnahme erfolgen? Gestützt auf ihre Untersuchungsergebnisse hat Sandra Scarr zusammen mit ihren Mitarbeitern beachtenswerte Vorstellungen entwickelt (Scarr und McCartney, 1983; Scarr, 1988). Danach üben die Veranlagungen eines Menschen Einfluß auf die Umwelten aus, denen er ausgesetzt ist und in denen er Erfahrungen sammelt. Gene und Umwelt verändern allerdings die Art ihres Zusammenwirkens im Verlauf der Entwicklung.

Bereits während des ersten Lebensjahres unterscheiden sich Kinder in ihrem *Temperament*, d. h. in der Art und Stärke ihrer Gefühlsreaktionen. Um das Temperament zu erfassen, achten Psychologen u. a. auf Verhaltensmerkmale wie *allgemeine Aktivität, Art der Reaktionen auf Veränderungen in der Umwelt, Ansprechbarkeit auf Personen der Umgebung* usw. Temperamentsunterschiede sind offenbar genetisch bedingt, denn man findet sie praktisch niemals zwischen eineiigen Zwillingen, sehr wohl aber zwischen zweieiigen Zwillingen und anderen Geschwistern (Goldsmith und Campos, 1986; Wilson und Matheny, 1986). Für Scarr ist von Bedeutung, daß Kinder durch ihr Temperament jeweils bestimmte Reaktionen bei Personen ihrer Umwelt herausfordern. Aktive, überwiegend fröhliche, d. h. häufig lächelnde Kinder finden bei ihren Pflegepersonen in der Regel mehr Beachtung, und sie erhalten mehr Zuwendung als andere, die Widerstand leisten, wenn andere sie auf dem Arm nehmen wollen. Das Temperament des Kindes be-

## Info-Kasten 2.2:
### Können günstige Umweltbedingungen nach der Geburt angeborene Schäden wieder beseitigen?

Wenn schwangeren Frauen in Krisenzeiten nicht ausreichend Nahrung zur Verfügung steht und dem Kalorienbedarf des Körpers bei weitem nicht zu entsprechen ist, wird davon wahrscheinlich auch das Kind im Mutterleib betroffen. Während des embryonalen Entwicklungsabschnitts ist der Organismus noch sehr klein, und entsprechend gering ist sein Nahrungsbedarf. Nur eine extreme Unterversorgung der Mutter führt zu schweren körperlichen Schäden der Leibesfrucht oder zu einer Fehlgeburt. Sollte die Hungerperiode aber auch während der letzten drei Schwangerschaftsmonate andauern, wird das Gewicht des Neugeborenen höchstwahrscheinlich erheblich unter dem Durchschnitt liegen. Mangelnde Ernährung des Fötus hat vor allem verhängnisvolle Folgen für die Entwicklung des Zentralnervensystems. Während der ersten Lebensjahre fallen diese unterernährten Kinder dadurch auf, daß sie am Umweltgeschehen kaum teilnehmen (sie sind apathisch) und auch kein Neugierverhalten entwickeln. Mit zunehmendem Lebensalter bleiben diese Kinder bezüglich ihrer Intelligenz und Lernfähigkeit deutlich hinter dem Durchschnitt zurück (Zeskind und Lester, 1981). Muß nun in jedem Fall damit gerechnet werden, daß die weitere Entwicklung von Kindern, die bei Geburt offenkundige Ernährungsschäden aufweisen, ungünstig verläuft? Die Ergebnisse einer holländischen Langzeitstudie geben darauf eine Antwort (Stein & Susser, 1976; Stein et al., 1975).

Zwischen Oktober 1944 und März 1945 waren viele Menschen in östlichen Teilen der Niederlande erheblicher Nahrungsknappheit ausgesetzt, weil die deutschen Besatzungstruppen sämtliche Verbindungswege unterbrochen hatten. Die Mahlzeiten mußten daraufhin von über 2000 Kalorien pro Tag und Person auf 500 bis 700 gesenkt werden. Ein späteres Studium der in den Kliniken aufbewahrten Akten ergab, daß Mütter, die während des letzten Drittels ihrer Schwangerschaft von der Hungersnot betroffen waren, häufiger untergewichtige Kinder zur Welt gebracht hatten als Frauen, die den extremen Nahrungsmangel während des ersten oder zweiten Drittels der Schwangerschaft erfahren hatten. Etwa dreißig Jahre später konnten die männlichen jungen »Opfer« der Hungerperiode zusammen mit sämtlichen Gleichaltrigen des Landes im Rahmen von Musterungen für den Militärdienst abermals untersucht werden. Dabei zeigte sich, daß junge Männer aus den ehemaligen Hungergebieten Hollands bei Intelligenzprüfungen nicht schlechter als andere abschnitten, deren Mütter zum Zeitpunkt ihrer Schwangerschaft von keinem Nahrungsembargo betroffen waren. Die Entbehrungen während der Schwangerschaft hatten also bis zum Jugendalter keine Spuren mehr hinterlassen. Dieses günstige Ergebnis ist sicherlich darauf zurückzuführen, daß die untergewichtigen Neugeborenen während ihrer ersten Lebensjahre wieder ausreichend ernährt werden konnten. Da sich die Entwicklung des Zentralnervensystems auch in den ersten 24 Monaten nach der Geburt noch fortsetzt, besteht offenbar eine Möglichkeit, früher erfahrene Ernährungsmängel wieder auszugleichen. Ist mit solchen »heilenden Kräften« auch zu rechnen, nachdem in der embryonalen und fötalen Phase teratogene Einflüsse wirksam gewesen sind? Darauf läßt sich keine allgemein gültige Antwort geben.

Für ein Kind, das blind geboren wird, weil die Mutter während der kritischen Phase der Schwangerschaft an Röteln erkrankt war, besteht keine Hoffnung, jemals sehen zu können. Auch die durch *Contergan* geschädigten Kinder mußten sich mit ihren fehlenden oder deformierten Gliedmaßen abfinden. Nicht immer hinterlassen Teratogene allerdings derartig unauslöschliche Spuren. Arnold Sameroff und Michael Chandler (1975) meinen, daß sich die meisten Babys, die vor oder während der Geburt Beeinträchtigungen ihrer Gesundheit erfahren haben, von den Folgen erholen werden, sofern sie fortan eine günstige Umwelt vorfinden und keine Schädigung ihres Zentralnervensystems erfolgt ist. Diese Feststellung steht im Einklang mit den Ergebnissen einer Untersuchung, an der 670 Kinder teilnahmen, deren Entwicklung von der Geburt bis zum 18. Lebensjahr verfolgt worden ist (Werner et al., 1971; Werner und Smith, 1977, 1982).

Unter den Teilnehmern dieser Längsschnittstudie fanden sich auch Neugeborene, die mit unterdurchschnittlichem Körpergewicht auf die Welt gekommen waren, entweder weil sie zu früh geboren wurden oder weil sich ihre Entwicklung während der Schwangerschaft verzögert hatte. Fast die Hälfte dieser Kinder wies bei der Geburt leichte bis schwere gesundheitliche Probleme auf. Waren es diese Problemkinder, die als Achtzehnjährige Lernschwierigkeiten, unterdurchschnittliche Leistungen im Intelligenztest erbrachten und verhaltensauffällig waren? Die Frage ließ sich klar verneinen. Die früheren Beeinträchtigungen hatten bei solchen Teilnehmern der Längsschnittstudie keine Spuren hinterlassen, die unter günstigen Umweltbedingungen aufgewachsen waren. Die Forscher bekundeten zum Abschluß ihrer Studie, daß sie mit Bewunderung zur Kenntnis genommen hatten, über welche selbstkorrigierenden Kräfte junge Menschen verfügen. Diese sorgten in der Mehrheit der Fälle dafür, daß die ursprünglichen Problemkinder als junge Erwachsene völlig normal erschienen. Die »selbstkorrigierenden Kräfte« konnten nur dann nicht wirksam werden, wenn die Entwicklung unter ungünstigen Umweltbedingungen stattgefunden hatte. Auch unter den Achtzehnjährigen gab es einige, die Lernschwierigkeiten, Verhaltensauffälligkeiten und unterdurchschnittliche intellektuelle Leistungen zeigten. Diese unerwünschten Entwicklungen waren aber erst im Verlauf von Kindheit und Jugend unter ungünstigen Umweltbedingungen entstanden. Als ungünstig galt eine Umwelt, in der chronische Armut bestand, in der alleinerziehende Mütter, zumeist mit geringer Schulbildung, für die Erziehung zuständig waren und wenig Zeit hatten, sich um ihren Nachwuchs zu kümmern. Kinder, die demgegenüber in wohlhabenderen und intakten Familien aufgewachsen waren, die von ihren Eltern intellektuelle Anregungen und emotionale Unterstützung erhalten hatten, zeigten als junge Erwachsene keines der klinischen Symptome mehr, die unmittelbar nach der Geburt bei ihnen festgestellt worden waren. Schädigungen des Zentralnervensystems konnte jedoch keine noch so günstige Umwelt wieder beseitigen (Werner und Smith, 1982).

stimmt also das elterliche Zuwendungsverhalten mit, das seinerseits Einfluß auf die kindliche Entwicklung nimmt. Solche Wechselwirkungen finden während des gesamten Lebenslaufes eines Menschen statt.

Scarr übersieht allerdings nicht, daß die Umwelt des kleinen Kindes insgesamt noch sehr stark von den Eltern beeinflußt wird. Diese geben ihren Söhnen und Töchtern Anregungen, die ihrer eigenen Gen-Ausstattung entsprechen. Wegen der biologischen Verwandtschaft ist allerdings in der Regel nicht mit Konflikten zu rechnen. Väter und Mütter, die beispielsweise gerne lesen, bieten ihrem Nachwuchs eine häusliche Umgebung, in der sich viele Bücher und Zeitschriften befinden.

In einer derartigen Atmosphäre wird häufiger vorgelesen, um auf diese Weise das Interesse für Literatur zu wecken. Wenn Mädchen und Jungen unter solchen anregenden Bedingungen zu »Leseratten« werden, haben dazu sowohl genetische Voraussetzungen als auch die Umweltanregungen beigetragen.

Je älter Kinder werden, desto mehr gestattet man ihnen, Erfahrungen zu sammeln, die über diejenigen in der eigenen Familie hinausgehen. In solchen fortgeschrittenen Stadien der Entwicklung sucht das Kind aktiv nach Umwelten, die zu seiner genetischen Ausstattung passen. Scarr und McCartney meinen, daß diese gewährte Freiheit dem jungen Menschen eine *Nischen-Auswahl* gestattet, d. h., er sucht nach Nischen in der Umgebung, in denen er Erfahrungen sammeln kann, die seinen Neigungen entsprechen. Das Kind, das musikalisch begabt ist, bemüht sich beispielsweise um die Mitgliedschaft im Schulorchester, und es muß zum Spielen seines Instruments nicht mehr gedrängt werden. Das neugierige Kind findet häufig aus freiem Entschluß den Weg zur örtlichen Bibliothek, um sich weitere Literatur für die Freizeit zu besorgen.

Scarr und McCartney entwickelten ihre Vorstellung von der aktiven Nischen-Auswahl, um einen wiederholt bestätigten Zusammenhang aus der Zwillingsforschung erklären zu können: Eineiige Zwillinge, die sehr früh voneinander getrennt worden sind, stellen bei einer Wiedervereinigung im Jugend- oder Erwachsenenalter nicht selten mit Erstaunen fest, daß sie unabhängig voneinander die gleichen Eßgewohnheiten und sehr ähnliche Hobbys entwickelt haben. Häufig weisen auch die Freunde und Lebenspartner, die während der Trennung ausgewählt worden sind, viele Ähnlichkeiten auf. Wegen der Übereinstimmung in ihrer Gen-Ausstattung ist nach den Vorstellungen von Scarr und McCartney zu vermuten, daß sich die Zwillinge die gleichen Nischen ausgewählt haben. Nachdem getrennt aufgewachsene eineiige Zwillinge während der ersten Lebensjahre sehr stark von den Bedingungen ihrer Pflegefamilien beeinflußt worden sind, werden sie einander im Verlauf des Schul- und Jugendalters immer ähnlicher, nachdem sie die Möglichkeit erhalten, sich selbständig Erfahrungsfelder zu erschließen. Demgegenüber tritt im gleichen Entwicklungszeitraum bei zweieiigen Zwillinge häufig das Gegenteil ein: Sie unterscheiden sich zunehmend voneinander. Da sie weniger Gemeinsamkeiten in ihrer Erbausstattung aufweisen, haben sie sich verschiedene Nischen ausgewählt (Scarr und Weinberg, 1983).

Scarr und McCartney weisen der Umwelt in allen Abschnitten menschlicher Entwicklung die gleiche Bedeutung wie den Genen zu; sie gehen allerdings davon aus, daß das Zusammenwirken von Anlage und Umwelt unter Bedingungen erfolgt, an deren Auswahl die Gene mitbeteiligt sind.

Psychologie der menschlichen Entwicklung 87

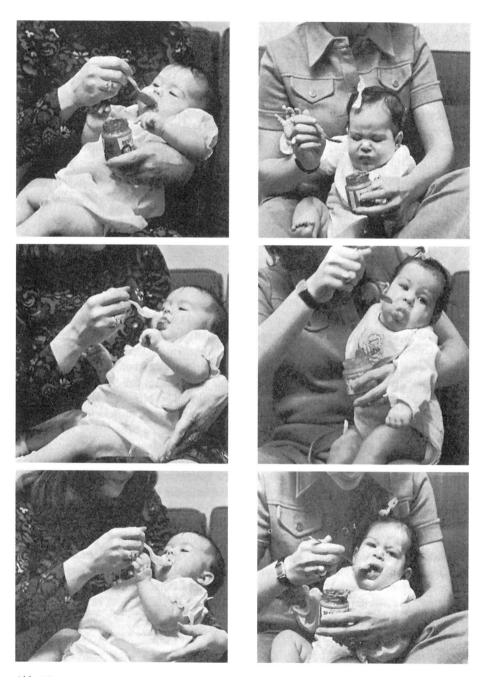

Abb. 2.9
*Bereits in den ersten Lebensmonaten zeigen Kinder ziemlich überdauernde Verhaltensunterschiede; so lassen sich z. B. einige bereitwillig, andere nur mit Widerstand füttern.*

## 2.4 Ausgewählte Forschungsbereiche der Entwicklungspsychologie

Entwicklungspsychologen beschäftigen sich damit, wie sich Menschen während der gesamten Lebensspanne in biologisch-motorischer, sozial-emotionaler und kognitiver Hinsicht verändern. Sie bemühen sich gleichzeitig um die Aufdeckung jener Bedingungen und Ereignisse, auf die jeweils beobachtete Veränderungen zurückzuführen sind. Zusätzlich stellen sie sich die Frage, inwieweit ihre Beobachtungen eine Verallgemeinerung zulassen. Während sich der Mensch aktiv mit seiner Umwelt auseinandersetzt, verändert er ja nicht nur sich selbst, sondern gleichzeitig seine Umwelt. Ein Kind, das vor 100 Jahren geboren wurde, hat infolgedessen eine andere Umwelt vorgefunden als ein Mensch, der z.B. vor zwanzig Jahren das Licht der Welt erblickte oder sein Leben in diesem Moment beginnt. Gibt es trotz der Veränderung jeweils vorgefundener Bedingungen Übereinstimmungen in den Entwicklungsverläufen verschiedener Generationen? Worin unterscheidet sich die Entwicklung von Kindern oder Jugendlichen, die zu verschiedenen Zeitpunkten in jeweils veränderten Umwelten aufgewachsen sind? Die Beantwortung solcher Fragen erfordert eine enge Zusammenarbeit von Entwicklungspsychologen und Geschichtswissenschaftlern. Durch das Vorhandensein von Daten aus der Vergangenheit wurde beispielsweise festgestellt, daß sich der Beginn der Pubertät im Verlauf dieses Jahrhunderts allmählich vorverlagert hat. Die erste Regelblutung trat im Jahre 1840 durchschnittlich im Alter von 17 Jahren auf; heute haben die meisten Mädchen ihre erste Regel bereits vor ihrem dreizehnten Geburtstag (Malina, 1979). Ebenso ließ sich nachweisen, daß seit Beginn dieses Jahrhunderts die Körpergröße des Jugendlichen mit jedem Jahrzehnt um zwei bis drei Zentimeter zugenommen hat (Tanner, 1971). Entwicklungspsychologen sind weiterhin an Erkenntnissen der Anthropologie interessiert, denn Vertreter dieses Forschungsbereichs studieren u.a. die Frage, wie menschliche Entwicklungen in sehr unterschiedlichen Kulturen verlaufen. Sie haben beispielsweise festgestellt, daß Kinder, die in Afrika aufwachsen, im Durchschnitt zwei Monate früher als europäische Kinder selbständig laufen können. Auf welche Bedingungen sich diese Beschleunigung zurückführen läßt, soll im nächsten Abschnitt geklärt werden.

Im Rahmen eines einzigen Kapitels kann man kein auch nur annähernd abgerundetes Bild von dem sehr forschungsintensiven Gebiet der Entwicklungspsychologie geben. Anhand ausgewählter Themenbereiche (Entwicklung im motorischen, sozial-emotionalen und kognitiven Bereich) soll in den nachfolgenden Abschnitten lediglich ein abrißartiger Einblick in Arbeiten vermittelt werden, die sich mit der menschlichen Entwicklung aus verschiedenen Blickwinkeln beschäftigen.

### 2.4.1 Veränderungen im körperlich-motorischen Bereich

Die Motorik umfaßt alle Verhaltensweisen, die ein aufeinander abgestimmtes Zusammenspiel bestimmter Muskeln fordern, wie z.B. Greifen, Kriechen, Gehen oder Stehen (s. Abbildung 2.1). Von welchen Einflüssen hängen

Fortschritte im motorischen Bereich ab? Der Arzt und Psychologe Arnold Gesell (1880–1961) führte diese Veränderungen auf Reifungsprozesse zurück. Er schrieb der Umwelt nur eine unbedeutende Einflußmöglichkeit zu. Nach seinem Verständnis stehen Reifungsprozesse unter direkter Kontrolle der Erbanlagen; sie setzen zwar bestimmte Umweltbedingungen voraus, verlaufen aber weitgehend unabhängig von Übung und Erfahrungen. Kinder mit vergleichsweise schneller motorischer Entwicklung haben nach dieser Sichtweise als »frühreif« zu gelten, während andere, die in ihrer Motorik gegenüber Gleichaltrigen zurückbleiben, als »unreif« bezeichnet werden (Gesell, 1928).

Wenn die motorische Entwicklung ausschließlich das Ergebnis von Reifungsprozessen darstellen sollte, müßte ein Kind auch dann kriechen oder stehen können, wenn zuvor keinerlei Übungsgelegenheiten vorausgegangen sind. Eine Überprüfung dieser Schlußfolgerung ist allerdings nicht möglich; man müßte einen Säugling vor *allen* Lerngelegenheiten abschirmen und dabei beobachten, ob dieser dennoch Fortschritte in der motorischen Entwicklung zeigt. Welche Eltern wären aber schon zu einem derartigen Experiment bereit? Auf der Suche nach Bedingungen, die dem Gewünschten wenigstens annähernd gleichen, wurde man auf einige Indianerstämme aufmerksam. Bei diesen war es üblich, Kinder während des ersten Lebensjahres so auf ein Brett zu schnüren, daß sie in ihrer Bewegungsfreiheit erheblich eingeschränkt wurden. Die Bandagen hinderten das Kind z. B. daran, sich umzudrehen oder Arme und Beine zu bewegen, weil diese an den Seiten festgebunden waren. Wie ein solches Indianerkind »verpackt« war, zeigt Abbildung 2.10. Während der ersten neun bis

Abb. 2.10
*Bei einigen Indianerstämmen hat man die motorische Entwicklung von Kindern unter »natürlichen Bedingungen« studiert. Die Säuglinge wurden während der ersten Lebensmonate fest eingeschnürt.*

zehn Lebensmonate wurden die Kinder nur selten aus diesen Bandagen befreit. Erst danach gestattete man ihnen eine größere Bewegungsfreiheit.

Bei den Hopi-Indianern im amerikanischen Bundesstaat Arizona fanden Wayne und Marsena Dennis (1940) zwei Dörfer, in denen die Bewohner infolge ihrer Kontakte mit der westlichen Zivilisation auf die Bandagierungen verzichteten. Dadurch ergab sich die Möglichkeit, die motorische Entwicklung dieser Kinder mit jenen zu vergleichen, die die genannten Einschränkungen weiterhin erfahren mußten. Dennis und Dennis stellten fest, daß die Kinder beider Gruppen etwa zum gleichen Zeitpunkt mit dem Laufen begannen. Die Bewegungseinschränkungen hatten die motorische Entwicklung allem Anschein nach nicht verzögert.

Wayne Dennis fühlte sich nach diesen Studien bei den Hopi-Indianern in der Überzeugung bestärkt, daß die während des ersten Lebensjahres erfolgenden motorischen Veränderungen von den Genen kontrolliert werden. Es bedurfte dazu seiner Meinung nach keinerlei Übung. Jegliches Training zur Beschleunigung der Entwicklung müßte letztlich nutzlos bleiben oder zumindest nicht in einem angemessenen Verhältnis zu den Wirkungen stehen. Eine solche Schlußfolgerung war allerdings voreilig gezogen worden. Dennis hatte einfach übersehen, daß die Kinder im Verlauf des Tages sehr wohl Übungsgelegenheiten hatten. So wurden sie wenigstens während des Waschens für einige Zeit aus ihrer Einengung befreit. Weiterhin trugen die Mütter ihre Kinder häufig auf dem Rücken umher. Folglich bestand vergleichsweise früh die Möglichkeit, Erfahrungen mit der senkrechten Körperhaltung zu sammeln; die Kleinen mußten sich bemühen, ihren Kopf aufrecht zu balancieren. Nicht unerwähnt bleiben sollte weiterhin, daß diese Kinder viele Gelegenheiten besaßen, andere beim Laufen zu beobachten. Sind ihnen damit nicht Vorbilder vorgeführt worden, die ihre Nachahmungsbereitschaft geweckt haben können? Dennis war der Frage, welche Bedeutung solche Umweltanregungen für das Laufen haben, damals zunächst nicht weiter nachgegangen. Später mußte er aber einsehen, daß er die Bedeutung der Reifungsprozesse überschätzt hat. Weitere Untersuchungen im Vorderen Orient führten ihm nämlich vor Augen, daß den Anregungen von seiten der Umwelt, den Lerngelegenheiten, sehr wohl eine beträchtliche Bedeutung zukommt (Dennis, 1960; Dennis und Najarian, 1957).

Dennis fand beispielsweise in Teheran ein Heim, das durchschnittlich mit 600 Kindern belegt war. Die Bedingungen, unter denen die jungen Bewohner leben mußten, waren für ihre Entwicklung außerordentlich ungünstig. Eine einzige Pflegerin kümmerte sich um jeweils acht Kinder. Diese verbrachten den größten Teil der Zeit in ihren Betten, wo sie ständig auf dem Rücken lagen und keine anregende Umgebung hatten. Besuche gab es nicht. Die etwas älteren Kinder nahm man gelegentlich aus dem Bett, um sie zu waschen oder um sie auf eine Bank zu setzen, wo sie sich nebeneinander gegenseitig stützten. Ein Brett, das man vor ihnen angebracht hatte, sollte verhindern, daß sie umfielen. Unter diesen Umständen verzögerte sich die motorische Entwicklung erheblich. Nachdem sich die Kinder im Alter von zwei Jahren schließlich frei bewegen konnten, entwickelten sie – nachdem sie zuvor in der Regel auf dem Rücken gelegen hatten – eine eigenartige Fortbewegungstechnik: Anstatt mit Händen und Füßen zu kriechen, wie Kleinkinder das normalerweise tun, schoben sie sich in Sitzhaltung von einer Position zur anderen. Bei diesen Heimbewohnern war also nicht nur die motorische Entwicklung verzögert, sondern auch eine Fortbewegungsart entstanden, die weitere Fortschritte wahrscheinlich sogar behinderte. Wenn man sich nämlich im Sitzen fortbewegt, trifft man nicht mit den Händen auf Möbel und andere Gegenstände, sondern mit den Füßen. In dieser Situation waren die iranischen Kinder auch nur selten bereit, sich mit den Händen an Objekten hochzuziehen, um damit einen weiteren Teilschritt in Richtung auf das Gehen zu vollziehen.

Wenn Kinder keine Übungsgelegenheit haben, verzögert sich, wie Dennis feststellen mußte, die motorische Entwicklung erheblich. Bestimmte Bedingungen können auf die zugrundeliegenden Prozesse aber auch beschleunigend wirken. Seit langem weiß man, daß Kinder in Afrika durchschnittlich zwei Monate früher selbständig laufen als andere, die in Europa oder in den USA aufgewachsen sind (Zelazo et al., 1972). Die afrikanischen Kinder profitieren offenbar nicht nur davon, daß sie schon sehr bald nach der Geburt in aufrechter Position umhergetragen werden. Teilweise werden ihnen auch zusätzliche Übungsgelegenheiten geboten. Aus Jamaika stammende Mütter führen täglich spezielle Übungen mit ihren Kindern durch, die insgesamt beschleunigend auf die motorische Entwicklung wirken: Schon während der ersten Lebensmonate ziehen sie die Babys an den Beinen, Händen und am Kopf hoch. Nach jedem Bad massieren die Mütter den ganzen Körper kräftig. Später stecken sie ihnen Kissen in den Rücken, damit sie bereits in einem verhältnismäßig jungen Alter aufrecht sitzen können, und gegen Abschluß des ersten Lebensjahres halten sie die Kinder so, daß diese bereits einen Schritt vor den anderen auf den Boden setzen können; die Mütter tragen aber einen Teil des Gewichts noch mit, so daß auf den sehr jungen Beinen noch nicht das gesamte Körpergewicht lastet (Hopkins und Westra, 1988).

Die Mütter aus Jamaika können mit ihren Übungen die motorische Entwicklung allenfalls beschleunigen. Letztlich bestimmt aber der jeweilige Reifungsgrad der Knochen und Muskeln, wozu ein Kind zu einem bestimmten Zeitpunkt in der Lage ist. Zu beachten ist zudem, daß die zunehmende Kontrolle der einzelnen Muskeln nicht ohne angemessenen Zeitaufwand zu leisten ist. Aus heutiger Sicht entstehen während des ersten Lebensjahres nicht reifungsbedingt nacheinander einzelne motorische Handlungen (Kinn heben – Kopf heben – Sitzen usw.). Vielmehr werden in jedem Teilschritt motorischer Entwicklung Fertigkeiten eingeübt und erworben, die nach Beherrschung die Voraussetzung zur Bewältigung komplexerer Aufgaben sind. So lernt ein Baby beispielsweise zunächst durch entsprechende Übungen, seinen Kopf sowie den Oberkörper zu kontrollieren, und erst wenn ein gewisser Beherrschungsgrad erreicht ist, verfügt es über weitere wesentliche Vorausset-

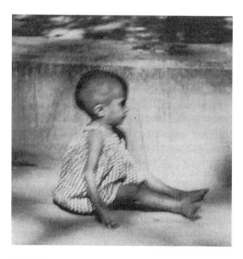

Abb. 2.11
*Iranische Heimkinder, die unter extrem anregungsarmen Bedingungen aufgewachsen waren und deshalb im Alter von zwei Jahren noch nicht stehen konnten, hatten eine besondere Fortbewegungsart im Sitzen entwickelt.*

zungen, um durch weiteres Üben das »Sitzen mit Unterstützung« erlernen zu können (Goldfield, 1989).

### 2.4.2 Sozial-emotionale Bindungen in der frühen Kindheit

Die Entwicklung einer sozial-emotionalen Bindung zu Personen der unmittelbaren Umgebung während der ersten 18 Lebensmonate stellt eine bedeutsame Erfahrung für Kinder in allen menschlichen Gesellschaften dar. Nachdem durch die Ereignisse während des Zweiten Weltkrieges viele Kinder in Europa Waisen geworden waren, stellte sich die Frage, welche Folgen der Verlust der Eltern, insbesondere der Mutter, für die weitere Entwicklung der jungen Überlebenden haben könnte. Im Jahre 1950 begann der englische Psychiater John Bowlby (1958, 1982) mit dem Studium sozial-emotionaler Bindungen in der frühen Kindheit. Wie läßt sich eine solche Bindung kennzeichnen? Unter welchen Bedingungen entsteht sie? Welche Funktionen hat sie, vor allem auch für die weitere Entwicklung? Das sind nur einige Fragen, um deren Klärung sich die von Bowlby angeregte Bindungsforschung bemüht.

#### 2.4.2.1 Entwicklung sozial-emotionaler Bindungen

Für das Neugeborene ist es offenbar nicht von Bedeutung, von wem es ernährt und gepflegt wird. Es reagiert während der ersten Lebensmonate in grundsätzlich gleicher Weise auf jeden, der sich ihm zuwendet. Auch ein Fremder kann bei einem acht Wochen alten Kind durchaus Lächeln auslösen und es erfolgreich trösten. Ein Baby, das sich noch in der *Vor-Bindungsphase* befindet, reagiert vielleicht noch nicht einmal mit Unmut, wenn es von einem Menschen auf den Arm genommen wird, den es noch niemals gesehen hat. Eine Änderung bahnt sich erst nach dem dritten Lebensmonat und mit dem Beginn der *Bindungs-Vorbereitungsphase* an. In ihrem Verlauf gewinnt die Mutter (oder Hauptpflegeperson) allmählich eine gewisse Vorzugsstellung: Im Vergleich zu einem Fremden wird sie z. B. bereitwilliger angelächelt, und in ihrer Gegenwart produziert der junge Erdenbürger häufiger Laute, die offenbar Zufriedenheit zum Ausdruck bringen. Niemand kann ein schreiendes Baby so schnell wieder beruhigen wie die Hauptpflegeperson. Sofern ein Kind für einige Zeit persönliche Zuwendung erfahren hat, protestiert es, wenn es daraufhin wieder allein bleiben muß, aber mit seinen Unmutsäußerungen reagiert das Kind nicht auf die Trennung von der Mutter im besonderen, sondern auf die Trennung von einem Sozialpartner allgemein. Nach dem sechsten oder siebten Lebensmonat beginnt die *Phase eindeutiger Bindungen*, die dadurch gekennzeichnet ist, daß sozial-emotionale Beziehungen zu *bestimmten* Personen entwickelt werden. Bindungspartner ist zunächst die Hauptpflegeperson, in der Regel die Mutter. Sehr bald darauf entstehen vielfältige Beziehungen zu weiteren Personen der Umgebung: Vater, ältere Geschwister, Großeltern oder Kinderfrauen (Weinraub et al., 1977). Die Bindung zur Mutter bleibt in der Regel für einige Zeit besonders eng, sogar in solchen Familien, in denen sich der Vater intensiv an der Pflege beteiligt (Frodi et al., 1982).

Wie kann man feststellen, ob ein Kind zu einer Person seiner Umgebung eine sozial-emotionale Bindung entwickelt hat? Das Kind ist im Alter von sechs, sieben oder acht

Monaten noch nicht in der Lage, sich sprachlich in verständlicher Weise zu äußern. Man ist deshalb immer noch auf die Verhaltensbeobachtung angewiesen. Man geht davon aus, daß ein Kind dann eine Bindung zu einem Menschen entwickelt hat, wenn es bemüht ist, ihm zu folgen, um in seiner Nähe zu bleiben, wenn es seinen Schutz sucht, sobald ein Fremder auftritt, und wenn es auf eine Trennung mit Weinen reagiert (Schaffer und Emerson, 1964). Die Art und Weise, wie der Nachwuchs in verschiedenen Gesellschaften dieser Erde während des ersten Lebensjahres aufwächst, mag höchst unterschiedlich sein. Aber stets entwickeln sich zwischen Kindern und den ihnen nahestehenden Personen während des letzten Drittels des ersten Lebensjahres sozial-emotionale Bindungen, sogar zu solchen Müttern, die ihre Kinder mißhandeln (Schneider-Rosen et al., 1985). Nach solchen Beobachtungen halten einige Entwicklungspsychologen es für wahrscheinlich, daß die Bereitschaft zur Entwicklung sozial-emotionaler Bindungen biologisch bestimmt ist (Kagan, 1976).

Das junge Lebewesen wäre auf Dauer allerdings nicht gut an seine Umwelt angepaßt, wenn eine hohe Abhängigkeit von den Pflegepersonen fortbestehen würde. Der Höhepunkt der Bindung zur Mutter oder Hauptpflegeperson liegt bei fast allen Kindern in der Zeit um den ersten Geburtstag. In den nachfolgenden Monaten zeigt sich ein wachsendes Interesse des Kindes an anderen Personen seiner Umgebung, sogar an Fremden. Beim 18 Monate alten Kind ist die kognitive Entwicklung so weit vorangeschritten, daß das Kind nicht mehr auffallend beunruhigt wird, wenn die Mutter kommt oder geht, solange sie kein unerwartetes Verhalten zeigt. Jungen und Mädchen im dritten Lebensjahr versuchen in der Regel nicht mehr ausschließlich das Verhalten ihrer Eltern durch Weinen und Anklammern zu ändern. Weil sie die Sprache immer besser beherrschen, können sie ihre Wünsche auch auf andere Weise zum Ausdruck zu bringen.

### 2.4.2.2 Unterschiede in der Qualität sozial-emotionaler Bindungen

In einem früheren Forschungsstadium ging man zunächst davon aus, daß sich zwischen Müttern und ihren Kindern stärkere oder schwächere sozial-emotionale Bindungen entwickeln können. Daraus ergab sich die Frage, unter welchen Bedingungen unterschiedliche Ausprägungsgrade von Bindungen entstehen. Die Kinderpsychologin Mary Ainsworth (Ainsworth und Wittig, 1969) erkannte jedoch sehr früh die Sinnlosigkeit, sozial-emotionale Bindungen nach ihrer Intensität zu unterscheiden. Wäre nicht vielmehr zu erwarten, daß sich aus den verschiedenartigen Kontakten zwischen Mutter und Kind während des ersten Lebensjahres Bindungen unterschiedlicher Qualität entwickeln? Ihre Vermutung überprüfte Ainsworth in Experimenten, in denen sie die Reaktionen von Kindern auf eine Reihe »fremdartiger Situationen« studierte.

Ainsworth hatte mehrere Mütter zusammen mit ihren Töchtern und Söhnen im Alter zwischen 12 und 15 Monaten eingeladen, an einer entwicklungspsychologischen Untersuchung teilzunehmen. Nach ihrer Ankunft wurden Mutter und Kind in einen Raum geleitet, wo sich auf dem Boden Spielzeug befand. Unauffällig beobachtete Ainsworth daraufhin die Reaktionen des Kindes. Wird es sich in dieser ihm nicht vertrauten Umgebung von der Mutter lösen, um sich dem bereitgestellten Spielzeug zuzuwenden? Wie verhält sich eine kleine Versuchsperson, wenn eine fremde Frau den Raum betritt? Wie sehr steigert sich die Beunruhigung des Kindes, wenn seine Mutter den Raum verläßt, um es mit der Fremden allein zu lassen? Welche Reaktionen zeigen die kleinen Jungen und Mädchen nach Rückkehr ihrer Mutter? Die Kinder unterschieden sich eindeutig in ihren Verhaltensweisen.

Nach Betreten des Experimentalraumes wandte sich der größte Teil der kleinen Versuchspersonen sehr bald dem Spielzeug zu. Durch wiederholte kurze Blicke vergewisserten sie sich allerdings, daß ihre Mutter noch anwesend war. Auch der Eintritt der fremden Frau schien bei den Kindern keine große Aufregung auszulösen, solange die Mutter sich noch in ihrer Nähe befand. Einige begrüßten die Unbekannte sogar mit einem Lächeln. Die Beunruhigung der Kleinen stieg jedoch erheblich nach der Entdeckung, daß ihre Mutter den Raum verlassen hatte und sie folglich mit der Fremden allein im Raum waren. Fast alle hörten in dieser Situation auf, sich mit dem Spielzeug zu beschäftigen, einige fingen an zu weinen. Die Rückkehr der Mutter rief bei diesen Kindern große Freude hervor, viele liefen zu ihr, um sich an sie zu drücken. Für Ainsworth brachten die geschilderten Verhaltensweisen zum Ausdruck, daß sich zwischen Mutter und Kind eine *sichere Bindung* entwickelt hatte.

Ainsworth beobachtete aber bei einigen ihrer Versuchspersonen auch Verhaltensweisen, die darauf hindeuteten, daß sich zwischen ihnen und ihrer Mutter eine *unsichere Bindung* entwickelt hatte. Diese Kinder waren selbst bei Anwesenheit der Mutter nicht bereit, sich mit den Spielsachen zu beschäftigen; einige weinten sogar während der gesamten Versuchsdauer. Andere nahmen von der Mutter offenkundig gar keine Kenntnis, und es schien sie auch nicht zu beunruhigen, von ihr allein gelassen zu werden. Am auffälligsten verhielten sich die Kinder mit unsicherer Bindung gegenüber der Mutter, nachdem diese nach kurzer Abwesenheit zu ihnen zurückgekehrt war. Sie wurde nicht freudig begrüßt. Einige nahmen ihr Wiedereintreten in den Raum gar nicht zu Kenntnis. Wiederum andere klammerten sich an sie, während sie gleichzeitig wütend schrien. Schließlich beobachtete Ainsworth auch Kinder, die ihre Mutter zurückstießen, als diese sich ihnen tröstend zuwenden wollte.

Inzwischen haben Entwicklungspsychologen auch in vielen Kulturen außerhalb der USA untersucht, wie jeweils auf Ainsworths »fremde Situation« reagiert wird. Ihren Berichten ist zu entnehmen, daß die Mehrheit der Kinder in allen Gesellschaften eine sichere Bindung zu ihrer Hauptpflegeperson entwickelt (van Ijzendoorn und Kroonenberg, 1988). Zu berücksichtigen ist allerdings, daß sichere und unsichere Bindungen nicht immer auf gleiche Weise zum Ausdruck gebracht werden. Japanische Kinder erfahren beispielsweise während des ersten Lebensjahres nur selten Trennungen von ihren Müttern. Im Unterschied zu deutschen und amerikanischen Kindern lernen sie auch keine Babysitter kennen. Sehr junge Japaner können deshalb – wie Ainsworths Kinder mit unsicherer Bindung – mit panikartiger Furcht reagieren, wenn sie sich plötzlich in einem unbekannten Raum allein oder mit einem Fremden befinden. Dennoch war die Beziehung dieser jungen japanischen Kinder zur Mutter nicht gestört (Miyake et al., 1985). Auch deutsche Kinder reagieren auf die »fremde Situation« nicht genauso wie amerikanische Gleichaltrige. Im

Unterschied zu amerikanischen Familien ermuntern deutsche Eltern ihre zwölf Monate alten Söhne und Töchter mehr zur Unabhängigkeit und weniger zur Aufnahme körperlicher Kontakte. So beobachteten z.B. Klaus Grossmann und seine Mitarbeiter (1985) Kinder, die auf die Rückkehr ihrer Mutter nicht mit freudiger Begrüßung reagierten und auch selten zu ihr liefen, um sie zu umarmen. Ainsworth hätte diesen Kindern eine unsichere Bindung zugeschrieben. Tatsächlich fanden sich aber keine Hinweise für Störungen der Mutter-Kind-Beziehung. Diese Kinder hatten offenbar eine sichere Bindung entwickelt, die sie aber anders als die jungen Amerikaner zum Ausdruck brachten.

Mit dem Nachweis, daß Kinder in der »fremden Situation« Reaktionen zeigen, die Aufschluß über die Qualität der Bindungen geben, ist Ainsworths Forschungsziel selbstverständlich noch nicht erreicht. Ihr Hauptanliegen war es vielmehr, *Vorläuferbedingungen* aufzudecken: Warum entwickeln einige Kinder sichere und andere unsichere Bindungen? In einer kurzen Zusammenfassung läßt sich die Frage folgendermaßen beantworten: Sichere Bindungen sind das Ergebnis befriedigend verlaufender Sozialkontakte des Kindes mit seiner Mutter sowie mit anderen Personen seiner Umgebung. Ein Kind mit sicherer Bindung hat erfahren, daß es sich auf andere verlassen kann und daß deren Verhalten zumeist vorhersagbar bleibt. Das vor diesem Hintergrund entwickelte *Vertrauen* gestattet dem Kind, sich zuversichtlich neuen Situationen zuzuwenden. Im Gegensatz dazu müssen Kinder mit unsicherer Bindung mehr oder weniger häufig erfahren, daß ihre kindlichen Signale nicht immer richtig verstanden, vielleicht auch gar nicht zur Kenntnis genommen werden. Deshalb hat sich bei Kindern mit unsicherer Bindung entweder der Eindruck entwickelt, daß sie sich auf andere nicht immer verlassen können oder – auf einer anderen Erfahrungsgrundlage – daß sie die Personen ihrer Umgebung lieber meiden, weil mit ihnen ohnehin keine befriedigenden Kontakte zustande kommen. Ob die Berufstätigkeit einer Mutter die Entwicklung einer unsicheren Bindung fördert, untersucht Info-Kasten 2.3.

Das Ziel der Bindungsforschung, die von Ainsworth entscheidende Impulse erhalten hat, ist nicht damit erreicht, Kinder im zweiten Lebensjahr danach zu klassifizieren, ob sie sichere oder unsichere Bindungen entwickelt haben. Von erheblichem entwicklungspsychologischen Interesse ist darüber hinaus die Frage, ob von der Qualität frühkindlicher sozialer Erfahrungen auch ein Einfluß auf die weitere Entwicklung ausgeht. Unterscheiden sich Kinder mit sicherer und unsicherer Bindung später in ihren Sozialbeziehungen zu Gleichaltrigen? Spielt früh entwickeltes Vertrauen und Zuversicht auch bei Auseinandersetzung mit schulischen Anforderungen eine Rolle?

### 2.4.2.3 Einflüsse sozial-emotionaler Bindungen auf die weitere Entwicklung

Psychoanalytiker haben stets die Überzeugung vertreten, daß frühkindliche Erfahrungen den Verlauf der weiteren Entwicklung bis hin zum Erwachsenenalter wesentlich mitbestimmen. Kinder mit sicherer Bindung zur Mutter müßten demnach günstigere Entwicklungsverläufe zeigen als andere mit gestörten Beziehungen. Um zu überprüfen, ob ein derartiger Zusammenhang tatsächlich besteht, haben Psychologen zahlreiche Längsschnittuntersuchungen durchgeführt (s. S. 64 ff.). Zunächst wurde festgestellt, welche Bindung Kinder im Alter von ungefähr einem Jahr zu

## Info-Kasten 2.3:
**Wirkt sich mütterliche Berufstätigkeit ungünstig auf die Entwicklung der sozialemotionalen Bindung des Kindes aus?**

Vor allem von psychoanalytischer Seite ist immer wieder mit sehr viel Nachdruck die Auffassung vertreten worden, daß das Kind regelmäßigen Kontakt mit *einer* Pflegeperson haben muß, damit unerwünschte Entwicklungen vermieden werden. Eine berufstätige Frau wird diese Aufforderung nicht erfüllen können; sie muß ihr Kind zeitweilig in die Obhut wenigstens einer weiteren Person geben. Mit welchen Einflüssen auf die Entwicklung des Kindes ist bei einer Berufstätigkeit der Mutter zu rechnen? Auf diese Frage läßt sich keine für alle Fälle gültige Antwort geben. Vielmehr muß im Einzelfall geklärt werden, welche Einstellung die Mutter zu ihrem Beruf und zur Kindererziehung hat. Von Bedeutung ist weiterhin, wie der Vater die Berufstätigkeit seiner Frau bewertet. Schließlich ist auch in Betracht zu ziehen, welche Qualifikationen die Betreuer bzw. Betreuerinnen haben, die sich ersatzweise um das Kind kümmern.

Praktisch alle vorliegenden Untersuchungen erbrachten das Ergebnis, daß die Berufstätigkeit der Mutter *als solche* keine negativen Einflüsse auf die Entwicklung des Kindes hat (Hoffman, 1984). Nicht unerheblich ist dagegen, wie zufrieden die Mutter mit ihrer eigenen Rolle ist. Wenn Frauen gerne einen Beruf ausüben, in ihrer Arbeit Erfüllung finden und davon ausgehen können, daß für das Kind während ihrer Abwesenheit gut gesorgt wird, besteht hohe Zufriedenheit mit dem eigenen Leben. Damit ist eine gute Voraussetzung für positiv verlaufende Kontakte mit dem Kind gegeben. Auch die Einstellung des Vaters ist nicht unerheblich. Sofern er sich gegen die Rückkehr seiner Frau in die Berufstätigkeit ausspricht, kann seine Einstellung auch die Art und Weise mitbestimmen, wie die Eltern sich gegenüber ihrem Kind verhalten (Crouter et al., 1987).

Vielen berufstätigen Müttern gelingt es offenbar sehr gut, Bedingungen zum Aufbau sicherer Bindungen zu schaffen. Sie haben zwar insgesamt weniger Zeit für das Kind, schaffen aber einen Ausgleich, indem sie sich in den verbleibenden Kontakten besonders intensiv auf ihre Söhne oder Töchter einstellen. Die beruflich bedingte Abwesenheit wirkt sich demnach so lange nicht negativ auf das Kind aus, wie – beispielsweise an Wochenenden – Ausgleichszeiten geschaffen werden (Hoffman, 1989). Ein anderes Bild ergibt sich jedoch bei Frauen, die sich bereits am Arbeitsplatz erheblichen Anforderungen ausgesetzt sehen und möglicherweise auch zu Hause ihre Doppelrolle nicht bewältigen. Kinder solcher Mütter entwickeln häufiger unsichere Bindungen (Gamble und Zigler, 1986).

Einige Eltern stellen sich besorgt die Frage, ob sich »gestörte« Beziehungen entwickeln können, wenn ihr Kind eine Tageskrippe besucht. Es ist zwar nicht auszuschließen, daß einige in Tageskrippen untergebrachte Kinder Bindungen zu jenen Personen entwickeln, die sie betreuen (Campos et al., 1983). Diese sozial-emotionalen Beziehungen schwächen allerdings in der Regel nicht die Bindungen zu den Eltern bzw. zur Mutter (Kagan et al., 1978).

Insgesamt gibt es keine Hinweise darauf, daß eine ergänzende Betreuung von Säuglingen oder Kleinkindern durch eine oder wenige Pflegepersonen den Aufbau sozial-emotionaler Bindungen beeinträchtigt, solange die Mutter regelmäßige Kontakte zu ihrem Kind sucht und außerdem aufspürt, welche Bedürfnisse ihr dabei entgegengebracht werden. Selbst regelmäßige und gute Mutter-Kind-Kontakte können jedoch nicht alle Unzulänglichkeiten ausgleichen, die unter Umständen bei der Betreuung durch Pflegepersonen entstehen. Einige Anzeichen sprechen dafür, daß sich der häufige Wechsel von Pflegepersonen ungünstig auf das Kind auswirken kann. Das gilt vor allem, wenn diese sich gegenüber dem Kind sehr unterschiedlich verhalten, sich also z. B. bezüglich ihrer Erziehungseinstellung voneinander unterscheiden. Es erscheint weiterhin ratsam, mit der regelmäßigen mütterlichen Abwesenheit nicht zu beginnen, wenn alle Anzeichen dafür sprechen, daß die Bindung gerade einen sehr hohen Ausprägungsgrad besitzt (Blehar, 1974). In einem solchen Fall ist zu erwägen, ob die Mutter mit der Wiederaufnahme ihrer Berufstätigkeit so lange wartet, bis sich die Bindungen des Kindes ihr gegenüber wieder etwas lösen.

ihrer Mutter entwickelt hatten. Dann besuchte man die beteiligten Mädchen und Jungen regelmäßig zu Hause oder im Kindergarten, um jeweils festzustellen, wie sie altersangemessene Probleme bearbeiteten und welche Sozialkontakte zwischen ihnen und Gleichaltrigen einerseits und Erwachsenen andererseits bestanden. Tatsächlich führten die Längsschnittuntersuchungen in hoher Übereinstimmung zu dem Ergebnis, daß Kinder, die eine sichere Bindung entwickelt hatten, verhältnismäßig gute Leistungen beim Lösen von Problemen erbrachten. Sie waren auffallend an der Erweiterung ihres Wissens interessiert (sie stellten z.B. häufig Warum-Fragen) und zeigten mehr Erkundungsverhalten als andere Kinder (Frankel und Bates, 1990; Slade, 1987). Sie brauchten relativ wenig Zeit, um ihre Scheu vor Fremden zu überwinden und mit ihnen in Kontakt zu treten (Lutkenhaus et al., 1985). Ähnliches zeigte sich im Bereich des Sozialverhaltens. Beispielsweise protokollierten Everett Waters und seine Mitarbeiter (1979) zunächst, welche Bindungen Kinder im Alter von 15 Monaten entwickelt hatten. Als die jungen Teilnehmer der Untersuchung 3½ Jahre alt waren, ergab sich die Gelegenheit, ihr Verhalten im Kindergarten zu beobachten. Kinder mit sicheren Bindungen zu ihrer Mutter spielten zumeist in sozialen Situationen eine aktive Rolle: Sie regten häufiger Gemeinschaftsspiele an, konnten sich in die Gefühle und Wünsche der Spielpartner(innen) gut hineinversetzen und erfreuten sich allgemein großer Beliebtheit. Wenn sie einmal eine Tätigkeit begannen, führten sie diese in der Regel auch ziemlich ausdauernd weiter. Demgegenüber brachen Kindergartenkinder, die im Alter von 15 Monaten durch unsichere Bindungen zu kennzeichnen waren, einmal aufgenommene Beschäftigungen häufig schnell wieder ab. In sozialen Situationen waren viele ziemlich scheu. Von ihnen gingen kaum Spielanregungen aus. Die Unterschiede im Sozialverhalten waren auch noch deutlich sichtbar, nachdem die Kinder das Alter von vier oder fünf Jahren erreicht hatten (Arend et al., 1979; Sroufe et al., 1983).

Man könnte aus den Ergebnissen der genannten Längsschnittuntersuchungen den Schluß ziehen, daß zwischen dem Verhalten älterer Kinder und der Qualität der Bindung während des zweiten Lebensjahres ein *ursächlicher* Zusammenhang besteht. Zeigten die Drei- und Vierjährigen geschicktes Sozialverhalten, *weil* sie als Einjährige eine gute Beziehung zu ihrer Mutter hatten? Sind gute Leistungen in der Grundschule eine *unmittelbare Folge* der viel früher entwickelten sicheren Bindung? Vor solchen Schlußfolgerungen muß ausdrücklich gewarnt werden! Zu vermuten ist nämlich, daß die meisten Mütter und Väter, die ihren Kindern während der ersten Lebensjahre günstige Entwicklungsbedingungen bieten, auch in der Folgezeit »gute Eltern« bleiben. Der in den Längsschnittuntersuchungen aufgedeckte Zusammenhang wäre demnach auf das Fortbestehen günstiger Umweltbedingungen zurückzuführen (Lamb et al., 1985). Tatsächlich gibt es auch Kinder, die zunächst sichere Bindungen entwickeln, später aber sehr wohl Anpassungsschwierigkeiten zeigen. Dabei handelt es sich vorwiegend um solche Jungen und Mädchen, bei denen sich die Lebensbedingungen im Verlauf der Zeit in entscheidender Weise geändert haben: In einer der zahlreichen Längsschnittuntersuchungen war beispielsweise festzustellen, daß Kinder mit zunächst sicheren Bindungen, die in den nachfolgenden Jahren Verhaltensauffälligkeiten zeigten, zumeist bei Müttern lebten, deren Fürsorge im gleichen Zeitraum nachgelassen hatte und die auf die Entwicklung ihrer Kinder nicht mehr so fördernd wie in den Anfangsjahren einwirkten (Erickson et al., 1985).

Auch für Kinder mit zunächst unsicherer Bindung ist keineswegs eine ungünstige Entwicklung vorgezeichnet. Unsichere Bindungen entstehen vorwiegend, wenn Mütter sich ihren Kindern nicht ausreichend und in angemessener Weise zuwenden können, weil sie mit bestimmten Schwierigkeiten belastet sind. Es bestehen vielleicht Probleme mit der eigenen Gesundheit, Eheschwierigkeiten, finanzielle Sorgen usw. Möglicherweise stehen ihnen auch keine Freunde oder Familienmitglieder zur Verfügung, die ihnen wenigstens durch Zuspruch helfen könnten. Wenn sich die Probleme der Mutter aber lösen oder Menschen in ihr Leben treten, die ihr bei der Bewältigung der Schwierigkeiten helfen, kann sich auch ihr Kontakt zum Kind ändern. Kinder mit zunächst unsicheren Bindungen zu ihrer Mutter konnten nach Eintritt solcher Veränderungen aktive Teilnehmer am sozialen Prozeß werden und später gute schulische Leistungen erbringen (Feiring et al., 1987; Levitt et al., 1986; Vaughn et al., 1979).

Die günstigsten Entwicklungsbedingungen sind zweifellos gegeben, wenn die Mutter, der Vater oder andere Personen der unmittelbaren Umgebung mit dem Kind während der beiden ersten Lebensjahre in der Weise in Kontakt treten, daß sich eine sichere Bindung entwickeln kann. Sollten jedoch bestimmte Lebensereignisse zum Aufbau einer unsicheren Bindung führen, ist keineswegs ein ungünstiger Lebensweg vorprogrammiert. Wenn sich die Lebensbedingungen zum Besseren hin verändern, eröffnet sich die Aussicht auf eine Entwicklung des Kindes, durch die es späteren Anforderungen im sozialen und kognitiven Bereich gewachsen sein wird.

### 2.4.3 Entwicklung ausgewählter kognitiver Funktionen

Mary Ainsworth hatte beobachtet, daß junge Versuchspersonen in Gegenwart ihrer Mutter bereit waren, den »sicheren Hafen« zu verlassen, um sich im Experimentalraum umzusehen. Die anwesende Mutter gab den kleinen Jungen und Mädchen die Sicherheit, die sie benötigten, um sich dem zunächst Unbekannten vorsichtig zu nähern und Neues zu erkunden. Dieses Erkunden, die aktive Auseinandersetzung mit der Umwelt, stellt zweifellos eine entscheidende Voraussetzung für die kognitive Entwicklung dar, nicht nur in der frühen Kindheit, sondern während des gesamten Lebens.

Durch die Auseinandersetzung mit der

Umwelt sammelt das Kind Erfahrungen, die es ihm in zunehmendem Maße ermöglichen, Ereignisse seiner Umwelt vorherzusagen, sie herbeizuführen und zu verändern. Ohne diese Erfahrungen könnte keine kognitive Entwicklung stattfinden. Was verändert sich aber im einzelnen im Verlauf der kognitiven Entwicklung? Warum ist ein älteres Kind besser in der Lage, Probleme zu lösen, Entscheidungen zu treffen und richtige Vorhersagen zu machen als ein jüngeres? Auf diese Frage reagieren Entwicklungspsychologen keineswegs immer gleichartig. Im folgenden sollen Antworten wiedergegeben werden, die von Forschern mit informationstheoretischer Orientierung stammen; ihre Beiträge haben im Verlauf der letzten Jahrzehnte zunehmende Beachtung gefunden.

Psychologen mit informationstheoretischer Orientierung gehen beim Studium der kognitiven Entwicklung davon aus, daß das Gehirn bis zu einem gewissen Grade Ähnlichkeiten mit einem Computer aufweist. In beiden Fällen lassen sich *Hardware* und *Software* unterscheiden. Bei einem elektronischen Rechner gehören sämtliche elektronischen Bausteine sowie die zwischen ihnen bestehenden festen Verbindungen zur *Hardware*. Die *Hardware* eines Computers »ist alles, was man anfassen kann«. Seit der Ingenieur Konrad Zuse im Jahre 1937 den ersten »Rechenautomaten« der Öffentlichkeit vorgestellt hat, konnte die Leistungsfähigkeit dieser Maschinen beträchtlich gesteigert werden, weil ihre *Hardware* entsprechend verbessert worden ist. Wie sich die *Hardware* des Menschen, im vorliegenden Zusammenhang also sein Gehirn, entwickelt, kontrollieren zum einen die Gene, zum anderen seine Lebensbedingungen. Es wurde bereits darauf hingewiesen, daß bestimmte Einflüsse (Teratogene) schon während der Schwangerschaft schädigend auf das Zentralnervensystem, also auf die *Hardware*, einwirken können (s. S. 81 f.). Weitere Beeinträchtigungen können jederzeit im nachgeburtlichen Zeitraum erfolgen, z.B. im Falle einer Hirnhautentzündung, bei erheblicher Unterernährung, bei einer Hirnverletzung usw.

Das Gehirn hat sich bereits im vorgeburtlichen Zeitraum außerordentlich schnell entwickelt (s. S. 79). Tatsächlich erhöht sich die Anzahl der Nervenzellen nach der Geburt nicht mehr wesentlich. Veränderungen der *Hardware* finden jedoch während des gesamten Lebens statt. Unmittelbar nach der Geburt nimmt die Gehirnmasse zu, weil sich die Hirnzellen vergrößern. Die Nervenfasern müssen sich noch mit einer Fettschicht umgeben, damit sie Impulse leiten können (die sogenannte *Myelinisierung*). Außerdem steigt die Anzahl der Verbindungen zwischen den einzelnen Hirnzellen beträchtlich. Fortschritte in der Entwicklung, vor allem während der ersten Lebensjahre, stehen in Abhängigkeit zu diesen weitgehend genetisch gesteuerten Veränderungen.

Ein noch so aufwendig gebauter Computer nützt seinem Besitzer kaum etwas, wenn ihm nicht zusätzlich *Software* zur Verfügung steht. Von ihr hängt es ab, was mit den Daten geschieht, die in das System über die Tastatur eingegeben werden. Welcher *Software* man sich jeweils bedient, hängt von den jeweiligen Zielsetzungen des Benutzers ab, davon, ob er beispielsweise Texte verarbeiten, Tabellenkalkulationen durchführen oder Zeichnungen erstellen will. Die heutige elektronische Datenverarbeitung leistet sehr viel mehr als vor einigen Jahrzehnten, weil zum einen in der *Hardware*, zum anderen in der *Software* erhebliche Verbesserungen erfolgt sind.

Einem Menschen würde die Anpassung an seine Umwelt kaum gelingen, wenn ihm durch seine *Hardware* nicht die Möglichkeit eröffnet würde, *Software* zu entwickeln. Die zur *Hardware* des Neugeborenen gehörenden angeborenen Reflexe ersetzen keineswegs die Fürsorge der Eltern oder anderer Pflegepersonen. Die außerdem zur *Hardware* gehörende Lernfähigkeit bietet aber gleichzeitig die Voraussetzung, daß Kinder aufgrund ihrer Erfahrungen Strategien entwickeln, um bestimmten Reizen ihre Aufmerksamkeit zuzuwenden, sie zu interpretieren, zu speichern und bei Bedarf wieder aus dem Gedächtnis abzurufen. Mit diesen Verbesserungen ihrer *Software* gelingt es Kindern zunehmend, Probleme in und außerhalb der Schule erfolgreich zu bewältigen (Klahr & Wallace, 1976).

Informationstheoretisch orientierte Entwicklungspsychologen haben in Forschungsprojekten untersucht, welche Kontrolle Kinder, Jugendliche und Erwachsene über ihre Aufmerksamkeit ausüben, wie sie sich Informationen »innerlich« darstellen (der Computer wandelt Informationen beispielsweise in binäre Ziffern um, also in Null- und Eins-Abfolgen), wie sie bereits Bekanntes heranziehen, um es mit Neuem zu vergleichen, wie sie Informationen aufarbeiten, um sie dauerhaft abzuspeichern. Die folgenden Abschnitte können nur einen kleinen Einblick in die Forschungsergebnisse vermitteln, die informationstheoretisch ausgerichtete Entwicklungspsychologen vorgelegt haben. Dargestellt wird, wie Kinder in zunehmendem Maße Kontrolle über ihre Aufmerksamkeit gewinnen, Fortschritte bei der Nutzung ihrer Gedächtnisfunktion machen und eine Wissensgrundlage erwerben, der sie Informationen entnehmen können, die sie bei der Auseinandersetzung mit Problemsituationen benötigen.

### 2.4.3.1 Veränderungen in der Funktion der Aufmerksamkeit

Spätestens in der Schule müssen Kinder lernen, ihre Aufmerksamkeit über einen längeren Zeitraum auf einen bestimmten Lerngegenstand zu richten. Können sich schon Vorschulkinder ausdauernd einer Sache zuwenden? Wenn man zwei oder drei Jahre alte Kinder für einige Zeit beobachtet, wird man sehr schnell feststellen, wie unstetig ihr Verhalten noch ist: Sie brechen einmal aufgenommene Tätigkeiten verhältnismäßig schnell wieder ab, um immer neue zu beginnen. Nachdem Vorschulkinder beispielsweise für eine kurze Zeitdauer das Geschehen auf dem Fernsehschirm verfolgt haben, wenden sie sich einem anderen Menschen zu, um mit ihm ein paar Worte zu wechseln, und es dauert gar nicht lange, bis sie sich daran anschließend kurz für ein Spielzeug interessieren usw. (Anderson et al., 1986). Kinder lassen sich in diesem jungen Alter noch leicht ablenken. Sie können (oder wollen) sich einer Tätigkeit noch nicht ausdauernd zuwenden. Sie lernen erst allmählich, ihre Aufmerksamkeit unter eigene Kontrolle zu bringen.

Darüber hinaus müssen Kinder lernen, ihre Aufmerksamkeit auf jene Merkmale einer Problemsituation zu richten, die für die Lösung bedeutsam sind. Eliane Vurpillot (1968) zeigte Kindern im Alter zwischen 3 und 10 Jahren jeweils zwei Bilder, die sie miteinander vergleichen sollten. Welche der in Abbildung 2.12 dargestellten Häuser stimmen überein, und welche unterscheiden sich voneinander? Vorschulkinder, die diese Frage zu beantworten hatten, offenbarten eindeutige Grenzen in ihrer Aufmerksamkeitszuwendung.

Wenn den Kindern Vurpillots Häuser dargeboten wurden, die sich völlig glichen, gaben sie in der Regel richtige Antworten. Wenn sich zwei Bilder allerdings voneinander unterschieden, eventuell nur in einer Kleinigkeit, unterliefen den Vorschulkindern häufig Fehler. Worin lagen ihre Schwierigkeiten? Den aufgezeichneten Blickbewegungen ließ sich entnehmen, daß die jüngeren Versuchsteilnehmer die Aufgabe ziemlich planlos ausführten: Sie verglichen nicht jedes Fensterpaar in systematischer Reihenfolge; häufiger ließen sie sogar ein Fenster aus. Sie betrachteten oft nur Teile eines Fensters und gaben ihre Antworten, bevor sie sich ausreichend informiert hatten. Viele ältere Kinder verglichen die Fenster dagegen Reihe für Reihe miteinander, und sie gaben ihre Antwort erst, nachdem sie sämtliche Einzelheiten geprüft hatten. Nicht selten wiederholten sie einen Vergleich zweier Bilder noch einmal, um in ihrer Antwort ganz sicher zu gehen. Die Möglichkeiten von Vorschulkindern, durch Anwendung geeigneter Strategien auf wichtige Einzelheiten einer Reizvorlage aufmerksam zu werden, sind offenkundig noch sehr begrenzt.

Vorschulkinder weisen noch eine weitere Schwäche auf. Wenn nur für kurze Zeit mehrere bekannte Gegenstände an die Wand projiziert werden, können sie davon höchstens drei wahrnehmen. Demgegenüber gelingt es Erwachsenen, mit einem Blick sechs oder sieben Gegenstände zu erfassen (Miller, 1956; Chi und Klahr, 1975). Wenn also Vorschulkinder Probleme zu lösen haben, dann bereitet es ihnen Schwierigkeiten, ihre Aufmerksamkeit systematisch auf jene Einzelheiten der Situation zu richten, die für die Lösung wesentlich sind. Es kommt hinzu, daß Vorschulkinder viel weniger Informationen in einem bestimmten Moment beachten können als Erwachsene. Diese beiden Begrenzungen in der Aufmerksamkeitszuwendung müssen mit-

Abb. 2.12
*Beispiele von Bildvorlagen, die Kinder vergleichen sollten, um mögliche Unterschiede zu entdecken.*

berücksichtigt werden, wenn man versucht, Unterschiede im Problemlösungsverhalten jüngerer und älterer Kinder zu erklären.

### 2.4.3.2 Veränderungen in den Behaltensleistungen

Informationen müssen zunächst entdeckt werden und in den »Scheinwerfer« der Aufmerksamkeit geraten, bevor sie verarbeitet und dem Gedächtnis übergeben werden können. An ein Ereignis, das man nur flüchtig wahrgenommen hat, kann man sich später, wenn überhaupt, kaum noch erinnern. Da das Vorschulkind seine Aufmerksamkeit noch verhältnismäßig wenig kontrolliert, ist mit entsprechend geringen Gedächtnisleistungen zu rechnen. Man hat Kindern verschiedenen Alters nacheinander fünfzehn einfache Wörter vorgesprochen und sie aufgefordert, sich möglichst viele davon zu merken. Der Durchschnitt der Sechsjährigen konnte vier Wörter, die meisten Neunjährigen fünf Wörter und viele Elfjährige sieben Wörter in einer anschließenden Gedächtnisprüfung richtig wiedergeben (Yussen und Berman, 1981). Jüngere Kinder nehmen wahrscheinlich nicht alle Wörter wahr, die sie sich merken sollen. Möglicherweise steht ihnen auch noch nicht genügend Speicherkapazität zur Verfügung (Case, 1985). Wenn man sich genauer ansieht, wie jüngere und ältere Kinder der Aufgabe nachkommen, sich »etwas gut zu merken«, dann wird man noch auf einen weiteren Unterschied aufmerksam: Vor allem Vorschulkinder machen kaum Gebrauch von Gedächtnisstrategien, die ältere Kinder demgegenüber spontan einsetzen. Der Begriff *Gedächtnisstrategie* umfaßt alle Maßnahmen, mit denen man sich das Erlernen und Behalten erleichtert.

Ältere Kinder und Erwachsene nutzen häufig die Strategie der Wiederholung (s. S. 252), um sich z. B. eine Telefonnummer für kurze Zeit zu merken: Sie wiederholen sie mehrfach »leise im Kopf« oder vielleicht auch für Zuhörer deutlich vernehmbar. Kinder im Vorschulalter machen von dieser Gedächtnisstrategie, auf die Acht- bis Zehnjährige gewöhnlich zurückgreifen, keinen Gebrauch (Keeney et al., 1967). Hat das Wiederholen bei kleineren Kindern noch keine behaltensfördernden Wirkungen? John Flavell (1970) zeigte Fünfjährigen, wie sie ihre Gedächtnisleistungen durch Wiederholen des Lernmaterials verbessern können. Die kleinen Versuchspersonen steigerten auf diese Weise tatsächlich ihre Gedächtnisleistung. Die Strategie des Wiederholens funktioniert demnach auch bei Vorschulkindern, wenn sie direkt dazu aufgefordert werden. Sofern dieselben Kinder jedoch zu einem späteren Zeitpunkt abermals vor einer Gedächtnisaufgabe stehen, scheinen sie diese Strategie einfach zu vergessen. Sie machen davon jedenfalls spontan keinen Gebrauch (Kail, 1990). Eine Gedächtnisstrategie muß offenbar einige Zeit geübt worden sein, bevor sie mit weniger Anstrengung und automatisch, also ohne ausdrückliche Aufforderung, angewandt wird.

Vielleicht sehen jüngere Kinder auch gar keine Notwendigkeit, Strategien zur Förderung ihres Behaltens einzusetzen. Wenn man sie nämlich fragt, wie gut sie ihre Gedächtnisfähigkeit einschätzen, dann neigen sie zu einer Überschätzung. Nachdem Flavell einmal Fünfjährigen zehn Bilder gezeigt hatte, erkundigte er sich bei ihnen, ob sie sich wohl später an alle erinnern könnten. Diese jungen Befragten waren sich ziemlich sicher, daß sie keines vergessen würden. Die meisten Achtjährigen hatten dagegen Zweifel, daß sie sämtliche Bilder im Gedächtnis behalten würden. Dieses unzureichende Wissen vom eigenen Gedächtnis (man spricht vom *Metagedächtnis*) hatte erwartungsgemäß Folgen, wie sich in einem Experiment von John Flavell und seinen Mitarbeitern (1970) zeigte. Jüngere und ältere Kinder sollten sich darin so viel Zeit nehmen, wie sie benötigten, damit sie die zehn Bilder gut behalten konnten. Die Fünfjährigen sahen offenbar keine Notwendigkeit, sich mit den Bildern übend auseinanderzusetzen.

Sie erklärten sofort, daß sie bereits alle Bilder gut kannten. Ihre anschließende Gedächtnisprüfung fiel entsprechend schlecht aus. Die Achtjährigen wußten dagegen, durch welche Übungen sie ihre Behaltensleistungen fördern konnten.

Läßt sich aufgrund der genannten Ergebnisse zusammenfassend feststellen, daß sich die Gedächtnisfunktion von Kindern und Jugendlichen mit zunehmendem Lebensalter verbessert? In der Regel wird man eine gewisse Beziehung zwischen Lebensalter einerseits und Behaltensleistungen andererseits bestätigen können. Ein Zehnjähriger besitzt mehr Erfahrungen im Auswendiglernen als ein Sechsjähriger. Ein älteres Kind hat infolgedessen mehr und wahrscheinlich bessere Strategien zum Erlernen und Behalten entwickelt als ein jüngeres. Nicht zu übersehen ist allerdings, daß sich auch Gleichaltrige erheblich in ihren Gedächtnisleistungen voneinander unterscheiden können. Wer sich häufig und intensiv mit einem Wissensgebiet oder Problembereich beschäftigt, erwirbt entsprechend gute Voraussetzungen zum Erlernen neuer Informationen. Michelene Chi (1978) hat einmal zehnjährigen Kindern und Erwachsenen für sehr kurze Zeit Schachbretter mit bestimmten Figurenanordnungen dargeboten. Sie stellte in anschließenden Behaltensprüfungen fest, daß die Kinder sehr viel besser als die Erwachsenen wiedergeben konnten, auf welchen Feldern die Figuren jeweils standen. Waren die Leistungsunterschiede darauf zurückzuführen, daß Chis Kindern *allgemein* ein besseres Gedächtnis als den Erwachsenen zur Verfügung stand? Chi ist dieser Frage nachgegangen. Sie bot allen Teilnehmern ihrer Untersuchung Material dar, das zum Schachspiel in keinerlei Beziehung stand, und daraufhin erbrachten die Erwachsenen erheblich bessere Behaltensleistungen als die Zehnjährigen. Die Überlegenheit der Kinder zeigte sich also nur bei Aufgaben, die der Welt des Schachs entstammten. Tatsächlich handelte es sich bei den jüngeren Versuchspersonen ausschließlich um Spitzenspieler, die einen großen Teil ihrer freien Zeit damit verbracht hatten, Schach zu spielen. Die Erwachsenen waren zwar nicht völlig unerfahren, wohl aber Anfänger (s. hierzu auch S. 253).

Chis Untersuchungsergebnis läßt sich folglich entnehmen, daß das Behalten vom jeweils vorhandenen Wissen abhängt. Da die Zehnjährigen bereits sehr viel Erfahrungen im Schachspiel hatten, besaßen sie eine sehr gute *Wissensgrundlage*, welche sich die Erwachsenen erst noch schaffen mußten. Wer bereits mehr wußte, das waren in diesem Fall die Kinder, konnte sich Neues auch schneller merken. Allerdings war die Gedächtnisüberlegenheit der Kinder auf den Schachbereich beschränkt und nicht ohne weiteres auf andere Gebiete übertragbar. Die Güte der Gedächtnisleistungen stellt demnach keine Funktion des Lebensalters dar (wenn man einmal von den ersten Lebensjahren absieht, in denen noch die Ausreifung des Zentralnervensystems erfolgt), sondern hängt vielmehr von der Art und dem Umfang der bisherigen Erfahrungen sowie von den zur Verfügung stehenden Strategien der Aufnahme und Speicherung, aber auch des Abrufs von Gedächtnisinhalten ab.

### 2.4.4 Veränderungen im Lebenslauf, die eng oder nur geringfügig mit dem Alter zusammenhängen

In der vorausgegangenen Darstellung wurden in den Bereichen motorischer, sozial-emotionaler und kognitiver Entwicklung zahlreiche Veränderungen beschrieben, die in einem verhältnismäßig engen Zusammenhang zum Lebensalter stehen. Gibt es solche »altersnormierten« Veränderungen auch noch während des Jugend- und Erwachsenenalters? Diese Frage ist im folgenden zu untersuchen. Es wird weiterhin auf Ereignisse hingewiesen, die einen erheblichen Einfluß auf die menschliche Entwicklung ausüben, obwohl ihre Beziehung zum Alter verhältnismäßig gering ist, wie beispielsweise die Arbeitslosigkeit, die grundsätzlich jederzeit während einer Berufstätigkeit auftreten kann. Auch eine ernsthafte Erkrankung läßt sich bei einem Zwanzigjährigen ebensowenig wie bei einem Vierzig- oder Fünfzigjährigen ausschließen. Solche Ereignisse sind zum einen schwer vorhersagbar, weil sie sich einer zeitlichen Einordnung entziehen, zum anderen treten sie auch nicht bei allen Menschen auf. Dennoch ist es aus entwicklungspsychologischer Sicht keineswegs unerheblich, zu welchem Zeitpunkt ein Mensch von solchen »nicht altersnormierten« Ereignissen getroffen wird.

### 2.4.4.1 Veränderungen, die in verhältnismäßig engem Zusammenhang mit dem Lebensalter stehen

Bei Menschen, die unter gleichen Bedingungen leben (Angehörige einer Kultur, Gesellschaft oder Sozialschicht), finden sich vor allem in der frühen Kindheit und auch im späten Erwachsenenalter zahlreiche Veränderungen, die einen verhältnismäßig engen Zusammenhang mit dem Lebensalter aufweisen (Baltes et al., 1980). Wann Kinder beispielsweise während der ersten beiden Lebensjahre Personen ihrer Umgebung wiedererkennen, das erste sinnvolle Wort äußern, die ersten selbständigen Schritte ausführen, sich selbst im Spiegel erkennen usw., ist in der Mehrheit der Fälle ziemlich gut vorherzusagen. Wie Abbildung 2.13 zeigt, besteht auch die Möglichkeit, typische Körperformen während der ersten zwanzig Lebensjahre mit Altersangaben zu versehen, obwohl mit fortschreitender Entwicklung zunehmend häufiger Abweichungen von den genannten Mittelwerten beobachtet werden.

Die Frage, warum »altersnormierte« Veränderungen im höheren Lebensalter wieder zunehmen, ist zur Zeit nur in Form von Vermutungen zu beantworten. Sie sind möglicherweise das Ergebnis eines genetischen Programms, das die Lebensdauer eines Menschen begrenzt (Perlmutter und Hall, 1992). Allerdings setzt die genetische Steuerung der Entwicklung zu keinem Zeitpunkt des menschlichen Lebens aus; ihr Einfluß ist allerdings nicht immer sofort erkennbar. Deutlich tritt sie nur an einigen markanten Zeitpunkten in Erscheinung, so beispielsweise, wenn die Mehrheit der Mädchen im Alter von neun, die meisten Jungen etwa im Alter von elf Jahren erste Zeichen der Pubertät zeigen oder wenn bei fast allen Frauen gegen Ende der vierziger oder Anfang der fünfziger Jahre die Menopause (abgeleitet von zwei griechischen Wörtern mit der Bedeutung *Monat* und *aufhören*) eintritt, also die monatliche Blutung zum letzten Mal auftritt. Der Einfluß der Gene auf die Entwicklung ist deshalb zumeist nicht ohne weiteres erkennbar, weil der persönliche Lebensstil erhebliche Unterschiede schafft, wie sich am Beispiel der menschlichen Haut und ihren Veränderungen zeigen läßt (Grove und Kligman, 1983).

Vielfach findet die »Verjüngung« der Haut bei 18- bis 50jährigen Erwachsenen in einer bestimmten zeitlichen Abfolge statt. Nach etwa 20 Tagen werden alte Hautzellen abgestoßen und durch neue ersetzt. Mit Erreichung des fünfzigsten Lebensjahres verlangsamt sich dieser Prozeß in der Weise, daß alte Zellen erst nach 25 Tagen ersetzt werden. Bei Sechzigjährigen dauert dieser Erneuerungsprozeß bereits 31 Tage und bei Siebzigjährigen sogar 37 Tage. Trotz des Vorhandenseins dieser Normwerte, die durch die Untersuchung großer Gruppen ermittelt worden sind, läßt sich die Hautbeschaffenheit des einzelnen nicht ohne weiteres aus seinem Alter ableiten, weil sich der biologische Alterungsprozeß unter bestimmten Bedingungen beschleunigt. Ultraviolete Strahlen der Sonne beeinträchtigen nämlich Prozesse, die im Zellkern ablaufen und die Zellerneuerung regeln. Wer seine Haut häufiger ohne Schutz den Sonnenstrahlen aussetzt, muß damit rechnen, daß sich in einem verhältnismäßig jungen Alter eine faltenreiche, trockene und lederartige Haut entwickelt. Da sich einige Menschen mehr als andere um den Schutz und die Pflege ihrer Haut kümmern, überrascht es nicht, daß sich die Hautbeschaffenheit Gleichaltriger erheblich unterscheiden kann (Unterschiede in der Erbausstattung mögen ebenfalls eine gewisse Rolle spielen). In einer Untersuchung konnte festgestellt werden, daß sich bei einem der ältesten Teilnehmer die Haut genau so schnell wie bei meisten Erwachsenen zwischen 20 und 30 Jahren erneuerte. In der gleichen Studie fand sich eine Person, die sich altersmäßig in den frühen zwanziger Jahren befand und eine Haut aufwies, die der eines normalen Fünfzigjährigen entsprach (Grove und Kligman, 1983). Auch die Entwicklung der Herz- und Lungenfunktion, der Muskeln, der Knochen usw. wird von bestimmten Lebensstilen beeinflußt.

Da durch genetischen Einfluß vorwiegend in frühen und sehr späten Entwicklungsab-

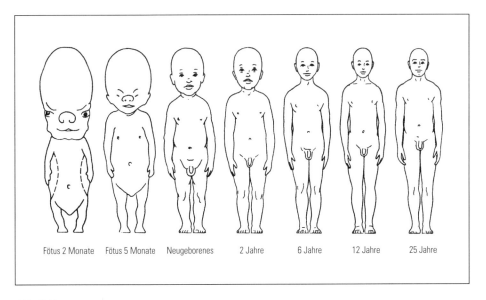

Abb. 2.13
*Typische Körperformen verschiedener Lebensalter*

schnitten Veränderungen entstehen, die eine enge Beziehung zum Lebensalter aufweisen, stellt sich die Frage, ob es nicht noch andere Einflüsse gibt, die in bestimmten Altersbereichen gehäuft auftreten. Auf der Suche nach einer Antwort wird man auf Ereignisse aufmerksam, die mehr oder weniger als Ergebnis sozialer Übereinkünfte zustande kommen. Es handelt sich dabei jeweils um Lebensereignisse, die stets Veränderungen in der Lebenssituation eines Menschen herbeiführen (Filipp, 1982, 1990) und somit eine Neuanpassung an veränderte Bedingungen fordern. Ein Blick auf Abbildung 2.14 zeigt, daß der heutige Mensch als Mitglied einer Industriegesellschaft, als Angehöriger einer Familie und als Berufstätiger in bestimmten Altersabschnitten bis zu einem gewissen Grade vorhersagbare Ereignisabfolgen durchläuft.

Die in der Abbildung genannten Ereignisse treten selbstverständlich nicht unabhängig von biologischen Einflüssen auf. Das Hineinwachsen in die Elternschaft kann in der Regel nur innerhalb des Zeitraumes der fruchtbaren Jahre einer Frau erfolgen. Der Zeitpunkt einer möglichen Verwitwung wird von der Lebensdauer des Menschen entscheidend mitbestimmt. Gleichzeitig ist aber der soziale Einfluß auf diese Ereignisse unverkennbar. Die in der Abbildung genannten zeitlichen Abfolgen

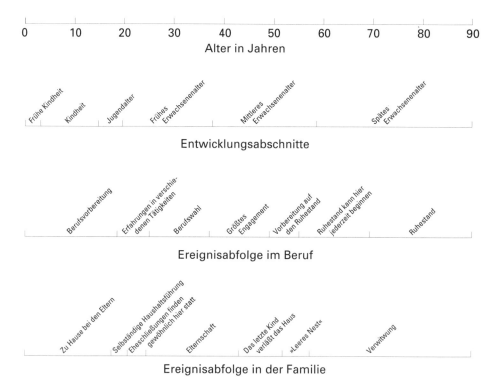

Abb. 2.14
*Beziehungen zwischen Lebensalter, Entwicklungsabschnitten und typischen Entwicklungen in Familie und Beruf, teilweise nach Robert Atchley (1975)*

sind vor allem für Frauen mittlerer sozialer Schichten kennzeichnend. Es ist noch gar nicht lang her, daß für das weibliche Geschlecht überhaupt keine Tätigkeit außerhalb der Familie vorgesehen war. Im Verlauf der jüngeren Vergangenheit verzögerte sich für alle Angehörigen von Industrienationen der Eintritt in die Berufswelt allmählich immer mehr, weil die Anforderungen in einer Industriegesellschaft ständig zugenommen haben und längere Ausbildungszeiten erforderlich wurden. Infolge dieser Entwicklung blieb der junge Mensch in wirtschaftlicher Hinsicht länger von der Versorgung durch seine Eltern abhängig; deshalb mußte er mit der Gründung einer Familie in der Regel länger warten als seine Eltern oder Großeltern.

Soziologisch orientierte Forscher haben allerdings darauf hingewiesen, daß Bewohner von Industrienationen in jüngster Zeit immer deutlicher die Neigung erkennen lassen, den Zeitpunkt bedeutsamer Ereignisse selbst zu bestimmen, sofern sie ihrer Kontrolle zugänglich sind (Neugarten, 1980). Die in Abbildung 2.14 dargestellte Ereignisabfolge läßt sich deshalb für den einzelnen immer ungenauer vorhersagen. Eheschließungen finden heute nicht mehr fast ausschließlich im frühen Erwachsenenalter statt, sondern können ebenso im mittleren, sogar im späten Erwachsenenalter erfolgen. Frauen können als Achtzehnjährige, ebenso aber auch als Dreißig- oder Vierzigjährige, neuerdings (bei Einpflanzung jüngerer Eizellen) sogar noch als Sechzigjährige ihr erstes Kind empfangen. Akademische Prüfungen werden nicht nur von Menschen in den späten zwanziger Jahren, sondern ebenso von älteren Erwachsenen abgelegt: Einige beginnen das Studium erst nach dem Eintritt in den Ruhestand. Eheschließung, Berufseintritt, Geburt des ersten Kindes sind somit auf dem Wege, zu »nicht normierten« Lebensereignissen zu werden; ihr Auftreten wird zunehmend unabhängiger von bestimmten Lebensaltern.

### 2.4.4.2 Unvorhersagbare Einflüsse, die nur auf einige Lebensläufe einwirken

Besonders schwer sind Lebensereignisse vorherzusehen, die nur eine verhältnismäßig geringe Beziehung zum Lebensalter aufweisen und die auch nicht von allen Menschen erfahren werden. Sie mögen mit positiven (unerwartete Beförderung, Erlangung einer bedeutenden Auszeichnung oder Gewinn des großen Loses in der Lotterie), ebenso aber auch mit negativen Erfahrungen (z. B. im Falle einer schweren Erkrankung) einhergehen. Ihr Auftreten ist mit einer erheblichen Veränderung der Lebenssituation verbunden. Wer nach einem schweren Unfall eine Querschnittslähmung erlitten hat, muß zunächst eine Phase der Anpassung bewältigen, um fortan seinen eingeschränkten Bewegungsmöglichkeiten Rechnung tragen zu können. Entwicklungspsychologen versuchen im Rahmen ihrer Forschungen aufzudecken, wie Menschen auf plötzlich auftretende positive oder negative Lebensereignisse reagieren. Von welchen inneren und äußeren Bedingungen hängt es ab, ob und wie ihnen eine Anpassung an die veränderten Lebensbedingungen gelingt? So wurde u. a. untersucht, wie sich mit dem Lebensalter die Voraussetzungen eines Menschen ändern, »nicht normierte« Lebensereignisse zu bewältigen.

Nach Bernice Neugarten (1979) hängen die Aussichten eines Betroffenen, sich an eine veränderte Lebensbedingung anpassen zu können, davon ab, ob ein Ereignis »zeitgemäß« oder »unzeitgemäß« auftritt. Ein

Mensch wird von einem »unzeitgemäßen« Lebensereignis getroffen, wenn er sich in einem Alter befindet, in dem dieses Ereignis statistisch selten vorkommt. So besteht beispielsweise für jüngere Menschen eine verhältnismäßig geringe Wahrscheinlichkeit, den Lebenspartner zu verlieren. Sollte dennoch eine Verwitwung in den zwanziger oder dreißiger Jahren eintreten, liegt ein Schicksalsschlag vor, der besonders schwer zu bewältigen ist, weil er im Sinne Neugartens ein unzeitgemäßes Lebensereignis darstellt. Der Verlust im höheren Lebensalter wird sicherlich ebenfalls als außerordentlich schmerzlich erfahren; man muß im späten Erwachsenenalter allerdings eher mit einem solchen Ereignis rechnen, das infolgedessen als »zeitgemäß« zu bezeichnen ist. Umgekehrt liegen die Verhältnisse im Falle einer Scheidung. Dieses Ereignis tritt verhältnismäßig häufig während des zweiten, dritten oder vierten Lebensjahrzehnts auf; im späten Erwachsenenalter tritt ein solches Lebensereignis jedoch sehr viel seltener auf (was sich aber mit dem Wandel gesellschaftlicher Bedingungen ändern kann). Sofern sich Partner beispielsweise im siebten Lebensjahrzehnt dennoch vor die Notwendigkeit einer Scheidung gestellt sehen, muß von einem »unzeitgemäßen« Ereignis gesprochen werden.

Neugartens Unterscheidung ist von Bedeutung, weil nach ihren Beobachtungen zeitgemäße Ereignisse leichter als unzeitgemäße zu verarbeiten sind. Da unzeitgemäße Ereignisse nicht erwartet werden, besteht nur wenig Gelegenheit, sich angemessen auf sie vorzubereiten. Auch (meist) gleichaltrige Freunde und Bekannte stehen einem Ereignis ziemlich hilflos gegenüber, das ihnen selbst noch recht fernliegt. Eine Frau, die als Siebzigjährige verwitwet, hat wahrscheinlich Freunde und Bekannte, die bereits Erfahrungen mit einem ähnlichen Schicksal sammeln mußten: Sie besitzen deshalb bessere Möglichkeiten, der Trauernden Beistand zu leisten. Im Unterschied dazu kann eine dreißigjährige Frau vielleicht mehr Hilfe von ihren Freundinnen und anderen Vertrauten empfangen als eine sechzigjährige, um das Ereignis einer Scheidung verarbeiten zu können. Ob die Anpassung an eine veränderte Situation letztlich bewältigt wird, hängt – darüber ist sich jeder Entwicklungspsychologe im klaren – noch von zahlreichen weiteren Bedingungen und Voraussetzungen ab, so beispielsweise von der Gesundheit des Betroffenen, von seiner Intelligenz, von den verfügbaren Strategien zur Bewältigung von Krisensituationen und nicht zuletzt auch von seinem Einkommen.

Mit den Arbeiten zur Lebensereignisforschung wird ein beachtlicher Beitrag zum besseren Verständnis des Menschen erbracht. Seine Entwicklung »von der Empfängnis bis zum Tod« ist im wesentlichen als eine ständige Anpassung an Veränderungen zu sehen, die das jeweils Gewohnte immer wieder in Frage stellen. In jedem Fall wird der einzelne durch solche »kritischen« Ereignisse gefordert, er kann allerdings auch überfordert werden (Lerner und Hultsch, 1983). Stellt es nicht eine Tragik menschlichen Daseins dar, daß sich Lebensereignisse, ohne deren Auftreten Entwicklung unmöglich wäre, naturgemäß auch »auf der Schattenseite« des Lebens ereignen müssen? Oder liegt nicht gerade in der Gelegenheit zur erfolgreichen Auseinandersetzung mit tragischen Ereignissen ein bedeutsamer Entwicklungsimpuls für den Menschen?

Empfohlene Literatur zur Ergänzung und zur Vertiefung:

MIETZEL, G. ($^3$1997): *Wege in die Entwicklungspsychologie. Kindheit und Jugend.* Weinheim: PVU.
MIETZEL, G. ($^2$1997): *Wege in die Entwicklungspsychologie. Erwachsenenalter und Lebensende.* Weinheim: PVU.
TRAUTNER, H. M. ($^2$1997): *Lehrbuch der Entwicklungspsychologie. Band 2: Theorien und Befunde.* Göttingen: Hogrefe.

# 3. Psychologie der Wahrnehmung

Infolge einer schweren Krankheit verlor Helen Keller bereits während der frühen Kindheit die Fähigkeit, die Welt des Hörens und Sehens zu erfahren. Wegen ihrer Blindheit und Taubheit mußte sie auf die ihr verbliebenen Sinnesorgane ausweichen, um mit ihrer Umgebung in Kontakt zu treten. »Manchmal«, so schrieb sie später in ihrer Biographie, »befällt mich ein Gefühl der Vereinsamung wie ein kalter Nebel, wenn ich allein bin und wartend vor dem geschlossenen Tor des Lebens sitze. Da drinnen ist Licht und Musik und heitere Geselligkeit; aber mir ist der Eintritt verwehrt. Das Schicksal versperrt mir schweigend, erbarmungslos den Weg. ... Unermeßliches Schweigen lagert über meiner Seele« (Keller, 1917). Helen Kellers Schicksal war gerade deshalb besonders dramatisch, weil ihr die Sinnesorgane nicht mehr zur Verfügung standen, auf die sich Menschen normalerweise besonders stützen, um sich in der Umwelt zurechtzufinden. Was meinen andere überhaupt, wenn sie von Licht und Musik sprechen? Wenn Taub-Blinde diese Frage stellen, dann wollen sie in erster Linie nicht wissen, um welche physikalischen Ereignisse es sich dabei handelt, sondern sie interessieren sich vielmehr für die Erfahrungen, zu denen andere Menschen mit intakten Sinnesorganen Zugang haben. Letztlich sind solche Erfahrungen jedoch nicht mitteilbar. Entsprechend erklärt Isaac Asimov (1979): »Jeder von uns scheint ein Gefangener seiner eigenen Sinnesorgane zu sein. Können wir vielleicht wissen, wie ein Apfel für jemand anders aussieht, wie er sich für ihn anfühlt oder wie er ihm schmeckt? So lange nicht, wie wir keinen Zugang zum Gehirn eines anderen haben«. Darin lag auch das Problem Helen Kellers: Sie hatte zum »Gehirn eines anderen«, der sehen und hören kann, keinen Zugang!

Gesunde Menschen kennen zwar die Erfahrungen, die ihnen durch ihre Sinnesorgane vermittelt werden. Sie haben Zugang zu der Welt der Farben und Geräusche. Aber stimmt

Abb. 3.1
*Helen Keller hatte ihr Seh- und Hörvermögen infolge einer Infektionskrankheit im Alter von 17 Monaten verloren. Sie war damit von wichtigen Erfahrungsmöglichkeiten ausgeschlossen.*

das, was sie sehen und hören, tatsächlich mit dem überein, was sich *vor* den Sinnesorganen physikalisch ereignet? Die registrierten Reize müssen in die Sprache des Nervensystems umgesetzt werden, damit sie an das Gehirn weitergeleitet werden können. Nachdem die Daten aus den Sinnesorganen dort verarbeitet worden sind, spricht man von Wahrnehmung. Wie aus dem zumindest scheinbaren Chaos physikalischer Energie schließlich geordnete Wahrnehmungen entstehen, wird im vorliegenden Kapitel untersucht. Zuvor werden einige allgemeine Kennzeichen der Sinnesorgane dargestellt. Am Beispiel des Sehorgans wird gezeigt, wie physikalische Energie in die Sprache des Nervensystems übersetzt wird. Das Gehirn bringt die eintreffenden Informationen in eine Ordnung und versucht herauszufinden, was sie »bedeuten«. Dabei können ihm auch Fehler unterlaufen.

## 3.1 Sinnesorgane: Eingangspforte für physikalische Reize

Die frühesten Untersuchungen in der Geschichte der Psychologie waren auf die Klärung der Frage gerichtet, wie aus physikalischen Reizen subjektive Erfahrungen werden. Es ist sicherlich kein Zufall, daß die Pioniere der Psychologie, wie z. B. Ernst Heinrich Weber (1795–1878), Gustav Theodor Fechner (1801–1887) oder Wilhelm Wundt (1832–1920), sich vor allem dafür interessiert haben, welche Beziehungen zwischen den Eigenarten physikalischer Reize und den durch sie entstehenden Wahrnehmungseindrücken bestehen.

Welche Eigenarten der Sinnesorgane und des Nervensystems bestimmen nun mit, wie physikalische Ereignisse vom Subjekt wahrgenommen werden? Zum einen ist für alle Lebewesen kennzeichnend, daß sie nur von einem sehr kleinen Ausschnitt der physikalischen Ereignisse unmittelbar Kenntnis erhalten. Jedes Sinnesorgan wirkt stets als eine Art Filter, der aus der Fülle der Umweltdaten nur einige Reize hindurchläßt. Eine wichtige Aufgabe der Sinnesorgane besteht zum anderen darin, physikalische Ereignisse zu registrieren und dem Gehirn davon Kenntnis zu geben. Die physikalischen Informationen müssen zu diesem Zweck zunächst verschlüsselt und dem Zentralnervensystem übergeben werden, das sie auf elektro-chemischem Wege dem Adressaten zuleitet.

### 3.1.1 Allgemeine Kennzeichen der Sinnesorgane

Die Grundlage der Wahrnehmung besteht darin, daß Reize auf Sinnesorgane treffen. Die Reize müssen allerdings eine gewisse Stärke erreichen. Ein zu leiser Ton ist vom Ohr nicht mehr aufzunehmen; ebensowenig eine zu tiefe oder zu hohe Frequenz. Ein Erwachsener kann normalerweise akustische Reize zwischen 20 und 20000 Hertz (Schwingungen pro Sekunde) aufnehmen. Das Hundeohr ist auch in der Lage, auf Töne über 25000 Hertz zu reagieren. Sinnesorgane der Fledermaus lassen es sogar zu, Frequenzen zwischen 30 000 und 70 000 Hertz zu empfangen, die für einen Menschen unhörbar bleiben. In den Experimentalräumen von Weber, Fechner und Wundt wurden den Versuchspersonen einfache Sinnesreize dargeboten, um genau untersuchen zu können, wie sie darauf reagieren.

Zur Erklärung des Beobachteten entstanden einige Begriffe, die noch heute zum Standardwortschatz der Psychologie gehören.

### 3.1.1.1 Prüfung der Empfindlichkeit von Sinnesorganen durch Bestimmung von Schwellen verschiedener Art

In einem Experiment zur Untersuchung allgemeiner Merkmale von Sinnesorganen (Konstanzmethode) verbindet man der Versuchsperson die Augen. Sodann legt man ihr in jede Hand ein Gewicht. In mehreren Durchgängen wird ihr das eine Gewicht jeweils abgenommen und unverändert zurückgegeben (Standardreiz). Das andere Gewicht bleibt entweder das gleiche oder wird durch ein leichteres oder schwereres ausgetauscht (Vergleichsreiz). Die Versuchsperson wird bei jedem Durchgang aufgefordert, die beiden Gewichte miteinander zu vergleichen. Erscheinen sie gleich schwer, oder hat sich wenigstens eines der Gewichte verändert? Die Beobachtungen ergaben, daß die Versuchspersonen kleinere Gewichtsunterschiede nicht mehr bemerken. Mit der Erhöhung der Gewichtsunterschiede steigt jedoch die Wahrscheinlichkeit, daß die Versuchsperson den Vergleichsreiz als leichter oder schwerer bezeichnet. Das Ziel des Experimentators besteht darin, die kleinste Gewichtsdifferenz zu ermitteln, die von einem Menschen gerade noch bemerkt werden kann. Den kleinsten, eben noch merklichen Unterschied zwischen zwei Reizen, die mit dem gleichen Sinnesorgan wahrgenommen werden, bezeichnet man als die *Unterschiedsschwelle*. Diese Schwelle läßt sich für sämtliche Sinnesgebiete bestimmen.

Bereits sehr früh in der Geschichte der Psychologie wurden Experimentatoren darauf aufmerksam, daß es einem Menschen verhältnismäßig leicht fällt, geringere Veränderungen eines schwachen Reizes zu erkennen, während ein bereits ziemlich intensiv einwirkender Reiz sehr viel stärkere Veränderungen aufweisen muß, um bemerkt zu werden (das sogenannte *Weber*sche Gesetz). Das gilt für alle Sinnesgebiete. Man kann sich diese Beziehungen durch einen kleinen Versuch veranschaulichen (Coren et al., 1978): Man benötigt dazu zwei Briefumschläge und drei Geldstücke gleichen Gewichts. In das eine Kuvert steckt man z. B. ein Markstück, in das andere zwei Markstücke. Wenn man nun beide Briefumschläge an einer Ecke anhebt, wird man deutlich einen Gewichtsunterschied feststellen. Nachdem man anschließend das eine Kuvert in den linken, das andere in den rechten Schuh gesteckt hat, kann man den Versuch wiederholen. Läßt sich nach Anheben beider Schuhe immer noch ein Gewichtsunterschied feststellen? Der tatsächliche Gewichtsunterschied sollte nach wie vor aus dem einen Markstück bestehen. Sinneseindrücke geben aber offenkundig die Veränderungen, die in der physikalischen Welt erfolgen, nicht »naturgetreu« wieder.

Vor einiger Zeit wurde die Befürchtung geäußert, daß die Zunahme der Umweltverschmutzung so langsam, aber stetig erfolgt, daß sie – zumindest in einigen Bereichen – unterhalb der Unterschiedsschwelle bleibt. Es könnte dem Menschen ebenso gehen wie dem Frosch in einem Experiment: Wenn man das Tier in kaltes Wasser setzt und dieses anschließend so langsam erhitzt, daß der Temperaturanstieg unterhalb der Unterschiedsschwelle bleibt, wird der Frosch verbrühen, denn er merkt nicht, was um ihn herum passiert. Er unternimmt folglich auch keinen Versuch zu seiner Rettung (Frank, 1966). Nach dem *Weber*schen Gesetz ist es in bestimmten Bereichen einfach, bereits in frühen Stadien einer Verschmutzung den Anfängen zu wehren, weil Veränderungen dann noch leichter auffallen müßten. Sobald die Belastungen der Umwelt dagegen schon sehr starke Ausmaße angenommen haben, werden kleinere »Sünden« gar nicht mehr bemerkt. Es kommt hinzu, daß man sich jeweils an einen bestimmten Verschmutzungsgrad »gewöhnen« kann und ihn dann auch nicht mehr bemerkt (s. hierzu Adaptation der Sinnesorgane, S. 115 f.) Glücklicherweise müssen Menschen auf unterschiedliche Grade der Umweltverschmutzung nicht ebenso reagieren wie ihre Sinnesorgane auf Reizveränderungen. Durch Einsatz geeigneter Maßnahmen ließe sich die *Sensibilität* eines Menschen gegenüber Umweltverschmutzung sehr wohl erhöhen. Im Falle eines Erfolgs wären bereits leichte Veränderungen im Verschmutzungsgrad zu bemerken, die zuvor übersehen wurden. Dabei ist zu hoffen, daß es nicht beim ›Bemerken‹ bleibt, sondern tatkräftige Abhilfe nach sich zieht.

Bei der Unterschiedsschwelle handelt es sich nicht um eine unveränderliche Größe. Wie das obige Beispiel zeigte, wird der Markstück-Unterschied beim Vergleichen der Briefumschläge mit der Hand erkannt, wenn sie sich im Schuh befinden jedoch nicht. Wenn man einer Versuchsperson den gleichen leisen Ton (vielleicht auch einen Licht- oder Geruchsreiz usw.) wiederholt darbietet, wird man feststellen, daß sie manchmal darauf reagiert, in anderen Fällen jedoch nicht. Die gemessene Unterschiedsschwelle kann also bei demselben Menschen innerhalb eines bestimmten Bereichs schwanken. Gleiche Erfahrungen sammelte man bei der Bestimmung der *absoluten Schwelle*. Sie kennzeichnet diejenige Stärke eines Reizes, die ausreichend ist, um von einem Menschen in 50 Prozent aller Fälle wahrgenommen zu werden, also den Übergang vom Unmerklichen zum Merklichen. Wenn man also die absolute Schwelle für das Licht bestimmen will, muß man herausfinden, wie intensiv das Licht für einen Beobachter sein muß, damit er in 50 Prozent der Fälle sagt, daß er es sieht, und in 50 Prozent der Fälle erklärt, daß er es nicht sieht. Tatsächlich handelt es sich hierbei nicht um einen absoluten, d. h. unveränderlichen Grenzwert, denn dieser kann bei einem Menschen unter bestimmten Bedingungen höher (z. B. bei Ermüdung, mangelnder Aufmerksamkeitszuwendung), unter anderen niedriger liegen. Zumeist unterschätzen Menschen jedoch, wie niedrig die Schwelle für ihre gesunden Sinnesorgane *unter günstigen Umständen* liegt. Der Psychologe Eugene Galanter (1962) hat die hohe Empfindlichkeit der wichtigsten Sinne des Menschen einmal durch folgende Beispiele eindrucksvoll veranschaulicht: Eine Kerze ist in einer sehr klaren, dunklen Nacht noch aus einer Entfernung von 50 km zu sehen. Das Ticken einer Uhr hört man unter sehr ruhigen Bedingungen noch, nachdem man sich sechs Meter davon entfernt hat. Wenn man einen Teelöffel Zucker in 7,5 Liter Wasser auflöst, ist beim Trinken noch ein süßer Geschmack festzustellen. Die Riechsinne werden noch angeregt, wenn man die Menge eines Tropfens Parfüm auf eine Drei-Zimmer-Wohnung verteilt hat. Die Tastsinne reagieren noch, wenn auf die Wange eines Menschen aus einem Zentimeter Höhe der Flügel einer Biene fällt. Es wird an anderer Stelle noch darauf hingewiesen, daß solche schwachen Reize nur wahrgenommen werden können, wenn die volle Aufmerksamkeit auf sie gerichtet wird (s. S. 131 f.).

### 3.1.1.2 Signalentdeckung als Ergebnis mehrerer Einflußgrößen

Als man sich in der Psychologie im vergangenen Jahrhundert um die Bestimmung von Schwellenwerten bemühte, glaubte man, Menschen würden nur auf das Vorhandensein oder die Abwesenheit der tatsächlich dargebotenen Reize reagieren. Gibt es aber wirklich Situationen, in denen nur ein einziger Reiz auf die Sinnesorgane trifft? Neben den vom Versuchsleiter dargebotenen Reizen gelangen doch wahrscheinlich auch Geräusche anderer Herkunft an das Ohr einer Versuchsperson. So ist vielleicht gleichzeitig Straßenlärm oder das Gezwitscher von Vögeln zu vernehmen; möglicherweise hört man Geräusche aus dem Nebenzimmer. Auch der eigene Körper bringt akustische Reize hervor (Atmen, Herzklopfen oder »nervöses Rauschen«). Es zeigt sich also, daß der Begriff »absolute Schwelle« irreführend ist, denn ob ein dargebotener Reiz bemerkt wird, hängt nicht nur von seiner absoluten Stärke und der Empfindlichkeit der Sinnesorgane, sondern auch davon ab, ob er sich ausreichend von den übrigen, den »Stör«-Reizen abhebt. Schließlich muß auch mit *Voreingenommenheiten* des Wahrnehmenden gerechnet werden. Bei Gehörprüfungen z. B. an älteren Menschen ist nicht auszuschließen, daß sie eine tatsächliche Schwerhörigkeit vor anderen verbergen möchten. In einem solchen Fall werden sie häufiger als vergleichbare jüngere Menschen *fälschlich* behaupten, dargebotene akustische Reize gehört zu haben (Gordon-Salant, 1986).

Wenn man sich ein genaueres Bild von den tatsächlichen Hörleistungen machen will, empfiehlt sich die Anwendung von Methoden, durch die man den Umfang solcher Voreingenommenheiten abschätzen kann. Diese Methoden sind in den Arbeiten zur Signalentdeckungstheorie entwickelt worden (Green und Swets, 1966; Velden, 1982). Von einem *Signal* spricht man in diesem Zusammenhang, wenn ein Reiz als bedeutungsträchtig anzusehen ist und sich von anderen »Hintergrund«-Reizen abhebt. In der Signalentdeckungstheorie wird davon ausgegangen, daß die Wahrnehmung von Sinnesreizen als Ergebnis einer Wechselwirkung von physikalischen, biologischen und psychologischen Faktoren zustande kommt. Ein Mensch, der beispielsweise nachts in seiner Wohnung verdächtige Geräusche hört, muß sich über deren Bedeutsamkeit Gedanken machen: Signalisieren sie womöglich die Anwesenheit eines Einbrechers?

Eine zuverlässige Signalentdeckung ist in allen Situationen von Bedeutung, in denen Fehlentscheidungen besonders unerwünschte Folgen haben. So muß beispielsweise ein Arzt, wenn er sich Röntgenbilder ansieht, entscheiden, ob sie Anzeichen für eine schwere Erkrankung seines Patienten enthalten. Sind ihnen Hinweise auf ein Krebsgeschwulst zu entnehmen? Verneint der Mediziner die Möglichkeit fälschlich, wird der günstigste Zeitpunkt zur Durchführung einer Behandlung vielleicht verpaßt. Einem Patienten ist aber auch nicht gedient, wenn voreilig eine Chemotherapie erfolgen würde, für die es nach den Ergebnissen gründlicherer Untersuchungen gar keinen Anlaß gegeben hätte.

In einer Situation, die Entscheidungen von sehr großer Tragweite fordert, befinden sich auch Soldaten, die Aufgaben im Rahmen eines militärischen Frühwarnsystems zu übernehmen haben. Sie müssen ständig den Radarschirm beobachten und dabei prüfen, ob in das zu kontrollierende Gebiet feindliche Flugkörper eindringen. Diese würden als mehr oder weniger starke Lichtpunkte (engl.:

# Psychologie der Wahrnehmung

Abb. 3.2
*Lichtpunkte auf einem Radarschirm stellen den Operator vor die nicht immer leichte Aufgabe der Unterscheidung von »Signal« und »Rauschen«.*

*blips*) in Erscheinung treten. Ein solches »Signal« muß von anderen Lichtpunkten unterschieden werden, die infolge natürlicher Ereignisse (z.B. schlechtes Wetter) entstehen (solche nicht bedeutsamen Reize bezeichnet man als »Rauschen«). Es sind Fehler zweierlei Art möglich: Der Radarbeobachter, der Operator, kommt *fälschlich* zu dem Schluß, daß sich kein feindlicher Eindringling in seinem Kontrollbereich befindet. Er kann aber ebenso *falschen Alarm* auslösen und einen harmlosen Lichtpunkt irrtümlich als feindlichen Flugkörper deuten.

Mit Hilfe von Methoden der Signalentdeckungstheorie läßt sich auf mathematischem Wege abschätzen, in welchem Umfang Fehlerfaktoren, also z. B. Hintergrundgeräusche, Veränderungen der Aufmerksamkeit, Voreingenommenheiten usw., Einfluß auf Urteile nehmen. Die Leistungsfähigkeit eines Sinnesorgans ist auf diese Weise ziemlich genau abzuschätzen. Außerdem lassen sich Bedingungen benennen, unter denen bestimmte Fehlurteile am unwahrscheinlichsten sind.

### 3.1.1.3 Anpassung an veränderte Reize durch Adaptation

Wie jedermann aus alltäglicher Erfahrung weiß, benötigen die Augen eine kurze Zeit, um sich veränderten Helligkeitsbedingungen anzupassen. Nach Eintritt in einen dunklen Kinoraum kann man in der Regel nichts sehen, wenn man sich zuvor ans Tageslicht gewöhnt hat. Alle Sinnesorgane benötigen diese Gewöhnungszeit; sie müssen sich zunächst an die neuen Gegebenheiten anpassen. Diesen Vorgang nennt man Adaptation. Das Ziel der Adaptation besteht darin, die Leistung eines Sinnesorgans, das durch die veränderten Bedingungen (Eintritt in einen dunklen Raum) herabgesetzt worden ist, wieder zu steigern. Einige Sinnesorgane, wie z.B. die Sinne zum Sehen, Schmecken und Tasten, adaptieren sich verhältnismäßig schnell, während andere, so vor allem der Schmerz, sich nur außerordentlich langsam anpassen. Nach erfolgter Adaptation gelingt es Sinnesorganen innerhalb eines bestimmten Bereichs, ziemlich kleine Veränderungen von Reizen zu registrieren. In einem dunklen Raum können die Rezeptoren des Auges nach Adaptation zwischen kleinsten Veränderungen der Lichtstärke unterscheiden. Wenn man schließlich den dunklen Raum wieder verläßt, muß man den hellen Lichteinfall durch Blinzeln begrenzen und warten, bis sich die Pupille wieder verkleinert und das Organ sich an die veränderten Beleuchtungsverhältnisse angepaßt hat. Man berücksichtigt diese Besonderheit des menschlichen Sehorgans z. B. in einem Autotunnel, der innen stets beleuchtet ist; außerdem besteht vielfach das Gebot, darin das Abblendlicht einzuschalten, um größere Helligkeitsunterschiede zu vermeiden. Was zunächst als Behinderung erfahren wird, erweist sich tatsächlich als großer Vorzug: Mit der anfänglich verminderten Sinnesleistung wird nachfolgend eine größere Leistungsfähigkeit »erkauft«. Das Sinnessystem wird also während der »Gewöhnungszeit« neu »geeicht«.

### 3.1.1.4 Umwandlung von Informationen aus den Sinnesorganen in Nervenimpulse: Transduktion

Die Grundlage einer Sinneserfahrung ist die Reizung einer Sinneszelle (*Rezeptor* genannt). Ob der Mensch auch zu Wahrnehmungen fähig ist, die ohne Beteiligung bekannter Sinnesorgane zustande kommen, untersucht Info-Kasten 3.1. Rezeptoren in sämtlichen Sinnesorganen sind wie Wachhunde, die auf das Eintreffen eines für sie angemessenen Reizes warten. Rezeptoren in der Netzhaut des Auges lassen sich z. B. durch Lichtreize, Rezeptoren im inneren Ohr durch Schallwellen und Geschmacksrezeptoren in der Zunge durch bestimmte Stoffe in der Nahrung erregen. Diese physikalischen Reize müssen innerhalb eines bestimmten Reizspektrums liegen, wie z. B. die elektromagnetischen Wellen des Lichts (s. S. 120 f.). Wenn sehr viel längere Wellen von den Augen zu registrieren wären, könnte man beispielsweise Radiowellen »sehen«. Die Aufgabe der Sinnesorgane besteht darin, die registrierten mechanischen, elektromagnetischen oder chemischen Reize in die Sprache des Nervensystems umzusetzen. Dieses Umsetzen bezeichnet man als *Transduktion*. Rezeptoren sind biologische Umsetzer. In dieser Hinsicht ähneln sie z. b. einem Rundfunkgerät, das Radiosignale in akustische Signale umsetzt. Eine Fernsehkamera setzt optische Signale in bestimmte elektromagnetische Signale um usw.

Auf welche Weise Nervenzellen Erregungen weiterleiten können, wurde erstmalig an Riesennervenfasern des Tintenfisches untersucht, die im Jahre 1938 entdeckt worden sind. Dabei war festzustellen, daß es sich bei der Erregungsleitung in einer Nervenzelle, auch *Neuron* genannt, um elektro-chemische Prozesse handelt. Rezeptoren sind in der Lage, in einem Neuron diese Prozesse in Gang zu setzen. Das Entstehen und Weiterleiten von Impulsen über die Nervenbahnen läßt sich in grober Annäherung mit einer Zündschnur vergleichen. Man kann eine Flamme in die Nähe einer Zündschnur bringen und wird vielleicht zunächst feststellen, daß sie sich zwar erhitzt, jedoch nicht entzündet. Es muß nämlich ein kritischer Temperaturwert, ein sogenannter *neuronaler Schwellenwert*, erreicht werden, bevor sich die Schnur entzündet. Wenn man den Abstand zwischen Flamme und Schnur langsam verkürzt, erhöht sich allmählich die Temperatur, und sobald der Schwellenwert einmal überschritten ist, entzündet sich die Schnur. Daraufhin bewegt sich der Zündfunke mit einer bestimmten Geschwindigkeit an der Schnur entlang. Ließen sich Größe und Bewegungsgeschwindigkeit des Funkens verändern, wenn man die Schnur anfänglich mit einer größeren Flamme entzündet? Die Frage ist zu verneinen, denn die Zündschnur funktioniert nach dem *Alles-oder-Nichts-Prinzip*. Dies bedeutet, daß der Grad der anfänglichen Erhitzung entweder ausreicht, die Schnur zu zünden, oder nicht. Sofern aber der Schwellenwert einmal erreicht

## Info-Kasten 3.1:
## Gibt es eine außersinnliche Wahrnehmung?

Vor einiger Zeit führte ein junger Israeli namens Uri Geller einem breiten Publikum (unter anderem auch im deutschen Fernsehen) scheinbar Unglaubliches vor. Zuschauer sahen, wie er Löffel verbog, ohne sie zu berühren, den Inhalt verschlossener Umschläge erriet, defekte Uhren wieder zum Funktionieren brachte, ohne sie anzufassen usw. Obwohl Geller in seinem Heimatland als Magier aufgetreten war, behauptete er auf der internationalen Bühne, über ungewöhnliche Fähigkeiten zu verfügen. Der Arzt Andrew Weil (1974a, 1974b), der gegenüber der außersinnlichen Wahrnehmung positiv eingestellt war und durch mehrere Untersuchungen über Wirkungen an Rauschdrogen bekannt geworden war, traf mit Geller privat zusammen. Die Demonstrationen überzeugten ihn vollends. Er hatte mit eigenen Augen gesehen, was nun einfach nicht mehr in Frage zu stellen war.

Bereits seit vielen Jahrhunderten und in praktisch allen bekannten Kulturen (Scheils, 1978) hat man sich mit der Frage beschäftigt, ob einzelne Menschen zu Wahrnehmungen befähigt sein könnten, denen keine chemisch oder physikalisch meßbare Reizung der Sinnesorgane zugrunde liegt. Zu solchen außersinnlichen Wahrnehmungen rechnet man: 1. Das *Hellsehen*: die Wahrnehmung von Ereignissen oder Gegenständen ohne Beteiligung irgendeines der bekannten Sinnesorgane. 2. *Telepathie* (tele = fern; pathos = Gefühl [griech.]) oder Gedankenübertragung von einem Menschen auf einen anderen (eventuell über große Entfernungen). 3. *Zukunftsvisionen* oder die Vorhersage eines in der Zukunft liegenden Ereignisses. 4. *Kontakte mit Verstorbenen* und 5. *Erfahrungen außerhalb des eigenen Körpers*. Einige klinisch Tote haben nach erfolgreicher Wiederbelebung behauptet, ihren eigenen Körper verlassen und diesen als Außenstehende beobachtet zu haben. All diese Erscheinungen werden innerhalb des Gebiets der Parapsychologie untersucht, die sich u. a. auch mit der *Psychokinese* beschäftigt, wonach es möglich sein soll, daß geistige Prozesse Einfluß auf physikalische Gegebenheiten nehmen.

Wissenschaftlich untersucht man die außersinnliche Wahrnehmung seit Beginn der dreißiger Jahre. In einem typischen Experiment erhält eine Versuchsperson (der »Sender«) einen Stapel gemischter Karten, auf denen fünf Symbole jeweils fünfmal vorkommen (Rhine, 1934). Der »Sender« nimmt die Karten nacheinander auf und konzentriert sich auf den Inhalt in der ausdrücklichen Absicht, diesen einer Person im Nebenraum (dem »Empfänger«) mitzuteilen. Sollten die Antworten des Empfängers ausschließlich vom Zufall bestimmt werden, wären bei insgesamt 25 Karten fünf Treffer zu erwarten.

Abb. 3.3
*Karten mit verschiedenen Symbolen, die in Experimenten zur außersinnlichen Wahrnehmung verwendet worden sind*

Obwohl in derartigen Experimenten wiederholt Trefferzahlen erreicht wurden, die über den genannten Zufallserwartungen lagen, ist die heutige Psychologie gegenüber allen Behauptungen nachgewiesener außersinnlicher Wahrnehmung sehr skeptisch. Diese Zurückhaltung, die keineswegs immer eine Ablehnung beinhaltet, läßt sich folgendermaßen begründen: 1. Wissenschaftliche Nachprüfungen haben für behauptete Fälle einer außersinnlichen Wahrnehmung vielfach physikalische Erklärungen finden können. 2. In keinem der nachgeprüften Fälle hat sich der Zufall als Erklärung *eindeutig* ausschließen lassen. 3. Mit der Verfeinerung der wissenschaftlichen Untersuchungsmethoden sank die Anzahl aufgetretener Ereignisse im Bereich der außersinnlichen Wahrnehmung, die häufiger vorkamen, als nach dem Zufall zu erwarten wäre. 4. Die mitgeteilten beobachteten Fälle scheinen keinem Ordnungsgesichtspunkt zu folgen. Sie gestatten deshalb nicht die Entwicklung einer Theorie, die das Beobachtete befriedigend erklären könnte.

Auch Andrew Weil wurde in seinen Überzeugungen erschüttert, nachdem er dem international bekannten Magier James Randi bei seinen Vorführungen zugeschaut hatte. Randi steht der Möglichkeit außersinnlicher Wahrnehmung sehr skeptisch gegenüber. Er zeigte einem vermutlich erstaunten Weil, daß er fast alle Vorführungen Gellers durch geschicktes Herbeiführen von Illusionen wiederholen konnte. Er wies den Einfluß übersinnlicher Kräfte zurück und bot für Gellers Effekte ganz natürliche Erklärungen an. Inzwischen spricht man im Falle Gellers von Betrug (Hyman, 1989). Seit 1964 trägt Randi einen Scheck im Werte von 10 000 US-Dollar in seiner Tasche. Empfänger dieses Geldbetrags kann jeder werden, der unter wissenschaftlicher Kontrolle außersinnliche Wahrnehmung eindeutig belegt. Das Geld ist immer noch in Randis Besitz (Randi, 1982, 1987).

Haben die Kritiker inzwischen überzeugend belegen können, daß es keine außersinnliche Wahrnehmung gibt? Die Frage ist zu verneinen. In der angesehenen *New York Times* wurde im Jahre 1984 ernsthaft die Nachricht mitgeteilt, daß das amerikanische Verteidigungsministerium die Brauchbarkeit außersinnlicher Wahrnehmung zur Ortung von Unterseebooten und unterirdischen Raketen des Gegners geprüft haben soll (Broad, 1984). Man war überzeugt, daß die damalige Sowjetunion ähnliche Untersuchungen anstellte. Das Pentagon hat entsprechende Untersuchungen bestritten. Angesehene Wissenschaftler prüfen weiterhin die Möglichkeit eines Einsatzes außersinnlicher Wahrnehmung. Bislang haben Arbeitskommissionen keinen Bereich aufgedeckt, in dem durch Anwendung außersinnlicher Wahrnehmung Steigerungen menschlicher Leistungen zu erwarten wären (z.B. bei der Flugüberwachung). Trotz dieses ernüchternden Untersuchungsergebnisses wird jedoch der mögliche Wert weiterer Forschungen auf diesem Gebiet nicht in Frage gestellt (Druckman und Swets, 1988). Viele Psychologen stehen der Parapsychologie nicht ablehnend, wohl aber kritisch-abwartend gegenüber.

Für den Arzt Andrew Weil (1974b) war die Begegnung mit dem Magier Randi auch in einer anderen Hinsicht ein eindrucksvolles Erlebnis. Er erfuhr dabei, wie stark die Wahrnehmung durch eigene Überlegungen und Interpretationen beeinflußt werden kann. Er war fasziniert, wie leicht man das sehen kann, was man erwartet, und wie schnell man das Nicht-Erwartete übersieht.

ist, bewirkt eine weitere Vergrößerung der anfänglich verwendeten Flamme keine Veränderungen mehr an der Größe und an der Schnelligkeit, mit der sich der Funke fortbewegt. Das Neuron funktioniert grundsätzlich auf die gleiche Weise: Es muß ein Schwellenwert erreicht werden, bevor ein Impuls nach dem Alles-oder-Nichts-Prinzip weitergeleitet wird. Während an einer abgebrannten Zündschnur kein weiterer Zündfunken mehr entstehen kann, besitzen Nervenleitungen die Fähigkeit, nach einer kurzen Pause (der sogenannten *Refraktärphase*) einen weiteren Impuls zu leiten. In dieser Hinsicht liegt der Vergleich mit einer Pistole nahe, die erst ein weiteres Mal »feuern« kann, nachdem sie wieder geladen worden ist.

Bereits nach diesem Einblick in die Erregungsleitung von Nervenzellen läßt sich darstellen, wie das Nervensystem Unterschiede der Reizintensität verarbeitet. Wenn Rezeptoren besonders intensive Reize registrieren (sehr helle Lichter, laute Geräusche usw.), veranlassen sie die Neurone nicht, stärkere Impulse weiterzuleiten. Da Nervenzellen aber jeweils unterschiedlich hohe Schwellenwerte besitzen, hängt es von der Stärke eines Sinnesreizes ab, auf wie viele Neuronen die Erregung übertragen wird. Bei Betrachtung einer Kerze werden also weniger Nervenzellen aktiviert, und diese leiten weniger Impulse pro Zeiteinheit weiter als beim Anblick eines hellen Scheinwerfers. Die nachfolgende ausführlichere Darstellung des menschlichen Sehorgans wird u.a. auch zeigen, auf welche Weise die Transduktion in der Netzhaut des Auges erfolgt.

## 3.2 Aufbau und Funktionsweise des Sehorgans

Um sich über Ereignisse in seiner Umwelt zu informieren, greift der Mensch bevorzugt auf seinen Sehsinn zurück. Die Bedeutung der Sehwelt kommt in alltäglichen Redensarten zum Ausdruck. So bezeichnet man besonders kluge Menschen z.B. als »helle« Köpfe und stellt vielleicht fest, daß sie »brillante« Ideen haben. Gibt es in einer Problemsituation keinen Ausweg, so behauptet man, »im Dunkeln zu stehen«. Sollte man schließlich doch einen erfolgversprechenden Einfall haben, spricht man von einer »Erleuchtung«. Wegen seiner herausragenden Bedeutung für den Menschen wurde der Sehsinn ausgewählt, um an ihm aufzuzeigen, wie aus der physikalischen Energie, die auf die Rezeptoren der Augen trifft, schließlich ein visueller, das Sehen betreffender, Wahrnehmungseindruck wird.

### 3.2.1 Elektromagnetische Schwingungen als Grundlage visueller Wahrnehmungseindrücke

Die Rezeptoren in der menschlichen Netzhaut sprechen auf eine besondere Form elektromagnetischer Energie an, die man als Licht bezeichnet und die die Grundlage für die visuelle, das Sehen betreffende Wahrnehmung darstellt. Wie Abbildung 3.4 zeigt, gibt es auch andere elektromagnetische Wellen, so z.B. im Röntgen-, Radar- und Radiowellenbereich, für die der Mensch allerdings keine Empfangsorgane besitzt. Für den Physiker handelt es sich beim Licht um elektromagnetische Wellen, die eine unterschiedliche Wellenlänge und Intensität besitzen können.

Es hängt von der *Intensität* des Lichts ab, wie hell es dem Betrachter erscheint. Im Ge-

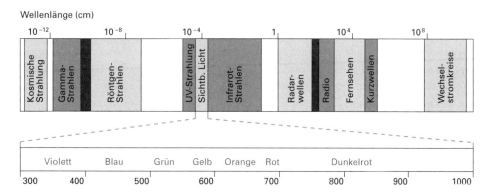

Abb. 3.4
*Bei sichtbarem Licht handelt es sich um einen kleinen Ausschnitt des elektromagnetischen Spektrums.*

gensatz zu einem Scheinwerfer ist die Lichtintensität einer Kerze gering. Die Wellenlängen des für den Menschen sichtbaren Lichts reichen von 380 bis 760 nm (ein *nm* oder ein *Nanometer* ist der milliardste Teil eines Meters). Der englische Physiker Sir Isaac Newton (1643–1727) entdeckte bei seinen Arbeiten in der Universität von Cambridge im Jahre 1704, daß sich das Sonnenlicht, das in seinen Raum hineinstrahlte, mit Hilfe einer bestimmten Anordnung und eines Prismas zerlegen ließ. Beim Wiederaustritt der Strahlen aus seinem Prisma entstand ein Farbspektrum; es bildete sich so etwas wie ein künstlicher Regenbogen. Jeder wahrnehmbaren Farbe entspricht eine bestimmte Wellenlänge (man bevorzugt häufig den Begriff Wellenlänge gegenüber Frequenz, zwischen beiden besteht jedoch eine feste Beziehung: je höher die Frequenz, desto geringer die Wellenlänge). So erscheint eine Wellenlänge von 380 nm dem Betrachter als blau, während eine Wellenlänge von 700 nm von ihm als rot wahrgenommen wird. Die meisten Farben, die ständig auf das Auge treffen, setzen sich aus mehreren Wellenlängen zusammen. Ein reines Rot oder Blau weist einen hohen Grad der *Sättigung* auf. Wenn eine Farbe aus mehreren Wellenlängen besteht, besitzt sie eine geringe Sättigung.

### 3.2.2 Umsetzung physikalischer Energie in nervöse Impulse durch Rezeptoren

Der Aufbau einer Kamera entspricht in vielem dem menschlichen Auge; aber es gibt selbstverständlich auch Unterschiede, denn dem Menschen wird der Zugang zur »Sehwelt« immerhin über ein Organ ermöglicht. Die eigentlichen Sinnesorgane (Rezeptoren) des Auges liegen in der Netzhaut *(Retina)*. Bevor aber Lichtstrahlen die Rezeptoren erreichen, werden sie durch »Bauteile« geschickt, die zum Schutz empfindlicher Teile im Inneren des Auges die Intensität des Lichteinfalls kontrollieren und dafür sorgen, daß auf der Netzhaut ein scharfes Bild entsteht. Welchen Weg ein Lichtstrahl zurücklegt, der von einem nach oben zeigenden Pfeil reflektiert wird und sodann auf das Auge trifft, ist mit Hilfe der Darstellung von Abbildung 3.5 zu verfolgen.

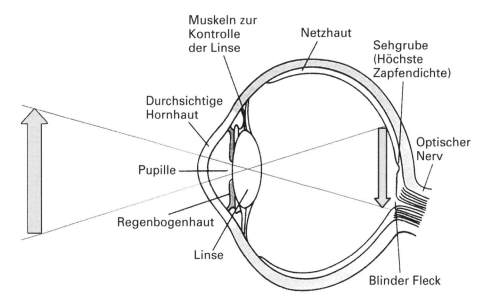

Abb. 3.5
*Querschnitt durch ein menschliches Auge*

Als erstes trifft der Lichtstrahl auf die durchsichtige Hornhaut *(Cornea)* des Auges. Sie erfüllt zwei Aufgaben: Sie schützt zum einen die leicht verletzbaren Teile, die hinter ihr liegen. Zum anderen wird der Lichtstrahl zum erstenmal gebrochen, damit schließlich auf der Netzhaut ein scharfes Abbild entsteht. Die Tränenflüssigkeit, die über den Lidschlag reflektorisch über das Auge verteilt wird, verbessert die optischen Eigenschaften der Hornhaut. Unmittelbar hinter der Hornhaut findet sich die Regenbogenhaut *(Iris)*, die dem Auge die Farbe gibt (gewöhnlich blau oder braun). Die Regenbogenhaut ist undurchsichtig. Das gesamte Licht, das in das Innere des Auges gelangt, muß eine Öffnung passieren, die Pupille, die sich mit Hilfe von Muskeln vergrößern oder verkleinern läßt, um die Intensität des Lichtes zu regulieren. Dieser Teil des Auges erfüllt die gleichen Aufgaben wie die Blende einer Kamera. Auch die Linse, die als nächstes zu passieren ist, hat ihre Entsprechung in einem Fotoapparat. Sie muß aber nicht hin- und herbewegt werden, sondern kann unter dem Einfluß von Muskeln ihren Durchmesser verdicken und verdünnen, um ein scharfes, verkleinertes Abbild auf die Rückwand des Auges (Netzhaut) projizieren zu können.

In der Netzhaut finden sich die Rezeptoren, durch die elektromagnetische Energie in die Sprache des Nervensystems umgesetzt wird. Zu beachten ist, daß der Strahlengang von der Linse »auf den Kopf« gestellt wird. Dieses Drehen um 180° bereitet dem Wahrnehmenden jedoch keine Schwierigkeiten, denn er hat sich längst daran gewöhnt. Wie Versuche mit Umkehrbrillen ergeben haben, dauert es nach ständiger Benutzung mindestens eine Woche, bis sich das Wahrnehmungsbild wieder aufrichtet und der Träger damit seine Orientierung im Raum – zumindest bis zu einem gewissen Grade – zurückgewinnt (Stratton, 1897). Mitte der zwanziger Jahre mögen sich einige Passanten in Innsbruck über Motorradfahrer gewundert haben, die mit merkwürdigen Brillen ihr Fahrzeug durch die Straßen lenkten. Sie trugen Umkehrbrillen! Sie hatten sich offenbar so an die »verkehrte Welt« gewöhnt, daß es ihnen gelang, sich fehlerfrei im Verkehr zurechtzufinden (Kohler, 1956).

Die Netzhaut enthält zwei Arten von Rezeptoren: Zapfen und Stäbchen. Die etwa sechs Millionen Zapfen sind vor allem im Zentrum der Netzhaut, in der sogenannten Sehgrube *(Fovea centralis)* konzentriert. Die etwa 120 Millionen Stäbchen findet man in der gesamten Netzhaut, allerdings nicht in der Fovea centralis. Diese unterschiedliche Verteilung beider Rezeptorenarten wird erfahrbar, wenn man in einer dunklen Nacht einmal seinen Blick auf den Sternenhimmel richtet. Ein schwach leuchtender Stern ist nämlich nur zu sehen, wenn man den Kopf etwas von ihm wegwendet. Er verschwindet aus der Wahrnehmung, wenn man ihn direkt anschaut, also so, daß sein Abbild auf die Mitte der Netzhaut, auf die Fovea, projiziert wird. Die Zapfen sind auf helle Beleuchtungen spezialisiert; schwaches Licht reicht nicht aus, um sie zu reizen.

Die Zapfen haben die Funktion, die Farbwahrnehmung zu ermöglichen. Da Stäbchen dazu nicht in der Lage sind und Zapfen nur auf helles Licht reagieren können, sieht man in einem dunklen Raum – neben schwarz – lediglich unterschiedliche Grauabstufungen. Da sich Stäbchen aber erst nach 30 Minuten oder noch später vollständig an die Dunkelheit adaptiert haben, dauert es einige Zeit, bis der Mensch sich unter mangelhaften Lichtverhältnissen gut zurechtfindet.

### 3.2.3 Theorien zur Erklärung des Farbensehens

Die Entdeckung, daß Zapfen die Grundlage für die Farbwahrnehmung darstellen, läßt wenigstens noch eine bedeutsame Frage offen: Wie kommt der Farbeindruck zustande? Menschen mit normaler Farbtüchtigkeit können immerhin etwa 7 Millionen verschiedene Farbnuancen oder Farbwerte voneinander unterscheiden (Birbaumer und Schmidt, 1991). Physikalisch ist seit langem bekannt, was passiert, wenn Wellenlängen auf einen Körper treffen. Einige Wellenlängen werden »verschluckt«, andere werden reflektiert. Die Farbwahrnehmung hängt davon ab, welche Wellenlängen ein Körper reflektiert. Eine Apfelsine *ist* nicht orange, sondern sie *erscheint* dem Betrachter »orange«, weil sie Wellenlängen im längeren Bereich (niedrige Frequenzen innerhalb des Spektrums elektromagnetischer Wellen) und einige mittlere Wellenlängen reflektiert, während sie andere »verschluckt«. Wahrgenommene Farben sind immer das Ergebnis von Urteilen. Es gibt aber auch Körper, die alle Wellenlängen in gleicher Weise reflektieren und keine Auswahl vornehmen. Ein »schwarzer« Gegenstand reflektiert 5 Prozent aller Wellenlängen und ein »weißer« reflektiert etwa 80 Prozent. Die »Schwarz«- oder »Weiß«-Wahrnehmung hängt also davon ab, welche Menge Licht insgesamt reflektiert wird. Wie gelingt es aber dem Gehirn und den Sinnesorganen, aus Wellenlängen Farbwahrnehmungen entstehen zu lassen? Zwei Theorien, die bereits im 19. Jahrhundert entstanden sind, geben dafür eine Erklärung.

## 3.2.3.1 Die Dreifarbentheorie von Young und Helmholtz

Der britische Physiker Thomas Young (1773–1829) projizierte unterschiedliche Farben so an die Wand, daß sie sich teilweise überlappten. Bei seinen Experimenten mit »Lichtfarben« stellte er fest, daß er mit Hilfe der drei Grundfarben »Rot«, »Grün« und »Blau« sämtliche Farben des Sehspektrums herstellen konnte (die Farben des Malkastens sind sogenannte »Oberflächenfarben«; deren Grundfarben sind »rot«, »gelb« und »blau«.). Wenn er die drei Farben gleichzeitig auf dieselbe Stelle projizierte, ergab sich überhaupt keine Farbwahrnehmung; in einem solchen Fall sah Young lediglich »weißes« Licht. Nach solchen Beobachtungen ergab sich die Frage, ob den Grundfarben möglicherweise drei Arten von Rezeptoren entsprechen könnten. Diese Möglichkeit faszinierte etwa fünfzig Jahre später den Physiologen Hermann von Helmholtz (1821–1894). Er arbeitete die *Dreifarbentheorie* Youngs noch weiter aus. Um den Beitrag dieser beiden Wissenschaftler in Erinnerung zu halten, spricht man noch heute von der *Young-Helmholtzschen Theorie* (Helmholtz, 1856).

Wie der Nobelpreisträger George Wald (1964) durch seine Experimente inzwischen überzeugend nachweisen konnte, gibt es in der Netzhaut des menschlichen Auges tatsächlich drei Arten von Zapfen, die jeweils für bestimmte Wellenlängen besonders empfindlich sind: 430 nm, 530 nm und 560 nm. Etwas ungenau werden die Zapfen deshalb als »blau«, »grün« und »rot« bezeichnet (ungenau u. a. deshalb, weil die genauen Namen, bezogen auf die Wellenlängen, »violett«, »blau-grün« und »gelb-grün« lauten müßten. Wenn nur je ein Zapfentyp gereizt würde, dann sähe man »violett«, »grün« bzw. »gelblich rot« [Hubel, 1988]). Jedes dieser Zapfensysteme reagiert also auf eine bestimmte Wellenlänge besonders intensiv, auf andere benachbarte Wellenlängen zwar auch, aber geringer. Die Zapfen sind nicht einzeln in der Lage, Mitteilungen über die empfangene Farbe zu übermitteln. Vielmehr wirken stets mehrere Zapfensysteme zusammen, um eine Farbwahrnehmung zu vermitteln. Wenn z. B. Licht im Bereich von 550 nm auf die Netzhaut trifft, dann nimmt man ein »grünliches Gelb« wahr. Auf den physikalischen Lichtreiz haben die »roten« Zapfen etwas stärker als die »grünen«, am schwächsten die »blauen« Zapfen reagiert.

Bis heute wird die Young-Helmholtz-Theorie grundsätzlich nicht in Frage gestellt. Es gibt aber einige Beobachtungen, die sich mit ihrer Hilfe nicht erklären lassen. Beispielsweise gibt es Menschen, die nicht in der Lage sind, zwischen irgendwelchen Farben zu unterscheiden. Man spricht von *Farbenblindheit*. Ein totaler Ausfall der Farbwahrnehmung kommt nur selten vor. Häufiger trifft man Menschen, die nicht in der Lage sind, zwischen bestimmten Farben zu unterscheiden. Etwa 2 Prozent der Männer und 1 Prozent der Frauen können nicht zwischen rot und grün unterscheiden. Gelb-Blau-Blindheit findet man seltener. Warum geht Farbenblindheit in der Regel mit der Unfähigkeit einher, bestimmte Farb*paare* zu sehen? Eine befriedigende Erklärung liefert die Young-Helmholtz-Theorie ebensowenig für bestimmte Nachbilder. Wenn man beispielsweise für etwa 30 Sekunden eine blaue Vorlage anschaut und den Blick anschließend auf eine weiße Fläche richtet, sieht man die sogenannten Komplementärfarbe Gelb. Für einen anderen Physiologen, Ewald Hering (1834–1918), stellten diese Beobachtungen eine wissenschaftliche Herausforderung dar.

### 3.2.3.2 Herings Theorie der Gegenfarben

Hering stimmte mit seinem Kollegen Helmholtz darin überein, daß es im menschlichen Auge drei verschiedene Arten von Rezeptorsystemen geben müsse. Wie aber die Beobachtungen an Farbenblinden und die Erscheinungen bei Nachbildern zeigen, vermutete Hering (1905), daß in den Rezeptoren jeweils Prozesse stattfinden, die gegeneinander arbeiten. Er nahm in seiner »Theorie der Gegenfarben« an, daß es im Auge, im Gehirn oder in beiden drei sich ausschließende Prozesse gibt – einen für die Rot-Grün-Wahrnehmung, einen für das Gelb-Blau und einen weiteren, der von den anderen beiden zu unterscheiden ist: Schwarz und Weiß. Nur eine Farbe des jeweiligen Paares kann zu einem bestimmten Zeitpunkt wirksam sein. Die Paare der dritten Reaktionsart, Schwarz-Weiß, können sich mischen, wodurch Grautöne entstehen. Den Vorgang des Farbensehens kann man sich folgendermaßen vorstellen: Für jedes Farbpaar ist eine besondere chemische Substanz (sogenannte Sehfarbstoffe) vorhanden, die von eintreffendem Licht jeweils zersetzt und anschließend wieder aufgebaut wird. Die Zersetzung und der Wiederaufbau führen in ihrer gegensätzlichen Funktionsweise jeweils zu einer der beiden möglichen Farbempfindungen. Wenn also z. B. höhere Wellenlängen die rote Komponente eines Rot-Grün-Paares erregen, wird die grüne Komponente gehemmt. Wenn mittlere Wellenlängen die grüne Komponente erregen, erfolgt eine Hemmung der roten Komponente. Durch Erregung der Komponenten des Schwarz-Weiß-Paares wird nur die Helligkeit oder Dunkelheit einer Farbe, aber nicht die Farbe selbst ermittelt. Sollten beide Komponenten eines Paares gleichzeitig erregt werden, ist eine gegenseitige Hemmung die Folge.

Wenn also ein Licht ebensoviel Blau wie Gelb enthält, sieht man nur noch Grau. Was passiert, wenn zwei Wellenlängen auf die Netzhaut treffen, eine kürzere (blau) und eine längere (rot)? Nach Herings Theorie würde die kürzere Wellenlänge des Lichts die blaue Komponente des Blau-Gelb-Paares erregen, und diese würde daraufhin die gegensätzliche Komponente Gelb hemmen. Die höhere Wellenlänge erregt die rote Komponente, und das wiederum hat die Hemmung der grünen Komponente zur Folge. Der Wahrnehmende wird also violett sehen, weil es sich dabei um eine Kombination von Blau und Rot handelt.

Hering kann mit seiner Theorie erklären, weshalb farbenblinde Menschen Schwierigkeiten haben, zwischen Rot und Grün oder zwischen Blau und Gelb zu unterscheiden. In beiden Fällen liegen offenbar Funktionsausfälle bestimmter Rezeptorsysteme vor. Auch die Erfahrungen bei Nachbildern werden nunmehr verständlich. Wenn man für 30 Sekunden eine gelbe Fläche betrachtet, wird das Gleichgewicht des Blau-Gelb-Paares gestört: Die gelbe Komponente »ermüdet« allmählich, und infolgedessen wird das Gleichgewicht zugunsten von Blau verändert. Bei längerer Betrachtung einer grünen Fläche wird allmählich die grüne Komponente schwächer, und daraufhin tritt das Rot hervor.

Physiologen haben sich fast 100 Jahre lang darüber gestritten, welcher der beiden Theorien der Vorzug gegeben werden sollte. Es hat sich schließlich herausgestellt, daß die Farbwahrnehmung so kompliziert ist, daß beide für eine befriedigende Antwort benötigt werden. Die Young-Helmholtz-Theorie kann die Prozesse in der *Netzhaut* besser erklären, in der sich tatsächlich drei verschiedene Arten von Zapfen nachweisen lassen. Die Theorie Herings beschreibt die Art der »Verschaltung« der Zapfen recht gut; insofern ist sie geeignet, Prozesse im Gehirn zu erklären. Die Netzhaut ist nämlich beides: Sie enthält die Rezeptoren, und sie ist zugleich ein ausgelagerter Teil des Gehirns, mit dem es durch ein dickes Faserbündel, den Sehnerv, verbunden ist. Physiologen haben Nervenzellen gefunden, die nach einem roten Farbeindruck erregt (eingeschaltet) und nach einem grünen Farbeindruck gehemmt (ausgeschaltet) werden. Andere Nerven werden durch Blau erregt und durch Gelb gehemmt. Das Zusammenwirken verschiedener Zapfensysteme in der Netzhaut und das Ein- und Ausschalten bestimmter Neuronen im Gehirn kann nicht isoliert betrachtet werden, um die Grundlagen der Farbwahrnehmung zu erklären (Rogge, 1981; De Valois und Jacobs, 1984).

### 3.2.4 Verarbeitung und Weiterleitung visueller Informationen durch das Zentralnervensystem

Man könnte vermuten, daß jeder Rezeptor direkt mit dem Gehirn verbunden ist. Das trifft jedoch nicht zu, denn der Sehnerv enthält nur etwa eine Million »Axone«, also Leitungen zum Gehirn. Es steht infolgedessen bei weitem nicht jedem Zapfen und jedem Stäbchen ein »Direktanschluß« zur Verfügung. Abbildung 3.6 zeigt in beträchtlicher Vereinfachung, welche Bausteine und Querverbindungen in der Netzhaut dafür sorgen, daß die aus den Rezeptoren stammenden optischen Informationen, die zunächst von dürftiger Qualität sind, so verarbeitet werden, daß sie schließlich an den Sehnerv mit seiner relativ geringen Leitungskapazität weitergegeben werden können.

Der Lichtstrahl fällt keineswegs zuerst auf die Rezeptoren. Er muß vielmehr mehrere Zellschichten (die auch mit Blut versorgt werden müssen) durchdringen, bevor er die Zapfen und Stäbchen erreicht. Der Lichtstrahl löst in den Rezeptoren chemische Prozesse aus, durch die Impulse entstehen, die zunächst auf *bipolare* (Nervenzellen mit zwei Polen: einem Axon und einem Dendriten) und anschließend auf *Ganglienzellen* übertragen werden. Diese Ganglienzellen übernehmen mit ihren langen Nervenfortsätzen die Weiterleitung der Mitteilungen an das Gehirn. Weitere Zellen (sogenannte *Horizontalzellen*) sorgen innerhalb der mittleren Schicht der Netzhaut für den Austausch von Informationen zwischen verschiedenen bipolaren Zellen. Dieses komplizierte Netzwerk kann bereits sehr einfache Verarbeitungen vornehmen.

Die meisten bipolaren Zellen empfangen Informationen von mehreren Rezeptoren. Dies wird durch Prozesse erreicht, die man *Zusammenführung* (Konvergenz) nennt. Zusammenführungen erfolgen vor allem in den seitlichen Teilen der Netzhaut an Stellen, an denen sich viele Stäbchen befinden, dagegen weit weniger in der Fovea, wo sich die Zapfen konzentrieren. Wo vielen Rezeptoren nur wenige bipolare Zellen gegenüberstehen, müssen notwendigerweise Informationen verlorengehen. Deshalb ist im Mittelfeld der Netzhaut eine sehr viel höhere Sehschärfe möglich als in den seitlichen Flächen.

Auf Verarbeitungsprozesse, die bereits in der Netzhaut stattfinden, ist auch ein Wahrnehmungseindruck zurückzuführen, der bei Betrachtung der jeweils eingelagerten grauen Quadrate in Abbildung 3.7 entsteht. Welches innere Quadrat ist das dunkelste, welches ist das hellste?

Die Einschätzung der Helligkeit eines inneren Quadrates wird von seinem Umfeld mitbestimmt. Je dunkler das Umfeld ist, desto

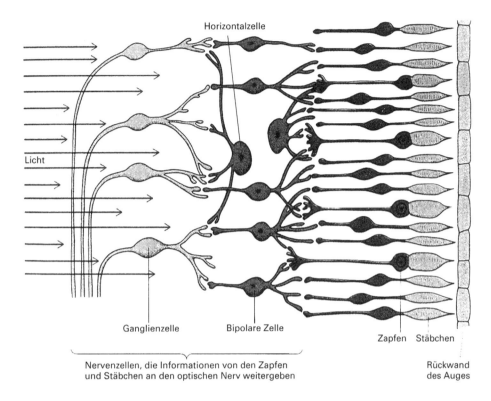

Abb. 3.6
*Querschnitt durch die Netzhaut des Auges*

heller erscheint das Quadrat. Die Helligkeit der grauen Quadrate wird nach dem Wahrnehmungseindruck von links nach rechts immer dunkler. Wenn man sich aber ein Stück Papier zurechtschneidet, das über vier Löcher jeweils nur den Blick auf die inneren Quadrate freigibt, wird man sehen, daß alle dieselbe Helligkeit aufweisen. An dem Zustandekom-

Abb. 3.7
*Darstellung verschiedener Helligkeitskontraste. Welches innere Quadrat ist das dunkelste, welches das hellste?*

# Psychologie der Wahrnehmung

men dieser Täuschung wirken vermutlich die Horizontalzellen mit. Durch die Horizontalzellen werden Unterschiede verstärkt. Zwei Rezeptoren empfangen nämlich häufig nicht die gleiche Menge Licht. Wenn ein Unterschied zwischen beiden besteht, wird er mit Hilfe der Verbindungszellen noch dadurch verstärkt, daß die Impulse aus den schwächer gereizten Rezeptoren zusätzlich gehemmt werden. Das Gehirn empfängt also *in übertriebener Weise* Nachrichten über die unterschiedlich starke Reizung von Rezeptoren. Diese Übertreibung hat für den Menschen, wenn er sich im Raum zurechtfinden möchte, sehr wohl Vorteile. Ecken und Kanten eines Körpers markieren für einen Betrachter wegen des unterschiedlichen Reflektierens jeweils Übergänge von hellen zu dunklen Flächen. Durch die genannten Prozesse in der Netzhaut erscheinen Ecken kontrastreicher und sind folglich leichter erkennbar.

Die Axone der Ganglienzellen vereinigen sich zum Sehnerv, der die inzwischen bereits bis zu einem gewissen Grad verarbeiteten optischen Informationen aus dem Inneren der Netzhaut herausleitet. Da sich an der Austrittsstelle dieses Nervs keine Rezeptoren befinden, entsteht ein *blinder Fleck*, der mit Hilfe der Abbildung 3.8 leicht nachzuweisen ist. Man braucht nur sein rechtes Auge zu schließen und dann mit dem linken Auge den Stern aus einem Abstand von etwa 30 cm zu betrachten. Die Schrift auf der linken Seite ist unscharf, weil sie am Rande des Sehfeldes wahrgenommen wird. Verkleinert man nun langsam den Abstand zur Vorlage, dann verschwindet die Schrift, sobald sie genau auf den blinden Fleck fällt.

Die Axone der Ganglienzellen nehmen nicht den direkten Weg zum Gehirn. Die Sehnerven der beiden Netzhäute treffen sich und werden dabei in der *optischen Kreuzung (Chiasma opticum)* miteinander verknüpft. Dabei überkreuzen sich die jeweiligen »nasalen« (von den Netzhauthälften kommend, die in der Nähe der Nase liegen) Anteile der Sehnerven so, daß zur jeweiligen Gehirnseite nur die entsprechenden Netzhaut-Seiten geführt werden (siehe Abbildung 1.5, S. 28). Ohne diese Teilung wären die Beobachtungen an Patienten mit getrennten Hirnhälften nicht möglich (siehe hierzu Info-Kasten 1.1). Auf eine Darstellung der weiteren Stationen, die ein optischer Reiz durchläuft, soll an dieser Stelle verzichtet werden. Es bleibt anzumerken, daß die Nachrichten aus den Rezeptoren der Netzhaut auf die beiden hinteren Teile der Großhirnrinde projiziert werden, wo eine intensivere Verarbeitung stattfindet. Ergebnisse dieser Verarbeitung, über die in den nachfolgenden Abschnitten zu berichten ist, führen schließlich zu den Wahrnehmungseindrücken.

Diese
Schrift
verschwindet

\*

Abb. 3.8
*Darstellung zum Nachweis des blinden Flecks im Selbstversuch*

## 3.3 Interpretation registrierter Reize durch Wahrnehmungsprozesse

In der Zeit zwischen August 1965 und Februar 1966 wurde die Luftfahrt in ziemlich kurzen Abständen von schweren Unglücken getroffen. Innerhalb von sechs Monaten stürzten vier Flugzeuge beim Landeanflug ab (Bennett, 1961). Diese Katastrophen kosteten insgesamt 264 Menschen das Leben. Stets war der gleiche Flugzeugtyp auf dem Boden zerschellt: eine Boeing 727. In der Herstellerfirma dieses Düsen-Jets war man zutiefst beunruhigt. Da man die Boeing 727 neu auf den Markt gebracht hatte, lag es nahe, technische Fehler zu vermuten. Nachdem eingehende Untersuchungen keine Ergebnisse erbracht hatten, die diesen Verdacht stützen konnten, stellte sich die Frage, ob vielleicht menschliche Schwächen eine Rolle gespielt haben könnten. Eine eingehende nachträgliche Rekonstruktion der Unfälle und ihrer Bedingungen ergab, daß sie sich stets an Flughäfen ereignet hatten, an die jeweils eine Stadt angrenzte und die ansonsten von großen offenen Flächen – wie z.B. einem See (in Chicago, Salt Lake City), einer Meeresbucht (Tokio) oder unbewohntem Umland (Cincinnati) – umgeben waren. Die mißglückten Landungen erfolgten zwar jedesmal bei Dunkelheit, es bestanden jedoch immer gute Sichtverhältnisse.

Unter Anleitung eines Psychologen der Herstellerfirma, Conrad Kraft, erfolgte zunächst die genaue Nachbildung der Situationen, die den Unglücksfällen jeweils vorausgingen. Die Untersuchungsergebnisse bestärkten den Verdacht, daß hier »menschliches Versagen« eine Rolle gespielt haben mußte. Worin bestanden aber nun die Fehler? Eingehende Prüfungen erbrachten die Antwort. Am Tage konnten die Piloten die Stadt ebenso wie die Landebahn mit der sie umgebenden Fläche gut erkennen und danach abschätzen, in welchem Raum sie sich bewegten. In der Nacht sahen sie dagegen nur die Lichter der Stadt und des Flughafens. Die Piloten, so vermutete Kraft, gingen davon aus, daß sich die beleuchteten Städte und die dazugehörigen Flughäfen jeweils auf gleicher und nicht auf unterschiedlicher Höhe befanden; tatsächlich lagen die Orte aber in der Regel beträchtlich höher als die jeweiligen Flughäfen. Die Piloten unterschätzten also den Bodenabstand. Sie verringerten ihre vermeintlich zu große Höhe mit der Folge, daß sich die Maschinen dem Boden zu sehr näherten und dort schließlich zerschellten.

Die Irrtümer waren nicht auf die Reizeindrücke zurückzuführen, die jeder Pilot von seinen Sinnesorganen übermittelt bekam. Erst die Verarbeitung der Informationen von den Sinnesorganen führte bei den Piloten zu Urteilen über ihre Umwelt, denen jeweils Katastrophen folgten. Bereits dieses Beispiel läßt verständlich werden, weshalb sich Psychologen mit visueller Wahrnehmung beschäftigen. Von »Wahrnehmung« spricht man, wenn Menschen Reize aus den Sinnesorganen als Informationen interpretieren, ihr Wissen und ihre Erfahrungen nutzen, um sie sinnvoll erscheinen zu lassen. Die Wahrnehmung muß grundsätzlich aus dem Blickwinkel mehrerer Disziplinen betrachtet werden: dem der Physik, die Reize beschreibt, dem der Biologie, die Rezeptoren und deren Nachrichtentransport erklärt, und dem der Psychologie, die untersucht, wie ein physikalischer Reiz zur bedeutsamen »Information« wird. Dabei darf kein Glied fehlen, weder der Reiz noch dessen Bedeutungszuschreibung noch der Rezeptor, wenn es zu einem Wahrnehmungsurteil kommen soll. Kraft war ein guter Kenner der Wahrnehmungspsychologie. Er empfahl der Luftfahrtbehörde, allen Piloten zukünftig zu untersagen, sich bei Nachtlandungen ausschließlich auf die eigene Wahrnehmung zu verlassen. Sie mußten verstärkt den jeweiligen Instrumentenanzeigen Aufmerksamkeit widmen.

Die Möglichkeit, Informationen aus den Sinnesorganen nach bestimmten Regeln zu verarbeiten, hat sich während eines Zeitraumes von mehreren Millionen Jahren entwickelt, um die Anpassung von Lebewesen zu verbessern (die Notwendigkeit zur Auswertung von Daten der Sinnesorgane aus größerer Höhe ergab sich für den Menschen erst in allerjüngster Zeit nach dem Bau von Luftfahrzeugen; es überrascht also nicht, daß Piloten Opfer von Wahrnehmungsfehlern wurden). Welche Prozesse beeinflussen die Wahrnehmung? Psychologen haben zunächst einmal studiert, wie Informationen ausgewählt und in ihrer Vielzahl verringert werden. Die Aufmerksamkeit spielt bei diesem Auswahlprozeß eine entscheidende Rolle. Unverarbeitet würden die ausgewählten Daten einem Menschen wenig helfen, sich von seiner Umwelt »ein Bild« zu machen und angemessen auf sie zu reagieren. Durch die Wahrnehmung müssen u. a. Ordnungen geschaffen, Korrekturen vorgenommen und möglicherweise fehlende Einzelheiten ergänzt werden. Die Prozesse laufen schnell und automatisch ab, und es bedurfte unzähliger, nicht selten einfallsreicher Untersuchungen von Psychologen, um von ihnen zunächst einmal Kenntnis zu erhalten und dann im weiteren Verlauf Beschreibungen sowie Erklärungen entwickeln zu können.

### 3.3.1 Visuelle Reize als Grundlage der Wahrnehmung

Zu Beginn dieses Jahrhunderts dachten Wundt und seine Schüler darüber nach, wie man sich die Informationen aus den Sinnesorganen unmittelbar nach ihrem Eintreffen im Gehirn vorstellen könnte. Diese Grundlagen der Wahrnehmung nannten sie *Empfindungen*. Wenn man z. B. ein Gesicht betrachtet, erfolgt nach Erregung vieler Rezeptoren in der Netzhaut eine Verschlüsselung und Weiterleitung der Sinneseindrücke durch das Nervensystem. Das Gehirn empfängt dann, so die Auffassung der ersten experimentell arbeitenden Psychologen, viele elementare, d.h. nicht mehr zerlegbare Einzelempfindungen (s. Abbildung 3.9), die von der »Wahrnehmung« zu einem Gesicht zusammengefügt werden. Wie bereits im ersten Kapitel festgestellt wurde, haben Gestaltpsychologen eine solche »elementaristische« Sichtweise heftig kritisiert und zurückgewiesen (siehe S. 34 und nachfolgend S. 141 f.).

Trotz der heftigen Einwände der Gestaltpsychologen findet man auch in Wörterbüchern und Einführungen zur Wahrnehmungspsychologie immer noch eine Unterscheidung zwischen *Empfindung* und *Wahrnehmung* (z. B. Stadler et al., 1977). Unter Wahrnehmung versteht man jene Prozesse, die eintreffende Informationen von den Sinnesorganen auswählen, ordnen und interpretieren. Woher weiß man aber, wo bei einem Menschen Empfindungen aufhören und Wahrnehmungen beginnen? Dieser Zusammenhang wird vielleicht deutlicher nach Betrachtung der Darstellung von Abbildung 3.10. Was ist hier zu sehen?

Viele Menschen, die diese Darstellung zum erstenmal betrachten, sehen darin zunächst

Abb. 3.9 (links)
*Einige Psychologen stellten sich zu Beginn dieses Jahrhunderts vor, daß die Sinnesorgane dem Gehirn viele elementare »Empfindungen« übermitteln, die durch die Wahrnehmung zu einem sinnvollen Ganzen, also z. B. einem Gesicht, zusammengefügt werden.*

Abb. 3.10 (unten)
*Solange diese Darstellung lediglich ein sinnloses Schwarz-Weiß-Muster darzustellen scheint, befindet sich der Wahrnehmungsprozeß noch in einem frühen Stadium.*

nur ein schwer zu ordnendes Schwarz-Weiß-Muster. Die Reizvorlage scheint keinen Sinn zu ergeben. Was soll hier dargestellt werden? Enthält dieses Muster irgend etwas Vertrautes? Nicht selten dauert es einige Zeit, bis der Betrachter darin einen Hund entdeckt, einen Dalmatiner, der etwa in der Mitte des Bildes mit seiner Schnauze den Boden berührt. Was ist aber die Grundlage für diese Wahrnehmung? Sicherlich baut dieser Prozeß auf Informationen auf, die das Gehirn erreicht haben müssen. Wäre aber die Feststellung berechtigt, im ersten Moment der Betrachtung lägen nur »Empfindungen« vor? Könnten in diesem frühen Stadium nicht bereits Auswahl- und Ordnungsprozesse stattgefunden haben, die bereits auf »Empfindungen« aufbauen? Ist es überhaupt möglich, »Empfindungen« (d. h. vom Gehirn noch in keiner Weise verarbeitete Informationen aus den Sinnesorganen) auch nur für einen kurzen Zeitraum erlebnismäßig zu erfassen? Eine zunehmende Anzahl von Wahrnehmungspsychologen verneint diese Frage. Bruce Goldstein (1989) meint, es könne zwar interessant sein, über mögliche Unterschiede zwischen Empfindungen und Wahrnehmungen Spekulationen anzustellen; die Unterscheidung sei aber einfach nicht nützlich. Man hält es für aussichtsreicher, sich in der Forschung darauf zu konzentrieren, *wie* Informationen aus der Umwelt durch die Wahrnehmung ausgewählt, organisiert und interpretiert werden.

### 3.3.2 Aufmerksamkeit und Wahrnehmung

Als eine Passagiermaschine der Eastern Airlines am 14. Juni 1972 auf ihrem Weg zum Internationalen Flughafen von Miami (Florida) mit dem Landeanflug begann, bemerkte die Mannschaft im Cockpit eine Lampe, die einen Defekt im Fahrgestell anzeigte. Der Pilot schaltete den Autopiloten ein, der die Maschine auf gleicher Flughöhe halten sollte. Die Männer in der Pilotenkanzel wollten ihre volle Aufmerksamkeit auf die Klärung der Frage richten, weshalb sich die Warnlampe eingeschaltet hatte. Aus nachträglich nicht mehr zu ermittelnden Gründen wies der Autopilot die Steuerungsinstrumente der Maschine allerdings an, die Flughöhe langsam zu vermindern. Akustische und visuelle Signale im Cockpit machten ebenfalls auf die kritische Situation aufmerksam. Die Männer in der Pilotenkanzel waren jedoch so sehr mit dem angezeigten Defekt beschäftigt, daß sie alle Warnungen überhörten. Sie richteten ihre Aufmerksamkeit erst zu einem Zeitpunkt auf ihr viel ernsteres Problem, als die Katastrophe nicht mehr zu vermeiden war (Wiener, 1977). Dieser tragische Verlauf eines Landeanflugs zeigt in besonders dramatischer Weise, welche Grenzen die Aufmerksamkeit in einer Situation setzt, in der unter Streß mehrere unterschiedliche Aufgaben gleichzeitig erledigt werden müssen.

Bei der *Aufmerksamkeit* handelt es sich um einen Prozeß, der mitbestimmt, welche Informationen zur weiteren Verarbeitung ausgewählt werden. Die Aufmerksamkeit bewirkte bei den Piloten der Unglücksmaschine aber noch mehr: Bestimmte Informationen, die sogar lebensrettend gewesen wären, blieben unbeachtet. Aufmerksamkeitsprozesse bewirken also, daß Eindrücke aus den Sinnesorganen sowohl bevorzugt weitergeleitet als auch zurückgewiesen werden, beides aber nicht immer zum gleichen Zeitpunkt (Posner und Petersen, 1990). Unter bestimmten Bedingungen fällt es einem Wahrnehmenden schwer, die Auswahl bestimmter Merkmale einer Reizsituation befriedigend vorzunehmen. Man liest beispielsweise Farbbegriffe (etwa das Wort *rot*) schneller, wenn die Schrift in einer mit ihrer Bedeutung übereinstimmenden, also »roten«, statt in einer anderen Farbe (z. B. *gelb*) gedruckt worden ist. Man spricht von einem *Stroop*-Effekt (Stroop, 1935). Wenn der Begriff *rot* in gelber Farbe zu lesen ist, treten zwei Merkmale (die Bedeutung des Geschriebenen und dessen Farbe) in Wettstreit um die Aufmerksamkeit. Das Ignorieren der Schrift-Farbe kostet offenbar jeweils Zeit und verzögert die Lesegeschwindigkeit.

Man kann die Aufmerksamkeit mit einem Scheinwerfer vergleichen, durch dessen Strahlen beim Auftreffen auf eine Fläche ein Lichtkegel entsteht, während die Umgebung im Dunkeln bleibt. Aufmerksamkeitsprozesse sorgen dafür, daß einige Daten aus den Sinnesorganen in den *Brennpunkt* geraten, während andere in den *Hintergrund* gerückt werden. Je intensiver sich die Aufmerksamkeit auf den Brennpunkt richtet, desto weniger finden Ereignisse im Hintergrund Beachtung. Für die Piloten der Unglücksmaschine blieb nur »erhellt«, was für sie im unmittelbaren Zusammenhang mit dem Fahrwerk stand. Warnungen von verschiedenen Seiten aus dem Hintergrund des Aufmerksamkeitsfeldes wurden ignoriert. Einen derartig starken Kontrast findet man in Alltagssituationen – glücklicherweise! – nur selten (dennoch mag er z. B. Autofahrern nicht völlig fremd sein).

Bestimmte Reize außerhalb des Brennpunkts können die **AUFMERKSAMKEIT** unter bestimmten Bedingungen aber sehr wohl auf sich ziehen: Möglicherweise hat der Leser bereits beim ersten Blick auf diese Seite das aus großen fettgedruckten Buchstaben bestehende Wort entdeckt. Es hebt sich nämlich von der sonst üblichen Schriftart deutlich ab. Beispiele für die Wirkung veränderter Reizbedingungen findet man auch bei einem guten Redner; dieser wird sich bemühen, besonders lautstarken Äußerungen vergleichsweise leise gesprochene Worte folgen zu lassen. Er macht plötzlich eine Pause, nachdem er für einige Zeit ununterbrochen gesprochen hat. In der Werbung hofft man auf die Aufmerksamkeit, indem man z. B. farbige Darstellungen druckt oder in einer Zeitungsanzeige fast eine ganze Seite unbedruckt läßt und nur eine sehr kleine Fläche für einen Werbetext in Anspruch nimmt.

Eine neue, veränderte Situation, die in der Regel aufmerksamkeitserregend wirkt, läßt sich auch dadurch schaffen, daß man eine Reizgegebenheit in besonderer *Intensität* (Stärke) bzw. *Größe* darbietet. Die Sirene von Polizei- und Krankenwagen kennt man in allen Ländern als ein lautes und folglich aufmerksamkeitserregendes Signal, das sich zusätzlich durch die Tonfolge eindeutig von den sonstigen Straßengeräuschen abhebt. Außerdem ist die *Bewegung* geeignet, Aufmerksamkeit zu erregen. Einige Tiere stellen sich reflexhaft tot, um nicht aufzufallen; durch eine Bewegung könnten sie sofort das Augenmerk eines potentiellen Feindes auf sich lenken. Schließlich muß auf die *Wiederholung* als ein Reizmerkmal zur Erregung von Aufmerksamkeit hingewiesen werden. So ruft z. B. die Mutter, deren Kind zum Essen kommen soll, den Namen mehrfach kurz hintereinander. Ein Beispiel für eine Werbeanzeige, die Gebrauch von der Wiederholung macht, liefert Abbildung 3.11; es ist aber stets darauf zu achten, daß mit einer zu häufigen Wiederholung einer Reizgegebenheit Langeweile auftreten kann. Eine gute Werbung bringt Wiederholungen, sorgt aber dafür, daß die gleichen Rei-

Psychologie der Wahrnehmung

Abb. 3.11
*Eine Werbung, die das Reizmerkmal »Wiederholung« absichtsvoll verwendet, um die Aufmerksamkeit auf sich zu lenken.*

ze nicht in einem stets gleichbleibenden Umfeld dargeboten werden.

Wenn ein Ereignis das Gewohnte in Größe, Lautstärke usw. übertrifft, bereitet es offenbar keine besonderen Schwierigkeiten, die Aufmerksamkeit zu erregen. Diese richtet sich darüber hinaus spontan aber auch auf Ereignisse, die in physikalischer Hinsicht keinerlei Auffälligkeiten aufweisen, die jedoch für den Wahrnehmenden in den Brennpunkt gelangen, weil sie für ihn *bedeutungsträchtig* sind. Werden möglicherweise *sämtliche* Geschehnisse der Umwelt während des Wachzustandes auf ihren Bedeutungsgehalt hin geprüft, ohne daß solche Prozesse dem Wahrnehmenden bewußt sind? Diese Frage hat in der Vergangenheit wiederholt die Befürchtung aufkommen lassen, daß geschickte Werbemethoden den Menschen möglicherweise manipulieren. Info-Kasten 3.2 geht der Möglichkeit einer solchen »Beeinflussung des Menschen über sein Unbewußtes« nach.

### 3.3.2.1 Verteilung der Aufmerksamkeit auf verschiedene Informationsquellen

Fluglotsen erfahren ständig die Schwierigkeit, während ihrer anstrengenden Tätigkeit mehrere gleichzeitig dargebotene Informationen zu berücksichtigen: Um Landungen und Abflüge aufeinander abstimmen zu können und Zusammenstöße im Luftraum zu vermeiden, müssen die Frauen und Männer an den Radarschirmen im Kontrollturm fast gleichzeitig Mitteilungen von mehreren Piloten empfangen und ihnen mitteilen, was sie jeweils zu tun haben. Zu Beginn der fünfziger Jahre wandte man sich an einige Psychologen mit der Bitte um Beratung, weil Fluglotsen häufig Schwierigkeiten hatten, die Stimmen verschiedener Piloten voneinander zu unterscheiden. In ihren ersten Experimenten fanden die Psychologen bestätigt, daß zwei Mitteilungen schwer auseinanderzuhalten sind, wenn es sich um gleichzeitig abgespielte Aufnahmen desselben Sprechers handelt oder wenn die Mitteilungen unterschiedlicher Sprecher aus Lautsprechern kommen, die räumlich nahe beieinander stehen. Zwei Mitteilungen lassen sich dagegen sehr viel besser verarbeiten, wenn sie von verschiedenen Sprechern (am besten von einem Mann und einer Frau) stammen oder wenn sie über die beiden Lautsprecher eines Kopfhörers getrennt werden (Hawkins und Presson, 1986).

Um das Problem der Fluglotsen besser studieren zu können, wandte Colin Cherry (1953) die Methode des *dichotischen Hörens* an (nach *dichotomein* = auseinanderschneiden). Dabei werden den beiden Ohren in Stereo über die zwei Kanäle eines Kopfhörers, also über seine beiden Lautsprecher, unterschiedliche Informationen zugeführt. Die Versuchsperson hat dabei den Auftrag, die Aufmerksamkeit z. B. auf das rechte Ohr zu richten und das Gehörte nachzusprechen. Das Interesse der Aufmerksamkeitsforschung richtete sich auf die Klärung der beiden folgenden Fragen: Was passiert mit den Informationen aus der Quelle, die von der Versuchsperson ignoriert werden soll? Und wann beeinflußt die zu vernachlässigende Nachricht die wichtige Information?

Erste »Experimente über das Erkennen von Sprache mit einem oder zwei Ohren« führten zu dem Ergebnis, daß Versuchspersonen Informationen aus einem zweiten Kanal weitgehend unbeachtet ließen, wenn sie den Auftrag hatten, die volle Aufmerksamkeit dem Inhalt des ersten Kanals zuzuwenden. Auf dem zweiten Kanal, der ignoriert werden sollte, bemerkten sie allenfalls das Geschlecht des

Abb. 3.12
*An Fluglotsen werden besonders hohe Anforderungen gestellt, weil sie gleichzeitig verschiedene optische und akustische Informationen erkennen und verarbeiten müssen.*

Info-Kasten 3.2:

**Läßt sich über »unterschwellig« dargebotene Mitteilungen Einfluß auf das Verhalten von Menschen nehmen bzw. deren Persönlichkeit verändern?**

Im Jahre 1956 erregte der Sprecher einer amerikanischen Werbefirma, James Vicary, auf einer Pressekonferenz in New York Aufsehen, als er mitteilte, er habe eine neue Werbemethode entdeckt, die das Kaufverhalten der Amerikaner völlig verändern werde. Seine Methode sei derart wirksam, daß ihr praktisch keiner widerstehen könne; zudem gelinge es einem Menschen nicht einmal, ihre Anwendung zu bemerken. Was hatte Vicary unternommen?

Vicary hatte in einem Kino New Jerseys (USA) während der Filmdarbietung in Abständen von fünf Sekunden sehr kurzzeitig die Worte »*Trink Coca-Cola*« und »*Iß Popcorn*« eingeblendet. Einfache Reize oder Mitteilungen, die so kurz dargeboten werden, daß sie vom Wahrnehmenden nicht bemerkt werden, bezeichnet man als *unterschwellig* (der Begriff ist etwas irreführend, weil es nach der Signalentdeckungstheorie von vielen Bedingungen abhängt, ob ein Reiz entdeckt wird oder nicht. Da die Bezeichnung »unterschwellige Wahrnehmung« sich aber eingebürgert hat, soll sie in diesem Rahmen beibehalten werden). Vicary behauptete, solche unterschwelligen Reize hätten Einfluß auf das Kaufverhalten des Kinopublikums genommen. Der Verkauf von Coca-Cola soll sich nämlich um 18 Prozent, der von Popcorn sogar um 50 Prozent gesteigert haben, obwohl sich – nach Aussage von Vicary – die Besucher über die Ursachen ihres gesteigerten Appetits nicht im klaren waren (Naylor und Lawshe, 1958).

Solche Mitteilungen rufen in der Bevölkerung verständlicherweise erhebliche Beunruhigung hervor. Sollte es tatsächlich solche vom »Opfer« nicht zu kontrollierende Möglichkeiten der Beeinflussung geben? Sind möglicherweise ähnliche Wirkungen zu erzielen, wenn man Schallplatten unterschwellig Aufforderungen unterlegt, die erst beim Abspielen in entgegensetzter Richtung zu hören sind? Können auf ähnliche Weise eventuell sogar Gefühle beeinflußt und unangenehme Erinnerungen aus der Kindheit »gelöscht« werden? Wer solche Fragen bejaht und seine Antwort vielleicht noch geschickt zu erläutern weiß, besitzt gute Aussichten, weithin Gehör zu finden.

Welches Urteil läßt sich aber nach den Ergebnissen seriöser wissenschaftlicher Untersuchungen fällen? Die von Vicary behaupteten Wirkungen konnten niemals durch unabhängige Wissenschaftler bestätigt werden (Moore, 1982). Auch das »Verstecken« rückwärts gespielter Nachrichten auf Schallplatten hat bislang keine bekannten Einflüsse auf das Verhalten (Vokey und Read, 1985). Wenn dennoch Menschen beim Abspielen von Schallplatten unterschwellige Mitteilungen zu hören glauben, sollte das nicht überraschen, denn auch in Tintenkleckse lassen sich vielfältige Gegebenheiten hineinsehen. Der Anspruch von Herstellern »unterschwelliger Kassetten«, durch Einsatz moderner Technik negative Inhalte (»Kodierungen«) des Unbewußten zu löschen und dieses umzuprogrammieren, ist von Kritikern schlichtweg als Betrug bezeichnet worden (Goldner, 1989). Vereinzelte Ansprüche, in Untersuchungen durch Einsatz unterschwelliger Reize förderlich auf die Persönlichkeit eingewirkt zu haben (Silverman 1983), stehen wegen mangelnder wissenschaftlicher Sorgfalt auf sehr fragwürdigem Boden, denn gut kontrollierte Studien liefern ihnen keine Unterstützung (Vitiello et al., 1989).

Aus der Feststellung, daß mit sogenannten unterschwelligen Reizen weder Käuferverhalten zu ändern noch Persönlichkeitsprobleme zu lösen sind, sollte allerdings nicht der Schluß gezogen werden, daß Reize, die nicht bewußt wahrgenommen werden, in keiner Weise verarbeitet werden können. Zahlreiche Beobachtungen belegen das Gegenteil. Psychologen gehen inzwischen davon aus, daß Menschen Erfahrungen machen können, die ihnen gar nicht bewußt werden, die aber dennoch Einfluß auf nachfolgendes Verhalten nehmen. Man spricht in diesem Zusammenhang von *implizitem Lernen* (Buchner, 1993) oder – wenn man sich auf die Speicherung seiner Ergebnisse bezieht – von einem *impliziten Gedächtnis* (Roediger, 1990). Chirurgen haben wiederholt festgestellt, daß sich einige ihrer Patienten nach Abschluß der Operation an Bemerkungen von Ärzten oder Schwestern erinnern konnten, die während der Narkose, also während ihrer Bewußtlosigkeit, geäußert worden waren (Bennett, 1988). Aufschlußreich sind ebenso Ergebnisse gut kontrollierter Studien. In einer Untersuchung bot man Patienten unter Narkose Wortpaare dar (wie z.B. *Ozean-Wasser*). Eine Befragung nach Abschluß der Operation ergab, daß sich die Patienten an keines der Wortpaare erinnern konnten. Nachdem ihnen aber der erste Begriff eines Wortpaares (z.B. *Ozean*) genannt worden war, reagierten sie etwas häufiger, als nach dem Zufall zu erwarten gewesen wäre, mit dem zweiten Begriff des Paares, den man während der Narkose dargeboten hatte. Die Narkose löscht offenbar das explizite, nicht aber das implizite Gedächtnis für Ereignisse während der Operation (Kihlstrom et al., 1990). In einer anderen Studie hat man Versuchspersonen Dias gezeigt, die menschliche Gesichter darstellten. Während die Versuchspersonen diese mit dem einen Auge betrachteten, wurde über das andere Auge zu jedem Bild nach einer Zufallsauswahl einer von zwei Begriffen, *fröhlich* oder *traurig*, so kurz dargeboten, daß die Versuchspersonen sie nicht bewußt wahrnehmen konnten. In Abhängigkeit von dem jeweils dargebotenen Begriff gaben die Versuchspersonen anschließend fröhliche oder traurige Beschreibungen der Gesichter aus dem Gedächtnis wieder (Bach und Klein, 1957). Ein anderes Beispiel entstammt einer Forschungsserie Robert Zajoncs, über deren Ergebnisse im neunten Kapitel noch ausführlicher berichtet wird. Danach schätzen Menschen die Attraktivität eines Reizes um so höher ein, je häufiger sie ihm bereits begegnet sind (s. S. 401 f.). Bedeutsam ist in diesem Zusammenhang, daß sich dieser Effekt auch – und sogar noch stärker (Bornstein, 1989; Bornstein und D'Agostino, 1993) – mit Reizen erreichen läßt, die zu kurz dargeboten werden, um erkannt zu werden. Bei einem nachträglichen Vergleich mehrerer geometrischer Figuren werden ziemlich regelmäßig jene bevorzugt, die zuvor wiederholt nur 0,001 Sekunden lang sichtbar gewesen sind (Kunst-Wilson und Zajonc, 1980). Die gleiche Wirkung läßt sich auch mit Dias erreichen, die Personen darstellen: Zu Menschen, die mehrfach 0,004 Sekunden dargeboten worden sind, entwickeln Betrachter positive Einstellungen, obwohl sie meinen, diese noch nicht gesehen zu haben (Bornstein et al., 1987). Schließlich ist noch auf Studien hinzuweisen, die sich die sogenannte »Vorbereitungstechnik« zunutze machen. Ihre Ergebnisse lassen vermuten, daß es eine außerhalb des Bewußtseins stattfindende Wahrnehmung gibt. Das zeigte sich auch in Experimenten von Anthony Marcel (1983). Dabei wird beispielsweise folgendermaßen verfahren: Es werden zunächst ein *Vorbereitungsbegriff* (z. B. *Pflanze*) und (etwa zwei Sekunden später) ein *Zielbegriff* (z. B. *Blume* oder *Blame*) dargeboten. Die Versuchsperson soll lediglich entscheiden, ob es sich beim Zielbegriff um ein sinnvolles Wort handelt. Wenn mit dem Vorbereitungsbegriff ein hinsichtlich seiner Bedeutung verwandtes Wort (z. B. *Pflanze*) ausgewählt worden ist, wird weniger Zeit bis zu einer Entscheidung benötigt, als bei einem nicht verwandten Begriff (z. B. *Stuhl*). Die Beschleunigung der Begriffserkennung oder Verzögerung tritt auch auf, wenn der Vorbereitungsbegriff nur so kurz dargeboten wird, daß er unentdeckt bleibt. Marcel schließt aus seinen Ergebnissen, daß äußere Reize, die nicht bewußt wahrgenommen werden, Einfluß auf Prozesse der Informationsverarbeitung nehmen können (Marcel, 1983; Dagenback et al., 1989).

Mehrere Experimente belegen also, daß Wahrnehmungen sich nicht nur auf der Ebene der Bewußtheit abspielen. Unterschwellige Reize können in der Tat Einfluß auf bestimmte Entscheidungen der Empfänger nehmen. Hat Vicary demnach mit seinen Vorhersagen, daß Konsumenten zukünftig in beträchtlichem Umfang unterschwellig zu beeinflussen sein werden, doch recht gehabt? Muß man tatsächlich damit rechnen, daß »heimliche Verführer« im Alltagsleben mehr Kontrolle über Entscheidungen gewinnen, als den Umworbenen bewußt ist? Darauf gibt es nach wie vor keine Hinweise. Bislang hat sich der Einfluß unterschwelliger Reize nur in gut kontrollierten Experimenten nachweisen lassen. Die Wirkung dieser unterschwelligen Mitteilungen war zudem auf außerordentlich kurze Zeiträume begrenzt (Vokey und Read, 1985). In keinem bisher bekannten Experiment haben sie einen länger dauernden Einfluß auf das Verhalten ausgeübt. Versuchspersonen konnten nie zu Zielsetzungen veranlaßt werden, die sie nicht bereits vorher hatten. Vielleicht ist ein Fernsehzuschauer mit einer außerordentlich kurzzeitig dargebotenen Nachricht, die ihm gar nicht bewußt wird, tatsächlich zu veranlassen, sich etwas zu trinken zu holen. Es ist davon auszugehen, daß eine auf Kurzdarbietungen verzichtende Werbung, die sich an einen wachen Zuschauer wendet, mindestens die gleiche, womöglich sogar eine noch größere Wirkung hat.

Sprechers oder auffällige Veränderungen in seiner Stimme, aber nicht, was er inhaltlich gesagt hatte, und ebensowenig einen Wechsel von einer Sprache in eine andere (Cherry, 1953; Cherry und Taylor, 1954). Sollten der Verteilung der Aufmerksamkeit tatsächlich so enge Grenzen gesetzt sein? Bleiben auch bedeutsame Nachrichten unentdeckt, die über den zu ignorierenden Kanal an das Ohr herangetragen werden? Weitere Untersuchungen zum dichotischen Hören bestätigten zunächst, was Cherry bereits einige Jahre früher berichtet hatte: Wenn man einer Versuchsperson über den zu ignorierenden Kanal zusammenhanglose Wörter mitteilt, ist sie nicht in der Lage, sich später auch nur an ein einziges zu erinnern. Sie scheint nicht einmal auf einen Begriff aufmerksam zu werden, der 35mal wiederholt worden ist. In diesem Rahmen machte man allerdings auch eine Beobachtung, die mit dem derzeitig Bekannten nicht ohne weiteres zu vereinbaren war: Wenn man einer Versuchsperson über den zu ignorierenden Kanal ihren eigenen Namen zuspielte, bemerkte sie ihn in einem Drittel aller Fälle (Moray, 1959). Erfahrene Party-Besucher können wahrscheinlich von einer sehr ähnlichen Beobachtung berichten: Während man sich mit einem Gegenüber unterhält, ignoriert man Unterhaltungen anderer Gesprächsgruppen so lange, bis dort der eigene Name genannt wird. Unmittelbar nach dieser Entdeckung versucht man mehr von dieser Unterhaltung zu erfahren, in der offenbar von der eigenen Person die Rede ist. Dieses Aufmerksamwerden auf bestimmte Inhalte eines Gesprächs, das bislang im Hintergrund stattfand und unbeachtet blieb, bezeichnet man als *Cocktailparty-Effekt*. Es werden offenbar auch Ereignisse, die außerhalb des Brennpunktes der Aufmerksamkeit stattfinden – wenigstens bis zu einem gewissen Grade – auf ihre Bedeutung hin geprüft. Ereignisse aus der Umgebung des Wahrnehmenden, die dieser nicht bemerkt, müssen von seinem Verarbeitungssystem keineswegs völlig ignoriert werden. Dafür sprechen auch die Beobachtungen aus einem weiteren Experiment, in dem ebenfalls die Methode des dichotischen Hörens verwendet worden ist (MacKay, 1973).

Versuchspersonen wurden gebeten, ihre Aufmerksamkeit auf Informationen zu richten, die ihnen über das eine (z. B. rechte) Ohr dargeboten worden sind. Die über diesen Kanal mitgeteilten Sätze waren jedoch nicht eindeutig. Ein Satz konnte z. B. lauten: »*Gestern beschmissen sie die Bank mit Steinen*«. Wie beim »Teekesselchen«-Raten stellt sich die Frage, ob die Zielscheibe solcher Würfe nun ein Geldinstitut oder ein Sitzmöbel ist. Aus dem anderen, zu ignorierenden Lautsprecher des Kopfhörers nannte eine Stimme Begriffe, die klärend auf die Sätze wirken konnten, im vorliegenden Beispiel entweder *Geld* oder *Sitzen*. Abbildung 3.13 skizziert diesen Teil der Versuchsanordnung.

Die Versuchspersonen waren nicht in der Lage, diese Begriffe später aus dem Gedächtnis wiederzugeben; sie sollten sie ja auch ignorieren. Dennoch müssen aber die über diesen zweiten Kanal dargebotenen Begriffe bis zu einem gewissen Grade verarbeitet worden sein: Als die Versuchspersonen nämlich gefragt wurden, welchen Satz sie (neben anderen) zuvor gehört hatten, wählten sie jeweils denjenigen aus, der im Einklang mit dem gleichzeitig zugespielten Begriff stand. Wenn den Versuchspersonen also der Begriff *Geld* zugesprochen worden war, entschieden sie sich später, daß sie den inhaltsverwandten Satz (*Sie beschmissen die Sparkasse mit Steinen*) schon einmal gehört hatten. Sofern man ihnen

# Psychologie der Wahrnehmung 139

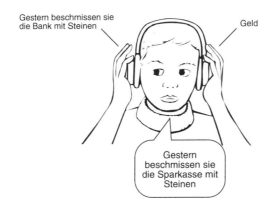

Abb. 3.13
*Wenn Versuchspersonen ihre Aufmerksamkeit auf diejenige Kopfhörerseite richten, aus der sie mehrdeutige Sätze hören, interpretieren sie diese anschließend im Einklang mit Begriffen, die ihnen über die zu ignorierende Kopfhörerseite zugesprochen werden.*

den Begriff *Sitzen* scheinbar unbemerkt vorgesprochen hatte, glaubten sie dagegen häufig, daß ihnen der Satz: *Sie beschmissen Sitzbänke* über das eine Ohr eingespielt worden war. Welche Theorien wurden von der Psychologie nun entwickelt, die solchen Befunden Rechnung tragen?

## 3.3.2.2 Theorien der Aufmerksamkeit: Frühe oder späte Auswahl im Wahrnehmungsprozeß?

Es stellt schon eine beachtliche Leistung dar, daß man einen direkten Gesprächspartner versteht, selbst wenn weitere Stimmen im Raum ihn an Lautstärke übertreffen. Wie gelingt es dem Menschen, eine Unterhaltung fortzuführen und andere zu ignorieren? Donald Broadbent (1958) stellte sich vor, daß die verschiedenen Sinnesorgane eines Menschen ihre Daten in jedem Moment gleichzeitig *(parallel)* an das Gehirn weitergeben, wo sie für sehr kurze Zeit gespeichert werden (s. S. 245 ff.). Innerhalb dieser kurzen Speicherzeit muß eine Auswahl von Informationen getroffen werden, denn die weitere Verarbeitung kann nur noch *seriell*, also nacheinander erfolgen. Die Überflutung des Verarbeitungssystems mit Informationen aus den Sinnesorganen wird nach Broadbents Theorie durch einen aktiven *Filter* verhindert. Auf einer Party würde dieser Filter dafür sorgen, daß alle Geräusche und weiteren Stimmen »zurückgewiesen« und nur die Mitteilungen des unmittelbaren Gegenübers wahrgenommen werden. Wie schafft es die Aufmerksamkeit aber, die »richtigen« Mitteilungen hindurchzulassen? Broadbent geht in seiner *Filtertheorie* davon aus, daß die Auswahl bereits in einem sehr frühen Stadium des Wahrnehmungsprozesses erfolgt, das heißt, bevor die Informationen verarbeitet werden. Die Unterscheidung zwischen dem unmittelbaren Gesprächspartner und anderen Stimmen gelingt nach dieser Theorie dadurch, daß physikalische Merkmale der Stimmen beachtet werden, so z. B. die jeweilige Stimmhöhe, Klangfarbe usw. In Broadbents Filtertheorie erfolgt die Auswahl von Informationen also *vor* ihrer Verarbeitung.

Wie läßt sich mit der Filtertheorie der Cocktailparty-Effekt erklären? Wie kann man auf die Nennung des eigenen Namens in einer anderen Gesprächsrunde aufmerksam werden, wenn die Stimmen bereits vor ihrer Verarbeitung herausgefiltert werden? In seiner Antwort sieht Broadbent nur die Möglichkeit einer gelegentlichen Veränderung des Filters in der Weise, daß ein Partygast abwechselnd kurz in andere Gespräche hineinhört, um diese jeweils auf irgendeine Weise auf irgendwelche bedeutsamen Einzelheiten hin zu untersuchen. Hier drängt sich der Vergleich mit einem »Wellenjäger« auf, der an seinem Radio *nacheinander* Stationen einstellt, um flüchtig die jeweiligen Sendungen auf ihre Inhalte zu prüfen.

Muß man aber wirklich davon ausgehen, daß ein Partygast in regelmäßigen Abständen gegenüber seinem unmittelbaren Gesprächspartner »abwesend« ist, um andere Unterhaltungen auf irgendwelche bedeutsamen Informationen hin zu überprüfen? Trifft es zu, daß Menschen sich in alltäglichen Situationen ständig wie »Wellenjäger« verhalten? Dies scheint mit der Wirklichkeit nicht übereinzustimmen. Psychologen sind heute der Meinung, daß die Auswahl erst erfolgt, *nachdem* sie auf mögliche bedeutsame Einzelheiten hin untersucht worden sind. Wie kann aber das menschliche Verarbeitungssystem mit der Fülle von Informationen fertig werden, die in jedem Moment von den Sinnesorganen registriert werden? Der Beantwortung dieser Frage werden im Augenblick noch zahlreiche Forschungsprojekte gewidmet. Einig ist man sich darin, daß durch intensives Üben in einem Aufgabenbereich mehrere Informationen gleichzeitig verarbeitet werden können. Gute Sekretärinnen (Shaffer, 1975) oder entsprechend intensiv trainierte Studenten können Texte nach Diktat niederschreiben und gleichzeitig entweder eine Geschichte lesen, Beziehungen zwischen verschiedenen Wörtern entdecken oder Begriffe nach ihrer Bedeutung ordnen (Spelke et al., 1976). Über die angemessene Erklärung wird aber noch heftig gestritten. So meinen Ulric Neisser und seine Mitarbeiter (Hirst et al., 1980), es sei zwar zunächst schwierig, zwei Dinge gleichzeitig zu tun. Anfangsschwierigkeiten ließen sich aber durch intensives Training überwinden, denn »Menschen können lernen, unendlich viele Dinge unendlich gut zu tun«. Diese Auffassung einer nichtendlichen Verarbeitungskapazität wird allerdings nicht allseits geteilt. Psychologen wie z.B. Richard Shiffrin und Walter Schneider (1977) meinen, durch Übungen könne nicht die Informations*menge* erhöht werden, die Menschen aufmerksam verarbeiten, wohl aber die Menge an Informationen, die *automatisch* – und das heißt: ohne Bewußtheit und aufgewendete Anstrengung – verarbeitet werden kann. Diese automatischen Prozesse können auch unbeeinträchtigt ablaufen, wenn ein Mensch sich bewußt und unter Aufmerksamkeitszuwendung irgendeiner Aktivität (z. B. Lesen, Unterhalten oder Lösen einer Mathematikaufgabe) widmet. Allerdings sind alle Aktivitäten, die eine *kontrollierte Informationsverarbeitung* erfordern, ziemlich störanfällig, denn sie nehmen ja Aufmerksamkeit in Anspruch, und deren Kapazität ist nun einmal begrenzt. Gleichzeitig ist aber auch zu berücksichtigen, daß automatische oder unbewußte Prozesse nicht unbedingt immer vernünftige Verhaltensweisen veranlassen; folglich bedürfen sie eventuell einer Überprüfung durch bewußte Prozesse (Loftus und Klinger, 1992).

### 3.3.3 Organisation der Wahrnehmung

In jedem Augenblick werden unzählige Rezeptoren veranlaßt, physikalische Energie in nervöse Impulse umzusetzen. Wenn man aber beispielsweise den Blick auf den Schreibtisch richtet, dann »sieht« man keine einzelnen Sinneseindrücke, die von den Zapfen und Stäbchen registriert worden sind. Man wäre auch völlig verwirrt, wenn man die zahlreichen Geraden, Rundungen und Winkel des Wahrnehmungsfeldes erst noch zu sinnvollen Einheiten zusammenbauen müßte. Nachdem die Sinneseindrücke ausgewählt worden sind, beginnt das Gehirn sofort mit ihrer *Organisation*, dem Zusammenfügen von Informationen aus den Sinnesorganen zu sinnvollen Einheiten. Dieser Leistung des Prozesses ist es zu verdanken, daß man auf dem Schreibtisch bekannte Formen wahrnimmt, die als Brieföffner oder Bleistift erkannt werden. Im folgenden sollen einige grundlegende Formen der Organisation ausgewählt und beschrieben werden.

Eine Formwahrnehmung ist nur möglich, weil Reize in sinnvolle Einheiten gebracht werden können. Das Lesen dieses Buches gelingt nur, weil Einzelreize sich zu Buchstaben und Sätzen ordnen. Die Gestaltpsychologen (s. S. 34 f.) waren die ersten, die einige Gesetzmäßigkeiten der Formwahrnehmung zu Beginn des 20. Jahrhunderts nach systematischem Studium aufgedeckt haben. Eine weitere Art der Organisation ermöglicht das Entfernungssehen. Obwohl die Netzhaut nur zweidimensionale Abbilder registriert, sorgt die Wahrnehmungsorganisation für die Entstehung dreidimensionaler Eindrücke. Eine dritte Leistung wird erbracht, indem Sinneseindrücke fortlaufend korrigiert werden. Ein runder Teller hinterläßt keineswegs von verschiedenen Blickwinkeln aus ein rundes Bild auf der Netzhaut. Dennoch erscheint dieser Teller stets rund. Alle diese Organisationsleistungen stehen selbstverständlich im Dienste der Anpassung des einzelnen an seine Umwelt.

#### 3.3.3.1 Organisation von Informationen zu sinnvollen Formen und Mustern

Wenn man den Blick auf seine physikalische Umwelt richtet, sieht man vielleicht ein Bild, das sich von der Wand abhebt, ein Buch, das auf dem Tisch liegt, und eine Leuchte, die von der Decke herabhängt. Solchen Beobachtungen läßt sich entnehmen, daß das Wahrnehmungsfeld eine grundlegende Ordnung aufweist: Stets hebt sich ein Gegenstand (das Bild, das Buch, die Leuchte) – man spricht zumeist von einer *Figur* – von einem Hintergrund ab. Figur-Grund-Beziehungen finden sich auch auf anderen Sinnesgebieten. So nimmt man z. B. im Konzertsaal die Gesangsstimme als Vordergrund wahr, und man hat keine Schwierigkeiten, sie als sinnvolle Einheit zu sehen, die sich von der Musik des Orchesters als dem Hintergrund abhebt.

Bereits die Gestaltpsychologen gingen davon aus, daß die Figur-Grund-Unterscheidung eine grundlegende Ordnungsleistung der Wahrnehmung darstellt. Ihre Vertreter glaubten, diese Unterscheidungsleistung sei von den Lernerfahrungen eines Menschen unabhängig. Tatsächlich ließ sich feststellen, daß Menschen, die infolge einer Augenoperation in ihrem Leben erstmals sehen konnten, sehr schnell in der Lage waren, eine Unterscheidung zwischen Figur und Grund zu treffen (von Senden, 1960).

Zumeist bereitet es keine Schwierigkeiten, Teile eines Bildes als Figur und andere als Grund zu erkennen. Die Figur stellt eine Einheit dar, die klare Begrenzungen aufweist; der

Grund scheint sich dagegen vergleichsweise formlos auszudehnen. Je undeutlicher die Grenze zwischen Figur und Grund wird, desto weniger gelingt die Wahrnehmung der Figur, wie z. B. bei einem Schneemann im Nebel. Man kann Reizbilder herstellen, bei denen die Hinweisreize so geschickt angeordnet worden sind, daß es dem Betrachter nicht mehr ohne weiteres gelingt, eine dauerhafte Einteilung in Figur und Grund vorzunehmen; es entstehen *Umkehrbilder*. In Abbildung 3.14 finden sich dafür zwei Beispiele.

Die meisten Menschen sehen, wenn sie Zeichnung A betrachten, zunächst eine Vase als Figur, die sich von einem dunklen Hintergrund abhebt. Erst später gelingt es ihnen auch, die dunklen Flächen ebenfalls zu Figuren werden zu lassen: Sie erkennen dann zwei Gesichter, die sich gegenseitig anblicken. Der Holzschnitt von Maurits Escher enthält ein weiteres Beispiel; man kann in diesem Bild entweder Engel oder Teufel als Figuren sehen.

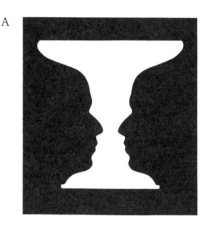

Abb. 3.14
*Umkehrbilder*
A: *der Rubinsche Becher*
B: *ein Holzschnitt von Maurits Escher*

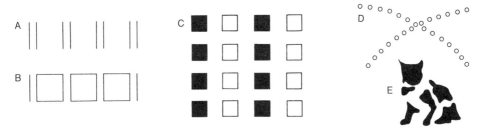

**Abb. 3.15**
*Beispiele zur Veranschaulichung einiger Gestaltgesetze*

Bei Betrachtung von Reizgegebenheiten wie in Abbildung 3.14 fällt auf, daß einzelne Teile der Darstellung als zusammengehörig wahrgenommen werden. Die Gestaltpsychologen interessierten sich auch für diese Ordnungsleistungen der Wahrnehmung. Sie wurden bei ihren Untersuchungen auf mehrere Gesetze – allgemein Gestaltgesetze genannt – aufmerksam, von denen Abbildung 3.15 einige veranschaulicht.

Teil A der Abbildung veranschaulicht das *Gesetz der Nähe*. Die Geraden, die jeweils sehr dicht beieinander liegen, werden als zusammengehörig wahrgenommen. Wenn man jedoch, wie in Teil B der Abbildung, einige waagerechte Geraden hinzufügt, wird diese Einheit »zerstört«, und es werden neue Figuren geschaffen: Jetzt bestimmt das *Gesetz der Geschlossenheit* den Gesamteindruck. Teil C zeigt mehrere Quadrate, die grundsätzlich waagerecht und senkrecht eine Einheit bilden können. Das *Gesetz der Ähnlichkeit* sorgt aber in jedem Fall dafür, daß die Kästchen jeweils in der Senkrechten als zusammengehörig wahrgenommen werden. Teil D der Abbildung liefert ein Beispiel für das *Gesetz der guten Kurve*. Dieses ergänzt das Gesetz der Nähe, denn danach wäre die Möglichkeit zur Wahrnehmung von zwei Gestalten gegeben. Man könnte sich durch den Mittelpunkt der Darstellung einen senkrechten Strich denken, so daß die Punkte rechts und links eine Einheit bilden, die man jedoch wahrscheinlich nur mit einiger Anstrengung sehen wird. Aufgrund des Gesetzes der guten Kurve bereitet es dagegen keine Mühe, in der Darstellung zwei leicht geschwungene Linien wahrzunehmen, die sich in der Mitte überschneiden.

Schließlich sollte noch auf das *Gesetz der guten Gestalt* oder *Prägnanzgesetz* hingewiesen werden. Sofern eine Reizvorlage etwas unvollständig dargestellt ist, besteht die Neigung, fehlende Teile zu ergänzen, damit das Gesehene eine »gute« Gestalt annimmt. Das Wort »gute« kann dabei Regelmäßigkeit, Symmetrie oder Vollständigkeit bedeuten. So werden etwa die schwarzen Flecken in Teil E der Abbildung 3.15 so zusammengefügt, daß das Bild einer Katze entsteht.

Die Ordnungsleistungen, die in den genannten Gesetzen zum Ausdruck kommen, stellen nach Überzeugung der Gestaltpsychologen das Ergebnis angeborener Wahrnehmungstendenzen dar, während Lernpsychologen darin das Ergebnis von Erfahrungen sehen. Wahrscheinlich ist keine dieser Auffassungen allein zutreffend. Untersuchungen haben z.B. ergeben, daß Gruppierungsleistungen nach dem Gesetz der Nähe im Verlauf des ersten Lebensjahres allmählich häufiger auftreten und offenbar von entsprechenden Lernprozessen abhängig sind (Bower, 1981). Demgegenüber ließ sich die Wirksamkeit des Gesetzes der guten Kurve bereits bei sechs Wochen alten Kindern nachweisen. Es ist also zu vermuten, daß die von den Gestaltpsychologen »entdeckten« Ordnungsprinzipien auf dem Zusammenwirken angeborener Fähigkeiten und ihrer Anregung durch die Umwelt beruhen.

### 3.3.3.2 Entfernungswahrnehmung bei ein- und zweiäugigem Sehen

Wer in einer Gegend lebt, in der mögliche Angreifer das eigene Leben bedrohen, ist darauf angewiesen, Feinde rechtzeitig zu entdecken. Dazu verhilft das Entfernungssehen. Dies ist für den Menschen sehr wichtig. Deshalb verfügt er über mehrere Möglichkeiten, die Entfernungen zu Gegebenheiten seiner Umwelt zu bestimmen. Einige dieser Möglichkeiten sind an die Funktionstüchtigkeit beider Augen gebunden. Andere nutzen Hinweisreize des Sehfeldes, durch die auch der Einäugige in die Lage versetzt wird, Entfernungsschätzungen vorzunehmen.

Zu den Hinweisreizen, die bei zwei sehtüchtigen Augen genutzt werden, gehört die physikalische Tatsache, daß sich die Augen bei Betrachtung eines sich annähernden Gegenstandes zur Nase hin verdrehen (sogenannte *Konvergenz*). Wenn man seinen Zeigefinger aus größtmöglicher Entfernung betrachtet und den Abstand dann langsam verringert, wird man feststellen, daß sich beide Augen nach innen drehen. Das Gehirn registriert diese Konvergenz über die beteiligten Muskeln und schließt daraus, daß der Abstand eines Gegenstandes zum eigenen Körper um so geringer sein muß, je mehr die beiden Augen nach innen gewendet sind.

Ein weiterer Hinweisreiz ergibt sich aus der Tatsache, daß auf den beiden Netzhäuten bei Betrachtung einer Reizvorlage keine völlig deckungsgleichen Bilder entstehen; schließlich sind die Augenachsen je nach Größe etwa 6 cm voneinander entfernt. Auch davon kann man sich selbst leicht überzeugen, indem man seinen Bleistift aus einer Entfernung von etwa 15 cm zunächst nur mit dem einen und anschließend nur mit dem anderen Auge betrachtet. Jedes Auge hat den Bleistift aus einem etwas anderen Blickwinkel gesehen; deshalb scheint der betrachtete Gegenstand zu springen, wenn man ihn abwechselnd mit dem einen, dann mit dem anderen Auge betrachtet. Je weiter ein Gegenstand von den Augen entfernt ist, desto geringer ist dieser Einfluß auf das Netzhautbild. Aus der Größe der Unterschiede im Netzhautbild kann man also auf die Entfernung eines Gegenstandes schließen: je verschiedener die Bilder, desto näher der Gegenstand.

Einigen Menschen steht nur ein Auge zur Verfügung, um sich in ihrer Umwelt zurechtzufinden. Der Wahrnehmungspsychologe Wolfgang Metzger (1975) hatte aufgrund einer Kriegsverletzung nur noch ein Auge: sein Spezialgebiet war das einäugige Tiefensehen. Mit einer stark verminderten Sehkraft eines Auges ist auch zu rechnen, wenn Schielen nicht rechtzeitig korrigiert worden ist. Sind auch Einäugige zum Entfernungssehen fähig? Eine entsprechende Untersuchung zeigt, daß ihnen keine nennenswerten Fehler bei Entfernungsschätzungen unterlaufen. Diese »Leistung« setzt allerdings Lernprozesse voraus; davon kann man sich leicht überzeugen, wenn man sich selbst bei einer gewohnten Tätigkeit, beispielsweise beim Radfahren, kurzzeitig ein Auge zuhält. Man erschrickt wahrscheinlich über die plötzlich auftretende Unfähigkeit zum Einschätzen von Entfernungen, die z. B. der schielende Fahrer längst überwunden hat. Der Einäugige bedient sich zahlreicher Hinweisreize, die jedes Auge unabhängig vom anderen registrieren kann. Einige Beispiele liefert Abbildung 3.16.

Bei einem Blick auf zwei oder mehrere Gegenstände kann man unter Umständen feststellen, daß der eine den anderen teilweise verdeckt. Aus der »Verdeckung« ist zu schließen, daß sich der nicht vollkommen sichtbare Gegenstand hinter dem anderen befindet. Sofern zwei Gegebenheiten die gleiche, dem Wahrnehmenden bekannte Größe haben, liegt der Schluß nahe, daß der kleinere im Vergleich zum anderen weiter weg ist; dabei wird das Prinzip der »Größenkonstanz« genutzt. Bei einem Blick in die Ferne stellt man in der Regel fest, daß Gegebenheiten um so enger zusammenzurücken scheinen, je größer ihr Abstand zum Betrachter ist. Sofern man z. B. eine geradlinig verlaufende Straße vor Augen hat, entsteht der »Perspektiven«-Eindruck, als ob die beiden Seiten am Horizont zusammenlaufen würden. Diesen Hinweisreiz beachtet man z. B. auch, wenn man auf dem Meer mit seiner welligen Oberfläche eine Entfernungsschätzung durchführt. Oberflächen weisen weiterhin häufig eine Struktur auf: Die Elemente werden mit wachsender Entfernung kleiner, und sie rücken enger zusammen. Abbildung 3.16 stellt schließlich noch einen weiteren Hinweisreiz dar. Bei einem Blick auf eine sich ausbreitende Ebene schließt man aus der vergleichsweise tieferen Lage des einen Gegenstandes, daß er sich in geringerer Entfernung befindet als der andere.

Einige Künstler haben die genannten Hinweis-Reize zur Entfernungswahrnehmung so verwendet, daß eine absurde Darstellung ent-

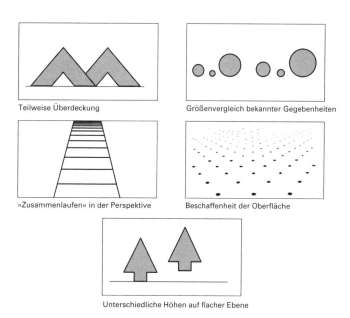

Abb. 3.16
*Eine Auswahl von Hinweisreizen, die bei einäugigem Sehen genutzt werden, um die Entfernung eines Gegenstandes abzuschätzen*

steht. Abbildung 3.17 gibt eine Radierung des englischen Künstlers William Hogarth aus dem Jahre 1754 wieder, die den Titel »Falsche Perspektive« trägt: Einige Gegebenheiten der Landschaft erscheinen unvereinbar mit anderen Einzelheiten des Bildes.

Abb. 3.17
*Eine Radierung von William Hogarth, die dem Betrachter durch einfallsreiche Verwendung von Hinweisreizen zur Entfernungswahrnehmung mehrfach widersprüchlich erscheint.*

### 3.3.3.3 Korrekturen des Gehirns: Wahrnehmungskonstanzen und optische Täuschungen

Wenn man einen anderen Menschen betrachtet, dann entsteht von diesem ein um so kleineres Abbild auf der Netzhaut, je größer der Abstand von ihm ist. Dem Wahrnehmenden erscheint der beobachtete Mensch jedoch keineswegs als klein. Unabhängig von seinem Standort gewinnt man den Eindruck, daß er stets gleich groß ist. Diese *Größenkonstanz* ist das Ergebnis von Korrekturprozessen in der Wahrnehmung. Das Gehirn, das über die Durchschnittsgröße eines Menschen informiert ist, schließt zunächst aus der Größe des Abbildes auf die Entfernung, um anschließend eine Korrektur vorzunehmen. Vergleichbare »Berechnungen« nimmt das Gehirn vor, damit ein Gegenstand auch dann die gleiche Form bewahrt, wenn man ihn von verschiedenen Blickwinkeln aus betrachtet. Man kann sich diese *Formkonstanz* selbst vorführen, indem man eine Münze senkrecht zwischen Daumen und Zeigefinger hält. Das Geldstück entwirft auf der Netzhaut ein rundes Bild. Durch Drehung der Münze wird aus der runden Form eine Ellipse, die sich zunehmend abflacht. Trotz dieser Formveränderung, die von der Netzhaut registriert wird, erscheint die Münze dem Wahrnehmenden stets als rund.

Eine ähnliche Konstanz gibt es auch in der Farbwahrnehmung: Die Farbe eines roten Gegenstandes scheint stets die gleiche zu sein, wenn man sie bei Sonnenlicht, in der Dämmerung oder bei künstlichem Licht betrachtet. Somit offenbart sich auch in der Farbenkonstanz, daß der Wahrnehmungseindruck das Ergebnis aktiver Prozesse darstellt.

Durch die vom Gehirn vorgenommenen Korrekturprozesse werden die Merkmale eines Gegenstandes (also Größe, Form und Farbe) unter verschiedenen Bedingungen also »relativiert«, und daher erscheinen dem Wahrnehmenden Größe, Farbe oder Form von bekannten Gegenständen konstant. Das Zurechtfinden in dieser Welt wird dadurch erleichtert. Unter bestimmten Bedingungen entstehen infolge dieser »Korrektur«-Prozesse allerdings auch optische Täuschungen, von denen Abbildung 3.18 einige Beispiele wiedergibt. Info-Kasten 3.3 beschreibt einige kulturvergleichende Studien, die auf die hohe Lernabhängigkeit zahlreicher optischer Täuschungen verweisen.

A 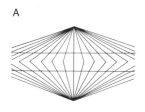 B  C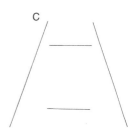

Abb. 3.18
*Beispiele für optische Täuschungen*
*A: Verlaufen die waagerechten Linien parallel?*
*B: Unterscheiden sich die beiden senkrechten Geraden in ihrer Länge?*
*C: Unterscheiden sich die beiden waagerechten Geraden in ihrer Länge?*

Die waagerechten Linien in der Zeichnung A werden vom Betrachter als leicht gebogen wahrgenommen, obwohl mit Hilfe eines Lineals nachzuweisen ist, daß es sich um Geraden handelt. In der Mitte der Abbildung 3.18 findet sich die *Müller-Lyersche Täuschung*: Die beiden senkrechten Geraden werden fälschlich als unterschiedlich lang wahrgenommen. Die mit C gekennzeichnete *Ponzo-Täuschung* läßt in dem Wahrnehmenden den unrichtigen Eindruck entstehen, daß die waagerechten Geraden eine ungleiche Länge aufweisen. Wie kommen diese Täuschungen zustande?

## Info-Kasten 3.3:

**In welchem Umfang kann die visuelle Wahrnehmung Erwachsener von bestimmten Erfahrungen während ihrer Kindheit und Jugend beeinflußt werden?**

Der Anthropologe Colin Turnbull (1962) besuchte und studierte längere Zeit einen kleinen Volksstamm, der innerhalb des Kongos in einem Gebiet des dicht bewachsenen Regenwaldes lebt. Viele dieser Pygmäen hatten ihren Lebensraum nie zuvor verlassen. Turnbull hat einmal mit einem dieser Pygmäen, einem Mann namens *Kenge*, eine Reise unternommen, in der dieser zum erstenmal die Gelegenheit hatte, von einem Berg aus in die Weite zu sehen. Als *Kenge* plötzlich in einer Entfernung von mehreren Kilometern einige Büffel entdeckte, die träge grasten, erkundigte er sich: »Was sind das für Insekten?« Turnbull verstand die Frage zunächst gar nicht. Doch dann machte er sich klar, daß *Kenge* bisher ausschließlich im dichten Wald gelebt hatte, wo sich ihm nie die Gelegenheit bot, Erfahrungen mit größeren Entfernungen zu sammeln. Er kannte zudem aus eigener Erfahrung keine derartig großen Büffel. Deshalb interpretierte *Kenge* das Gesehene auf der Grundlage seiner (in diesem Fall unzulänglichen) Vorerfahrungen. Als *Kenge* von seinem Begleiter erfuhr, daß die Insekten Büffel waren, brach er in schallendes Gelächter aus. Man solle ihm nicht so dumme Lügen erzählen. »Was sind das für Büffel, die so klein sind«, wollte er wissen. Turnbull erklärte ihm, daß diese Büffel fast zweimal so groß werden können, wie jene, die er aus dem Wald kenne. *Kenges* Interesse ließ daraufhin sichtbar nach. Er wollte von solchen Phantasien offenkundig nichts mehr hören.

Die beiden setzten ihren Ausflug mit dem Auto fort, bis sie sich schließlich etwa 1,5 km vor der Herde befanden. Mit der Annäherung an die Herde müssen *Kenge* die »Insekten« immer größer erschienen sein. Turnbull meinte später zu seinen Beobachtungen: »Ich habe niemals herausfinden können, was nach seiner [*Kenges*] Meinung passiert sein konnte, ob er gedacht hat, daß die Insekten sich zu Büffel gewandelt hatten oder ob es sich um Kleinbüffel handelte, die, während sie näher kamen, rasch gewachsen waren. Er machte lediglich die Bemerkung, daß sie keine richtigen Büffel seien.«

Man mag mit Überraschung zur Kenntnis nehmen, daß ein Bewohner des dichten Regenwaldes offenbar nur unzureichende Übung in der Anwendung von Größenkonstanz besitzt. Wenn die Umwelt einem Menschen in jüngeren Jahren keine Gelegenheit gibt, mit Hinweisreizen für die Entfernung vertraut zu werden, kommt es zu beachtenswerten Auffälligkeiten in der Interpretation von Bildern, die solche Kenntnisse voraussetzen. Abbildung 3.19 gibt dafür ein Beispiel (Deregowski, 1973).

Abb. 3.19
*Auf welches Tier zielt der Speer? Angehörige einiger afrikanischer Stämme, die nicht mit der bildlichen Darstellung von Entfernung durch Größenveränderung vertraut sind, gelangen zu anderen Antworten als die meisten Mitglieder westlicher Kulturen.*

Für Europäer zielt der Speer des Jägers auf die Antilope im Vordergrund, während sie den Elefanten im Hintergrund sehen. Dieser ist kleiner dargestellt. Er befindet sich auf einer Anhöhe, vor dem ein anderer Hügel liegt. Bewohner bestimmter isolierter Regionen Afrikas urteilen, der Elefant werde wegen des geringen Abstands zum Jäger auf dem Bild (ohne Berücksichtigung von Entfernungshinweisen) vom Speer getroffen (Hudson, 1960).

Das Verständnis einfacher Abbildungen ist offenbar an Voraussetzungen gebunden, die nicht in jeder Umwelt in gleicher Weise erworben werden. Wenn Erwachsene noch nie in ihrem Leben Bilder gesehen haben, ist es ihnen allenfalls nach gebotener Hilfe möglich, das Dargestellte zu entschlüsseln. Als Fotografien noch nicht in allen Teilen dieser Erde bekannt waren, konnte man aufschlußreiche Beobachtungen machen. Wenn man zu dieser Zeit Bewohnern des Nyasalandes (im heutigen Gebiet der Republik Malawi im Südosten Afrikas) Schwarz-Weiß-Fotografien von einem Hund zeigte, waren sie nicht in der Lage, das Dargestellte zu erkennen. Auch die Benennung des abgebildeten Tieres rief nur ungläubige Blicke hervor. Man mußte die Angehörigen dieses Landes auf zahlreiche Körperteile ausdrücklich hinweisen (»Dies ist der Schwanz, und dies ist das Ohr.«) bis sie schließlich in der Lage waren, die Schwarz-Weiß-Darstellung zu interpretieren. Solche Beobachtungen von Missionaren konnten inzwischen durch die Ergebnisse sorgfältig durchgeführter Untersuchungen bestätigt werden (Deregowski, 1980).

Die Ergebnisse kultureller Vergleichsuntersuchungen haben eine hitzige Diskussion ausgelöst. Einige Forscher nehmen diese Beobachtungen zum Anlaß für die Behauptung, daß die Wahrnehmungspsychologie, soweit sie sich auf Experimente mit westlich orientierten Versuchspersonen stützt, zu eng angelegt sei und auf eine breitere Grundlage gestellt werden müsse (Deregowski, 1989). Andere Wissenschaftler behaupten dagegen, daß die bisherige Wahrnehmungsforschung keine grundlegenden Unterschiede zwischen den Kulturen erbracht habe (Biederman, 1989; Coren, 1989). Dieser Meinungsstreit dürfte bis zu einer Klärung noch einige Zeit fortbestehen.

Insgesamt gibt es für diese Täuschungen noch keine Erklärung, die allgemein Anerkennung gefunden hätte. Armand Thiery hat bereits 1896 die Auffassung vertreten, daß die meisten Täuschungen zustande kommen, weil die Wahrnehmungsprozesse mit den von den Sinnesorganen registrierten Reizen so umgehen, als ob es sich um tatsächliche Gegebenheiten aus einer dreidimensionalen Welt handelte. Die Richtigkeit dieses Standpunkts läßt sich an den in Abbildung 3.18 ausgewählten Beispielen belegen.

Wenn man sich vorstellt, daß die waagerechten Geraden der Zeichnung 3.18 A sich auf zwei Kegeln befinden, die mit ihrer Grundfläche aufeinandertreffen, würden diese sich auf der Netzhaut als leicht gekrümmte Linien abbilden, in der Wahrnehmung aber – unter dem Einfluß von Korrekturprozessen – als parallel erscheinen. Die *Müller-Lyersche* wird zumeist (aber noch keineswegs einhellig) ebenso wie die *Ponzo*-Täuschung als Ergebnis jener Prozesse erklärt, die für das Entstehen der Größenkonstanz verantwortlich sind. Abbildung 3.20 zeigt, in welchen Gegebenheiten der Umwelt die beiden Täuschungen ihre Entsprechung finden.

Wenn man die Geraden der *Müller-Lyerschen* Täuschung als Ecken eines Gebäudes sieht (vgl. A), erkennt man, daß die in der Täuschung als kürzer wahrgenommene Gerade entfernungsmäßig an den Beobachter heranzurücken scheint, während die »längere« etwas in den Hintergrund rückt. Da die Geraden in der Zeichnung von Abbildung 3.20 A tatsächlich die gleiche Länge aufweisen, wird die als entfernter erscheinende infolge der erwähnten Korrekturprozesse zur Erhaltung der Größenkonstanz als kleiner wahrgenommen. Die beiden Geraden, die in der Abbildung 3.20 B schräg von oben nach unten verlaufen, können mit den Schienensträngen einer Eisenbahn verglichen werden. Die obere waagerechte Gerade befindet sich im Vergleich zur unteren weiter entfernt vom Betrachter. Da beide Geraden auf der Netzhaut

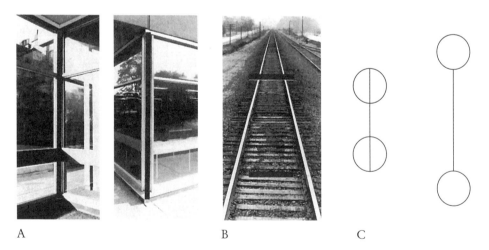

Abb. 3.20
*Darstellung zur Erklärung der Müller-Lyerschen (A) und der Ponzo-Täuschung (B). Die unter C dargestellte Reizanordnung zeigt, daß eine Täuschung auch ohne Entfernungshinweise zustande kommt.*

gleich groß abgebildet werden, nimmt man die obere – im Einklang mit den Gesetzen der Größenkonstanz – als länger wahr.

Die für die genannten Täuschungen gegebenen Erklärungen erscheinen zweifellos einleuchtend, und das ist wohl auch deren verführerische Kraft. Dennoch reichen sie nicht aus, um auf alle Erscheinungen angewandt werden zu können. Wenn man beispielsweise von Abbildung 3.20 die Reizanordnung C betrachtet, wird man auch hier einer Täuschung unterliegen. Es entsteht nämlich der Eindruck, daß die beiden Strecken eine unterschiedliche Länge aufweisen, obwohl keine Richtungshinweise eine Längentäuschung begünstigen. Da die rechte Figur als größer wahrgenommen wird, folgt der Wahrnehmende offenbar, daß auch der enthaltene Streckenteil größer sein muß (Rock, 1978). Vielleicht begünstigt hier das gestaltpsychologische Prinzip der Geschlossenheit (s. S. 143) links die Unter- und rechts die Überschätzung. Optische Täuschungen, wie z. B. die nach *Müller-Lyer* oder *Ponzo*, sind offenbar das Ergebnis zahlreicher Einflüsse. Da die menschliche Wahrnehmung durch das Zusammenwirken mehrerer Organisationsprinzipien entsteht, ist zu vermuten, daß diese auch in optischen Täuschungen zusammenwirken.

Die Wahrnehmung optischer Täuschungen stellt offenkundig das Ergebnis von Lernerfahrungen dar. So tritt z. B. die *Müller-Lyersche* Täuschung bei Europäern und Amerikanern sehr viel stärker in Erscheinung als bei den Angehörigen einiger afrikanischer Stämme (Segal et al., 1966). In der Erklärung dieses beobachteten Unterschieds hat man zu berücksichtigen, daß Amerikaner und Europäer in einer Umwelt leben, in der Häuser, Räume, Straßen und zahllose weitere Gegenstände des alltäglichen Gebrauchs durch viele Winkel und Geraden gekennzeichnet sind. Demgegenüber gibt es einige afrikanische Stämme, die in ihrer Umwelt sehr wenige Ecken und Kanten, wohl aber viele Rundungen wahrnehmen können (s. Abbildung 3.21). Die Bewohner dieser afrikanischen Siedlungen neigen sehr stark dazu, die beiden senkrechten Geraden in der *Müller-Lyerschen* Täuschung als gleich lang wahrzunehmen.

Abb. 3.21
*Blick in ein Zulu-Dorf, dessen Bewohner in einer Umwelt mit vielen Rundungen leben*

Bei den bisher genannten Täuschungen handelt es sich um künstlich geschaffene Reizanordnungen, die in dieser Form in der natürlichen Welt nicht vorkommen. Eine Täuschung, die demgegenüber auch in der Wirklichkeit vorkommt, hat die Menschen schon in der Antike verwirrt: die Mondtäuschung. Wenn dieser Himmelskörper am Horizont steht, erscheint er ziemlich groß; er wird jedoch scheinbar kleiner, wenn er sich vom Horizont abhebt. Wenn man den Mond durch eine aufgerollte Zeitung betrachtet, besitzt er stets die gleiche Größe, am Horizont ebenso wie im Zenit. Die Mondtäuschung läßt sich am besten damit erklären, daß der Mond am Horizont nur bei gleichzeitiger Beachtung mehrerer Entfernungsreize zu sehen ist. Vor ihm ragen vielleicht Berge sowie Bäume auf, und zwischen der leuchtenden Kugel und dem Betrachter befindet sich die Erdoberfläche. All diese Hinweisreize vermitteln dem Wahrnehmenden den Eindruck einer verhältnismäßig großen Entfernung. Da man den Mond im Zenit in der Regel aber ohne Entfernungsreize betrachtet, scheint er in einem geringeren Abstand zum Betrachter zu stehen. Wenn ein scheinbar weiter entfernt (am Horizont) stehender Mond auf der Netzhaut die gleiche Form hinterläßt wie der (im Zenit stehende) Himmelskörper in vergleichsweise geringerer Entfernung, sieht das Gehirn allen Grund, die Größe des gerade aufgegangenen Mondes zu korrigieren, d.h., ihn zu vergrößern (Rock, 1984); es »sagt« sich gewissermaßen: »Bei dieser großen Entfernung kann der Mond nicht so klein sein, wie es nach dem Netzhautbild scheint.«

### 3.3.4 Über das Zusammenwirken datenabhängiger und kognitionsgeleiteter Prozesse

Einige Wissenschaftler, dazu gehören vor allem Psychologen, Ingenieure und Computerspezialisten, haben einen interessanten Weg zur Untersuchung von Wahrnehmungsprozessen beschritten: Sie arbeiten am Bau von Maschinen, mit denen man menschliche Wahrnehmung nachahmen kann. Obwohl bislang noch kein völlig zufriedenstellend funktionierendes System entwickelt werden konnte, hat die Wahrnehmungspsychologie von diesen Bemühungen bereits entscheidende Anregungen erhalten (z.B. Watt, 1988). Die Wissenschaftler unterscheiden zwischen zwei Prozessen: Der eine geht von den Daten der Sinnesorgane aus. Physikalische Energie, die von den Sinnesorganen (»unten«) registriert worden ist, wird in die Sprache des Nervensystems umgewandelt und dann als Impulsfolge dem Gehirn (»oben«) übermittelt. Es handelt sich um einen Prozeß *von unten nach oben*. Ebenso wandelt eine Videokamera empfangene elektromagnetische Wellen in eine Impulsfolge mit dem Ziel um, die Informationen auf einem Bildschirm für einen menschlichen Betrachter sichtbar zu machen. Ein Regisseur wirkt jedoch ständig auf diesen Prozeß ein. So bestimmt er, auf welchen Ausschnitt der Umwelt die Kamera gerichtet wird und ob die Scharfeinstellung in der Nähe oder in der Ferne liegen soll. Damit wird ein zweiter Prozeß beschrieben, der von »oben« (von den Kognitionen) seinen Ausgang nimmt und verändernd auf die Daten der Sinnesorgane (»unten«) wirkt. Man spricht von einem kognitionsgeleiteten Prozeß, der *von oben nach unten* wirkt. Es wird heute weithin anerkannt, daß beide Prozesse ständig zusammenwirken, um die Wahrnehmung zu ermöglichen.

Derjenige Teil des Gehirns, der die bedeutendste Rolle in der Verarbeitung visueller Informationen spielt, ist der visuelle *Kortex* (äußerste Schicht des Gehirns: die Rinde). Dort treffen die Informationen von den Sinnesorganen ein. Im visuellen Kortex finden sich Nervenzellen, die darauf spezialisiert sind, bestimmte Merkmale einer Reizvorlage zu entdecken. Es handelt sich dabei um Detektorzellen (d.h. Zellen, die etwas *entdecken).* David Hubel und Torsten Wiesel (1962, 1979) haben für die Erforschung dieser Zellen im Jahre 1981 den Nobelpreis für Medizin erhalten. In ihren bahnbrechenden Experimenten wurden sehr kleine Drähte (Elektroden) in verschiedene Nervenzellen des visuellen Systems von Katzen und Affen gesteckt, um deren elektro-chemische Aktivitäten zu registrieren (s. Abbildung 3.22). Die Signale wurden dann verstärkt, mit Hilfe eines Oszillographen sichtbar gemacht und schließlich aufgezeichnet, um sie zu einem späteren Zeitpunkt genauer zu untersuchen. Nachdem Hubel und Wiesel die methodischen Voraussetzungen geschaffen hatten, um die elektrische Aktivität einer Nervenzelle sichtbar zu machen, zeigten sie den Tieren einfache Reize, so etwa Geraden, Winkel und Ecken. Dabei entdeckten Hubel und Wiesel unter anderem *einfache Zellen,* die hochgradig spezialisiert zu sein schienen.

Hubel und Wiesel fanden *einfache Zellen,* die nur auf Geraden ansprachen, die sich an einer bestimmten Stelle des dargebotenen Reizbildes befanden und in eine bestimmte Richtung verliefen. Andere Zellen reagierten nur auf eine waagerechte Gerade, die sich in der Mitte des Bildes befand. Weitere *einfache* Zellen sprachen dagegen ausschließlich auf horizontale Geraden an, die sich an einer anderen Stelle des Reizfeldes befanden, und wiederum andere wurden aktiviert, sobald Geraden gezeigt worden waren, die in einem rechten Winkel zueinander standen.

Hubel und Wiesel stellten fest, daß jede einzelne Detektorzelle im visuellen Kortex (Großhirnrinde) nur Informationen aus einem sehr eingeschränkten Bereich des Reizbildes erhält. Deshalb – so schlossen sie – kann dieser Teil des Großhirns nicht in der Lage sein, Formen zu erkennen. Man könnte den visuellen Kortex danach mit einer Situation

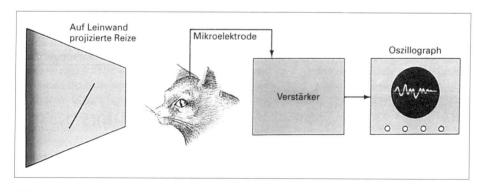

Abb. 3.22
*Versuchsaufbau von Hubel und Wiesel zum Studium von Nervenzellen im visuellen Kortex, die besonders empfindlich auf einzelne Reizmerkmale (Geraden, Winkel usw.) reagieren. Die durch Elektroden abgeleiteten Impulse werden verstärkt und durch einen Oszillographen sichtbar gemacht.*

vergleichen, in der mehrere Menschen gleichzeitig durch feststehende Fernrohre sehen (parallele Verarbeitung). Jedem dieser Betrachter erschlösse sich nun ein anderer, jeweils aber recht begrenzter Ausschnitt der Szene, denn ein einzelner soll nur eines der folgenden Merkmale entdecken können: Geraden, Winkel, Farben, Bewegungen usw.

Diese *primitiven* Merkmale werden in einem verhältnismäßig frühen Stadium des Wahrnehmungsprozesses entdeckt, denn sie müssen noch von einzelnen Zellen oder Zellgruppen zusammengefügt werden. Im Unterschied zu den Auffassungen der Gestaltpsychologen ist den Entdeckungen von Hubel und Wiesel zu entnehmen, daß die von den Sinnesorganen gelieferten Daten zunächst in ihre Teile zerlegt werden. Der gestaltpsychologische Lehrsatz, nach dem »das Ganze mehr als die Summe der Teile« ist, braucht deshalb nicht ungültig zu sein. Es gilt aber offenbar, daß die neue Qualität des »Ganzen« erst entstehen kann, wenn zuerst die Teile erkannt sind. Gleiches gilt für die Wahrnehmung akustischer Reize, denn auch auf diesem Sinnesgebiet sind Detektorzellen nachgewiesen worden.

Anne Treisman (1986; Treisman und Gormican, 1988) ist der Auffassung, daß es sich bei der Entdeckung *primitiver* Merkmale durch Detektorzellen um einen ersten Schritt handelt. Der Wahrnehmende merkt von diesen Prozessen nichts, denn die stattfindende Parallelverarbeitung verläuft automatisch. In einem zweiten Schritt erfolgt eine Zusammenfassung der mitgeteilten Merkmale, bis ein im Wahrnehmungsfeld befindliches Objekt bewußt erkannt wird.

Der von Treisman beschriebene zweite Schritt kann nur dann zur Entdeckung eines Gegenstandes führen, wenn das Gehirn die mitgeteilten Merkmale durch Inanspruchnahme gespeicherten Wissens sinnvoll einordnen kann. So ist beispielsweise das Lesen dieser Buchseite nur möglich, weil es dem visuellen System gelingt, die Merkmale zu entdecken, die letztlich Bestandteil jedes einzelnen Buchstabens sind. Man benötigt zwölf Merkmale (waagerechte, senkrechte und diagonale Geraden, offene und geschlossene Linien, Punkte usw.), um die 26 Buchstaben des Alphabets ausreichend zu charakterisieren. Nachdem das visuelle System z. B. entdeckt hat, daß sich im Wahrnehmungsfeld eine Gerade befindet, die von rechts unten nach links oben verläuft, also »\«, eine weitere, die von rechts oben nach links unten verläuft, also »/« und schließlich eine, die waagerecht verläuft, »—«, stellt sich die Frage, um was für eine Reizgegebenheit es sich dabei handelt. Da das Gehirn das Alphabet »kennt«, kann es aufgrund dieser inzwischen herausgearbeiteten Merkmale annehmen, daß das Auge seinen Blick auf ein »A« richtet. Datenabhängige Prozesse, die von der »A«-Hypothese des Gehirns Kenntnis erhalten, ordnen die entdeckten Merkmale daraufhin nach der vorliegenden Hypothese. Das Gehirn überprüft dann die Anordnung der Merkmale und kann im vorliegenden Fall die »A«-Hypothese bestätigen. Bei einem geübten Leser laufen die geschilderten Prozesse außerordentlich schnell und ohne Anstrengung, also automatisch ab. Dies gilt jedoch nur, wenn der dargebotene Buchstabe klar zu erkennen ist und der Leser das Zeichen auch tatsächlich kennt.

Die Entdeckung des Buchstabens »A« wird dadurch erschwert, daß er in vielfältiger Form auftreten kann. Ein erfahrener Leser weiß beispielsweise, daß es sich bei den folgenden Darstellungsformen stets um den ersten Buchstaben des Alphabets handelt, denn sie enthalten alle die unbedingt erforderlichen Merkmale:

**A**, 𝒜, 𝕬, A, A, ⟩, A

Größere Anforderungen werden an die beteiligten Prozesse gestellt, wenn die Reizmerkmale nicht eindeutig bestimmbar sind. Dies kann zum einen bei Mängeln der Reizvorlage der Fall sein (z. B. »schlechter Kontrast«, undeutliche Handschrift usw.). Zum anderen besteht auch die Möglichkeit einer unklaren Bedeutungszuschreibung, wie bei den beiden Beispielen der Abbildung 3.23.

Abb. 3.24
*Aus wie vielen Pfeilern besteht dieses Bauwerk?*

## DAS REH
## ABC 121314

Abb. 3.23
*Beispiele für Reize, die gleiche Merkmale aufweisen, aber unterschiedlich zu deuten sind*

Die Reizgegebenheit H wird einmal als A, das andere Mal als H gelesen. Entsprechend wird 13 entweder als B oder als 13 erkannt. Diese Wahrnehmung ist durch datenabhängige Prozesse allein nicht mehr zu erbringen. Das Gehirn ist aber offenbar in der Lage, den Zusammenhang zu berücksichtigen, in dem sich die nicht eindeutigen Zeichen befinden. In einem Fall muß es sich bei dem mehrdeutigen Zeichen um ein A handeln, weil sich dieses in DAS sinnvoll einfügt. Im zweiten Fall liest man das gleiche Zeichen als H, weil REH im Unterschied zu REA sinnvoll erscheint. Ebenso hängt es von dem Umfeld ab, ob 13 als 13 oder B wahrgenommen wird. Kognitionsgeleitete Prozesse ermöglichen auch das Lesen einer sehr unleserlichen Schrift. M n k nn uch in ei em S tz vi le Zei hen we fall n la sen. Er wird dadurch nicht un-

verständlich, denn das Gehirn weiß in der Regel, welche Buchstaben in der deutschen Sprache gehäuft aufeinanderfolgen. Dieses Wissen wird eingesetzt, um die fehlenden Buchstaben zu ergänzen.

Bei Betrachtung des in Abbildung 3.24 dargestellten Bauwerks kommt es zwischen den datenabhängigen und dem kognitionsgeleiteten Prozeß allerdings zu einem Widerspruch, den das Gehirn nicht aufheben kann. Deshalb gelingt es dem Betrachter nicht, diese komplexe Reizgegebenheit widerspruchsfrei zu interpretieren.

In der Wahrnehmung wirken datenabhängige und kognitionsgeleitete Prozesse normalerweise zusammen, ohne daß unüberwindbare Widersprüche auftreten. Das gilt auch für die soziale Wahrnehmung, von der in Kapitel 9 ausführlicher die Rede sein wird. Wenn man einem Menschen erstmalig begegnet, vermitteln die datenabhängigen Prozesse stets einen unzureichenden Eindruck. Da man aber bereits früher Personen kennengelernt hat, nutzt das Gehirn die dabei erworbenen Kenntnisse, um die Lücken des aktuellen Eindrucks zu füllen. Man ergänzt also fehlendes Wissen durch Vorwissen, Erfahrung und auch durch Vorurteile. Die Wahrnehmung, so bestätigt sich an den ausgewählten Beispielen noch einmal eindrucksvoll, gibt kein »wahrheits«getreues Abbild von der Umwelt. Das Gehirn muß mit Hilfe von Aufmerksamkeitsprozessen eine Auswahl aus der vorfindbaren Reizwelt treffen und Einzelreize zu einem sinnvollen Gesamteindruck zusammensetzen. Diesen komplexen Prozeß meinen Psychologen, wenn sie von »Wahrnehmungspsychologie« sprechen.

### Empfohlene Literatur zur Ergänzung und zur Vertiefung:

GOLDSTEIN, E.B. (1997): *Wahrnehmungspsychologie. Eine Einführung.* Heidelberg: Spektrum.

HAJOS, A. (1991): *Einführung in die Wahrnehmungspsychologie.* Darmstadt: Wissenschaftliche Buchgesellschaft.

# 4. Grundlegende Prozesse des Lernens

Der Begriff »Lernen« läßt die meisten Menschen zuerst an die Schule denken. Tatsächlich lernt man jedoch nicht nur dort, sondern überall, wo man sich mit seiner Umwelt auseinandersetzt. Das Lernen ist ein so alltäglicher Prozeß, daß er lediglich in Ausnahmefällen überhaupt noch beachtet wird. Wenn man sich aber einmal vergegenwärtigen möchte, in welchem Ausmaß alle vorausgegangenen Lernprozesse Einfluß auf das aktuelle Verhalten nehmen, braucht man sich nur die Folgen vorzustellen, die eintreten, wenn alle Lernergebnisse eines Erwachsenen aus seinem Gehirn gelöscht würden. Seine Überlebensdauer wäre, sofern sich nicht andere um ihn kümmern, sehr kurz.

Die enorme Bedeutung, die das Lernen für jeden einzelnen Menschen, seine Lebens- und Überlebenschancen besitzt, spiegelt sich in dem Interesse wider, das die Psychologie diesem Prozeß entgegengebracht hat. Es gibt keinen Themenbereich, der innerhalb dieses wissenschaftlichen Arbeitsgebiets eine größere Anzahl von Untersuchungen zu verzeichnen hat. Einige Ergebnisse werden in diesem Kapitel vorgestellt.

## 4.1 Kennzeichnung des Lernens

Es fällt dem Psychologen nicht ganz leicht, eine Antwort auf die Frage zu geben, was man unter »Lernen« zu verstehen hat. Ein Schüler kann im Klassenraum anwesend sein und mit seinen Augen ständig den Lehrer verfolgen. Darf man aber nach dieser Beobachtung auch davon ausgehen, daß beim Schüler gleichzeitig Lernprozesse stattfinden? – Ob ein Schüler lernt oder nicht, läßt sich aufgrund äußerer Verhaltensweisen nur vermuten, denn der eigentliche Lernprozeß entzieht sich jeder Beobachtung.

Zufriedenstellend hat sich das »Lernen« bislang nicht definieren lassen. Eine besonders häufig genannte Definition lautet: »Lernen ist derjenige Prozeß, der einer relativ überdauernden Verhaltensveränderung zugrunde liegt und als Ergebnis von Übungen oder Erfahrungen zustande gekommen ist.« Die eingehendere Auseinandersetzung mit dieser Feststellung ergibt, daß durch sie keineswegs alle Unklarheiten beseitigt werden.

### 4.1.1 Unterscheidung zwischen Lernen und Verhalten

Auf die Notwendigkeit einer Unterscheidung zwischen Lernen und Verhalten wurde bereits indirekt hingewiesen. Lernen ist – im Unterschied zum Verhalten – nicht beobachtbar; daraus ergeben sich zahlreiche Schwierigkeiten. Es ist nicht zu bezweifeln, daß das Verhalten von Lernprozessen abhängt; Verhalten wird aber auch von anderen Bedingungen und Ereignissen bestimmt. Das kann jeder Mensch

Abb. 4.1
*Ob bei einem Schüler Lernprozesse ablaufen, läßt sich nach einer Verhaltensbeobachtung nur vermuten. Bei welchen der hier abgebildeten Kinder scheinen Lernprozesse abzulaufen?*

nachvollziehen, der sich einmal in einer Prüfungssituation befunden hat. Sein Kenntnisstand ist möglicherweise erheblich umfangreicher als er unter den belastenden Bedingungen eines Examens zum Ausdruck bringen kann. Unzureichende Antworten erklären sich vielleicht durch einen schlechten Gesundheitszustand oder durch Prüfungsangst.

Auch in den Anfangsstadien eines Lernprozesses muß damit gerechnet werden, daß Lernfortschritte noch nicht ohne weiteres aus dem Verhalten ablesbar sind. Eltern reagieren gelegentlich mit Beunruhigung, wenn ihr Kind sich täglich im Lesen oder im Klavierspielen übt, aber dennoch keine erkennbaren Leistungsfortschritte zu machen scheint. Die Sorgen der Eltern bestehen vielleicht zu Unrecht; könnte es nicht sein, daß die kindlichen Lernprozesse einfach noch nicht weit genug fortgeschritten sind, um im Verhalten sichtbar zu werden?

### 4.1.2 Relativ überdauernde Verhaltensveränderung

In der soeben gegebenen Kennzeichnung des Lernens kommt dem Wort »Verhaltensveränderung« eine besondere Bedeutung zu. Man beobachtet z. B. einen Menschen, der bei einem Trainer eine Unterrichtsstunde im Tennisspielen erhält. Ihm unterlaufen dabei ständig Fehler; der Ball wird häufig verfehlt oder ungeschickt zurückgeschlagen. Bei einem weiteren Besuch kurze Zeit darauf gibt das Spielverhalten desselben Menschen jedoch sehr viel weniger Anlaß zu Kritik. Der Vergleich seiner Leistungen in beiden Beobachtungssituationen führt zu dem Schluß, daß eine Verhaltensveränderung stattgefunden hat. Grundsätzlich könnte sich darin das Ergebnis von Lernprozessen zeigen. Man sollte aber erst dann auf das Lernen als Erklärung zurückgreifen, wenn der Einfluß anderer Ereignisse oder Prozesse auszuschließen ist. Die schlechte Leistung beim ersten Besuch würde z.B. in einem ganz anderen Licht erscheinen, wenn der Tennisspieler berichtet, er habe vor dem Beobachtungszeitraum besonders harte körperliche Arbeit verrichten müssen und zudem die Nacht davor überhaupt nicht geschlafen. Er hätte also bei der ersten Beobachtung erhebliche Ermüdung zu überwinden gehabt; beim zweiten Mal wäre er dagegen ausgeschlafen gewesen. Ebenso gäbe es die Möglichkeit, daß das Spielverhalten beim ersten Versuch unter dem Einfluß von Drogen oder einer akuten Erkrankung gestanden hat. Vielleicht fehlte es an dem Tag auch nur an hinreichender Motivation.

Verhaltensveränderungen, die durch Einnahme von Drogen mit bewußtseinsverändernder Wirkung, durch Ermüdung oder verminderte Motivation hervorgerufen werden, führen nur zu vorübergehenden, meist kurzfristigen Verhaltensveränderungen. Um eine Abgrenzung von solchen Einflüssen vornehmen zu können, hat man vorgeschlagen, von Lernen nur bei Vorliegen »relativ überdauernder Verhaltensveränderungen« zu sprechen. Während Ermüdungserscheinungen durch Schlaf recht schnell wieder beseitigt werden können, bleiben – so behauptet man – Lerneinflüsse länger erhalten. Wer einmal das Schwimmen gelernt hat, vermag sich auch dann noch an der Wasseroberfläche zu halten, wenn er zwanzig Jahre oder länger keine Gelegenheit zur Übung dieser Fertigkeit gehabt hat.

Mit der Kennzeichnung des Lernens als relativ überdauernde Verhaltensveränderung ergeben sich jedoch auch Probleme. Es stellt sich die Frage, wann eine Verhaltensveränderung als »relativ überdauernd« bezeichnet werden kann. Das menschliche Kurzzeitgedächtnis, über das im sechsten Kapitel ausführlicher zu sprechen sein wird, vermag Inhalte (wie z.B. eine Telefonnummer) nur etwa 10 bis 15 Sekunden zu speichern. Sollte man bei einer derartig kurzen Behaltensleistung *nicht* mehr von Lernen sprechen? Es hat doch eine kurzfristige Speicherung stattgefunden. Wer sich eine Rufnummer für nur sehr kurze Zeit merkt, hat etwas gelernt. Andererseits gibt es Unfälle mit Verletzungsfolgen, die ziemlich lange, unter Umständen sogar dauerhafte Verhaltensveränderungen hervorrufen.

Zu den Aufgaben des Lernpsychologen gehört die Aufdeckung jener Bedingungen, auf die eine Verhaltensveränderung zurückzuführen ist. Durch Kontrolle dieser Bedingungen eröffnet sich ihm die Möglichkeit, die Einnahme von Drogen, Ermüdungserscheinungen und eventuelle Erkrankungen zu erkennen und zur Erklärung von Verhaltensveränderungen heranzuziehen. Eine solche Kontrolle läßt sich allerdings nur unter den Bedingungen eines Experiments herbeiführen. Außerhalb des Untersuchungsraums bleibt es ein nicht immer leicht zu lösendes Problem, *tatsächliche* Lernprozesse sicher zu erkennen.

### 4.1.3 Lernen als Ergebnis von Übung und Erfahrung

Um das Lernen von anderen Einflüssen, wie z.B. Krankheiten, Drogen oder Ermüdung, abgrenzen zu können, fordert man Übungen oder Erfahrungen als Voraussetzung. Erfahrungen lassen sich auf vielfältige Weise sammeln: durch Lesen eines Buchs, durch Spielen auf einer Geige, durch Auseinandersetzung mit einer mathematischen Formel oder durch Unterhaltung in einer Fremdsprache.

Alle definitorischen Unklarheiten beseitigt man jedoch auch nicht, wenn man Übung oder Erfahrung als Voraussetzung für das Lernen fordert. So gibt es die bereits erwähnte Möglichkeit, daß Übungen Lernprozesse in Gang gesetzt haben, die sich allerdings noch nicht im Verhalten offenbaren. Wenn dagegen Verhaltensveränderungen auftreten, denen Übungen vorausgingen und Einflüsse durch Drogen, Erkrankungen, Ermüdungen usw. weitgehend ausgeschaltet werden konnten, besteht zumindest eine sehr hohe Wahrscheinlichkeit, daß Lernprozesse stattgefunden haben.

Bei der Feststellung, daß Lernen als Ergebnis von Erfahrungen zustande kommt, ergibt sich die Frage, ob es dazu stets eines wachen Organismus bedarf. Kann man möglicherweise nicht auch im Schlafzustand lernen? Die Ergebnisse der ersten psychologischen Studien, die sich mit dieser Frage auseinandergesetzt hatten, ließen eine solche Möglichkeit durchaus zu. Unglücklicherweise waren diese frühen Studien jedoch mit methodischen Schwächen behaftet. Spätere Arbeiten konnten während des Schlafzustands keine Lernprozesse nachweisen. Beim Lernen handelt es sich um einen aktiven Prozeß. Info-Kasten 4.1 geht diesem Problem etwas ausführlicher nach.

### 4.1.4 Theorien des Lernens

Der Lernpsychologe beschränkt sich nicht darauf, Verhaltensveränderungen zu beobachten. Er bemüht sich außerdem, diese zu erklären. Er geht dabei von Annahmen aus, die sich zu bewähren haben, d. h., sie müssen ihm Vorhersagen gestatten, die sich wiederum – in Abhängigkeit von der Güte der Theorie – mehr oder weniger auch erfüllen sollten. Die Gesamtheit der Annahmen über das Lernen und seine Bedingungen bezeichnet man als Lerntheorie.

Welche Theorie ein Lernpsychologe sich zu eigen macht, hängt ganz entscheidend von dem Bild ab, das er von der menschlichen Natur entwickelt hat. So ist beispielsweise von Bedeutung, ob er im Menschen vorrangig ein passives oder aktives Wesen sieht, ob er meint, menschliches Verhalten sei stets eine Reaktion auf Umweltbedingungen, oder ob er davon ausgeht, daß Verhalten auch spontan entstehen kann. »Jeder Lerntheoretiker«, sagt Gordon Allport (1968), »ist ein Philosoph, obwohl ihm das nicht immer gegenwärtig sein mag.«

Die Theorie eines Lernpsychologen hängt aber nicht nur von seinem Menschenbild, sondern auch davon ab, in welchen Lernsituationen er einen Menschen beobachtet hat. Um zu erklären, wie ein Mensch lernen konnte, vor einer rot leuchtenden Ampel anzuhalten, müssen wahrscheinlich andere Prozesse mit einbezogen werden als bei dem Versuch, die Bewältigung höherer Mathematikaufgaben zu erklären. Eine umfassende Lerntheorie sollte beiden Beobachtungen Rechnung tragen können; sie konnte jedoch in dieser Allgemeingültigkeit noch nicht entwickelt werden. Dennoch wird die nachfolgende Darstellung zeigen, daß zahlreiche Prozesse behauptet werden können, um Lernen in sehr unterschiedlichen Aufgabensituationen zu erklären.

## Info-Kasten 4.1:
## Kann man während des Schlafes oder während eines Zustandes tiefer Entspannung wirkungsvoll lernen?

Es ist einmal geschätzt worden, daß ein Mensch mit normaler Lebensdauer durchschnittlich 22 Jahre »verschläft«. Sollte man nicht versuchen, wenigstens einen Teil dieser Zeit für das Lernen – z.B. von Fremdsprachen – zu nutzen? Eine Möglichkeit bestünde vielleicht darin, daß man die Lerninhalte zunächst auf ein Tonband spricht; anschließend müßte man nur noch Sorge dafür tragen, daß sich das Wiedergabegerät während der Schlafzeit einschaltet. Darf man damit rechnen, daß unter diesen Bedingungen tatsächlich Lernprozesse in Gang gesetzt werden? In Werbeanzeigen findet sich jedenfalls die Behauptung, daß sich der Schlaf bei Anwendung bestimmter Geräte zum wirksamen Lernen nutzen ließe.

Erste Untersuchungen, die diese Frage zu klären hatten, erbrachten tatsächlich positive Ergebnisse. So behauptete Louis Thurstone bereits im Jahre 1916, es sei ihm gelungen, die Morse-Kurse für Seeleute um drei Wochen zu verkürzen, indem ein Teil des Unterrichts stattfand, während die Schüler schliefen (Simon und Emmons, 1955). Solche »Erfolge« wurden jedoch später wegen methodischer Unzulänglichkeiten in Frage gestellt. Die Hauptschwäche war das Versäumnis, die Schlaftiefe zu kontrollieren. Eine Möglichkeit, diesen Mangel zu beseitigen, ergibt sich daraus, daß eine Veränderung der hirnelektrischen Aktivität erfolgt, wenn der Mensch vom Wach- in einen Schlafzustand überwechselt. Man kann also nach Ableitung der Hirnwellen mit Sicherheit feststellen, ob ein Mensch tatsächlich schläft.

In einem recht gut kontrollierten Experiment, das die amerikanischen Psychologen William Emmons und Charles Simon (1956; Simon und Emmons, 1956) durchgeführt haben, wurde den Versuchspersonen nur dann sprachliches Material dargeboten, wenn an ihrer äußeren Kopfhaut Tiefschlafwellen abzuleiten waren. Unter diesen Bedingungen konnten sich die Versuchspersonen an nichts erinnern, was man ihnen während des Schlafs vorgespielt hatte. Wenn Teilnehmer dennoch irgendwelche Inhalte wiedergeben konnten, handelte es sich ausnahmslos um solche, die während eines Wachzustandes oder während des »Dösens« dargeboten worden waren. In einigen Fällen bewirkte die Darbietung des Lernmaterials allerdings, daß die Versuchspersonen wenigstens für die Dauer von 30 Sekunden erwachten. Solche kurzen Schlafunterbrechungen reichten aber aus, um Lernprozesse hervorzurufen.

Haben nicht aber russische Psychologen im Unterschied zu amerikanischen Forschern Erfolge durch Schlaf-Lernmethoden nachweisen können? Sind Russen möglicherweise in der Lage, während des Schlafs zu lernen? Die Frage muß verneint werden, denn genaue Nachprüfungen haben ergeben, daß die Versuchspersonen der russischen Forschungen ebenfalls nur gelernt haben, wenn sie sich nicht in irgendwelchen Schlafphasen befunden haben (Arons, 1976).

Lernen setzt also einen wachen Organismus voraus. Eine angebliche »Schlaf-Lernmethode« mit phantastischen Behaltensergebnissen im Zustand tiefer Entspannung kann allenfalls dann erfolgreich sein, wenn es durch Darbietung des Lernmaterials gelingt, den »Schüler« zu wecken und ausreichend wachzuhalten. Dennoch sitzt die Hoffnung der Menschheit tief, es könnte doch noch eine Methode gefunden werden, die den vielfach als lästig empfundenen Anstrengungsaufwand beim Erlernen sprachlicher Inhalte oder anderer Materialien überflüssig machen würde. Einige Autoren spekulierten in jüngster Zeit, ob es neben unterschiedlichen Graden der Wachheit (vom Schlaf- bis zum Wachzustand) nicht so etwas wie eine »entspannte Wachheit« gibt, in der ein Mensch entkrampft und streßfrei ist, von seiner Umwelt nichts mehr wahrnimmt, aber empfänglich für Beeinflussungen bleibt. Es liegen erst wenige Studien vor, in denen nachgewiesen wurde, daß in solchen Zuständen »entspannter Wachheit« tatsächlich Lernen stattfinden kann (Dieterich, 1987). Damit aber nicht allzusehr auffällt, wie vergleichsweise wenig unter solchen Bedingungen gelernt wird, verzichtet man vorsichtshalber auf einen Vergleich mit solchen Versuchspersonen, die im wachen Zustand angeregt worden sind, sich das Lernmaterial unter möglichst hohem Anstrengungsaufwand zu merken.

## 4.2 Lernen durch Konditionierung

Es gibt Lernprozesse, die bei Plattwürmern ebenso wie bei Neugeborenen ablaufen können. Man hat deshalb auch von grundlegenden Lernformen gesprochen. Es handelt sich dabei um das Konditionieren; das ist ein Prozeß, in dessen Verlauf zwischen einer Verhaltensweise und einem neuen Reiz eine Verknüpfung (Assoziation) hergestellt wird.

Man unterscheidet zwischen zwei verschiedenen Formen des Konditionierens: der Klassischen und der Operanten Konditionierung. Beide sollen etwas ausführlicher dargestellt werden. Früher ist häufig der Eindruck erweckt worden, daß beide Formen des Konditionierens miteinander konkurrieren; heute wird allgemein gesehen, daß sie sich eher gegenseitig ergänzen.

### 4.2.1 Klassische Konditionierung

Der spanische Dichter Lope de Vega (1562–1635) erzählt in einem seiner Werke, *Der Priester der Jungfrau (El capellán de la Virgen)*, von einem jungen Mönch, der wegen zahlreicher Vergehen wiederholt damit bestraft wurde, seine Mahlzeiten auf dem Boden einzunehmen. Dabei ärgerten ihn aber immer wieder die zahlreichen Katzen des Klosters, denn sie stahlen ihm häufig die besten Häppchen. Der Versuch, die Tiere wegzujagen, brachte praktisch keine Erfolge. Der Mönch probierte daraufhin eine andere Methode: In einer dunklen Nacht steckte er alle Tiere in einen Sack. Zunächst hustete der Mönch, um daraufhin kräftig auf die Katzen einzuschlagen. »Sie jaulten und schrien wie eine höllische Orgel.« Der Mönch pausierte sodann kurze Zeit, um die Prozedur noch einmal zu wiederholen: erst das Husten und dann die Prügel. Schließlich zeigte sich, daß die Tiere bereits »wie der Teufel stöhnten und schrien«, nachdem sie nur das Husten gehört hatten. Die Katzen wurden daraufhin aus dem Sack gelassen. Immer wenn der Mönch später einmal wieder vom Fußboden zu essen hatte, beobachtete er aufmerksam seine Umgebung. »Wenn sich ein Tier meinem Essen näherte«, so erklärte er, »brauchte ich nur zu husten; ... und wie die Katze daraufhin das Weite suchte!«

Was Lope de Vega beschrieb, war nichts anderes als die Anwendung von Lerngesetzen, auf die mehr als drei Jahrhunderte später zuerst ein junger Doktorand an der amerikanischen Universität von Pennsylvania, Edwin Twitmyer, im Rahmen seiner Untersuchungen aufmerksam geworden ist. Von seinen Beobachtungen berichtete er im Jahre 1904 auf einem Psychologiekongreß. Der Leiter der Vortragsreihe (William James) war von den Ausführungen aber offenbar sehr gelangweilt, denn er kündigte eine Mittagspause an, ohne den Zuhörern die sonst übliche Gelegenheit zur Diskussion zu geben (Coon, 1982). Wegen dieses geringen Interesses verfolgte Twitmyer die begonnenen Arbeiten nicht weiter. Fast zur gleichen Zeit war aber ein russischer Physiologe auf die gleichen Zusammenhänge aufmerksam geworden. Es handelte sich um Iwan Pawlow, der durch einen Nobelpreis gerade international bekannt geworden war. Während der russischen Revolution erkannten die neuen Machthaber sofort seine Bedeutung als Wissenschaftler. Sie boten ihm zusätzliche Lebensmittelrationen an. Pawlow war aber vor allem an der Fortsetzung seiner Forschungsarbeiten interessiert. Deshalb nahm er das Angebot erst an, nachdem man ihm auch Futter für seine Hunde zugesichert hatte (Bolles, 1979).

Pawlows (1953, 1954, 1955) Beobachtungen gehören inzwischen fast schon zum Allgemeinwissen. Dennoch ist eine Beschreibung sinnvoll, weil über 60 Prozent der von Pawlow geprägten Begriffe noch heute von Psychologen verwendet werden, die das Lernverhalten von Tieren untersuchen (Bower und Hilgard, 1981).

### 4.2.1.1 Der angeborene Reflex als Ausgangspunkt Klassischer Konditionierung

Als Physiologe wußte Pawlow, daß seine Versuchstiere – er bevorzugte Hunde – reflexhaft Speichel absonderten, sobald ihr Futter mit der Mundschleimhaut in Berührung kam. Bei einem Reflex handelt es sich um eine automatische Reaktion auf einen jeweils spezifischen Reiz. Die reflexhafte Reiz-Reaktionsverbindung ist angeboren; sie stellt also kein Ergebnis des Lernens dar. Den Reiz, der reflexhaft eine bestimmte Reaktion auslöst, bezeichnet man auch als unkonditionierten Reiz (UCS; UC für *u*nkonditioniert [engl. *unconditioned*] und S für *Stimulus*). Diesem UCS folgt eine unkonditionierte Reaktion (UCR; R für *Response*).

Jeder Mensch, der sich einmal einer gründlichen medizinischen Untersuchung unterzogen hat, konnte sicherlich die Prüfung einiger seiner Reflexe miterleben. Der Arzt leuchtet mit einer Taschenlampe in das geöffnete Auge

Abb. 4.2
*Iwan P. Pawlow (1849–1936)*

seines Patienten und löst damit eine Pupillenverkleinerung aus. Im Rahmen der gleichen Untersuchung schlägt er möglicherweise mit seinem Hämmerchen leicht auf eine bestimmte Stelle unter der Kniescheibe und bewirkt damit ein ruckartiges Nach-vorne-Schnellen des freihängenden Unterschenkels. Diese und zahlreiche weitere Reflexe lassen sich am menschlichen Körper beobachten, sofern keine Erkrankung des Zentralnervensystems vorliegt.

Pawlow hätte mit seinen Arbeiten vielleicht niemals einen Beitrag zur Lernpsychologie geleistet, wenn er beim Studium seiner Hunde nicht auf eine Merkwürdigkeit aufmerksam geworden wäre. Er beobachtete, wie die Drüsen in der Mundschleimhaut in Funktion traten, obwohl sie noch gar nicht mit Futter in Berührung gekommen waren. Pawlow stellte bei einem Versuchstier Speichelabsonderungen fest, nachdem Helfer in den Experimentalraum gekommen waren und mit Blechgefäßen klapperten. Diese Beobachtung konnte Pawlow sich physiologisch nicht erklären. Wieso erfolgte bereits eine Speichelabsonderung, obwohl die Tiere ihr Futter noch gar nicht wahrnehmen konnten? Sollte es neben den natürlichen noch weitere Auslöser der Speichelsekretion geben? Waren Lernprozesse für die bemerkenswerten Reaktionen der Tiere verantwortlich? Zur Beantwortung solcher Fragen führte Pawlow seine heute weithin bekannten Experimente durch.

#### 4.2.1.2 Vom neutralen zum konditionierten Reiz

Pawlow achtete in seinen Experimenten darauf, daß alle Einflüsse hochgradig kontrolliert blieben. Offenbar war es möglich, daß die

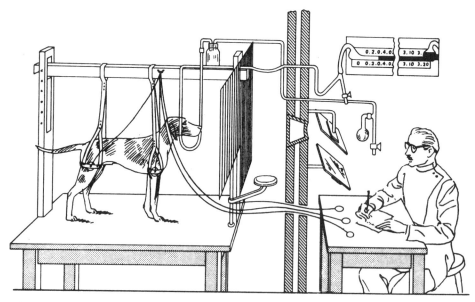

Abb. 4.3
*Iwan Pawlows Apparat zur Untersuchung des Konditionierungslernens*

Speicheldrüsen nicht nur auf ihre natürlichen, sondern auch auf andere Reize ansprachen. Damit nichts auf die Versuchstiere einwirkte, was sich dem Einfluß Pawlows entzog, erfolgte die Durchführung der Experimente fortan in einem schallisolierten Raum. Die Versuchstiere wurden an einem speziell entwickelten Gestell festgeschnallt (s. Abbildung 4.3). Durch eine kleine Röhre konnte der Speichelfluß eines Tieres direkt abgeleitet und einem Gefäß zugeführt werden, das eine Skala zur Messung der jeweils abgeflossenen Menge besaß.

Pawlow wollte wissen, ob einer unkonditionierten Reaktion, also der Speichelsekretion, ausnahmslos der unkonditionierte Reiz vorausgehen muß oder ob auch andere Reize die Auslöserfunktion übernehmen können. Zu Beginn des Experiments hatte Pawlow sich davon überzeugt, daß die Speicheldrüsen nach Darbietung eines Klingelreizes nicht in Funktion traten; in Hinblick auf diese besondere Reaktion war der akustische Reiz also ein neutraler Reiz (NS; engl. *neutral stimulus*). Das Tier reagierte auf das Klingeln lediglich mit einer gewissen Unruhe, aber nicht mit einer Speichelabsonderung. Nach dieser Prüfung bot Pawlow das Klingelzeichen (den neutralen Reiz) und unmittelbar darauf das Futter (den unkonditionierten Reiz) dar, das den Speichelfluß auf natürliche Weise auslöste. Er wiederholte diese Aufeinanderfolge (NS → UCS → UCR) mehrere Male. Schließlich führte er eine entscheidende Neuerung ein: Er bot nur das Klingelzeichen dar, ohne diesem aber Futter (UCS) folgen zu lassen. Nach dieser Veränderung der experimentellen Bedingung machte Pawlow eine aufschlußreiche Beobachtung: Die Speichelreaktion erfolgte nunmehr auch nach dem Ertönen der Klingel. Damit hatte der ursprünglich neutrale Reiz die Funktion eines konditionierten Reizes (CS; C für konditioniert nach dem englischen Begriff *conditioned*) erworben. Sofern ein konditionierter Reiz das Reflexverhalten (hier also den Speichelfluß) auslöst, spricht man von einer konditionierten Reaktion (CR). Pawlow nannte den konditionierten Reflex zunächst einen »psychischen« Reflex. Später mißfiel ihm dieser Begriff jedoch, und seine Mitarbeiter mußten fünf Kopeken Strafe bezahlen, wenn sie ihn weiterhin benutzten (Stagner, 1988).

Durch kleine Veränderungen der experimentellen Bedingungen stellte Pawlow fest, daß eine Konditionierung nur stattfindet, wenn der neutrale Reiz (NS) während der Lernphase dem unkonditionierten Reiz zeitlich vorausgeht (also NS → UCS). Es ist wie bei einem Warnsignal vor einem unbeschrankten Bahnübergang, das seine Funktion nur erfüllt, wenn es vor dem Eintreffen des Zuges blinkt. Ein neutraler Reiz wird niemals zu einem konditionierten Reiz, wenn er zeitlich nach dem unkonditionierten Reiz auftritt; auch eine Signalanlage, die erst nach der Vorbeifahrt des Zuges blinkt, wäre nutzlos.

### 4.2.1.3 Reaktionen auf Rauschdrogen als Folge Klassischer Konditionierung

Durch Kenntnis der Klassischen Konditionierung ist ein besseres Verständnis bestimmter Reaktionen möglich, die nach einer Drogeneinnahme zu beobachten sind. Wenn man Ratten *in einer bestimmten Umgebung* Morphium verabreicht, tritt als unmittelbarer Effekt u. a. eine Verringerung der Schmerzempfindlichkeit auf. Nach wiederholtem Einspritzen dieser Droge tritt allmählich Gewöhnung oder, wie man das auch nennt, *Toleranz* auf. Es werden größere Mengen Morphium benötigt, um den gleichen Grad der Schmerzunempfindlichkeit zu erreichen. Wie läßt sich dies erklären? Als Reaktion auf das Morphium vermindert sich zunächst die Schmerzempfindlichkeit. Der Körper versucht jedoch, diesem unmittelbaren Effekt reflexhaft entgegenzuwirken, und als Folge davon erhöht sich die Schmerzempfindlichkeit. Wenn man den inzwischen drogenerfahrenen Tieren in dieser Umgebung nach einiger Zeit kein Morphium mehr gibt, reagieren sie folgendermaßen: Ihre Schmerzempfindlichkeit erhöht sich vorübergehend, statt sich zu verringern (Hinson et al., 1986). Es sind die reflexhaften Gegenreaktionen, die konditionierbar sind. Bestimmte Merkmale der Umgebung haben allmählich die Funktion konditionierter Reize erworben. Wenn also Ratten in eine Umgebung gebracht werden, in der konditionierte Reize die bevorstehende Verabreichung von Morphium anzeigen, reagiert der Körper reflexhaft mit einer Erhöhung der Schmerzempfindlichkeit. Diese Reaktion bleibt vorübergehend auch bestehen, wenn in der vertrauten Umgebung kein Morphium verabreicht wird und damit dessen absenkende Wirkung ausbleibt. Eine andere aufschlußreiche Reaktion beobachtete man bei heroinabhängigen Ratten. Wie reagieren solche Tiere auf eine plötzliche Erhöhung der Dosis? Das hängt wiederum von der Umgebung ab, in der sie die Droge erhalten. In einer neuen Umgebung wirkt die »Überdosis« auf 82 Prozent der Tiere tödlich, dagegen hat die gleiche Menge Heroin in der vertrauten Umgebung nur bei 31 Prozent der Tiere eine derartig verhängnisvolle Wirkung (Siegel et al., 1982). Die zunächst im Tierexperiment beobachteten Zusammenhänge lassen sich auf den menschlichen Bereich übertragen.

Wenn ein Drogenabhängiger z.B. Heroin in der üblichen Umgebung einnimmt, lösen Merkmale der Umgebung (infolge vorausgegangener Konditionierung) physiologische Reaktionen aus, mit denen der Körper Wirkungen der Droge entgegensteuert. Die konditionierten Reize versetzen den Drogenabhängigen in die Lage, größere Mengen von Heroin zu tolerieren. Sofern er sich sein Heroin aber in einer neuen Umgebung verabreicht, fehlen die konditionierten Reize, die den Körper zum rechtzeitigen Gegensteuern veranlassen. Unter diesen Umständen entfaltet das Heroin seine ungebremste Wirkung, und deshalb sind schwere Erkrankungen oder sogar der Tod nicht auszuschließen. Man hat solche tragischen Reaktionen vielfach auf eine Überdosis Heroin zurückgeführt, obwohl die tatsächlich eingenommene Menge gar nicht erhöht war. Es fehlten in der veränderten Umgebung lediglich die konditionierten Reize, die den Körper rechtzeitig zu physiologischen Gegenmaßnahmen veranlaßten. Befragungen von Menschen, die nach einer »Überdosis« knapp dem Tod entronnen waren, ergaben, daß in 70 Prozent der Fälle eine normale Menge der Rauschdroge auf einen Körper traf, der sich in einer neuartigen Umgebung nicht auf die Droge vorbereitet hatte (Siegel, 1984).

### 4.2.1.4 Über den zeitlichen Abstand zwischen neutralem und unkonditioniertem Reiz in der Lernphase

Der Klinische Psychologe Martin Seligman (Seligman und Hager, 1972) erinnert sich, daß er einst mit seiner Frau in einem Restaurant sein Lieblingsgericht bestellt hatte: zartes *Filet Mignon* mit *Sauce Béarnaise*. Auch diesmal schmeckte ihm das Gericht vorzüglich. Kurze Zeit später stellten sich bei Seligman allerdings die ersten Anzeichen einer Grippe ein, und entsprechend fühlte er sich daraufhin sehr elend. Natürlich hatte diese Erkrankung nichts mit seiner Lieblingsspeise zu tun. Als Seligman aber bei einer weiteren Gelegenheit noch einmal sein bevorzugtes Gericht bestellte, mußte er feststellen, daß ihm der Geschmack gar nicht mehr zusagte. Wodurch hatte sich die Einstellung Seligmans gegenüber seinem bevorzugten Gericht verändert? Einige Beobachtungen John Garcias können dazu näheren Aufschluß geben (Garcia und Koelling, 1966).

Garcia gehörte mit zu jenen Wissenschaftlern, die nach Einsatz der ersten Atombombe die Folgen länger anhaltender radioaktiver Strahleneinwirkung auf den Organismus studierten. In seinem Labor wurden Ratten einmal in der Woche achtstündiger Strahlung ausgesetzt. Als Folge dieser Behandlung entwickelte sich bei den Tieren Übelkeit. In den nachfolgenden Wochen tranken die Tiere fast kein Wasser mehr, während sie sich im Bestrahlungszimmer aufhielten. Allerdings nahmen sie die gewohnte Menge zu sich, sobald sie in die Käfige zurückgekehrt waren, in denen sie außerhalb der experimentell verabreichten Behandlung lebten. Hatte das Verhalten der Ratten etwas mit der Bestrahlung zu tun? Garcia prüfte diesen Verdacht, indem er die Tiere abermals in das Bestrahlungszimmer setzte, ohne ihnen diesmal allerdings Strahlung zu verabreichen. Wiederum weigerten sich die Tiere, Flüssigkeit zu sich zu nehmen. Garcia mußte also seine Vermutung fallenlassen und sich von neuem auf die Suche nach möglichen Erklärungen begeben. Dabei fiel ihm auf, daß die Trinkflaschen im Bestrahlungszimmer aus Plastik waren, während sich in den normalen Käfigen Flaschen aus Glas befanden. Weitere Untersuchungen ergaben, daß das verwendete Plastik den Geschmack des Wassers regelmäßig veränderte. War zwischen diesem Plastikgeschmack und der nachfolgenden Übelkeit möglicherweise eine gelernte CS-CR-Verbindung im Sinne Pawlows entstanden? Garcia ging auch dieser Frage nach, indem er den Tieren eine süßliche Flüssigkeit (NS) anbot, der eine geschmacklose Substanz (UCS) beigemischt worden war, die – allerdings erst nach einer Stunde oder noch etwas später – Übelkeit (UCR) bei den Tieren hervorrief. Nachdem sich die Tiere von ihrer Unpäßlichkeit erholt hatten, wurde ihnen zur Löschung ihres Durstes abermals die süßliche Flüssigkeit angeboten, von der sie allerdings nur sehr wenig tranken. Gegenüber normal schmeckendem Wasser bestand hingegen weiterhin keinerlei Abneigung. Offenbar hatten die Ratten gelernt, die süße Flüssigkeit mit dem Gefühl der Übelkeit in Verbindung zu bringen (Garcia et al., 1974; Garcia und Koelling, 1966). Sollte eine Konditionierung tatsächlich zu erreichen sein, wenn der neutrale und der unkonditionierte Reiz soweit auseinanderliegen? Es meldeten sich sofort Zweifler, die darauf verwiesen, daß die günstigste Bedingung beispielsweise für eine Konditionierung der Speichelsekretion gegeben ist, wenn die Darbietung von NS und UCS zwei Sekunden auseinanderliegt (Beecroft, 1966). Ein Kritiker der Befunde Garcias meinte deshalb auch, er halte die behaupteten Zusammenhänge »nicht für wahrscheinlicher als Vogeldreck in einer Kuckucksuhr« (Seligman und Hager, 1972). Dennoch ist nicht zu übersehen, daß Garcias Ergebnisse tatsächlich wiederholt bestätigt werden konnten. Auch Seligmans veränderte Einstellung gegenüber einer langjährigen Lieblingsspeise dürfte auf diesem Wege entstanden sein. Die Möglichkeit zur Entwicklung einer *Geschmacksabneigung*, wie man Garcias Entdeckung inzwischen nennt, wird auch von Viehzüchtern im Westen Amerikas planmäßig genutzt. Ihre Schafe wurden regelmäßig von Wölfen angegriffen und getötet. Nachdem bei den Wölfen eine Geschmacksabneigung durch Konditionierung entwickelt worden war, ließ sich beobachten, daß der Anblick der Schafe genügte, um die früheren Angreifer zur panischen Flucht zu veranlassen (Garcia et al., 1977; Gustavson et al., 1974). Info-Kasten 4.2 stellt dar, daß die Geschmacksabneigung auch im menschlichen Bereich Bedeutung hat.

Garcia gewann in seinen Untersuchungen übrigens noch eine weitere Erkenntnis. Pawlow ging davon aus, daß aus jedem neutralen Reiz ein konditionierter werden könnte, wenn er nur angemessen mit dem unkonditionierten Reiz in Verbindung gebracht wird. Garcia stellte fest, daß die Verhältnisse sehr viel komplizierter liegen. Eine Ratte lernt zwar, süßes Wasser zu vermeiden, wenn nach dem Genuß (wegen der erfolgten Bestrahlung) Übelkeit auftritt. Sofern dem Trinken des Wassers dagegen ein elektrischer Reiz folgt, der Schmerzreaktionen hervorruft, entwickelt sich keine Abneigung gegenüber dem Wasser. Inzwischen gibt es zahlreiche Beobachtungen, denen sich entnehmen läßt, daß verschiedene Tierarten offenbar mit einer *biologischen Bereitschaft* ausgestattet sind, einige S-R-Verbindungen schneller als andere zu erlernen. So gelingt es in der Regel außerordent-

Abb. 4.4
*John Garcia ließ Wölfe Schafsfleisch fressen, das bei ihnen wegen der Behandlung mit einer Substanz (Lithiumchlorid) als unkonditionierte Reaktion Schwindelgefühle und Übelkeit hervorrief. Bei der nächsten Begegnung mit lebendigen Schafen griffen die Raubtiere ihre Opfer zunächst wieder an (Wolf im oberen Teil des Bildes). Geschmack und Geruch der Schafe hatten jedoch inzwischen die Funktion eines konditionierten Reizes erworben, der die Wölfe zum Rückzug veranlaßte (Wolf im unteren Teil des Bildes).*

## Info-Kasten 4.2:
## Wie kann man verhindern, daß Krebspatienten während der Chemotherapie Appetitlosigkeit entwickeln?

Zu den zahlreichen unerwünschten Nebenwirkungen der Chemotherapie gehört eine Verringerung des Appetits der Patienten. Die Kranken verweigern häufig das Essen, und als Folge davon verringert sich ihr Körpergewicht. Gleichzeitig nehmen ihre Abwehrkräfte gegenüber Infektionen ab. Es entstehen zusätzliche Komplikationen, die den Heilungsprozeß erschweren. Warum entwickeln aber viele Patienten im Verlauf der Chemotherapie diese zunehmende Abneigung gegenüber dem Essen? Könnte die Entwicklung ihres Eßverhaltens infolge bestimmter Lernprozesse entstehen? Solche Fragen stellte sich auch Ilene Bernstein (1978). Die Arbeiten John Garcias gaben ihr wesentliche Anregungen für ihre Untersuchungen in einer Kinderklinik. Sie fragte sich, ob die aus Tieruntersuchungen bekannten Zusammenhänge auf den menschlichen Bereich zu übertragen wären. Als sie ihre Untersuchungen begann, waren die Ärzte, die mit der Behandlung von Krebspatienten beschäftigt waren, mit den von Garcia beschriebenen Lernformen in keiner Weise vertraut. Da ihr Ehemann als Kinderarzt auf einer Krebsstation arbeitete, bot sich die Gelegenheit zur Untersuchung ihrer Fragen.

Chemotherapie ruft bei Patienten normalerweise als unkonditionierte Reaktion schwere Übelkeit und Erbrechen hervor. Könnte eine Speise, die vor einer Chemotherapie eingenommen wird, die Funktion eines konditionierten Reizes erwerben? Garcia hat ja gezeigt, daß eine Konditionierung auch bei längeren zeitlichen Abständen erfolgen kann. Dieser Möglichkeit ist Bernstein nachgegangen.

In ihrer ersten Untersuchung wählte Bernstein (1978) Kinder im Alter von 2 bis 16 Jahren aus, die sich wegen einer Krebserkrankung einer Chemotherapie unterziehen mußten. Mitglieder einer *Experimentalgruppe* erhielten von ihr vor einer Behandlung eine Portion Eiscreme, bei der es sich um eine neue Geschmacksrichtung handelte (Ahornsirup). Eine *Kontrollgruppe* erhielt die Chemotherapie, aber kein Eis. Zwei bis vier Wochen später besuchte Bernstein die Patienten abermals, um sie vor die Wahl zu stellen, eine weitere Portion Eis zu erhalten oder mit der Versuchsleiterin zu spielen. Nur etwa 21 Prozent der Kinder aus der *Experimentalgruppe* entschieden sich für das Eis. Dagegen nahmen etwa 70 Prozent der Patienten aus der *Kontrollgruppe* das Eis-Angebot an. Diese Reaktion läßt darauf schließen, daß Mitglieder der Experimentalgruppe eine Abneigung gegenüber der angebotenen Eissorte entwickelt hatten. Es steht in Einklang mit den Befunden Garcias, daß die Patienten der Experimentalgruppe nur ein einziges Mal eine Speise vor der Chemotherapie zu sich zu nehmen brauchten, damit sich die Abneigung entwickeln konnte.

Weiteren Befragungsergebnissen entnahm Bernstein, daß sich auch Abneigungen gegenüber vertrauten Speisen entwickelt hatten. Diese traten allerdings nur ausgeprägt bei jenen Patienten auf, die kein Eis mit Ahornsirupgeschmack erhalten hatten. Sollte es nicht möglich sein, so überlegte Bernstein, den Kindern vor einer Chemotherapie eine »Sündenbock«-Speise zu verabreichen (das ist irgendein Nahrungsmittel, das sie noch nicht kennen)? Im günstigsten Fall würden die Patienten die unangenehmen Nebenwirkungen der Chemotherapie auf diese unbekannte Speise zurückführen, nicht aber auf die täglich verabreichten Speisen. Einer allgemeinen Minderung des Appetits und einem damit verbundenen Gewichtsverlust wäre in einem sol-

> chen Fall entgegenzuwirken. Entsprechend würden die Heilungsaussichten steigen. Bernstein gab Kindern im Alter von drei bis 16 Jahren zwischen der üblichen Mahlzeit und der Chemotherapie Süßigkeiten, denen sehr starke Geschmacksstoffe zugesetzt worden waren, und beobachtete tatsächlich später, daß diese Kinder weniger Abneigung gegenüber dem Krankenhaus-Essen entwickelten als andere vergleichbare Kinder, die keine »Sündenbock«-Süßigkeiten erhalten hatten (Broberg und Bernstein, 1987). Bernstein hat mit ihrer »Sündenbock«-Therapie bei vielen, aber nicht bei allen Patienten Erfolge erzielt. Bei einigen Patienten wird die Übelkeit von dem Krebsleiden selbst hervorgerufen. Bei diesen Kranken entstehen Abneigungen gegenüber Essen, das sie zu irgendeinem Zeitpunkt zu sich nehmen (Bernstein und Borson, 1986).

lich schnell, bei Menschen durch Klassische Konditionierung eine Schlangen-, Hunde- oder Rattenfurcht entstehen zu lassen. Dagegen bereitet es große Schwierigkeiten, aus einem Türgriff oder einer Stereoanlage konditionierte Reize zur Auslösung von Furcht werden zu lassen (Cook et al., 1986).

### 4.2.1.5 Löschung gelernter Zusammenhänge: Extinktion

Die Konditionierung steht grundsätzlich im Dienste der Anpassung. Ein junger Hund lernt z. B., einen bestimmten Geruchsreiz mit dem Erscheinungsbild eines gefährlichen Tieres zu verbinden. Er kann sich daraufhin rechtzeitig in Sicherheit bringen. Die Lebensbedingungen ändern sich jedoch im Laufe der Zeit. Für einen inzwischen erwachsen gewordenen Hund stellt das früher furchtauslösende Tier möglicherweise keine Gefahr mehr dar. Die zu einem früheren Zeitpunkt gelernte Verbindung – ein spezifischer Geruchsreiz weist auf die Annäherung eines gefährlichen Tieres hin und weckt Schutzreaktionen – hat keine Bedeutung mehr. Sie kann folglich verlernt werden. Diesen Löschungsprozeß bezeichnet man als *Extinktion*. Auf ihn wurde auch Pawlow aufmerksam.

Als Pawlow bei seinem Versuchstier erreicht hatte, daß die Speichelabsonderung auch auf einen Klingelreiz hin erfolgte, fragte er sich, was wohl passieren würde, wenn man das Futter, den unkonditionierten Reiz, nicht mehr unmittelbar nach dem Klingelzeichen darbietet. Zur Beantwortung seiner Frage bot er mehrfach nur den konditionierten Reiz dar. Dabei konnte er beobachten, daß die Speichelabsonderung allmählich schwächer wurde; sie wurde extingiert. Ebenso wie beim Erwerb einer S-R-Verbindung bedurfte es dazu der mehrfachen Wiederholung der Extinktionsbedingung: Darbietung von CS bei gleichzeitigem Ausbleiben von UCS. Das Vergessen eines Zusammenhangs stellt demnach einen genauso aktiven Prozeß dar wie dessen Erwerb. Im Verlauf eines Extinktionsprozesses beobachtet man häufig das Wiederauftreten der konditionierten Reaktion nach Darbietung des kondtionierten Reizes, obwohl dieser gelernte Zusammenhang dem Anschein nach bereits gelöscht zu sein schien. Man nennt ein solches spontane Wiederauftreten während der Extinktion eine *spontane Erholung*.

### 4.2.1.6 Ausweitung des Reagierens auf ähnliche Reize: Generalisation

Es gibt kaum zwei Ereignisse oder Gegenstände, die sich völlig ähneln. Verkehrsampeln

# Grundlegende Prozesse des Lernens

weisen nicht überall die gleiche Form auf. Auch die Farben können in einigen Fällen heller, in anderen dunkler erscheinen. Es dient der Anpassung des Verkehrsteilnehmers, daß er trotz leichter Unterschiede im Aussehen einer Reizgegebenheit Ähnlichkeiten erkennt, die ihn gleichartig reagieren lassen. Wenn ein Organismus eine konditionierte Reaktion nicht nur bei Darbietung des konditionierten Reizes, sondern auch bei Reizen zeigt, die dem Originalreiz ähneln, spricht man von einer Generalisation.

Auch den Prozeß der Generalisation hat Pawlow in seinen Experimenten bereits studiert. Sein Hund reagierte nach erfolgter Konditionierung nicht nur auf das Klingelzeichen, sondern auch auf Reize, die diesem ähnelten. Der Speichelfluß war folglich auch durch einen Summer oder einen Gong auszulösen. Die konditionierte Reaktion trat also, wenngleich in abgeschwächter Form, ebenso bei Reizen auf, die dem ursprünglichen Reiz ähnelten.

Eine Generalisation muß aber auch ihre Grenzen haben, denn sonst ginge ihr Anpassungswert wieder verloren. Ein Autofahrer hat z.B. gelernt, auf das rote Licht der Verkehrsampel zu reagieren. Es würde sein Fortkommen aber erheblich behindern, wenn er sein Fahrzeug auch anhielte, sobald er einen PKW, eine Plakatwand oder einen Pullover eines Passanten mit jeweils roter Farbe entdeckt hat.

## 4.2.1.7 Begrenzung der Generalisation: Diskrimination

Die Generalisation bringt Vorteile mit sich. Der Lernende muß nicht auf jede Veränderung eines Merkmals gesondert reagieren. Ein Klingelzeichen ändert normalerweise seine Bedeutung nicht, wenn es etwas schriller oder dumpfer, leiser oder lauter ertönt. Die Generalisation kann aber u.U. ihre Nützlichkeit verlieren, so etwa im Falle eines Verkehrsteilnehmers, der zwischen dem roten Licht einer Ampel und einem roten Reiz in seiner Umwelt nicht mehr unterscheiden kann. Ebenso mag ein Mensch z.B. eine Schlangenfurcht besitzen. Er wäre jedoch besser angepaßt, wenn er zwischen harmlosen und gefährlichen Tieren unterscheiden würde. Ebenso haben viele Menschen eine Abneigung gegenüber dem Bohrer des Zahnarztes entwickelt, können diesen jedoch von dem Bohrer eines Heimwerkers unterscheiden. Dieses Unterscheidungslernen bezeichnet man als Diskrimination. Beim Diskriminationslernen handelt es sich also um einen Prozeß, in dessen Verlauf ein Individuum lernt, auf zwei Reize, die sich ähneln, unterschiedlich zu reagieren.

Auch Pawlows Hund mußte lernen, zwischen einem schrillen und einem dumpfen Ton zu diskriminieren, denn nur dem ersteren folgte der unkonditionierte Reiz (Futter). Der Lernprozeß war abgeschlossen, nachdem das Tier nur noch auf den hohen Ton, nicht mehr dagegen auf den tiefen Ton mit Speichel reagierte.

## 4.2.1.8 Entstehung und Löschung von Furchtreaktionen

John Watson veröffentlichte zusammen mit Rosalie Rayner (1925) einen Aufsatz, in dem sie darstellten, daß emotionale Reaktionen, wie z.B. Furcht, durch Klassische Konditionierung zu erwerben sind. Bei dieser Mitarbeiterin handelte es sich um eine Studentin Watsons, die er später heiratete. Seine erste Frau beantragte die Scheidung, nachdem sie herausgefunden hatte, daß ihr Mann zusammen mit Rosalie Rayner physiologische Reaktionen beim gemeinsamen Liebesspiel untersucht hatte. Watson und Rayner arbeiteten in ihren Experimenten zur Furcht-Konditionierung mit einem elf Monate alten Jungen namens *Albert*, den sie als gefühlsarm bezeichneten. Watson zeigte dem Kind eine weiße Ratte, auf die der Junge zunächst nicht mit Furcht reagierte. Fortan folgte der Darbietung des Tieres jedoch stets ein lauter Knall, wobei Watson mit einem Hammer auf ein Stahlrohr schlug. Nach sieben Versuchsdurchgängen reagierte *Albert* auf die Ratte mit Furcht, selbst dann, wenn ihrer Darbietung kein Knall mehr folgte. *Alberts* Furcht übertrug sich auch auf Gegenstände, die einer Ratte ähnelten, so fürchtete er sich z. B. beim Anblick eines Kaninchens (s. Abbildung 4.5) oder eines Pelzmantels. Es hatte somit eine Generalisation stattgefunden.

In nachfolgenden Experimenten konnten die Ergebnisse von Watson und Rayner nicht immer bestätigt werden. Tatsächlich enthält diese Studie zahlreiche Ungereimtheiten (Samuelson, 1980). Ihr Vorgehen wies auch aus methodischer Sicht erhebliche Schwächen auf. Inzwischen weiß man, daß einige neutrale Reize (z. B. eine Ratte) sehr viel besser zum konditionierten Auslöser von Furchtreaktionen werden können als andere (z. B. eine Spielente). Sofern solche Konditionierungen aber erfolgt sind, bleiben sie zumeist sehr dauerhaft bestehen. Ehemalige Soldaten reagierten beispielsweise noch 15 Jahre nach Beendigung des Zweiten Weltkrieges auf Schlachtfeldgeräusche mit starken Emotionen (Edwards und Acker, 1972).

Das Experiment von Watson und Rayner gilt noch aus einem weiteren Grund als pro-

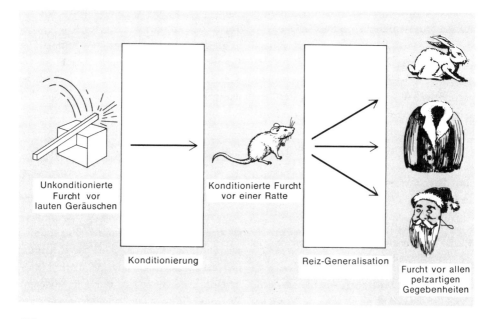

Abb. 4.5
*Nachdem Albert gelernt hat, beim Anblick einer Ratte Furcht zu zeigen, generalisiert er diese Reaktion auch auf ähnliche Reize, wie z. B. auf ein Kaninchen.*

blematisch. Ist es nicht verantwortungslos, solche Studien an Menschen durchzuführen? Massive Kritik ist vor allem angebracht, weil Wissenschaftler ein Kind veranlaßten, zunächst eine Furchtreaktion zu lernen, die anschließend nicht wieder gelöscht worden ist. Zum Zeitpunkt der Durchführung dieses Experiments waren entsprechende Methoden nämlich noch nicht bekannt. Als Watson und Rayner sich entschlossen hatten, *Alberts* Furcht wieder zu beseitigen, mußten sie feststellen, daß ihre ehemalige Versuchsperson nicht mehr auffindbar war.

Drei Jahre nach dem Experiment von Watson und Rayner fand sich ein Kind, das als »ein etwas älter gewordener *Albert*« anzusehen war. Mary Cover Jones (Jones, 1924a,b) entdeckte den 34 Monate alten *Peter*, den sie als gesund und in jeder Hinsicht normal beschreibt. Allerdings zeigte er eine nicht experimentell erzeugte, sondern »natürlich erworbene« übertriebene Furchtreaktion auf Kaninchen, Ratten, Pelzmäntel, Federn und Baumwolle. Zur Behandlung dieser Furcht wurde »unter Beratung von Dr. Watson« eine Methode angewandt, durch die eine *Gegenkonditionierung* erfolgt. Dabei wird versucht, den konditionierten Auslöserreiz von Furcht (z. B. das Kaninchen) mit einer Verhaltensweise zu verbinden, die mit der Furchtreaktion in Konkurrenz treten kann. Hilfreich war hierbei *Peters* Vorliebe für Plätzchen und Süßigkeiten. Zu Beginn des Experiments plazierte Jones das Kaninchen in sicherer Entfernung, während *Peter* seine Leckerbissen naschte. *Peter* beobachtete das Tier anfänglich mit Vorsicht, setzte aber sein Eßverhalten fort. Allmählich wurde das Tier näher an ihn herangebracht. Schließlich verspeiste *Peter* seine Süßigkeit mit einer Hand, während er das Kaninchen mit der anderen berührte. Jones ging davon aus, daß die Furcht mit dem Eßgenuß unvereinbar war. Ihr gelang es, die Furchtreaktion des Kindes mit Hilfe der Gegenkonditionierung zur Extinktion zu bringen.

### 4.2.2 Operante Konditionierung

Iwan Pawlow untersuchte die Klassische Konditionierung, indem er beobachtete, wie Hunde auf äußere Reize passiv reagierten. Damit hatte er sein Untersuchungsfeld jedoch außerordentlich stark eingeschränkt, denn sehr viel häufiger beobachtet man Verhaltensweisen, deren auslösender Reiz nicht bekannt ist. Nach einer von Burrhus Frederic Skinner vorgenommenen Unterscheidung untersuchte Pawlow reaktives oder Antwort-Verhalten, dessen Auslösung vom Versuchsleiter kontrolliert wird. Im Gegensatz dazu zeigen Organismen weiterhin Verhaltensweisen, die zunächst nicht unter der Kontrolle der Außenwelt stehen; sie werden vermutlich durch innere Reize ausgelöst (Skinner lehnte es jedoch ab, über ihre Auslöser Vermutungen

Abb. 4.6
*Burrhus F. Skinner (1904–1990)*

anzustellen). Menschen und Tiere wirken mit diesen Verhaltensweisen auf ihre Umwelt ein. Man spricht deshalb auch von Wirk-Verhalten oder, sehr viel häufiger, von operantem Verhalten.

Skinner interessierte sich vor allem für die Frage, wie operante Verhaltensweisen kontrolliert werden können. Bei seiner Suche nach einer Antwort konnte Skinner sich auf Arbeiten stützen, die Edward Lee Thorndike (1898) bereits im vorausgegangenen Jahrhundert begonnen hatte und die nachweislich auch die Forschungen Pawlows mitbestimmt haben.

### 4.2.2.1 Veränderung von Verhaltensweisen durch ihre Wirkungen

Zu den tüchtigsten Studenten von William James, einem der Pioniere in der amerikanischen Psychologie, gehörte Edward Lee Thorndike (1874–1949). Thorndike war beeindruckt von der Evolutionstheorie Darwins und von ihren Aussagen zum Anpassungsverhalten der Lebewesen. Wie aber gelingt es einem einzelnen Tier, sich an seine Umwelt anzupassen? Thorndike war entschlossen, dieser Frage in Tierexperimenten nachzugehen. Er war als Doktorand zunächst an der Harvard-Universität eingeschrieben. Dabei experimentierte er zunächst mit Hühnern in seinem Studentenzimmer. Die Tiere erhielten Futterbelohnungen für das Zurechtfinden in Labyrinthen, die Thorndike aus Büchern gebaut hatte. Er mußte diese Studien jedoch abbrechen, nachdem ihm seine Vermieterin unter Androhung einer Kündigung die »Tierhaltung« in der Wohnung untersagt hatte. James ermöglichte seinem Schüler daraufhin die Fortführung der Untersuchungen im Keller seines Hauses (Murchison et al., 1961). Aus Enttäuschung über eine Frau (die er später heiratete) verließ Thorndike Boston, um seine Studien an der Columbia-Universität in New York fortzusetzen. Dort fing Thorndike zur Durchführung seiner Untersuchungen streunende Katzen ein. Aus alten Holzkisten, die ursprünglich zur Verpackung von Apfelsinen gedient hatten, baute er sich fünfzehn sogenannte Problem-Käfige, von denen Abbildung 4.7 ein Beispiel zeigt.

Die von Thorndike geschaffenen Problemsituationen waren grundsätzlich die gleichen: Er setzte eine hungrige Katze in einen Käfig. Das Tier mußte darin eine bestimmte Veränderung hervorrufen (z. B. an einem Strick ziehen oder einen Hebel drücken), um die Entriegelung der Käfigtür zu erreichen. Das Verhalten, das jeweils zum Ziel führte, bezeichnete Thorndike als *instrumentelles Verhalten*. Was eine Katze typischerweise tat, nachdem sie erstmalig in den Käfig gesperrt worden war, hat Thorndike in seiner Doktor-Arbeit folgendermaßen beschrieben: »Sie versucht, sich durch jede Öffnung zu zwängen. Sie kratzt an den Gitterstäben und an den Drähten. Sie steckt ihre Pfote durch jede Öffnung und kratzt an allem, was erreichbar ist. ... Sie schenkt dem Futter außerhalb des Käfigs nicht sehr viel Aufmerksamkeit, sondern scheint einfach instinktiv bemüht zu sein, der Gefangenschaft zu entkommen. Die Katze, die in ihrem impulsiven Kampf Kratzspuren im ganzen Käfig hinterläßt, wird wahrscheinlich an dem Seil oder an der Schlinge zerren oder den Knopf so drücken, daß sich die Tür öffnet« (Thorndike, 1898).

Wenn eine Katze in einem ersten Versuch in den Käfig gesperrt wird, zeigt sie Verhaltensweisen, deren Abfolge nach dem Eindruck Thorndikes dem Zufall zu folgen scheinen. Thorndike spricht deshalb von *Versuch-und-Irrtum-Verhalten*. Dem Tier gelingt es früher

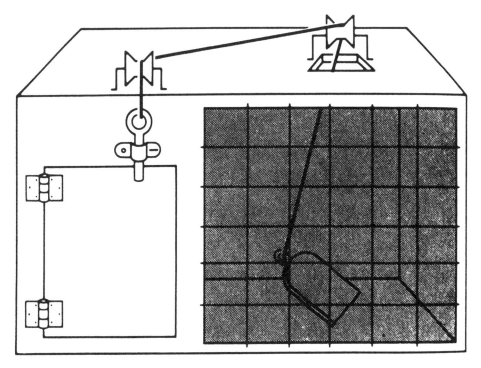

Abb. 4.7
*Einer der von Thorndike benutzen Problemkäfige*

oder später, die Tür zu öffnen (z. B. nach vier Minuten). Der Weg zum Futter ist daraufhin frei. Die Zeit vom Beginn des Versuchs bis zur Öffnung der Tür wird sorgfältig protokolliert. Thorndike sperrt in einem weiteren Versuch die Katze abermals in den Käfig. Wiederum protokolliert er, wie lange das Tier benötigt, bis jene instrumentelle Verhaltensweise auftritt, die eine Öffnung der Tür bewirkt. Thorndike stellt fest, daß die Anzahl der erfolglosen Versuche allmählich abnimmt. Die Katze zeigt also zunehmend weniger Versuch-und-Irrtum-Verhalten, nachdem sie wieder zurück in den Käfig gebracht worden ist. Immer früher tritt diejenige Verhaltensweise auf, durch die das Tier in die Freiheit gelangt. Das Tier hat folglich gelernt, durch Versuch und Irrtum zum Ziel zu kommen. Beim siebten Versuch öffnet sich die Tür z. B. bereits nach 30 Sekunden, beim 24. Versuch tritt die erfolgreiche Verhaltensweise schon nach sieben Sekunden ein.

Wie aber gelingt es dem Tier, aus Irrtümern zu lernen und mit jeder Wiederholung des Versuchs schneller die erfolgreiche Verhaltensweise zu zeigen? Thorndike meint, das Lernen erfolge nach dem *Effektgesetz:* Allmählich werden die erfolglosen Impulse »ausgestanzt«, und der besondere Impuls, der zu einem erfolgreichen Ereignis führt, wird durch das nachfolgende angenehme Gefühl »eingestanzt«. Wenn also eine Verhaltensweise zu einem Irrtum führt, entsteht ein unangenehmes Gefühl. Die Beziehung, zwischen dieser (einen unangenehmen Gefühlszustand auslösenden) Verhaltensweise und der Reizbedingung des Problemkäfigs wird infolgedessen geschwächt. Einer sehr viel kleineren Anzahl von Verhaltensweisen folgen angenehme Gefühle, denn sie bewirken das Öffnen der Tür und gestatten den Zugang zum Futter. Ihre Beziehung zu den Käfigreizen wird deshalb gestärkt. Das Effektgesetz besagt, daß die Häufigkeit, mit der eine Verhaltensweise auftritt, von ihren Konsequenzen abhängt. Eine entscheidende Schwäche des Effektgesetzes sollte nicht übersehen werden: Thorndike hatte beobachtet, daß einige Verhaltensweisen häufiger, andere dagegen seltener auftraten. Ob diese Änderung der Auftretenshäufigkeit einer Verhaltensweise tatsächlich von ihren Konsequenzen abhing, blieb ungeprüft. Nachdem Thorndike beobachtet hatte, daß eine Verhaltensweise im Lauf der Zeit häufiger aufgetreten war, konnte er nur *vermuten*, daß diese Verhaltensveränderung durch ihre angenehmen Effekte zustande gekommen war.

Im Rahmen seiner Bemühungen, das Anpassungsverhalten von Tieren zu erklären, hat Thorndike ein wesentliches Teilziel erreicht. Er hat nachgewiesen, daß Tiere in neuen Situationen Versuch-und-Irrtum-Verhalten zeigen, um Barrieren vor attraktiven Zielen aus dem Weg zu räumen. Sobald seine Katze das jeweils erfolgreiche Verhalten ausgeführt hatte, war – und das ist kennzeichnend für das instrumentelle Verhalten – ein Versuchsdurchgang beendet, denn nach Öffnen der Tür konnte sie den Käfig verlassen.

### 4.2.2.2 Auf der Suche nach größtmöglicher Verhaltenskontrolle

Burrhus Skinner hat von Thorndikes Katzenexperimenten zweifellos entscheidende Anregungen für seine Arbeiten erhalten. Verständlicherweise aber konnte Skinner als radikaler Behaviorist mit Begriffen wie »angenehme« und »unangenehme Gefühlszustände« wenig anfangen. Zudem gingen Thorndike und Skinner unterschiedlichen Forschungsinteressen nach.

Thorndike interessierte sich für das Anpassungsverhalten von Tieren. Skinner suchte demgegenüber Antwort auf die Frage, wie sich Kontrolle über das Verhalten von Tieren und Menschen gewinnen läßt. *Wann* z.B. Thorndikes Katze den vorhandenen Hebel drückte und wie häufig, entzog sich weitgehend dem Einfluß des Experimentators. Wie aber kann man das Tier veranlassen, eine Verhaltensweise zu einem bestimmten Zeitpunkt zu zeigen und zu einem anderen zu unterlassen? Solche Fragen rückte Skinner in den Mittelpunkt seines Forschungsinteresses.

Der Problemkäfig, den Skinner verwendete – der sogenannte Skinner-Käfig (eine Bezeichnung übrigens, die Skinner nicht gefiel, und die er deshalb auch selber niemals benutzte [Skinner, 1984]) –, gestattete dem Versuchstier, erfolgreiche Verhaltensweisen ständig zu wiederholen. In der Operanten Konditionierung findet sich deshalb der Be-

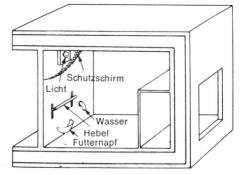

Abb. 4.8
*Ein Skinner-Käfig*

griff der *Verhaltenshäufigkeit* (eigentlich Auftretenshäufigkeit einer Verhaltensweise); er bezeichnet die Häufigkeit, mit der eine bestimmte Verhaltensweise in einer definierten Zeiteinheit (z. B. innerhalb einer Minute) auftritt. Aus Veränderungen der Verhaltenshäufigkeit ist abzulesen, ob der Experimentator seinem Ziel, höchstmögliche Kontrolle über das operante Verhalten zu gewinnen, näher kommt.

Erwartete Skinner, mit Hilfe der Konditionierung Kontrolle über alle möglichen Arten von Verhaltensweisen zu erlangen? Skinner (1953) antwortete auf diese Frage einmal, man könne einen Menschen nicht dazu bringen, ›absichtlich‹ zu erröten. »Das Erröten kann ebensowenig wie das Erblassen, wie das Vergießen von Tränen oder wie die Speichel- und Schweißabsonderung usw. unter die Kontrolle Operanter Konditionierung gebracht werden.« Ob dieser Äußerung Skinners zuzustimmen ist, untersucht Info-Kasten 4.3.

Um die Auftretenshäufigkeit einer Verhaltensweise zu verändern, bediente sich Skinner zweier verschiedener Elemente, wobei eines bereits von Thorndike beschrieben wurde. Es hängt entscheidend von den *Konsequenzen* einer Verhaltensweise ab, ob sie zukünftig häufiger oder seltener auftritt. Die Entdeckung, daß sich Verhalten über Konsequenzen kontrollieren läßt, erfolgte allerdings bereits sehr viel früher in der menschlichen Geschichte, denn das Alte Testament schildert Gottes Versuch, Kontrolle über das Verhalten der Hebräer auszuüben, nachdem er ihnen ein neues Gesetz *(Die zehn Gebote)* gegeben hatte. Der Herr erklärte: »Und dafür, daß Ihr diese Rechte anhört, sie haltet und danach tut, wird der Herr ... Dich lieben und Dich segnen und Dich mehren« (5. Mose, 7:12-13). »Doch wenn Du des Herrn, Deines Gottes, vergissest, und anderen Göttern nachgehst, ihnen dienst und sie anbetest, so beteure ich Euch heute, daß Ihr zugrunde gehen werdet« (8:19). Bereits im Alten Testament wird zwischen positiven und negativen Konsequenzen unterschieden. Positive Reize rufen Annäherungsverhalten hervor. Der Herr verspricht, die Frucht des Leibes und des Landes, das Korn, den Wein, das Öl und den Nachwuchs der Kühe und Schafe zu segnen, wenn getan wird, was die Gebote fordern. Negative Reize versucht ein Lebewesen entweder von vornherein zu vermeiden oder – sofern sie bereits einwirken – zu beenden. Die Hebräer konnten z. B. dem angedrohten »Zugrundegehen« durch folgsames Verhalten entgehen. Mit positiven und negativen Reizen allein läßt sich nach Skinners Überzeugung jedoch noch keine Kontrolle des Verhaltens ausüben. Zur Erreichung eines solchen Ziels bedient man sich sogenannter *Unterscheidungs-* oder *diskriminativer Reize*.

### 4.2.2.3 Erhöhung der Auftretenshäufigkeit einer operanten Verhaltensweise durch Verstärkung

Der beste Zugang zu Skinners Operanter Konditionierung eröffnet sich mit der Schilderung eines seiner ersten Experimente (Skinner, 1938). Eine hungrige Ratte wird in einen Skinner-Käfig gesperrt, in dem sich ein Hebel befindet. Zunächst beobachtet man beim Tier das gleiche Verhalten, das Thorndike als Versuch-und-Irrtum-Verhalten bezeichnet hat. Früher oder später zeigt die Ratte auch eine Verhaltensweise, die sie offenbar nicht zu lernen braucht: Sie drückt den vorhandenen Hebel herunter. Diese operante Verhaltensweise tritt innerhalb der ersten Stunde des Experiments z. B. achtmal auf. Sodann ändert Skin-

## Info-Kasten 4.3:
### Kann man lernen, auf Körperfunktionen, die normalerweise vom Körper automatisch reguliert werden, Einfluß zu nehmen?

Nicht selten entstehen neue wissenschaftliche Erkenntnisse unerwartet. Man wird zufällig auf sie aufmerksam, während man sich mit ganz anderen Fragen beschäftigt. Das trifft auch für Joseph Kamiya (1968) zu, der in den späten fünfziger Jahren dieses Jahrhunderts Untersuchungen zur Schlafforschung durchführte. Ihm war bekannt, daß die am äußeren Schädel ableitbaren schwachen hirnelektrischen Ströme im Zustand der Ruhe eine charakteristische Form – einen sogenannten Alpha-Rhythmus – annehmen. Im Verlauf seiner Untersuchungen fragte er sich, ob sich seine Versuchspersonen ein besseres Bild von einem bestimmten Entspannungsgrad machen könnten, wenn er ihnen das Auftreten der Alpha-Wellen unverzüglich mitteilte. Zu Kamiyas Überraschung lernten seine Versuchspersonen sogar, den Alpha-Rhythmus absichtlich hervorzurufen. Sie konnten allerdings nicht mitteilen, wie ihnen diese Einflußnahme gelang. Die Versuchspersonen empfanden den herbeigeführten Zustand als so angenehm, daß sie um Fortsetzung der Übungen baten, obwohl Kamiya sie für ihre Teilnahme nicht mehr bezahlen konnte. Eine seiner Versuchspersonen erreichte einen derartig hohen Beherrschungsgrad bei der Kontrolle der Hirnwellen, daß sie Morsezeichen auszusenden vermochte (es ist übrigens verhältnismäßig leicht, die Ausschaltung der Alpha-Wellen zu erlernen, während es nur unter erheblichen Schwierigkeiten gelingt, Alpha-Wellen stärker werden zu lassen). Immerhin schien es möglich zu sein, auf physiologische Prozesse Einfluß zu gewinnen, die nach herkömmlichem Wissen außerhalb bewußter Kontrolle lagen. Das Mitteilen (bzw. Rückmelden) von Daten, die sich auf biologische Prozesse beziehen, nennt man *Biofeedback*. Die erste wissenschaftliche Studie, in der das, was heute *Biofeedback* genannt wird, beobachtet worden ist, stammt aus dem Jahre 1885. Damals berichtete ein russischer Arzt von einem Patienten, der seinen Herzschlag »durch vollkommen bewußte Willenskraft« kontrollieren konnte (Tarchanoff, 1885).

Das öffentliche Interesse für das *Biofeedback* wurde durch eindrucksvolle Vorführungen geweckt. In einer Demonstration leitete man z.B. Gehirnwellen eines geübten Menschen ab, verstärkte sie, um sie sodann einem Gerät zuzuleiten, das beim Auftreten von Alpha-Wellen einen Zug in Gang setzte, der beim Auftreten eines anderen Rhythmus (sogenannte Beta-Wellen) wieder angehalten wurde. Auf diese Weise konnte ein scheinbar bewegungsloser Mensch über seine hirnelektrische Aktivität eine Miniatureisenbahn steuern (Brown, 1974).

Obwohl es für die Wirkungsweise des *Biofeedback* noch keine allgemein anerkannte Erklärung gibt, läßt sich nicht übersehen, daß mit dieser Methode im klinischen Alltag Erfolge zu erzielen sind. So hat man beispielsweise Patienten helfen können, die unter Bluthochdruck leiden. Ebenso ließen sich Herz-Rhythmusstörungen auf diese Weise beseitigen oder wenigstens mindern. Auch Menschen, die unter häufigen Kopfschmerzen (Duckro und Cantwell-Simmons, 1989) und hoher Ängstlichkeit (Fahrion und Norris, 1990) leiden, kann geholfen werden. Asthmatiker können durch *Biofeedback* in die Lage versetzt werden, den Atemwiderstand und die Heftigkeit ihrer Anfälle zu mindern (Knapp, 1967).

Solche Ergebnisse sind ermutigend. Dennoch ist man zur Zeit noch weit davon entfernt, *Biofeedback* im medizinischen Bereich allgemein erfolgreich einsetzen zu können. Menschen unter-

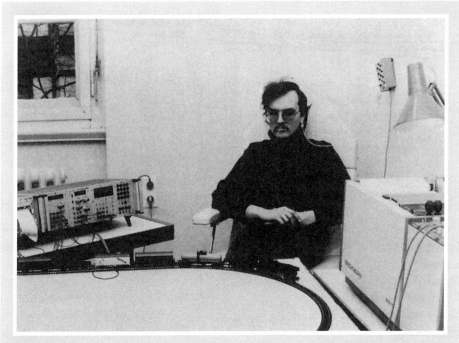

Abb. 4.9
*Steuerung einer elektrischen Eisenbahn durch Gehirnwellen*

scheiden sich erheblich darin, wie sie auf diese Methode ansprechen. Bereits Kamiya beobachtete, daß einige seiner Versuchspersonen schneller als andere mit *Biofeedback* trainiert werden konnten. In vielen Untersuchungen ließen sich Leiden zwar vermindern, aber nicht dauerhaft beseitigen. Kritische Stimmen, die sich auf die Ergebnisse einer großen Anzahl von Untersuchungen stützen, meinen, *Biofeedback* sei nicht wirksamer als einfache Entspannungsmethoden, gleichzeitig jedoch erheblich teurer in der Anwendung (Turk et al., 1979). Man darf aber nicht übersehen, daß sich die Forschung immer noch in einem sehr jungen experimentellen Stadium befindet (Roberts, 1985). Es lohnt sich, den Fortgang der Arbeiten weiterhin zu verfolgen.

ner die Bedingungen, denn von der zweiten Stunde an fällt nach jedem Herunterdrücken des Hebels eine kleine Futterpille in die Schale. Da jeder Hebeldruck durch einen Rekorder (s. Abbildung 4.10) aufgezeichnet wird, läßt sich dem Protokoll entnehmen, daß die Häufigkeit des Auftretens dieser operanten Verhaltensweise nach Verabreichung der Futterpille allmählich zugenommen hat. Zu einem späteren Zeitpunkt drückt die Ratte den vorhandenen Hebel möglicherweise 300mal. Damit hat Lernen stattgefunden: Die Auftretenshäufigkeit einer operanten Verhaltensweise hat sich erhöht.

Die Erklärung, die Skinner für die beobachtete Verhaltensveränderung gibt, weist große Ähnlichkeiten mit der von Thorndike auf. Auch Skinner greift nämlich auf die Verhaltenskonsequenz zurück: Wenn einer Verhaltensweise ein positiver Reiz folgt und de-

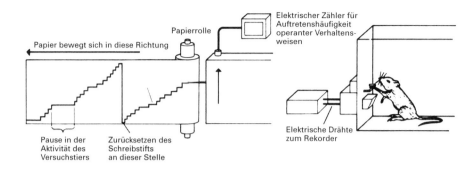

Abb. 4.10
*Eine Vorrichtung zur Aufzeichnung operanter Verhaltensweisen von Versuchstieren im Skinner-Käfig*

ren Auftretenshäufigkeit daraufhin ansteigt, besitzt der Reiz für ihn die Funktion eines positiven Verstärkers. Die Futterpillen im Skinner-Käfig wurden offenbar nicht gemieden, sondern statt dessen von den hungrigen Tieren verspeist, sobald sie ihnen zur Verfügung standen.

Skinner sieht in der Darbietung des Futters eine Verstärkung derjenigen Verhaltensweise, die den Hebeldruck bewirkte. Vielfach bedeutet »Verstärkung« (engl. *reinforcement*) das gleiche wie das im alltäglichen Sprachgebrauch verwendete Wort »Belohnung«. Skinner ist jedoch in seiner Definition der Verstärkung sehr vorsichtig. Für Skinner ist jedes Ereignis eine Verstärkung, das als Folge einer Verhaltensweise auftritt und deren Auftretenshäufigkeit erhöht. Eine als Belohnung gedachte Maßnahme stellt also nur dann eine Verstärkung dar, wenn eine Verhaltensweise nach ihrer Verabreichung tatsächlich häufiger auftritt.

### 4.2.2.4 Verstärkung als mehr oder weniger häufig auftretende operante Verhaltensweise

Skinner hatte seine Versuchsapparatur so eingerichtet, daß nach jedem Hebeldruck eine Futterpille bereitgestellt wurde. Da sich das Hebeldrücken daraufhin relativ schnell wiederholte, schrieb er der Futterpille die Eigenschaften eines Verstärkers zu. David Premack (1959) hat im Verlauf seiner Untersuchungen jedoch eine andere Sichtweise gewonnen. Nach seiner Überzeugung hat Skinner der Ratte mit der Darbietung der Futterpille lediglich die Gelegenheit gegeben, darauf mit einer bestimmten Aktivität zu reagieren. Es war das Freßverhalten, das in Skinners Experimenten als Verstärkung wirksam gewesen ist. Nach Meinung Premacks lassen sich sämtliche Verhaltensweisen eines Organismus nach der Häufigkeit ihres Auftretens hierarchisch anordnen, wobei die attraktivsten an der Spitze, die unattraktivsten und deshalb zu meidenden ganz unten stehen. Wenn man einem Organismus die Gelegenheit gibt, eine Verhaltensweise höherer Auftretenswahrscheinlichkeit zu zeigen (etwa Fressen), besteht die Möglichkeit, damit eine Verhaltensweise zu verstärken, die tiefer in der Hierarchie steht (z. B. Hebeldrücken). Eltern wenden dieses *Premack-Prinzip* seit langem in ihren Erziehungsmaßnahmen an. Sie gestatten ihren Kindern erst dann die Ausführung einer attraktiven Aktivität (z. B. Spielen), wenn zuvor die weniger attraktive Tätigkeit (etwa schulische Hausaufgaben) erledigt ist.

Premack geht davon aus, daß bei einem Organismus in jedem Moment eine Verstärker-Hierarchie vorliegt. Diese kann sich aber im Verlauf der Zeit ändern. In einem seiner Experimente sollten sich Kinder entscheiden, ob sie Süßigkeiten essen oder mit einem Flipper-Automaten spielen wollten (Premack, 1962). Da sich viele Versuchspersonen für das Spielen entschieden, konnte man folgern, daß diese Aktivität hierarchisch höher angeordnet war als das Naschen. Premack konnte tatsächlich das Essen von Süßigkeiten verstärken, indem er es von der Gelegenheit zum Spielen abhängig machte. Es gelang ihm jedoch zunächst nicht, die Auftretenshäufigkeit des Spielens mit Hilfe von Süßigkeiten zu verstärken. Das änderte sich allerdings, nachdem die Kinder für einige Zeit nichts gegessen hatten. Mit zunehmendem Hunger ordnete sich ihre Verstärker-Hierarchie offenbar um, denn schließlich gelang es durch die Gelegenheit zum Essen, die Spielaktivitäten am Flipper-Automaten zu verstärken. Immer wenn ein Organismus daran gehindert wird, eine Aktivität auszuführen, die bei ihm unter normalen Umständen in einer bestimmten Häufigkeit auftritt, erfolgt ihr Aufsteigen in der Verstärker-Hierarchie. Wenn man die Bewegungsmöglichkeiten von Ratten für einige Zeit erheblich einschränkt, wird z. B. die im Anschluß daran gebotene Gelegenheit zum Laufen zu einem entsprechend mächtigeren Verstärker (Timberlake und Allison, 1974).

Bei der Verstärkung kommt es nicht so sehr darauf an, wie häufig ein Mensch eine Aktivität ausführt, sondern darauf, ob er zu ihrer Ausführung so viel Gelegenheit hat, wie er es wünscht. Im günstigsten Fall teilt man sich seine Zeit so ein, daß notwendige und angenehme Tätigkeiten in der jeweils gewünschten Häufigkeit stattfinden können. Wenn das gelingt, befindet man sich in einem Gleichgewichtszustand. Wenn allerdings eine dieser Aktivitäten aus irgendwelchen Gründen vernachlässigt wird, erfolgt eine Störung des Gleichgewichts. Eine Gelegenheit zur Ausführung dieser zu kurz gekommenen Aktivität wird unter diesen Umständen zu einem Verstärker, weil dadurch das Gleichgewicht wieder herzustellen ist (Timberlake und Farmer-Dougan, 1991). Der Besuch eines Friseurs stellt für Menschen, die normalerweise vielleicht alle drei bis vier Wochen zum Friseur gehen, eine Aktivität verhältnismäßig geringer Auftretenshäufigkeit dar. Nach dem Premack-Prinzip wäre ein Friseurbesuch ein schwacher Verstärker. Wenn der letzte Haarschnitt aber bereits längere Zeit zurückliegt, entsteht ein Ungleichgewicht. Die Gelegenheit zum Aufsuchen eines Friseurs wird unter diesen Umständen attraktiver als manch andere Aktivität, die insgesamt vergleichsweise häufig ausgeführt wird.

### 4.2.2.5 Erhöhung der Auftretenshäufigkeit operanter Verhaltensweise durch negative Verstärkung

In seinen Wunschphantasien mag man von einer Welt träumen, in der Verhalten nur durch positive Verstärkungen kontrolliert wird. Die Wirklichkeit sieht jedoch ganz anders aus. Als festgestellt wurde, daß das Anlegen von Sicherheitsgurten vielfach »vergessen« wurde, hätte man versuchen können, die Auftretenshäufigkeit des Anschnallens durch positive Verstärkung zu erhöhen. Man bevorzugte statt dessen eine andere Maßnahme: Fahren ohne Gurt wurde mit einem Bußgeld geahndet. Die Verkehrsüberwacher setzten darauf, daß die Androhung einer derartig unangenehmen Verhaltenskonsequenz zu einer Verhaltensänderung führen würde. Bußgeld ist ein Beispiel für einen *aversiven Reiz*. Auf einen solchen wird stets mit Flucht- oder Vermeidungsverhalten reagiert. Wie sich mit Hilfe solcher aversiver Reize die Auftretenshäufigkeit erwünschter Verhaltensweisen steigern läßt, hat Skinner zunächst in gut kontrollierten Tierexperimenten untersucht.

Skinners Versuchstiere mußten während der Experimente erfahren, daß nicht nur Futterpillen dargeboten, sondern ebenso elektrische Schocks verabreicht wurden. Diese aversiven Reize konnten sie allerdings durch Hebeldruck ausschalten. Skinner spricht von einer *negativen Verstärkung*, wenn ein aversiver Reiz infolge einer Verhaltensweise (z. B. Hebeldrücken) *nicht auftritt* (das Ausbleiben eines unangenehmen Ereignisses ruft also – »unbehavioristisch« ausgedrückt – ein angenehmes Erlebnis hervor). Seine Versuchstiere lernten, daß der schmerzhafte Schock nicht auftrat oder zu beenden war, wenn sie den Hebel drückten. Nach jeder (negativen) Verstärkung wurde der Hebel schneller gedrückt. Die Wahrscheinlichkeit des Auftretens des Hebeldrückens steigerte sich also zunehmend. Demnach wird eine Verhaltensweise auch verstärkt, wenn ein aversiver Reiz infolge ihres Auftretens ausgeschaltet oder von vornherein vermieden wird. Man sollte negative Verstärkung und Bestrafung (s. S. 183 f.) nicht miteinander verwechseln. Durch eine negative Verstärkung wird eine Verhaltensweise nicht beendet; vielmehr wird ihre Auftretenswahrscheinlichkeit – im Gegenteil – gesteigert.

Nachdem festgestellt wurde, daß viele Autofahrer ihre Sicherheitsgurte nicht anlegten, wurden unangenehme Konsequenzen (Zahlung eines Bußgeldes) angedroht. Zur Vermeidung dieses aversiven Reizes fand das Anschnallen häufiger statt. Diese Verhaltensveränderung war eine Folge negativer Verstärkung.

### 4.2.2.6 Beschleunigte Herbeiführung operanter Verhaltensweisen durch Ausformung

Die Geduld eines Experimentators, der auf eine bestimmte operante Verhaltensweise seines Versuchstiers wartet, wird unter Umständen in einem erheblichen Maße auf die Probe gestellt. Möglicherweise wartet er sogar vergeblich. Was tat Skinner, wenn eine Ratte einfach nicht bereit war, den vorhandenen Hebel im Käfig zu drücken? In einer solchen Situation gibt es die Möglichkeit der Verhaltensausformung. Diese Methode verlangt, daß der Versuchsleiter jede Annäherung an die letztlich gewünschte Verhaltensweise verstärkt.

Um eine Ratte zu veranlassen, den Hebel zu drücken, gibt der Experimentator bereits eine Futterpille frei, wenn sie z. B. nur in die Richtung des Hebels blickt. Die nächste Verstärkung erfolgt erst, sobald sich das Tier dem Hebel etwas genähert hat. Eine weitere Futterpille wird erst verabreicht, wenn die Ratte den Hebel berührt usw. Mit Hilfe eines Prozesses der *allmählichen Annäherung* läßt sich fast jede Verhaltensweise beschleunigt herbeiführen. Das grundsätzliche Vorgehen ist jedoch sehr viel einfacher zu beschreiben als tatsächlich anzuwenden. Immerhin gelang es Skinner mit Hilfe der Ausformung (und der Verkettung verschiedener operanter Verhaltensweisen) u. a., Tauben ein Tischtennisspiel zu lehren und Löwen beizubringen, auf dem Rücken eines Pferdes zu reiten.

Im menschlichen Bereich wird die Ausformung aus verständlichen Gründen vor allem bei Kindern mit Lernbehinderungen und bei sehr jungen Versuchspersonen angewandt. So war es in einer Studie beispielsweise das Ziel, ein 44 Monate altes Kind zu sportlichen Betätigungen zu veranlassen (Johnston et al., 1966). Es sollte vor allem seine Scheu vor einem Klettergerüst überwinden. Nach Beginn der »Behandlung« lächelte die Sportlehrerin und sprach jedesmal zu dem Jungen, wenn dieser sich dem Gerüst näherte. Sie entzog ihm dagegen ihre Aufmerksamkeit, sobald er sich vom Gerüst entfernte. Nach Erreichung eines jeden Teilschrittes wurden die Anforderungen etwas erhöht. Zuerst wurde er durch Aufmerksamkeitszuwendung nur verstärkt, wenn er sich auf etwa zwei Meter dem Gerüst genähert hatte, sodann folgte dem erwünschten Verhalten nur noch dann eine positive Konsequenz, wenn er mindestens eineinhalb Meter an das Gerüst herangetreten war. Im weiteren Verlauf der Ausformungsprozedur mußte das Gerät wenigstens berührt werden, und schließlich hatte der Junge darauf zu klettern. Gegen Ende der Studie verbrachte das Kind 70 Prozent der ihm zur Verfügung stehenden Zeit damit, auf dem Gerüst umherzuklettern.

### 4.2.2.7 Unterdrückung operanter Verhaltensweisen durch Bestrafung

Durch Darbietung eines negativen Reizes, den eine Ratte zu vermeiden versucht, kann das Wiederauftreten einer Verhaltensweise verhindert werden. Skinners Versuchstier erhielt in einem seiner Experimente jedesmal einen elektrischen Schlag, wenn es den Hebel gedrückt hatte. Daraufhin hörte die Ratte sehr schnell auf, diese operante Verhaltensweise ein weiteres Mal zu zeigen. Wenn ein aversiver Reiz einem Verhalten folgt *und dessen Auftretenshäufigkeit daraufhin abnimmt* oder wenn die Verhaltensweise möglicherweise – wenigstens vorübergehend – überhaupt nicht mehr auftritt, sprechen Lernpsychologen von einer Bestrafung.

Im Falle einer Bestrafung ist eine Verhaltensweise jedoch nicht gelöscht, ihr Auftreten wird lediglich unterdrückt, denn nach Beseitigung der negativen Konsequenz tritt die Verhaltensweise in der Regel wieder häufiger auf. Von der Bestrafung sollte nur Gebrauch gemacht werden, wenn eine schnelle Unterdrückung einer Verhaltensweise bewirkt werden muß. So läßt sich mit ihr z. B. erreichen, daß ein Kind nicht achtlos auf eine vielbefahrene Straße läuft oder sich als Nichtschwimmer nicht am Ufer eines tiefen Gewässers aufhält. Ebenso mag die Maßnahme verhindern, daß ein Kind die gelegentlich sehr heißen Kochplatten eines Herdes berührt oder sich aggressiv gegenüber jüngeren Geschwistern verhält. Die Bestrafung stellt *in einigen Situationen* eine Maßnahme dar, mit der sich eine Verhaltensweise sehr schnell und wirksam unterdrücken läßt. Dennoch ist nicht zu übersehen, daß Strafmaßnahmen in vielen Fällen »einfach nichts nützen«. Eine amerikanische Nachuntersuchung von 108 580 Gefangenen nach ihrer Entlassung ergab, daß 62 Prozent innerhalb von drei Jahren abermals mit dem Gesetz in Konflikt kamen; 41 Prozent fanden sich nach Ablauf dieser kurzen Zeitspanne wieder hinter Gittern (Beck und Shipley, 1989). Ebenso gelingt es einigen Eltern trotz Einsatz von Bestrafungen nicht, bestimmte unerwünschte Verhaltensweisen bei ihren Kindern zu verhindern. Stellen solche Beobachtungen die Wirksamkeit der Bestrafung nicht in Frage?

Man hätte es mit einer sehr mechanistischen Auffassung zu tun, wenn man davon ausginge, daß sich eine Verhaltensweise stets unterdrücken ließe, wenn ihr nur schnell ge-

Abb. 4.11
*Dem Einsatz einer Prügelmaschine würde eine sehr mechanistische Auffassung vom Verhalten und seinen Bedingungen zugrunde liegen. Tatsächlich ist die Wirkung einer Bestrafung besonders schwer vorhersagbar.*

nug und in ausreichender Stärke eine Bestrafung folgte. Tatsächlich gehört die Bestrafung zu jenen Verhaltenskonsequenzen, deren Wirksamkeit besonders schwer vorhersagbar ist. Es ist deshalb höchst zweifelhaft, ob bei einem wirklichen Einsatz der in Abbildung 4.11 dargestellten »Prügelmaschine« die jeweils erwarteten Wirkungen erzielt werden können.

Welchen Einfluß eine gedachte Strafmaßnahme auf das weitere Verhalten nimmt, hängt – aus konstruktivistischer Sicht – u. a. von den Bewertungsfunktionen ab. Es ist nämlich nicht unerheblich, wie der zu Bestrafende die gegen ihn gerichtete Maßnahme interpretiert; so kann er sie z. B. als gerecht oder ungerecht empfinden. Möglicherweise macht er sich selbst, vielleicht aber auch widrige Umstände für eine begangene Tat verantwortlich. Von solchen subjektiven Urteilen hängt es in erheblichem Maße ab, wie ein Mensch reagiert. Zu beachten ist weiterhin, daß aus einer Bestrafungsmaßnahme sehr schnell eine negative Verstärkung werden kann, wenn sie nicht konsequent ausgeführt wird. So muß beispielsweise ein Autofahrer, der mit zu hoher Geschwindigkeit durch eine Ortschaft fährt, mit einer Bestrafung rechnen. Wenn diese aber ausbleibt, ist die Bedingung einer negativen Verstärkung erfüllt (s. S. 181 f.), und das bedeutet, daß sein unangemessenes Fahrverhalten (überhöhte Geschwindigkeit) verstärkt worden ist!

Die Wirkung einer Bestrafung bestimmt sich weiterhin nach der sozial-emotionalen Beziehung, die zwischen den beteiligten Personen besteht. Kinder entwickeln zu solchen Erwachsenen ein positives Verhältnis, die ihnen häufiger freundlich zulächeln und auf deren Leistungen lobend und anerkennend reagieren, d. h., sie bleiben bemüht, den Kontakt zu diesen freundlichen Personen fortbestehen zu lassen. Im Unterschied dazu werden Erwachsene gemieden, die vielfach kritisieren und ständig ermahnen. Ein häufig strafender Mensch besitzt infolgedessen geringere Möglichkeiten, auf das Verhalten Einfluß zu nehmen. Diese Feststellung hat für den Erziehungsalltag unmittelbare Bedeutung. Eltern, die eine freundliche und warme Beziehung gegenüber ihren Kindern entwickelt haben, können eher damit rechnen, daß eine gelegentliche Bestrafung den erwünschten Erfolg nach sich zieht. Demgegenüber bleibt die gleiche Maßnahme wahrscheinlich wirkungslos, wenn sie von Eltern ausgeht, die sich ihrem Kind gegenüber allgemein kühl und abweisend verhalten.

Eine Bestrafung sollte eine sozial-emotionale Beziehung möglichst wenig belasten. Schon deshalb wird man sich bei einem Versuch zur Verhaltensveränderung nicht allein auf diese Maßnahme stützen. Zu beachten ist aber auch, daß man mit einer Strafmaßnahme zunächst nur die Unerwünschtheit einer Verhaltensweise zum Ausdruck bringt. Nach dieser Stellungnahme sollte man die Frage prüfen, ob der Bestrafte überhaupt in der Lage ist, die in einer Situation erwünschte Verhaltensweise zu zeigen. Oft muß diese erst angeregt und ihr Auftreten verstärkt werden. Eine Mutter sollte sich also nicht darauf beschränken, ihr Kind für eine unachtsame Fahrbahnüberquerung zu bestrafen. Das Kind muß gleichzeitig die Gelegenheit erhalten, die Straße ordnungsgemäß und nach vorheriger Prüfung der Verkehrsverhältnisse zu überschreiten. Erfolgreiche Erziehungspraktiken machen systematischen Gebrauch von Regeln Operanter Konditionierung (Walberg, 1987). Auch der moderne Strafvollzug beschränkt sich nicht mehr darauf, die Bestrafung in den Vordergrund zu rücken. Zumeist werden während des Gefängnisaufenthaltes Lerngelegenheiten zum Aufbau jener Verhaltensweisen angeboten, die in einer Gesellschaft als erwünscht gelten und eine Eingliederung nach Abschluß der Haft erleichtern sollen.

### 4.2.2.8 Erschwerung der Extinktion durch partielle Verstärkung

Man vergegenwärtige sich einmal folgende Situation: Zwei Menschen stehen vor einem Automaten. Der eine benötigt eine Schachtel Zigaretten; aber er bemüht sich vergeblich. Der Automat gibt die gewünschte Ware nicht frei. Der enttäuschte Kunde steckt daraufhin keine weitere Münze in die Verkaufsmaschine und wendet sich ab. Der zweite Mensch steht vor einem Glücksspielautomaten. Auch er hat noch keinen Gewinn erhalten. Trotzdem fährt er fort, eine Münze nach der anderen in den Automaten zu stecken. Weshalb verhalten sich die beiden Personen in den genannten Situationen so unterschiedlich?

Für Skinner lautet die Antwort, daß die Freigabe der Verstärker bei den Automaten verschiedenartig verläuft. Eine Verkaufsmaschine gibt ihre Ware normalerweise nach jedem ausreichenden Münzeinwurf frei. Ein Spielautomat schüttet die Gewinne dagegen nur gelegentlich aus, und es läßt sich nicht vorhersagen, wann dies der Fall sein wird. Man spricht in einem solchen Fall von einer partiellen Verstärkung.

Partielle Verstärkungen kommen in vielen Situationen des alltäglichen Lebens vor. Eine Mutter kann nicht zu jeder Verhaltensweise ihres Kindes Stellung nehmen; sie tut es statt dessen gelegentlich. Auch ein Schüler darf nicht damit rechnen, nach jeder Wortmeldung vom Lehrer aufgerufen zu werden. Kaum ein Angler würde wohl die übliche Ausdauer zeigen, wenn er nicht zeitweilig dadurch eine Verstärkung erhalten würde, daß ein Fisch anbeißt.

Es waren bestimmte Umstände, die Skinner auf die Idee brachten, seine Tiere nur noch partiell zu verstärken. Sein Vorrat an Futterpillen war zur Neige gegangen, und deshalb entschied er sich, nicht mehr jede Verhaltensweise seiner Tiere zu verstärken (Skinner, 1956). Dabei machte er eine bedeutsame Entdeckung. Er stellte nämlich fest, daß Verhaltensweisen, die zuvor partiell verstärkt worden sind, nur sehr schwer durch Löschung oder Extinktion wieder abgebaut werden können. Damit findet auch das unterschiedliche Verhalten der erwähnten Automatenbenutzer eine Erklärung. Der Kunde einer Verkaufsmaschine erwartet aufgrund früherer Erfahrungen nach jedem Geldeinwurf eine Warenausgabe. Ihr Ausbleiben bringt die Verhaltensweise an diesem besonderen Automaten deshalb sehr schnell zur Extinktion. Ein Glücksspieler hingegen ist bei früheren Gelegenheiten partiell verstärkt worden. Folglich setzt er trotz ausbleibender Gewinne den Münzeinwurf fort. Zu beachten ist aber, daß eine operante Verhaltensweise durch den konsequenten Entzug von Verstärkerreizen nicht völlig gelöscht wird. Nach einer erfolgten Extinktion zeigt eine operante Verhaltensweise lediglich jene Auftretenshäufigkeit, die vor der ständigen oder partiellen Verstärkung bestanden hat.

### 4.2.2.9 Unterscheidungsreize als unerläßliches Element der Verhaltenskontrolle

Es stellt ein Kennzeichen der Operanten Konditionierung dar, daß die Verstärkung oder Bestrafung stets erst als Folge einer Verhaltensweise auftritt. Man kann damit zwar die Häufigkeit des Auftretens einer Verhaltensweise erhöhen oder vermindern, aber mit den Verhaltenskonsequenzen allein ist keine Verhaltenskontrolle möglich. Hätte Skinner lediglich festgestellt, daß sich die Auftretenswahrscheinlichkeit einer Verhaltensweise durch ihre Konsequenzen verändern kann, wäre wenig zu den Erkenntnissen Thorndikes hinzugefügt worden. Skinner studierte aber keine instrumentellen, sondern operante Verhaltensweisen, also solche, die er unter seine Kontrolle bringen wollte. Dies gelingt nur unter Verwendung von Reizen, die darauf hinweisen, *wann* eine Verhaltensweise angemessen ist und *wann* nicht. So ist zügiges Fahren auf der Autobahn notwendig, vor einer »roten« Ampel jedoch sollte man seinen Wagen lieber anhalten. Auf einer Sportveranstaltung darf man seine Mannschaft mit lautem Schreien anfeuern; im Rahmen einer schriftlichen Prüfungssituation dürfte ein derartig auffälliges Verhalten kaum Verstärkung nach sich ziehen. Das Erzählen von Witzen wird von den Gästen einer Party vielleicht honoriert, die Trauergemeinde beim Begräbnis ist darauf wahrscheinlich weniger vorbereitet. Ein Lebewesen muß auf Unterscheidungs- oder diskriminative Reize achten, denn sie ermöglichen dem Lernenden die erforderliche Orientierung. Die Reize helfen dem einzelnen, auf Bedingungen aufmerksam zu werden, unter denen Verstärkungen im Gefolge bestimmter Verhaltensweisen auftreten können. Man lernt, Verhaltensweisen mit positiven Konsequenzen von anderen zu unterscheiden, bei denen mit Verstärkungen unter keinen Umständen zu rechnen ist.

Skinner hätte sein Ziel, ein hohes Maß an Verhaltenskontrolle zu gewinnen, niemals erreicht, wenn er in seinen Experimenten keinen Gebrauch von diskriminativen Reizen gemacht hätte. Wie Abbildung 4.8 auf Seite 176 erkennen läßt, befindet sich im Inneren des Käfigs eine Lampe. Die Tiere hatten zu lernen, daß dem Hebeldruck nur dann eine Futterbelohnung folgte, wenn die Lampe brannte. In diesem Fall hatte die Lampe die Funktion eines diskriminativen Reizes erworben, der die Möglichkeit einer positiven Konsequenz anzeigte ($S^{pos}$). Sehr bald wurde der Hebel bei erloschenem Licht nicht mehr betätigt. Ein Aufblinken zog dagegen sofort die gewünschte operante Reaktion nach sich. Info-Kasten 4.4 stellt dar, wie ein Pferd durch Beachtung diskriminativer Reize ($S^{pos}$) bei Zuschauern den Eindruck erweckte, mit den Grundrechnungsarten vertraut zu sein. Andere diskriminative Reize ($S^{neg}$) weisen darauf hin, daß das Auftreten einer bestimmten Verhaltensweise negative Konsequenzen nach sich zieht. So hatte die Ratten in einem Experiment Skinners beispielsweise gelernt, daß bei einer brennenden Lampe ein Hebeldruck einen elektrischen Schock nach sich zog. Wer eine Kreuzung bei roter Ampel durchfährt, muß mit einer Bestrafung rechnen. Für die meisten Verkehrsteilnehmer besitzt die Verkehrsampel die Funktion eines diskriminativen Reizes ($S^{neg}$), nicht aber von $S^{pos}$, denn man wird selten gelobt, nachdem man sich an einer Ampel ordnungsgemäß verhalten hat.

Der größte Teil des menschlichen Alltagslebens wird durch diskriminative Reize ($S^{pos}$ und $S^{neg}$) reguliert. Ohne sie könnte keine einzige soziale Begegnung problemlos verlaufen. Bevor man sich an einen anderen Menschen wendet, achtet man auf Hinweisreize von diesem, ob er überhaupt im Moment ansprechbar ist. Ein junger Mann, der sich um einen ersten Kontakt mit einem Mädchen bemüht, wird sehr sorgsam alle Äußerungsformen der jungen Dame daraufhin prüfen, ob sich solche darunter finden (z. B. Lächeln), die als Einladung zu interpretieren sind, mit dem Annäherungsverhalten zu beginnen. Ebenso wird im Unterrichts- und Erziehungsalltag versucht, über diskriminative Reize Einfluß auf das Verhalten von Kindern zu nehmen. Der Lehrer fordert z. B. seine Schüler auf: »Seht bitte an die Tafel!« Die Mutter ersucht ihre Tochter: »Hilf mir beim Tischdecken!« Vielleicht genügt bereits eine bestimmte Geste, um die Aufmerksamkeit eines Lernenden zu erregen. Der von seinen Schülern respektierte Lehrer braucht möglicherweise nur ein ernstes Gesicht zu machen, um zu signalisieren, daß eine daraufhin noch gezeigte Verhaltensweise (z. B. Sprechen mit dem Nachbarn) unangenehme Folgen haben wird.

Aufforderungen und Bitten der genannten Art folgt allerdings nicht immer das gewünschte Verhalten; gelegentlich werden sie sogar völlig ignoriert. Dem Lernpsychologen wäre eine solche Reaktion jedoch nicht unerklärlich. Er weist darauf hin, daß diskriminative Reize dadurch ihre Funktion erwerben, daß sie auf mögliche positive oder negative Konsequenzen hinweisen. Sollte also das gewünschte Verhalten auf eine entsprechende Aufforderung hin gezeigt werden, aber konsequent nicht verstärkt werden, verliert der diskriminative Reiz seine Funktion. Entsprechendes gilt für diskriminative Reize, die eine negative Konsequenz anzeigen. Sollten Schüler wiederholt erfahren, daß die Unterhaltung mit einem Nebenmann gar keine oder nur sehr selten negative Folgen hat, verliert das »ernste Gesicht« des Lehrers seine Funktion als $S^{neg}$, sofern es diese jemals besessen haben sollte.

### 4.2.2.10 Erlernen von Hilflosigkeit bei Wahrnehmung fehlender Kontrollmöglichkeiten

Martin Seligman (Seligman und Maier, 1967) beobachtete im zweiten Teil eines Experi-

## Info-Kasten 4.4:
### Wie brachte ein Lehrer einem Pferd das Rechnen »und andere Künste« bei?

*Herr von Osten* war nicht nur leidenschaftlich gerne Lehrer, sondern auch ein großer Pferdeliebhaber. Er hielt Pferde für außerordentlich intelligente Lebewesen und zweifelte nicht daran, daß diese Tiere die gleichen Leistungen wie seine Schulkinder erbringen könnten, wenn man ihnen nur entsprechend guten Unterricht erteilte. Nach seiner Pensionierung ergriff Herr *von Osten* die Gelegenheit, seine Auffassung an einem Pferd, das er *Hans* nannte, zu überprüfen. Über einen Zeitraum von vier Jahren bemühte er sich täglich, diesem Tier Kenntnisse beizubringen, die er zuvor in der Grundschule vermittelt hatte. Zunächst lernte *Hans*, auf Fragen durch Klopfen mit dem Vorderfuß auf den Boden zu antworten.

Nach vierjährigem intensiven Unterricht gelang es Herrn *von Osten*, seinen Gästen in der Tat beachtliche Leistungen vorzuführen (Pfungst, 1907). Der »*kluge Hans*«, wie sein Pferd inzwischen genannt wurde, konnte addieren, subtrahieren, multiplizieren, dividieren, Wurzeln ziehen, lesen und vieles mehr. Er beantwortete beispielsweise auch folgende Frage: »Wenn der 8. eines Monats ein Dienstag ist, der wievielte ist dann der folgende Freitag?« »Außerdem las er auf einer beliebigen Taschenuhr die Zeit nach Stunde und Minute ab und antwortete aus dem Kopf auf Fragen dieser Art: »Zwischen welchen Ziffern steht der kleine Zeiger, wenn es fünf Minuten nach halb acht ist?«, oder: »Wieviel Minu-

Abb. 4.12
*Der kluge Hans mit seinem Lehrer, Herrn von Osten, vor zwei Aufgabentafeln*

ten muß der große Zeiger bis drei Viertel laufen, wenn es sieben Minuten nach ein Viertel ist?«

Nachdem die »erstaunlichen Gedächtnis- und Verstandesleistungen« des Pferdes weithin bekannt geworden waren, besuchten Wissenschaftler unterschiedlicher Fachrichtungen Herrn *von Osten*. In ersten Stellungnahmen gelangten sie auch zu dem Schluß, daß es sich tatsächlich um ein außerordentlich begabtes Pferd handele. Sie zeigten sich vor allem davon beeindruckt, daß der *kluge Hans* die gestellten Fragen auch dann richtig beantworten konnte, wenn Herr *von Osten* gar nicht anwesend war. Demnach schien das Tier keine heimlichen Zeichen von seinem Herrn zu empfangen. Selbst Zirkuskünstler, die Erfahrungen in Tierdressuren hatten, konnten keine Hinweise auf irgendwelche Tricks finden. Erst der Psychologe Oskar Pfungst machte eines Tages eine bedeutsame Entdeckung: *Hans* konnte keine Frage richtig beantworten, wenn ihm die Augen verbunden worden waren. Offenkundig mußte er die Menschen sehen, um eine richtige Antwort geben zu können. Auffallend war weiterhin, daß das Pferd immer dann falsche Antworten gab, wenn seine Zuschauer die Lösung einer Aufgabe selber nicht kannten. Pfungst entdeckte daraufhin, auf welche Weise das Pferd zu seinen Antworten gelangte. Wenn ihm damals bereits Skinners Theorie der Operanten Konditionierung bekannt gewesen wäre, hätte er nach seinen eingehenden Untersuchungen folgende Erklärung geben können: Für jede richtige Antwort verstärkte Herr *von Osten* das Pferd mit Mohrrüben und anderen attraktiven Futterstücken. Das Tier hatte gelernt, auf bestimmte Verhaltensweisen seiner Zuschauer zu achten. Nachdem dem Pferd eine Frage gestellt worden war, senkten der Fragesteller und andere Beobachter den Kopf, um die Hufbewegungen verfolgen zu können. Dieses Kopfsenken hatte die Funktion eines diskriminativen Reizes erworben, denn unmittelbar nach seinem Auftreten begann das Pferd, mit seinem Fuß auf den Boden zu klopfen. Dieses Klopfen wiederholte das Tier so lange, bis die richtige Anzahl erreicht war, denn dann zeigten die Zuschauer unabsichtlich wiederum eine Reaktion. Sie war von Mensch zu Mensch unterschiedlich, bestand aber gewöhnlich in einer Anhebung des Kopfes oder bestimmter Teile des Gesichts, z. B. der Augenbrauen. Auch diese Reaktion hatte für *Hans* die Funktion eines diskriminativen Reizes erworben: Wenn er sein Klopfen daraufhin fortgesetzt hätte, wäre keine Verstärkung verabreicht worden. Durch seine sorgfältigen Untersuchungen stellte Pfungst fest, daß das Pferd gar nicht so ›klug‹ war wie ursprünglich angenommen. *Hans* hatte lediglich gelernt, auf diskriminative Reize zu reagieren, die von den Besuchern und Wissenschaftlern zuvor einfach übersehen worden waren. Seine Leistungen waren somit nicht auf außergewöhnliche Klugheit zurückzuführen. Herr *von Osten* hat die Befunde Pfungsts übrigens nie anerkannt. Er war davon außerordentlich betroffen, und es ist keineswegs auszuschließen, daß sein Tod wenige Monate nach Pfungsts Veröffentlichung durch eben diese beschleunigt worden sein könnte.

ments Hunde in einem sogenannten Pendelkäfig. Der Boden eines solchen Käfigs besteht aus einem Eisenrost, über den dem Versuchstier elektrische Schocks verabreicht werden können. Zwei Abteilungen des Käfigs sind durch eine kleine Hürde voneinander getrennt. Darüber findet sich jeweils eine Lampe, durch die einige Zeit vorher ein schmerzhafter Schock angekündigt wird.

Die im Experiment beobachteten Hunde unternehmen nichts, um dem angekündigten Schock zu entgehen. Sie könnten ihn ohne weiteres vermeiden, denn sie brauchen nur über die geringe Hürde in den anderen Teil des

Käfigs zu springen. Statt dessen laufen sie anfänglich jammernd umher. In einem späteren Abschnitt des Experiments legen sie sich als Reaktion auf die Elektroschocks nur noch wimmernd in eine Ecke. Andere gleichaltrige Hunde verhalten sich ganz anders; sie lernen sehr schnell, sich durch einen Sprung auf die sichere Seite des Käfigs zu retten. Wie erklärt sich das Verhalten der Hunde im Experiment? – Warum zeigen einige Hunde kein Vermeidungsverhalten, durch das ihnen unangenehme Schmerzen erspart bleiben könnten? In seiner Antwort verweist Seligman darauf, daß die Tiere seines Experiments eine unterschiedliche Lerngeschichte aufweisen. Die Hunde mußten 24 Stunden zuvor schmerzhafte, aber nicht verletzende Schocks über sich ergehen lassen. Unter diesen Bedingungen konnten sie nichts tun, um sich den unangenehmen Reizen zu entziehen. Die Tiere hatten gelernt, hilflos zu sein. Die andere Gruppe konnte den Schock durch Hebeldruck beenden. Da das Gehirn hilfloser Tiere eine geringere Menge einer bestimmten chemischen Substanz aufweist (sogenanntes *Norepinephrin*), ist die Vermutung geäußert worden, daß zwischen dieser physiologischen Auffälligkeit und der Unfähigkeit, unangenehmen Reizen auszuweichen, Zusammenhänge bestehen könnten (Weiss et al., 1981).

Unter normalen Lebensbedingungen lernen Tiere und Menschen im allgemeinen durch Operante Konditionierung, daß sie ihre Umwelt zumindest bis zu einem gewissen Grade unter ihre Kontrolle bringen können. Kleinkinder merken sehr bald, daß sie durch Schreien die Aufmerksamkeitszuwendung anderer lenken können. Das Vorschulkind erfährt, daß sich durch Knopfdruck an einer Verkehrsampel Autos anhalten lassen. Jugendliche wissen, durch welche Verhaltens-

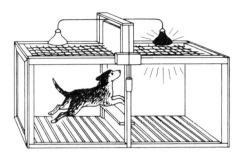

Abb. 4.13:
*Pendelkäfig, den Martin Seligman verwendete, um die Entstehung erlernter Hilflosigkeit zu studieren*

weisen sie ihre Eltern in Aufregung versetzen können. Solche Erfahrungen vermitteln das Wissen, daß bestimmte Verhaltensweisen vorhersagbare Folgen haben. Damit geht die Überzeugung eines Menschen einher, über wesentliche Ereignisse der Umwelt Kontrolle ausüben zu können. Wenn Menschen dagegen den Eindruck gewinnen, daß sich ihr beklagenswertes Schicksal nicht mehr beeinflussen läßt, besteht die Gefahr, daß sie sich auch dann nicht mehr um Veränderungen bemühen, wenn aus objektiver Sicht sehr wohl Erfolgsaussichten bestünden (Dweck und Licht, 1980). Vor allem beim Menschen führt Hilflosigkeit nicht selten zu schwerer Niedergeschlagenheit. Solche Depressionen beobachtete Seligman (1973) gehäuft auch unter Studenten einer Wohlstandsgesellschaft. Wie konnte es dazu kommen? Handelt es sich bei ihnen nicht vielfach um Menschen, die – wie Seligman sagt – »mit mehr Verstärkern als irgendeine frühere Generation aufgewachsen sind, mehr sexueller Freiheit, mehr intellektuellem Anreiz, mehr Kaufkraft, mehr Musik? Warum sollten sie also depressiv sein?« Seligman versucht selbst, eine Antwort zu geben: Die Verstärker einer Überflußgesellschaft sind einigen dieser jungen Menschen unabhängig von ihren Handlungen angeboten worden; sie hätten ebensogut »vom Himmel fallen können«. »Belohnungen ebenso wie Bestrafungen, die sich unabhängig von den eigenen Anstrengungen einstellen, fördern die Entwicklung einer Depression« (Seligman, 1973).

Auch zwischen den Bedingungen des Pendelkäfigs und bestimmten Alltagssituationen, unter denen Menschen aufwachsen, sieht Seligman (1973) gewisse Ähnlichkeiten. Zur Veranschaulichung schildert er das Schicksal eines fünfzehnjährigen Schülers, der nur noch auf das Ende der Schulzeit wartet. Der Schulbesuch stellt für ihn lediglich eine Serie von »Schocks« dar. Die Fragen des Lehrers kann er nicht beantworten, weil er sie gar nicht erst versteht. Auch die Sozialkontakte mit den Klassenkameraden sind unbefriedigend, da diese ihn für dumm halten. Irgendwann wird dieser junge Mensch die Schule verlassen, um in den ›Pendelkäfig‹ des Erwachsenenlebens einzutreten. Anstrengungen, um sich mit den Anforderungen erfolgreich auseinanderzusetzen, sind nicht zu erwarten: In der Schule hat er gelernt, hilflos zu sein und aus eigenem Bemühen nichts ändern zu können. Diese erworbene Lerneinstellung hat erhebliche Folgen für sein weiteres Leben, insbesondere auch, weil dadurch seine Fähigkeit beeinträchtigt sein wird, streßvollen Ereignissen wirkungsvoll entgegenzutreten (s. S. 368 f.).

## 4.3 Kognitive Sichtweisen des Lernens

Bei der Klassischen Konditionierung handelt es sich für die Vertreter traditioneller Lernpsychologie um einen Prozeß, in dessen Verlauf eine zunehmend engere Verbindung zwischen dem konditionierten und dem unkonditionierten Reiz entsteht. Kritiker dieser mechanistischen Sichtweise bezweifeln jedoch, daß ein neutraler Reiz nur deshalb zu einem konditionierten wird, weil er häufig genug mit dem unkonditionierten Reiz gekoppelt worden ist. Bei der Klassischen Konditionierung handelt es sich aber nicht, wie Marianne Hammerl und Hans-Joachim Grabitz (1994) betonen, »um einen simplen, mechanistisch ablaufenden, reflexhaften Vorgang, der ›geistlos‹ abläuft«. Könnte es nicht sein, so fragen Kritiker kognitiv-behavioristischer Ausrichtung, daß Pawlows Versuchstiere vielmehr Erwartungen entwickelt haben? Damit wird ein Begriff in Anspruch genommen, der auf die Mitwirkung kognitiver Prozesse verweist. Pawlows Hund reagierte so, *als ob* er nach dem Ertönen des Klingelzeichens (CS) die Darbietung von Futter (UCS) erwartete.

Nach dieser neueren Sichtweise ist es gar nicht so wichtig, wie häufig CS und UCS gekoppelt worden sind. Von Bedeutung ist vielmehr die Wahrscheinlichkeit, mit welcher der UCS tatsächlich der Darbietung von CS folgt (s. hierzu auch S. 164 f.). Lernpsychologen, die kognitive Prozesse in Anspruch nehmen, begründen diese Behauptung mit zahlreichen experimentellen Ergebnissen. Sie verweisen u. a. auf die Möglichkeit einer sogenannten *Blockierung*. In einem typischen Experiment (Kamin, 1969) folgt einem Ton (NS) wiederholt so lange ein elektrischer Schock (UCS), bis es gelingt, die konditionierte Furchtreaktion bereits allein durch das akustische Signal auszulösen. Im weiteren Ablauf des Experiments wird wiederholt der Ton, fortan aber zusammen mit einem Lichtreiz (neutraler Reiz) vor Verabreichung des Schocks dargeboten. Nach der Theorie der Klassischen Konditionierung wäre zu vermuten, daß die im zweiten Teil des Experiments wiederholt erfolgte Koppelung von Lichtreiz und Schock schließlich auch dazu führt, daß aus dem ursprünglich neutralen Reiz (Licht) ein konditionierter wird, der die Furchtreaktion ebenfalls auslösen kann. Das tritt jedoch nicht ein. Mit dem Lichtreiz allein läßt sich unter den genannten vorausgegangenen Bedingungen keine Furchtreaktion auslösen. Irgend etwas wirkt »blockierend« darauf, daß aus dem neutralen Lichtreiz ein konditionierter Reiz wird. Klassischen Konditionierungstheoretikern bereitet es außerordentlich große Schwierigkeiten, dieses experimentelle Ergebnis zu erklären. Vertreter einer Erwartungstheorie sind von diesem experimentellen Befund dagegen keineswegs überrascht: Da der Ton das Ereignis eines Schocks bereits vorhersagt, kommt dem Lichtreiz kein Informationswert mehr zu, denn er kündigt ja nichts an, was nicht be-

Worauf es hinausläuft, ist, daß du 'rauskriegen mußt, welche Reaktion die von dir haben wollen, und dann zeigst du ihnen genau diese Reaktion.

Abb. 4.14
*Für Lernpsychologen, die kognitive Prozesse berücksichtigen, handelt es sich nicht um einen mechanistisch ablaufenden Prozeß. Die Tiere lernen vielmehr, bestimmte Ereignisse zu erwarten.*

reits bekannt wäre. Da der neue Reiz die Vorhersagbarkeit des unangenehmen Ereignisses nicht erhöht, braucht ihm das Versuchstier keine weitere Aufmerksamkeit zu widmen; er wird folglich auch nicht zu einem konditionierten Reiz (Rescorla et al., 1985).

Lernpsychologen, die den traditionellen Behavioristen kritisch gegenüberstehen, schreiben dem Organismus innere Prozesse zu. Pawlows Hund produzierte Speichel, weil er gelernt hatte, daß er nach Darbietung des Klingelreizes Futter erwarten konnte. Auch die Ratte Skinners lernte im Verlauf des Experiments ihre Vorstellungen von sich selbst und der Welt zu verändern. Sie war konditioniert, wenn sie den Hebel drückte und nach dieser operanten Verhaltensweise eine Futterpille erwartete.

Für die meisten Psychologen, die sich kritisch vom traditionellen Behaviorismus absetzen, reicht eine Erklärung, die nur Reize und Reaktionen berücksichtigt (S-R-Psychologie), nicht mehr aus. Sie nehmen Prozesse in Anspruch, die zwischen dem Reiz und der Reaktion ablaufen. Einzelne Versuche, Kognitionen als Erklärung von Beobachtungen im Lernexperiment in Anspruch zu nehmen, gab es bereits zu der Zeit, als Konditionierungstheoretiker noch fast unangefochten die wissenschaftliche Diskussion beherrschten. Für Edward Tolman hatte die Verstärkung – wie im folgenden zu erläutern sein wird – eine ganz andere Funktion als für Skinner. Wolfgang Köhler warf den Konditionierungstheoretikern vor, ihre experimentellen Bedingungen würden von vornherein einsichtsvolles und kreatives Verhalten verhindern. Albert Bandura bezweifelte, daß man dem menschlichen Anpassungsverhalten gerecht werden kann, wenn man das Beobachtungslernen außer acht läßt. Tolman, Köhler und Bandura erweiterten das Wissen vom menschlichen Lernen, indem sie jeweils bestimmte kognitive Prozesse berücksichtigen.

### 4.3.1 Latentes Lernen und kognitive Landkarten

Edward Tolman (Tolman und Honzik, 1930) ließ Ratten durch ein Labyrinth laufen, bei dem es galt,»blinde Gänge« oder Sackgassen zu vermeiden, um möglichst schnell von einem Startpunkt zu einem Zielpunkt zu gelangen, an dem die hungrigen Tiere Futter erhielten. Es steht völlig im Einklang mit der Theorie der Instrumentellen Konditionierung, daß die Tiere das Ziel mit jedem weiteren Tag schneller erreichen konnten. Im Verlauf von 16 Tagen lernten sie täglich Fehler, also blinde Gänge, zu vermeiden.

Einer weiteren Gruppe von Ratten gestattete Tolman, zehn Tage lang im Labyrinth frei umherzulaufen. Selbst wenn die Tiere dabei an

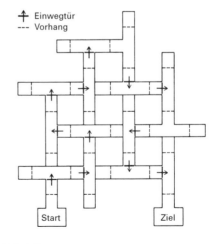

Abb. 4.15
*Grundriß des Labyrinths, das Edward Tolman benutzte, um das Lernen von Ratten unter verschiedenen Verstärkungsbedingungen zu studieren*

das Ziel gelangten, erhielten sie kein Futter. Nach der Konditionierungstheorie konnte unter dieser Bedingung kein Lernen stattfinden, denn es gab ja auch keine Verstärkungen. Tolman bot den Tieren am 11. Versuchstag erstmalig Futter am Zielpunkt an. Bereits am 12. Tag gelang es den Ratten daraufhin, fast ohne jemals einen blinden Gang zu betreten, in kürzester Zeit zum Ziel zu kommen. Nach einer einzigen Verstärkung änderte sich ihr Verhalten also schlagartig, denn es war ihnen möglich, das Ziel ebenso schnell zu erreichen wie die Tiere der ersten Gruppe. Wie erklärte sich Tolman, daß die Ratten der zweiten Gruppe sich in derartig kurzer Zeit den »Leistungen« der ersten Gruppen anpassen konnten?

Tolman war davon überzeugt, daß Tiere den Aufbau eines Labyrinths auch lernen, wenn sie keine Verstärkung erhalten. Während der ersten zehn Tage habe bei den Tieren der zweiten Gruppe *latentes Lernen* stattgefunden, d.h. Lernen, das zunächst verborgen blieb, das sich also nicht im Verhalten zeigte. Während der Zeit, in der es keine Verstärkungen gab, hat sich nach Tolman eine *kognitive Landkarte* entwickelt. Während die Tiere die Gelegenheit hatten, im Labyrinth umherzulaufen, entstand bei ihnen ein Wissen vom räumlichen Aufbau des Labyrinths. Dabei lernten sie nicht einfach eine mechanische Abfolge bestimmter Links- und Rechtsdrehungen, denn es gelang ihnen ohne weiteres, von verschiedenen Startpunkten aus zum Ziel zu gelangen. Solange es allerdings kein Futter gab, bestand gar kein Grund, sich möglichst schnell zu einem Zielpunkt zu begeben. Das änderte sich dann schlagartig elf Tage nach Beginn des Experiments, als zum erstenmal eine Verstärkung eingesetzt wurde.

Aus der Sicht Tolmans wird das Tier also nicht mechanisch von Außenreizen kontrolliert. Für ihn ist das Verhalten vielmehr *zweckdienlich*, d.h. darauf gerichtet, ein bestimmtes Ziel zu erreichen (Tolman, 1932). Da das Tier Verhaltenskonsequenzen vorwegnehmen kann, ist es in der Lage, jene Verhaltensweisen auszuwählen, die zum Ziel führen. Die Verstärkung hat für Tolman eine ganz andere Funktion. Verstärkungen sind zum Lernen keineswegs erforderlich, wohl aber liefern sie den Anlaß, von dem Gelernten Gebrauch zu machen.

### 4.3.2 Vom Versuch-und-Irrtum-Verhalten zur Einsicht

Zu den heftigsten Kritikern der ersten Konditionierungs-Experimente gehörten die Gestaltpsychologen. Ihnen erschien das Lernen, das Pawlow und Thorndike beschrieben hatten, als zu mechanistisch. Sie kritisierten vor allem die experimentellen Bedingungen, die den Tieren gar keine anderen Möglichkeiten gaben, als passiv auf Außenreize zu reagieren oder Versuch-und-Irrtum-Verhalten zu zeigen. Zu den Kritikern gehörte auch Wolfgang Köhler (1917), der sich während des Ersten Weltkriegs in Teneriffa aufgehalten hat. Seine dortige Tätigkeit hatte einige rätselhafte Spuren hinterlassen. Ein amerikanischer Psychologe, der auf diese aufmerksam wurde, hielt es sogar für möglich, daß Köhler einem Spionageauftrag nachgekommen ist (Ley, 1990). Diesem Verdacht sollte man, obwohl endgültig noch nicht widerlegt, allerdings mit Vorsicht begegnen. Köhlers eindeutig belegte und weithin bekannt gewordene Arbeit bestand auf jeden Fall darin, das Verhalten von Schimpansen in Problemsituationen zu studieren.

Die Aufgabe seiner Affen bestand stets darin, Früchte in ihren Besitz zu bringen, die nicht ohne weiteres erreichbar waren. So hatte Köhler beispielsweise Bananen unter die Käfigdecke gehängt, zu denen die Tiere nur gelangen konnten, wenn sie vorhandene Kisten aufeinander stapelten. In einer anderen Aufgabe galt es, mit Hilfe von Stöcken eine Frucht heranzuholen, die außerhalb des Käfigs plaziert war. Das intelligenteste Tier Köhlers, *Sultan*, versuchte, die Banane zunächst mit seinem Arm und sodann mit einem zur Verfügung stehenden kurzen Stock zu erreichen. Diese Bemühungen blieben wegen der Entfernung jedoch erfolglos. Nach dem Mißerfolg pausierte das Tier einen Augenblick. Plötzlich fiel sein Blick auf den längeren, ebenfalls außerhalb des Käfigs gelegenen Stock. Diesen holte es sich dann mit dem kürzeren heran, um schließlich die Frucht mit Hilfe des langen Stocks zu erreichen.

Im Gegensatz zu Thorndikes Beobachtungen an Katzen hob Köhler hervor, daß seine Tiere die Lösung plötzlich gefunden hatten, ohne vorher in zufälliger Abfolge Verhaltensweisen durchprobiert zu haben. Sobald sie einmal eine Lösung gefunden hatten, setzten sie diese fortan unverzüglich auch bei nachfolgenden Versuchen ein. Köhler behauptete daraufhin, zur Lösung von Problemen bedürfe es der *Einsicht*, der Umordnung des Wahrnehmungsfeldes, aber keines Versuch-und-Irrtum-Verhaltens.

Köhler glaubte, mit den Ergebnissen seiner Untersuchungen belegt zu haben, daß das Bewältigen von Problemsituationen eine Frage der Einsicht ist, und eine solche, so meinte er, mache »blindes Herumprobieren« überflüssig. Der Gestaltpsychologe übersah bei seinen Studien jedoch, daß bei den Versuchstieren bereits

Abb. 4.16
*Eine Aufgabe zur Untersuchung von Lerneinstellungen. Das Versuchstier muß herausfinden, welche Figur die richtige ist, d.h. unter welcher sich eine Rosine befindet. Die Figuren werden nach jedem Versuchsdurchgang durch andere ausgetauscht.*

eine Lerngeschichte vorlag, die er allerdings nicht kannte. Die Tiere waren nämlich eigens für Köhlers Forschungen aus der damaligen deutschen Kolonie Kamerun importiert worden (Ley, 1990). Köhler hat sich aber vermutlich niemals die Frage gestellt, ob das Verhalten der Schimpansen in den künstlich geschaffenen Problemsituationen von vorausgegangenen Erfahrungen mitbestimmt gewesen sein konnte. Möglicherweise hat Versuch-und-Irrtum-Verhalten in früheren Lebensabschnitten der Tiere durchaus eine Rolle gespielt. Jedenfalls konnte inzwischen nachgewiesen werden, daß Schimpansen, die seit ihrer Geburt niemals Gelegenheit zum Hantieren mit Stöcken gehabt hatten, an Köhlers Problem scheiterten. Es reichen aber drei Tage spielerischer Tätigkeit mit Stöcken oder länglichen Gegenständen aus, um bei Affen die offenbar notwendigen Voraussetzungen zur Lösung des Stock-Banane-Problems zu schaffen (Birch, 1945). Vermutlich schaffen sie sich während des Spiels – wahrscheinlich anfänglich durch Versuch und Irrtum – Lernvoraussetzungen, die sie zur »Einsicht« befähigen. Bereits Thorndike hat Berichte über beachtliche Denkleistungen von Tieren mit der Feststellung kritisiert, die Beobachter hätten nur das Endprodukt eines langen und beschwerlichen Prozesses von »Versuch-und-Irrtum-Hindurchstolpern« gesehen (Glickman, 1977).

Für den Zusammenhang von Versuch-und-Irrtum-Lernen und Einsicht hat sich Harry Harlow (1949) einmal im Rahmen von Untersuchungen interessiert, die er zunächst an Tieren und später an Kleinkindern durchgeführt hat (s. Abb. 4.16). Er trainierte Rhesus-Affen, zwischen zwei dargebotenen Reizen zu diskriminieren. Harlow legte beispielsweise seinen Tieren zu Beginn eines Versuchsdurchgangs zwei geometrische Figuren (z. B. ein Kreuz und einen Kreis) vor, die jeweils aus Holz hergestellt waren. Unter einem dieser beiden Reize befand sich stets eine Rosine. Dann wurden diese Figuren, eventuell seitenvertauscht, einige weitere Male dargeboten. Die Aufgabe des Tieres bestand nun darin, folgende Regeln zu entdecken: Wähle dieselbe Figur ein weiteres Mal, die sich beim ersten Mal als die richtige erwiesen hat. Wähle die andere Figur, wenn sich herausgestellt hat, daß die erste Wahl falsch war (bei der ersten Wahl ist nur eine zufallsbedingte Trefferquote von 50 Prozent möglich).

Sobald ein Versuchstier die Aufgabe mit einem Figurenpaar nach wiederholter Darbietung bewältigt hatte, wurde eine neue Aufgabe gestellt. Das Tier hatte dann z. B. zwischen einem schwarzen und einem weißen Dreieck oder einem Wassertrichter und einer weißen Dose zu unterscheiden. Während der ersten Versuchsdurchgänge waren kaum Lernfortschritte zu beobachten, d. h., den Tieren unterliefen anfänglich viele Fehler. Dennoch blieben die Übungsfortschritte nicht aus. Nach Erfahrungen mit 101 Problemen trafen die Affen ab der zweiten Darbietung eines Versuchsdurchgangs in 85 Prozent der Fälle die richtige Entscheidung. Im weiteren Verlauf sank die Fehlerquote weiter ab. Damit hatten die Affen etwas sehr Nützliches gelernt. Sie hatten schließlich eine allgemeine Strategie entwickelt, Diskriminationsprobleme einer bestimmten Art zu bewältigen. Für Harlow hatte sich als Ergebnis dieser umfangreichen Erfahrungsgrundlage eine »Lerneinstellung« entwickelt, und mit einer solchen ist es ihnen bei weiteren Problemen dieser Art möglich, diese durch Einsicht statt durch Versuch-und-Irrtum zu lösen. Harlow stellt in der Kommentierung seiner Ergebnisse heraus, daß die von Köhler behauptete Einsicht keineswegs kennzeichnend für das Lernen im allgemeinen sein kann. Der Lernende muß vielmehr einen längeren Übungsprozeß durchlaufen, der anfänglich auch Versuch-und-Irrtum-Verhalten umfaßt, bis schließlich Lernen durch Einsicht möglich wird. Wer den langwierigen Versuch-und-Irrtum-Abschnitt des Lernens zu früh abbricht, wird im Bereich des jeweils zu übenden Problembereichs das Ziel einer Einsichtsgewinnung niemals erreichen.

### 4.3.3 Lernen durch Nachahmung von Vorbildern

Albert Bandura (1967, 1986), Begründer der Theorie des Sozialen Lernens, gesellte sich ebenfalls zu den Kritikern der Konditionierungstheorie. Seinen Ansatz erläutert er mit folgender Geschichte: Um seiner Einsamkeit zu entgehen, hatte sich ein Farmer einen Papagei gekauft. Der Mann verbrachte fortan viele Abende damit, dem Tier das Sprechen beizubringen. Mit großer Geduld wiederholte er immer wieder die Aufforderung: »Sag Onkel!« Aber trotz aller seiner Bemühungen zeigte der Vogel keine Reaktion. Der enttäuschte Farmer nahm schließlich einen Stock und schlug damit jedesmal auf den Kopf des Tieres, wenn es sich weigerte, die gewünschten Worte zu sprechen. Auch diese Vorgehensweise brachte jedoch keine Erfolge. Deshalb packte der Mann seinen gefiederten Hausgast schließlich, um ihn in das Hühnerhaus zu verbannen. Es dauerte gar nicht lange, da vernahm der Farmer ein Riesengeschrei im Hühnerhaus. Er lief sofort hin und sah zu seinem Erstaunen, daß der Papagei mit einem Stock auf die aufgeschreckten Hühner einschlug und dabei ausrief: »Sag Onkel! Sag Onkel!« – Bandura hebt ausdrücklich hervor, daß er diese Geschichte selbstverständlich nicht als Abhandlung zur Schulung von Papageien mißverstanden haben möchte. Sie würde aber den Prozeß des Sozialen Lernens sehr gut veranschaulichen.

Auf die Bedeutung des Beobachtungslernens wurde Bandura aufmerksam, als er sich mit den Familien von straffälligen Jugendlichen beschäftigte. Er gelangte zu der Überzeugung, daß die Eltern dieser Kinder häufig ein Vorbild für aggressive Verhaltensweisen darstellten. Nach diesen frühen Arbeiten studierte Bandura systematisch die Bedingungen, unter denen Menschen Kenntnisse gewinnen, indem sie andere beobachten. Beim Operanten Konditionieren hat ein Organismus zunächst eine Verhaltensweise zu zeigen, und diese muß unmittelbar darauf verstärkt werden, damit eine relativ dauerhafte Veränderung erfolgen kann. Wie Bandura mit seiner kleinen Geschichte zeigen wollte, ist mit Lernen aber auch dann zu rechnen, wenn Menschen oder Tiere Verhalten anderer beobachten; sie müssen es nicht selbst ausführen. In dem Andenstaat Peru beobachten junge Mädchen über viele Jahre ihre Mutter beim Weben. Die Gelegenheit, eigene Arbeiten am Webrahmen auszuführen, erhalten sie erst später. Wenn sie dann endlich selbst aktiv am Produktionsprozeß teilnehmen dürfen, haben sie allein durch Beobachtung bereits weitgehend alles gelernt, was zum Weben gehört; sie beherrschen sogar die schwierigen Muster, in denen sich jeweils bestimmte Stammestraditionen widerspiegeln (Franquemont, 1979). Durch seine Beobachtung lernt und speichert ein Mensch allerdings keine genaue Kopie des ihm vorgeführten Verhaltens. Ein Kind, das einen Erwachsenen bei der Arbeit beobachtet, erwirbt vielmehr ein *Schema* (s. S. 261), eine allgemeine Vorstellung, die nur die bedeutsamen Bestandteile, nicht aber alle Einzelheiten des Verhaltens enthält (Bandura, 1986).

Bandura war keineswegs der erste Psychologe, der sich für das Beobachtungslernen interessierte. Bereits Edward Thorndike (1898) war der Frage nachgegangen, ob Katzen durch Beobachtung versuchserfahrener Tiere vergleichsweise schnell das Öffnen der Käfigtür lernen. Thorndike erhielt jedoch keine Hinweise für Nachahmungslernen. Inzwischen konnte jedoch gezeigt werden, daß auch unerfahrene Katzen vergleichsweise schnell lernen, den Öffnungsmechanismus eines Käfigs zu betätigen, wenn sie Gelegenheit zur Beobachtung erfahrener Tiere erhalten (John et al. 1968). Mary Cover Jones (1924) versuchte schon in den zwanziger Jahren, Kindern die Furcht vor Kaninchen zu nehmen, indem sie ihnen die Gelegenheit bot, Gleichaltrige zu beobachten, die mit den Tieren unbekümmert spielten.

In einem typischen Experiment führte Bandura (1965) Kindern einen Film mit einem Erwachsenen, einem sogenannten *Modell* vor, der besonders markante aggressive Verhaltensweisen gegenüber einer Gummipuppe zeigte. Eine erste Gruppe von Versuchspersonen sah, wie das Modell für seine Verhaltensweisen mit Süßigkeiten belohnt wurde, während eine zweite Gruppe beobachtete, daß die Aggressionen des Erwachsenen ernste Ermahnungen nach sich zogen. Nach dieser Vorführung registrierte Bandura genau, ob die Kinder Nachahmungsverhalten zeigten. Die Angehörigen der Gruppe, denen Aggressionen mit negativen Konsequenzen vorgeführt worden waren, zeigten erheblich weniger Nachahmungen als die Teilnehmer der ersten Gruppe. Muß man davon ausgehen, daß Angehörige der zweiten Gruppe kein aggressives Verhalten gelernt hatten? Bandura ist dieser Frage nachgegangen, indem er diesen Kindern Geschenke in Aussicht stellte, wenn sie ihm das Verhalten des Modells nachahmen würden. Unter diesen Anreizbedingungen bereitete es ihnen keine Schwierigkeiten, Bandura die Aggressionen vorzuführen, die sie offenbar sehr gut gelernt hatten. Die Ergebnisse solcher Experimente werfen die Frage auf, ob nicht auch die Betrachtung aggressiver Fernsehsendungen dazu beiträgt, die Aggressivität der Zuschauer zu erhöhen. Dieser Frage wird in Info-Kasten 4.5 nachgegangen.

Die Möglichkeit, komplexere Verhaltensweisen durch Beobachtung zu erlernen, hat für das Individuum sicherlich erhebliche Vorteile, weil sich damit ein nicht ungefährliches Versuch-und-Irrtum-Lernen erübrigt. Wie sollten auch Chirurgen oder Flugzeug-Piloten in ihre Aufgabenbereiche hineinwachsen, wenn sich nicht die Möglichkeit ergäbe, die erforderlichen Kenntnisse durch Beobachtung zu erwerben?

Das Versuch-und-Irrtum-Lernen und das Lernen durch Konditionierung wird durch die Beiträge kognitiv oder konstruktivistisch orientierter Lernpsychologen sicherlich nicht überflüssig. Lernen ist aber, vor allem beim Menschen, ein komplexer Prozeß, dem man nicht gerecht wird, wenn man ihn auf einfache, mechanistisch ablaufende Prozesse zurückführt. Die Beschreibung menschlichen Lernens und seiner Bedingungen wird im 5. Kapitel fortgeführt, wo ausführlich über das Problemlösen und seine Voraussetzungen informiert wird.

## Info-Kasten 4.5:
### Steigert das Fernsehen durch Darbietung von gewaltsamen Szenen die Aggressivität seiner Zuschauer?

Praktisch jeder Haushalt verfügt heutzutage über mindestens ein Fernsehgerät. Da die von den Anstalten gesendeten Programme nicht nur im Unterhaltungs-, sondern ebenso im Nachrichtenteil vergleichsweise häufig Szenen brutaler Gewalt enthalten, wird seit vielen Jahren der mögliche Einfluß solcher Darstellungen auf den Zuschauer diskutiert. Wird durch das Fernsehen die Aggressivität, vor allem auch bei Kindern und Jugendlichen, gesteigert?

Bereits bis in die Antike läßt sich die Behauptung zurückverfolgen, daß die Betrachtung aggressiver Szenen eine Art Ersatzbefriedigung verschaffe. Sie erscheint in einem modernen Gewand in der Feststellung, daß Enttäuschungen, Anstrengungen und Belastungen des Alltags zwangsläufig zu einem Aufstauen von Aggressionen führen. Nach der sogenannten *Katharsis*- oder Abreaktionshypothese hat allein schon die Beobachtung von Gewaltszenen eine Verminderung aufgestauter Aggressionen zur Folge. Für die Annahme, daß die Beobachtung von Gewaltszenen zu einer Abreaktion und damit zu einer Minderung von Aggressionen führt, gibt es

Abb. 4.17
*Häufige Beobachtung von Gewaltszenen im Fernsehen kann die Aggressivität der Zuschauer erhöhen.*

allerdings keine Belege. Psychologen, die eine solche Auffassung einmal vertreten haben (Feshbach, 1989), sind davon inzwischen abgerückt. Ein anderer Befürworter der Katharsishypothese war der Verhaltensforscher Konrad Lorenz, der seine Auffassung später ebenfalls korrigierte, denn in einem Interview äußerte er: »Ich habe etwas geschrieben ... in meinem Buch über Aggression (*Das sogenannte Böse*, 1963), das eingeschränkt werden müßte, wenn ich es noch einmal zu schreiben hätte. Heutzutage habe ich meine starken Zweifel, ob das einfache Beobachten aggressiven Verhaltens überhaupt irgendeinen kathartischen Effekt hat« (Evans, 1974).

Eine entgegengesetzte Auffassung findet man bei Vertretern der Sozialen Lerntheorie. Sie verweisen auf die Möglichkeit, daß Menschen, die gewalttätige Verhaltensweisen zeigen, als Vorbilder wirken und als solche von Beobachtern nachgeahmt werden können. Der von den Theoretikern des Sozialen Lernens behauptete Zusammenhang ist in Untersuchungen wiederholt nachgewiesen worden. Dennoch ist die Frage nach der Fernsehwirkung nicht allgemein gültig zu beantworten, weil sehr viele Einflüsse von Bedeutung sind.

Es ist unstrittig, daß Kinder, die viel vor dem Bildschirm sitzen, häufig aggressives Verhalten zeigen. Strittig ist aber, wie dieser Zusammenhang zu erklären ist. Steigert das häufige Betrachten von Gewaltdarstellungen im Fernsehen die Aggressivität der Zuschauer? Einige Untersuchungsergebnisse legen einen solchen Schluß nahe (Huesman et al., 1984a, 1984b, Singer und Singer, 1981). Es könnte umgekehrt aber auch sein, daß sich Zuschauer, die von vornherein sehr aggressiv sind, wegen ihres gesteigerten Interesses häufiger Filme mit Gewaltdarstellungen ansehen.

Der vielfach nachgewiesene Zusammenhang zwischen Gewaltdarstellungen und nachfolgender Aggressionsbereitschaft muß aber vor dem Hintergrund gesehen werden, daß das Verhalten der Eltern entscheidend bestimmt, welche Aggressivität sich bei ihren Kindern während der ersten Lebensjahre entwickelt (Groebel, 1988). Wenn man weiß, welche Aggressionsbereitschaft Jungen und Mädchen im Alter von acht Jahren aufweisen, läßt sich ziemlich genau vorhersagen, mit welcher Aggressivität sie im späteren Leben, also z. B. als Dreißigjährige, handeln und reagieren werden.

Während bestrafende und ablehnende Elternreaktionen nach Feststellungen Jo Groebels »durchgängig mit höherer Aggression der Kinder verbunden sind«, sind die Einflußmöglichkeiten des Fernsehens von Nation zu Nation unterschiedlich. In den USA und Israel ist die Beziehung zwischen gewalttätigen Fernsehbeiträgen und Aggressivität der Zuschauer besonders eindeutig. Tatsächlich findet sich in der Umwelt dieser beiden Nationen auch ein verhältnismäßig hohes Maß an Gewalt. Andere Gesellschaften, so auch Deutschland, sind bezüglich der Gewaltbereitschaft ihrer Mitglieder bislang geringer eingestuft worden. Deshalb dürfen die in amerikanischen Untersuchungen nachgewiesenen Zusammenhänge zwischen gewalttätigen Fernsehdarstellungen und der Aggressivität ihrer Beobachter nicht bedenkenlos auf deutsche Verhältnisse übertragen werden (Groebel, 1986, 1988).

Kritiker häufiger Gewaltdarstellungen im Fernsehen befürchten aber nicht nur eine Steigerung der Aggressivität bei Zuschauern. Sie halten es auch für möglich, daß die gehäufte Darstellung brutaler Szenen den Beobachter abstumpfen läßt. Während aggressive Handlungen ursprünglich Widerstand beim Betrachter hervorrufen, könnte ihre häufige Wiederholung allmählich zu Gewöhnungen führen und die Ablehnungsreaktion vermindern (Linz et al, 1984). Solche Darstellungen führen bei vielen Menschen auch dazu, daß sie das Ausmaß tatsächlicher Gewalt in der Gesellschaft fälschlich zu hoch einschätzen (Gerbner et al., 1977). Schließlich besteht die Möglichkeit einer Wechselwirkung folgender Art: Aggressive Kinder sind bei Gleichaltrigen weniger beliebt. Da sie häufiger sozial zurückgewiesen werden, verbringen sie mehr Zeit vor dem Fernsehgerät, das ihnen häufig eine Form der Konfliktlösung durch Gewalt vorführt, die jedoch zur Bewältigung mitmenschlicher Probleme keinerlei Hilfen liefert. Die sozialen Anpassungsschwierigkeiten solcher Kinder werden dadurch eher noch erhöht als abgebaut (Eron, 1982, 1987). Zu beachten ist aber auch, daß Beobachter brutaler Szenen, die Aggressionen für unangemessene Reaktionen halten, eine geringere Bereitschaft zur Nachahmung zeigen, auch wenn sie entsprechende Verhaltensweisen gelernt haben.

Empfohlene Literatur zur Ergänzung und zur Vertiefung:

MIETZEL, G. (1998): Grundlegende Prozesse des Lernens: Von der Fremd- zur Selbststeuerung. *In:* MIETZEL, G.: *Pädagogische Psychologie des Lernens und Lehrens.* Göttingen: Hogrefe, S. 125–179.

# 5. Das Problemlösen und seine Voraussetzungen

Edward Thorndike und Wolfgang Köhler verfolgten in ihren Experimenten (s. S. 174 f. und S. 194 f.) trotz ihrer unterschiedlichen Orientierungen ein gemeinsames Ziel: Beide interessierten sich für die Frage, wie es Tieren gelingt, an ein Ziel zu gelangen, das ihnen nicht ohne weiteres zugänglich ist. Während Thorndikes Katze so lange Verhaltensweisen durchprobierte, bis sich die Käfigtür öffnete, waren Köhlers Schimpansen offenbar in der Lage, zum Ziel zu gelangen, ohne daß zuvor die fehlerhaften, die wirkungslos gebliebenen Verhaltensweisen »ausgestanzt« (Thorndike, 1898) werden mußten. Köhlers Tiere hatten vermutlich Teile der Problemsituation »innerlich«, d.h., kognitiv abgebildet oder, wie man auch sagt, *repräsentiert*. Köhler war davon überzeugt, daß den Schimpansen die Bewältigung der Problemsituation durch *Denken* gelungen war. Sie hätten dann auf der Ebene dieser Repräsentationen mögliche Lösungswege durchprobiert, wobei ihnen die vorausgegangenen Erfahrungen zugute gekommen wären.

Denken gehört für behavioristisch orientierte Lernpsychologen zu jenen Prozessen, die sich einer wissenschaftlichen Untersuchung entziehen. Entsprechend stellte John Watson (1925) fest: »Der Behaviorist vertritt die Ansicht, daß das, was die Psychologen bisher als Denken bezeichneten, kurz gesagt, nichts anderes ist als ein ›Zu-sich-selbst-Sprechen‹.« Diese einseitige Sichtweise verhinderte für Jahrzehnte, daß große Forschungsinstitute diejenigen Prozesse eingehender studierten, für die sich Köhler interessierte. Lange Zeit waren die Gestaltpsychologen die einzigen, die Untersuchungen über Denkprozesse durchführten. Schließlich mußten aber auch die am Behaviorismus orientierten Lernpsychologen anerkennen, daß sie kein umfassendes Verständnis menschlichen Verhaltens gewinnen konnten, wenn sie in ihren Forschungen »innere Prozesse« weiterhin unbeachtet ließen. Edward Tolman, der als bedeutender Wegbereiter der kognitiven Psychologie gilt (s. S. 193 f.), setzte sich klar von der traditionellen Sichtweise der Behavioristen ab, als er erklärte, alle Organismen – also auch Tiere – könnten denken. Nach seiner Überzeugung müßte diese Fähigkeit beim Studium des Lernens mitberücksichtigt werden. Mensch und Tier sind nach dieser kognitiven Sichtweise keine Automaten, die lediglich S-R-Beziehungen lernen können, sondern vergleichsweise aktive Wesen, die durch Auseinandersetzung mit der Umwelt Informationen gewinnen, die sie nach einer entsprechenden Verarbeitung zur Anpassung an die Umwelt nutzen können. Behavioristisch orientierte Lernpsychologen haben kognitive Fähigkeiten von Tieren lange Zeit unterschätzt. Für Tolman sind auch Ratten in der Lage, bestimmte Aspekte ihrer Umwelt kognitiv zu repräsentieren. Nach seiner Meinung können sie in einer Problemsituation die Brauchbarkeit von Lösungsmöglichkeiten zunächst auf der Ebene der Repräsentationen prüfen, bevor diejenige ausgewählt und ausgeführt wird, die die beste Aussicht zur Erreichung des jeweils angestrebten Ziels eröffnet.

Da das Gehirn des Menschen und somit auch seine kognitiven Fähigkeiten weitaus besser entwickelt sind als bei sämtlichen Tieren, können bei ihm viel kompliziertere Denkprozesse vorausgesetzt werden. Die menschliche Überlegenheit zeigt sich besonders deutlich in der Begriffsbildung, die sowohl ein Bestandteil der Sprachentwicklung als auch der Problemlösungsprozesse ist. Erst wenn der Mensch über ein Verständnis von Begriffen verfügt, kann er sich Wissen aneignen, dieses Wissen ordnen und auf der Ebene der Repräsentationen komplexere Problemsituationen bewältigen.

Aufgrund seiner außerordentlich stark ausgeprägten intellektuellen Fähigkeit kann der Mensch Informationen besser organisieren und ordnen als jedes Tier, und er ist zudem noch in der Lage, logische Beziehungen zu entdecken. Ein beträchtlicher Teil von Repräsentationen besteht aus Begriffen. Lebewesen besitzen nur dann Aussichten, Problemsituationen zu bewältigen, wenn sie über die zu ihrem Verständnis wesentlichen Begriffe verfügen.

## 5.1 Entstehung und Anwendung von Begriffen

In der Umwelt jedes Menschen läuft eine nicht überschaubare Anzahl von Ereignissen ab. Kein Gegenstand stimmt im Aussehen völlig mit einem anderen überein. Es wäre unmöglich, auf jeden Reiz gesondert zu reagieren. Wie hilft sich nun der Mensch, um angesichts dieser Vielfalt nicht in Verwirrung zu geraten? Wie gelingt es ihm, unter diesen Lebensbedingungen eine Ordnung zu schaffen, ohne die eine Anpassung an die Umwelt nicht gewährleistet wäre? – Der Mensch ordnet Ereignisse und andere Gegebenheiten seiner Umwelt, indem er Klassen bildet. Darin faßt er jeweils die Objekte und Ereignisse zusammen, die mindestens ein, meistens aber mehrere Merkmale gemeinsam besitzen.

### 5.1.1 Begriffe als Klassen

Das Herstellen einer Ordnung läßt sich z.B. bei einem achtjährigen Kind beobachten, dem man verschiedenfarbige geometrische Figuren mit der Aufforderung aushändigt, diese zu sortieren. Die Aufgabe ist vergleichsweise leicht zu erfüllen, wenn sich die Figuren durch eindeutige Merkmale voneinander unterscheiden: Sie sind z.B. drei- und viereckig, rund und eckig, groß und klein, und sie haben gut unterscheidbare Farben. Lassen sich die im Alltagsleben vorzufindenden Gegenstände und Ereignisse ebenso klar ordnen? Trägt Beobachtetes stets Merkmale, die jeweils unstrittige Klassifikationen zulassen? Die Antwort lautet, daß es durchaus Schwierigkeiten bereiten kann, natürliche Gegebenheiten treffsicher und eindeutig einer Klasse zuzuordnen. Die Aufgabe, geometrische Figuren zu klassifizieren, erfordert andere Vorgehensweisen als das Problem, Unterscheidungen in der Pflanzen- und Tierwelt zu treffen.

#### 5.1.1.1 Begriffliche Ordnung durch Beachtung von Merkmalen

Ein Kind löst die gestellte Aufgabe zur Ordnung geometrischer Figuren beispielsweise, indem es jeweils eine Reihe mit runden und

Abb. 5.1
*Eine Aufgabe zur Klassenbildung*

eine weitere mit eckigen Figuren legt. Es wäre ebenso möglich, zwei Reihen zu bilden, wobei die eine alle großen, die andere alle kleinen Figuren umfaßt. Das Vorgehen des Kindes beim Sortieren läßt sich leicht nachvollziehen: Es hat zunächst Merkmale ausgewählt, nach denen es sortieren will, also z. B. die Merkmale »rund« und »eckig« oder »groß« und »klein«. Jedes Merkmal bildet eine Klasse, in die alle Figuren, die sich durch das jeweils festgelegte definitorische Merkmal kennzeichnen lassen, einzuordnen sind.

Zu beachten ist aber, daß die ausgehändigten Figuren gleichzeitig Träger mehrerer Merkmale sind. Eine Figur kann z. B. »groß«, »rund« und »grün« sein. Sofern das Kind »rund« als klassenbildendes (oder definitorisches) Merkmal bestimmt hat, läßt sich eine Sortierleistung nur erbringen, wenn es die übrigen (charakteristischen) Merkmale unberücksichtigt läßt; in seiner Reihe finden sich also runde Figuren der verschiedenen Farben und beider Größen.

Es ist nicht unbedingt erforderlich, daß eine Klasse nur durch ein Merkmal definiert wird. Die junge Versuchsperson hätte auch eine Reihe mit »großen«, »runden« und »roten« Figuren legen können. In diesem Fall wäre ihre Entscheidung so ausgefallen, daß eine Klasse nur solche Figuren enthält, die gleichzeitig Träger von drei Merkmalen sind.

Abb. 5.2
*Sitzmöbel kommen im Alltagsleben in sehr unterschiedlichen Erscheinungsformen vor. Beobachtern dürfte es beispielsweise Schwierigkeiten bereiten, bei »Stühlen« das klassifizierende Merkmal zu entdecken, um diese von anderen Sitzmöbeln zu unterscheiden.*

Auch bei Begriffen handelt es sich um Klassen. Wie sie im Gedächtnis geordnet werden, ist im sechsten Kapitel (s. S. 258 ff.) dargestellt. Man geht davon aus, daß sich bei einem Menschen ein Begriff gebildet hat, wenn er auf die gemeinsamen (d. h. jeweils klassenbildenden) Merkmale von Gegebenheiten reagiert, die sich ansonsten voneinander unterscheiden. So bezeichnet ein Mensch eine Klasse von Gegenständen, die zum Sitzen benutzt werden, als »Stuhl«. Dennoch bereitet die Klassenbildung angesichts der Vielfältigkeit unter Umständen Schwierigkeiten. Welches sind beispielsweise die gemeinsamen Merkmale derjenigen Gegenstände, die in Abbildung 5.2 dargestellt sind?

### 5.1.1.2 Begriffliche Ordnung durch Vergleich mit Musterbeispielen

Die Schwierigkeit, bei der Klassifikation alltäglicher Gegebenheiten eindeutige gemeinsame Merkmale zu finden, veranlaßte Eleonore Rosch (1973), nach anderen Ordnungsmöglichkeiten zu suchen. Auch ihr war aufgefallen, wie unscharf häufig die Kategorien gefaßt sind, in die natürliche Gegebenheiten eingeordnet werden. Stellt eine *Tomate* eine Frucht oder eine Gemüsesorte dar? Ist man ohne Zögern in der Lage, ein *Huhn* als Vogel zu klassifizieren? Ist ein 18 Jahre alter Mensch als Jugendlicher oder Erwachsener zu behandeln?

Wie die Beispiele zeigen, sind Gegenstände und Ereignisse des täglichen Lebens nicht immer eindeutig zu klassifizieren. Wenn Rosch ihre Versuchspersonen fragte, welche *Früchte* oder *Vögel* sie kannten, dann nannten sie einige Beispiele sehr viel häufiger und schneller als andere (Rosch et al., 1976). So reagierten sie z. B. sehr schnell mit *Apfel* oder *Apfelsine*, als sie nach Früchten gefragt worden waren, nur selten erwähnten sie *Wassermelone* oder *Tomate*. Es bereitet offenbar keine Schwierigkeiten, *Spatzen* als Beispiele für Vögel zu benennen, aber *Huhn* und *Pinguin* kommen in ihren Aufzählungen allenfalls nach längerem Zögern vor. Rosch erklärte sich ihre Beobachtungen damit, daß im Verlauf eines Begriffsbildungsprozesses »Musterbeispiele« (Prototypen) entstehen. Ein Musterbeispiel stellt das Abbild einer Kategorie (oder Klasse) dar, das als ihr besonders typischer Vertreter betrachtet wird.

Während des Lernens richtet sich die Aufmerksamkeit offenbar nicht in gleichem Maße auf alle tatsächlich vorhandenen Merkmale einer Gegebenheit. Man beachtet solche Merkmale stärker, die besonders häufig vorkommen und zur Unterscheidung von anderen Gegebenheiten dienen können. So fällt dem Lernenden bei einem Vogel z. B. auf, daß er klein ist, Federn hat und fliegen kann. Da *Spatzen* oder *Rotkehlchen* diese Merkmale aufweisen, lassen sie sich im Vergleich zu *Schwänen* oder *Pinguinen* schneller als Vögel klassifizieren. »Pinguine sind«, so kommentierte ein Psychologe einmal diese nachgewiesenen Zusammenhänge, »biologisch gesprochen tatsächlich Vögel. Es ist allerdings nicht klar, warum wir eigentlich bereit sein sollen, den Biologen in dieser Sache das letzte Wort zuzugestehen« (Oden, 1987).

### 5.1.1.3 Über den Informationswert von Begriffen

Wenn ein Tourist beim Baden in einem subtropischen Meer plötzlich einen dunklen Körper auf sich zuschwimmen sieht, stellt sich für ihn vordringlich die Aufgabe, diese Situation richtig zu erfassen. Nähert sich ihm möglicherweise etwas, was ihn im nächsten Mo-

Abb. 5.3
*Die Entwicklung von Musterbeispielen (Prototypen) beim Begriffslernen erleichtert offenbar die Klassifikation natürlicher Begriffe. Einige Vogelarten (z. B. ein Rotkehlchen) gelten als bessere Beispiele für einen Vogel als andere (z. B. ein Pinguin).*

ment bedrohen könnte? Das ist nicht einfach zu beantworten, weil nur sichtbar ist, was aus dem Wasser herausragt, und dabei handelt es sich vermutlich nur um einen kleineren Teil eines größeren Körpers. Ein umfassenderer Einblick in die Situation ist nur zu gewinnen, wenn zu erschließen wäre, was sich noch unterhalb der Wasseroberfläche befindet. Möglicherweise entdeckt der Badende eine markante Rückenflosse, die ihn zu dem Schluß kommen läßt, daß sich in seiner unmittelbaren Nähe ein Hai befindet. Nachdem man das Wahrgenommene als Beispiel für einen bekannten Begriff klassifiziert hat, lassen sich weitere Informationen erschließen. Dies ist möglich, weil die im Gedächtnis gespeicherten Begriffe miteinander in Beziehung stehen.

Allan Collins und Ross Quillian (1969) bemühten sich bereits vor längerer Zeit, Näheres über die Beziehungen der im Gedächtnis gespeicherten Begriffe zu erfahren,

die Ereignisse und Objekte repräsentieren. Sie erfaßten mit einer Stoppuhr, wieviel Zeit ihre Versuchspersonen im Durchschnitt benötigten, um einfache Feststellungen aus dem Bereich des Allgemeinwissens daraufhin zu überprüfen, ob sie *richtig* (R) oder *falsch* (F) waren. So wurde beispielsweise festgestellt: *Ein Fisch atmet* – R oder F? *Ein Hai ist ein Fisch* – R oder F? – *Ein Fisch ist ein Tier* – R oder F? Es stellte sich heraus, daß einige solcher Fragen schneller, andere dagegen deutlich langsamer beantwortet wurden. Die Versuchspersonen entnahmen ihrem Gedächtnis beispielsweise am schnellsten, daß das Bild eines *Haies* in die Klasse der *Haie* gehört und daß der Hai *beißen kann*; zur Prüfung benötigten sie im Durchschnitt nur eine Sekunde. Im Falle des oben genannten badenden Touristen könnte eine solche schnelle Zuordnung möglicherweise lebensrettend sein. Die Frage, ob ein *Hai* ein *Fisch* ist, erforderte durchschnittlich etwas mehr als 1,1 Sekunden, und es dauerte länger als 1,2 Sekunden, um zu beantworten, ob ein *Hai* ein *Tier* ist. Collins und Quillian erstellten aufgrund ihrer Befunde die in Abbildung 5.4 wiedergegebene Hierarchie, die einen sehr kleinen Ausschnitt des im Gedächtnis repräsentierten Wissens berücksichtigt. Dabei wird zwischen Ober- und Unterbegriffen unterschieden, so z. B. zwischen *Hai, Fisch* und *Tier*. Jeder Begriff ist durch bestimmte Merkmale gekennzeichnet.

Jeder der in der Abbildung dargestellten Begriffe ist durch Merkmale gekennzeichnet, die Versuchspersonen ihnen zugeschrieben haben. So hat ein *Vogel* beispielsweise *Flügel* und *Federn*. Ein *Tier frißt* und *atmet*. Diese Merkmalsliste gibt offenkundig nur eine kleine Auswahl derjenigen Merkmale wieder, die für die Versuchspersonen unmittelbar mit den jeweiligen Begriffen in Zusammenhang standen. Collins und Quillian deckten weiterhin auf, daß Begriffe auch Beziehungen untereinander aufweisen. So ist der *Vogel* ein Beispiel (oder ein Unterbegriff) des umfassenderen Begriffs *Tier*. Ein *Rotkehlchen* ist ein Unterbegriff von *Vogel*. Beide Arten von Wissen (Merkmale von Begriffen und Beziehungen zwischen Begriffen) werden in Abbildung 5.4 als Hierarchie dargestellt. Durch diese Anordnung ist es einem Menschen möglich, Merkmale eines Begriffs zu erschließen, die gar nicht unmittelbar mit diesem in Verbindung stehen. Wenn man also beispielsweise wissen will, ob ein *Rotkehlchen atmet*, beginnt man mit der Antwortsuche bei diesem Begriff, um dann den Pfaden von *Rotkehlchen* über *Vogel* nach *Tier* zu folgen. Am Ziel angekommen, entdeckt man, daß *Atmen* ein Kennzeichen des *Tieres* ist. Da das *Rotkehlchen* ein *Tier* ist, konnte die Frage mit ›ja‹ beantwortet werden. Die Prüfung der Feststellung, *Rotkehlchen fressen Würmer*, erfolgte bei den Versuchspersonen von Collins und Quillian verhältnismäßig schnell, denn das Merkmal *frißt Würmer* ist ja unmittelbar mit dem Begriff *Rotkehlchen* verknüpft. Die Versuchspersonen brauchten im Durchschnitt mehr Zeit für die Prüfung, ob *Rotkehlchen Federn haben*, weil sie zusätzlich den Begriff *Vogel* aktivieren mußten. Am längsten dauerte die Prüfung der Frage, ob *Rotkehlchen atmen*, denn in diesem Fall mußten sie zusätzlich den Begriff *Tier* aktivieren.

Wichtig ist in diesem Zusammenhang, daß man stets mehr über ein Ereignis oder einen Gegenstand weiß, als die Wahrnehmung in einer konkreten Situation erschließt. Wer sich beim Baden im Meer plötzlich einem Tier ge-

Abb. 5.4
Hierarchische Anordnung einiger Begriffe und einige ihrer Merkmale

genübersieht, wird nach Entdeckung eines wesentlichen Merkmals den Begriff *Hai* in seinem Gedächtnis aktivieren. Aus dem im Gedächtnis repräsentierten Wissen über *Haie* entnimmt man vergleichsweise schnell, daß der *Hai beißen kann* und *gefährlich ist*, obwohl die Wahrnehmung für das Vorhandensein dieser Merkmale zunächst vielleicht noch gar keine Hinweise liefern mag. Die Kenntnis, daß *Haie* in wärmeren Gewässern leben, hilft sicherlich, aus seinem Verdacht Gewißheit werden zu lassen. Mit Hilfe dieses abrufbaren Wissens gelingt es dem Badenden, seine Situation zu verstehen und zu erkennen, daß er sich in einer *Notlage* befindet. Sicherlich enthält das Gedächtnis auch Hinweise, wie man einer Notsituation entkommen kann. Fraglich ist jedoch, ob sich diese Hinweise in der aktuellen Situation verwirklichen lassen. Nicht für alle Problemsituationen sind im Gedächtnis aufschlußreiche Hinweise für Lösungen repräsentiert.

## 5.2 Exkurs: Ordnung und Kontrolle durch das Selbstkonzept

Bislang wurde dargestellt, daß Begriffe helfen, Ereignisse und sonstige Gegebenheiten zu klassifizieren. Bleiben solche Ordnungsleistungen aber nur auf die Umwelt beschränkt? Ein Mensch sieht sich doch ebenso der Gefahr ausgesetzt, sich selbst als unüberschaubar zu erleben. Menschen, mit denen man in Kontakt steht, also z. B. Eltern, Lehrer, Gleichaltrige, Arbeitskollegen usw., schreiben der eigenen Person mehr oder weniger ausdrücklich bestimmte Merkmale zu. Diese aus verschiedenen Quellen stammenden Merkmalszuschreibungen stimmen aber keineswegs immer miteinander überein. Für einige erscheint man *geschickt, freundlich, mutig, attraktiv*, für andere *faul, unbegabt, zurückhaltend* usw. Die sehr verschiedenartigen Merkmalszuschreibungen anderer sowie die Ergebnisse der Selbstbeobachtung müssen deshalb geordnet werden. Aufgrund dieser Ordnungsleistung macht der Mensch sich »einen Begriff« von sich selbst, er entwickelt – wie man in der Psychologie sagt – ein Selbstkonzept.

Ein Mensch begegnet in seinem Alltag normalerweise einer sehr großen Anzahl von Menschen, und er nimmt sehr unterschiedliche Rollen ein. Morgens verhält er sich bei einer geschäftlichen Verhandlung ziemlich aggressiv. Seinem Chef gegenüber benimmt er sich kurze Zeit danach eher unterwürfig. Seiner Sekretärin tritt er möglicherweise freundlich gegenüber, während er abends seinen Kindern helfend und verständnisvoll begegnet. Es wäre sehr aufwendig, wenn er in diesen recht ungleichen Situationen mit ihren verschiedenen Rollenanforderungen stets andere Ordnungsleistungen erbringen müßte. Um dem zu entgehen, bleiben die Merkmale, die sich ein Mensch selbst zuschreibt, ziemlich dauerhaft erhalten. Er erlebt sich im Verlauf der Zeit als ein und derselbe. Nur bei Menschen, bei denen erhebliche Persönlichkeitsstörungen vorliegen, kann diese Einheit des Selbst verlorengehen. Ein solcher Mensch durchlebt mehrere Stufen, in denen das Selbst sehr unterschiedlich erlebt und zum Ausdruck gebracht wird. Info-Kasten 5.1 setzt sich mit solchen Fällen auseinander.

Das Selbstkonzept nimmt entscheidenden Einfluß auf das Verhalten. Wenn sich ein

## Info-Kasten 5.1:
### Kann ein einziger Mensch zwei oder mehrere Persönlichkeiten entwickeln?

Das Vorhandensein mehrerer Persönlichkeiten in einem einzigen Menschen ist seit Jahrhunderten Gegenstand wissenschaftlicher Arbeiten gewesen. Dramatisch ausgestaltet wurden solche Schicksale z.B. von *Ernst Theodor Amadeus Hoffmann* in »Die Elixiere des Teufels« (1815–1816), von *Fjodor Dostojewski* in »Der Doppelgänger« (1846) und von *Nicolai Gogol* in »Die Nase« (1892). Die erste Beschreibung einer solchen Persönlichkeit in einer medizinischen Fachzeitschrift erfolgte im Jahre 1816 (Mitchell, 1816). Auf Tatsachen geht der im folgenden zu schildernde Fall zurück, der sowohl durch ein Buch als auch durch den Spielfilm »*Die drei Gesichter der Eva*« einer breiten Öffentlichkeit bekannt geworden ist (Thigpen und Cleckley, 1954).

Anfang der fünfziger Jahre suchte eine junge verheiratete Frau im Alter von 25 Jahren den Psychiater Corbett Thigpen auf, um sich wegen erheblicher Kopfschmerzen behandeln zu lassen. Sie beklagte außerdem, daß sie gelegentlich Zustände durchlaufe, aus denen sie mit völliger Erinnerungslosigkeit hervorgehe.

Eines Tages erhielt der Psychiater eine Mitteilung, die offenbar von *Eva Weiß*, seiner Patientin, stammte. Er sprach sie deshalb während der nächsten Behandlungsstunde darauf an. Die junge Frau leugnete jedoch, das Schriftstück verfaßt zu haben, und reagierte mit erheblicher Erregung. Plötzlich änderte sich der Gesichtsausdruck, und die Patientin zeigte ein befreiendes Lächeln; gleichzeitig fing sie an, den Therapeu-

Abb. 5.5
*Die Schauspielerin Joanne Woodward als Eva Schwarz (links) und Eva Weiß (rechts)*

ten in einem Flirt herauszufordern. Eine neue *Eva* hatte sich entwickelt. Während die Patientin zuvor das Bild einer scheuen, zurückgezogenen, ruhigen und sehr gewissenhaften, konservativ eingestellten Frau hinterlassen hatte, erschien sie nunmehr in der Persönlichkeit von *Eva Schwarz* als unruhiger, unbekümmerter, herausfordernder Mensch voller Betriebsamkeit. Der Psychiater hatte nunmehr »zwei« Patientinnen, die sich auch in ihren Wertausrichtungen, ihrer Sprechweise, ihrer Handschrift und in ihrer gesamten Gestik voneinander unterschieden.

*Eva Schwarz* war sich ihrer selbst stets bewußt, sie beobachtete auch die Gedanken und Gefühle von *Eva Weiß*, ohne sie jedoch als ihre eigenen anzusehen. *Eva Weiß* wußte demgegenüber nichts von *Eva Schwarz*; damit erklären sich ihre Gedächtnisausfälle. Im Verlauf der Behandlung ergab sich, daß *Eva* während ihrer Kindheit den Eindruck entwickelt hatte, ihre Eltern, die insgesamt eine strenge Erziehung ausübten, würden sich ihr gegenüber zurückweisend verhalten. Dieses Gefühl verstärkte sich noch im Alter von sechs Jahren, als sie Zwillingsschwestern bekam. Kurze Zeit darauf hatte *Eva* ein Erlebnis, das von ihr offenbar nicht verarbeitet werden konnte: Die Großmutter starb. Die Mutter führte daraufhin ihre Tochter an den Sarg und zwang sie gegen ihren Willen, die Tote zum Abschied zu küssen. Aus dieser Situation entwickelte sich wahrscheinlich die multiple Persönlichkeit.

Nach achtmonatiger Behandlung zeigten sich bei *Eva* deutlich Fortschritte in dem Bemühen, die verschiedenen Teile ihrer Persönlichkeit zu einer Einheit zu organisieren. Eine reifere, selbstbewußte Frau entwickelte sich aus dem Therapieprozeß, die Zugang zu beiden *Evas* hatte und die stark genug war, beide Persönlichkeiten in sich zu vereinen. *Eva Weiß* und *Eva Schwarz* gab es nicht mehr, denn nunmehr war *Jane* entstanden.

In der klinischen Literatur waren zum Ende der siebziger Jahre nicht viel mehr als 200 Menschen (überwiegend weiblichen Geschlechts) beschrieben worden, die, wie *Eva Weiß* und *Eva Schwarz*, *multiple*, also mehrere, Persönlichkeiten nacheinander zeigten (Carson et al., 1988), wobei jede Persönlichkeit ihr eigenes stabiles Leben führte. Während des letzten Jahrzehnts ist die Anzahl bekannt gewordener Fälle besonders steil angestiegen; genannt wird inzwischen eine Zahl von mehreren tausend Patienten (Ross et al., 1989). Es handelt sich dabei nicht um Menschen, die sich im Verlauf ihres Lebens allmählich verändern. Vielmehr findet der Wechsel von einer *Eva Weiß* zu einer *Eva Schwarz* plötzlich, vollständig und in extremer Ausprägung statt. Während normale Menschen sich bei Eintritt in eine völlig neue Umwelt verändern können, entsteht bei Patienten der genannten Art der Wechsel der Persönlichkeit, zumeist für Beobachter nicht unbedingt erkennbar, als Reaktion auf neue Situationen. *Eva* – und das gilt auch für vergleichbare Fälle – hatte zudem keine Kontrolle über einen Wechsel von *Schwarz* auf *Weiß*, und sie hätte auch niemals vorhersagen können, zu welcher Zeit sie *Eva Weiß* oder *Eva Schwarz* sein würde. Übrigens unterscheiden sich Menschen wie *Eva Weiß* und *Eva Schwarz* nicht nur auf der für jedermann beobachtbaren Verhaltensebene, sondern z.B. ebenso in ihren hirnelektrischen Aktivitäten, ihrer Herzschlagfrequenz und in den Blutdruckwerten. Jede Persönlichkeit besitzt zudem ein eigenes Gedächtnis, eigene Wünsche, Einstellungen, Interessen, Lernfähigkeiten, sexuelle Orientierungen (hetero- bzw. homosexuell), Sprechgeschwindigkeiten usw. (Lester, 1977). Frauen mit multiplen Persönlichkeiten berichten von mehreren Regelblutungen im Monat, weil jede Persönlichkeit ihren eigenen Zyklus aufweist (Jens und Evans, 1983).

Zu beachten ist, daß Rollenspiele für normale Kinder keineswegs unüblich sind. Gelegentlich schlüpfen sie vorübergehend auch in eine andere Rolle, um darin Gedanken oder feindliche Gefühle gegenüber Eltern oder anderen Autoritätspersonen auszuleben, die sie sich nicht ohne weiteres eingestehen mögen. Ebenso werden einer Puppe, einem Spielzeugtier oder einem Phantasiebegleiter nicht lösbare Probleme aufgeladen (Congdon und Abels, 1983; Putman, 1991). In solchen Spielen entdecken Kinder, daß sich auf diese Weise innere Konflikte und die mit ihnen verbundenen emotionalen Belastungen verringern lassen. Einigen Menschen gelingt es aber offenbar nicht mehr ohne weiteres, sich mit eigenen Problemen in der genannten Weise konstruktiv auseinanderzusetzen. Es handelt sich fast ausschließlich um solche Personen, die als Kind etwa im Alter von drei Jahren Opfer von schweren Mißhandlungen wurden, und zwar für die Dauer von mindestens zehn Jahren (Schultz et al., 1989); sie wurden entweder sexuell mißbraucht, körperlich mißhandelt oder von ihren Pflegepersonen erheblich vernachlässigt. Solche negativen Kindheitserlebnisse hat man bei 97 Prozent der Patienten festgestellt, die als multiple Persönlichkeit in Behandlung waren. Diese Menschen versuchen mit unverarbeiteten Erlebnissen dadurch fertigzuwerden, daß sie eine andere Persönlichkeit schaffen, der sie die Hauptlast ihres Problems übertragen können (Braun, 1990; Rosenhan und Seligman, 1989).

Können normale Menschen unter bestimmten Bedingungen auch multiple Persönlichkeiten entwickeln? Dieser Frage ist Nicholas Spanos mit seinen Mitarbeitern (1985) nachgegangen. Sie wiesen nach, daß gesunde Studenten unter bestimmten Bedingungen sehr wohl zu veranlassen sind, Symptome multipler Persönlichkeiten zu zeigen. Die Studenten sollten die Rolle eines Mörders spielen, der sich einer psychiatrischen Untersuchung zu unterziehen hatte. Die Abschiebung der Tat auf ein zweites Ich hat in einer solchen Situation klare Vorteile, weil sich das erste Ich dann als unschuldig darstellen kann. Wenn Interviewer (bzw. Therapeuten) einem »Tatverdächtigen« nahelegen, z. B. durch Hypnose, daß in ihm eine weitere Persönlichkeit stecken könnte, wächst die Bereitschaft vieler Versuchspersonen, sich als multiple Persönlichkeit darzustellen. Spanos und Mitarbeiter zogen aus ihren Untersuchungsergebnissen den Schluß, daß auch normale Menschen Symptome einer multiplen Persönlichkeit entwickeln können, wenn sie davon persönliche Vorteile haben und der Interviewer (Therapeut) mit ihnen die Möglichkeit einer verborgenen Persönlichkeit ernsthaft diskutiert (also nahelegt).

Mensch z. B. als *unbegabt* einordnet, wird er solchen Situationen auszuweichen versuchen, die erhöhte Leistungsanforderungen an ihn stellen. Würde man bereitwillig die Einladung zu einer Party annehmen, wenn das Selbstkonzept Schwierigkeiten bei der Kontaktaufnahme und Beteiligung an Gesprächen signalisiert? Wer sich für sozial ungeschickt hält, neigt vermutlich zur Meidung mitmenschlicher Kontakte.

Menschen, die sich für sozial ungeschickt oder für leistungsschwach halten, können Erfahrungen sammeln, die den eigenen Erwartungen widersprechen und dabei dennoch ihr bisher entwickeltes Selbstkonzept bewahren: Erfahrungen, die nicht im Einklang mit dem Selbstkonzept stehen, werden beispielsweise zur Ausnahme erklärt. Ein Mensch, der sich für *unbegabt* hält, aber dennoch in einer Leistungssituation die Bewältigung einer Aufgabe verbuchen konnte, neigt z. B. dazu, den Erfolg auf *Glück* zurückzuführen (Weiner, 1994); dadurch wird das Selbstkonzept nicht in Frage gestellt, nach dem Motto »auch ein blindes Huhn findet manchmal ein Korn«. Es kann nicht überraschen, daß Selbstkonzepte über sehr lange Zeiträume, sogar über Jahrzehnte, ziemlich unverändert bleiben (Kelly, 1955). Entsprechendes gilt für Menschen, die sich für *schwach, ängstlich* oder *unbeliebt* halten. In einigen Fällen hilft zur Veränderung des Selbstkonzepts nur noch eine Therapie. Ebenso wie die geometrischen Figuren der Abbildung 5.1 auf sehr verschiedenartige Weise zu ordnen sind, lassen sich auch die persönlichen Erfahrungen eines Menschen unterschiedlich klassifizieren. Ein Patient muß folglich unter Anleitung eines Therapeuten, vielleicht auch mit Hilfe einer von diesem geleiteten Therapiegruppe Erfahrungen sammeln, die dem eigenen Klassifikationssystem (Selbstkonzept) widersprechen, die sich also nicht in bisher üblicher Weise einordnen lassen und schließlich eine Neuordnung des Selbstkonzepts nahelegen.

## 5.3 Anpassung an Umweltbedingungen durch Problemlösen

Von einer Problemsituation spricht man in der Psychologie, wenn offenkundige Bemühungen eines Individuums zur Erreichung eines Ziels nicht gelingen. In einer Problemsituation fand sich nicht nur die hungrige Katze Thorndikes, als die Käfigwände ihr den Zugang zum Futter verwehrten. Hindernisse stellten sich auch Köhlers Schimpansen in den Weg, nachdem er erfahren hatte, daß seine Arme zu kurz waren, um eine außerhalb des Käfigs gelegene Banane zu erreichen. Auf die Frage, wie es den Tieren schließlich gelang, ihre Probleme zu lösen, verwies Thorndike auf Versuch-und-Irrtum-Verhalten (s. S. 174) und Köhler auf Einsicht (s. S. 194). Thorndike und Köhler haben in der Geschichte der Psychologie wesentliche Hinweise zur Erforschung des Problemlösens gegeben, und das Interesse an diesen Prozessen hat bis heute nichts von seiner Herausforderung eingebüßt. Die Bedeutung dieses Themenbereichs bringen auch zwei Experimentalpsychologen mit folgender Feststellung zum Ausdruck: »Wenn uns der Experimentator zeigen könnte, wie man klar denkt und wie unsere Probleme erfolgreich und schnell zu lösen sind, würde er einen sehr großen sozialen Beitrag leisten« (Woodworth und Schlosberg, 1954).

Ob der experimentell arbeitende Psychologe bereits so viel über das Problemlösen und seine Voraussetzungen weiß, daß er »einen großen sozialen Beitrag« leisten kann, müssen seine Kritiker beurteilen. Immerhin lassen sich nach jahrzehntelanger Forschung zahlreiche Erkenntnisse heranziehen, um aufzuzeigen, welche Bedingungen förderlich und welche hinderlich auf den Problemlösungsprozeß wirken.

### 5.3.1 Stadien des Problemlösungsprozesses

Albert Einstein soll einmal gesagt haben, er sei unfähig, das Selbstverständliche zu verstehen (Davidoff, 1987). Das traditionelle Schulsystem trägt an den Schüler in der Regel klar formulierte Probleme mit der Aufgabe heran, die bereits feststehenden richtigen Lösungen zu finden. Sollte der Lernende, ebenso wie Einstein, Fragen zum Selbstverständlichen stellen und Sachverhalte hinterfragen, »die doch völlig klar sind«, wird er bei vielen Lehrern wenig Verständnis finden. Tatsächlich sind der Psychologie die Bedingungen, unter denen Probleme entdeckt werden, noch weitgehend unbekannt. Viele Probleme bedrohen die Menschheit nicht so sehr, weil ihre Bewältigung noch aussteht, sondern vielmehr deshalb, weil Ereignisse auf dieser Erde noch nicht als Problem erkannt und anerkannt worden sind. Über diese *Problemfindung* und ihre Bedingungen weiß man in der Psychologie noch wenig, denn auch in psychologischen Untersuchungen hat man zumeist studiert, wie Versuchspersonen auf bereits *vorgegebene* Probleme reagieren. Was unternehmen Menschen, um zu einem Ziel (zur Lösung des Problems) zu gelangen, dessen Zugang nicht ohne weiteres möglich ist?

Es stellt eine Erfahrung des Alltagslebens dar, daß angestrebte Ziele nicht ohne weiteres zugänglich sind. Der Wind hat z. B. die Haustür zugeschlagen, und man steht ohne Schlüssel draußen. Man stellt an einem Feiertag fest, daß man vergessen hat, notwendige Lebensmittel einzukaufen. Man hat auf einen Ausflug eine Bierflasche mitgenommen; es fehlt jedoch ein Öffner zum Entfernen des Kronkorkens. Die geschilderten Beispiele stellen jeweils Probleme dar, für die es grundsätzlich mehrere Lösungsmöglichkeiten gibt.

Was geht in Menschen vor, wenn sie sich mit Problemen der genannten Art auseinanderzusetzen haben? Warum finden einige Menschen die Lösung schneller als andere? Solche Fragen hat die Psychologie zu klären versucht. Eine Möglichkeit zu ihrer Beantwortung besteht darin, daß man sich die Prozesse etwas genauer ansieht, die zwischen dem Erkennen eines Problems und dessen Lösung liegen. Unterteilt man die komplizierten Prozesse des Problemlösens in mehrere Abschnitte, so hat dies selbstverständlich etwas Künstliches an sich, denn tatsächlich hängen diese Stadien eng zusammen. Der Denkende kann über einen längeren Zeitraum zwischen einzelnen Abschnitten pendeln; vielleicht kehrt er auch wiederholt an den Anfang zurück, um noch einmal von vorne zu beginnen.

### 5.3.1.1 Bemühungen um Verständnis durch Situations- und Zielanalyse

Hersteller von Kartoffel-Chips waren bereits seit langem mit der üblichen Verpackung dieses Knabber-Gebäcks unzufrieden. Die verwendeten Plastiktüten nahmen außerordentlich viel Platz in Anspruch. Die Chips waren zudem zerbröckelt, bevor sie beim Kunden ankamen. Es bestand offenkundig eine Problemsituation, denn aus den Stellungnahmen unzufriedener Kunden ging klar hervor, daß das Ziel, ihnen nur *einwandfreie* Ware auszuliefern, nicht erreicht worden war. Wie läßt sich ein solcher Mißstand aber beheben? Lassen sich vielleicht Verpackungs- und Transportbedingungen schaffen, unter denen kein Bruch entsteht? Bei der Suche nach einer Beendigung des als unbefriedigend bezeichneten Zustands stellten sich – wie grundsätzlich zu Beginn jeder Problemsituation – zwei Fragen: 1. Was ist gegeben und 2. was soll erreicht werden? Damit zunächst einmal Verständnis für die Problemsituation gewonnen wird, bedarf es möglichst sorgfältiger Analysen 1. der Situation und 2. des Ziels. Das Problem stellt sich somit folgendermaßen dar: Gegeben sind Kartoffel-Chips, die zu platzaufwendig verpackt werden und häufig zerdrückt werden, bevor sie in die Hand des Kunden gelangen.

Ob ein Mensch Verständnis für eine Problemsituation gewinnt, hängt besonders bei komplexeren Problemen vor allem davon ab, worauf er seine Aufmerksamkeit richtet. Aufmerksamkeitsprozesse sind aber stets selektiv (s. S. 131 f.). Es ist deshalb entscheidend, welche Aspekte der Problemsituation dem Lösungsuchenden bedeutsam erscheinen. Die

Merkmale Farbe und Form sind beim Kartoffel-Chip zunächst weniger wichtig als die Sprödigkeit seiner Masse, die das leichte Zerbrechen zur Folge hat. Es ist ein entscheidender Schritt im ersten Abschnitt des Problemlösungsprozesses, wenn die Begriffe *Sprödigkeit* und *Zerbrechlichkeit* entdeckt worden sind. Nach erarbeitetem Verständnis der Problemsituation kann nach Lösungsmöglichkeiten zur Beseitigung der unerwünschten Eigenschaften gesucht werden.

Es mindert zweifellos die Erfolgsaussichten, wenn man sich mit einem Problem auseinandersetzt und bereits Lösungsvorschläge macht, obwohl die Aufgabe noch gar nicht ausreichend verstanden wurde (Blatt und Stein, 1959). Je sorgfältiger man sich darum bemüht, ein Problem zunächst einmal zu verstehen, desto schneller dürften die nachfolgenden Abschnitte des Problemlösungsprozesses zu durchlaufen sein. Ein Vergleich von Experten, von Menschen also, die in einem Fachgebiet bereits seit langem erfolgreich arbeiten, und Neulingen ergibt regelmäßig, daß erstere sich ziemlich viel Zeit nehmen, um ein Problem zunächst einmal zu verstehen (Chi et al., 1981). Experten werden verhältnismäßig schnell auf zugrundeliegende Prinzipien aufmerksam, während Neulinge eher auf oberflächliche Merkmale achten. Experten gelingt es folglich auch zu einem früheren Zeitpunkt des Problemlösungsprozesses, das Problem angemessen zu repräsentieren. Was ist aber eine angemessene Repräsentation? Das hängt von der jeweiligen Problemsituation ab.

Vielen Menschen gelingt es zwar, sich ein gutes Verständnis von dem im folgenden geschilderten *Eisenbahn-Vogel-Problem* zu verschaffen. Sie erschweren sich aber die nachfolgende Lösungssuche, weil sie sich anfänglich nicht die günstigste Darstellungsform erarbeiten.

Zwei Züge sind 50 km voneinander entfernt. Nachts um zwei Uhr verlassen beide den Bahnhof, um aufeinander zuzufahren. Im Moment ihrer Abfahrt startet ein Vogel vom ersten Zug, um dem zweiten Zug entgegenzufliegen. Nach Erreichen dieses zweiten Zuges macht das Tier eine Kehrtwende, um sich wieder dem ersten Zug zu nähern. Diesen Pendelflug setzt das Tier solange fort, bis sich die Züge getroffen haben.

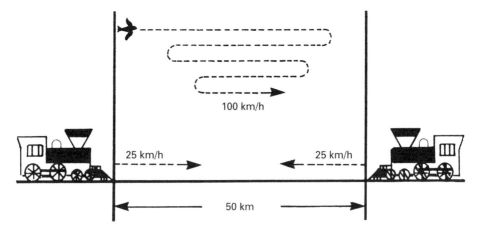

Abb. 5.6
*Möglichkeit zur Darstellung des Eisenbahn-Vogel-Problems*

Beide Züge fahren mit einer Geschwindigkeit von 25 km in der Stunde, während der Vogel mit 100 Kilometern in der Stunde fliegt. *Wie viele Kilometer hat der Vogel bis zu dem Zeitpunkt zurückgelegt, in dem sich die Züge treffen?*

Um die beschriebene Problemsituation besser zu verstehen, kann man sie sich bildlich darstellen, d. h., man entwirft gedanklich oder auf dem Papier eine Zeichnung, die in wesentlichen Teilen mit der Darstellung von Abbildung 5.6 übereinstimmt. Eine solche Skizze wird zweifellos durch die Frage in der Aufgabenstellung nahegelegt (»Wie viele km hat der Vogel zurückgelegt?«). Erleichtert diese Darstellungsform nun wirklich die Lösungssuche?

### 5.3.1.2 Suche nach Lösungsmöglichkeiten

Wenn sich Menschen das *Eisenbahn-Vogel-Problem* ebenso wie in Abbildung 5.6 dargestellt haben, beschreiben sie zumeist folgenden Lösungsweg: Sie versuchen, die Längen der vom Vogel jeweils zu fliegenden Teilstrecken, die nach jeder Richtungsänderung kürzer werden, rechnerisch zu bestimmen, um schließlich die geflogenen Kilometer des Tieres zusammenzählen zu können. Bei fehlerfreier Vorgehensweise führt dieser Lösungsweg auch tatsächlich zum Ziel. Viele Menschen erfahren aber eine erste Schwierigkeit bereits, wenn sie den genauen Ort zu bestimmen versuchen, an dem der Vogel dem entgegenkommenden Zug erstmalig begegnet. Sofern sie mit ihrem Lösungsweg bereits an dieser Stelle scheitern, kehren sie womöglich zum vorangegangenen Abschnitt in der Hoffnung zurück, sich ein verbessertes Verständnis der Problemsituation verschaffen zu können. Möglicherweise werden sie früher oder später darauf aufmerksam, daß zwischen der Streckenlänge des Vogels und den Reisegeschwindigkeiten feste Beziehungen bestehen. Das Problem stellt sich nämlich in einer ganz anderen Weise dar, wenn die Zielbestimmung (was soll erreicht werden?) umformuliert wird. An die Stelle von: »Welche Strecke hat der Vogel zurückgelegt?« tritt die Frage: »Wie lange fliegt der Vogel?« Nunmehr sind bessere Voraussetzungen gegeben, um über folgende Einzelüberlegungen zur Antwort zu gelangen (Darley et al., 1991):

1. Bevor sich die beiden Eisenbahnen in Bewegung setzen, sind sie 50 km voneinander entfernt.
2. Da die beiden Züge gleich schnell fahren, müssen beide 25 km zurücklegen, bevor sie zusammentreffen.
3. Beide Züge fahren mit einer Geschwindigkeit von 25 Kilometern in der Stunde. Infolgedessen vergeht eine Stunde bis zum Zusammentreffen.
4. Der Vogel fliegt mit einer Geschwindigkeit von 100 Kilometern in der Stunde.
5. Wenn eine Stunde bis zum Zusammentreffen der Züge vergeht, muß der Vogel inzwischen 100 km geflogen sein.

Das *Eisenbahn-Vogel-Problem* ist, ganz gleich, welchen Lösungsweg man beschreibt, über eine bestimmte, genau festzulegende Schrittfolge zu bewältigen. Solange kein Fehler auftritt, muß am Ende des Problemlösungsprozesses das einzig richtige Ergebnis stehen. Entsprechendes gilt für zahllose weitere Probleme. Wenn man durcheinandergewürfelte Buchstaben zu einem sinnvollen Wort umzuordnen hat, kann man jede mögliche Kombination planmäßig durchprobieren, bis das Ziel erreicht ist. Programmierer elektronischer Rechner sprechen von *Algorithmen*, wenn sich bei Einhaltung einer bestimmten Schrittfolge zwangsläufig bestimmte Lösungen ergeben müssen. Die Buchstaben *awl* lassen z. B. sechs verschiedene Kombinationen (die genannte eingeschlossen) zu: *alw*, *lwa, law, wla, wal*. Sofern also drei Buchstaben so ausgewählt wurden, daß sich daraus mindestens ein sinnvolles Wort ergibt, ist nach höchstens sechs planmäßig veränderten Kombinationsmöglichkeiten die Lösung garantiert. Um schnell und zuverlässig an das gewünschte Ziel zu kommen, greift man in bestimmten Aufgabensituationen auf algorithmische Lösungswege zurück, so beispielsweise bei Anwendung mathematischer Formeln oder bei der Ausführung von Kochrezepten.

Es gibt weiterhin unzählige Probleme, für die man einen anderen Lösungsweg benötigt. Wenn man z. B. herauszufinden hat, welches sinnvolle Wort sich aus vier gegebenen Buchstaben herstellen läßt, ist die Antwort erst nach 24 gegebenen Kombinationsmöglichkeiten garantiert. Aus der Buchstabenfolge *BDEEEERB* kann man sogar 40 320 verschiedene Kombinationen herstellen. Wenn man also durch Anwendung einer algorithmischen Lösung *jede* mögliche Kombination ausprobiert, dauert es in einem ungünstigen Fall sehr lange, bis irgendwann das Wort *ERDBEERE* gefunden wird. Auch das *Eisenbahn-Vogel-Problem* läßt sich – wie bereits festgestellt – auf sehr aufwendige Weise lösen.

Bereits im Alltagsleben löst man viele Probleme nicht dadurch, daß man so lange theoretisch mögliche Lösungen ausprobiert, bis die richtige Lösung gefunden ist. Wenn man beim Einkaufen in einem Lebensmittel-Supermarkt beispielsweise nicht weiß, wo sich *Senf* befindet, wird man vermutlich nicht die Regale sämtlicher Gänge mit gleicher Sorgfalt durchsuchen: Man kann von vornherein jene Abteilungen vernachlässigen, auf deren Regalen Teigwaren, Konfitüren oder Getränke stehen. Auch bei der Suche nach einem sinnvollen Wort probiert man nicht jede theoretisch mögliche Buchstabenkombination durch, sondern berücksichtigt, daß einige (z. B. erd, be, bee, ere usw.) wahrscheinlicher sind als andere (etwa bd, eee, drb usw.). Der Programmierer spricht von *heuristischen* Methoden, wenn er unter Ausnutzung vorhandener Erfahrungen Strategien einsetzt, die ihm Zeit und Mühe ersparen, allerdings auch keine Lösung garantieren können. Solche Methoden setzt man auch in Problemsituationen ein, für die es nicht nur eine richtige Lösung gibt: Wie komme ich zu meiner Arbeitsstelle, nachdem mein Auto nicht angesprungen ist? Wie beschaffe ich mir nach Schließung der Geschäfte noch einige Nahrungsmittel für das Abendessen? Wie erreiche ich, daß mir mein Fenster bei Durchzug nicht immer zuschlägt? In solchen Situationen wählt man – wenn möglich – bevorzugt Vorgehensweisen aus, die sich bereits in der Vergangenheit bewährt haben, und hofft, daß sie auch in einer vorliegenden Problemsituation zu einer »richtigen« und verhältnismäßig schnellen Lösung führen.

Allen Newell und Herbert Simon (1972) glaubten aufgrund ihrer Erfahrungen in der Programmierung von Computern, daß es *allgemeine* Strategien zur Lösung von Problemen geben würde. Als Beispiel nannten sie die *Mittel-Ziel-Analyse*. Bei Anwendung dieser Heuristik sucht man in jedem Abschnitt des Problemlösungsprozesses Maßnahmen aus, die den Abstand zwischen der vorliegenden Situation und dem erstrebten Ziel verkürzen können. Ein Vater oder eine Mutter steht z. B. vor dem Problem, den Sohn zum Kindergarten zu bringen. Eine Mittel-Ziel-Analyse beginnt nun folgendermaßen:

Ich möchte meinen Sohn zum Kindergarten bringen. Worin besteht der Unterschied zwischen dem, was gegeben ist, und dem, was ich möchte? Es ist eine Frage der Entfernung. Womit lassen sich Entfernungen verkürzen? Mit einem Auto. Mein Auto funktioniert nicht. Was wird benötigt, damit es fährt? Eine neue Batterie. Wer hat neue Batterien?

Die sorgfältige Untersuchung von Experten, die mit einem bestimmten Problembereich sehr intensiv vertraut sind, hat allerdings ergeben, daß sie keineswegs allgemeine Strategien einsetzen, sondern vielmehr sehr schnell in der Lage sind, die Art eines vorliegenden Problems zu erkennen, um ihrem Gedächtnis sodann entnehmen zu können, mit welcher Lösung sie es am besten bewältigen (Glaser und Chi, 1988).

Eine weitere heuristische Strategie, die sich als außerordentlich hilfreich erweisen kann, nutzt die Möglichkeit des Vergleichens, nicht selten auf der Ebene bildlicher Repräsentationen. So ist beispielsweise überliefert, daß *Johannes Gutenberg* die entscheidende Anregung zur Entwicklung der Druckmaschine erhielt, nachdem er sich eine Weinpresse bildlich vorgestellt hatte, ein Gerät, das in seiner heimatlichen Mainzer Gegend keine Seltenheit war (Koestler, 1964).

Auch in der Herstellerfirma von Kartoffel-Chips stellte sich während der Lösungssuche irgendwann die Frage, ob es nicht möglich ist, die Antwort in der Natur zu finden. Man begann mit einer systematischen Suche und wurde schließlich auf die Blätter von Bäumen aufmerksam, die in Hinblick auf Form und Größe dem Kartoffel-Chip ähnlich sind. Nachdem sie im Herbst zu Boden gefallen und ausgetrocknet sind, kann man sie ebenfalls leicht zerdrücken. Angefeuchtete Blätter lassen sich jedoch dicht zusammenpacken, und ihre Form zerfällt auch dann nicht mehr so leicht, wenn sie wieder getrocknet sind. Damit war die Lösung gefunden: Man feuchtete die Kartoffel-Chips an, sorgte dafür, daß alle die gleiche Form annahmen, und stapelte sie in stabilen runden Verpackungen übereinander (Rice, 1984).

Bei einigen Such- und Findestrategien nutzt man sein durch Erfahrungen entstandenes Wissen über die Häufigkeit des Auftretens bestimmter Ereignisse (wie bei der Bevorzugung häufig vorkommender Buchstabenkombinationen). Info-Kasten 5.2 belegt allerdings an zahlreichen Beispielen, daß diese heuristischen Lösungsstrategien unter bestimmten Bedingungen jegliche Logik vermissen lassen.

Abb. 5.7
*Die dargestellte Verpackungsform von Kartoffel-Chips ist platzsparend und schützt die Ware vor Bruch. Sie wurde im Verlauf eines Problemlösungsprozesses entwickelt.*

### 5.3.1.3 Bewertung möglicher Lösungen

Jede gefundene Lösung muß bewertet werden. Ist sie wirklich geeignet, eine Problem-

**Info-Kasten 5.2:**
**Welche Rolle spielt die Logik bei alltäglichen Kaufentscheidungen? –
Warum sollte ein kühles Erfrischungsgetränk nicht mehr als DM 1,50
kosten, wenn ein Preis von DM 2,65 durchaus annehmbar ist?**

An einem heißen Tag am Meer erklärt ein Strandbesucher seiner Begleitung, er müsse kurz zur Telefonzelle. Soll er auf dem Rückweg eine Flasche kühles Bier mitbringen? Wieviel darf das Getränk aber höchstens kosten? Die Antwort hängt nicht so sehr von der Qualität des Bieres, sondern auch davon ab, wo er es kaufen will. Sofern der Strandbesucher erklärt, er werde das Bier von einem etwas heruntergewirtschafteten Geschäft mitbringen, nennen ihm viele Befragte eine Preisgrenze von durchschnittlich DM 1,50. Sofern er jedoch kundtut, er werde das gleiche Bier in einem vornehmen Ferienhotel kaufen, setzt man ihm als oberste Preisgrenze den Betrag von DM 2,65 (Durchschnittspreis). Man weigert sich also, beispielsweise DM 2,– in die Kasse des genannten Lebensmittelgeschäfts zu zahlen, während man aber gleichzeitig bereit ist, beim Kauf im Hotel für das Produkt gleicher Qualität z. B. DM 2,50 auszugeben (Thaler, 1985).

Daniel Kahneman und Amos Tversky (1982, 1984) haben eine ganze Reihe alltäglicher Kaufentscheidungen aufgespürt, die nüchternen Beobachtern als inkonsequent oder widersinnig erscheinen müssen. So erfährt ein Kunde in einem Geschäft, daß der von ihm gewünschte Taschenrechner 15 DM kostet. In einer Filiale, die 20 Minuten entfernt ist, könne er das gleiche Produkt aber für einen Sonderpreis von 10 DM erhalten. Zwei Drittel der Befragten würden den Gang zum anderen Geschäft unternehmen, um DM 5,– zu sparen. Verhalten sie sich ebenso beim Kauf eines Rechners zum Preis von DM 125,–, wenn ihnen erklärt wird, die gleiche Ware sei in der Filiale zum Sonderpreis von DM 120,– zu bekommen? Obwohl man wiederum DM 5,– sparen kann, wenn man den Weg von 20 Minuten in Kauf nimmt, erscheint den meisten Kunden die Ersparnis zu gering; folglich sind sie sehr viel eher bereit, den Rechner für 125 DM zu kaufen.

In einer anderen Untersuchung von Kahneman und Tversky (1982) sollten Befragte sich in die Situation eines Schauspielbesuchers versetzen, der bei seiner Ankunft im Theater den Verlust seiner Eintrittskarte im Wert von 25 DM feststellt. Würde er in einem solchen Fall noch einmal 25 DM für eine Ersatzkarte ausgeben? Die Mehrheit der Befragten verneint diese Frage. Sie lassen sich bei ihrem Verzicht möglicherweise von der Auffassung leiten, daß das Theaterstück für 50 DM zu teuer bezahlt wäre. Wie reagieren Menschen aber, wenn man die Ereignisabfolge etwas verändert? Ein Theaterbesucher stellt an der Theaterkasse fest, daß er irgendwo im Verlauf des Tages 25 DM verloren hat. Nimmt er daraufhin vom Besuch der Veranstaltung Abstand? Die meisten Menschen würden die Eintrittskarte zum Preis vom 25 DM unter dieser letzten Bedingung kaufen, obwohl man in beiden Fällen um 50 DM ärmer geworden ist. Der Besuch der Theatervorstellung kostet 25 DM, und das ist er auch wert!

Kaufentschlüsse hängen aber nicht nur von den jeweiligen Kosten, sondern auch von Einflüssen ab, die man nach vernünftigen Überlegungen eigentlich zurückweisen müßte. Wer sich auf der Suche nach einem neuen Auto befindet, studiert vor einem Kaufentschluß z. B. veröffentlichte Pannenstatistiken, die nach Auswertung sehr vieler Fälle entstanden sind. Er liest außerdem Besprechungen in Fachzeitschriften. Möglicherweise bringt ihn diese Lektüre zu dem Entschluß, einen *Volvo* zu kaufen. Auf dem Weg zum Händler trifft er jedoch seinen Nachbarn, der ihm in einer anschaulichen Beschreibung erzählt, wieviel Pech er bereits mit seinem eigenen *Volvo* gehabt hat. Es sei wirklich eine Katastrophe, ein reiner »Montagswagen«! Würden nicht viele Menschen in einer solchen Situation einer einzigen Aussage mehr vertrauen als den statistischen Angaben, die sich auf große Stichproben gründen (Nisbett und Ross, 1980)?

Alle geschilderten Fälle belegen, daß Menschen in alltäglichen Situationen keineswegs immer nur logische bzw. vernünftige Entscheidungen treffen. Zumeist wirken vorausgegangene Erfahrungen in Problemsituationen vorteilhaft, denn man kann ohnehin nicht jede Lösungsmöglichkeit in Betracht ziehen. Nicht selten ist man gezwungen, die Lösungssuche abzukürzen. Unter bestimmten Bedingungen verleiten Erfahrungen aber auch zu Entscheidungen, die unter rein logischen Gesichtspunkten nicht zu vertreten wären. Was hohe und was niedrige Kosten, was

Gewinne und Verluste sind, was wirtschaftlich oder unwirtschaftlich ist, bestimmt sich wesentlich nach subjektiven Maßstäben. Man ist bereit, eine weitere Theaterkarte zu kaufen, sofern der Verlust von 25 DM unabhängig vom Besuch der Theatervorstellung gesehen wird. Die Bereitschaft, den Weg zu einem anderen Geschäft mit einem günstigen Angebot zu unternehmen, hängt nicht von einem absoluten Wert ab. Die Höhe der Ersparnis (5 DM) wird vielmehr im Vergleich zu einem Bezugswert gesehen, der sich aus dem jeweiligen Zusammenhang ergibt. Geldausgaben fallen einem Menschen im übrigen auch leichter, wenn er sie für sich als Kosten und nicht als Verluste verbuchen kann (Slovic et al., 1982). Wenn andere in persönlichen Berichten anschaulich von eigenen Erfahrungen erzählen, dann wirken sie zumeist überzeugender als Statistiken, die sich auf eine große Anzahl von Fällen stützen.

situation zu bewältigen? Die Antwort ist bei einigen Problemen leicht zu geben. Wenn beispielsweise ein Auto nicht anspringt, läßt sich im Falle einiger am Motor vorgenommener Veränderungen vergleichsweise schnell überprüfen, ob der Defekt durch sie behoben wurde oder nicht. Anders liegen die Verhältnisse bei Aufgaben, die mehrere und vor allem auch kreative Lösungsmöglichkeiten herausfordern. Möglicherweise stellt es höhere Anforderungen, Lösungen einer Problemsituation zu bewerten, als solche zu finden. Man hat einmal jüngere Menschen aufgefordert, originelle Verwendungszwecke alltäglicher Gegenstände zu benennen (Johnson et al., 1968). So fragte man sie u. a., was man alles – auch Ungewöhnliches! – mit einem Hammer, mit einem Lineal oder mit einem Ziegelstein machen kann. Die Versuchspersonen wurden aufgefordert, ihre Antworten anschließend zu

bewerten. Es fiel auf, daß ihre Bewertungen keineswegs immer mit den Urteilen unabhängiger Experten übereinstimmten. Wer in einem Tätigkeitsgebiet noch vergleichsweise wenig Erfahrungen gesammelt hat, mag gute und schlechtere Lösungen finden. Der Anfänger besitzt jedoch noch keine angemessenen Maßstäbe zur Bewertung seiner Vorschläge. Wer sich aber längere Zeit eingehender mit einem Arbeitsgebiet beschäftigt, verbessert allmählich seine Fähigkeit zur Beurteilung vorgelegter Lösungen. Wissenschaftler, die in ihrem Fachgebiet bereits längere Zeit arbeiten und Künstler (Musiker, Maler usw), die Erfahrungen in ihrem Tätigkeitsbereich gesammelt haben, besitzen gute Voraussetzungen, fruchtbare von weniger guten Beiträgen ihres Spezialgebietes zu unterscheiden.

## 5.3.2 Behinderung der Lösungssuche durch frühere Erfahrungen

»*Wenn mein Neffe mich in meiner Wohnung besucht, dann fährt er mit dem Fahrstuhl immer nur bis zum vierten Stockwerk. Ich lebe aber fünf Stockwerke höher. Mein Neffe muß deshalb noch viele Treppen steigen, bis er bei mir ankommt.*« John Bransford und Barry Stein (1984) baten ihre Studenten, ihnen möglichst viele Gründe dafür zu nennen, weshalb dieser Neffe bereits viel zu früh den Fahrstuhl verläßt und deshalb noch viele Treppen steigen muß, bevor er sein Ziel erreicht. Typische Antworten lauteten: »Er macht noch weitere Besuche auf seinem Weg«, »er geht gerne zu Fuß«, »Treppensteigen ist gesund« oder »der Fahrstuhl geht nur bis zum vierten Stockwerk«. Nur selten wurde an die Möglichkeit gedacht, daß der Neffe wegen seiner geringen Körpergröße alle Knöpfe, die über das vierte Stockwerk hinausgingen, nicht mehr erreichen konnte.

Die experimentelle Denkpsychologie beschäftigt sich bereits seit ihren Anfängen mit der Frage, weshalb Menschen in einer Problemsituation einige Lösungen sehr viel schneller und häufiger nennen als andere. Sehr bald wurde man darauf aufmerksam, daß es die Lösungschancen verbessert, wenn man bereits vorher Erfahrungen mit ähnlichen Problemen sammeln konnte. Unter bestimmten Bedingungen tritt aber auch eine gegenteilige Wirkung auf. So fällt es Menschen bereits schwer, einen Gegenstand anders als in der vertrauten Weise zu benutzen. »Blindheit« in der Lösungssuche entsteht weiterhin durch wenig abwechslungsreich gestaltete Übungen.

## 5.3.2.1 Einschränkung der Lösungssuche durch funktionale Gebundenheit

Die Schwierigkeit, einen Gegenstand anders als in seiner üblichen Verwendung zu nutzen, ist auf eine funktionale Gebundenheit zurückzuführen. Viele alltägliche Probleme wären wahrscheinlich leichter zu lösen, wenn die funktionale Gebundenheit den Blick nicht oftmals einengen würde. So übersieht man möglicherweise, daß man mit einer Schere notfalls auch Schrauben ziehen kann, daß sich mit einem Nußknacker (Zange) auch Marmeladengläser öffnen lassen und daß – sicherlich nicht mit voller Zustimmung der Kinderpsychologen – mit einem Papierkorb erforderlichenfalls auch ein Laufstall zu ersetzen ist (s. Abbildung 5.8). Die Überwindung der funktionalen Gebundenheit war für einen Mann lebensrettend, der zunächst ausgeraubt und

Abb. 5.8
*Überwindung funktionaler Gebundenheit*

anschließend in den Kofferraum seines Wagens gesperrt worden war. Nachdem er die Atemluft verbraucht hatte, öffnete er das Ventil des Reserverades, und die ausströmende Luft hielt den Gefangenen so lange am Leben, bis er befreit werden konnte.

Das bekannteste Experiment zum Nachweis funktionaler Gebundenheit stammt von dem Gestaltpsychologen Karl Duncker (1935). Seine Versuchspersonen fanden auf einem Tisch eine Kerze, eine Schachtel mit Heftzwecken und eine Schachtel mit Streichhölzern. Ihre Aufgabe bestand darin, die Kerze senkrecht an der Wand zu befestigen, ohne daß sie tropfte, nachdem sie angezündet worden war. Die Versuchspersonen hatten Schwierigkeiten, die Lösung zu finden, solange sie die Schachteln als Behälter sahen, d.h. als Gegenstände, in die man etwas hineintun kann. Die funktionale Gebundenheit war überwunden, sobald entdeckt wurde, daß die Seitenwände der Schachteln auch als Unterlage genutzt werden können. Abbildung 5.9 zeigt, wie Dunckers Versuchspersonen die Aufgabe lösen sollten.

Wenn man in einer Problemsituation funktional gebunden ist, d.h. Schwierigkeiten hat, vorhandene Gegebenheiten anders als in der vertrauten Funktion zu sehen, sollte man eine Pause einlegen oder »die Sache überschlafen«. Viele große Entdeckungen und Erfindungen sind nicht während einer Phase höchster Konzentration, sondern im Verlauf einer Entspannungsphase gemacht worden: während eines Spaziergangs, einer Kinovorstellung, ja sogar im Schlaf während eines Traumes.

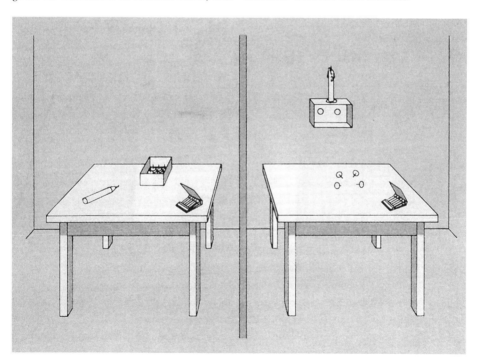

Abb. 5.9
*Karl Dunckers Kerzen-Experiment zum Nachweis funktionaler Gebundenheit*

## 5.3.2.2 Einschränkung der Lösungssuche durch Einstellungen

Abraham Luchins (1942) gab seinen Versuchspersonen mehrere Gefäße A, B und C mit unterschiedlichem Fassungsvermögen und stellte ihnen die Aufgabe, eine bestimmte Menge Wasser abzumessen (Spalte D in Tabelle 5.1). Zur Verfügung standen jeweils drei Gefäße A, B und C. – Wie erhält man beispielsweise 20 l, wenn zwei Gefäße vorhanden sind, von denen das eine 29 l, das andere 3 l faßt? – Man füllt zunächst das 29 l-Gefäß und gießt mit seinem Inhalt dreimal das 3 l-Gefäß voll; es bleiben 20 l übrig. Durch Umschütten der jeweils verfügbaren Gefäße A, B und C sind auch folgende Probleme zu lösen:

Tab. 5.1
*Umschüttungsaufgaben, die Abraham Luchins seinen Versuchspersonen stellte*

| Problem | Größe der Gefäße (in l) | | | Benötige Mengen (in l) |
|---|---|---|---|---|
| | A | B | C | D |
| 1 | 21 | 127 | 3 | 100 |
| 2 | 14 | 163 | 25 | 99 |
| 3 | 18 | 43 | 10 | 5 |
| 4 | 9 | 42 | 6 | 21 |
| 5 | 20 | 59 | 4 | 31 |
| 6 | 23 | 49 | 3 | 20 |
| 7 | 15 | 39 | 3 | 18 |

Die dargestellten Aufgaben 1–5 sind alle mit Hilfe der Formel B – A – 2C lösbar. Die gleiche Lösungsmethode ist auch auf die Aufgaben 6 und 7 anwendbar. Allerdings lassen sich diese beiden letzten Aufgaben viel einfacher nach den Formeln A – C bzw. A + C bewältigen.

Wenn eine bestimmte Reaktion auf eine Aufgabensituation in der Vergangenheit immer wieder bestätigt bzw. – in der Sprache der Lernpsychologie – verstärkt worden ist, besteht eine hohe Bereitschaft, auf gleiche Weise auch in der Zukunft zu reagieren, und zwar auch dann, wenn andere Lösungswege schneller zum Erfolg führen würden. Es entwickelt sich, wie Luchins das genannt hat, eine Einstellung. Man gerät also in eine Art »Trott«, der einen Menschen beharrlich an den bislang geübten Methoden festhalten läßt, auch wenn er damit Umwege beschreitet.

Luchins konnte zeigen, daß Menschen unterschiedlicher Intelligenz und verschiedenen Alters gegenüber diesen einfachen Lösungen »blind« werden und – sofern sie sich zuvor mit den Aufgaben 1 bis 5 auseinandergesetzt haben – die Lösung nach der komplizierteren Formel vornehmen. Die beste Möglichkeit, eine solche »Blindheit« oder Einstellung zu verhindern, besteht darin, variabel zu üben, d. h., bei der Auswahl von Übungsaufgaben möglichst abwechslungsreich zu verfahren.

Funktionale Gebundenheit sowie die Entwicklung einer gewissen Routine erweisen sich zweifellos als nützlich bei der Bewältigung vieler alltäglicher Aufgaben. Sie behindern allerdings den originellen, schöpferischen Einfall. Man hat über Albert Einstein einmal gesagt, daß er seine einzigartigen und tiefsinnigen Erkenntnisse über Raum und Zeit nur gewinnen konnte, weil er zuvor nicht allzuviel über Philosophie und Mathematik gelernt hatte. Diese zweifellos überspitzte Formulierung enthält auch ein Körnchen Wahrheit. Wäre Einsteins Denken zu sehr in den Bahnen der damaligen Naturwissenschaften verlaufen, dann wäre es ihm zweifellos noch schwerer gefallen – vielleicht wäre es ihm sogar unmöglich gewesen –, sich davon zu lösen, um frei für neue Ideen zu sein. Einstein besaß allerdings im Vergleich zu Menschen, deren Physikkenntnisse überwiegend dem Schulunterricht entstammen, noch einen weiteren Vorteil: Er hatte Expertenwissen, und das gestattete ihm, Zusammenhänge zu sehen, die physikalische Laien nicht entdecken konnten.

## 5.4 Problemlösungsverhalten als Ausdruck der Intelligenz

Die meisten Probleme, mit denen sich Menschen bislang in unzähligen psychologischen Experimenten auseinandersetzen mußten, hätten Tiere auf gar keinen Fall lösen können. Aber auch innerhalb des menschlichen Bereichs gibt es Unterschiede: Einige Versuchspersonen bewältigen die von Experimentalpsychologen bevorzugten Probleme durchgängig besser als andere. Wenn man fragt, wie solche Beobachtungen zu erklären sind, wird man mit großer Regelmäßigkeit auf Unterschiede in der intellektuellen Leistungsfähigkeit verwiesen. In Anlehnung an die Pionierarbeiten William Sterns (1912) zu Beginn dieses Jahrhunderts hat man Intelligenz häufig als allgemeine Fähigkeit definiert, Probleme in neuartigen Situationen lösen zu können. Eine solche Kennzeichnung umgeht aber den strittigsten Punkt in eleganter Weise. Die meisten Psychologen – auch die heutigen – werden uneingeschränkt der Aussage zustimmen können, daß Intelligenz etwas mit der Fähigkeit zu tun hat, Probleme zu lösen. Ziemlich unterschiedliche Meinungen treten erst bei der Klärung der Frage zutage, *welche* Probleme den Einsatz intellektueller Fähigkeiten fordern. Sollte die Antwort nicht durch ein Studium der Intelligenztests zu finden sein, die nach dem Vorbild der *Binet-»Skalen«* entwickelt worden sind? Intelligenzforscher der Gegenwart äußern sich sehr kritisch über die sogenannten IQ-Tests (IQ als Abkürzung für Intelligenz-Quotient, s. S. 229). Tod, Steuern und schlechte Intelligenztests, so stellt Robert Sternberg (1991a) ironisch fest, sind zu Gegebenheiten dieser Welt geworden, denen sich niemand entziehen kann. Er habe schon während der Grundschule unangenehme Erfahrungen mit IQ-Tests sammeln müssen, denn wegen seiner großen Prüfungsangst erreichte er stets nur unzureichende Ergebnisse (Sternberg, 1991b). Dennoch müssen diese Prüfungsinstrumente sein Interesse geweckt haben, denn bereits im siebten Schuljahr legte er seinen Mitschülern Intelligenztests vor. Und in einem Jahrbuch nach Abschluß der Oberschule wird er mit folgender Aussage zitiert:»Intelligenz ist das am meisten mißverstandene Persönlichkeitsmerkmal« (Dorsey, 1987). Diese frühen, teilweise negativen Erfahrungen haben vermutlich mit dazu beigetragen, daß Sternberg später zu einem entschiedenen Gegner herkömmlicher Intelligenztests wurde. Die jahrzehntelange Erforschung der Intelligenz durch Intelligenz-Tests hatte, wie Robert Sternberg und Richard Wagner (1986) feststellen,»zahlreiche unvorhergesehene und unglückliche Folgen«. Man war nämlich zu sehr mit der Messung der Intelligenz und weniger mit ihrer Theorie beschäftigt. Die Autoren und Anwender von Intelligenztests haben viel zu wenig darüber nachgedacht, was sie eigentlich mit ihren Prüfungsinstrumenten gemessen haben. Nach einer kurzen Kennzeichnung klassischer Intelligenz- bzw. IQ-Tests ist aufzuzeigen, welche Wege die moderne Intelligenzforschung geht, um aus der Sackgasse herauszukommen, in welche die klassische Intelligenzforschung hineingeraten ist.

## 5.4.1 Die Suche nach Methoden zur Messung der Intelligenz: Wege und Irrwege

Während des Mittelalters war man vor allem daran interessiert, herauszustellen, was Menschen allgemein kennzeichnet. Innerhalb der ständischen Gesellschaft waren das Ansehen sowie der Beruf bereits zum Zeitpunkt der Geburt festgelegt. Welchen Nutzen sollte es bringen, sich mit Unterschieden zwischen den Menschen zu beschäftigen? Wer es dennoch tat, mußte mit unangenehmen Konsequenzen rechnen. *Ludwig XVI.* hielt *Beaumarchais'* Komödien »Der Barbier von Sevilla« und »Die Hochzeit des Figaro« für verderblich, denn darin wurde dargestellt, daß ein Barbier von niedrigem Stand klüger als sein edler Herr sein konnte. Auch die ersten Experimentalpsychologen, die sich unter Wilhelm Wundt in Leipzig zusammenfanden, waren immer noch nicht an den Unterschieden menschlichen Verhaltens interessiert. Vielmehr versuchten sie, Gemeinsamkeiten aufzudecken. Ihnen blieb zwar nicht verborgen, daß einige Menschen schneller als andere z. B. auf einen Lichtreiz mit einem Tastendruck reagieren konnten. Aber diese Unterschiede, so stellt Anne Anastasi (1982) fest, waren für die junge Experimentalpsychologie das Ergebnis lästiger Fehlereinflüsse, die das Aufdecken allgemeiner Zusammenhänge nur erschwerten. Während Wundt und seine Schüler nach allgemeinen Gesetzmäßigkeiten des Verhaltens suchten, bemühten sich andere, vorwiegend Ärzte und Biologen, um die Entwicklung von Meßmethoden zur Erfassung von »Seelenvermögen« oder »geistigen Funktionen«. Alfred Binet hat sich gegen Ende des letzten Jahrhunderts kritisch mit den ihm damals vorliegenden Prüfverfahren auseinandergesetzt (Binet und Henri, 1895). Bei diesem Studium erkannte er, welche Schwächen er bei der Konstruktion eines eigenen Prüfverfahrens vermeiden mußte. Binet war später mit seiner eigenen »Skala« so erfolgreich, daß sie sofort in andere Sprachen übersetzt wurde. Das Interesse richtete sich aber leider nur auf die Prüfverfahren und nicht auf die Intelligenzvorstellungen Binets. Man entwickelte zahlreiche sogenannte IQ-Tests, ohne eine ausreichende theoretische Grundlage zu besitzen.

### 5.4.1.1 Einige Prüfverfahren als Vorläufer der Binet-Skalen

Der österreichische Arzt Franz Gall (1758–1828) berichtet, daß sein Interesse an der Erforschung des Gehirns bereits in jungen Jahren geweckt worden war. Er hatte beobachtet, daß einige seiner Freunde mit auffallend gutem Gedächtnis hervortretende Augenpartien besaßen. Könnte es nicht sein, so fragte sich der junge Gall, daß ein gut entwickeltes Gedächtnis die Augenpartien nach außen drückt? Wenn das der Fall sein sollte, so überlegte er weiter, müßte das Gedächtnis seinen Sitz in den vorderen Teilen des Gehirns haben. Im Jahre 1812 schrieb Gall (Blakemore, 1977): »Es drängte sich mir zwanghaft der Gedanke auf, daß die so geformten Augen ein Zeichen für ein ausgezeichnetes Gedächtnis darstellen. ... Warum sollten die anderen Fähigkeiten nicht auch ihre sichtbaren äußeren Merkmale haben?« Gall entwickelte daraufhin seine Theorie der *Phrenologie*, in der er davon ausging, daß bestimmte Persönlichkeitsmerkmale eines Menschen durch Wölbungen am äußeren Schädel abzulesen sind. Solche Vorstellungen fanden sehr schnell eine große Anhängerschaft. Beinahe wäre u. a. Charles Darwin ein Opfer dieser Lehre ge-

# Das Problemlösen und seine Voraussetzungen

Abb. 5.10
*Die Phrenologie fand noch lange Zeit nach dem Tod von Franz Gall ihre Anhängerschaft. Das im Jahre 1907 gebaute Meßinstrument sollte mit höchster Genauigkeit Unebenheiten an der Schädeldecke erfassen.*

worden. Als er sich im Jahre 1836 zu seiner historischen Reise einschiffen wollte, in deren Verlauf er seine Vorstellungen von der Entstehung der Arten entwickelte, drohte ihm der Kapitän zunächst mit Zurückweisung, weil seine Nase nicht die Form eines Seemannes hatte (Fancher, 1979). Auch der Hirnspezialist Paul Broca (1824–1880) vertrat die Überzeugung, daß das Studium des äußeren Schädels Hinweise auf Persönlichkeitsmerkmale ergäbe. In einem Vortrag vor der Anthropologischen Gesellschaft von Paris im Jahre 1861 behauptete er, daß es eine bemerkenswerte Beziehung zwischen der Entwicklung der Intelligenz und Gehirnform gäbe. Sollte es tatsächlich mit derartig einfachen Messungen möglich sein, Menschen mit höheren und geringeren kognitiven Fähigkeiten voneinander zu unterscheiden? Diese Aussicht weckte auch das Interesse eines britischen Biologen, Sir Francis Galton (1822–1911), der bereits als junger Student an der Universität Cambridge ein erhebliches Interesse für Unterschiede im Leistungsverhalten offenbart hatte. In Briefen an seine Eltern berichtete er ausführlich, wie er selbst im Vergleich zu Kommilitonen bei Examen abgeschnitten hatte (Fancher, 1979).

Als Galton von seinem Vetter Charles Darwin hörte, daß die Natur die Tüchtigsten ausliest, wurde sofort sein Interesse geweckt, dieses Prinzip systematisch anzuwenden. Warum sollte man nicht die menschlichen Fähigkeiten messen, um auf der Grundlage der Ergebnisse höhere Rassen zu entwickeln? Das müßte doch gelingen, so überlegte er, wenn man nur noch den begabtesten Männern und Frauen gestattet, Nachwuchs zu zeugen. Er nahm zwar wahr, daß seine Vorstellungen Kritiker herausforderten, aber diese schienen ihn nicht weiter zu beunruhigen, denn er schrieb: »Es gibt die Meinung, im großen und ganzen völlig unverständlich, die sich gegen die allmähliche Ausrottung minderwertiger Rassen ausspricht« (Galton, 1883). Zur Auswahl von Menschen, die angeblich zur Elternschaft geeignet waren, begab sich Galton auf die Suche nach einem geeigneten Prüfverfahren (Er selbst fand zwar eine geeignete Frau; seine Ehe blieb kurioserweise allerdings kinderlos). Nach Schädelmessungen an mehr als 9000 Menschen mußte er jedoch den Schluß ziehen, daß es keinen Zusammenhang zwischen Schädelgröße und geistigen Fähigkeiten gibt (Gould, 1981). Galton (1883) fand aber einen Ausweg: »Die einzigen Informationen«, so schrieb er damals, »die uns über äußere Ereignisse erreichen, scheinen den Weg über unsere Sinnesorgane zu nehmen, und je größer die Fähigkeit der Sinnesorgane ist, auch noch feine Unterschiede festzustellen, desto breiter ist die Grundlage, auf der wir unsere Urteilsfähigkeit und unsere Intelligenz einsetzen können.« Galton entschied sich deshalb dafür, die »geistigen Fähigkeiten« mit Hilfe von Aufgaben zu messen, die eine schnelle Reaktion auf einen dargebotenen Reiz sowie Unterscheidungen im Sinnes- und Wahrnehmungsbereich forderten. Es ergab sich nur eine Schwierigkeit: Die von Galton ermittelten Meßwerte schienen in keiner Weise mit dem in Beziehung zu stehen, was üblicherweise unter geistigen Fähigkeiten verstanden wurde. Menschen mit anerkannt herausragenden Leistungen bewältigten Galtons Aufgaben zumeist nicht besser als »normale« Menschen; zur Prüfung der geistigen Leistungsfähigkeit schien dieses Vorgehen deshalb ungeeignet. Galton würde vielleicht eine späte Genugtuung erleben, wenn er noch zur Kenntnis nehmen könnte, daß nach neueren Forschungsergebnissen zwischen der allgemeinen Intelligenz und einer schnellen Reaktion offenbar doch Beziehungen bestehen, allerdings nur, wenn die richtige Reaktion aus zahlreichen Möglichkeiten ausgewählt werden muß (Jensen, 1987; Vernon, 1987). Die an diesen Aufgaben erbrachten Leistungen hängen weniger von der »Sinnesschärfe« als von der Schnelligkeit ab, Informationen zu verarbeiten.

### 5.4.1.2 Binets Skalen zur Ermittlung von Schülern mit Lernschwierigkeiten

Während Galton in England nach Aufgaben suchte, um besonders begabte Männer und Frauen ausfindig zu machen, waren in Frankreich vor allem Ärzte mit der Frage beschäftigt, wo die Grenze zwischen normalen und solchen Menschen liegt, die geistig »zurückgeblieben« sind. Einige Ärzte dachten sich Aufgaben aus, um solchen geistig Auffälligen spezielle Übungsmöglichkeiten anbieten zu können. In diese französische Tradition reihte sich schließlich auch Alfred Binet (1857–1911) ein. Er hatte sich bereits mit zahlreichen psychologischen Problemen beschäftigt, beispielsweise mit Hypnose, abweichenden Verhaltensweisen, optischen Täuschungen und mit Denkprozessen. Er erhielt viele Anregungen durch Beobachtung seiner Töchter *Madeleine* und *Alice*. Ihm war aufgefallen, daß ihre Körperbewegungen beim Gehen keineswegs die gleichen waren. Neugierig fragte sich Binet, ob sich seine Töchter im Denken ebenfalls unterschieden. Binets Interesse galt schließlich auch Kindern, die Lernschwierigkeiten aufwiesen. Auf sein Drängen hin berief das Pariser Ministerium für Öffentlichen Unterricht im Jahre 1904 eine Kommission ein, der auch Binet angehörte. Sie sollte Empfehlungen zur Förderung lernschwacher Schüler ausarbeiten.

Im Rahmen dieses Auftrags entwickelte Binet zusammen mit seinem Mitarbeiter Theodore Simon ein aus 30 Aufgaben bestehendes Prüfsystem. Dabei ließ er sich von der Überzeugung leiten, daß ein langsam lernendes Kind im Vergleich zu einem Gleichaltrigen über einen geringeren Kenntnisstand verfügt. Er folgerte also, daß es sich z. B. bei einem zwölfjährigen Schüler, der ebensoviel wußte wie die Mehrheit der Zehnjährigen, nur um einen langsam Lernenden handeln konnte. Durch seine Bemühungen wollte Binet herausfinden, was Kinder der verschiedenen Altersstufen wußten. Er versuchte mit seinen Aufgaben solche Lerninhalte zu prüfen, die nach seiner Meinung an alle Schüler in gleicher Weise herangetragen worden waren. Sie sollten eine Fülle von Funktionen berücksichtigen, vor allem Urteilsfähigkeit, Verständnis und schlußfolgerndes Denken. Die von ihm konstruierten Testaufgaben legte er sodann einer größeren Anzahl Pariser Schüler zur Bearbeitung vor. Anschließend stellte er für jede Aufgabe gesondert fest, wie viele Schüler eines Altersjahrgangs sie richtig beantwortet hatten. Wenn eine Aufgabe von ungefähr 70 Prozent der Kinder gleichen Alters richtig beantwortet war, wählte er diese für die betreffende Altersstufe aus. Wenn also z. B. 70 Prozent der Siebenjährigen auf die Aufforderung, die rechte Hand und das linke Ohr zu zeigen, richtig reagierten, während nur 55 Prozent der Sechsjährigen dieser Aufforderung richtig nachkamen, wurde diese Aufgabe in das Testniveau für Siebenjährige eingeordnet.

In der Testsituation wurde den Schülern zunächst die leichteste Frage vorgelegt; es folgten die Aufgaben nächsthöherer Schwierigkeit. Die Testdurchführung wurde abgebrochen, sobald ein Kind zu Fragen vorgedrungen war, die es nicht mehr beantworten konnte. Ein moderner Intelligenztest wird in grundsätzlich gleicher Weise entwickelt und durchgeführt.

Im Jahre 1908 brachte Binet eine überarbeitete Fassung seines Intelligenztests heraus. Darin tauchte erstmalig der von ihm entwickelte Begriff des Intelligenzalters, abgekürzt IA, auf. Wenn ein siebenjähriger Schüler bei leichteren Aufgaben begann und sämtliche Fragen richtig beantwortete, die die Mehrheit der Siebenjährigen bewältigt hatte, aber an den Aufgaben für Achtjährige scheiterte, war für ihn ein Intelligenzalter von sieben kennzeichnend. Wenn dagegen ein siebenjähriges Kind nur auf jene Fragen richtig reagierte, die von der Mehrheit der Vierjährigen bewältigt werden konnte, aber bereits an den Testaufgaben für Fünfjährige versagte, erhielt es ein Intelligenzalter von ›vier‹ zugeordnet. Schließlich kam es vor, daß ein Schüler bzw. eine Schülerin so viele Aufgaben wie die Mehrheit der Zehnjährigen lösen konnte; er oder sie besaß folglich ein Intelligenzalter von ›zehn‹. Welche Leistungen die Mehrheit der Kinder verschiedener Altersstufen erbringen konnte, läßt sich der folgenden Zusammenstellung entnehmen; sie berücksichtigt Aufgaben ausgewählter Testaltersstufen aus der dritten Fassung der *Binet-Tests*, die im Jahre 1911 erschien.

3. Jahr:
1. Zeigt die Augen, die Nase, den Mund
2. Wiederholt zwei vorgesagte Ziffern
3. Benennt Einzelheiten auf Bildern
4. Nennt den eigenen Familiennamen
5. Spricht sechssilbige Sätze nach

5. Jahr:
1. Vergleicht zwei Gewichte
2. Zeichnet ein vorgegebenes Quadrat ab
3. Spricht zehnsilbige Sätze nach
4. Zählt vier Pfennige
5. Legt die Hälften eines zerschnittenen Rechtecks zusammen

7. Jahr:
1. Zeigt die rechte Hand und das linke Ohr
2. Erklärt ein Bild
3. Kommt drei in einem Atemzug genannten Aufforderungen nach: (z. B.: »Nimm die-

sen Schlüssel und leg ihn auf den Stuhl. Bring mir das Buch, das dort auf dem Tisch liegt, und öffne die Tür«)
4. Zählt den Wert von sechs Münzen zusammen
5. Benennt vier Grundfarben

**9. Jahr:**
1. Gibt auf 20 Pfennig Wechselgeld heraus
2. Definiert bekannte Begriffe (z. B. »Was ist eine Gabel?« »Was ist ein Tisch?«). Definitionen sollten über die Benennung des Verwendungszwecks hinausgehen
3. Erkennt sämtliche von insgesamt neun vorgelegten Geldstücken
4. Zählt die Monate des Jahres der Reihe nach auf
5. Beantwortet und versteht »einfache Fragen«

**12. Jahr:**
1. Weist falsche Behauptungen bezüglich der Länge zweier Linien zurück
2. Bildet aus drei vorgegebenen Wörtern einen Satz
3. Zählt in drei Minuten 60 Wörter auf
4. Bringt die Wörter eines durcheinandergebrachten Satzes in eine sinnvolle Reihenfolge (z. B.: »verteidigt ein seinen Herrn Hund guter tapfer«)

**15. Jahr:**
1. Wiederholt sieben Ziffern
2. Findet drei Reime für ein Wort in einer Minute
3. Wiederholt einen Satz mit 26 Silben
4. Erklärt Bilder
5. Erklärt Zusammenhänge

Nachdem Binets erste »Skala« bekannt wurde, meldeten sich Kritiker zu Wort. Das Verfahren habe keinen echten Nullpunkt, wie man ihn aus physikalischen Messungen kennt. Das sei zwar richtig, entgegnete Binet, aber er wolle die Intelligenz ja auch nicht als absolute Menge erfassen, ihm liege nur daran, Menschen nach ihrer intellektuellen Leistungsfähigkeit zu klassifizieren. Andere wiesen darauf hin, daß sein Test keine Abschätzung der angeborenen Anteile der Intelligenz gestatte. Binet erklärte daraufhin, daß eine solche Kritik auf einem Mißverständnis beruhe. Er wolle Hinweise auf die augenblickliche intellektuelle Leistungsfähigkeit von Schülern erhalten, um ihnen helfen zu können (Tuddenham, 1962). Ihm lag an der Entwicklung von Lehrplänen, die Voraussetzungen des Schülers berücksichtigten, und es war nicht sein Ziel, den Lernenden an festliegende Lehrinhalte anzupassen.

Binet erfuhr noch zu Lebzeiten, welch großes Interesse seinem Meßverfahren entgegengebracht wurde. Er sah darin aber nicht nur einen Anlaß zur Freude. Er mußte nämlich mitansehen, daß seine Intelligenzskala für Zwecke eingesetzt wurde, die sich mit seinen Absichten in keiner Weise deckten, die er sogar zutiefst mißbilligte. In der letzten Veröffentlichung vor seinem allzu frühen Tod – er starb im Alter von 54 Jahren – rief er noch einmal dazu auf, dem Mißbrauch seines Verfahrens entschlossen entgegenzutreten (Binet, 1913). Seine Mahnungen blieben allerdings unbeachtet.

### 5.4.1.3 Der IQ als Meßwert eines Persönlichkeitsmerkmals

Joseph Walters und Howard Gardner (1986) berichten von Marsbesuchern, die auf der Erde erkunden wollten, was man dort über den »Geist« wußte. Einer dieser Außerirdischen traf einen Psychologen, der ihm bereitwillig alle Fragen beantworten wollte. Auf der Erde, so erläuterte dieser, nennt man den menschlichen Geist *Intelligenz*. »Ein Individuum, das intelligent ist, wird in der Schule gut und in seinem ganzen Leben erfolgreich sein.« Die Marsbesucher erfuhren aber noch mehr: »Um die Intelligenz zu messen, haben Psychologen besondere Tests erfunden, in denen Prüflinge Fragen gestellt werden, die eine kurze Antwort erfordern: ›Wer schrieb die Ilias?‹ ›Wiederhole die folgenden Ziffern: 2 5 6 7 9 3 4 2‹. ... Die Prüflinge, die in diesem Test viele Fragen richtig beantworten, sind jene, die bei fast allem, was sie versuchen, erfolgreich sein werden.« Die Marsbesucher waren über solche Zusammenhänge sehr erstaunt, und deshalb hätten sie von dem auskunftsfreudigen Psychologen noch gerne erfahren, wie man sich das alles erklären kann. Leider war dieser aber bereits eilig verschwunden, weil es Zeit für seine nächste Vorlesung war. Der Psychologe erläuterte den Studenten in seiner Vorlesung, wie sich die Testpsychologie auf Erden entwickelte, nachdem Binet seine Skala der Öffentlichkeit vorgestellt hatte. Die Marsbesucher hätten in dieser Veranstaltung von den Vorstellungen erfahren, die von Psychologen während der ersten Hälfte dieses Jahrhunderts überwiegend in Amerika entwickelt worden sind. Die Außerirdischen hätten einen sehr einseitigen Eindruck von der menschlichen Intelligenz erhalten, wäre ein anderer Marsbesucher auf einer Reise nicht auf erfolgreiche Anpassungsleistungen aufmerksam geworden, die in der Vorlesung des Psychologen unerwähnt blieben. Über eine bedeutsame Beobachtung in einem anderen Teil der Erde, die sich mit der traditionellen Intelligenztheorie gar nicht ohne weiteres vereinbaren ließ, wird später berichtet (s. S. 236 f.).

Lewis Terman, der an der Stanford-Universität in Kalifornien lehrte, brachte im Jahre 1916 eine amerikanische Fassung der *Binet-Si-mon-Skala* heraus, die auf lange Zeit Maßstäbe setzte und mit denen alle weiteren Intelligenztests verglichen wurden. Termans Interesse für Unterschiede zwischen den Menschen war bereits früh geweckt worden. Der junge Lewis war neun oder zehn Jahre alt, als ein reisender Buchhändler die elterliche Farm besuchte. Der Besucher gab sich als Phrenologe aus und sagte dem Jungen eine große Zukunft voraus, nachdem er ausführlich seinen Schädel betastet hatte (Schwarz, 1987). In der von ihm erarbeiteten Fassung des *Binet-Tests* führte Terman zum erstenmal den Intelligenz-Quotienten (abgekürzt IQ) ein, dessen Verwendung der deutsche Psychologe William Stern im Jahre 1912 vorgeschlagen hatte. Der IQ bringt die Beziehung von Intelligenzalter (IA) und Lebensalter (LA) zum Ausdruck. Um Kommastellen zu vermeiden, wird das Ergebnis mit 100 multipliziert:

$$\text{Intelligenz-Quotient (IQ)} = \frac{\text{IA}}{\text{LA}} \times 100$$

Stern suchte – im Unterschied zu Binet – nach einem Wert, dessen Bedeutung sich nicht mit dem Alter änderte. Nach der von ihm vorgelegten Formel schreibt man einem achtjährigen Kind mit einem Intelligenzalter von 8 ($8/8 \times 100$) einen IQ von 100 zu. Sollte dieses achtjährige Kind Testaufgaben genauso gut bewältigen wie ältere Kinder, steigt der IQ entsprechend über hundert. Wenn ein achtjähriges Kind also im *Binet-Test* z. B. alle Aufgaben löst, die vom Durchschnitt der Zehnjährigen bewältigt werden, ergibt sich: IQ = $10/8 \times 100$, also IQ = 125. Sofern das achtjährige Kind dagegen nur so erfolgreich wie der Durchschnitt der Sechsjährigen ist, ergibt sich: IQ = $6/8 \times 100$, also IQ = 75.

Unterschiede im Intelligenzalter finden im IQ ihren entsprechenden Niederschlag. Der

IQ ist aber gleichzeitig Ausdruck einer veränderten Anschauung. Wenn ein achtjähriges Kind ein Intelligenzalter von sechs aufweist, gilt dies nach Binet als Hinweis darauf, daß es hinter seiner Altersgruppe zurückgeblieben ist. Binet hoffte, daß die Intelligenzentwicklung durch zusätzliche Förderung zu beschleunigen war. Für ihn konnte die Übereinstimmung von IA und LA grundsätzlich wiederhergestellt werden. Ein IQ wurde von Terman und anderen dagegen als Wert gesehen, der durch Messung des Intelligenzmerkmals entstanden ist. So »hat« man z. B. einen IQ von 75, 100 oder 125. Wird mit solchen Zahlen nicht der Eindruck gefördert, man habe den Ausprägungsgrad des Intelligenzmerkmals ebenso gemessen, wie in anderen Bereichen die Körperlänge oder das Gewicht ermittelt wird? Diesem Eindruck sind Terman und andere Testautoren nicht entgegengetreten. Sie hätten damit auch ihrer eigenen Überzeugung widersprochen, denn danach handelte es sich bei der Intelligenz ja um ein Persönlichkeitsmerkmal, das bei Menschen unterschiedlich stark ausgeprägt sein kann. Angeblich sei es sogar normalverteilt, aber die Annahme der Normalverteilung eines Persönlichkeitsmerkmals in der Bevölkerung ist grundsätzlich nicht überprüfbar. Die Getesteten sollten annehmen, man habe den Ausprägungsgrad ihrer Intelligenz ebenso wie das Gewicht ihres Körpers gemessen. In Wirklichkeit hat man ihre Testleistungen nur mit denen anderer verglichen. Der IQ gibt demnach nur Auskunft über das Ergebnis eines Vergleichs. Es ist somit ein relativer und kein absoluter Wert.

Terman war weiterhin davon überzeugt, daß die Höhe der Intelligenz durch die Vererbung endgültig festgelegt wird. Die Annahme der Unveränderlichkeit (Stabilität) wurde nicht geprüft, sondern von vornherein zum Konstruktionsmerkmal erhoben. Man führte Tests nach einem Zeitabstand bei denselben Versuchspersonen wiederholt durch (sogenannte Test-Retest-Verfahren) und wechselte Aufgaben aus, die keinen Beitrag zur erwünschten hohen Wiederholungsübereinstimmung der Antworten leisteten.

Eine hohe Übereinstimmung der Testergebnisse bei Testwiederholungen war erforderlich, weil Autoren von IQ-Tests – im Unterschied zu Binet – daran interessiert waren, zukünftiges Leistungsverhalten vorherzusagen. Das gelingt am besten, wenn das Leistungsverhalten von stabilen Merkmalen abhängt. Mit der Vorhersage war stets eine Auslese verbunden: Menschen, denen ein hoher IQ zu bescheinigen war, erhielten attraktivere Positionen zugewiesen als andere mit sehr niedrigem IQ. Wie Info-Kasten 5.3 berichtet, wurden IQ-Tests seit ihrer Entwicklung benutzt, um sozial benachteiligte Menschen zu unterdrücken.

Alfred Binet hatte bei der Konstruktion seines Tests einen Grundsatz berücksichtigt, der in der Psychologie sehr schnell in Vergessenheit geriet: Er wollte Schüler mit schulischen Lernschwierigkeiten ausfindig machen, um ihnen zu helfen. Aus diesem Grunde wählte er für seinen Test Aufgaben aus, die dem Unterricht entnommen worden waren. Auch Testautoren, die Binet folgten, prüften ausschließlich oder wenigstens zu einem großen Anteil Inhalte, die normalerweise in der Schule gelehrt werden. Im Gegensatz zu Binet empfahlen diese Autoren aber, ihren Test einzusetzen, um Vorhersagen über den Erfolg in außerschulischen Anforderungssituationen treffen zu können. Mit Hilfe von Aufgaben, die dem Schulalltag entnommen waren, versprach man sich eine Vorhersage, ob ein Getesteter ein erfolgreicher Bankkaufmann, ein guter Offizier

# Info-Kasten 5.3:
## Sind in der Vergangenheit IQ-Tests verwendet worden, um sozial benachteiligte Menschen zu unterdrücken und auszusondern?

Bereits Sir Francis Galton wußte, daß ihm ein Instrument zur Messung geistiger Fähigkeiten große Dienste leisten würde, um seine Ideen zur Förderung seiner eigenen, einer vermeintlich überlegenen Rasse verwirklichen zu können. Galtons Schwierigkeiten bestanden darin, daß seinerzeit noch kein geeignetes Prüfverfahren zur Verfügung stand. Das Interesse an einem Test zur Trennung von Menschen unterschiedlicher Intelligenz war aber so groß, daß noch zu Lebzeiten Galtons an Instrumenten gearbeitet wurde, die seinen Zwecken dienlich gewesen wären. Bereits gegen Ende des Ersten Weltkriegs standen zwei Tests, ein Sprachtest *(Army Alpha)* und ein sprachfreier Test *(Army Beta)*, zur Verfügung, mit denen man damals die Intelligenz von etwa eineinhalb Millionen Rekruten untersucht hat. Man wollte »schwachsinnige« Soldaten ausfindig machen und geeignete Offiziere auswählen. Die Untersuchung fand nicht selten in eng besetzten, lauten Räumen statt. Zum Erstaunen des verantwortlichen Psychologen, Robert

Abb. 5.11
*Die großangelegten Intelligenzprüfungen von Rekruten während des Ersten Weltkrieges fanden häufig unter ungünstigsten Testbedingungen statt.*

Yerkes (1921), erreichte der Durchschnitt aller Getesteten jedoch nur ein Intelligenz-Alter von 13 Jahren; der größte Teil der Mitglieder dieser sehr umfangreichen Stichprobe mußte demnach bereits in der Nähe des »Schwachsinns« angesiedelt werden. Die schlechtesten Testergebnisse fanden sich bei Schwarzen und bei Soldaten, deren Familien aus Ost- und Süd-Europa eingewandert waren. Als die Amerikaner von diesen Ergebnissen hörten, brachten viele die Befürchtung zum Ausdruck, daß solche Einwanderer die Intelligenz der Nation bedrohen konnten, weil sie minderwertige Gene in die Bevölkerung einbrachten. Auch Lewis Terman (1916) fand in seinen Untersuchungen, daß IQ-Punkte im Bereich zwischen 70 und 80 »unter spanisch-indianischen und mexikanischen Familien des Südwestens und auch unter Negern sehr, sehr verbreitet« waren. »Ihre Dummheit scheint rassisch begründet zu sein, sie ist auf jeden Fall ein Bestandteil ihres Familienstammbaumes.« Terman wußte auch, wie mit den Kindern dieser Menschen am besten zu verfahren sei: Sie sollten durch Einweisung in Sonderklassen von der Allgemeinheit getrennt werden, denn »sie können keine Abstraktionen bilden, aber aus vielen kann man tüchtige Arbeiter machen.« ... »Es gibt zur Zeit keine Möglichkeit«, so schrieb Terman damals im Ausdruck des Bedauerns, »die Gesellschaft davon zu überzeugen, daß ihnen die Fortpflanzung verboten werden sollte, obwohl ... sie wegen ihrer ungewöhnlichen Vermehrung ein ernstes Problem schaffen« (Terman, 1916).

Die Bedrohung schien so gravierend zu sein, daß ein namhafter Pädagoge, Henry Goddard, den Auftrag erhielt, dem Problem möglichst an der Quelle entgegenzutreten. Der »Forschungsdirektor« eilte mit einer flüchtig übersetzten Fassung des Binet-Tests nach Ellis-Island, dem Ankunftsort vieler Einwanderer. Die von der langen Reise erschöpften Ankömmlinge, die in der Mehrheit über keine oder höchst unzulängliche englische Sprachkenntnisse verfügten, waren kaum angekommen, als sie sich bereits Goddards Prüfungen stellen mußten. Die unter denkbar ungünstigen Bedingungen Getesteten erbrachten die Leistungsergebnisse, die Goddard benötigte. In einem Aufsatz in der amerikanischen Zeitschrift für Kriminalistik behauptete er, daß »83 Prozent der Juden, 80 Prozent der Ungarn, 79 Prozent der Italiener und 87 Prozent der Russen ›schwachsinnig‹ sind« (Goddard, 1917). Nachdem er sich später seine Untersuchungsergebnisse noch einmal genauer angesehen hatte, korrigierte er sein Urteil und sprach von »nur« 40 Prozent Schwachsinnigen im Durchschnitt. Goddard war sicherlich kein Wegbereiter der Behauptung, Angehörige bestimmter Nationen seien genetisch mit einer verhältnismäßig geringen intellektuellen Fähigkeit ausgestattet; im Laufe der Zeit paßte er sich aber zunehmend diesem Vorurteil an, das damals in einflußreichen Kreisen weit verbreitet war (Gelb, 1986).

»Seit seiner Einführung in Amerika«, so stellt Leon Kamin (1973) fest, »wurde der Intelligenztest mehr oder weniger absichtlich als Instrument der Unterdrückung gegenüber sozial Benachteiligten verwendet – das sind die Armen, im Ausland Geborene und rassische Minoritäten.« Der schwarze Psychologe Robert Williams (1974) bekannte einmal: »Ich wäre fast eines der Testopfer geworden. Mit 15 erzielte ich einen IQ-Punktwert von 82, drei Punkte mehr, als für eine Einweisung in die Sonderschule gereicht hätten. Unter Hinweis auf diesen Punktwert schlug mein Beratungslehrer vor, ich sollte als Maurer anfangen, weil ich ›mit den Händen gut‹ war.« Bereits auf einem Kongreß für Psychologie im Jahre 1915 berichtete ein Referent, der Bürgermeister von Chicago hätte sich einer Prüfung mit Goddards Test unterzogen und aufgrund des Ergebnisses sei er auch als »schwachsinnig« zu bezeichnen gewesen (ihm erging es dennoch besser als vielen Immigranten, denn er ist wegen seiner schwachen »Leistung« nicht des Landes verwiesen worden [Gould, 1981]).

Goddard, Yerkes und Terman ließen niemals Zweifel an der Angemessenheit der verwendeten Testverfahren aufkommen. Stephen Gould (1981) hat in neuerer Zeit einmal Studenten der Harvard-Universität mit dem *Army Alpha* getestet. Es stellte sich heraus, daß mehr als 10 Prozent der Studenten, die traditionell zu den besten Amerikas zählen, Leistungen erbrachten, nach denen sie während des Ersten Weltkrieges dem untersten militärischen Dienstgrad zugewiesen worden wären. Carl Brigham, ein Mitarbeiter Yerkes, der die Ergebnisse des *Army Alpha*-Tests im Jahre 1923 veröffentlicht hatte, räumte sechs Jahre später ein, es sei falsch gewesen, die schwachen Leistungen der Einwanderer genetisch zu erklären. Sie hätten in ihren Heimatländern einfach nicht die Gelegenheit gehabt, Kenntnisse zu erwerben, die Vertrautheit mit der amerikanischen Kultur voraussetzten (Gould, 1981).

Die Pioniere der IQ-Tests, wie man Goddard, Yerkes und Terman häufig bezeichnet, gingen stets davon aus, daß mit ihren Meßinstrumenten genetisch bedingte Anteile der Intelligenz zu messen seien. Auch der englische Psychologe Sir Cyril Burt (1883–1971) sah in den Ergebnissen von IQ-Tests ein Abbild angeborener Begabung. Nach seiner Überzeugung war die Mehrheit eines jeden Schülerjahrgangs genetisch zu minderwertig, um von einer höheren Schulbildung mit anschließendem Universitätsstudium zu profitieren. Die Schulbehörden folgten deshalb dem Rat dieses geachteten Intelligenzforschers: Sie ließen sämtliche Schulkinder im Alter von elf Jahren testen (das sogenannte *11 plus Examen*), um deren »angeborene Intelligenz« festzustellen (Burt, 1943). Die Ausgewählten stammten fast ausnahmslos aus gehobenen Sozialschichten. Zur Untermauerung seiner schulpolitischen Empfehlungen führte Burt Untersuchungen an 53 eineiigen Zwillingspaaren durch. Seine wissenschaftlichen Forschungen, so wurde nach seinem Tode aufgedeckt, waren jedoch mit einem nicht mehr überbietbaren Makel behaftet: Die Befunde stammten aus Untersuchungen, die teilweise erfunden, teilweise frisiert worden waren, und die von Burt benannten Mitarbeiter *J. Convay* und *M. Howard* hat es wahrscheinlich niemals gegeben. Bei den veröffentlichten Untersuchungsergebnissen Burts handelt es sich, wie der Biograph Leslie Hearnshaw (1979) feststellen mußte, um systematischen Betrug. Es stellte ein gewisses Kuriosum der Geschichte dar, daß in einer später seriös durchgeführten Zwillingsuntersuchung Zusammenhänge aufgedeckt wurden, die mit den gefälschten Angaben Burts in auffallender Weise übereinstimmten (Lykken, 1982).

oder ein zuverlässiger Verwaltungsbeamter werden konnte. Um diesem Ziel besser gerecht werden zu können, versuchte man herauszufinden, von welchen Fähigkeiten das intellektuelle Leistungsverhalten abhängt.

#### 5.4.1.4 Intellektuelles Verhalten als Ergebnis zugrundeliegender Fähigkeiten

Dem englischen Psychologen Charles Spearman (1904) war aufgefallen, daß Menschen mit herausragenden Leistungen in einem Aufgabenbereich auch überdurchschnittlich gut in anderen Bereichen abschnitten und umgekehrt. Viele Schulzeugnisse bestätigen seine Beobachtungen: Häufig weisen die Zensuren in verschiedenen Unterrichtsfächern eine gewisse Übereinstimmung auf, d. h., bei einigen Schülern häufen sich Bewertungen im oberen Bereich, während andere in allen oder fast allen Fächern ungünstiger zensiert worden sind. Spearman schloß daraus, daß es eine allgemeine intellektuelle Fähigkeit gibt, von der jede einzelne Leistung abhängt. Er nannte diese Fähigkeit auch »g« (nach dem englischen Begriff *general* für allgemein). Natürlich blieb auch Spearman nicht verborgen, daß die Übereinstimmung niemals vollkommen war. Auch bei »guten« Schülern waren die Zensuren verschiedener Fächer keineswegs immer gleichlautend. Ein Lernender kann z. B. in einer Fremdsprache noch etwas besser sein als in einer anderen und in Mathematik etwas schwächer. Spearman räumte ein, daß jede Aufgabe zur Bewältigung neben »g« zusätzlich von spezifischen Fähigkeiten abhängt, die er »s« (nach dem englischen Begriff *specific* für spezifisch) nannte. Die Lösung von Mathematikaufgaben hängt also einerseits von der allgemeinen Fähigkeit, zusätzlich aber auch von einer spezifischen Fähigkeit ab, mit Zahlen umzugehen. Spearman ging davon aus, daß alle Menschen eine allgemeine Fähigkeit besitzen, allerdings in unterschiedlichen Ausprägungsgraden.

Spearman wollte mit seinem Beitrag die Voraussetzungen für Vorhersagen verbessern. Wenn Leistungen in den verschiedenen Aufgabenbereichen von einer allgemeinen Fähigkeit abhängen, dann bietet die Messung von »g« offenbar die besten Voraussetzungen, um von den Leistungen einer Person in einer bestimmten Situation auf ihre Leistungen in einer anderen Situation zu schließen. Die Berücksichtigung spezifischer Fähigkeiten hielt er für nutzlos, denn »s« bestimmt das Leistungsverhalten ja nur in einer einzigen Aktivität. Für Spearman war es folgerichtig, die Entwicklung von Intelligenztests zu empfehlen, die einen hohen Anteil allgemeiner Intelligenz messen (Spearman, 1927).

Zu einem anderen Ergebnis gelangte der amerikanische Psychologe Louis Thurstone (1938), der ebenfalls Testergebnisse miteinander verglich. Er zog aus seinen Untersuchungen den Schluß, daß die Leistungen in einem Intelligenztest von sieben grundlegenden Fähigkeiten abhängen, er sprach von »Primärfaktoren«. Dazu rechnete er: Sprachbeherrschung, Wortflüssigkeit, Rechengewandtheit, Raumvorstellung, Auffassungsgeschwindigkeit, Gedächtnis und schlußfolgerndes Denken. Diese Fähigkeiten hielt Thurstone für voneinander unabhängig. Nach dieser Auffassung wäre es z. B. bei guten Leistungen im Test »Wortverständnis« sehr wohl möglich, daß die Leistungen in einem »Zahlentest« mittelmäßig und in den Tests »Gedächtnis« und »räumliche Vorstellungen« wiederum ganz anders ausfallen.

Thurstone entwickelte Tests, von denen jeder Untertest jeweils nur eine Fähigkeit messen sollte. Thurstone mußte allerdings feststellen, daß die Testergebnisse seinen ursprünglichen Vorstellungen nicht vollkommen entsprachen. Der Vergleich der Ergebnisse verschiedener Untertests ergab, daß sie keineswegs so unabhängig waren, wie er ursprünglich angenommen hatte. Testpersonen, die in einem Test hohe Punktwerte erreicht hatten, erbrachten auch in anderen Tests bessere Leistungen und umgekehrt.

Die Frage, ob intellektuelle Leistungen von einer allgemeinen Fähigkeit, von sieben Primärfähigkeiten, von 120 oder gar 150 Fähigkeiten (Guilford, 1967, 1982) abhängen, läßt sich nicht allgemein verbindlich beantworten. Die Anzahl der Fähigkeiten wird nämlich mit einer beträchtlichen Portion Willkür festgelegt. Wenn ein Testautor, der mit Spearmans Annahmen sympathisiert, nur Aufgaben zusammenstellt, die aus sehr verwandten, ähnlichen Aufgabenbereichen stammen, bedarf es zu ihrer Lösung einer verhältnismäßig geringen Anzahl von Fähigkeiten. Ein anderer Autor kann den Vorschlägen Howard Gardners folgen und die Aufgaben klassischer Intelligenztests erweitern. Er würde infolgedessen auch Aufgaben zur Prüfung musikalischer Intelligenz berücksichtigen. Gardner meint, daß die musikalische Fähigkeit für den größten Teil menschlicher Geschichte wichtiger als logisch-mathematische Intelligenz gewesen sei, denn die letztgenannte habe ihre Bedeutung erst nach der Renaissance erhalten. Ein erweiterter Test könnte weiterhin die Intelligenz prüfen, die körperliche Ausdrucksbewegungen ermöglicht, wie sie z.B. Pantomimen, Schauspieler und Tänzer in hoher Ausprägung besitzen. Schließlich seien auch Fähigkeiten herauszufordern, die Gardner als personale Intelligenz bezeichnet. Nach seiner Vorstellung besteht sie aus zwei Teilen: eine *intra*personale Intelligenz, die einen Menschen dazu befähigt, eigene Gefühle zu kontrollieren. Sie ermöglicht es, zwischen verschiedenen Gefühlserlebnissen zu unterscheiden, diese jeweils wahrzunehmen und in Ausdruck und Gestik umzusetzen. Eine *inter*personale Intelligenz gibt ihrem Träger dagegen die Möglichkeit, die Wünsche und Absichten anderer Menschen zu verstehen, deren Gefühle und Stimmungen zu erkennen, um vorhersagen zu können, wie diese sich verhalten werden. Es liegt auf der Hand, daß sich mit einem derartig vielseitig aufgebauten Test viel mehr Fähigkeiten nachweisen lassen. Die Suche nach Fähigkeiten, die intellektuellen Verhaltensweisen zugrunde liegen, wird sogar noch erschwert, wenn man berücksichtigt, daß sich zusätzliche Fähigkeiten bei der Beobachtung von Menschen aufspüren lassen, die sich mit Problemen des Alltagslebens auseinandersetzen. Sie bringen offenbar etwas zum Einsatz, was man »praktische Intelligenz« nennt.

Abb. 5.12
*Einige Intelligenzforscher führen auch körperliche Ausdrucksbewegungen auf eine besondere intellektuelle Fähigkeit zurück.*

### 5.4.2 Bewältigung alltäglicher Probleme durch praktische Intelligenz

Über mehrere Jahrzehnte waren Psychologen mit der Entwicklung von Intelligenztests beschäftigt, auf deren Ergebnisse sich – so hofften sie – möglichst treffsichere Vorhersagen über künftiges Leistungsverhalten stützen ließen. Im Jahre 1973 berichtete David McClelland über gewisse Erfolge, mit Hilfe von Intelligenztests schulische Leistungen vorherzusagen (schließlich enthalten diese ja auch in einem beachtlichen Umfang Aufgaben aus dem Unterricht). Gleichzeitig mußte er aber auch feststellen, daß die auf diese Tests gestützten Vorhersagen für berufliche Erfolge insgesamt außerordentlich dürftig waren

(Ghiselli, 1966; Wigdor und Garner, 1982). Diese enttäuschende Bilanz sollte aber eigentlich nicht überraschen. Ein Intelligenztest kann z. B. einigermaßen zufriedenstellend vorhersagen, wie gut einem Bewerber für das Studium der Zahnmedizin die Erarbeitung des erforderlichen Fachwissens gelingen wird. Sein Berufserfolg hängt aber noch von weiteren Voraussetzungen ab, die von einem traditionellen Intelligenztest nicht erfaßt werden: Ein Zahnarzt muß eine beachtliche Fingergeschicklichkeit besitzen und auch in der Lage sein, mit Menschen umzugehen, um ihnen z. B. die Angst zu nehmen. Grundsätzlich besteht zwar die Möglichkeit, Tests für Geschicklichkeit und für Fähigkeiten im Umgang mit Menschen usw. zu entwickeln. Damit sind aber die Voraussetzungen für einen beruflichen Erfolg noch lange nicht ausreichend erfaßt. Menschen, die als herausragende Persönlichkeiten ihres Fachgebietes gelten, besitzen offenbar noch mehr. Was könnte dies sein?

Nach Befunden von Richard Wagner und Robert Sternberg (1986) haben Menschen, die in ihrem Beruf erfolgreich sind, »stillschweigendes Wissen« erworben (man spricht auch von »implizitem Wissen«). Dabei handelt es sich um »Wissen, das normalerweise nicht offen zum Ausdruck kommt oder dargestellt wird« und das auch von keinem Lehrplan berücksichtigt wird. Stillschweigendes Wissen erwirbt ein Mensch im Verlauf der Zeit durch den häufigen Umgang mit Problemen innerhalb eines bestimmten Tätigkeitsbereiches.

Über ein solches stillschweigendes Wissen verfügen z. B. Angehörige der Trukesen, einem Stamm, der in der Inselwelt Mikronesiens, nördlich von Australien, zu Hause ist (Gladwin, 1970). Sie legen mit ihren verhältnismäßig einfach gebauten Segelbooten Entfernungen von fast 100 Meilen auf den Gewässern des Ozeans zurück. Nicht selten steuern sie Inseln an, deren Durchmesser weniger als zwei Kilometer beträgt. Dennoch bereitet es ihnen keine Schwierigkeiten, ihr Ziel zu erreichen, obwohl ihnen weder Uhr, Kompaß noch Sextant zur Verfügung stehen. Selbst bei ungünstigen Winden, die ein Hin- und Herkreuzen erfordern, behalten sie den genauen Kurs im Auge. Wie ist es den *Trukesen* möglich, eine solche Leistung ohne Hilfe moderner technischer Instrumente zu erbringen?

Die *Trukesen* sind selber nicht in der Lage, eine solche Frage zu beantworten. Man erfährt von ihnen allenfalls, daß sie während einer Seereise den Sternenhimmel beachten und dabei jahreszeitliche Veränderungen berücksichtigen. Sie hören auf Geräusche der Wellen und achten darauf, wie diese auf die Seite des Bootes treffen. Sie können aber während der Fahrt selten ihren genauen Standort angeben. Sie wissen offenbar nicht, warum sie das tun, was sie tun. Den Anforderungen einer Prüfung, in der ein Kapitän oder Steuermann seine Navigationskenntnisse unter Beweis zu stellen hat, wären die Seeleute der *Trukesen* nicht einmal ansatzweise gewachsen. Wenn man den *Trukesen* einen Intelligenztest zur Bearbeitung vorlegen würde, hätte man zweifellos mit einem niedrigen IQ zu rechnen. Ist es aber deshalb berechtigt, ihnen eine geringe Intelligenz zuzuschreiben? Dann müßte man den *Trukesen* auch gestatten, daß sie die Intelligenz der Offiziersmannschaft eines modernen Motorschiffes anzweifeln, denn diese wären ohne die technischen Geräte auf See völlig hilflos.

Die Seeleute in ihren primitiven Segelbooten nähren den Verdacht, daß man keinen hohen IQ – im Sinne der vorhandenen traditionellen Tests – benötigt, um Probleme der Umwelt erfolgreich lösen zu können. Inzwischen hat man auch in den Industrienationen

Abb. 5.13
*Den Trukesen gelingt es, ihre primitiven Boote über größere Entfernungen von Insel zu Insel zu steuern, ohne daß ihnen Instrumente zur Verfügung stehen, die für die moderne Schiffahrt unentbehrlich sind.*

Menschen z. B. bei der Arbeit in Molkereien (Scribner, 1986), beim Einkaufen im Supermarkt oder bei der Berechnung täglicher Diätvorschriften beobachtet (Lave, 1988). Sylvia Scribner (1986) beobachtete beispielsweise, wie Verkäufer in einem Milchbetrieb den zu zahlenden Warenpreis errechneten. Ihr Vorgehen hing von der jeweils verkauften Menge ab. So kostete z. B eine Viertelliter-Milch-Packung DM 0,68 und ein Kasten mit 16 solcher Packungen DM 10,88. Wie geht ein Verkäufer nun vor, wenn 17 Packungen gekauft werden? Der Verkäufer wandelt das Problem blitzschnell in eine Additionsaufgabe um: Ein Kasten kostet DM 10,88 und ein zusätzlicher Viertelliter DM 0,68. Die Rechnungssumme wurde auf diese Weise schneller errechnet, als wenn 17 mit 0,68 multipliziert worden wäre.

Zwischen diesen alltäglichen Rechenleistungen und der schulischen Mathematikzensur fand Scribner bei den beobachteten Verkäufern keinen Zusammenhang. Bei vielen Tätigkeiten des Alltaglebens ließen sich in Abhängigkeit von der jeweils zu erledigenden Aufgabe ganz bestimmte praktische intellektuelle Fähigkeiten feststellen, die bei einem erfahrenen Meister stets erheblich stärker ausgeprägt waren als bei seinem Lehrling. Eingehender untersucht wurden weiterhin Männer im mittleren und späten Erwachsenenalter, die mindestens 16 Jahre lang zweimal wöchentlich Pferderennen besucht hatten. Einige Teilnehmer solcher Veranstaltungen waren in der Lage, große Mengen von Informationen zu verarbeiten, um darauf Vorhersagen über Erfolgsaussichten der Pferde und über eigene Wettchancen zu gründen. Man machte »Experten« ausfindig, die über einen IQ von 80 verfügten und gleichzeitig Aufgaben beim Pferde-Rennsport bewältigten, die man schon als außerordentlich komplex bezeichnen mußte (Ceci und Liker, 1986). Dietrich Dörner (et al. 1983, 1989) ließ erwachsene Versuchspersonen die Rolle des Bürgermeisters der Phantasiestadt Lohhausen spielen. Als solche waren sie mit umfangreichen Vollmachten ausgestattet. Einige »Bürgermeister« sammelten mit ihren Entscheidungen für die Stadt ein erhebliches Kapital an, steigerten die Produktion der örtlichen Uhrenindustrie, bekämpften die Arbeitslosigkeit und bewirkten insgesamt, daß sich Zufriedenheit bei den Bürgern ausbreitete. Andere Versuchspersonen machten eine viel schlechtere Politik. Der IQ stand wiederum in keinerlei Beziehung zum Erfolg oder Mißerfolg dieser »Politiker«.

Fred Fiedler (1986) stellte fest, daß ein hoher IQ unter bestimmten Bedingungen sogar die Leistungsfähigkeit eines Menschen beeinträchtigen kann. Er beobachtete, wie Menschen sich unter erheblichem Streß verhielten und stellte fest, daß die Aufgaben am schlechtesten von jenen bewältigt wurden, die in traditionellen Intelligenztests die höchsten Punktwerte erzielt hatten. Die besten Führer greifen auf ihre Erfahrungen zurück, sagt Fiedler (1992), aber je höher der IQ, desto geringer ist die Bereitschaft, sich auf das Wissen zu verlassen, das durch langjährige Erfahrung erworben wird.

Die Menschen, die ihr Schiff ohne Instrumente zum Ziel steuern, die Arbeiter in der Molkerei, die Kunden im Supermarkt usw., alle nutzen ihre praktische Intelligenz, um Problemsituationen zu bewältigen, die sich ihnen im Alltagsleben stellen. Solche Probleme sind zumeist außerordentlich komplex und schlecht definiert. Es läßt sich deshalb auch nicht immer eindeutig und unter allseitiger Zustimmung feststellen, wann solche Probleme als gelöst gelten können.

Es ist schon ein außerordentlich merkwürdiges Kennzeichen traditioneller Intelligenztests, daß sie keine Probleme enthalten, die im Alltagsleben tatsächlich vorkommen. Wann wird ein Erwachsener normalerweise schon einmal gebeten, vorgesprochene Zahlen rückwärts zu zählen, hölzerne Teile sinnvoll zusammenzufügen oder zu beantworten, was das Gemeinsame von einem Busch und einer Ameise darstellt, fragt auch Jaqueline Goodnow (1986) kritisch. »Mich interessiert z. B. überhaupt nicht«, so bekennt sie, »wie viele Kilometer zwischen New York und Paris liegen (eine typische Aufgabe eines Intelligenztests), und ich hielt diese Frage immer für ›dümmlich‹. ... Mich interessiert dagegen lebhaft, wieviel Stunden Flugzeit sich ergeben – denn das, so meine ich, müßte man wirklich wissen, aber eine solche Frage wird nicht gestellt.«

Dem Bericht von Walters und Gardner (1986) zufolge erzählte der zweite Marsbesucher nach Rückkehr von seiner irdischen Rundreise von all den Leuten, die er getroffen hatte, und von den bewundernswerten Dingen, die sie geschaffen hatten. »In vielen Fällen hatten diese außergewöhnlichen Menschen Intelligenztests bearbeitet, aber dabei dürftige Leistungen erbracht.« Der Psychologe amüsierte sich über die Unwissenheit des Außerirdischen und erklärte: »Aufgaben, die Musik, Sport, Navigation, Politik usw. enthalten, fordern Talent oder Fertigkeiten, aber nicht notwendigerweise Intelligenz.« Die Marsbesucher besaßen alle Voraussetzungen, verwirrt in ihr Raumschiff zu steigen, denn ihnen war nun deutlich geworden, daß dieser »Geist«, was immer das auch sein mag, sich selbst noch nicht verstanden hatte. Aber zuvor – so sei hier in Abwandlung der Fabel hinzugefügt – nutzt Howard Gardner noch die Gelegenheit, den Marsbesuchern zu erläutern, daß intelligentes Verhalten umweltbedingt sei. Er berichtete ihnen weiterhin, daß Intelligenz nach heutiger Sicht nicht mehr nur als Produkt, sondern vielmehr als Prozeß gesehen werden müsse. Gardner übergab ihnen weiterhin ein Exemplar seines Buches, in dem er seine Theorie von den vielfältigen Intelligenzen darstellt (Gardner, 1983), die allerdings zur Zeit noch nicht von allen Psychologen anerkannt wird.

Nach Gardners (1983, 1985) Überzeugung schränken traditionelle Intelligenztests die mögliche Aufgabenbreite zu weit ein. Er kritisiert z. B., daß sie keine Aufgaben zur Prüfung musikalischer Intelligenz enthalten. Auch die Intelligenz, die körperliche Ausdrucksbewegungen ermöglicht, bleibt unberücksichtigt. Schließlich vermißt Gardner auch soziale Intelligenzen, die zur Bewältigung vieler Probleme des Alltagslebens unerläßlich sind.

### 5.4.3 Die Umweltbedingtheit intelligenten Verhaltens

Intelligenzforscher, wie z.B. Charles Spearman, haben sich lange Zeit von der Überzeugung leiten lassen, daß es vom Ausprägungsgrad eines allgemeinen Intelligenzmerkmals abhängt, wie gut Menschen Probleme verschiedener Art lösen können. Würden sich diejenigen Mitglieder des Trukesen-Stammes, die eine gute Orientierung auf dem Meer haben, aber auch als die besten Jäger erweisen? Wären jene Besucher von Pferderennen, die besonders gute Vorhersagen über die Gewinnaussichten beteiligter Tiere abgeben können, auch in der Lage, die Einkünfte eines Industriebetriebes zu steigern? Davon kann nicht ohne weiteres ausgegangen werden. Jeder Mensch wird mit bestimmten genetischen Voraussetzungen in eine Umwelt hineingeboren, in der Probleme bestimmter Art häufiger vorkommen als andere. Für einen Menschen besteht die Aufgabe der Anpassung nun darin, für sich jene Umwelt ausfindig zu machen, für die er besonders günstige genetische Voraussetzungen mitbringt, um ihre besonderen Probleme zu bewältigen.

Während der ersten Lebensjahre steht ein Kind den Angeboten der Umwelt noch vergleichsweise passiv gegenüber. Väter und Mütter mit starken musikalischen Interessen fordern ihren Nachwuchs mit anderen Problemen heraus als andere Eltern, die durch häufiges Vorlesen und gemeinsame Gespräche sprachliche Inhalte verhältnismäßig stark betonen. Wegen der biologischen Verwandtschaft der Generationen bestehen gute Voraussetzungen, daß Eltern ihren Kindern jene Umwelten besonders nahebringen, für die letztere auch genetisch empfänglich sind (s. S. 83, 85 f.). Wenn allerdings Menschen Umwelten vorfinden, in denen sie sich nicht intelligent verhalten können, erwartet Robert Sternberg (1984) ein aktives Suchen nach einer Umwelt, die besser zu ihnen paßt. »Wo es ihnen möglich ist«, so stellt er fest, »werden intelligentere Menschen jene Umwelten auswählen, ... in denen sie sich intelligenter verhalten können. Wenn sie solche Umwelten nicht auswählen können, werden sie versuchen, die Umwelt, in der sie sich befinden, so umzugestalten, daß diese sie mehr begünstigt.«

Nach dieser Sichtweise ist die Feststellung, ein Mensch sei intelligent und als solcher würde er sich in allen möglichen Umwelten intelligent verhalten, nicht mehr möglich. Was »intelligent« ist, muß für jede Situation neu bestimmt werden. Wer sich gut an eine Problemsituation anpassen kann, indem er sich von ihr herausgefordert fühlt und angemessene Lösungen anzubieten hat, kann nicht ausschließen, daß er in einer ganz anderen Situation auf Menschen trifft, die ihn in Hinblick auf die dort geforderten intellektuellen Fähigkeiten übertreffen. Robert Sternberg hat sich mit der Entscheidung für eine Universitätslaufbahn besonders intelligent verhalten, denn in dieser Umwelt konnte er seine besonderen genetischen Voraussetzungen in bestmöglicher Weise einbringen: Er gehört innerhalb der Intelligenzforschung gegenwärtig zu den führenden Persönlichkeiten. Daraus ist aber keineswegs abzuleiten, daß er sich bei den Trukesen zum erfolgreichsten Seefahrer entwickelt hätte oder in der Lage gewesen wäre, seinen Lebensunterhalt durch Wetteinkünfte beim Pferderennen zu bestreiten. Menschen bringen dank ihrer Intelligenzen also Voraussetzungen mit, um sich an Umwelten anzupassen. Testergebnisse über die Leistungsfähigkeit in einer Problemsituation dürfen allerdings nicht ohne weiteres auf Situationen übertragen werden, in denen sich Probleme ganz anderer Art stellen.

### 5.4.4 Wege der Intelligenzforschung: Vom Produkt zum Prozeß

Bis in die jüngere Vergangenheit stützten sich Theorien der Intelligenz auf die Leistungen, die Menschen in entsprechenden Tests erbracht haben. Man zählte die »richtig« beantworteten Aufgaben, um der Summe schließlich einen IQ bestimmter Höhe zuzuordnen. Warum erreichen einige Personen bei solchen Tests bessere Leistungen als andere? Diese Frage mußte die traditionelle Intelligenzforschung wegen der mangelhaften theoretischen Grundlagen unbeantwortet lassen. Erst in jüngerer Zeit bemühen sich Psychologen mit informationstheoretischer Ausrichtung, der Frage nach dem »Warum« verstärkt nachzugehen. Sternberg hat diesem Gebiet entscheidende Impulse gegeben. Seine Motivation, sich diesem Forschungsbereich zuzuwenden, wurde von dem Direktor eines großen Testverlages angeregt. Dieser hatte in einem öffentlichen Vortrag stolz erklärt, daß sich einer der von seiner Firma herausgegebenen Tests seit Jahrzehnten in fast unveränderter Fassung bewährt hätte. Obwohl Sternberg (1991b) sich damals noch im Grundstudium befand, wunderte er sich über diese Äußerung sehr: Wie konnte jemand stolz darauf sein, daß im Verlauf mehrerer Jahrzehnte keine wesentlichen Veränderungen in einem Wissensgebiet stattgefunden hatten? Würden Physiker oder Biologen stolz darauf sein, wenn die Erkenntnisse ihrer Fächer immer noch die gleichen wie in den zwanziger Jahren geblieben wären? Diese Testforschung, so schien es Sternberg damals, hatte sich in der damaligen Form einfach »totgelaufen«. Die zugrundeliegenden Gedanken mußten nicht notwendigerweise alle falsch gewesen sein: Es bestand einfach eine Notwendigkeit für neue Ideen. Im Verlauf seines weiteren Studiums erkannte Sternberg die Notwendigkeit, Testergebnisse besser zu verstehen. »Anstatt Punktwerte zu betrachten, interessierte mich mehr, was ein Mensch denkt, wenn er sich mit diesen Testaufgaben auseinandersetzt.« Der damit eingeschlagene Weg bot gute Voraussetzungen, um die seit Jahrzehnten vernachlässigte theoretische Arbeit endlich nachzuholen.

Robert Sternberg (1988) hat beispielsweise untersucht, welche kognitiven Prozesse Schritt für Schritt zu durchlaufen sind, wenn Analogie-Aufgaben, Bestandteil vieler traditioneller Intelligenztests, zu bearbeiten sind. Einer ju-

gendlichen oder erwachsenen Versuchsperson wird z. B. die folgende Aufgabe vorgelegt:
RECHTSANWALT verhält sich zu KLIENT wie Arzt zu _____
(a) PATIENT        (b) MEDIZINER

Im Durchschnitt benötigten untersuchte Personen 2,4 Sekunden, um ein solches Problem zu beantworten. Wie reagiert eine Versuchsperson im einzelnen, nachdem Sternberg eine solche Aufgabe auf einer Leinwand dargeboten hat? – Als erstes muß sie herausfinden, was die verwendeten Begriffe bedeuten. Mit Hilfe der im Gedächtnis gespeicherten Inhalte wird nach Merkmalen gesucht, die für die in der Aufgabe vorkommenden Begriffe kennzeichnend sind. So entnimmt man seinem Gedächtnis im ersten Schritt z. B., daß Rechtsanwälte ihre Klienten in Anwaltspraxen beraten und vor Gericht Rechtsbeistand geben, während Ärzte ebenfalls beratend und helfend tätig sind, und zwar in Arztpraxen, aber auch in Krankenhäusern.

Im Rahmen des zweiten Schritts ist die Art der Beziehung zu bestimmen, die zwischen den Begriffen besteht. Bei dem vorliegenden Problem gilt es zu entdecken, daß der Rechtsanwalt gegen ein Entgelt eine Dienstleistung erbringt und daß der Klient gegen Bezahlung eine Dienstleistung in Anspruch nimmt.

Beim dritten Schritt kommt es darauf an, daß bei den jeweils zusammengehörigen Begriffen gemeinsame Merkmale entdeckt werden. Im vorliegenden Fall gelangt man z. B. zu der Feststellung, daß sowohl der Rechtsanwalt als auch der Arzt Dienstleistungen gegen ein Honorar anbieten.

Die zwischen Rechtsanwalt und Klient erkannte Beziehung muß jetzt auf die Beziehung angewandt werden, die der Arzt gegenüber dem Menschen hat, der seine Dienstleistung gegen Bezahlung in Anspruch nimmt (Schritt 4). Seinem Gedächtnis entnimmt man im Erfolgsfall, daß derjenige, der die Dienstleistung des Arztes in Anspruch nimmt, Patient genannt wird.

Man braucht jetzt nur noch die beiden zur Auswahl gestellten Antwortmöglichkeiten miteinander zu vergleichen (Schritt 5), um seine Antwort mitzuteilen (Schritt 6): Rechtsanwalt verhält sich zu Klient wie Arzt zu Patient.

Sternberg hat sich mit dieser Abfolge die Möglichkeit geschaffen, die einzelnen Schritte miteinander zu vergleichen. Er stellte z. B. fest, daß Menschen mit hoher Intelligenz verhältnismäßig lange beim ersten Schritt verweilen, während sie im Vergleich zu weniger intelligenten Personen die anderen Schritte schneller durchlaufen. Zur Erklärung dieses Befundes verweist Sternberg auf einen Bibliothekar. Wenn dieser ziemlich viel Zeit auf das sorgfältige Katalogisieren der Bücher verwendet, ermöglicht er den Benutzern ein schnelleres Auffinden gesuchter Werke.

Das Studium des Problemlösungsverhaltens findet somit in jüngerer Zeit Unterstützung durch die Intelligenzforscher. Es hat viele Jahrzehnte gedauert, bis Wissenschaftler dieser ursprünglich getrennten Forschungsbereiche ihre Gemeinsamkeiten entdeckt haben!

### Empfohlene Literatur zur Ergänzung und Vertiefung:

HUSSY, W. ($^2$1998): *Denken und Problemlösen*. Stuttgart: Kohlhammer.
KAIL, R.V. & PELLEGRINO, J.W. ($^2$1988): *Menschliche Intelligenz*. Heidelberg: Spektrum der Wissenschaft.

# 6. Psychologie des Gedächtnisses

Ohne die Fähigkeit, Gelerntes aufzubewahren, also im Gedächtnis festzuhalten, gäbe es für einen Menschen nur Gegenwart und keine Vergangenheit. Er könnte auch keine Erfahrungen zur Gestaltung der Zukunft nutzen. Ein Mensch ohne jegliche Erinnerungen wäre ebenso hilflos wie ein Neugeborenes. Alltägliche Gewohnheiten wie das Anlegen der Kleidung, der Umgang mit Messer und Gabel oder das Einschalten der Wohnungsbeleuchtung könnten bei Verlust des Gedächtnisses nicht mehr ausgeführt werden. Ein Mensch wüßte nicht einmal mehr, wer er selbst ist. Eine völlige Orientierungslosigkeit wäre die Folge. Fast alle Intelligenztests enthalten Aufgaben zur Prüfung des Gedächtnisses. Befragungen zeigen, daß sich der größte Teil der Bevölkerung über die Bedeutung eines gut funktionierenden Gedächtnisses im klaren ist, denn der Gedanke, im höheren Alter erhebliche Minderungen der Gedächtnisleistungen hinnehmen zu müssen, erscheint vielen Menschen weit unerträglicher als die Vorstellung eines Leistungsabbaus ihrer Sinnesorgane.

Einige Untersuchungsergebnisse belegen eine außerordentliche Leistungsfähigkeit des menschlichen Gedächtnisses. So speicherte der Dirigent *Arturo Toscanini* eine fast unglaublich erscheinende Menge an Informationen in seinem Gedächtnis. Von etwa 250 Symphonien, 100 Opern und vielen weiteren Kompositionen kannte er jede Note für jedes Instrument (Marek, 1975). Ralph Haber und sein Mitarbeiter (Haber und Standing, 1966) zeigten ihren Versuchspersonen jeweils im Abstand von zehn Sekunden 2560 Fotos. Ein paar Tage später bot man den Versuchspersonen einige aus dieser umfangreichen Serie noch einmal zusammen mit neuen Bildern dar. In 90 Prozent der Fälle wurden die bereits bekannten Fotos richtig ausgewählt. Selbst nach Ablauf von vier Monaten können Betrachter mehr als 80 Prozent der Bilder, die sie schon einmal gesehen haben, noch richtig benennen. Auch einmal dargebotene Wörter und Sätze werden mit geringer Fehlerquote wiedererkannt (Shephard, 1967). Gute Erinnerungsleistungen werden auch erbracht, wenn viele Jahrzehnte nach Abschluß der Schule frühere Klassenmitglieder wieder zusammentreffen. Nach mehr als drei Jahrzehnten können ehemalige Mitschüler auf Bildern noch mit über 90 Prozent Treffsicherheit wiedererkannt werden. Die Erinnerung der Namen bleibt allerdings nicht so gut erhalten. Unsicherheiten des Namensgedächtnisses treten schon wenige Jahre nach Abschluß der Schule auf; aber es ist nicht zu übersehen, daß nach 15 Jahren ein Vergessen deutlich einsetzt (Bahrick et al., 1975).

Gedächtnisleistungen lassen sich aber auch von einer anderen Seite her betrachten. Wie zuverlässig können sich beispielsweise Zeugen eines Ereignisses später daran erinnern (siehe hierzu Info-Kasten 6.2)? Im Rahmen einer Nachrichtensendung im Fernsehen wurde vor einiger Zeit für 12 Sekunden ein Überfall gezeigt. Später wurden Zuschauer gebeten, den Angreifer aus einer Reihe von sechs Personen auszuwählen. Von den etwa 2000 Zuschauern, die sich bei der Fernsehstation telefonisch meldeten, waren 15 Prozent in der Lage, den Täter richtig zu benennen. Die Trefferquote lag somit im Bereich einer Zufallsauswahl. In einer anderen Studie wurde ein Professor vor 141 Zeugen auf einem Universitätsgelände »angegriffen«. Die Genauigkeit der Täterbeschreibungen (Schätzung des Gewichts, des Alters und eine Beschreibung der Kleidung) konnte nur in 25 Prozent der Angaben als zutreffend bezeichnet werden. Nach sieben Wochen waren lediglich 40 Prozent der früheren Beobachter in der Lage, aus sechs vorgelegten Fotos den Schuldigen auszuwählen. Etwa 25 Prozent benannten als Angreifer einen unbeteiligten Zuschauer. Selbst der Professor hielt einen unbeteiligten Mann für den Übeltäter (Buckhout, 1974).

Tägliche Selbstbeobachtungen liefern sowohl Hinweise für gute Behaltensleistungen als auch für beunruhigende Erinnerungsausfälle. Zudem gibt es zwischen den Menschen erhebliche Unterschiede. Welche Erklärungen lassen sich dafür finden? Wie hat man sich das Gedächtnis vorzustellen? Wie funktioniert es? Warum können Einzelheiten aus ferner Vergangenheit teilweise sehr gut wiedergegeben werden, während einige jüngere Ereignisse sofort wieder vergessen werden? Wie lassen sich Behaltensleistungen fördern? Die Gedächtnisforschung ist bereits seit Jahrzehnten bemüht, auf solche Fragen Antworten zu finden. Einen Einblick in die Forschungsergebnisse werden die nachfolgenden Abschnitte geben.

## 6.1 Gedächtnis als Informationsverarbeitung

Der griechische Philosoph *Platon* verglich das Gedächtnis mit einer Wachsmasse, in der Erfahrungen Spuren hinterlassen können. Der noch heute geläufige Begriff der »Einprägung« weist eine eindeutige Beziehung zu *Platons* Vorstellungsbild auf. Wenn die Wachsmasse weich ist, können sich darin Erfahrungen vergleichsweise leicht einprägen. Demgegenüber bereitet es erhebliche Schwierigkeiten, in eine harte Wachsmasse Spuren »einzuprägen«. Einem Unterricht, der häufiges und monotones Wiederholen von Lernmaterial zum Zwecke der »Einprägung« fordert und in dem davon ausgegangen wird, daß ein Schüler nur passiv üben muß, liegt offenkundig die Vorstellung eines Gedächtnisses zugrunde, das mit einer harten Wachsmasse zu vergleichen wäre.

Mit Hilfe einer kleinen Lern- und Behaltensaufgabe läßt sich leicht belegen, daß es sich bei der Gedächtnisarbeit keineswegs um einen passiven Vorgang handelt (Bousfield, 1953). Man nennt seinen Versuchspersonen nacheinander 60 Begriffe mit der Aufgabe, sich diese zu merken, also z. B. *Klaus, Spinat, Zebra, Schlosser, Axel, Zahnarzt, Petersilie, Wiesel* usw. Nach Abschluß der Darbietung folgt die Aufforderung, so viele Begriffe wie möglich aus dem Gedächtnis aufzuschreiben. Wenn man sich daraufhin die Erinnerungsleistungen genauer ansieht, wird man feststellen, daß sie nicht in der gleichen zufälligen Reihenfolge wie in der vorausgegangenen Darbietung wiedergegeben worden sind. Die Versuchspersonen haben die Wörter vielmehr klassifiziert, d. h., sie haben unmittelbar nacheinander aufgeschriebene Wörter z. B. der Klasse »Gemüsesorte«, »Handwerker«, »männlicher Vorname« usw. zugeordnet. Die Lernenden waren offenbar keineswegs »passive Einpräger«, sondern »aktive Ordner«. Wenn man ihnen diese spontane Ordnungsleistung nicht gestattet hätte, wären die Gedächtnisleistungen sehr viel schwächer ausgefallen.

Gedächtnispsychologen erkannten nach solchen Beobachtungen, daß der Vergleich des Gedächtnisses mit einer Wachsmasse nicht angemessen ist. Sie suchten deshalb nach anderen Möglichkeiten, die vielfältigen Untersuchungsergebnisse in eine Ordnung zu bringen und zu veranschaulichen. Richard Atkinson und Richard Shiffrin (1968, 1971) haben einen weithin bekannt gewordenen Versuch unternommen, unterschiedliche Ergebnisse der Gedächtnisforschung in eine Ordnung zu bringen. Nach ihrer Meinung sorgen verschiedene Speichersysteme dafür, daß Gelerntes zu einem späteren Zeitpunkt wiedergegeben werden kann. Sie unterscheiden zwischen einem *sensorischen Register*, einem *Kurzzeitgedächtnis* und einem *Langzeitgedächtnis*. Ihre Vorstellung berücksichtigt, daß die Gedächtnisarbeit aus zahlreichen aktiven Prozessen besteht, in deren Verlauf Lerninhalte ausgewählt, verarbeitet und in Beziehung zu bereits Bekanntem gesetzt werden. Was der Lernende einheitlich als »Behalten« und »Vergessen« bezeichnet, kann durch verschiedenartige Prozesse zustande gekommen sein, und zwar in Abhängigkeit davon, ob es im sensorischen Register, im Kurzzeit- oder im Langzeitgedächtnis stattfindet. Die Auffassungen von Atkinson und Shiffrin versucht Abbildung 6.1 in vereinfachter Form wiederzugeben.

Nicht alle Psychologen erkennen die Not-

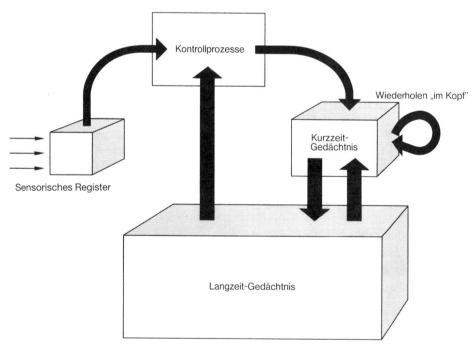

Abb. 6.1
*Ein Versuch zur Veranschaulichung menschlicher Gedächtnisprozesse*

wendigkeit an, zwischen Kurzzeit- und Langzeitgedächtnis zu trennen. Fergus Craik und Robert Lockhart meinen z. B., es gäbe neben dem sensorischen Register nur einen einzigen Gedächtnisspeicher (Craik und Lockhart, 1972; Lockhart und Craik, 1990). Um zu erklären, warum Gelerntes mehr oder weniger gut behalten, früher oder später aber wieder vergessen werden kann, verweisen sie auf unterschiedliche Verarbeitungsebenen und damit auf verschiedene Tiefen der Verarbeitung: Wenn man sich mit Lernmaterial sehr intensiv beschäftigt, behält man es besser und länger als Material, mit dem man sich nur sehr kurze Zeit und oberflächlich auseinandergesetzt hat. Es gibt aber auch eine Reihe von Beobachtungen aus Gedächtnisexperimenten, die mit dem Erklärungsansatz von Craik und Lockhart nicht zu vereinbaren sind. Deshalb wurde die nützliche Unterscheidung zwischen Kurzzeit- und Langzeitgedächtnis bislang noch nicht allgemein aufgegeben. Die Berechtigung zur Unterscheidung zweier verschiedener Speichersysteme wird u.a. mit Beobachtungen aus dem klinischen Bereich gerechtfertigt, über die Info-Kasten 6.1 berichtet.

### 6.1.1 Das sensorische Register: Eingangspforte für Sinnesreize

Wenn man in einem dunklen Raum beobachtet, wie in etwa sechs Metern Entfernung mit einer Taschenlampe eine sehr schnelle kreisförmige Bewegung ausgeführt wird (eine Drehung pro Sekunde), dann entsteht der Eindruck eines fast geschlossenen Kreises. Wird die Taschenlampe etwas langsamer bewegt, scheint dem Licht ein »leuchtender Schweif« zu folgen. Wie kommen diese Wahrnehmungseindrücke zustande? Die Antwort ist in einem menschlichen Speichersystem zu suchen, das die Sinneseindrücke für kurze Zeit bewahrt, bevor sie dann gelöscht werden. Es handelt sich dabei um das sensorische Register.

Systematische Untersuchungen zum sensorischen Register hat George Sperling (1960) in den späten fünfziger Jahren durchgeführt. Er war in seinen ersten Studien an der Frage interessiert, was Menschen sehen, wenn ihnen ein Reizbild für nur ganz kurze Zeit, d.h. für nur 50 Millisekunden (ein zwanzigstel einer Sekunde), gezeigt wird. Sperling verwendete Reize, die aus neun oder – wie in Abbildung 6.2 – aus zwölf Buchstaben und Ziffern bestanden.

Nach sehr kurzer Darbietungszeit solcher Reizbilder fragte Sperling seine Versuchsper-

Abb. 6.2
*Reizmaterial, das zur Untersuchung des sensorischen Gedächtnisses für 50 Millisekunden dargeboten worden ist*

## Info-Kasten 6.1:
**Was geschieht, wenn die Pforten zum Langzeitgedächtnis infolge eines chirurgischen Eingriffs geschlossen werden?**

H. M. war ein im Jahre 1926 geborener junger Mann, der als Siebenjähriger einen Fahrradunfall hatte. Nach diesem tragischen Vorfall blieb er fünf Minuten bewußtlos. Drei Jahre später traten bei ihm zunächst kleinere, im Alter von 16 Jahren auch größere epileptische Anfälle auf. Sie wurden mit fortschreitender Entwicklung immer häufiger und heftiger. Als die Mediziner schließlich keine Möglichkeit mehr sahen, das Leiden mit Hilfe von Medikamenten zu lindern und H. M. bereits arbeitsunfähig geworden war, entschlossen sie sich im Jahre 1953 zu einer Operation, durch die u.a. beidseitig Teile des Schläfenhirns entfernt wurden. Der Patient war inzwischen 27 Jahre alt (Milner et al., 1968). Seither sind über H. M. wahrscheinlich mehr Seiten wissenschaftlicher Veröffentlichungen geschrieben worden als über irgendeinen anderen Fall in der Geschichte von Neurologie und Psychologie (Ogden und Corkin, 1991).

H. M. erholte sich vergleichsweise schnell von dem Eingriff. Sein Sprachverhalten zeigte keine Veränderungen; ebenso blieb seine intellektuelle Leistungsfähigkeit (gemessen durch Intelligenztests) erhalten; auch sein soziales Verhalten und seine Gefühlsreaktionen erschienen völlig normal. Allerdings offenbarte er eigenartige und schwere Störungen in seiner Gedächtnisfunktion. Er konnte sich an Ereignisse und Situationen, die in die Zeit vor der Operation fielen, ohne besondere Schwierigkeit erinnern. Es gelang ihm aber nicht mehr, neue Informationen im Langzeitgedächtnis zu speichern. Beispielsweise bezog er mit seiner Familie zehn Monate nach dem chirurgischen Eingriff ein anderes Haus, das sich ganz in der Nähe der früheren Wohnung befand. Ein Jahr nach dem Umzug hatte H. M. immer noch nicht seine neue Anschrift gelernt. Wenn man ihn allein ausgehen ließ, kehrte er stets zu seiner früheren Wohnung zurück.

Zu seinem Zeitvertreib legte H. M. die Teile von Puzzle-Spielen zusammen, oder er las Zeitung. Er konnte sich denselben Spielen jedoch immer wieder zuwenden, denn sie erschienen ihm stets als etwas Neues. H. M. vertiefte sich auch wiederholt in die gleiche Zeitung; der Inhalt kam ihm nie bekannt vor. Dreizehn Jahre nach der Operation wurde der Patient für drei Tage in ein Krankenhaus eingewiesen. Er brachte die Nachtschwester zur Verzweiflung, denn er klingelte fortlaufend nach ihr, um sie zu fragen, wo er sei und was mit ihm geschehen sollte.

Man konnte H. M. Aufträge geben, die er erfüllte, wenn es ihm gelang, ihren Inhalt durch Wiederholung »im Kopf« zu behalten. Einmal hatte Suzanne Corkin H. M. fünf Ziffern genannt mit der Bitte, sie zu lernen. Vor der beabsichtigten Prüfung wurde sie unerwartet abgerufen. Sie kehrte erst nach mehr als einer Stunde zurück. H. M. konnte ihr die Ziffern aber dennoch richtig wiedergeben. Er hatte sie während des gesamten Zeitintervalls ständig wiederholt (Ogden und Corkin, 1991). Es lagen folglich keine Anzeichen für eine Störung des Kurzzeitgedächtnisses vor. Lediglich die Übertragung der Informationen ins Langzeitgedächtnis war gestört.

Nach dem Tod seines Vaters wurde H. M. in eine Rehabilitationsklinik eingewiesen, in der er anspruchslose Arbeiten ausführte, mit denen man normalerweise nur Menschen betraut, die intellektuell erheblich unter dem Durchschnitt liegen. Als er nach einer sechsmonatigen Tätigkeit einmal gebeten wurde, seinen Arbeitsplatz zu beschreiben, Auskunft über die Art seiner Tätigkeit zu geben und Einzelheiten über den Weg mitzuteilen, den er jeden Tag gefahren wurde, konnte *H. M.* keine Antwort geben. Zwar lassen sich einige »Erinnerungsinseln« bei *H. M.* nachweisen. Als ein Mann, der in seinem siebten Lebensjahrzehnt immer noch regelmäßig untersucht worden ist, weiß er z. B., daß seine Eltern nicht mehr leben. Er weiß von seinen Behaltensschwierigkeiten. Er hat auch behalten, daß die an ihm ausgeführte Operation niemals wiederholt worden ist. Solche Erinnerungen sind aber bei diesem Mann, der sein Alter ständig unterschätzt und Bilder von seinem eigenen Gesicht nicht erkennt, lediglich eine Ausnahme (Ogden und Corkin, 1991).

Der offenkundige Defekt beeinträchtigte allerdings nicht alle Bereiche. Vor allem das implizite Gedächtnis scheint bei ihm zu funktionieren. Der Patient gewann z. B. im Laufe der Zeit in einem bescheidenen Maße Kenntnisse vom Grundriß des Hauses, in dem er lebte. Er zeigte auch eine gewisse Orientierung innerhalb der nahen Nachbarschaft. Bemerkenswert waren ebenso die Lernleistungen bei einer Aufgabe, die von ihm das Abzeichnen von Figuren unter erschwerten Bedingungen verlangte. Ein besonderes Gerät ermöglichte es ihm nur, seine zeichnende Hand über einen Spiegel zu kontrollieren. Mit wiederholter Übungsgelegenheit verbesserten sich die Leistungen ständig. *H. M.* behauptete jedoch jedesmal, wenn er vor das Spiegelgerät gesetzt wurde, er hätte es nie zuvor gesehen. Solche Beobachtungen bestärken den Verdacht einiger Gedächtnisforscher (Squire, 1987), daß die Verarbeitung von sprachlichen und motorischen Aufgaben in unterschiedlichen Teilen des Gehirns stattfindet (s. S. 256 f.).

Einen kleinen Einblick in den Erlebniszustand dieses Patienten gewinnt man durch eine seiner Äußerungen, die er zwischen zwei Testuntersuchungen machte. Er blickte plötzlich auf und sagte mit einem ziemlich ängstlichen Ausdruck: »Also jetzt frage ich mich doch, ob ich etwas Falsches getan habe. Sehen Sie, alles erscheint mir in diesem Moment so klar; aber was passierte gerade davor? – Das ist es, was mich beunruhigt. Es ist, als wenn man aus einem Traum erwacht. Ich kann mich einfach nicht erinnern« (Milner, 1966, Milner et al., 1968). Wegen der Erfahrungen mit *H. M.* haben Mediziner eine derartige Operation nicht mehr wiederholt.

Abb. 6.3
*Abzeichnen von Reizvorlagen bei ausschließlicher Kontrolle der Handführung über einen Spiegel*

sonen, wie viele Zeichen sie benennen konnten. Im Durchschnitt gelang es ihnen, nur vier oder fünf – also 35 bzw. 40 Prozent – der zwölf Buchstaben bzw. Ziffern richtig wiederzugeben. Von seinen Versuchspersonen erfuhr Sperling jedoch, daß sie mehr als die vier oder fünf Buchstaben bzw. Ziffern gesehen hatten. Während sie die ersten Zeichen aufschrieben, so berichteten sie ihm, wäre der Rest einfach in Vergessenheit geraten. Diese Mitteilung ließ Sperling aufhorchen. Könnte es nicht sein, daß die eingeschränkte Wiedergabeleistung weniger mit dem Sehen als mit Grenzen der Speicherfähigkeit zu tun hat? Die Beantwortung dieser Frage erforderte eine veränderte Versuchsanordnung.

In einem weiteren Experiment bot er seinen Versuchspersonen wiederum in schneller Abfolge Zeichen wie in Abbildung 6.2 dar. Zuvor hatte er mit den Teilnehmern jedoch eine Vereinbarung getroffen. Danach sollten sie bei Wahrnehmung eines hohen Tons nur die obere, bei einem mittleren Ton nur die mittlere und bei einem tiefen Ton nur die untere Reihe der Zeichen wiedergeben. Das Besondere dieses Versuchs bestand jedoch darin, daß das akustische Signal jeweils unverzüglich ertönte, *nachdem* die Darbietung der Zeichen bereits beendet war. Unter dieser Bedingung waren die Versuchspersonen zumeist in der Lage, die jeweils benannte Reihe ohne Fehler richtig wiederzugeben. Sofern das Tonsignal jedoch um 0,3 Sekunden verzögert auftrat, konnten die Versuchspersonen zumeist nur noch zwei Zeichen richtig wiedergeben. Wenn der Versuchsleiter sogar eine Sekunde nach Ausblendung der Reizbilder wartete, bis er seinen Versuchspersonen den Ton darbot, sank ihre Trefferquote auf das Niveau ab, das im ersten Teil des Experiments (kein Tonsignal) festgestellt worden war.

Solchen Untersuchungsergebnissen ist zu entnehmen, daß die Versuchspersonen über einen Speicher verfügt haben müssen, durch den ihnen die Buchstaben und Ziffern noch gegenwärtig waren, als der Versuchsleiter die Reizdarbietung bereits beendet hatte. Diesen Speicher bezeichnet man als sensorisches Register. Sein Fassungsvermögen ist offenbar außerordentlich groß. Er kann z. B. für sehr kurze Zeit bildliche Informationen in allen Einzelheiten bewahren. Bereits nach knapp einer Sekunde ist der ursprünglich aufgenommene Speicherinhalt jedoch wieder gelöscht.

Die Bezeichnung sensorisches Register könnte irreführend sein, denn es gibt für jedes Sinnesgebiet einen gesonderten Speicher. Informationen, die über die Augen aufgenommen werden, gelangen in das visuelle sensorische Register; man spricht auch von einem ikonischen Speicher (vom griechischen Wort *eikon* = Bild). Gehörtes gelangt vorübergehend in ein akustisches Register (auch Echospeicher genannt), usw. Die Speicherdauer des akustischen Registers ist offenbar etwas länger als die des visuellen (Tarpy und Mayer, 1978).

Was passiert mit Inhalten, die einmal im sensorischen Register waren? Gedächtnisforscher vermuten, daß sie einfach schwächer werden und schließlich ganz verschwinden. Wenn von den Sinnesorganen neue Informationen in das Register gelangen, »überschreiben« sie die alten einfach. Die Eigenarten des sensorischen Registers werden sehr geschickt in der Kino- und Fernsehtechnik genutzt. Ein Film besteht aus einer Reihe von Einzelbildern, die in sehr schneller Abfolge (24 Bilder in einer Sekunde) dargeboten werden. Während eines Bildwechsels ist objektiv nichts zu sehen. Das sensorische Register gleicht aber die sehr kurzen Zeiträume zwischen den einzelnen Bildern aus, und es entsteht beim Betrachter der Eindruck eines ununterbrochenen Bewegungsablaufs. Die alte Kinotechnik beherrschte die Anpassung des Bildwechsels an die Eigenarten des sensorischen Registers noch recht unvollkommen. Deshalb erscheinen Bewegungen in diesen alten Filmen noch nicht flüssig.

### 6.1.2 Das Kurzzeitgedächtnis

Jedermann weiß, daß die Behaltensmöglichkeiten eines Menschen nicht auf eine Sekunde begrenzt sind. Sperlings Ergebnisse haben jedoch deutlich gemacht, daß eine Information sehr schnell aus dem sensorischen Register abgelesen werden muß, wenn sie länger erhalten bleiben soll. Innerhalb einer sehr kurzen Zeitspanne ist dafür Sorge zu tragen, daß eine behaltenswerte Information in den Kurzzeitspeicher gelangt, wo sie verarbeitet werden kann. Allerdings ist das Fassungsvermögen des Kurzzeitgedächtnisses im Vergleich zum sensorischen Register außerordentlich gering. Folglich müssen Prozesse ablaufen, die aus der sehr großen Informationsmenge des sensorischen Registers nur so viel auswählen, wie das Kurzzeitgedächtnis fassen kann. Über diese »Kontrollprozesse« soll im folgenden ebenso gesprochen werden wie darüber, was mit Informationen geschieht, die in das Kurzzeitgedächtnis übertragen worden sind.

### 6.1.2.1 Verringerung der Informationsmenge durch Kontrollprozesse

Sperlings Versuchspersonen bereitete es keine großen Schwierigkeiten, drei oder vier Buchstaben länger als eine Sekunde zu behalten. Sie konnten aber nur jene Reihe wiedergeben, auf die sie durch einen Ton hingewiesen worden waren. Offenbar hat dieses akustische Signal bei der Auswahl dieser Zeichen eine entscheidende Rolle gespielt, denen die Übertragung in das Kurzzeitgedächtnis ermöglicht werden sollte. Was also hat der Ton bewirkt? Die Antwort dürfte nicht schwerfallen: Durch das Signal wurde die Aufmerksamkeit der Versuchspersonen auf bestimmte Einzelheiten der im sensorischen Register gespeicherten Reizgegebenheiten gerichtet. Die Aufmerksamkeit wirkt stets selektiv, d. h. auswählend (s. S. 131). Die Aufmerksamkeit kontrolliert also, welche der Informationen, die sich jeweils für sehr kurze Zeit im sensorischen Register befinden, ausgewählt und in das Kurzzeitgedächtnis mit seinem sehr viel geringeren Fassungsvermögen zu übernehmen sind. Die Aufmerksamkeit übernimmt somit eine wichtige Kontrollfunktion.

Neben der Aufmerksamkeit wirkt die Bedeutungszuschreibung kontrollierend. Zum Verständnis dieses Prozesses muß man wissen, daß im sensorischen Register praktisch noch keine Verarbeitung der Inhalte stattfindet; die dort gespeicherten Sinnesreize entsprechen weitgehend den Merkmalen des physikalischen Reizes (wie aber schon festgestellt wurde [s. S. 116], hat bereits eine Umwandlung stattgefunden, denn die Sinnesorgane setzen z. B. einen Lichtreiz in Nervenimpulse um, die anschließend in den ikonischen Speicher gelangen).

Ein Zeichen, das sich in der obersten Zeile der Reizvorlage Sperlings befindet (s. Abbildung 6.2), setzt sich z. B. aus den beiden Strichen – und / zusammen. Mit diesen beiden Bestandteilen in ihrer besonderen Anordnung sammelten die erwachsenen Versuchspersonen aber ohne Zweifel schon zu früheren Zeitpunkten Erfahrungen, die in ihrem Langzeitgedächtnis aufbewahrt wurden. Deshalb konnten die Versuchspersonen die Reizgegebenheit als eine Gestalt erkennen, die sie als »sieben« bezeichneten. Mit Hilfe der Informationen, die im Langzeitgedächtnis gespeichert waren, gelang es den Versuchspersonen, einem bestimmten Inhalt des sensorischen Registers, auf den sich ihre Aufmerksamkeit richtete, Bedeutung zuzuschreiben. Die Bedeutungszuschreibung geschah im genannten Fall durch sprachliche Benennung. Bedeutung gewinnt die Reizgegebenheit 7 weiterhin durch Kenntnis derjenigen Menge, für die sie steht, durch das Wissen um ihre Zugehörigkeit zu den Primzahlen usw. Die Versuchspersonen ersetzten einen Inhalt des ikonischen Speichers durch das Wort »sieben«.

Neben der Aufmerksamkeitszuwendung ist mit der Bedeutungszuschreibung ein wichtiger Kontrollprozeß angesprochen worden, denn auch von ihm hängt es in entscheidendem Maße ab (d. h. er »kontrolliert«), welche Informationen vom sensorischen Register in das Kurzzeitgedächtnis übertragen werden. Reizgegebenheiten, die einem Menschen bedeutungslos erscheinen, können ignoriert werden und folglich dem Speichersystem völlig verlorengehen. Selbstverständlich bestehen zwischen den Prozessen der Aufmerksamkeitszuwendung und der Bedeutungszuschreibung enge wechselseitige Beziehungen.

### 6.1.2.2 Herstellung sinnvoller Einheiten

Der große Pionier der Gedächtnispsychologie, Hermann Ebbinghaus (1885), wurde auf eine noch heute beachtenswerte Begrenzung seiner Behaltensleistungen aufmerksam. Er lernte Tausende von sinnlosen Silben (z. B. VAK, RUL, BES usw.). Dabei stellte er fest, daß es ihm nicht möglich war, sich nach einer einzigen Darbietung mehr als sieben Silben zu merken. Man kann sich leicht davon überzeugen, daß diese Begrenzung allgemein gegeben ist. Lassen sich z. B. die folgenden sieben Ziffern fehlerfrei aus dem Gedächtnis wiedergeben, nachdem man sie jeweils für etwa eine Sekunde betrachtet hat?

1 7 6 9 3 4 7

Den meisten Menschen dürfte es keine Schwierigkeiten bereiten, sich diese sieben Ziffern unter den genannten Bedingungen zu merken. Gelingt die gleiche Behaltensleistung aber auch noch, wenn man die Reihe auf 14 Ziffern verlängert?

4 9 1 6 2 5 3 6 4 9 6 4 8 1

Wahrscheinlich gelingt es kaum jemandem, diese Ziffern nach einmaliger kurzer Betrachtung fehlerfrei wiederzugeben. Eine solche Aufgabe ist nur nach einem sehr guten Gedächtnistraining und für bestimmte Experten zu bewältigen. Nachdem sich George Miller (1956a) vor einiger Zeit sehr viele Ergebnisse von Gedächtnisexperimenten angesehen hatte, gelangte er zu der Feststellung, daß die Anzahl *sieben* darin besonders häufig vorkommt; er spricht deshalb von einer *magischen Zahl*. Es erscheint nämlich unbedeutend, ob sinnlose Silben, Ziffern oder zusammenhanglose Wörter zu erlernen sind, die durchschnittliche Behaltensleistung liegt stets in der Nähe von sieben Einheiten, manchmal etwas höher, häufig aber auch darunter.

Angaben über das Fassungsvermögen des Kurzzeitgedächtnisses sind keineswegs als unveränderliche Größen zu verstehen. Dies ist an einem Beispiel zu veranschaulichen. Im folgenden sind zwei Listen wiedergegeben, in denen Buchstaben in unterschiedlicher Weise kombiniert sind. Beide Listen enthalten die gleiche Anzahl von Buchstaben, nämlich 12. Welche Liste ist nach sehr kurzer Betrachtung einfacher zu behalten?

Aufgabe 1: RT LUS AE CUB MW
Aufgabe 2: RTL USA ECU BMW

Die zweite Aufgabe läßt sich für die meisten Lernenden einfacher ins Gedächtnis bringen, denn sie besteht aus vier »sinnvollen Einheiten«. Die meisten Lernenden werden in Aufgabe 1 keine Buchstabenkombination entdeckt haben, die ihnen sinnvoll erscheint. Deshalb entstehen im allgemeinen bei Aufgabe 1 mehr Gedächtnisfehler.

Miller stellte fest, daß Menschen dem verhältnismäßig geringen Fassungsvermögen ihres Kurzzeitgedächtnisses (7 +/- 2) dadurch beggnen können, daß sie mehrere Einzelinformationen zu sinnvollen Einheiten zusammenfassen. Dies geschieht in einem sehr einfachen Fall durch Gruppierung. Wenn man sich z. B. eine sechsstellige Telefonnummer kurzzeitig merken will, wird man die Ziffern wahrscheinlich nicht einzeln auswendig lernen, sondern vielleicht eine Gruppierung wie folgt vornehmen: 12 48 16.

Wie sich durch Herstellung sinnvoller Einheiten die Informationsmenge im Kurzzeitgedächtnis steigern läßt, ist auch an einem anderen Beispiel zu veranschaulichen. So gelingt es einem Menschen vielleicht gerade noch, sich acht Buchstaben kurzfristig zu merken (z. B. H S M I A E C N), denn diese Einheit liegt bereits im oberen Bereich der von Miller behaupteten Grenze der Fassungskraft. Sofern er jedoch in der Lage sein sollte, die acht Buchstaben zu einem sinnvollen Wort umzustellen (aus H S M I A E C N könnte z. B. M A S C H I N E werden), dürfte es möglich sein, die Behaltensleistung auf 25 bis 50 Buchstaben zu steigern (er merkt sich dann fünf Wörter). Wenn schließlich aus Wörtern sinnvolle Sätze gebildet werden, wäre die Behaltensleistung sogar auf viele hundert Buchstaben in einer bestimmten Reihenfolge auszudehnen, ohne daß damit mehr als fünf sinnvolle Einheiten im Gedächtnis behalten werden müssen. Von Bedeutung ist also, daß das Kurzzeitgedächtnis zwar nur wenige Einheiten gleichzeitig zu speichern vermag, daß diese aber bei sinnvoller Organisation jeweils aus sehr vielen Einzelinformationen bestehen können. Miller (1956b) hat für diese Feststellung einen anschaulichen Vergleich gefunden: »Es ist so, als wenn man sein gesamtes Geld in einem einzigen Geldbeutel zu tragen hätte, der nur sieben Münzen faßt. Es macht der Geldbörse jedoch nichts aus, ob es sich bei diesen Münzen um Pfennige oder um Silberlinge handelt.«

Welche Ordnungsleistungen vollzogen werden können, hängt einerseits von dem Gedächtnismaterial, andererseits von dem Grundwissen des Lernenden ab. Wieviel Zeit benötigt ein Mensch z. B., um sich die Anordnung der Figuren auf dem Schachbrett der Abbildung 6.4 zu merken? Die Frage läßt sich nicht allgemein beantworten, denn ein Mensch, der kaum über Erfahrungen im Schachspiel verfügt, wird mit anderen Voraussetzungen an die Aufgabe herangehen als ein geübter Spieler.

Sofern ein Betrachter der Abbildung die Schachfiguren wenigstens zu benennen weiß, kann er selbstverständlich den Versuch unternehmen, ihre Anordnung in eine sprachliche Formulierung zu übersetzen (z.B. »untere Reihe von links nach rechts: erstes Feld ein weißer Turm, zweites Feld ein weißer Springer, fünftes Feld eine Dame...« usw.). Eine solche Vorgehensweise wäre zweifellos außer-

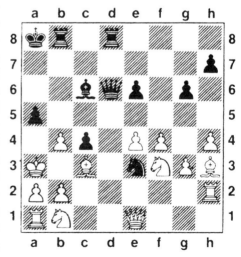

Abb. 6.4
*Reizvorlage in einem Gedächtnisexperiment. – Wieviel Zeit benötigt ein Mensch, um sich die Anordnung der Schachfiguren zu merken?*

ordentlich zeitraubend; sie würde auch mehr sinnvolle Einheiten fordern, als das Kurzzeitgedächtnis gleichzeitig fassen kann.

Eingehende Untersuchungen an Schachspielern, die zu den Großmeistern zu rechnen sind, haben ergeben, daß diese die Figurenanordnung fast immer fehlerfrei wiedergeben können, nachdem sie diese für nur durchschnittlich fünf Sekunden betrachtet haben. Sollte ein solches Ergebnis dazu verleiten, Schachmeistern ein weit überdurchschnittliches Gedächtnis zuzuschreiben? – Offenbar nicht, denn sie können eine solche Leistung nur erbringen, wenn die auf dem Schachbrett dargebotene Anordnung im Sinne des Spiels als sinnvoll zu bezeichnen ist. Baut man die Figuren dagegen nach dem Zufall auf, also in Anordnungen, die praktisch nicht vorkommen, benötigt ein Schachmeister zur gedächtnismäßigen Erfassung ebensoviel Zeit wie ein Nichtschachspieler.

Hinweise auf die Art und Weise, wie Schachmeister sinnvolle Einheiten bilden, erhält man durch genaue Beobachtung ihrer Blickbewegungen bei Betrachtung einer Anordnung von Schachfiguren. Zunächst richten sich ihre Augen auf jene Figuren, die ihnen strategisch als besonders bedeutsam erscheinen. Mit dem Blick auf eine solche zentrale Figur wird sofort auch das jeweilige Umfeld erfaßt, d. h., es wird gesehen, welche benachbarten Figuren sich in Angriffsstellung befinden, welche als bedroht gelten müssen usw. (Chase und Simon, 1973; Saariluoma, 1985). Zweifellos stellt die Fähigkeit, mehrere Figuren als eine Einheit mit bestimmten Beziehungen untereinander zu erfassen, in entscheidendem Maße das Ergebnis einer breiten Erfahrungsgrundlage dar. Tatsächlich spielen fast alle Schachspieler der Spitzenklasse seit ihrer frühesten Kindheit.

Einige Betrachter der oben wiedergegebenen vierzehnstelligen Ziffernfolge (s. S. 250) haben vielleicht ihr vorhandenes Wissen eingesetzt, um darin ebenfalls eine Ordnung zu erkennen. Nacheinander sind darin nämlich die Quadratzahlen von 2 bis 9 dargestellt worden, also $2^2 (= 4)$, $3^2 (= 9)$, $4^2 (= 16)$ usw. Durch eine solche Bedeutungszuschreibung wird aus einer längeren Reihe mit Ziffern eine sehr kleine Anzahl sinnvoller Einheiten.

### 6.1.2.3 »Wiederholung im Kopf« zur Verlängerung der Behaltensdauer

Ein Merkmal des Kurzzeitgedächtnisses, von dem bislang noch nicht die Rede war, ist die begrenzte Behaltensdauer. Das Kurzzeitgedächtnis kann eine Information zwar erheblich länger speichern als das sensorische Register: spätestens nach 18 Sekunden gehen jedoch auch Inhalte aus dem Kurzzeitgedächtnis verloren. Allerdings gibt es eine Möglichkeit, diese ziemlich kurze Behaltensspanne beliebig zu verlängern: Man wiederholt das im Kurzzeitgedächtnis befindliche Material ständig, entweder laut sprechend oder leise »in Gedanken«. Da diesem Wiederholen vor allem die Funktion zukommt, einen Gedächtnisinhalt vor dem Vergessen zu bewahren, spricht man auch von einer *Erhaltungswiederholung*. Wenn dieses ständige Wiederholen durch ein plötzliches Ereignis unterbrochen wird, kann es zum Verlust der Gedächtnisinformation kommen. Man hat z. B. gerade die Nummer eines Telefonteilnehmers aus dem Fernsprechbuch gesucht und diese mehrfach »im Kopf« wiederholt, als man plötzlich von einem Mitmenschen angesprochen wird; fast unmittelbar darauf ist die Nummer aus dem Kurzzeitgedächtnis verschwunden.

Vielfach erhalten Wiederholungen im Kurzzeitgedächtnis die Funktion, neues Material mit Inhalten in Beziehung zu setzen, die sich bereits im Langzeitgedächtnis befinden. Eine solche Wiederholung nennt man auch *aufarbeitende Wiederholung* (Postman, 1975); es wird nämlich daran gearbeitet, die neuen Inhalte in das Langzeitgedächtnis zu übertragen. Aufarbeitendes Wiederholen ist ein sehr viel aktiverer Prozeß als die Erhaltungswiederholung, die im allgemeinen auch dann keine oder eine nur unzureichende Übertragung in das Langzeitgedächtnis ermöglicht, wenn sie sich über einen längeren Zeitraum erstreckt. Zur Beseitigung eines bestimmten Rechtschreibfehlers wird es deshalb häufig nicht ausreichen, das schwierige Wort hundertmal aufschreiben zu lassen (Erhaltungswiederholung), denn diese Arbeit kann völlig mechanisch erfolgen. Viel wichtiger ist, daß der Lernende sich bewußt mit dem Wort auseinandersetzt, seine Aufmerksamkeit auf die besonderen Schwierigkeiten richtet und nach möglicherweise im Langzeitgedächtnis gespeicherten Wörtern sucht, die eine ähnliche Schreibweise erfordern.

Müssen alle Inhalte des Kurzzeitgedächtnisses aktiv wiederholt werden? Glücklicherweise gelingt es Menschen, die mit bestimmten Inhaltsbereichen bereits sehr gut vertraut sind, diese ohne große Anstrengung in das Langzeitgedächtnis zu übertragen. Der Schachspieler der Meisterklasse, von dem bereits die Rede war, hat keine großen Schwierigkeiten, sich eine sinnvolle Figurenanordnung auf einem Schachbrett zu merken. Man kann sicherlich auch die Orte benennen, an denen man sich am Vortag aufgehalten hat, ohne sie dabei mit großer Anstrengung in das Langzeitgedächtnis gebracht zu haben. Wenn Inhalte ohne aufarbeitende Wiederholungen längere Zeit behalten werden, hat eine *automatische Verarbeitung* stattgefunden. Eine solche Verarbeitung gelingt vor allem mit Informationen aus Inhaltsbereichen, mit denen ein Lernender bereits außerordentlich gut vertraut ist.

### 6.1.2.4 Abruf von Inhalten aus dem Kurzzeitgedächtnis

Wenn man einen Schlüsselbund verloren hat, geht man meistens gedanklich noch einmal alle Orte durch, an denen man sich kürzlich aufgehalten hat. Können die Schlüssel in der Telefonzelle zurückgeblieben sein? Sind sie vielleicht an der Kasse im Supermarkt liegen geblieben? Stecken sie eventuell noch in der Tür? – Könnte ein Abruf von Inhalten aus dem Kurzzeitgedächtnis ebenso verlaufen? Diese Frage stellte sich vor einiger Zeit Saul Sternberg (1966, 1969). Er bat seine Versuchspersonen, die folgenden drei Ziffern auswendig zu lernen: 5 3 9 (Originalreihe). Unmittelbar darauf bot er folgende Ziffernreihe dar: 8 7 9 4 5 3. Enthält diese Liste Ziffern, die mit den gerade auswendig gelernten übereinstimmen? Die Antwort bei der Prüfung jeder einzelnen Ziffer lautet offenkundig »nein, nein, ja, nein, ja, ja«. Wieviel Zeit benötigen Menschen, um solche Antworten geben? Sternberg stellte fest, daß die Reaktionsgeschwindigkeit von der Länge der Originalreihe abhängt. Wenn sich nur eine Ziffer im Gedächtnis befindet, benötigen die Versuchspersonen ungefähr 440 Millisekunden (also etwa 0,44 Sekunden). Bei zwei Ziffern der Originalreihe benötigen sie etwa 0,48 Sekunden und ungefähr 0,52 Sekunden bei drei Ziffern. Mit jeder neuen Ziffer verlängert sich die Antwort also um 0,04 Sekunden. Sternberg schloß aus seinen Beobachtungen, daß Menschen bei einem Vergleich von dargebotenen Reizen mit Informationen im Kurzzeitgedächtnis alle Elemente nacheinander einzeln prüfen.

Sternberg untersuchte auch, ob eine »Nein«-Antwort mehr Zeit erfordert als eine »Ja«-Antwort. Das wäre zu vermuten, denn wenn eine dargebotene Ziffer mit einer solchen im Gedächtnis übereinstimmt, sind weitere Vergleiche eigentlich nicht mehr erforderlich. Tatsächlich fand Sternberg aber keinen Unterschied zwischen den beiden Antwortarten. Man setzt also die Prüfung fort, obwohl sich die bereits gefundene Antwort nicht mehr ändern kann. Man verhält sich ebenso wie ein Mensch, der seine Schlüssel verloren hat, aber mit der Suche an weiteren Orten fortfährt, nachdem er sie bereits gefunden hat! Wahrscheinlich, so vermutet Sternberg, ist es insgesamt zeitsparender, den ohnehin sehr schnell verlaufenden Vergleich im Kurzzeitgedächtnis fortzusetzen, als die Entscheidung zum Abbruch zu treffen.

### 6.1.2.5 Das Kurzzeitgedächtnis als Werkbank: Ein Vergleich

Im Unterschied zum sensorischen Gedächtnis, das äußere Reizeindrücke nur passiv registriert, stellt das Kurzzeitgedächtnis einen aktiven Speicher dar; dieser ließe sich – wie Roberta Klatzky (1980) meint – mit einer Werkbank vergleichen. Die Zeichnung der Abbildung 6.5 soll helfen, ihre Vorstellungen zu veranschaulichen.

Auf der Werkbank des Tischlers finden nicht alle Materialien und Werkzeuge Platz. Selbst wenn sie sorgfältig und übersichtlich geordnet werden, fallen hin und wieder Teile auf den Boden. Die geschilderte Situation gleicht in vielerlei Hinsicht den Gedächtnisfunktionen. Die Regale hätten danach ähnli-

Abb. 6.5

*Das Kurzzeitgedächtnis (KZG) kann mit einer Werkbank verglichen werden. (LZG = Langzeitgedächtnis)*

che Aufgaben zu erfüllen wie das Langzeitgedächtnis, aus dem sich nach Bedarf verschiedenste Informationen abrufen lassen. (Da eine Information, die abgerufen wird, dem Langzeitgedächtnis nicht verlorengeht, muß man zur Aufrechterhaltung des bisher diskutierten Vergleichs annehmen, daß der Vorrat sämtlicher Materialien auf den Regalen unerschöpflich ist). Die Werkbank weist Ähnlichkeiten mit dem Kurzzeitgedächtnis auf. Beide besitzen nur ein begrenztes Fassungsvermögen. Je mehr Arbeitsfläche der Handwerker benötigt, desto weniger Material läßt sich auf dem verbleibenden Teil abstellen. Ähnlich liegen die Verhältnisse im Gedächtnis: Je mehr Informationen ein Mensch »im Kopf« wiederholt, desto weniger Inhalte kann er nebenbei kurzfristig ablegen oder – wie beim alltäglichen Sprachgebrauch auch gesagt wird – »im Sinn behalten«. Die kleinen Stapel lassen sich mit sinnvollen Einheiten vergleichen (wenngleich Informationen darin auf sehr viel komplizietere Weise zusammengefaßt werden). Wegen der eingeschränkten Abstellmöglichkeit ist die Anzahl der zu bildenden Stapel jedoch gering. Neue Teile lassen sich auf der Werkbank nur unterbringen, wenn andere zuvor entfernt worden sind. Nicht alle Teile bzw. Inhalte können jedoch »auf die Regale gestellt«, d. h., ins Langzeitgedächtnis übertragen werden; sie gehen teilweise verloren und müssen dem Kurzzeitgedächtnis bei Bedarf über die Sinnesorgane wieder zugeführt werden. Ebenso kann der Tischler jener Materialien, die von der Werkbank gefallen sind, nur wieder habhaft werden, indem er sich nach ihnen bückt.

## 6.1.3 Das Langzeitgedächtnis

Da das sensorische Register seine Inhalte höchstens für eine Sekunde festhalten kann und die Speicherzeit im Kurzzeitgedächtnis ebenfalls ziemlich eng begrenzt ist, muß ein weiterer Speicher zur Verfügung stehen, der Informationen über einen längeren Zeitraum bewahren kann: das Langzeitgedächtnis.

Über die Frage, ob einmal ins Langzeitgedächtnis übertragene Informationen jemals wieder verlorengehen, kann man lange, fruchtlose Diskussionen führen. Der Hirnchirurg Wilder Penfield (1975) nahm im Rahmen operativer Eingriffe an freigelegten Gehirnen Nervenreizungen an unterschiedlichen Hirnregionen seiner Patienten vor. Einige erinnerten sich daraufhin an Szenen aus ihrer frühen Kindheit, die sie nach eigener Einschätzung längst vergessen hatten. Zahlreiche Gedächtnispsychologen sehen jedoch keinen zwingenden Grund, aus Penfields Beobachtungen sicher ableiten zu können, daß Inhalte des Langzeitgedächtnisses niemals verlorengehen. So ist z. B. zu beachten, daß während eines chirurgischen Eingriffs bei nur wenigen Patienten einige Reizungen bewirkt haben, daß vermeintlich alte Gedächtnisinhalte wieder ins Bewußtsein getreten sind (Loftus, 1993b; Loftus und Loftus, 1980). Diese sind von Außenstehenden zudem noch nicht einmal zu überprüfen. Kann es sich bei einigen der unter diesen Bedingungen zustandegekommenen »Erinnerungen« möglicherweise auch um Phantasien oder Halluzinationen handeln, die Ähnlichkeiten mit Träumen aufweisen (Neisser, 1967)? Solche Fragen lassen sich mit Penfields Methode nicht befriedigend beantworten.

Penfields Behauptung, dem Langzeitgedächtnis gingen keine Inhalte verloren, sollte man auf jeden Fall mit Vorsicht begegnen. Völlig unangebracht wäre es aber auch, die Leistungsfähigkeit dieses Speichers zu unterschätzen. Der Leser möge sich einmal fragen, was sie bzw. er vor zwei Jahren am Montag nachmittag der dritten Septemberwoche getan hat. Als Studenten einmal gebeten wurden, über ihre Tätigkeit an einem solchen bereits länger zurückliegenden Tag Auskunft zu geben, reagierten sie zunächst mit Verwirrung: »Wie soll ich das noch wissen!?« Als der Gedächtnispsychologe aber seine Befragten ermunterte, es mit einer Antwort auf die Frage wenigstens zu versuchen, hörte er beispielsweise Reaktionen folgender Art (Lindsay und Norman, 1977):

– O.k., mal seh'n, vor zwei Jahren ...
– Damals war ich auf dem Gymnasium in P.
– Ich war in der 12. Jahrgangsstufe.
– Dritte Woche im September – das war gleich nach den Sommerferien; kurz nach Beginn des Schuljahres ...

– Lassen Sie mich nachdenken. Ich glaube, montag nachmittags hatten wir immer Chemie-AG. Da waren wir wahrscheinlich im Chemieraum.
– Ich weiß es nicht, ich war vermutlich im Chemieraum.
– Moment mal – das muß die dritte Schulwoche gewesen sein. Ich weiß noch, daß wir mit dem Periodischen System der Elemente angefangen hatten – eine große, auffallende Karte. Ich dachte, der ist verrückt, wenn der von uns verlangt, so etwas zu lernen.
– Mensch, ich glaube, ich entsinne mich jetzt ... ich saß damals ...

Wie ist ein Gedächtnis organisiert, das Möglichkeiten für derartig beeindruckende Erinnerungsleistungen eröffnet? Wodurch wird gewährleistet, daß ein beachtlicher Teil des Wissens vergleichsweise schnell abrufbar ist, obwohl der Erwerb teilweise länger zurückliegt? Wenn man beim Abruf von Informationen aus dem Langzeitgedächtnis jeden Inhalt – wie beim Kurzzeitgedächtnis (s. S. 253 f.) – einzeln zu prüfen hätte, müßte die Suche wahrscheinlich Wochen, Monate oder gar Jahre dauern. Wenn es allgemein nur die für das Kurzzeitgedächtnis nachgewiesene Suchstrategie gäbe, könnte es nach Schätzung eines Gedächtnispsychologen (Tomkins, 1970) möglicherweise 400 Jahre dauern, bis ein Mensch mit einem Erfahrungsschatz von fünfzig Jahren eine Antwort auf die Frage geben könnte: »Wie heißen Sie?«

Das Gedächtnis läßt sich in grober Annäherung mit einer großen Bücherei vergleichen. Das Aufstellen der Bücher hat nach allgemeinen Regeln zu erfolgen, denn es muß Benutzern ermöglicht werden, einen schnellen Zugang zu den gesuchten Werken zu finden. Ein Leser könnte mit einer Bibliothek wenig anfangen, in der ausschließlich der Zufall über den Standort eines Buches entscheidet. Wenn ein guter systematischer Aufbau vorliegt, spricht man von einem hohen Organisationsgrad. Gedächtnispsychologen haben sich von diesem Vergleich leiten lassen, als sie der Frage nachgingen, wie Informationen im menschlichen Gedächtnis organisiert (geordnet) sind. Da sie zumeist selber eifrige Bibliotheksbesucher sind, haben diese Psychologen wiederholt die Erfahrung machen müssen, daß Bücher, die eigentlich vorhanden sein müßten, nicht auffindbar waren. Könnte Derartiges im menschlichen Gedächtnis ebenfalls vorkommen? Das hängt sicherlich auch davon ab, auf welches Langzeitgedächtnis man sich bezieht. Viele Psychologen meinen, motorische Fertigkeiten würden anders gespeichert als allgemeine Wissensinhalte oder persönliche Erlebnisse.

### 6.1.3.1 Verschiedene Arten des Langzeitgedächtnisses

Ein Tennisspieler kann sich nur dann erfolgreich mit seinem Gegner messen, wenn in seinem Gedächtnisspeicher eine Vielfalt von Informationen enthalten ist. Er muß zunächst die Spielregeln kennen, aus denen u. a. hervorgeht, wie die Punkte gezählt werden, nach denen schließlich die Ermittlung von Gewinner und Verlierer erfolgt. Weiterhin muß er sich während des Spiels jederzeit daran erinnern können, welche Seite zuletzt z. B. einen Aufschlag hatte und ihm muß u. a. auch bekannt sein, wie man Vor- und Rückhand spielt. Ein Spieler greift damit auf sämtliche Arten von Speichern zurück, zwischen denen der kanadische Psychologe Endel Tulving (1972, 1986) unterscheidet. Abb 6.6 veranschaulicht Tulvings Vorstellungen.

# Psychologie des Gedächtnisses

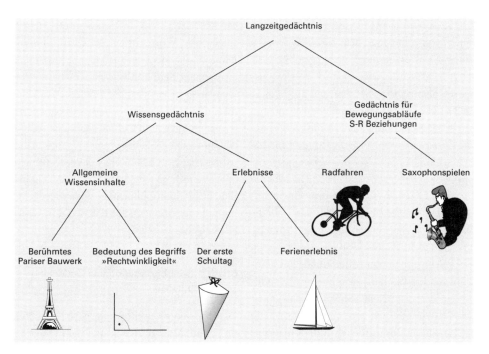

Abb. 6.6
*Drei verschiedene Arten von Langzeitgedächtnis*

Wie jeder Sportler muß auch ein guter Tennisspieler zunächst einmal wissen, *wie* er seinen Tennisschläger zu halten hat, um auf den Schlag seines Gegners angemessen zu reagieren. Er muß nicht zwangsläufig in der Lage sein, dieses Können in Worten zu beschreiben. Entsprechendes gilt für alle Fertigkeiten, die das Spielen eines Musikintruments, das Fahrradfahren oder die Bedienung einer Schreibmaschine ermöglichen. Tulving spricht von einem *prozeduralen* Gedächtnis, einem Speicher für Bewegungsabläufe. In diesem sind auch die Lernergebnisse klassischer (s. S. 162 ff.) und operanter Konditionierung (s. S. 173 ff.) enthalten (also gelernte S-R-Beziehungen). So ermöglicht es das prozedurale Gedächtnis beispielsweise, sich bei der Betrachtung einer Fotografie an die Gefühle zu erinnern, die infolge einer Konditionierung mit dem dargestellten Ereignis eine Verbindung eingegangen sind (Tulving, 1985).

Im Wissensgedächtnis werden Fakten gespeichert. Wie Abbildung 6.6 darstellt, unterscheidet Tulving zwischen allgemeinem Wissen *(semantisches Gedächtnis)* und Erlebniswissen *(episodisches Gedächtnis)*. Wenn man einen Menschen z.B. nach der Hauptstadt von Frankreich oder dem Autor des *Faust* fragt, wird er vermutlich nicht mehr wissen, *wo* und *wann* er die Antworten gelernt hat. Zeit und Ort des Erlernens gehen beim allgemeinen Wissen verloren. Erhalten bleiben nur allgemeine Informationen über diese Welt, also z.B. Regeln, Begriffe oder Fakten. Menschen greifen auf ihr allgemeines Wissen zurück, wenn sie einen Satz folgendermaßen beginnen: »*Ich weiß, ...*«. So weiß ein Tennisspieler etwa, bei welchem Spielstand es zu einem Tie-Break kommt. Demgegenüber speichert das Erlebnisgedächtnis solche Ereignisse, die man selbst erlebt hat und an die man sich noch erinnert. Man weiß auch, wann und wo sie passiert sind: »*Ich kann mich noch an die Feier zu meinem 18. Geburtstag erinnern.*« »*Es ist noch gut in meiner Erinnerung, wie sehr mir XY mit seiner starken Vorhand zu schaffen machte.*« Die oben (s. S. 255 f.) von einem Studierenden wiedergegebene Antwort auf die Frage, was er vor zwei Jahren am Montagnachmittag der dritten Septemberwoche getan hat, gelang infolge eines offenkundig gut funktionierenden Erlebnisgedächtnisses. Die Unterscheidung zwischen dem Speicher allgemeines Wissen und dem Erlebnisgedächtnis läßt sich zwar auf begrifflicher Ebene plausibel darstellen. Es fällt jedoch schwer, experimentell echte Unterschiede dieser beiden Speicher aufzudecken, also z. B. nachzuweisen, daß Inhalte dieser beiden Speicher entweder auf verschiedene Art erworben oder bei einer Wiedergabe unterschiedlich dargestellt werden (z. B. McKoon et al., 1986; Richards und Goldfarb, 1986). Tulving (1986) hat seine Vorstellungen inzwischen selbst etwas korrigiert und zugestanden, daß es sich bei dem Ereignisgedächtnis um eine besondere Art des semantischen Gedächtnisses handeln könnte.

Nach dem Studium von Patienten mit organisch bedingten Gedächtnisausfällen ist es sehr wahrscheinlich, daß sprachliches Wissen an einer anderen Stelle des Gehirns gespeichert wird als Kenntnisse über Bewegungsabläufe. So konnte *H. M.*, von dem in Info-Kasten 6.1 (S. 246 f.) die Rede war, motorische Fertigkeiten normal erlernen und durch Übung ständig verbessern, während er gleichzeitig mitgeteilte sprachliche Informationen sofort wieder vergaß. Nach längerem Üben gelang es *H. M.* beispielsweise, Wörter in Spiegelschrift zu lesen. Diese an sich nicht leichte Aufgabe bewältigte er in einem Zeitraum von drei Tagen zunehmend besser. Dabei nahm *H. M.* sein Gedächtnis für Bewegungsabläufe in Anspruch, das offenbar an Stellen im Gehirn gebunden ist, die bei ihm intakt geblieben waren. Wenn man ihn jedoch fragte, welche Wörter er vor kurzem in Spiegelschrift gelesen hatte, war er auf ein bei ihm nicht funktionierendes Wissensgedächtnis angewiesen. Deshalb blieb er die Antwort schuldig (Squire, 1982, 1987).

### 6.1.3.2 Die Organisation von Gedächtnisinhalten

Den meisten Menschen fällt es nicht schwer, die zwölf Monate des Jahres vollständig zu benennen. Sie zählen sie in der üblichen Reihenfolge auf (*Januar, Februar, März* usw.), und es kommt nur selten vor, daß sie dabei einen Namen vergessen. Die zur Bewältigung dieser Aufgabe benötigte Zeit liegt normalerweise zwischen vier bis sechs Sekunden. Um anschaulich zeigen zu können, daß dieser Erinnerungsleistung eine bestimmte Organisation zugrunde liegt, kann man einer Anregung von Endel Tulving (1983) folgen und die Anweisung zur Aufgabe etwas verändern: Die zwölf Monate sind nunmehr in alphabetischer Reihenfolge wiederzugeben. In der Regel erfordert diese abgewandelte Aufgabe nicht nur erheblich mehr Zeit, es bereitet auch sehr viel mehr Schwierigkeiten, die Namensliste vollständig mitzuteilen. Das menschliche Gedächtnis ordnet die Monate des Jahres offenbar nicht nach dem Alphabet, sondern nach ihrer Reihenfolge. Auch die einzelnen Tage der Woche sind anscheinend nicht alle gleichartig gespeichert. Wieviel Zeit benötigt man, um den heutigen Tag zu benennen? Wenn man die gleiche Frage gestern gestellt hätte, wäre die Antwort wahrscheinlich schneller oder langsamer gekommen. An einem Mittwoch muß man im Durchschnitt etwa zwei Sekunden und damit etwa doppelt so lange auf die Antwort warten wie am Sonntag, denn an diesem Tag kann man bereits nach etwa einer Sekunde die gewünschte Reaktion erwarten. Je näher ein Werktag an das Wochenende heranrückt, desto schneller kann man ihn benennen. Offenbar tragen die Tage des Wochenendes mehr persönliche Bedeutung für einen Menschen, und entsprechend besser lassen sie sich auch aus dem Gedächtnis abrufen (Shannon, 1979).

Aufschlußreiche Hinweise über die Ordnung sprachlichen Materials im Langzeitgedächtnis erhielten Brown und McNeill (1966), indem sie ein Ereignis eingehender studierten, das im täglichen Leben bei einem Menschen durchschnittlich einmal pro Woche und mit zunehmendem Lebensalter häufiger auftritt (Brown, 1991): Man hat Schwierigkeiten, sich an einen Begriff zu erinnern, den man eigentlich kennen müßte. Er liegt einem »auf der Zunge«. Wie heißt z. B. ein kleines Schiff, das in den Häfen und auf den Flüssen Japans und Chinas benutzt wird, das mit einem Ruder am Heck fortzubewegen ist und vielfach auch ein Segel besitzt? Wie nennt man jenes Winkelmeßgerät, das der Seemann gelegentlich in die Hand nimmt, um damit den Standort seines Schiffes zu bestimmen?

Diese und zahlreiche weitere Definitionen legten Roger Brown und David McNeill (1966) ihren Versuchspersonen mit der Frage vor, welcher Begriff wohl jeweils gemeint ist. Gelegentlich reagierten die Befragten mit der Feststellung, daß sie das gesuchte Wort kennen, ohne in der Lage zu sein, es auszuspre-

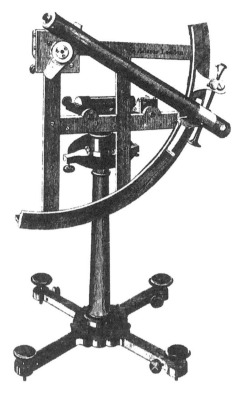

Abb. 6.7
*Wie nennt man dieses Gerät, das in der herkömmlichen Schiffahrt genutzt wurde, um den Standort eines Schiffes zu bestimmen?*

chen. Brown und McNeill interessierten sich vor allem dafür, was ein Mensch von einem Begriff weiß, der ihm »auf der Zunge liegt«. Tatsächlich war es erstaunlich, wie genau die Versuchspersonen ein Wort kennzeichnen konnten, das ihnen in einem kritischen Moment nicht einfiel. Vielfach waren sie in der Lage, Auskunft über die Anzahl der Silben und die Anfangsbuchstaben zu geben. Als sie z. B. versuchten, sich an das Wort »Sampan« (kleines japanisches oder chinesisches Schiff) zu erinnern, fielen ihnen Begriffe wie »Siam«, »Sarong« oder »Saipan« (erfunden), aber ebenso »Dschunke«, »Hausboot« oder »Barkasse« ein. Die Gesamtheit der falschen Wörter, die die Versuchspersonen nannten, als sie das jeweils gesuchte Wort »auf der Zunge hatten«, veranlaßte Brown und McNeill zu der Feststellung, daß Begriffe im Langzeitgedächtnis zum einen auf der Grundlage ihrer akustischen Merkmale abgespeichert werden (»Sampan«, »Saipan« und »Sarong« besitzen gewisse Ähnlichkeiten in der Aussprache), weiterhin nach visuellen Merkmalen (»Sampan«, »Saipan« und »Sarong« besitzen Ähnlichkeiten im Schriftbild) und ebenso nach Bedeutungsmerkmalen (»Sampan«, »Siam«, »Sarong« und »Dschunke« bezeichnen Gegebenheiten des Fernen Ostens; »Sampan«, »Dschunke«, »Hausboot« und »Barkasse« bezeichnen jeweils Schiffe). Im menschlichen Gedächtnis ist ein Wort also offenbar nicht – wie ein Buch in einer Bibliothek – an einer Stelle abgespeichert, denn man kann manchmal zahlreiche Merkmale eines gesuchten Wortes benennen, ohne es aussprechen zu können, weil offenbar weitere bedeutsame Merkmale nicht auffindbar zu sein scheinen. Vielen Menschen bereitet es deshalb auch Schwierigkeiten, das in der Abbildung 6.7 dargestellte Gerät als *Sextant* zu benennen.

Wenn man einen Begriff »auf der Zunge hat«, hilft es vielfach, sich dem »freien Einfall« zu überlassen, d. h., sich ohne gezieltes Suchen möglichst viele Wörter zu vergegenwärtigen, die einem in einer solchen Situation in den Sinn kommen. Da die im Langzeitgedächtnis abgespeicherten Wörter über ihre gemeinsamen Merkmale untereinander in Beziehung stehen, ist die Wahrscheinlichkeit groß, früher oder später auch das gesuchte Wort zu finden. Inzwischen haben einige Psychologen Vorstellungen darüber entwickelt, wie das Langzeitgedächtnis seine Inhalte organisiert, also in eine Ordnung bringt. Einige Psychologen sprechen in diesem Zusammenhang von *Netzwerken* (Anderson, 1980; Chang, 1986; Collins und Quillian, 1969), weil sie davon ausgehen, daß die Gedächtnisinhalte wie bei einem Netz miteinander verknüpft sind. Die Vorstellungen von Allan Collins und Ross Quillian (1969) wurden bereits im letzten Kapitel (s. S. 206 f.) vorgestellt. Im Langzeitgedächtnis gespeicherte Begriffe sind danach hierarchisch geordnet, wobei sich die abstrakteren Begriffe (z. B. *Tier*) weiter oben und die spezielleren Begriffe (z. B. *Rotkehlchen* oder *Hai*) weiter unten in der Hierarchie befinden. Das Gedächtnis arbeitet nach diesen Vorstellungen sehr platzsparend. So wird beispielsweise das Merkmal *kann fliegen* zusammen mit dem abstrakteren Begriff *Vogel* gespeichert und nicht zusammen mit jeder besonderen Vogelart (*Kanarienvogel, Rotkehlchen* usw.).

Collins und Quillian haben zweifellos einen beachtenswerten Beitrag zur Erforschung der Organisation des menschlichen Gedächtnisses erbracht. Es konnte nicht erwartet werden, daß mit ihren Ergebnissen alle weiteren Beobachtungen zu erklären waren. Ihre Begriffe sind so ausgewählt worden, daß sie in logischen Beziehungen zueinander stehen. Nach ihren Vorstellungen wird verständlich, wie schnell Menschen z. B. einen Kanarienvogel mit anderen Gegebenheiten dieser Welt verbinden, die ebenfalls atmen. Wie aber werden im Gedächtnis solche Gegebenheiten geordnet, die mit dem Buchstaben *A* anfangen oder solche, die fliegen können oder gefährlich sind? Darauf konnten Collins und Quillian mit ihren Vorstellungen von der Organisation des menschlichen Gedächtnisses keine befriedigende Antwort geben.

Sollte die Annahme von Collins und Quillian zutreffen, daß die Organisation stets nach logischen Gesichtspunkten erfolgt, dann müßten Menschen den Satz »*Ein Pferd ist ein Säugetier*« schneller überprüfen können als die Feststellung »*Das Pferd ist ein Tier.*« Das ist jedoch nicht der Fall, denn Befunde haben vielmehr das Gegenteil gezeigt (Rips et al., 1973). Bei Gegenständen und Ereignissen des täglichen Lebens werden nämlich nicht nur die Merkmale beachtet, die laut Definition vorhanden sein müssen (definitorische Merkmale), sondern auch solche, die häufig vorkommen (charakteristische Merkmale). Mit dem Begriff *Vogel* verbinden viele Menschen charakteristische Merkmale wie *kann singen* oder *kann fliegen*, obwohl es viele Vogelarten (z. B. *Strauß, Pinguin* usw.) gibt, für die dies nicht zutrifft. Wegen solcher Besonderheiten in der Organisation von Begriffen können Menschen verhältnismäßig schnell bestätigen, daß die Amsel ein Vogel ist. Wenn sie dagegen gefragt werden, ob ein Pinguin ein Vogel ist, mag die Beachtung charakteristischer Merkmale eine falsche Antwort nahelegen und auf die Notwendigkeit verweisen, nur definitorische Merkmale zu berücksichtigen; und das kostet Zeit.

### 6.1.3.3 Wiedergabe vergangener Ereignisse

Das Gedächtnis wird manchmal mit einem Magnetband verglichen, das Bild und Ton weitgehend naturgetreu aufzeichnen und später wiedergeben kann. Der englische Psychologe Sir Frederic Bartlett (1932) belegte schon vor mehr als einem halben Jahrhundert, daß ein solcher Vergleich sehr irreführend ist. Er bot seinen Versuchspersonen in zahlreichen Untersuchungen Reizmaterial (Geschichten und Zeichnungen) dar, das sie anschließend aus dem Gedächtnis wiederzugeben hatten. Ihn interessierte dabei, ob und gegebenenfalls inwieweit das ursprünglich Dargebotene und das später Erinnerte voneinander abweichen. Er legte beispielsweise einer seiner Versuchspersonen eine stilisierte Eule vor, und anschließend bat er sie, die Skizze aus dem Gedächtnis nachzuzeichnen. Die angefertigte Skizze wurde einer weiteren Versuchsperson vorgelegt, die sie ebenso nachzuzeichnen hatte. Ihr Werk wurde dann einer dritten Person vorgelegt usw. Wie den Zeichnungen der Abbildung 6.8 zu entnehmen ist, hat jeder Zeichner an der Vorlage etwas verändert. Auf diese Weise wurde aus einer Eule schließlich eine Katze.

Bartlett zog aus seinen Untersuchungen den Schluß, daß Menschen ihre Erfahrungen in Form sogenannter *Schemata* im Gedächtnis aufbewahren. Das Schema stellt für ihn eine aktive Ordnungsleistung dar. Es besteht eine ausgesprochene Neigung, neue Informationen in das bereits Bekannte einzuordnen. Im Rahmen dieses Einordnungsprozesses wird die neue Information so verändert, daß sie zu

Abb. 6.8
*Wenn Menschen eine Vorlage aus dem Gedächtnis nachzeichnen, verändert sich das Dargestellte mit jeder Wiedergabe, indem Einzelheiten hinzugefügt und weggelassen werden.*

dem vorhandenen Wissen paßt; häufig geschieht dies durch Hinzufügen und Weglassen von Einzelheiten. Dieses »Einpassen« erfolgt nicht nur bei Zeichnungen, sondern auch bei der Erfassung von Geschichten.

Diese Prozesse lassen sich mit Vorgängen bei Ausgrabungen vergleichen. Das Problem der Forscher besteht darin, gefundene Knochenreste oder Scherben zu einem sinnvollen Ganzen zusammenzusetzen. Dabei lassen sie sich von ihrem Vorwissen leiten. Sie wissen etwa, wie Tongefäße einer bestimmten Zeitepoche ausgesehen haben, und besitzen Kenntnisse über die damalige Tierwelt. Es ist allerdings nicht auszuschließen, daß dem Forscher bei diesem Versuch Fehler unterlaufen. Ebenso mag sich ein Mensch im Falle eines weiter zurückliegenden Ereignisses nur noch an ein paar Einzelheiten erinnern. Dennoch wird er versuchen, die Teile in sinnvoller Weise zusammenzufügen und auf diese Weise die Gedächtnislücken zu füllen. Eine solche Rekonstruktionsleistung erbrachte auch *H. M.* nach dem Verspeisen eines Schokoladenherzen am Valentinstag (Ogden und Corkin, 1991). Es war in glänzendes rotes Papier eingepackt gewesen, das er in seine Tasche gesteckt hatte. Zwei Stunden später griff er in seine Tasche, weil er ein Taschentuch benötigte. Dabei fand er das Papier, das er herauszog. »Warum tragen Sie dieses Papier mit sich herum?« fragte die ihn untersuchende Psychologin. Zu ihrem Erstaunen antwortet er: »Nun, darin konnte ein großes Schokoladenherz eingepackt gewesen sein. Heute muß Valentinstag sein!« Sollte *H. M.* wirklich eine Erinnerung an ein weiter zurückliegendes Ereignis gehabt haben? Zur Überprüfung dieser Frage wurde er etwas später nochmals aufgefordert, das Papier aus seiner Tasche zu holen. Als er abermals erklären sollte, warum er das Papier in seiner Tasche hatte, antwortete er: »Nun, darin konnte ein großes Schokoladenhäschen eingepackt gewesen sein. Heute muß Ostern sein!« *H. M.* besaß offenkundig keine Erinnerungen an ein mehr als zwei Stunden zurückliegendes Ereignis. Er hatte sich mit Hilfe seines intakten Langzeitgedächtnisses lediglich plausibel erklärt, welche Funktion das Papier gehabt haben *könnte*. Gesunde Menschen ergänzen sich ebenfalls vorhandene Erinnerungsreste. Solche aktiven Prozesse bei der Verarbeitung und Wiedergabe von Gedächtnismaterial sind selbstverständlich zu berücksichtigen, wenn sich die Frage nach der Glaubwürdigkeit von Zeugen stellt, die vor Gericht Aussagen machen. Info-Kasten 6.2 berichtet über einige bemerkenswerte Befunde.

Welche Vor- und Nachteile Organisationshilfen für Erinnerungsleistungen haben, ist den Ergebnissen einer Untersuchung von Justine Owens und ihren Mitarbeitern (1979) zu entnehmen. Sie stellten fest, daß sich aus der Erinnerung wiedergegebene Einzelheiten einer Geschichte in bemerkenswerter Weise veränderten, wenn die Leser die geschilderte Ereignisfolge nach der Motivation der dargestellten Person ordnen konnten. Zuhörer entnahmen einer kurzen Textvorlage Einzelheiten eines Tagesablaufes der Studentin *Nina*: Sie kochte Kaffee, besuchte Vorlesungen, kaufte ein, besuchte eine Party usw. Zu dieser Schilderung gehörte auch ein Arztbesuch:

Nina besuchte ihren Arzt. Nach ihrer Ankunft meldet sie sich beim Empfang an. Sie wendet sich an die Arzthelferin, die einige der routinemäßigen Untersuchungen durchführt. Nina steigt auch auf die Waage, und die Schwester notiert das Gewicht. Daraufhin betritt der Arzt den Raum; er sieht sich die Untersuchungsergebnisse an. Er lächelt Nina an und sagt: »Na, da scheinen sich meine Erwartungen ja zu bestätigen.« Nach Abschluß der Untersuchungen verläßt Nina die Arztpraxis wieder.

## Info-Kasten 6.2:
## Können Zeugenaussagen vor Gericht durch Befragungsbedingungen beeinflußt werden?

Wenn Menschen versichern können, daß sie ein Ereignis »mit eigenen Augen gesehen« haben, billigt man ihren Aussagen im allgemeinen hohe Glaubwürdigkeit zu. Vor allem Gerichtsurteile werden maßgeblich davon beeinflußt, was Zeugen bekunden, obwohl selbst Richter offen bekennen, »daß der Zeuge das am wenigsten zuverlässige Beweismittel ist« (Brenner, 1984). Ist der Objektivitätsgrad von Zeugenaussagen tatsächlich nachweisbar gering? Für diese Frage interessierte sich Elizabeth Loftus, nachdem ihr einer ihrer früheren Professoren, der gerade eine neue Stelle beim Verkehrsministerium angetreten hatte, erklärte: »Wissen Sie, es besteht dringender Bedarf an guten Forschungen über Verkehrsunfälle, und es steht auch viel Geld zur Verfügung, um dies zu finanzieren.« Loftus bekennt, daß sie sich zum damaligen Zeitpunkt mit dem Behalten von Wörtern beschäftigte, »und ich wußte wenig über Verkehrsunfälle (abgesehen von den wenigen, die ich als Teenager hatte).« .... »Aber dennoch, ich wollte mehr über die Wechselwirkungen zwischen Unfällen und den Wörtern wissen, die Menschen zu ihrer Beschreibung verwenden.« Loftus bewarb sich um die Forschungsgelder und war erfolgreich (Myers, 1988).

Loftus wurde darauf aufmerksam, daß Mitteilungen von Unfallzeugen nicht nur wiedergeben, was sie gesehen haben. Ihre Aussagen können auch von der Wortwahl und der Formulierung der jeweils vorausgegangenen Frage mitbestimmt werden. Loftus zeigte Menschen einen Film über einen Autounfall, zu dem sie anschließend einen Fragebogen verteilte. Darin sollten die »Zeugen« u.a. die Geschwindigkeit der Fahrzeuge unmittelbar vor dem Unfall abschätzen. »Wie schnell fuhren die Autos, bevor sie zusammenstießen?« Der Begriff »zusammenstoßen« wurde in weiteren Versionen des Fragebogens durch andere Begriffe ersetzt (»zusammenkrachten«, »ineinan-

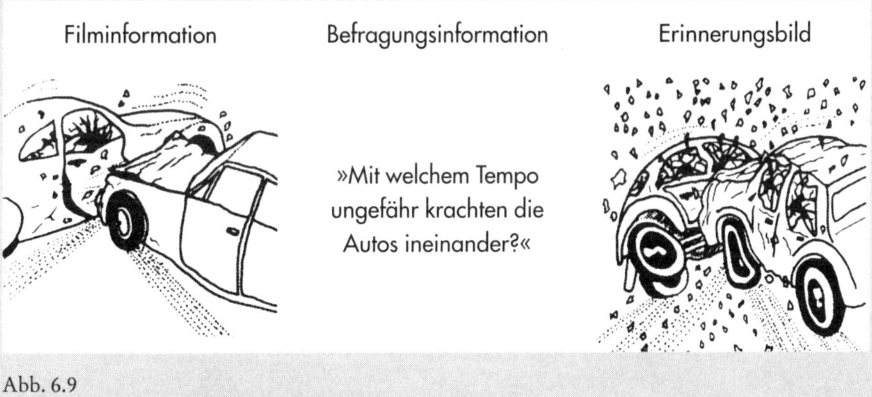

| Filminformation | Befragungsinformation | Erinnerungsbild |
|---|---|---|
| | »Mit welchem Tempo ungefähr krachten die Autos ineinander?« | |

Abb. 6.9
*Ob Beobachter eines Unfalls sich später richtig an Einzelheiten erinnern, hängt auch von der Formulierung der Fragen ab. Zuschauer sahen in einem Film einen Autounfall, der keine Glasscherben zeigte. Sie behaupteten jedoch fälschlich, solche gesehen zu haben, wenn in der entsprechenden Frage vom »Ineinanderkrachen« der Fahrzeuge gesprochen worden ist.*

derrasten«, »kollidierten« usw.). Es zeigte sich eindeutig, daß die Schätzungen der Geschwindigkeit auch von der jeweiligen Begriffswahl abhingen. Eine Woche später wandte man sich erneut an die Versuchspersonen mit der Frage: »Haben Sie irgendwelche Glasscherben gesehen?« Der Film hatte keinerlei Scherben gezeigt. Wiederum hing die Antwort von den verwendeten Begriffen ab. Der Anteil der Befragten, der fälschlich behauptete, Scherben gesehen zu haben, war größer, wenn unmittelbar nach dem Film von »Ineinanderkrachen« gesprochen worden war. Weniger Irrtümer fanden sich bei jenen, bei denen man den Begriff »zusammenstoßen« verwendet hatte (Loftus und Zanni, 1975).

Bei der Befragung von Zeugen sollte auch darauf geachtet werden, daß keine irreführenden Fragen verwendet werden. So erkundigte sich Elizabeth Loftus bei Beobachtern einer Unfallszene, ob sie die beschädigten Scheinwerfer gesehen hätten (Loftus und Zanni, 1975). Die Befragten waren sehr viel eher bereit, bejahend zu reagieren, als andere Zeugen desselben Unfalls, bei denen die Frage lautete: »Haben Sie einen beschädigten Scheinwerfer gesehen?« Der bestimmte Artikel in einer Frage unterstellt bereits, daß ein Scheinwerfer beschädigt war. Der Fragende möchte vom Beobachter der Szene offenbar nur noch wissen, ob er die Beschädigung auch beachtet hat. Eine solche Unterstellung erfolgt bei Verwendung des unbestimmten Artikels nicht. In einer anderen Untersuchung erzielte man ähnliche Wirkungen mit der Frage, ob ein Fahrzeug vor dem Stop-Zeichen, das tatsächlich gar nicht vorhanden war, gehalten hatte (Loftus et al., 1978). Aus den Untersuchungen von Loftus ist also hervorgegangen, daß sich bereits mit dem kleinen Wort »die« anstelle von »einen« in einer Frage Zeugenaussagen verändern. Es ist jedoch nicht ganz auszuschließen, daß die von Loftus beobachtete Beeinflußbarkeit wenigstens teilweise den besonderen experimentellen Bedingungen zuzuschreiben war (Zaragoza et al., 1987). Aufgrund zahlreicher sorgfältiger Nachuntersuchungen gibt es inzwischen aber doch bedeutsame Belege für die Behauptung, daß irreführende Informationen, die ein Zeuge nach Beobachtung eines Ereignisses empfängt, Einfluß auf dessen Beschreibung nehmen können (Tversky und Tuchin, 1989). Das muß jedoch nicht unbedingt bedeuten, daß die falschen Informationen eine Veränderung der Gedächtnisinhalte bewirkt haben, die sich auf das ursprünglich beobachtete Ereignis beziehen (Zaragoza und McCloskey, 1989).

Menschen können im Alltag auch Zeugen von Überfällen oder Schlägereien werden, die allein schon wegen der Bedrohlichkeit erregend auf den Beobachter wirken (schneller Herzschlag, Beschleunigung der Atmung, Steigerung des Blutdrucks und verstärkte Ausschüttung von Adrenalin). Unter diesen Bedingungen steigt die Wahrscheinlichkeit, daß Sinneseindrücke nur unzureichend in das Langzeitgedächtnis übertragen werden (Egeth und McCloskey, 1984a,b; McCloskey und Zaragoza, 1985). Es wurde weiterhin festgestellt, daß Männer andere Gegebenheiten einer Situation beachten als Frauen. Männer sind bessere Zeugen, wenn sie nach Automarken oder nach männlicher Kleidung gefragt werden, während Frauen zuverlässigere Auskunft über die weiblichen Teilnehmer eines Vorfalls geben können (Powers et al., 1979).

Aussagen vor Gericht können sich seit der Tatzeit noch zusätzlich verändert haben, denn es besteht die Möglichkeit, daß die Zeugen bereits von der Polizei, von ihrem Rechtsanwalt und vom Staatsanwalt befragt worden sind. Außerdem ist damit zu rechnen, daß Beobachter krimineller Ereignisse über das Gesehene mit ihren Freunden und Verwandten sprechen. Es ist nicht auszuschließen, daß jede Befragung, jede Erinnerung den Gedächtnisinhalt etwas verändert. Zeugen mögen sich schließlich vor Gericht noch so sicher sein, »die Wahrheit und nichts als die Wahrheit« zu sagen; sorgfältige Nachprüfungen haben aber ergeben, daß die subjektiv erlebte Gewißheit in keiner Beziehung zur Genauigkeit der Zeugenaussage steht (Wells und Murray, 1984). Damit soll nicht in Frage gestellt werden, daß die Psychologie – vor allem in jüngerer Zeit – sehr wohl Fortschritte bei der Beurteilung von Zeugenaussagen gemacht hat (Wells, 1993). In Anerkennung der Tatsache, daß die Erinnerungsleistung eines Tatzeugen aber von sehr vielen Bedingungen abhängt, sollte auch nicht der Fehler gemacht werden, den Beitrag der Psychologie zu überschätzen (Loftus, 1993; Egeth, 1993).

Angehörige einer ersten Gruppe lasen die gesamte Beschreibung. Eine zweite Gruppe erhielt zusätzlich folgende Information: »*Als Nina aufwachte, fühlte sie sich wieder schlecht. Was sollte sie nur ihrem Professor sagen, den sie in letzter Zeit wiederholt gesehen hatte? Und das Geld war ja noch ein weiteres Problem.*« Diese Zusatzinformationen boten offenbar Möglichkeiten für eine Ordnung der Einzelinformationen. Diese Organisationshilfe hatte allerdings für das Behalten nicht nur Vor-, sondern auch Nachteile. Bei einer Gedächtnisprüfung, die 24 Stunden nach dem Lesen der Geschichte durchgeführt worden war, fiel auf, daß Angehörige der zweiten Gruppe im Vergleich zur ersten mehr Einzelheiten richtig behalten hatten. Auffallend war aber gleichzeitig, daß die Zuhörer, die von *Ninas* Sorgen wußten, auch mehr unzutreffende Aussagen machten. Die Mehrheit hatte den Schluß gezogen, daß *Nina* mit ihrem Professor ein Verhältnis hatte, schwanger war und sich besorgt die Frage stellte, woher sie das Geld für eine Abtreibung nehmen sollte. Mit dieser Interpretation gingen die Versuchspersonen jedoch über den Inhalt der Geschichte hinaus, denn diese macht über die Beziehung *Ninas* zu ihrem Professor und über eine mögliche Schwangerschaft keinerlei Aussagen. Angesichts der gefundenen übergeordneten Erklärung konnten viele Einzelaussagen über *Ninas* Tagesablauf in eine sinnvolle Ordnung gebracht werden. Sie wurden folglich beachtet (während Mitglieder der ersten Gruppe sie häufiger übersahen) und vergleichsweise gut behalten. Einzelheiten aus *Ninas* Tagesablauf wurden aber auch verändert oder hinzugefügt, und zwar solche, die zu einer Studentin paßten, die eine vermeintliche Beziehung zu ihrem Professor hat. So erinnerten sich zahlreiche Mitglieder der zweiten Gruppe (irrtümlicherweise!) z. B. an folgende Feststellung des Arztes: »Ihre Befürchtungen haben sich bestätigt!« (Tatsächlich kann man der Geschichte nicht entnehmen, daß sich *Ninas* Befürchtungen unmittelbar auf die Schwangerschaft beziehen.)

## 6.2 Das Vergessen und seine Erklärung

Menschen beklagen sich – vor allem in ihrer zweiten Lebenshälfte – vergleichsweise häufig über die unzureichende Leistungsfähigkeit ihres Gedächtnisses. Auch Hermann Ebbinghaus (1885) mußte nach Erlernen Tausender von sinnlosen Silben immer wieder feststellen, daß er bereits nach 20 Minuten fast 40 Prozent vergessen hatte. Ebensowenig bleibt bekanntlich schulisches Material während des gesamten weiteren Lebens erhalten. Harry Bahrik (1984) hat untersucht, wie lange sich ehemalige Schüler, die im Unterricht Spanisch gelernt hatten, nach Beendigung der Schulzeit noch an die Vokabeln erinnerten, die sie in der Zwischenzeit nicht mehr aufgefrischt hatten. Bahrik stellte fest, daß die Behaltensleistungen in den ersten Jahren nach Abschluß des Sprachkurses vergleichsweise stark abfielen. Was nach drei oder fünf Jahren noch an (ziemlich dürftigen) Kenntnissen vorhanden war, blieb allerdings auch während der nachfolgenden 50 Jahre erhalten.

In Abwandlung eines bekannten Sprichwortes könnte man feststellen: *Vergessen ist menschlich.* Daraus ergibt sich der Wunsch nach einer Erklärung, und damit ist die Hoffnung verbunden, einem unerwünschten Prozeß entgegenzuwirken. Wie kommt es, daß früher vermeintlich sorgfältig Gelerntes zu einem späteren Zeitpunkt nicht mehr zur Verfügung zu stehen scheint? Diese Frage hat unterschiedliche Erklärungen herausgefordert, die sich aber insgesamt nicht ausschließen, sondern eher ergänzen. Zu beachten ist aber, daß von Vergessen nur gesprochen werden kann, wenn eine Information nicht mehr zugänglich ist, die zu einem früheren Zeitpunkt als Gedächtnisinhalt tatsächlich nachzuweisen war. Im Alltagsleben spricht man gelegentlich auch dann fälschlich von *Vergessen*, wenn eine Information infolge mangelnder Aufmerksamkeitszuwendung niemals in das Kurzzeitgedächtnis gelangt ist. So hört man beispielsweise nicht selten die Klage, man könne sich den Namen von Personen, die einem vorgestellt worden sind, zumeist nicht merken. In solchen Fällen ist aber an die Möglichkeit zu denken, daß die Aufmerksamkeit nicht oder nur unzureichend auf die Namensnennung gerichtet war. Sollte ein Name aber gar nicht gespeichert worden sein, besteht keine Berechtigung, anschließend von Vergessen zu sprechen!

### 6.2.1 Der Zerfall von »Spuren«

Bekanntlich hinterläßt ein Wanderer auf einem Sandboden Spuren, die allerdings nicht zeitlos erhalten bleiben; sie verwischen vielmehr »im Verlauf der Zeit«. Liegt nicht die Annahme nahe, daß sich auch erworbene Informationen in Form von »Gedächtnisspuren« (man spricht von *Engrammen*) niederschlagen, die allmählich wieder zerfallen? Bevor man voreilig zustimmt, sollte man bedenken, daß die Zeit gar keine Ursache für ein Ereignis darstellen kann. Weshalb rostet ein Stück Eisen? Nicht weil »die Zeit daran nagt«, sondern weil sich das Eisenmolekül mit Sauerstoff verbindet und dadurch zu Rost umgewandelt wird. Die Fußspuren im Sand verschwinden, weil Wind, Regen usw. auf sie einwirken. Entsprechend ist zu klären, welche Prozesse die Gedächtnisspuren beseitigen könnten.

Die Suche nach Prozessen, die Gedächtnisinhalte auslöschen oder ihre Abrufbarkeit verhindern, hat sich erst teilweise als erfolgreich erwiesen (s. hierzu auch Info-Kasten 6.3, S. 271 ff.). Man weiß z. B. noch nicht genau, wie es zum »Auslöschen« von Informationen im sensorischen Register sowie im Kurzzeitgedächtnis kommt. Werden sie lediglich »überschrieben«? Vielleicht spielen dabei aber auch Stoffwechselprozesse in den Hirnzellen und Nervenleitungen eine Rolle.

### 6.2.2 Wechselseitige Störung von früher und später Gelerntem: Interferenz

Man hört manchmal die Geschichte von einem Playboy, der mit jeder neuen Eroberung den Namen einer früheren Freundin vergißt. Auf dieses Vergessen bezieht sich die Interferenztheorie (Interferenz = wechselseitige Störung). Diese Theorie behauptet, daß neues Lernen beeinträchtigend auf bereits vorhandene Gedächtnisinhalte wirkt (man spricht in diesem Fall auch von rückwirkender Hemmung) und daß früheres Lernen das Speichern neuer Inhalte erschwert (vorauswirkende Hemmung). Wer sich in einer Unterrichtsstunde um das Erlernen der französischen Sprache bemüht, muß mit Störungen rechnen, wenn in der nachfolgenden Stunde Spanisch auf dem Stundenplan steht. Das schnelle Vergessen sinnloser Silben, das Ebbinghaus bei sich beobachten mußte, tritt bei den meisten Studenten nicht auf. Sie können von derartigem Material selbst nach 24 Stunden noch etwa 85 Prozent richtig wiedergeben (Koppenaal, 1963). Ebbinghaus, der in seinem Leben Tausende von sinnlosen Silben gelernt hatte, war ein Opfer seiner eigenen Methode geworden. Er brachte früher und nachfolgend gelerntes sinnloses Material durcheinander. Die Folge war ein schnelles Vergessen der sinnlosen Silben.

Die Interferenztheorie sagt voraus, daß die wechselseitigen Störungen stärker ausfallen, wenn das Lernmaterial zweier verschiedener Lernsituationen Ähnlichkeiten aufweist. Die Auseinandersetzung mit den romanischen Sprachen Spanisch und Französisch läßt deshalb stärkere Beeinträchtigungen erwarten als das fast gleichzeitige Erlernen des Französischen und Russischen.

Eine voreilige Schlußfolgerung aus der Interferenztheorie könnte sein, sofort jede weitere Lernarbeit einzustellen, weil damit nur bereits vorhandene Gedächtnisinhalte gestört würden. Bevor man eine solche Entscheidung trifft, sollte man jedoch berücksichtigen, daß es noch eine andere, der Wirklichkeit näher stehende Möglichkeit gibt, sich vor Interferenzen zu schützen; diese wirken nämlich vor allem auf sinnloses, unverstandenes Lernmaterial ein. Gut organisiertes Gedächtnismaterial ist dagegen weitgehend vor Beeinträchtigungen geschützt. Im letzten Teil des Kapitels wird darüber berichtet, wie man durch bestimmtes Übungsverhalten Einfluß auf die Organisation von Lernmaterial nehmen kann.

### 6.2.3 Unzugänglichkeit von Gedächtnisinhalten aufgrund fehlender Abrufreize

Große Unternehmen, die eine umfangreiche Korrespondenz zu erledigen haben, bitten ihre Briefpartner zumeist, bei Rückfragen oder Antworten ein jeweils mitgeteiltes Aktenzeichen anzugeben. Dieses weist den Empfänger schnell und zuverlässig darauf hin, an welcher Stelle des Archivs Unterlagen des Briefpartners aufbewahrt werden. Sollte dieses Aktenzeichen auf einem Schreiben vergessen werden, erhält der Absender möglicherweise die Antwort, man könne sein Anliegen nicht bearbeiten. Was in der geschilderten Situation als Aktenzeichen bezeichnet wird, nennt man in der Gedächtnispsychologie auch *Abrufreiz*. Endel Tulving (1974) hat die Auffassung vertreten, daß es sich beim sogenannten Vergessen in Wirklichkeit um einen mißlungenen Versuch handelt, eine Information im Gedächtnis ausfindig zu machen. Mit dem bereits geschilderten Erlebnis, »etwas auf der Zunge haben« (s. S. 259 f.), wurde ein Beispiel für Gedächtnisinhalte gegeben, die zwar vorhanden, aber wegen eines fehlenden Abrufreizes – wenigstens vorübergehend – nicht zugänglich sind. Tulving ließ in seinen Experimenten zahlreiche Wörter auswendig lernen. Während der Gedächtnisprüfung fielen den

Versuchspersonen viele dieser Wörter nicht mehr ein. Wenn Tulving aber einen Abrufreiz bot (»es fängt mit *p* an«, »es hat einen Schnabel« oder »es reimt sich auf Tisch«), verbessern sich die Behaltensleistungen erheblich. Ohne diese Abrufreize äußerten die Versuchspersonen häufig, sie hätten die gesuchten Wörter vergessen.

Auch Merkmale der Lernsituation können zu Abrufreizen werden und das Auffinden von Gedächtnisinhalten entsprechend erleichtern. So ließ man beispielsweise Taucher 30 Meter unter Wasser eine Reihe von Wörtern auswendig lernen. Bei einer späteren Prüfung wurden unter Wasser mehr Wörter richtig wiedergegeben als auf dem trockenen Land (Godden und Baddeley, 1975). Merkmale der Lernsituation werden offenbar bei der Aufbereitung im Kurzzeitgedächtnis mitverarbeitet. Sofern diese Abrufreize aber bei der Behaltensprüfung fehlen, ist der Zugang zu den Gedächtnisinhalten vermutlich erschwert. Dem Lernenden fehlen einfach Hinweise, um das Gesuchte in seinem Speicher »ausfindig« zu machen.

Muß nicht aus solchen Feststellungen gefolgert werden, daß die günstigste Umgebung für Prüfungen diejenige ist, in der auch die Vorbereitungen für dieses Ereignis stattgefunden hat? Diese Frage stellte sich William Saufley (et al., 1985), bei dem im Laufe mehrerer Jahre Tausende von Studenten regelmäßig eine Veranstaltung zur *Einführung in die Psychologie* hörten. Die schriftliche Abschlußprüfung fand für einen Teil der Studenten in dem Raum statt, in dem sie auch die Vorlesung gehört hatten, für die übrigen Teilnehmer jedoch in einem anderen Hörsaal. Saufley konnte niemals einen Unterschied zwischen diesen beiden Gruppen aufdecken. Die Abschlußprüfung bestand allerdings aus Fragen mit Mehrfach-Antworten (einem sogenannten *Multiple-Choice-Test*), wobei die jeweils richtige Antwortmöglichkeit für gut vorbereitete Studenten als Abrufreiz wirken konnte. Sollte Saufley die Form der Prüfung einmal verändern und Aufgaben verwenden, die eine freie Beantwortung fordern (Aufsatzform), könnte ein Vergleich – dies ist jedenfalls aufgrund anderer Untersuchungsergebnisse zu vermuten (Fernandez und Glenberg, 1985) – einen Unterschied zugunsten derjenigen Studenten ergeben, die ihre schriftliche Prüfung im vertrauten Hörsaal schreiben dürfen.

Die Wahl des Raumes zur Durchführung der Abschlußtests mag noch unter der Kontrolle Saufleys stehen. Ein weiterer wichtiger Abrufreiz ergibt sich aus der Übereinstimmung der Stimmungen und Gefühle in den Lern- und Prüfungsbedingungen (Bower, 1981). Wenn man sich beim Erlernen psychologischer Erkenntnisse beispielsweise in fröhlicher Stimmung befunden hat, während der Prüfung aber traurig oder niedergeschlagen ist, muß mit Erinnerungslücken gerechnet werden. Die günstigsten Prüfungsergebnisse sind zu erwarten, wenn die Gefühle und Stimmungen in Lern- und Prüfungssituationen übereinstimmen.

### 6.2.4 Motiviertes Vergessen

In seiner psychoanalytischen Theorie wies Sigmund Freud auf motivationale Grundlagen des Vergessens hin (s. S. 38 f.). Er ging davon aus, daß Vorstellungen aus dem Bewußtsein verdrängt werden können. Im Falle einer Verdrängung sind Gedächtnisinhalte zwar unzugänglich, jedoch nicht ausgelöscht; sie werden nur vom Bewußtsein ferngehalten, weil sie dort Ängste oder Schuldgefühle auslösen würden. Hinweise auf motiviertes Vergessen entstammen bislang ausschließlich dem klinischen, nicht aber dem experimentellen Bereich (Erdelyi und Goldberg, 1979). Zu beachten ist, daß Freud auf den Prozeß der Verdrängung bei der Behandlung solcher Patienten aufmerksam wurde, die wegen schwerer Konflikte seine Praxis aufgesucht hatten. Wie die Gedächtnispsychologin Elizabeth Loftus (1980) am Beispiel eines Briefes zeigt, den eine junge Leserin mit der Bitte um psychologische Beratung an eine Zeitung geschickt hatte, ist es nicht unproblematisch, diesen Vergessensprozeß unkritisch auch alltäglichen Verhaltensweisen zu unterstellen. Unter Umständen werden damit Konflikte sogar erst ausgelöst. Die Leserin stellt in ihrem Schreiben einleitend fest, sie habe ein ganz großes Problem, und fährt fort:

Zwischen meinem Verlobten Frank und mir ist Kalter Krieg, weil mir, wie er das nennt, ein »Freudscher Versprecher« passiert ist. Gestern abend, als wir uns liebevoll umarmten, nannte ich ihn »Dirk« (Dirk war mein früherer Freund). Ich brauche wohl nicht zu sagen, wie außerordentlich peinlich mir das war, und ich gab mir alle Mühe, Frank davon zu überzeugen, daß ich *nicht* an Dirk gedacht hatte. Wirklich, das war nicht der Fall. Ich war mit Dirk längere Zeit zusammen, aber ich kann aufrichtig sagen, daß ich absolut keine Gefühle mehr für ihn habe. Ich liebe Frank von ganzem Herzen.

Die Ratsuchende fügte ihrem Schreiben einen weiteren Absatz hinzu:

Wie passieren solche Dinge wie diese? Handelt es sich dabei wirklich nur um Versprecher, oder gibt es in meinem Unbewußten irgend etwas, das mich dazu treibt, eine gute Beziehung mit jemand zu zerstören, den ich liebe, indem ich ihn mit einem Versprecher wegdränge?
Bitte, helfen Sie mir. Meine weitere Beziehung mit Frank hängt von Ihrer Antwort ab. Vielen Dank – ICH HASSE FREUD

In der veröffentlichten Antwort auf dieses Schreiben heißt es, daß nicht alles, was ein Mensch im alltäglichen Leben tut, aus dem Unbewußten stammt und eine symbolische Bedeutung trägt. Freud selbst hat es einmal so ausgedrückt: *»Manchmal ist eine Zigarre nichts weiter als eine Zigarre.«* Folglich ließe sich auch aus dem Versprecher nicht zwingend der Schluß ziehen, daß die Gefühlsbindung mit *Dirk* fortbestehen würde. Bei dem Versprecher handelte es sich vielleicht nur um eine stark konditionierte Äußerung, die auf die längere Beziehung mit ihm zurückzuführen ist. Es ließ sich nicht in Erfahrung bringen, ob *Frank* zu bewegen war, sich dieser Sichtweise anzuschließen.

Psychologen können es nur begrüßen, wenn Antworten dieser Art der immer noch verbreiteten Auffassung entgegenwirken, jede Verhaltensweise habe eine unbewußte Bedeutung. Das Vergessen als Ausdruck unbewußter Wünsche und Befürchtungen sollte so lange nicht behauptet werden, wie andere Erklärungsmöglichkeiten noch unausgeschöpft sind.

## 6.3 Möglichkeiten der Förderung des Behaltens

Regelmäßig behaupten »Erfinder« neuer Lehrmethoden, normalerweise nutze der Mensch die ihm zur Verfügung stehenden Lernmöglichkeiten nicht wirksam genug. In der Werbung für neue Lerntechniken wird ein Leser z.B. darauf aufmerksam gemacht, daß er 100 Milliarden Nervenzellen habe. Dieser Feststellung schließt sich häufig die Frage an, warum er diese nicht nutzt. Weiterhin wird in einigen Anzeigen behauptet, die für irgendwelche »neuen« Lernmethoden werben, daß viele Menschen durchschnittlich nur 10 Prozent ihres geistigen Potentials in Anspruch nehmen. Einer solchen Aussage folgt sodann die Einladung zum Kauf dieser Lernprogramme, bei deren Entwicklung wissenschaftliche Erkenntnisse der Neurobiologie systematisch mit dem Ziel genutzt worden seien, der »natürlichen Arbeitsweise des Gehirns« Rechnung zu tragen (Hartke, 1987). Bislang gibt es keine Belege für die Behauptung, daß diese neuen Programme traditionelle Lernmethoden revolutionieren konnten (Druckman und Swets, 1988). Allerdings ist auch nicht zu übersehen, daß die Wissenschaft auf dem Wege ist, Zusammenhänge zwischen biochemischen Prozessen im Gehirn und den menschlichen Behaltensleistungen aufzudecken; Info-Kasten 6.3 berichtet über einige aus diesem Forschungsbereich vorliegende Erkenntnisse. Wirksame Hilfe können von diesen Arbeiten vor allem jene Menschen erwarten, die – wie etwa Alzheimer-Patienten – unter klinisch auffälligen Veränderungen ihres Gehirns leiden. Die Alzheimersche Krankheit tritt verstärkt nach dem 60. Lebensjahr auf und ist durch einen zunehmenden Abbau geistiger Funktionen gekennzeichnet. Am Anfang verhalten sich Patienten zumeist apathisch und leicht reizbar. Es treten Konzentrationsschwierigkeiten und Gedächtnisausfälle hinzu. Der Höhepunkt der Erkrankung ist erreicht, wenn der Patient zu keiner Sozialbeziehung mehr in der Lage ist, nicht mehr für sich selbst sorgen kann und seine intellektuellen Funktionen völlig verkümmert sind.

Die Neurobiologie stellt gegenwärtig noch keine Befunde zur Verfügung, um Lernprozesse gesunder Menschen nennenswert zu fördern. Fachvertreter können zwar bestätigen, daß gute Behaltensleistungen ein biologisch gut funktionierendes Gehirn voraussetzen, sie haben jedoch keine Methode anzubieten, die ein intensives und ausdauerndes Verarbeiten von Lernmaterial im Zustand hoher Aufmerksamkeit überflüssig machen würde.

## 6.3.1 Regeln zur Gestaltung der Übungstätigkeit

Lernen – darauf wurde bereits hingewiesen (s. S. 159) – ist ein aktiver Prozeß, der entsprechende Verhaltensweisen beim Lernenden voraussetzt. Allerdings lassen sich innerhalb des breiten Bereichs von Aktivitäten, die grundsätzlich alle als *Üben* gelten können, Unterschiede herausarbeiten, und diese wiederum sind in Beziehung zu verschiedenen Behaltensleistungen zu bringen.

### 6.3.1.1 Aufmerksame Zuwendung anstelle passiven Registrierens

Die meisten Menschen haben bei sich selbst höchstwahrscheinlich bereits wiederholt die Beobachtung machen können, daß sie mehrere Seiten eines Buches »gelesen« haben, während ihre Gedanken zu einer ganz anderen Sache abschweiften. Als Folge davon sehen sie sich außerstande, den Inhalt des Gelesenen wiederzugeben. Diese Erfahrung läßt sich erklären, indem man sich noch einmal an die bereits erwähnten Kontrollprozesse erinnert (s. S. 249 f.): Eine Information kann nur dann aus dem sensorischen Register in das Kurzzeitgedächtnis gelangen, wenn die Aufmerksamkeit darauf gerichtet wird; anderenfalls gehen sensorisch gespeicherte Informationen verloren. Der Leser eines Buches, der gedanklich ander-

## Info-Kasten 6.3:
### Welche Ansätze zur Förderung von Lern- und Behaltensleistungen hat die neurobiologische Forschung bislang geliefert?

Viele biologisch ausgerichtete Psychologen haben die Frage zu klären versucht, wo und wie das Lernen im Gehirn Spuren hinterläßt. Pionierarbeiten wurden auf diesem Gebiet von Karl Lashley (1950) erbracht. Er ließ Ratten einfache Aufgaben lernen (Zurechtfinden in einem Labyrinth), um anschließend prüfen zu können, an welcher Stelle des Gehirns das Ergebnis dieser Erfahrungen gespeichert wird. Nach fast 30 Jahren Forschung mußte Lashley feststellen, daß es im Gehirn eine solche abgrenzbare Stelle offenbar nicht gibt.

Während der fünfziger und sechziger Jahre dieses Jahrhunderts glaubten einige Forscher das Engramm, also die »Spuren« gefunden zu haben, die Gelerntes im Gedächtnis dauerhaft hinterläßt (s. S. 266). Sie richteten ihre Aufmerksamkeit auf bestimmte chemische Substanzen im Zellkern. In jeder Körperzelle eines Organismus findet man Riesenmoleküle mit dem Namen Desoxyribonukleinsäure (abgekürzt DNS), die den genetischen Bauplan eines Lebewesens speichern, der von Generation zu Generation weitergegeben wird. Diese DNS-Moleküle stellen eine chemische Substanz her, die man Ribonukleinsäure (abgekürzt RNS) nennt; sie spielt bei der Zellentwicklung eine außerordentlich große Rolle (s. S. 70). Da RNS die Funktionen einer Zelle kontrolliert, hielten es einige Forscher für möglich, daß diese Substanz den Schlüssel zum individuellen Gedächtnis enthält. James McConnell und seine Mitarbeiter (1959) berichteten seinerzeit auch tatsächlich von einer aufsehenerregenden Entdeckung. Sie ließen Plattwürmer einfache Konditionierungsaufgaben lernen. Anschließend verfütterten sie diese an unerfahrene Tiere. Die unerfahrenen Plattwürmer lernten die Konditionierungsaufgabe daraufhin schneller als die Tiere der Kontrollgruppe (d.h. Tiere, die RNS von solchen Artgenossen verspeist hatten, welche die besonderen Lernerfahrungen nicht besaßen). Studenten scherzten daraufhin, man müsse offenbar vor einer Prüfung seinen Professor verspeisen. Nachfolgende Untersuchungen konnten McConnells Ergebnisse allerdings nicht bestätigen. Professoren hatten Anlaß, wieder aufzuatmen. Das Forschungsinteresse wandte sich daraufhin anderen biologischen Gegebenheiten zu.

Zunächst entdeckte eine Forschungsgruppe, die von David de Wied (1976) geleitet wurde, daß Ratten Gelerntes länger behielten, wenn ihnen das Hormon *Vasopressin*, ein Sekret der Hirnanhangsdrüse, eingespritzt worden war. *Vasopressin* kann auch als Nasenspray verabreicht werden. Angeregt von diesen Arbeiten verordneten belgische und Schweizer Forscher Männern im Alter von 50 bis 65 Jahren, die an Gedächtnisausfällen unterschiedlichen Grades litten, sich dreimal täglich eine Dosis dieses Medikaments zu verabreichen. Durch diese Behandlung verbesserten sich bei diesen Patienten die Aufmerksamkeits-, Lern- und Behaltensleistungen beträchtlich (Legros et al., 1978). Inzwischen weiß man, daß sich auch die Lern- und Gedächtnisleistungen gesunder Studenten mit dieser Behandlung verbessern lassen (Weingartner et al., 1981), vorausgesetzt, ihnen wird eine angemessene Dosierung von *Vasopressin* verabreicht (Beckwith et al., 1990). Worauf die Wirkungen zurückzuführen sind, ist zur Zeit noch nicht bekannt. Man weiß nur, daß Hormone nicht direkt auf die Hirnzellen wirken. Sie können nur über eine andere chemische Substanz Einfluß auf die Speicherfunktionen nehmen. Auf der Suche nach dieser Substanz richtet sich das Interesse u.a. auf

Glucose (Traubenzucker), die sowohl bei Tieren als auch bei älteren Menschen behaltensfördernde Wirkungen zu besitzen scheint (Gold et al., 1986; Gold und Stone, 1988).

Einige Wissenschaftler richteten ihren Blick in jüngerer Zeit auch auf die *Synapse*. Bei einer Synapse handelt es sich um einen sehr schmalen Spalt, der zwei Nervenzellen voneinander trennt. Dieser Spalt ist etwa 500mal kleiner als das dünnste Haar. Damit ein Nervenimpuls von einer Zelle zur nächsten übertragen werden kann, muß er diese Synapse überwinden. Ihren schematischen Aufbau zeigt Abbildung 6.10.

Dargestellt ist der Fortsatz einer Nervenzelle, das sogenannte *Axon*. Am Ende eines Axons derjenigen Zelle, die »vor« der Synapse liegt, erkennt man in den synaptischen »Endknöpfen« kleine Bläschen, in denen sich spezielle chemische Substanzen (Neurotransmitter) befinden. Diese Neurotransmitter werden von der Zelle hergestellt. Sobald ein Nervenimpuls die Endknöpfe erreicht hat, platzen die Bläschen, und ihr Inhalt wird in den Spalt entleert. Diese Neurotransmitter bewirken, daß die Erregung in der benachbarten Zelle ausgelöst und dem Zellkörper zugeleitet wird. Könnte die Speicherung neuer Gedächtnisinhalte nicht mit bestimmten synaptischen Veränderungen einhergehen? Wäre es nicht möglich, daß Neurotransmitter, von denen die Weiterleitung oder Nichtweiterleitung von Nervenimpulsen abhängt, dabei eine entscheidende Rolle spielen?

Ein Neurotransmitter, der das Interesse der Forschung erregt hat, ist das Acetylcholin (ACh). Es steht offenbar in Beziehung zu schweren Störungen des Gedächtnisses (Martinez et al., 1988). Beispielsweise konnte nachgewiesen werden, daß Menschen, die an der Alzheimerschen Krankheit leiden, geringere Mengen ACh im Gehirn aufweisen als Gesunde. Wenn man die ACh-Herstellung über bestimmte Medikamente anregt, verbessern sich die Gedächtnisleistungen dieser Patienten (Summers et al., 1986).

Die Forschung richtet ihren Blick weiterhin auf Hormone, die bei hohen Belastungen im Körper in größerer Menge nachzuweisen sind und deren Verabreichung bei Tieren förderlich auf das Gedächtnis wirkt (Adrenalin). Aufregende Erlebnisse, die eine erhöhte Ausschüttung von Adrenalin nach sich ziehen, verbessern das Behalten, während zu hohe Konzentrationen dieses Hormons im Blut (wie im Falle einer Panik) weniger günstige, eventuell sogar negative Wirkungen auf das Behalten haben (McGaugh, 1988, 1990). Einige Psychologen fragten sich daraufhin, ob sogenannte Blitzlicht-Erinnerungen, die sich stets auf Erlebnisse in Streßsituationen beziehen, mit diesen Hormonen in Verbindung zu bringen sind

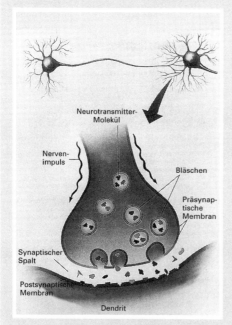

Abb. 6.10
*Der Aufbau einer Synapse. An dieser Verbindungsstelle wird »entschieden«, ob eine Erregungsübertragung von einem Neuron zum nächsten erleichtert oder erschwert wird (Präsynaptisch = vor der Synapse; postsynaptisch = hinter der Synapse).*

(Squire, 1987). Menschen können auffällig viele Einzelheiten wiedergeben, wenn man sie nach Ereignissen fragt, die sie besonders erschüttert haben (z. B. »Was taten Sie gerade, als Sie von der Ermordung J. F. Kennedys, von dem Attentatsversuch auf den Papst, von der Öffnung der Berliner Mauer usw. hörten?«). Ersetzen können Hormone das Lernen allerdings auch nicht; zu erwarten ist allenfalls eine Förderung.

Biologisch ausgerichtete Psychologen müssen die Beziehungen zwischen biologischen und kognitiven Prozessen noch eingehender erforschen, bis sie in der Lage sein werden, Behaltensleistungen gezielt zu verändern.

weitig beschäftigt ist, besitzt nicht mehr genügend Kapazität zur Verarbeitung seines Textes. Ebenso muß vermutet werden, daß Leute, die sich über ein unzureichendes »Namensgedächtnis« beklagen, bereits im Moment der Vorstellung eines ihnen unbekannten Menschen unaufmerksam sind oder – wahrscheinlich zutreffender – ihre Aufmerksamkeit auf andere Gegebenheiten, nicht aber auf die Namensnennung richten. Ihr Hinweis auf ein angeblich »schlechtes Gedächtnis« ist psychologisch betrachtet unrichtig, denn der Name gelangt bei ihnen gar nicht erst in das Langzeitgedächtnis. Wer daran interessiert ist, einen während einer Vorstellung genannten Namen auch tatsächlich zu behalten, muß zunächst lernen, seine Aufmerksamkeit zu kontrollieren. Man könnte sich z. B. zur Gewohnheit machen, einen gehörten Namen sofort auch zu gebrauchen, indem man unmittelbar folgendermaßen reagiert: Ich freue mich, Sie kennenzulernen, Herr oder Frau XY. Diese Entgegnung zwingt zum aufmerksamen Zuhören, weil sonst die peinliche Situation einer falschen Namenswiederholung entstehen könnte.

Probleme unzureichender Aufmerksamkeit können auch vorliegen, wenn man Schüler auffordert, Texte abzuschreiben. Solange sie solche Arbeiten rein mechanisch und ohne spezielle Aufmerksamkeitszuwendung durchführen, dürften solche Wiederholungen keine behaltensfördernde Wirkung haben. Mechanisch vollzogene Übungen eignen sich zwar dazu, einen Menschen zu beschäftigen, ihre Einflüsse auf das Lernen und Behalten müssen jedoch außerordentlich gering angesetzt werden.

### 6.3.1.2 Aktive Auseinandersetzung mit neuen Informationen

Wer über umfangreiche Erfahrungen im Auswendiglernen verfügt, weiß zumeist, daß die

Abb. 6.11
*Viele Menschen meinen, sie hätten ein schlechtes »Namensgedächtnis«, weil sie die Namen von Personen leicht vergessen, die ihnen vorgestellt worden sind. Vermutlich wird in solchen Fällen zumeist nicht ausreichend Aufmerksamkeit aufgebracht, wenn der Name genannt wird.*

Güte der Behaltensleistungen nicht nur davon abhängt, *wie lange* man sich mit neuen Informationen beschäftigt. Mindestens ebenso bedeutsam, wahrscheinlich aber noch bedeutsamer ist, *was* man während der zur Verfügung stehenden Lernzeit tut. Bereits vergleichsweise früh in der Geschichte der Gedächtnispsychologie wurde der experimentelle Nachweis erbracht, daß sich Schüler verhältnismäßig wenige Einzelheiten vom Inhalt eines Textes merken, wenn sie den Text für eine bestimmte Zeitdauer lediglich lesen. Sofern man *die gleiche* Zeit zum Lesen und zum aktiven Verarbeiten des Inhaltes aufwendet, steigen die Behaltensleistungen demgegenüber deutlich an (Gates, 1917). Was heißt aber »aktives Verarbeiten«? Durch Beschreibung einer Lernmethode, die fünf verschiedene Aktivitäten (Verschaffung eines Überblicks, Fragen, aktives Lesen, Wiederholen und Rückblick) unterscheidet (im Englischen: SQR3), ist eine Antwort zu geben (Morgan und Deese, 1969).

Reisende, die einen ihnen bislang unbekannten Ort kennenlernen oder eine Landschaft erwandern wollen, erhalten von erfahrenen Fremdenführern manchmal den Ratschlag, sich von einem Aussichtspunkt (einem Berg oder hohen Gebäude) aus zunächst einen Überblick zu verschaffen. Zur Empfehlung gehört weiterhin, sich bei dieser ersten Orientierung einige markante Gegebenheiten (Kirchen oder andere auffällige Gebäude, Seen, Flüsse usw.) zu merken. Eine solche Ordnung sollte man sich auch zunächst beim Studium von Texten verschaffen: Man beginnt mit einer *Übersicht*. Verbales Material wird besser verstanden, wenn dem Inhaltsverzeichnis bzw. den Überschriften vor dem Lesen des Textes Hinweise über den Inhalt entnommen werden (Bransford, 1979). Diese Übersicht schafft bestimmte Erwartungen, und diese wiederum unterstützen das Bemühen, neues Material mit dem bereits Bekannten in Beziehung zu setzen.

Aus eigenen Erfahrungen mit Lernsituationen ist allseits bekannt, daß man in der Regel solchen Ausführungen am meisten Aufmerksamkeit entgegenbringt, die als Antworten auf zuvor gestellte *Fragen* folgen. Wenn in Unterrichtsstunden oder Lehrbüchern Informationen mitgeteilt werden, ohne daß die Schüler bzw. die Leser wissen, welche Fragen jeweils zugrunde liegen, ist allenfalls mit geringem Interesse, entsprechend mit unzureichender Aufmerksamkeitszuwendung und infolgedessen mit sehr oberflächlicher Verarbeitung des dargebotenen Materials zu rechnen. Lernende können aber auch selbst Fragen erfinden, indem sie etwa Kapitelüberschriften entsprechend umformulieren. Fragen gehen stets mit einer gewissen Neugier einher. Aktives Fragen setzt voraus, daß Bekanntes aktiviert worden ist und mögliche Wissenslücken entdeckt worden sind.

Erst als dritter Schritt folgt das *aktive Lesen* des Textes. Mit dem Zusatz »aktiv« wird betont, daß die Empfehlung darauf zielt, einer passiven Aufnahme von Geschriebenem entgegenzuwirken. Zum aktiven Lesen gehört u. a. das ständige Bemühen, für das Dargestellte eigene Beispiele zu finden. Gedächtnismaterial wird vor allem dann intensiver verarbeitet, wenn man zu klären versucht, welche Bedeutung mitgeteilte Informationen für die eigene Person haben oder haben könnten. So fragt man z. B. »Was müßte ich tun, um eine mitgeteilte Information für mich selber zu berücksichtigen?« Ein besonders behaltensfördernder Effekt ist zu erwarten, wenn das Gelesene mit eigenen Erfahrungen in Zusammenhang gebracht werden kann (Bower et al., 1981): »Kann ich eigene Erlebnisse durch eine dargestellte Erkenntnis besser oder anders erklären?«

Durch das Einlegen von Pausen und das *Wiederholen* zusammengehöriger Textpassagen in eigenen Worten soll erreicht werden, daß das Lesen wirklich ein aktiver Prozeß bleibt. Man übt damit das Abrufen bereits gespeicherter Informationen aus dem Langzeitgedächtnis. Nachdem schließlich das Kapitel eines Buches aktiv durchgearbeitet worden ist, wird noch einmal ein *Rückblick* vorgenommen. Der Leser versucht, sich abermals an die Hauptaussagen zu erinnern, und vergewissert sich, ob er die zuvor formulierten Fragen beantworten kann.

### 6.3.1.3 Fortsetzung des Lernens über ein Mindestmaß hinaus: Überlernen

Die widerwillige Ausführung einer Übungsaufgabe stellt immer eine ungünstige Lernbedingung dar. Das gilt auch dann, wenn das zu Erarbeitende über einen längeren Zeitraum wiederholt wird. Sofern man sich jedoch bereits aufmerksam und aktiv mit einer Lernaufgabe auseinandersetzt, ist mit um so besseren Behaltensleistungen zu rechnen, je häufiger man sie wiederholt hat. Wenn Lernende vor der Aufgabe stehen, ein Gedicht oder anderes sprachliches Material auswendig zu lernen, können sie das Wiederholen beenden, sobald ihnen erstmalig eine freie Wiedergabe gelungen ist. Würde es sich förderlich auf das Behalten auswirken, wenn sie die Lernarbeit trotz einer gewissen Beherrschung weiter fortsetzen? Die Lernpsychologie hat die Frage unter dem Stichwort *Überlernen* zu klären versucht. Vom Überlernen spricht man, wenn die Übungszeit fortgesetzt wird, obwohl eine freie Wiedergabe aus dem Gedächtnis bereits gelungen ist. Zwischen Überlernen und Behalten gibt es einen Zusammenhang: Die Wahrscheinlichkeit zur fehlerfreien Wiedergabe von Gedächtnismaterial zu einem späteren Zeitpunkt ist um so höher, je länger man sich mit einer Lernaufgabe beschäftigt hat.

Die behaltensfördernde Wirkung des Überlernens läßt sich an vielen Beispielen des Alltags aufzeigen. Einige Menschen haben seit mehreren Jahrzehnten kein Fahrrad mehr bestiegen oder ebenso lange keinerlei Gelegenheit zum Schwimmen gehabt. Wenn sie das Fahrradfahren oder Schwimmen aber während der Kindheit und Jugend ausgiebig geübt, d. h. überlernt haben, bereitet es ihnen normalerweise auch zu einem späteren Zeitpunkt trotz längerer Übungspause kaum Schwierigkeiten. Großeltern beeindrucken gelegentlich damit, daß sie Gedichte aus der weit zurückliegenden Schulzeit noch fast fließend aufzusagen vermögen. Die »alte Schule« legte außerordentlich großen Wert auf das Auswendiglernen; sie regte ihre Schüler zum Überlernen an und erreichte damit eine sehr dauerhafte Behaltensleistung. Diese »alte Schule« hat zwar nicht – wie früher angenommen wurde – das Gedächtnis *allgemein* verbessert, sicher aber die jeweils überlernten Inhalte gefestigt.

### 6.3.2 Mnemotechniken als Hilfen bei der Erarbeitung von schwer organisierbarem Lernmaterial

Jeder Mensch, der sich als Lernender schon einmal auf Prüfungen vorbereiten mußte, hat mit Sicherheit Gebrauch von Gedächtnisstützen bzw. »Eselsbrücken« gemacht. Beispiele dafür gibt es im Fach Geschichte (»7-5-3 – Rom kroch aus dem Ei«) ebenso wie in der

Erdkunde (»Iller, Lech, Isar, Inn – fließen rechts zur Donau hin ...«) oder in der deutschen Sprachlehre (»Nach l, n, r, das merke ja, folgt nie tz und nie ck!«). Solche Hilfen bezeichnet man in der Psychologie als Mnemotechniken. Dabei handelt es sich um Maßnahmen, die das Behalten von Lernmaterial unterstützen sollen (*Mneme* ist das griechische Wort für Gedächtnis). Bei den Mnemotechniken geht es also weniger um die Art, Häufigkeit und Dauer des Übens als darum, Material in eine Ordnung zu bringen, das nach dem Eindruck eines Lernenden sinnlos zusammengesetzt ist. Das Lernmaterial wird mit Hilfe von Mnemotechniken in eine Ordnung gebracht, um den Prozeß der Übertragung ins Langzeitgedächtnis zu unterstützen (s. S. 258 ff.). Gemeinsam ist allen Mnemotechniken, daß sie nur wirksam sind, wenn der Lernende bereits Kenntnisse besitzt (beispielsweise Schlüsselwörter kennt oder über räumliche Kenntnisse verfügt), die er nutzen kann, um mit ihrer Hilfe neue Informationen zu organisieren. Außerdem stellen sämtliche Verfahren Abrufreize zur Verfügung (s. S. 267 ff.). Bereits während der Antike wurden Mnemotechniken zur Steigerung von Behaltensleistungen verwendet.

Die großen Redner Roms und Athens waren mit Hilfe von Mnemotechniken in der Lage, längere Reden aus dem Kopf und ohne Rückgriff auf schriftliche Formulierungen wiederzugeben. Aber auch »Gedächtniskünstler«, die im Zirkus und im Varieté auftreten, wissen sich solcher Hilfen zu bedienen. Die Psychologie sah lange Zeit keine Notwendigkeit, sich mit solchen »Kunststücken« wissenschaftlich zu beschäftigen. Diese Einstellung hat sich in letzter Zeit allerdings geändert. Man entdeckte, daß es sich bei Mnemotechniken nicht einfach nur um Tricks handelt, sondern um den geschickten Einsatz behaltensfördernder Maßnahmen.

### 6.3.2.1 Erfinden von Sätzen und Erzählungen

Bekanntlich bereitet es große Schwierigkeiten, Wörter zu lernen, die untereinander keine Beziehung aufweisen. In einem Experiment von Gordon Bower und Michael Clark (1969) hatten Versuchspersonen zwölf Listen mit jeweils zehn zusammenhanglosen Begriffen ins Gedächtnis zu bringen. Eine Liste umfaßte z. B. die folgenden Wörter: *Essen, Nerv, Lehrer, Flut, Tonne, Krach, Wagen, Hafen, Künstler, Burg.* Bei der nachfolgenden Behaltensprüfung wurde den Versuchspersonen jeweils das erste Wort einer Liste mit der Aufforderung vorgelegt, die übrigen neun aus dem Gedächtnis zu ergänzen. Die anschließende Behaltensprüfung erbrachte insgesamt geringe Leistungen. Nur in sehr wenigen Fällen konnten sich die Versuchspersonen an mehr als zwei Wörter pro Liste erinnern. – Gibt es eine Möglichkeit, das Behalten solcher Wörter zu verbessern, ohne daß mehr Zeit zum Auswendiglernen zur Verfügung gestellt wird? Bower und Clark versuchten diese Fragen zu beantworten, indem sie anderen Versuchspersonen die gleiche Aufgabe stellten. Zusätzlich forderten sie diese jedoch auf, die Wörter in der genannten Reihenfolge zu Bestandteilen einer kleinen, erfundenen Erzählung werden zu lassen.

Diese Zusatzaufgabe schien den Versuchspersonen keine nennenswerten Schwierigkeiten zu bereiten, denn sie benötigten im Durchschnitt weniger als zwei Minuten Zeit, um entsprechende Sätze zu erfinden. Eine »Erzählung«, in der die bereits genannten zehn Wörter berücksichtigt worden sind, lautete folgendermaßen: »Eines Abends zum *Es-*

sen hatte ich den *Nerv*, meinen *Lehrer* mitzubringen. Es hatte an jenem Tag eine *Flut* gegeben, und es war sicher, daß die Regen-*Tonne* mit einem *Krach* zusammenbrechen würde. Allerdings gab es einen *Wagen* am *Hafen*, mit dem dieser *Künstler* zu meiner *Burg* gebracht werden konnte.« Der Leser würde wahrscheinlich in dieser Formulierung kaum eine Hilfe für das Auswendiglernen sehen können. Für sich selbst müßte er eine eigene »Erzählung« erfinden, die seinen Zuhörern aber wohl auch nicht sehr viel sinnvoller erschiene. Von Bedeutung ist jedoch, ob sich die Gedächtnisleistungen mit solchen individuellen Erfindungen verbessern lassen. Nach den Ergebnissen des Experiments von Bower und Clark war das offenkundig der Fall, denn die Versuchspersonen, die sich die Wortlisten mit Hilfe erfundener Erzählungen eingeprägt hatten, konnten fast sämtliche Wörter aus dem Gedächtnis wiedergeben.

### 6.3.2.2 Die Schlüsselwort-Methode

Vielfach steht man im Alltagsleben vor der Aufgabe, sich für bestimmte Zeit eine Ziffernreihe merken zu müssen. Die soeben geschilderte Methode, die das Erfinden von Sätzen oder »Erzählungen« fordert, ist bei Ziffern nicht ohne weiteres anwendbar. Man kann sie allerdings trotzdem sinnvoll nutzen, wenn man zuvor ein Verfahren entwickelt hat, durch das jeder möglichen Ziffer ein bestimmtes Schlüsselwort und damit ein Abrufreiz zugeordnet wird. Ein Beispiel liefert der folgende Zahlenreim, den man zunächst auswendig lernen muß:

*Eins ist in Mainz*
*Zwo ist ein Floh*
*Drei ist aus Brei*
*Vier ist ein Tier*
*Fünf sind die Strümpf'*
*Sechs ist 'ne Hex'*
*Sieben ist wie Lieben*
*Acht ist die Nacht*
*Neun ist 'ne Scheun'*
*Null ist Felix Krull*

Sofern man nun vor der Aufgabe steht, sich z. B. die Ziffernfolge 8-2-5-7-6-4 zu merken, muß man zunächst jeder Ziffer das zugehörige Schlüsselwort zuordnen; nach dem soeben mitgeteilten Reim ergibt sich: *Nacht, Floh, Strümpf, Lieben, Hex', Tier*. Diese Wortliste bietet sodann die Grundlage für einen zu erfindenden Satz (z. B. »In der *Nacht* kommt der *Floh*, um in die *Strümpf'* der *lieben Hex'* ein seltsames *Tier* zu stecken«), der sich über den im Gedächtnis gespeicherten Reim wieder leicht in Ziffern zurückverwandeln läßt. Zu beachten ist allerdings, daß die Schlüsselwort-Methode erst dann zufriedenstellend arbeitet, wenn der Ziffernreim fest im Gedächtnis verankert ist.

### 6.3.2.3 Die Platz-Lernmethode

Eine weitere Mnemotechnik wurde möglicherweise 500 Jahre v. Chr. erstmalig angewandt. Zu jener Zeit lebte der griechische Lyriker Simonides, von dem die Sage behauptet, er sei eines Tages zu einem Festbankett geladen gewesen, um die Gäste mit seinen Liedern zu unterhalten. Plötzlich mußte er seinen Vortrag unterbrechen, weil er außerhalb des Hauses eine Nachricht entgegenzunehmen hatte. Während seiner Abwesenheit stürzte das Dach ein, und alle Gäste wurden infolge dieses Unfalls zur Unkenntlichkeit entstellt. Es gelang Simonides jedoch anschließend, sich das Bild des Festsaals mit seinen Gästen noch einmal vorzustellen. Er soll daraufhin in der Lage gewesen sein, eine Beschreibung aller

Verunglückten an ihren jeweiligen Plätzen gegeben zu haben. Auf diese Weise konnte er einen entscheidenden Beitrag zu ihrer Identifizierung leisten. Auf der Grundlage dieser Erfahrung machte sich Simonides daran, eine Mnemotechnik zu entwickeln, die auf einer Verknüpfung bildhafter Vorstellungen mit bestimmten räumlichen Gegebenheiten beruht. Zwar hat Simonides seine Methode niemals zu Papier gebracht; es liegen aber Berichte von seinen Schülern vor, so gibt es beispielsweise eine Schrift, *Ad Herennium*, deren Autor allerdings nicht bekannt ist.

Bei seinen Bemühungen, die neu entwickelte Methode weiterzugeben, forderte Simonides seine Schüler auf, »im Geiste« einen Gang durch die Räume eines ihnen gut bekannten Gebäudes zu unternehmen. In jedem Raum sollten sie sich bestimmte Plätze *(loci)* auswählen, an denen sie in Gedanken das ablegen konnten, was sie zu behalten wünschten. Im Rahmen eines Spaziergangs ergab sich für diese Plätze eine bestimmte unveränderliche Reihenfolge. Den Schülern wurde empfohlen, an jedem fünften oder zehnten Platz eine Markierung zu setzen, z. B. indem sie dort das Bild einer Fünf oder Zehn ablegten. Weiterhin erhielten sie den Rat, möglichst verschiedenartige Plätze auszuwählen, z. B. eine Fensteröffnung, einen Tisch, eine Skulptur; vermutlich sollte damit dem Einfluß von Interferenzen (s. S. 266 ff.) entgegengewirkt werden. Als die Schüler sich später an die behaltenswerten Gegebenheiten erinnern sollten, wiederholten sie den bereits festgelegten Gang auf der Ebene der Vorstellungen, um das an den einzelnen Plätzen Abgelegte nacheinander wieder »aufzusammeln«. Das Vorstellungsbild der örtlichen Gegebenheiten dient jeweils als Abrufreiz. Einige Erläuterungen der Platz-Lernmethode (auch Loci-Methode genannt)

gibt ein Holzschnitt wieder (s. Abbildung 6.12), der im 17. Jahrhundert von einem Dominikanermönch angefertigt worden ist.

Der Holzschnitt stellt dar, an welchen »Plätzen« man bei einem Gang durch das Kloster nacheinander vorbeikommt. Man beginnt also im Säulengang (oberste Reihe), setzt den Weg durch die Bibliothek fort (mittlere Reihe) und besucht schließlich die Kapelle (untere Reihe). Den Mönchen, die in diesem Kloster gelebt haben, dürfte es nicht schwergefallen sein, den beschriebenen Weg nachzuvollziehen. (Die Hand, die nach jeder fünften Station auftaucht, sollte – ebenso wie die durch Kreuze markierten Zehnerschritte – das Gedächtnismaterial in überschaubare Einheiten teilen.)

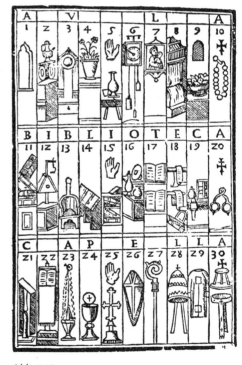

Abb. 6.12
*Darstellung eines Holzschnitts aus dem 17. Jahrhundert zur Erläuterung der Platz-Lernmethode*

Abb. 6.13
*Die Platz-Lernmethode als Merkhilfe für eine Einkaufsliste*

Wenn ein Mönch nun z. B. eine Reihe von Begriffen auswendig lernen wollte, mußte er diese zunächst in anschauliche Vorstellungsbilder umwandeln und sie dann mit den einzelnen Gegebenheiten auf dem Holzschnitt in der angegebenen Reihenfolge in Beziehung setzen. In einer späteren Erinnerungsphase hatte er den geschilderten Gang durch das Kloster in der Vorstellung zu wiederholen.

Obwohl heutzutage Terminkalender, Notizbücher und dergleichen zur Verfügung stehen, mag es gelegentlich von Nutzen sein, sich mit Hilfe der Platz-Lernmethode Einkaufslisten, Anordnungen oder Verabredungen zu merken. Abbildung 6.13 zeigt an einigen Beispielen auf, wie man sich folgende Kaufgegenstände ins Gedächtnis bringen könnte: *Wurst, Brot, Milch, Bier, Birnen, Zahnpasta*. Man beginnt den gedanklichen Gang durch die eigene Wohnung im Flur, wo man im Kleiderschrank die Wurst unterbringen kann. Anschließend betritt man das Wohnzimmer; hier fällt der Blick sofort auf den Kamin, auf dem sich ein Brot befindet. Als nächstes gelangt man in die Küche, in die man eine Kuh hineinstellt, um sich die Milch zu merken usw. Die ausgewählten Beispiele berücksichtigen, daß es sehr wohl günstig für die Behaltensleistung ist, wenn man besonders originelle Plätze für die Unterbringung der zu behaltenden Gegenstände auswählt.

Die Platz-Lernmethode ist verständlicherweise am leichtesten bei Begriffen anzuwenden, die sich auf konkrete Gegenstände beziehen. Es gibt zahlreiche abstrakte Begriffe wie »Gerechtigkeit«, »Friede«, »Liebe« und »Armut«. Die Platz-Lernmethode läßt sich jedoch auch in diesen Fällen anwenden, indem man den abstrakten Begriff durch ein konkretes Symbol ersetzt. Die »Gerechtigkeit« könnte z. B. durch die Dame vertreten werden, die mit verbundenen Augen eine Waage in der Hand hält; der »Friede« wäre mit der bekannten weißen Taube zu symbolisieren, während Herz und Pfeil an die »Liebe« zu erinnern hätten. Die »Armut« ließe sich durch einen umgestülpten leeren Geldbeutel darstellen usw.

Der behaltensfördernde Effekt der Platz-Lernmethode ist zum einen darauf zurückzuführen, daß diese auf eine Ordnung aufbaut, die im Gedächtnis bereits vorhanden ist. Zum anderen fällt es den menschlichen Speicherfunktionen im allgemeinen leichter, Bildeindrücke als Wörter festzuhalten. Je besser die Fähigkeit zur Umwandlung von Gedächtnismaterial in bildhafte Vorstellungen entwickelt ist, desto höhere Behaltensleistungen sind zu erwarten. Sofern diese Umwandlung allerdings zu perfekt funktioniert, muß mit einer Beeinträchtigung des Denkens gerechnet werden. Info-Kasten 6.4 erläutert diesen Zusammenhang an einem konkreten Fall.

## Info-Kasten 6.4:
## Das perfekte Gedächtnis – eine begehrenswerte Funktion?

Der russische Psychologe Alexander Luria schilderte der Öffentlichkeit im Jahre 1968 den Fall S. Es handelt sich dabei um einen Journalisten, den er innerhalb eines Zeitraums von dreißig Jahren wiederholt untersucht hatte. S. verfügte über ein perfektes Gedächtnis; er vermochte sich in allen Einzelheiten an sämtliche Ereignisse zu erinnern, die ihm widerfahren waren. Luria forderte ihn im Rahmen der ersten Untersuchung auf, lange Listen beziehungsloser Wörter und Ziffern auswendig zu lernen. S. konnte das Gedächtnismaterial stets ohne Fehler wiedergeben. Es bereitete ihm auch keine Schwierigkeiten, eine Wort- oder Zahlenliste in umgekehrter Reihenfolge aus dem Gedächtnis abzurufen. Selbst ein längerer Zeitabstand zwischen Erlernen und Wiedergabe wirkte nicht beeinträchtigend auf seine Behaltensleistungen.

Die eingehenden Untersuchungen brachten sehr bald zutage, daß S. die Platz-Lernmethode anwandte, d.h., er verwandelte das Gedächtnismaterial in bildliche Vorstellungen und verteilte diese während eines »im Geiste« unternommenen Spaziergangs durch eine ihm wohlbekannte Straße. Wenn er in der späteren Erinnerungsphase diesen »Gang« wiederholte, konnten ihm aufschlußreiche Fehler unterlaufen. Er »übersah« u.U. ein Objekt, und es hatte den Anschein, daß es zuvor in einem dunklen Winkel versteckt worden war. Einmal entging seiner Aufmerksamkeit ein Ei, das er in seiner Vorstellung vor einer weißen Wand abgelegt hatte. Luria kommt in seiner Darstellung zu dem Schluß, daß es sich bei den geschilderten Fällen nicht um Gedächtnisausfälle, sondern um Wahrnehmungsfehler gehandelt haben muß.

Die ungewöhnliche Fähigkeit, Zahlen und Wörter geradezu zwanghaft in anschauliche Bilder umzuwandeln, war für S. jedoch mit erheblichen Problemen verbunden. Es bereitete ihm besondere Schwierigkeiten, einer Geschichte oder Unterhaltung zu folgen, weil ihn die Vorstellungsbilder regelrecht zu überfluten schienen; damit wurden die Voraussetzungen zu ihrem Verständnis erheblich erschwert. Sogar einfache Sätze konnten ihn verwirren. So las S. z.B. den Satz: »Die Arbeit wurde normal in Gang gebracht.« Bei dem Wort »Arbeit« drängte sich ihm sofort das Bild einer Fabrik auf; aber dann folgte das Wort »normal«, das ihn an eine große rotbäckige Frau, an eine »normale« Frau denken ließ. Schließlich hatte er den Ausdruck »kommt in Gang« zu verarbeiten. S. sagte dazu: »Was hat dies alles zu bedeuten? Da gibt es eine Industrie, d.h. eine Fabrik und diese normale Frau – aber wie paßt dies alles zusammen? Was ist das alles, wovon ich mich zu befreien habe, um eine einfache Vorstellung von einer Sache erhalten zu können!«

S. stand vor der keineswegs alltäglichen Aufgabe, Methoden zu entwickeln, mit deren Hilfe er seiner ungewöhnlichen Vorstellungskraft entgegenwirken konnte; er mußte einen Weg finden, um Unterhaltungen wenigstens bis zu einem gewissen Grade mit Verständnis folgen zu können.

Der Fall S. macht recht deutlich, wie wichtig die Auswahlfunktion ist, die durch die Aufmerksamkeit vorgenommen wird, und wie sehr eine zu stark ausgeprägte Neigung, Zahlen und Wörter in Bilder umzusetzen, hinderlich auf die Gewinnung von Abstraktionen und Verallgemeinerungen wirkt, der Grundlage jeglichen intelligenten Denkens.

Empfohlene Literatur zur Ergänzung und Vertiefung:

MIETZEL, G. (1998): Lernen als aktive Verarbeitung von Informationen. *In:* MIETZEL, G.: *Pädagogische Psychologie des Lernens und Lehrens.* Göttingen: Hogrefe, S. 181–246.
PARKIN, A.J. (1996): *Gedächtnis. Ein einführendes Lehrbuch.* Weinheim: Psychologie Verlags Union.

# 7. Psychologie der Motivation

Es ist vielleicht kein Zufall, daß die Bibel mit einem Problem beginnt, das zum Aufgabenbereich der Motivationspsychologie gehört; damit unterstreicht sie die Bedeutung menschlicher Motivation für das Verhalten: Konnten *Adam* und *Eva* ihrem Wunsch widerstehen, die verlockende Frucht vom »Baum der Erkenntnis« zu pflücken? Es war ihnen ausdrücklich verboten worden. Warum ließen sie sich dennoch von der Schlange verführen? Nach Ausweisung aus dem Paradies begeht *Kain* als erster Mensch ein Verbrechen, indem er seinen Bruder *Abel* erschlägt. Abermals wird die Frage nach seinem Motiv aufgeworfen.

Innerhalb und außerhalb der Psychologie besteht die tiefe Überzeugung, daß Verhalten nicht vom Zufall bestimmt wird, sondern einer Ordnung folgt. »Niemand tut etwas ohne Grund«, behauptet der Richter gegenüber dem Angeklagten, und er sieht in diesem offenbar nicht mehr zu bezweifelnden Grundsatz eine hinreichende Rechtfertigung, seine langen und ermüdenden Verhöre durchzuführen. Dabei läßt er sich von der Hoffnung leiten, schließlich doch noch den Anlaß für ein begangenes Verbrechen aufzudecken.

Die Spannung in Kriminalromanen wird dadurch hervorgerufen, daß der Autor seinem Leser eine kriminelle Handlung schildert, um ihm anschließend eine überschaubare Anzahl von Personen vorzuführen, von denen jeder einzelne als Täter in Frage kommt. Die Spannung wird dadurch erreicht, daß dem Leser auf über 100, 200 oder mehr Seiten geschickt Informationen dargeboten werden, durch die das Tatmotiv einmal für die eine und dann für die andere Person wahrscheinlicher wird.

Das außerordentlich große Interesse, das Sigmund Freud mit seiner Psychoanalyse geweckt hat, steht zweifellos mit ihrer zentralen Aussage in Beziehung, daß es mächtige Motive im Menschen gibt, die im Unbewußten angesiedelt sind. In einem entscheidenden Punkt hat Freud die Autoren von Kriminalromanen sogar noch übertroffen: Mit seiner Behauptung, daß u. a. hinter Träumen, Versprechern, Witzen usw. Motive stecken, die allerdings erst noch enttarnt werden müssen, weckte er bei Hörern und Lesern das Interesse, sich wie ein Detektiv auf die Spurensuche zu machen, aber nicht nur bei anderen, sondern ebenso bei sich selbst!

Die geschichtlich wahrscheinlich älteste Erklärung für motiviertes Verhalten geht davon aus, daß Menschen entweder danach streben, Lust zu gewinnen, oder bemüht sind, Unlust zu vermeiden. Wenn das tatsächlich so ist, muß aber auch erklärt werden, weshalb einige Menschen bereit sind, sich öffentlich zu verbrennen, sich freiwillig in eiskaltes Wasser zu begeben oder in bestimmten Situationen keinen Moment zu zögern, für andere zu sterben.

Die Psychologie hat in sorgsamen Beobachtungen viele Belege dafür sammeln können, daß Verhalten nicht nur darauf gerichtet ist, Lust zu gewinnen und Unlust zu vermeiden. Über einige ihrer Theorien sowie über ihren jeweiligen Erklärungswert wird im folgenden berichtet. Am Beispiel einer körperlichen Motivation (Essen), einer sozialen Motivation (Aggression) und der Lern- bzw. Leistungsmotivation wird aufgezeigt, welche Möglichkeiten und Grenzen sich für die Psychologie ergeben, um motiviertes Verhalten zu erklären.

## 7.1 Motiviertes Verhalten und seine Erklärung

Der Begriff ›Motivation‹ leitet sich aus dem lateinischen Wort *emovere* ab, das soviel wie ›in Bewegung setzen‹ heißt. Die Motivationspsychologie versucht zu klären, warum Lebewesen sich in Bewegung setzen und eine gewählte Richtung zumindest für einige Zeit beibehalten. Wie lassen sich solche Verhaltensweisen erklären? Menschliche Motivationen sind zu komplex, um sie alle gemeinsam unter einer einzigen Theorie zu ordnen. Weshalb essen beispielsweise einige Menschen erheblich mehr, als ihr Körper zur Aufrechterhaltung seiner Lebensvorgänge benötigt? Weshalb sind einige Menschen unter bestimmten Bedingungen bereit, anderen unbeschreibliche Grausamkeiten zuzufügen, während sie möglicherweise ebenso zu veranlassen sind, anderen zu helfen und dabei sogar ihr eigenes Leben zu gefährden? Was veranlaßt einen Wissenschaftler, über viele Jahre den größten Teil seiner Zeit dem Ziel zu widmen, seinen Erkenntnisstand zu erweitern? Zur Beantwortung jeder dieser Fragen ist jeweils eine andere Motivationstheorie in Anspruch zu nehmen.

In der Motivationspsychologie wird mit der Suche nach Antworten stets erst begonnen, nachdem eindeutig festgelegt worden ist, was eigentlich erklärt werden soll. Die Psychologie hat nach ihrer Entstehung als anerkannte Wissenschaft mehrere Jahrzehnte benötigt, bis sie die Notwendigkeit erkannte, motiviertes Verhalten zunächst einmal unabhängig von der begründeten Erklärung zu erfassen. Es gibt also zum einen zu beobachtendes Verhalten, das erklärungswürdig sein mag, und zum andern dessen Erklärung (s. auch S. 16).

### 7.1.1 Kennzeichnung motivierten Verhaltens

Ein Blick in die Literatur der Motivationspsychologie offenbart sehr schnell, daß der Begriff *Motivation* nicht immer in gleicher Bedeutung benutzt wird. Angesichts dieser Unstimmigkeit haben sich Paul und Anne Kleinginna (1981) vorhandene Quellen genauer angesehen, um dann nach den Gemeinsamkeiten von insgesamt 102 Definitionen zu suchen. Danach besteht unter Motivationspsychologen offenbar große Übereinstimmung darin, daß motiviertes Verhalten zielgerichtet ist und stets mit einer Aktivierung des Organismus einhergeht. Um vorhersagen zu können, wann das Auftreten einer motivierten Verhaltensweise wahrscheinlicher und wann es unwahrscheinlicher wird, müssen zusätzlich auslösende oder fördernde Bedingungen bekannt sein.

#### 7.1.1.1 Aktivierung als Voraussetzung motivierten Verhaltens

Wenn Motivation damit zu tun hat, daß etwas »in Bewegung ist«, dann müßte sie doch aus dem Verhalten ablesbar sein. Es wird dabei jedoch nicht nur an »äußeres«, leicht feststellbares Verhalten gedacht. Es wäre sicherlich ein Fehlschluß, einem Tier, das sich vor seinem Feind totstellt, keine Motivation zu unterstellen. Die Messung des Herzschlags und anderer physiologischer Prozesse würde nämlich den hohen Aktivierungsgrad des Organismus im Zustand des Totstellens bestätigen.

Der Aktivierungsgrad eines Lebewesens läßt sich nach Meinung vieler Psychologen weiterhin aus der *Ausdauer* oder *Dauerhaftigkeit* des Verhaltens ablesen. Ein hungriger Mensch gibt seine Suche nach Nahrungsmitteln auch dann nicht so schnell auf, wenn sich ihm Hindernisse in den Weg stellen sollten: Die häuslichen Speisevorräte mögen ausgegangen, die Lebensmittelgeschäfte geschlossen sein, und das einzige Restaurant in der Nähe hat ausgerechnet an diesem Tage nicht geöffnet. Der Hungrige wird aber seine Suche nach einer Mahlzeit auch angesichts solcher Hindernisse ausdauernd fortsetzen. Der hochmotivierte Forscher, der bereits seit vielen Jahren an der Klärung eines schwierigen Problems arbeitet, gibt auch nach mehreren Fehlschlägen nicht auf. Ganz zuverlässig ist allerdings vom Grad der Beständigkeit des Verhaltens keineswegs auf entsprechende Motivation zu schließen, denn das Verhalten hängt ebenso davon ab, welche anderen Möglichkeiten jeweils zur Auswahl stehen. Es wäre sehr wohl möglich, daß der soeben genannte Mensch seinen Hunger sofort »vergißt«, nachdem er während seiner Suche nach einer Mahlzeit seine Freundin getroffen hat.

Schließlich ist zu erwähnen, daß auch die *Intensität* des Verhaltens Rückschlüsse auf die Motivation ermöglicht. Eine Ratte, die seit sechs Stunden keine Nahrung mehr erhalten hat, wird einige Energie aufwenden, um zur Futterstelle zu kommen. Wenn man den Körper eines solchen Tieres, wie in Abbildung 7.1 dargestellt, mit einer Federwaage verbindet, läßt sich die Stärke ihrer Zugkraft auf der vorhandenen Skala ablesen. Zu erwarten wäre, daß ein anderes Tier, dessen letzte Nahrungsaufnahme sogar zehn oder zwölf Stunden zurückliegt, mit noch mehr Zugkraft dem Ziel entgegenstrebt.

Es wäre allerdings unvorsichtig, von der Stärke der Zugkraft direkt auf die Intensität des Hungers zu schließen, denn das Verhalten des Tieres wird auch von vorausgegangenen Lernerfahrungen mitbestimmt. Sollte die Ratte nämlich in früheren Experimenten gelernt haben, daß nur bei starker Zugkraft Futter angeboten wird, ist sie wahrscheinlich bemüht, bei stärkerer und auch bei schwächerer Motivation stets mit gleich hoher Kraftanstrengung dem Futter zuzustreben.

Einigen Motivationspsychologen erscheint es bedenklich, nach Zusammenhängen zwischen dem Aktivierungsgrad des Organismus und der zugrundeliegenden Motivation zu suchen, denn ein Lebewesen ist ja grundsätzlich stets in irgendeiner Form aktiviert. Sie empfehlen infolgedessen, sich in der Forschung auf die Frage zu konzentrieren, unter welchen Bedingungen Lebewesen eine

Abb. 7.1

*Vorrichtung zur Messung der Zugkraft, mit der eine hungrige Ratte einem Futterplatz zustrebt*

Aktivität aufgeben, um statt dessen eine andere zu zeigen. Damit wird der Charakter der Zielgerichtetheit des Verhaltens in den Mittelpunkt des Interesses gerückt (Birch et al., 1974).

### 7.1.1.2 Zielgerichtetheit motivierten Verhaltens

Wenn man durstig ist, geht man vielleicht zum Kühlschrank, um sich ein Getränk zu holen. Zunehmende Müdigkeit zwingt einen Menschen schließlich, nach einer Schlafstätte zu suchen. Die jeweiligen Ziele (Getränk im Kühlschrank, Bett) geben dem Verhalten eine Richtung. Praktische Schwierigkeiten entstehen für einen Beobachter dadurch, daß Lebewesen in jedem Moment mehr tun, als irgendwelchen Zielen zuzustreben. Wer in Gesellschaft eine Mahlzeit einnimmt, kann mit dem Essen soziale, vielleicht auch geschäftliche Ziele verfolgen. Gleichzeitige Bewegungen von Kopf, Händen und Beinen mögen von einem Beobachter als (berechtigt oder unberechtigt) »zufällig« klassifiziert werden. Solchen vermeintlich oder tatsächlich zufällig auftretenden Aktivitäten wird der Beobachter, nachdem er sie als solche erkannt hat, keine Aufmerksamkeit mehr zuwenden. Er konzentriert sich nur noch auf solche Verhaltenselemente, die nach seinem (letztlich subjektiven) Eindruck den Charakter der Zielgerichtetheit aufweisen.

Insgesamt sind die Ziele, auf die sich menschliches Verhalten richten kann, außerordentlich vielfältig. Die Bandbreite beginnt bei der Beseitigung körperlicher Mängelzustände (z. B. Aufnahme von Nahrung und Flüssigkeit) sowie von Schmerzreizen; sie geht über sexuelle Kontakte bis hin zur Auseinandersetzung mit dem Ziel der Gewinnung neuer Reizeindrücke (Neugier). Durch den Lerneinfluß scheint die Anzahl möglicher Verhaltensziele ins Unendliche zu wachsen.

Verhalten, das sich nach dem Eindruck eines Beobachters als zielgerichtet einordnen läßt, kann zur Grundlage für Erklärungen werden. Warum verfolgt ein Lebewesen im Augenblick dieses und kein anderes Ziel? Warum wird dieses Ziel von einigen Menschen beständiger bzw. intensiver als von anderen verfolgt? Mit der Beantwortung solcher Fragen verläßt man die Beschreibungsebene und man begibt sich auf die Ebene der Erklärungen.

### 7.1.2 Bestandteile motivationspsychologischer Erklärungen

Wenn man alltägliche Unterhaltungen belauscht, hört man nicht selten Feststellungen folgender Art: Eine Mutter berichtet von ihrer Tochter, daß sie viel zu wenig für die Schule arbeitet. Warum, so will der Gesprächspartner wissen, verhält sich die Tochter so? Ihm wird geantwortet, daß sie einfach »außerordentlich *faul*« sei. Ein Mann beschwert sich zu Hause, daß er von seinem Arbeitgeber zu gering entlohnt wird. Weshalb wird keine höhere Bezahlung geboten? – Weil der Chef *geizig* ist. Ein Lehrer erklärt den Eltern, daß ihr Sohn sehr häufig Streitigkeiten beginnt, Mitschüler schlägt und vieles mehr. Warum macht er das? Der Lehrer führt das Verhalten des Sohnes auf *Aggressivität* zurück. In allen drei Beispielen wurde mit der Frage nach dem *Warum* eine Erklärung herausgefordert. Es erfolgte in den genannten Fällen auch stets eine Antwort. Motivationspsychologen der Gegenwart wären allerdings nicht bereit, die gegebenen Antworten als befriedigende Erklärungen anzusehen. Welche Voraussetzungen müssen dafür erfüllt sein? Die Motivationsforschung hat selbst mehrere Jahrzehnte benötigt, bis sie auf diese Frage eine heute noch grundsätzlich anzuerkennende Antwort geben konnte.

### 7.1.2.1 Unterscheidung zwischen Benennung und begründeter Erklärung

Wenn man das behauptete Nichtstun eines Menschen mit Faulheit, eine vermeintlich karge Entlohnung mit Geiz und negative Verhaltensweisen eines Schülers gegenüber anderen mit Aggressivität in Beziehung setzt, geht man über die Benennung einer beobachteten Verhaltensweise nicht hinaus. Auch den älteren Instinkttheoretikern war der Irrtum unterlaufen, Benennungen als Erklärungen auszuweisen. Ihre Vertreter hatten praktisch jeder unterscheidbaren zielgerichteten Verhaltensweise einen Namen gegeben. Um zum Ausdruck zu bringen, daß irgend etwas das jeweils bezeichnete Verhalten in Gang gesetzt und in eine Richtung gebracht haben muß, fügte man einfach den Begriff *Instinkt* hinzu. Es überrascht nicht, daß die Anzahl der auf diese Weise unterschiedenen instinktiven Verhaltensweisen sehr bald unübersehbar wurde. Einer Übersicht läßt sich entnehmen, daß im Jahre 1924 bereits die stattliche Anzahl von 5684 Instinkten erreicht war (Bernard, 1924). Nach einer solchen Bestandsaufnahme meldeten sich sehr bald Kritiker zu Wort, die auf diese Fehlentwicklung nachdrücklich aufmerksam zu machen versuchten. Eine spöttische Stimme der damaligen Zeit äußerte sich beispielsweise folgendermaßen: »Wenn [ein Mensch] mit einem Gefährten geht, ist es der ›Herden-Instinkt‹, der ihn antreibt. Wenn er allein geht, dann ist es der ›anti-soziale Instinkt‹. Wenn er kämpft, dann ist es der Streitsucht-Instinkt, wenn er etwas zugunsten eines anderen zurückstellt, dann ist es der Instinkt zum Selbstverzicht, wenn er den Daumen dreht, dann ist es der Daumendreh-Instinkt, wenn er keinen Daumen dreht, ist es der Nichtdaumendreh-Instinkt. Somit wird alles mit magischen Kräften erklärt – mit Wort-Magie« (Holt, 1931). Die frühen Instinkttheoretiker scheiterten vor allem dann, wenn sie Unterschiede zu erklären hatten. Sollten Menschen tatsächlich einen Aggressionsinstinkt besitzen, stellt sich die Frage, warum sie nicht unaufhörlich Aggressionen zeigen. Es werden also Erklärungen herausgefordert, die über eine Benennung hinausgehen. Triebe und Motive können Teil einer solchen Erklärung sein. Zusätzlich muß aber benannt werden, welche inneren und äußeren Ereignisse oder Bedingungen, *die unabhängig von dem zu erklärenden zielgerichteten Verhalten* erfaßt werden müssen, auf die Triebe oder Motive aktivierend wirken.

### 7.1.2.2 Triebe oder Motive als Möglichkeiten zielgerichteter Verhaltensweisen

Eine Mutter, die sich über den geringen Arbeitseinsatz ihrer Tochter beklagt, sollte man fragen, ob das Mädchen *immer*, also in allen möglichen Situationen, Faulheit zeigt. Möglicherweise erhält man zur Antwort, daß die Tochter mit außerordentlicher Energie für Schwimmwettbewerbe trainiere. Der Arbeitgeber ist vielleicht gegenüber Angehörigen seiner Familie sehr freigiebig, und der Schüler zeigt keineswegs gegenüber allen Menschen aggressives Verhalten. Diese ergänzende Auskunft ist insofern bedeutsam, als die »Faulheit«, der »Geiz« und die »Aggressivität« offenbar nicht in allen möglichen Situationen auftreten. Es handelt sich demnach nicht um ein *allgemeines* Persönlichkeitsmerkmal. Die Tochter hat aber offenbar die Möglichkeit, Verhalten zu zeigen, das die Mutter als faul bezeichnet. Der Arbeitgeber kann geizig sein, und der Schüler ist nach Aussage des Lehrers in der Lage, aggressives Verhalten zu zeigen.

Die Beispiele ließen sich um zahlreiche weitere ergänzen: Ein Mensch kann Nahrung zu sich nehmen, aber er ißt nicht unaufhörlich. Er ist in der Lage, Flüssigkeiten zu sich zu nehmen, aber er trinkt nicht ständig. Um der Möglichkeit von Lebewesen Rechnung zu tragen, Verhaltensweisen bestimmter Zielrichtungen zu zeigen, verwenden Motivationspsychologen Begriffe wie »Triebe« oder »Motive«. Diese beiden Begriffe entspringen unterschiedlichen Auffassungen über das Motivationsgeschehen. Wenn der Triebbegriff in der älteren Psychologie verwendet wurde, bezog man ihn fast ausschließlich auf physiologische Bedürfnisse des Organismus; ihm liegt eine mechanistische Denkweise zugrunde. Der Motivationsbegriff ist demgegenüber von Psychologen, die in ihren Erklärungen auf kognitive Prozesse zurückgreifen, verwendet worden. Lebewesen besitzen demnach die Möglichkeit, Verhaltensweisen zu zeigen, die sich nach ihrer Zielrichtung klassifizieren lassen. Wodurch wird aber ein mögliches Verhalten zu einem beobachtbaren Verhalten? Was veranlaßt einen Organismus, der grundsätzlich stets die Möglichkeit besitzt, auf Nahrungssuche zu gehen, derartiges Verhalten auch tatsächlich zu zeigen? Es muß Bedingungen geben, die aus der Verhaltensmöglichkeit beobachtbares motiviertes Verhalten werden lassen.

### 7.1.2.3 Innere und äußere Bedingungen als Auslöser motivierten Verhaltens

Da Menschen die Möglichkeit besitzen, Eßverhalten, Aggressionen oder Nichtstun zu zeigen, stellt sich die Frage nach den Bedingungen, die dieses Verhalten auslösen. Gibt es Bedingungen innerhalb oder außerhalb des Organismus, nach deren Auftreten sich die Wahrscheinlichkeit zum Essen erhöht? Ist die Wahrscheinlichkeit, bei einem Menschen Aggressionen beobachten zu können, unter einigen Bedingungen gesteigert? Lassen sich auch Bedingungen benennen, unter denen Nichtstun häufiger auftritt? Das ist nur eine kleine Auswahl von Fragen, für die sich Motivationspsychologen interessieren.

In der Motivationspsychologie ist die Aufdeckung von Bedingungen, unter denen motiviertes Verhalten auftritt, unerläßlich. Diese Bedingungen müssen sich allerdings unabhängig vom zu erklärenden zielgerichteten Verhalten registrieren lassen. Solange man sich darauf beschränkt, Eßverhalten auf Hunger und gewalttätiges Verhalten auf Aggressivität zurückzuführen, besteht keine Möglichkeit einer Vorhersage. Das Ziel der Motivationspsychologie liegt darin, für jede Motivklasse möglichst umfassend jene Bedingungen aufzudecken, unter denen mit dem Auftreten bestimmter zielgerichteter Verhaltensweisen zu rechnen ist. Damit ist auch die Möglichkeit von Überprüfungen gegeben. Steigt die Wahrscheinlichkeit zur Aufnahme von Nahrung, wenn sich die Magenwände zusammenziehen? Es stellt einen Vorteil dar, daß man einen solchen vermuteten Zusammenhang überprüfen kann (s. hierzu S. 19 f.).

## 7.2 Theorien einzelner Motivationsbereiche

An anderer Stelle (s. S. 160) wurde festgestellt, daß es wegen der Komplexität menschlichen Lernens unmöglich ist, sämtliche möglichen Erklärungen zu einer einzigen Theorie zusammenzufassen. Gleiches gilt für die unterschiedlichen Ziele, auf die sich menschliches Verhalten richten kann. Um zu erklären, warum einige Menschen mehr Nahrung als andere zu sich nehmen, warum es Unterschiede in sozialen Zielsetzungen gibt – einige suchen z. B. gehäuft soziale Kontakte, während andere das Alleinsein bevorzugen – und warum Leistungssituationen keineswegs auf alle Menschen die gleiche Anziehungskraft ausüben, benötigt man jeweils eigenständige Motivationstheorien. Wie wenig Gemeinsamkeiten vorliegende Theorien aufweisen, wird deutlich sein, wenn man sich beispielhaft mit Erklärungsansätzen auseinandersetzt, die sich in drei verschiedenen Motivationsbereichen finden. Das Eßverhalten sichert zweifellos (wie Trinken, Schlafen, Schmerzvermeidung usw.) den physiologischen Bedarf des Körpers. Theorien des menschlichen Eßverhaltens lassen sich aber kaum in Anspruch nehmen, um unterschiedliche Reaktionen auf soziale Situationen zu erklären. Wer wissen will, weshalb Menschen motiviert sein können, sich gegenüber anderen aggressiv zu verhalten – sie zu quälen und zu schädigen –, wird vorliegenden Theorien zur menschlichen Eßmotivation praktisch keine Antwort entnehmen können. Wiederum in einer anderen Gedankenwelt bewegen sich Beiträge zur Erklärung der Lernmotivation. Wie ist die Bereitschaft des Lernenden anzuregen, sich um die Erreichung von Leistungszielen aktiv zu bemühen?

### 7.2.1 Das Eßverhalten und seine Erklärung

Nach dem Ende des Zweiten Weltkriegs war man an der Klärung der Frage interessiert, wie sich mangelhafte Ernährung auf die damals sehr zahlreichen Kriegsgefangenen auswirken könnte. An der Universität von Minnesota (USA) suchte man daraufhin nach einer Antwort (Keys et al., 1945). Man ließ 36 männliche Freiwillige im Alter zwischen 20 und 33 Jahren für die Dauer eines halben Jahres hungern; d. h., der tägliche Nahrungsbedarf wurde von etwa 3500 Kalorien auf 1570 Kalorien verringert. Trotz der eingeschränkten Ernährung waren die geschaffenen Bedingungen nicht annähernd mit denen zu vergleichen, die viele Menschen in der Dritten Welt vorfinden, weil sie in ausgesprochenen Hungergebieten leben müssen. Im übrigen standen die Versuchspersonen unter ständiger medizinischer Kontrolle. Gesundheitliche Probleme wurden sofort behandelt.

Für die freiwillig Hungernden wurden Nahrungsmittel bald zu einem beherrschenden Thema. Sie besorgten sich z. B. Literatur, die vom Essen handelte; einige studierten Kochbücher, andere sammelten Rezepte, oder sie stellten in ihrer Phantasie Gerichte zusammen. Einzelne Teilnehmer erwogen allen Ernstes, ihren Beruf aufzugeben, um Koch zu werden.

Die starke Beschäftigung mit Nahrungsmitteln ließ andere Interessen und Regungen allmählich verstummen. Die Hungernden wurden gegenüber ihrer gesamten Umwelt zunehmend teilnahmslos. Für Humor hatten sie kein Verständnis mehr. Auch das soziale Verhalten der Hungernden veränderte sich

# Psychologie der Motivation

Abb. 7.2
*Teilnehmer an einem »Hunger«-Experiment*

stark; vielfach zeigten sie sich taktlos. Die Männer kümmerten sich immer weniger um ihre Freundinnen; einige brachen die bestehende Beziehung sogar völlig ab. Die Moral wurde ebenfalls beeinträchtigt, denn einige Versuchspersonen ließen sich zum Diebstahl von Nahrungsmitteln und anderen Habseligkeiten hinreißen. Der Hunger wirkte sich schließlich auch auf das körperliche Verhalten aus; die Versuchspersonen bewegten sich bald nur noch langsam und insgesamt möglichst wenig. Jede Muskelbewegung war mit erhöhter Anstrengung verbunden. Das Körpergewicht verringerte sich bei den Teilnehmern im Verlauf des halben Jahres um durchschnittlich 25 Prozent.

Insgesamt zeigte sich also in der Minnesota-Studie, daß die mangelhafte Befriedigung eines so grundlegenden körperlichen Bedürfnisses wie Nahrungsbedarf zu erheblichen Veränderungen der Persönlichkeit führt. Der Körper besitzt beachtliche Möglichkeiten, sich an die Bedingungen eines extremen Nah-

rungsmangels, wie er auch in bestimmten Gegenden der Erde immer wieder vorkommt, wenigstens bis zu einem gewissen Grade anzupassen. Wenn für die tägliche Ernährung nur noch 300 Kalorien zur Verfügung stehen und dem Körper lediglich 10 Prozent der lebensnotwendigen Proteine zugeführt werden, reagiert er mit einer Verringerung der Blutzirkulation und als Folge darauf mit einer Absenkung seiner Temperatur und des Blutdrucks. Der Körper schaltet auf »Sparflamme« und greift erst zuletzt die Energiereserven der Muskeln einschließlich des Herzens an (Winnick, 1979).

Wie aber signalisiert der Körper normalerweise seinen Bedarf an Nahrung? Dieser Frage gehen Motivationsforscher bereits seit fast einem Jahrhundert nach. Ihr Forschungsinteresse richtet sich aber ebenso auf eine ganz andere Frage: Warum essen einige Menschen erheblich mehr, als der Körper zur Aufrechterhaltung seiner Lebensvorgänge benötigt? Wie läßt sich erklären, daß Männer und Frauen sogar bereit sein können, ihren Nahrungskonsum derartig auszuweiten, daß sie dadurch ihre Gesundheit und letztlich ihr Leben gefährden? Das gilt vor allem, wenn eine Erhöhung des Körpergewichts auf einen gesteigerten Fettanteil, nicht aber auf Zunahme des Muskelgewebes zurückzuführen ist.

### 7.2.1.1 Innere Bedingungen zur Kontrolle des Eßverhaltens

Wenn man Menschen fragt, an welcher Stelle ihres Körpers sie ihren Hunger empfinden, verweisen sie vielfach auf ihren Magen. Erste experimentelle Untersuchungen schienen diesen subjektiven Eindruck zu bestätigen. Im Jahre 1912 überredete Walter Cannon (Cannon und Washborn, 1912) seinen Forschungs-

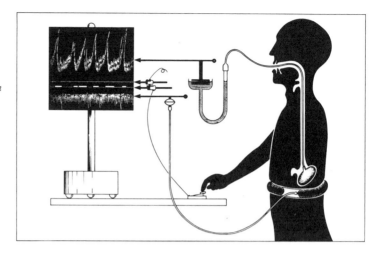

Abb. 7.3
*Versuchsanordnung, um das Zusammenziehen der Magenwände und gleichzeitige Empfindungen von Hungergefühlen zu registrieren.*

assistenten dazu, einen Gummiball zu schlukken, der sich im Magen aufpumpen ließ. Sobald sich der Magen zusammenzog, wurde auf diesen Ballon Druck ausgeübt, der – durch die Schlauchverbindung – von einem Registriergerät protokolliert wurde (s. Abbildung 7.3). Da die Versuchsperson wegen des Schlauchs nicht sprechen konnte, mußte sie eine Taste drücken, sobald sie Hungergefühle empfand.

Zwischen den mitgeteilten Hungerempfindungen und dem Zusammenziehen der Magenwände ergab sich tatsächlich ein Zusammenhang. Cannon zog aus diesen Ergebnissen den Schluß, daß Hungergefühle vom Magen ausgelöst würden. Führt das Gegeneinanderreiben der Magenwände tatsächlich zu dem Wunsch, etwas zu essen? Lange Zeit war man davon aufgrund der Befunde Cannons überzeugt. Als man jedoch von Krebs-Patienten, denen der gesamte Magen entfernt worden war, erfuhr, daß sie auch nach dem chirurgischen Eingriff regelmäßig Hunger- und Sättigungsgefühle hatten, mußte Cannons Erklärung aufgegeben werden (Inglefinger, 1944).

Gegen Ende der zwanziger Jahre führte man mit zwei hungrigen Hunden ein Experiment durch, dessen Ergebnisse die Wissenschaft einen Schritt weiterbrachten (Tschukitscheff, 1930). Einem der beiden Tiere gestattete man, so lange zu fressen, bis es sich vom Futter abwandte. Daraufhin übertrug man diesem Tier Blut des anderen, noch hungrigen Hundes. Unmittelbar darauf fing das gesättigt erscheinende Tier wieder an zu fressen. Das Verhalten des Tieres legte den Verdacht nahe, daß chemische Veränderungen des Blutes etwas mit der Steuerung des Hungers zu tun haben mußten. Diese Vermutung sollte sich als richtig erweisen.

Organismen sind durch ihr Verdauungssystem in der Lage, Teile aufgenommener Nahrung in die Bestandteile Kohlenhydrate, Eiweiße und Fette zu zerlegen. Je länger die letzte Mahlzeit zurückliegt, desto mehr sinkt der Blutzuckerspiegel. Wenn Sinneszellen melden, daß die Vorräte des Körpers unter einen für den Organismus kritischen Punktwert absinken, werden vermutlich Hungerempfindungen ausgelöst. Früher glaubte man, Rezeptoren in bestimmten Teilen des Gehirns (der Hirnspezialist benennt den *Hypothala-*

*mus*) würden fortlaufend die Menge des verbrauchten Blutzuckers kontrollieren. Sicherlich sind diese zentralen Teile des Nervensystems an der täglichen Regulierung des Eßverlangens beteiligt (Towell et al., 1989). Zahlreiche Beobachtungen der jüngeren Zeit haben jedoch den Verdacht verstärkt, daß die Rezeptoren zur Überwachung des Blutzuckergehaltes im Zwölffingerdarm und in der Leber liegen (Petri, 1986). Spielt der Magen demnach für das Entstehen und Verschwinden von Hungergefühlen keine Rolle? Im Gegensatz zu den Annahmen Cannons gehen die Impulse zur Nahrungssuche offenbar nicht vom Magen aus. Ein gefüllter Magen scheint jedoch deutliche Signale zu senden, mit dem Essen aufzuhören (Mook, 1987).

### 7.2.1.2 Die Kontrolle des Körpergewichts über längere Zeiträume

Innerhalb längerer Zeiträume verändert sich das Körpergewicht bei Mensch und Tier nur verhältnismäßig wenig. Auf diese recht gut funktionierende Regulierung wurde auch Jeffrey Peck (1978) aufmerksam. Er beobachtete in einem Experiment Ratten in einer kalten Umgebung. Da sie zur Steigerung ihrer Körpertemperatur größere Mengen Energie verbrauchten, fraßen sie mehr als gewöhnlich; ihr Körpergewicht veränderte sich dadurch aber nicht. Anderen Tieren wurde über einen Schlauch kalorienhaltige Nahrung direkt in den Magen gepumpt, über deren Menge sie keine Kontrolle hatten. Da sie daraufhin ihre Nahrungsaufnahme verminderten, blieb ihr Körpergewicht ebenfalls unverändert. Peck interessierte sich im Grunde für die Frage, ob das Freßverhalten der Tiere mehr von ihrem Körpergewicht oder stärker von der Menge der aufgenommenen Nahrung abhängt. Die Verhaltensbeobachtung zeigte eindeutig, daß es bei den Ratten vom Körpergewicht abhing, wieviel Futter sie jeweils zu sich nahmen. Solche Untersuchungsergebnisse legen den Schluß nahe, daß jeder Organismus einen höheren oder geringeren *Sollwert* besitzt, der das für ihn jeweils kennzeichnende Körpergewicht regelt. William Bennet und Joel Gurin (1982) meinen, der für einen Menschen kennzeichnende Sollwert werde durch das Gewicht bestimmt, das er beibehält,»wenn er nicht weiter darüber nachdenkt«. Es wäre sicherlich genauer, von einem Sollwert*bereich* zu sprechen, denn innerhalb kürzerer Zeiträume weist das Körpergewicht bekanntlich kleine Schwankungen auf. Man hat den Sollwert mit einem Thermostat verglichen, der in vielen Wohnungen dafür sorgt, daß die Temperatur im Raum der gewünschten Gradzahl, dem Sollwert, entspricht. Wie Beobachtungen zeigen, ist es gar nicht so einfach, dem körperlichen Regelsystem dauerhaft entgegenzutreten. Man hat einmal Freiwillige mit besonders schlankem Körperbau in einer Untersuchung dazu überredet, über mehrere Monate täglich mehr als sonst üblich zu essen. Dabei stellte sich heraus, daß es Personen mit durchschnittlichem Gewicht nicht leichter fiel,»Pfunde zu gewinnen«, als Übergewichtigen, »Pfunde zu verlieren«.»Uns wurde klar«, so schrieb der Leiter der Untersuchung damals,»daß der Wunsch zuzunehmen für normale junge Menschen harte Arbeit ist.« Sobald die ursprünglich Schlanken wieder ihre gewohnte alltägliche Mahlzeit einnehmen konnten, kehrten sie zu ihrem normalen Gewicht zurück (Sims, 1974).

Der »Körper-Thermostat« scheint auch über längere Zeiträume sehr gut zu funktionieren. Mit welchen Folgen zu rechnen wäre, wenn ihm nur kleinere Fehler unterlaufen, erläutern Volker Pudel und Joachim Westenhöfer (1991) folgendermaßen: Wenn sich das innere Regelsystem täglich verrechnen würde, indem es die Menge Kalorien zu wenig verbrennt, die ein kleines Glas Milch oder ein mittelgroßer Apfel enthält, würde das Gewicht jedes Jahr um 2,5 kg ansteigen.»Im Verlauf von 10 Jahren würde sich auf diese Weise eine Gewichtsveränderung von 25 kg aufsummieren, eine Schwankung, wie sie wohl die wenigsten Menschen in ihrem Leben erleben dürften.«

Wovon hängt die Höhe des Sollwertes ab, die einen Menschen kennzeichnet? Sollwert-Theoretiker gehen davon aus, daß jeder Organismus durch einen genetisch festgelegten Grundstoffwechsel zu kennzeichnen ist. Übergewichtige Väter und Mütter haben häufig ebensolche Kinder. Adoptierte Kinder entwickeln bis zu ihrem Erwachsenenalter ein Körpergewicht, das dem ihrer biologischen Eltern mehr ähnelt als dem der Pflegeeltern, mit deren Ernährungsgewohnheiten sie aufgewachsen sind (Stunkard et al., 1986). Daraus ist jedoch nicht zu schließen, daß die in der Kindheit und Jugend erfahrenen Ernährungsgewohnheiten keinerlei Bedeutung für die Entwicklung des Körpergewichts haben.

In der jüngeren Vergangenheit haben sich die Lebensverhältnisse der Elterngeneration gegenüber denen ihrer Kinder verändert: Im Laufe der Zeit hat sich bei Angehörigen sämtlicher Industrienationen zunehmend eine sitzende Lebensweise durchgesetzt. Immer weniger Berufe fordern körperliche Aktivitäten, ohne die es über Jahrtausende kein Überleben gegeben hätte (und das in einer Gesellschaft, in der Lebensmittel im Überfluß zur Verfügung stehen!). Wer dieser Inaktivität nichts entgegensetzt, muß mit einer Erhöhung seines Körpergewichts rechnen.

### 7.2.1.3 Übergewichtigkeit und einige Folgen

Es läßt sich nicht leugnen, daß die meisten Angehörigen heutiger Industrienationen hochgradig motiviert sind, eine möglichst schlanke Körperform zu bewahren oder sich erforderlichenfalls aktiv um eine solche zu bemühen. Befragungsergebnissen ist zu entnehmen, daß in Deutschland jede zweite Frau und jeder vierte Mann bereits Erfahrungen mit mindestens einer Schlankheitskur besitzen (Westenhöfer, 1991; Westenhöfer und Pudel, 1990). Der Wunsch nach einer schlanken Figur hat sich allerdings erst in jüngerer Zeit entwickelt. Entsprechend stellt beispielsweise auch John Houston (1985) fest: »Wer heute als übergewichtig klassifiziert wird, könnte als normal während einer Epoche eingeord-

Abb. 7.4
*Die Entwicklung des Körpergewichts wird sehr stark von der Vererbung bestimmt. Eßgewohnheiten, wie sie in frühen Lebensabschnitten erfahren werden, sind deshalb aber nicht bedeutungslos.*

net worden sein, in der man Pummeligkeit attraktiver fand als in der Gegenwart.« Das Streben nach Schlankheit wird heute zudem vielfach durch Hinweise auf medizinische Erkenntnisse gerechtfertigt: Übergewichtige leiden vergleichsweise häufig an Diabetes (Zuckerkrankheit), hohem Blutdruck und Herzerkrankungen (der nachweisbare Zusammenhang bedeutet aber nicht, daß die Erkrankungen *als Folge* eines überdurchschnittlichen Körpergewichts entstanden sind). Darüber hinaus ist in einer Gesellschaft, die Schlankheit zum Ideal erhebt, mit ungünstigen Auswirkungen auf die Person selbst und ihre sozialen Beziehungen zu rechnen: Wenn sich das Körpergewicht zu sehr von den allgemein als wünschenswert angesehenen Normwerten entfernt, sinkt bei vielen Menschen das Selbstwertgefühl, und ebenso vermindert sich die Anziehungskraft, die sie auf andere ausüben oder zumindest auszuüben meinen (Kolata, 1985; Wadden und Stunkard, 1985).

Wie läßt sich nun erklären, daß sich Menschen gleichen Alters – teilweise beträchtlich – bezüglich ihres Körpergewichts unterscheiden? Als gesichert gilt inzwischen, daß die Vererbung eine entscheidende Rolle spielt. Darauf wurde bereits hingewiesen (s. S. 292). Problematisch wird ein hohes Körpergewicht erst, wenn die Absicht besteht, es zu verringern und somit den eigenen Sollwert zu korrigieren. Der Wunsch nach einem schlankeren Aussehen veranlaßt in der Gegenwart nicht wenige Menschen, die Menge der täglich verzehrten Nahrung zu verringern. Sie essen also nicht, bis sie sich gesättigt fühlen, sondern beenden eine Mahlzeit noch im hungrigen Zustand. Deshalb bezeichnet man sie auch als *gezügelte Esser* (Herman und Mack, 1975). Bei einem Vergleich von normalen und gezügelten Essern wird man auf einen aufschlußreichen Verhaltensunterschied aufmerksam, auf den der kanadische Psychologe Peter Herman erstmals hingewiesen hat.

Herman ließ sich von folgender Überlegung leiten: Menschen unterschiedlichen Körpergewichts, die ihre Nahrungsaufnahme stets vor Erreichung eines Sättigungszustandes beenden, müssen ihr Eßverhalten ständig kontrollieren. Lassen sich im Rahmen eines Experiments nicht aber Bedingungen schaffen, unter denen gezügelte Esser zur Aufgabe dieser Kontrolle zu veranlassen sind? Zur Beantwortung dieser Frage lud Herman Studentinnen unter dem Vorwand in sein Institut ein, er sei an den Ergebnissen einiger Geschmackstests interessiert. Eine Gruppe die-

Abb. 7.5

*Industrienationen der Gegenwart bewerten einen schlanken Körper außerordentlich hoch. Viele Menschen sind deshalb motiviert, durch Zügelung ihres Essens ein Aussehen herbeizuführen, das ihrem biologischen Sollwert gar nicht entspricht.*

ser Versuchspersonen bekam zunächst eine Vorspeise in Form eines Milchmixgetränkes gereicht, eine andere Gruppe dagegen nicht. Anschließend erhielten die Teilnehmer beider Gruppen Eiscreme vorgesetzt, von der sie zur Beurteilung des Geschmacks so viel kosten durften, wie sie wollten. Einige Teilnehmerinnen aßen daraufhin erheblich größere Mengen an Eis als andere. Worauf waren diese Unterschiede im Eßverhalten zurückzuführen? Mit Hilfe eines Fragebogens, den sämtliche Teilnehmerinnen zu beantworten hatten, gelang es Herman, normale und gezügelte Esser voneinander zu unterscheiden. Es ließ sich nunmehr feststellen, daß normale Esser um so weniger Eiscreme aßen, je mehr Milchmixgetränk sie vorher getrunken hatten. Sie taten also etwas sehr Vernünftiges: Je mehr sie durch die Vorspeise gesättigt waren, desto weniger Eis verspeisten sie anschließend. Gezügelte Esser aßen nach dem Konsum des Milchmixgetränks dagegen erheblich mehr als andere Teilnehmer mit eingeschränkter Ernährung, die keine Vorspeise erhalten hatten. Dieses Verhalten erscheint auf den ersten Blick überraschend. Offenbar wurde die bei den gezügelten Essern normalerweise funktionierende Kontrolle durch die experimentelle Bedingung, also durch eine Vorspeise, aufgehoben. Nachdem sie ohnehin gegen ihre normalerweise strengen Diätvorschriften verstoßen hatten, war für sie offenbar die Gelegenheit gekommen, einmal »kräftig zuzulangen«. Die bei ihnen erfolgte Enthemmung könnte nach Bennett und Gurin das Ergebnis folgender Gedanken gewesen sein: »Ich habe mich nicht an meine Vorschriften gehalten, weil mir nichts anderes übrig geblieben ist. Den Tag kann ich also streichen. Aber wenn ich ihn schon streichen muß, dann kann ich mir noch einen Bissen mehr gönnen. Morgen wird dann wieder gehungert.« Hermans Beobachtungen widersprachen zur damaligen Zeit allen Erwartungen. Das hat er deutlich erfahren, denn in einem späteren Interview erinnerte er sich: »Die ersten Testergebnisse brachten uns nur Schwierigkeiten ein. Vor allem deshalb, weil fast niemand an die Richtigkeit der Daten glaubte. Sie waren zu verrückt. Wir hatten größte Mühe, sie zu veröffentlichen« (Bennett und Gurin, 1982).

Nach Hermans Beobachtungen sind also Menschen, die sich ständig wegen ihres zu hohen Körpergewichts besorgt zeigen, unter bestimmten Bedingungen durchaus bereit, große Mengen an Nahrung zu verzehren. Wenn solche Menschen in einem Experiment gesteigerte Angst oder Streß erfahren, neigen sie auch dazu, mehr zu essen. Demgegenüber verringern in einer solchen Situation andere, die sich um ihr Körpergewicht weniger Gedanken machen, die Menge ihres Verzehrs (Slochower, 1976).

### 7.2.1.4 Folgen einer »Jo-Jo«-Diät

Zumindest einem Teil der Menschen, die als gezügelte Esser zu bezeichnen sind, gelingt es nicht, die Kontrolle über ihre Nahrungsaufnahme zuverlässig aufrechtzuhalten. Das überrascht nicht, wenn man weiß, daß gezügelte Esser sich während des Tages ziemlich häufig mit ihrer Ernährung und mit ihrem Gewicht beschäftigen (Polivy und Herman, 1985). Gelegentlich beobachtete man bei ihnen »Eßanfälle«, bei denen sie vorübergehend alle gute Vorsätze aufgeben. In Anspielung auf das bekannte Spielzeug hat man von einer Jo-Jo-Diät gesprochen, wenn Phasen gezügelten Essens wiederholt unterbrochen werden (Brownell, 1988). Mögliche Folgen eines solchen Verhaltens erläutert Kelly Brownell am Beispiel von *Christine*, die ihr Gewicht durch Einschränkung ihres Essens von 65 kg auf 53 kg vermindert hat. Dabei hat sie möglicherweise 9 kg Fett- und 3 kg Muskelmasse verloren. Sollte sie ihre Abmagerungskur nun aber unterbrechen, bestünde sehr wohl die Möglichkeit, daß sich ihr Gewicht wieder um 12 kg erhöht. Gewinnt sie dabei auch die 3 kg Muskelfleisch wieder zurück, die sie sich abgehungert hatte? Die Ergebnisse von Tierexperimenten lassen vermuten, daß das nicht der Fall sein wird. Wahrscheinlich ist, daß die 12 kg, die *Christine* wieder zugenommen hat, nunmehr aus 11 kg Fett und aus 1 kg Muskeln bestehen. Sie bringt also genausoviel Gewicht wie vor der Abmagerungskur auf die Waage; aber sie müßte wegen des höheren Fettanteils mit einem verminderten Grundumsatz rechnen. Wenn *Christine* nach Abbruch der Abmagerungskur genausoviel ißt wie davor, dürfte sie ihre 65 kg nicht mehr halten können, vielmehr wird sie bei dieser Nahrungsmenge wahrscheinlich zunehmen. Sollte sie sich noch einmal zu einer Abmagerungskur entschließen, dürfte es ihr wegen der inzwischen erfolgten Absenkung ihres körperlichen Grundumsatzes sehr viel schwerer fallen, nochmals 12 kg abzunehmen.

Die geschilderte Reaktionsweise des Körpers ist in einer Lebenswelt, in der Nahrung knapp ist oder zumindest nicht immer reichlich zur Verfügung steht (solche »mageren Jahre« hat es auch in der Geschichte der Lebewesen immer wieder gegeben), durchaus sinnvoll. Hier wie auch während einer Abmagerungskur wird dem Körper Nahrungsmangel signalisiert. Sofern die Mahlzeiten wieder reichlicher werden, legt sich der Körper für die Zukunft Vorräte in Form von Fett an. Gleichzeitig wirtschaftet er mit den Reserven sparsamer (er senkt den Grundum-

satz), damit notwendige Energien länger zu Verfügung stehen. Es zeigt sich, daß mit einer kalorienarmen Diät sehr leicht Wirkungen zu erzielen sind, die den eigentlichen Zielsetzungen völlig widersprechen. Info-Kasten 7.1 geht auf Möglichkeiten und Grenzen von Abmagerungskuren etwas ausführlicher ein.

Gezügeltes Essen kann aber offenbar von einigen Menschen erfolgreich zur Gewichtsverringerung eingesetzt werden. Sie kontrollieren ihre Essensgewohnheiten über einen großen Zeitraum mit großer Entschlossenheit, zeigen aber doch den jeweiligen Umständen entsprechend eine gewisse Beweglichkeit in der Nahrungsaufnahme. Diese Gruppe neigt viel weniger zu Eßanfällen und Eßstörungen als eine weitere Gruppe, die nach den Beobachtungen von Pudel und Westenhöfer (1991) eine auffallend starre Kontrolle durchführt. Angehörige dieser zweiten Gruppen ernähren sich nur noch nach vorgegebenen Plänen und Diätvorschriften. Bei ihnen wird nach Feststellungen von Pudel und Westenhöfer »Essen ... weniger als eigenes Interesse, sondern vielmehr als Pflicht erlebt, und Pflichtverletzungen provozieren ein schlechtes Gewissen«.

## 7.2.2 Aggressionen und ihre Erklärung

Es besteht kein Zweifel, daß der Mensch essen, trinken und atmen muß, um leben zu können. Besteht für ihn aber der gleiche Zwang, Leben zu töten, Mitmenschen zu quälen, zu beleidigen oder zu verspotten? In seinem Roman *Herr der Fliegen* beschreibt der Nobelpreisträger William Golding (1954) das Schicksal von englischen Schulkindern, deren Flugzeug über einer tropischen Insel abgeschossen wurde. Kein Erwachsener über-

## Info-Kasten 7.1:
## Welche Maßnahmen werden bei fachlich betreuten Abmagerungskuren ergriffen?

In einer Gesellschaft, die einen schlanken Körperbau zu einem wünschenswerten Ziel erhebt, werden täglich unzählige Abmagerungskuren (Kuren zum *Ab-Magern*!) begonnen und beendet. Allerdings wird häufig nicht ausreichend geprüft, ob die empfohlenen bzw. ergriffenen Maßnahmen auch eine solide wissenschaftliche Grundlage besitzen. Auf dem freien Markt wird eine fast unübersehbare Anzahl von Maßnahmen und Methoden angeboten, die zwar alle eine Verringerung des Körpergewichts versprechen, die aber, wie Volker Pudel und Joachim Westhöfer (1991) feststellen, nicht ohne »handfestes ökonomisches Interesse« sind und darauf zielen, »ein Stück vom ›millionenschweren Kuchen des Geschäfts mit den Dicken‹ abzubekommen«. Gleichzeitig ist aber auch nicht zu übersehen, daß auf diesem Gebiet Fortschritte erzielt worden sind.

Eine Verringerung des überdurchschnittlich hohen Körpergewichts ist dauerhaft nur zu erreichen, wenn Betroffene bereit sind, ihren bisherigen Lebensstil entscheidend zu verändern. Sie müssen vor allem die Kontrolle über ihr Eßverhalten erheblich erhöhen. Um das zu erreichen, werden die Teilnehmer vieler Programme z.B. aufgefordert, ständig genau zu notieren, was sie in welcher Situation (etwa beim Fernsehen, bei gesellschaftlichen Begegnungen) und zu welchem Zeitpunkt verzehrt haben. Ihnen wird geraten, alle Nahrungsmittel, die man sich zwischen den Mahlzeiten in den Mund stecken könnte (wie z.B. Gebäck, Schokolade oder Chips), aus dem Haushalt zu verbannen. Einkäufe sollten ausschließlich im gesättigten Zustand erfolgen.

Zum Abbau des Körpergewichts muß die Kalorienmenge der täglichen Mahlzeiten herabgesetzt werden. Das läßt sich aber nicht dadurch erreichen, daß einfach weniger gegessen wird, denn es ist unerläßlich, daß dem Körper weiterhin die Nährstoffe zugeführt werden, die er zur Aufrechterhaltung seiner Funktionen unbedingt benötigt. Anerkannte Programme vermitteln ihren Teilnehmern deshalb einschlägige ernährungswissenschaftliche Kenntnisse, u.a. über den Kaloriengehalt der einzelnen Nahrungsmittel und ihren Nährwert (Eiweiß, Vitamine, Mineralstoffe).

Neben der Einhaltung einer bestimmten Diät ist die körperliche Betätigung von Bedeutung, denn dadurch werden Kalorien verbraucht. Fachleute empfehlen sportliche Aktivitäten, allerdings nicht nur wegen des damit verbundenen Energieverbrauchs (dieser wird zumeist auch überschätzt); sie rechnen zusätzlich mit einem weiteren Effekt. Regelmäßige sportliche Aktivitäten stärken die Muskulatur, und dadurch entsteht mehr Gewebe, das Kalorien vergleichsweise schnell verbrennt. Der Grundumsatz steigt an. Möglich ist auch eine Absenkung des Sollwertes, der das Körpergewicht regelt (Keesey und Powley, 1986; Thompson et al., 1982).

Die im Rahmen einer Abmagerungskur zu erfüllenden Anforderungen sind leichter zu beschreiben als vom einzelnen auch konsequent durchzuführen. Deshalb wird im allgemeinen Sorge dafür getragen, daß jeder Teilnehmer Ermutigung und soziale Unterstützung durch andere erhält, die sein Schicksal teilen. Um den Verzicht auf alte Gewohnheiten und die Einhaltung neuer Gebote zu unterstützen, werden die Teilnehmer nicht selten angeregt, sich im Falle von Fortschritten selbst zu belohnen, indem sie sich z.B. einen Kinobesuch oder den Kauf eines Kleidungsstückes gestatten, wenn sie sich innerhalb eines bestimmten Zeitraumes jeder Verführung auf »verbotene« Naschereien erfolgreich widersetzen konnten.

Aber auch von Abmagerungskuren, die fachlich betreut werden, sind keine Wunder zu erwarten. Für sie gilt grundsätzlich noch heute, was bereits vor etwas längerer Zeit festgestellt wurde: Die meisten Übergewichtigen, die eine Abmagerungskur beginnen, werden sie abbrechen. Die meisten, die durchhalten, werden nicht viel an Gewicht verlieren. Die meisten, die Gewicht verlieren, werden es wieder zurückgewinnen (Stunkard, 1975). Es ist also außerordentlich mühsam, dauerhaft Pfunde zu verlieren. Der Aufwand, der für die verhältnismäßig wenigen erfolgreichen Teilnehmer eines Abmagerungsprogramms erbracht wird, ist beträchtlich. Fachleute empfehlen deshalb, zukünftige Eltern möglichst umfassend zu informieren, durch welche Ernährungsgewohnheiten sie der Entwicklung von Übergewichtigkeit bei ihren Kindern rechtzeitig entgegentreten können (Taylor, 1986).

lebt das Unglück. Wie werden sich die unverletzt gebliebenen jungen Menschen fernab jeglicher Zivilisation und ohne Anweisungen von seiten irgendwelcher Autoritäten verhalten? Entwickeln sie eine Form der Zusammenarbeit, um ihre tägliche Ernährung zu sichern? Bauen sie gemeinsam Behausungen, um sich vor der unfreundlichen Witterung zu schützen? Golding zeichnet ein pessimistisches Bild von der menschlichen Natur. Die jungen Unglücksopfer versuchen es zunächst mit demokratischen Regelungen, aber sehr bald gewinnt Gewalttätigkeit die Oberhand: *»Sie packten ihn an Armen und Füßen. Ralph ergriff, von plötzlicher, heißer Erregung erfaßt, Erics Speer und stieß damit nach Robert. ›Macht ihn kalt! Macht ihn kalt!‹ Auf einmal schrie und zappelte Robert mit der Kraft der Verzweiflung. Jack hatte ihm beim Schopf gepackt und zückte sein Messer. Hinter ihm versuchte Roger näher heranzukommen. Der Kriegsgesang wurde zu einem Ritual, wie beim Abschluß eines Tanzes oder einer Jagd. ›Töte das Schwein! Ran an die Kehle! Töte das Schwein! Mach ihn kaputt!‹«.*

Entsprachen die dargestellten Grausamkeiten der Schüler nur der pessimistischen Einstellung eines Schriftstellers? Der Regisseur, der das Buch später verfilmte, mußte feststellen, daß sich seine jungen Schauspieler außerhalb der Dreharbeiten ebenso verhielten wie die Helden, die sie darzustellen hatten. »Meine Erfahrung zeigte mir«, so erklärte er in einem Rückblick, »daß die einzige Verfälschung in Goldings Fabel in der Zeitdauer liegt, die zum Abstieg in die Barbarei benötigt wird. In seiner Handlung werden drei Monate benötigt. Ich glaube, sobald der Korken ständiger Anwesenheit Erwachsener von der Flasche entfernt würde, entstünde die vollständige Katastrophe bereits an einem verlängerten Wochenende« (Brook, 1964).

William Golding bringt in seinem Roman den gleichen Pessimismus zum Ausdruck wie Sigmund Freud, der von den Grausamkeiten des Ersten Weltkrieges so tief beeindruckt war, daß er den Trieb *Eros* durch den Todestrieb (*Thanatos*) ergänzte. In einem Briefwechsel mit Albert Einstein schrieb Freud im Jahre 1932 u.a.: »Sie verwundern sich darüber, daß es so leicht ist, die Menschen für den Krieg zu begeistern, und vermuten, daß etwas in ihnen wirksam ist, ein Trieb zum Hassen und Vernichten, der solcher Verhetzung entgegenkommt. ... Wir nehmen an, daß die Triebe des Menschen nur von zweierlei Art sind, entwe-

Abb. 7.6
*In dem Roman »Herr der Fliegen« von William Golding entwickelten verunglückte Schuljungen, die auf einer Insel ohne die Hilfe Erwachsener um das Überleben kämpfen mußten, eine Form des Zusammenlebens, die durch massive Konflikte und furchtbare Grausamkeiten gegeneinander gekennzeichnet war.*

der solche, die erhalten und vereinigen wollen – wir heißen sie erotische ... – und andere, die zerstören und töten wollen; wir fassen diese als Aggressionstrieb ... zusammen. ... Übrigens handelt es sich ... nicht darum, die menschliche Aggressionsneigung völlig zu beseitigen; man kann nur versuchen, sie soweit abzulenken, daß sie nicht ihren Ausdruck im Kriege finden muß.«

Ein Blick in die Menschheitsgeschichte zeigt auf, wie schwierig es sein muß, die Aggressionsneigung – wie Freud es nennt – abzulenken, also auf gesellschaftlich anerkannte Ziele zu richten. Wenn man einmal die Menschheitsgeschichte bis auf die ältesten Überlieferungen zurückverfolgt, wie das ein Anthropologe getan hat (Montagu, 1976), dann lassen sich innerhalb eines Zeitraums von 5600 Jahren mehr als 14600 Kriege oder 2,6 kriegerische Auseinandersetzungen pro Jahr nachweisen. Da die Zählung in den frühen sechziger Jahren stattgefunden hat, wurden die Konflikte in Fernost (z. B. Vietnam), der Völkermord in Kambodscha, zahlreiche Konflikte auf der arabischen Halbinsel, in Afrika, Südamerika und Europa (im ehemaligen Jugoslawien) gar nicht mitgezählt.

Um die Behauptung einer hohen menschlichen Aggressionsbereitschaft zu belegen, ist der Blick auch auf unzählige gewaltsam ausgetragene Konflikte zwischen einzelnen Menschen zu richten. Auf fast jeder Seite einer Tageszeitung wird von Mord und Überfällen, von Schlägereien, von Vergewaltigungen und von Mißhandlungen berichtet. Aggressionen finden sich auch unter den Familienmitgliedern. Ist der Mensch demnach tatsächlich »zur Aggression verurteilt«? Nicht alle würden dieser Frage uneingeschränkt zustimmen. Der Sozialbiologe Edward Wilson (1975) stellt sogar fest, daß ein Marsbesucher auf der Erde wahrscheinlich nur wenige Fälle von Aggressionen beobachten würde. Meistens und in der Mehrheit der Situationen – so meint er – verhielten sich Menschen nicht gewalttätig. Nur selten könnte ein Marsbesucher Vorfälle beobachten, in denen Personen in voller Absicht das Ziel verfolgen, Sachen zu zerstören oder andere zu verletzen. Feststellungen über menschliches Aggressionsverhalten erscheinen – zumindest auf den ersten Blick – widerspruchsvoll.

Die meisten Aggressionsforscher gehen davon aus, daß das Auftreten von Aggressionen in bestimmten Situationen wahrscheinlicher ist als in anderen. Welche Bedingungen fördern und welche hemmen die Bereitschaft zu Gewalttätigkeiten? Wie läßt sich erklären, daß einige Menschen auf die gleichen Bedingungen stärker, andere sehr viel schwächer oder überhaupt nicht aggressiv reagieren? Das sind nur einige der Fragen, die Psychologen zu klären versucht haben. Bevor über einige Erkenntnisse informiert wird, soll etwas genauer bestimmt werden, was unter Aggressionen überhaupt zu verstehen ist.

### 7.2.2.1 Aggressives Verhalten als offenkundige Absicht zur Schädigung anderer

Die meisten Menschen sind wahrscheinlich davon überzeugt, daß sie die Bedeutung des Begriffs »Aggression« kennen. Wenn sie gebeten werden, Beispiele anzugeben, schildern sie in der Regel Situationen, in denen ein oder mehrere Menschen anderen irgendeinen Schaden zufügen. Nach ihrem Verständnis kann die Aggression zum einen in einem körperlichen Angriff bestehen: Das Opfer wird beispielsweise geschlagen, mit einem Messer bedroht und möglicherweise verletzt oder sogar erstochen. Zum anderen besteht auch Übereinstimmung darin, daß Aggressionen sich auch auf ausschließlich psychologischer Ebene vollziehen können: Das Opfer wird beschimpft, verhöhnt, lächerlich gemacht und als Person abgewertet. Ein Vorgesetzter kann seine Aggressionen vielleicht dadurch zum Ausdruck bringen, daß er ohne Angabe von Gründen eine Beförderung verhindert, eine Gehaltserhöhung ausschlägt usw.

Auf der Grundlage dieser Beispiele läßt sich herausarbeiten, daß von Aggression gesprochen wird, wenn ein Lebewesen (es können grundsätzlich auch mehrere sein) andere zu schädigen versucht oder tatsächlich schädigt. Eine solche allgemeine Kennzeichnung wird jedoch noch nicht allen Situationen gerecht. Würde man z. B. von Aggression sprechen, wenn ein Arzt einem weinenden Kind eine Spritze verabreicht? Wie hat man das Verhalten eines Polizisten zu beurteilen, der auf einen fliehenden Bankräuber schießt, nachdem dieser seiner Aufforderung zum Stehenbleiben nicht nachgekommen ist? Liegt eine aggressive Verhaltensweise vor, wenn ein Hausbewohner beim Reinigen seines Balkons gegen einen Blumentopf stößt, der daraufhin auf den Bürgersteig fällt und einen Passanten verletzt? Allgemein wird man in den genannten Fällen nicht von Aggression sprechen, denn die Handelnden hatten nicht die *Absicht*, andere zu schädigen. Der Arzt wollte seinem jungen Patienten helfen, eine Krankheit schneller zu überwinden. Der Polizist versuchte zunächst, den Bankräuber durch Zuruf zum Stehen zu bringen. Dem achtlosen Hausbewohner nimmt man bereitwillig ab, daß er lieber seinen Blumenschmuck behalten hätte. Die meisten psychologischen Kennzeichnungen berücksichtigen, daß nur solche Verhaltensweisen als *aggressive* zu bezeichnen sind, *die eine offenkundige Absicht erkennen lassen, anderen Menschen Schaden zuzufügen*.

Welche Schwierigkeiten mit der Suche nach einer Kennzeichnung verbunden sind, die allen Situationen gerecht wird, erkennt man bei Betrachtung weiterer Beispiele: Der Henker führt im Auftrag des Gerichts eine Hinrichtung aus. Ein Boxer schlägt seinem Gegner die Nase blutig. Ein Jäger erschießt ein krankes Tier. Gemeinsam ist diesen Beispielen, daß in jedem Fall eine Absicht besteht, eine Handlung auszuführen, durch die ein anderer bzw. ein Tier geschädigt wird. Viele Psychologen wären eventuell bereit, in solchen Situationen von Aggressionen zu sprechen. Sie machen aber darauf aufmerksam, daß die Schädigung nicht das Hauptziel darstellt, sondern vielmehr als unvermeidliches Nebenergebnis zustande gekommen ist. Durch die Hinrichtung soll ja die Gesellschaft vor einem Kriminellen geschützt werden, der Boxer will einem Publikum nur seine sportliche Überlegenheit vorführen, und der Jäger betreibt letztlich Umweltschutz. Man könnte in solchen Fällen von *instrumenteller* Aggression sprechen. Sie ist von einer *feindlichen* Aggression zu unterscheiden, bei der die absichtliche Verletzung das vorrangige Ziel darstellt. Es fließen aber stets Wertungen in solche Urteilsprozesse mit ein. Der Anhänger der Todesstrafe wird sich mit dem Gegner einer solchen Maßnahme wahrscheinlich darüber streiten, ob die Arbeit des Henkers nicht in jedem Fall als feindliche Aggression einzuordnen ist. Viele Jäger würden mit Nachdruck bestreiten, daß das Erlegen eines Tieres eine aggressive Verhaltensweise darstellt. Solchen Hinweisen ist Rechnung zu tragen, indem man den Begriff Aggression nur zur Bezeichnung solcher Handlungen verwendet, die in einer Gesellschaft negativ bewertet werden.

Nicht selten bedarf es der Berücksichtigung aller Umstände, in der eine Handlung stattfindet, um entscheiden zu können, ob eine instrumentelle oder eine feindliche Aggression vorliegt. Ein jugendliches Bandenmitglied mag auf einen Passanten einschlagen, weil er sich von ihm beleidigt fühlt (feindliche Aggression) oder weil er dieselbe Tat als Mutprobe für Gleichaltrige zu erbringen hat (instrumentelle Aggression). Dieselbe Handlung wird zudem von Ausführenden und ihren Beobachtern in der Regel unterschiedlich interpretiert. Wenn man gegen andere Maßnahmen ergreift, die dessen Herabsetzung oder Schädigung zum Ziel haben, legen selbstwertdienliche Gründe es nahe, solchen Verhaltensweisen instrumentellen Charakter zuzuschreiben. Dadurch erscheinen sie nämlich gerechtfertigt. Wer auf der linken Spur der Autobahn einen Verkehrsteilnehmer bedrängt hat, behauptet im Falle einer anschließend herausgeforderten Rechtfertigung vielleicht, der eigene Termindruck habe die Maßnahmen gegenüber »dem langsamen Anfänger« herausgefordert. Der Bedrängte sowie weitere Zeugen dürften demgegenüber übereinstimmend erklären, bei den beobachteten Verhaltensweisen habe es sich eindeutig um feindliche Aggressionen gehandelt. Im Alltagsleben ist es deshalb so schwer, die Anzahl aggressiv ausgetragener Konflikte zu vermindern, weil es allenfalls in sehr seltenen Ausnahmefällen gelingen mag, Angreifer im Zustand gesteigerter Erregung davon zu überzeugen, daß ihre Handlungen alle Kennzeichen einer feindlichen Aggression besitzen und als solche nicht zu rechtfertigen sind.

### 7.2.2.2 Menschliche Aggression als angeborene Motivation

Der englische Philosoph Thomas Hobbes (1588–1679) war während des 17. Jahrhunderts Zeitzeuge vieler Religions- und Bürgerkriege geworden. Die Art und Weise, wie Menschen offenkundig ihre Konflikte austrugen, bot ihm keinen Anlaß, ihnen Vernunft zuzusprechen. Der Mensch, so schlußfolgerte er nach seinen Beobachtungen, sei vor allem an seiner eigenen Macht sowie daran interessiert, Vorteile über andere zu gewinnen. Da der Mensch, wie Hobbes meinte, des Menschen Wolf *(homo homini lupus)* sei, würde einer sehr bald den anderen umbringen, wenn der Staat nicht die Macht hätte, Ordnung zu schaffen und den einzelnen in seine Schranken zu verweisen. Wie bereits festgestellt worden ist (s. S. 297), zog Sigmund Freud einen vergleichbaren Schluß, nachdem er die Aggressionen während des Ersten Weltkriegs beobachtet hatte. Freud stellte sich, ähnlich wie später der Verhaltensbiologe Konrad Lorenz (1963), vor, daß sich innerhalb eines Organismus fortlaufend aggressive Energie aufstaut, deren Druck schließlich zur Entladung drängt. Solche »Dampfkesseltheorien« haben sich inzwischen als unzutreffend erwiesen. Für Lorenz ist die Aggression – im Unterschied zu Freud – jedoch nicht selbstzerstörerisch; sie steht vielmehr im Dienste der Anpassung und Lebenserhaltung.

Auf die Frage, wie sich der Aggressionsinstinkt bei Mensch und Tier entwickelt haben könnte, verweisen Verhaltensbiologen auf Charles Darwins Theorie von der Entstehung der Arten (Evolution). Darin wird behauptet, daß das jeweils stärkere oder besser angepaßte Lebewesen die größeren Überlebenschancen besitzt. Männchen kämpfen z. B. um ein Weibchen, um Eindringlinge aus ihrem Ansiedlungsgebiet zu vertreiben und um ihre Jungen zu schützen. Aus solchen Konflikten geht meistens das stärkere oder geschicktere Tier siegreich hervor. Es schafft damit gleichzeitig gute Voraussetzungen für sein Überleben. Genetische Grundlagen, die solche Überlegenheit bedingt haben könnten, besitzen gute Chancen, auf die nachfolgende Generation übertragen zu werden.

Wenn sich aber aggressives Verhalten allgemein als vorteilhaft erweist, weil es die Überlebenschancen zu verbessern hilft und folglich während der Evolution genetisch verankert worden ist, könnte man doch erwarten, daß die Angehörigen jeder Art damit ausgestattet sind. Das trifft jedoch nicht zu. Es gibt ausgesprochen friedliche, ebenso aber auch sehr aggressive Tierarten. Während z. B. der Schimpanse ein ziemlich aggressiver Menschenaffe ist, verhält sich der Gorilla überwiegend friedlich. Aber selbst Schimpansen müssen keineswegs *stets* aggressiv reagieren. Peter Kropotkin berichtete bereits im Jahre 1902 von zwei Schimpansen, die in benachbarten Käfigen lebten. Wie reagierte z. B. das eine Tier, dem man für einige Zeit das Futter entzogen hatte, auf das andere, das über ausreichend Nahrung verfügte? Nach den Beobachtungen Kropotkins zeigte der hungrige Schimpanse keine Aggressionen, sondern erreichte sein Ziel vielmehr mit Betteln. Auch wenn man menschliche Gesellschaften miteinander vergleicht, findet man solche, die als ziemlich friedlich, und andere, die als ausgesprochen aggressiv zu bezeichnen sind, aber auch die letzteren verhalten sich keineswegs immer aggressiv (Montagu, 1976). Der Anthropologe Ashley Montagu (1976) hat mit zahlreichen Belegen die Behauptung eines angeborenen Aggressionsinstinkts zurückgewiesen. »Die Ausführungen der angeborenen Aggressionisten«, so schreibt er, »erwecken in einem den Eindruck, daß der Mensch nicht viel mehr als ein Apparat ist, angetrieben von angeborenen Instinkten, die er unausrottbar von seinen Vorfahren, von ›Mörder‹-Affen, geerbt hat. Es ist ein trauriges Bild, das sie gezeichnet haben, und wenn es zutreffen würde, dann wäre die Zukunft der menschlichen Rasse in der Tat trübe und wenig verheißungsvoll.«

Die Behauptung, Aggressionen seien im Verlauf der Zeit zum Bestandteil genetischer Ausrüstung der Lebewesen geworden, stellt eine recht einseitige Betrachtungsweise dar. Dabei ist gar nicht zu bestreiten, daß aggressives Verhalten einem Lebewesen oder einer Tierart das Überleben sichern kann. Sind nicht aber mit Aggressionen gleichzeitig auch beträchtliche Gefahren verbunden? Wer sich zu bereitwillig in Kämpfe einläßt, muß stets damit rechnen, verletzt oder gar getötet zu werden. In einigen Situationen mag es lebensrettend sein, auf Aggressionen zurückzugreifen. In anderen dürfte es wegen der beträchtlichen Gefahren sehr viel angepaßter im Sinne von Darwin sein, wenn man einen Kampf zu vermeiden trachtet, indem man nach friedlichen Lösungen sucht oder ganz einfach die Flucht ergreift (Maynard-Smith, 1974).

### 7.2.2.3 Frustrations-Aggression-Hypothese

Während Biologen die Frage zu klären versuchen, warum sich bei Mensch und Tier die Möglichkeit zu aggressiven Verhaltensweisen entwickelt haben kann bzw. welche Funktionen diese für Lebewesen besitzen, möchten Psychologen vor allem aufdecken, unter welchen Bedingungen Aggressionen entstehen. Wann ist mit dem Auftreten aggressiver Verhaltensweisen zu rechnen? Ende der dreißiger Jahre entdeckten Psychologen der amerikanischen Yale-Universität als Auslöser einen Zustand, den sie *Frustration* nannten (Dollard et al., 1939). Von einer Frustration spricht man, wenn ein Mensch sich um die Erreichung eines Ziels bemüht und sein zielgerichtetes Verhalten vereitelt wird bzw. er sein Ziel nicht erreichen kann. Ein Mensch, der sich beeilt, um einen Bus zu erreichen, und der kurz vor dem Ziel mit ansehen muß, wie dieser ihm »vor der Nase« wegfährt, dürfte eine Frustration erfahren. Lösen Frustrationen immer Aggressionen aus? Diese Frage versuchten die Yale-Psychologen in zahlreichen Studien zu klären.

In einem Experiment von Robert Sears und Mitarbeitern (1940) erhielten Studenten die Einladung zu einer Zusammenkunft, die abends beginnen sollte und in deren Verlauf angeblich Ermüdungsprozesse untersucht werden sollten. Tatsächlich versuchten die Gastgeber die Teilnehmer wiederholt zu frustrieren: Sowohl das Rauchen als auch das Sprechen wurde ihnen untersagt. Gesellschaftsspiele hatten sie plötzlich abzubrechen, und ein versprochenes warmes Frühstück traf nicht ein. Unter solchen Bedingungen war zu beobachten, daß die Versuchspersonen im

Verlauf der Nacht allmählich immer aggressiver reagierten. Sie sprachen abfällig über das Experiment und äußerten sich zweifelnd über den Geisteszustand der Versuchsleiter. Ein Student fertigte Kritzelzeichnungen an (s. Abbildung 7.7), und auf die Frage, was sie darstellen sollten, folgte unverzüglich die Antwort: die Psychologen.

Nachdem die Yale-Psychologen noch in weiteren Experimenten, an denen teilweise auch Kinder beteiligt waren (Barker et al., 1941), regelmäßig den behaupteten Zusammenhang zwischen Frustration und Aggression bestätigt fanden, entschlossen sie sich im Jahre 1939, die Öffentlichkeit über ihre Frustrations-Aggression-Hypothese zu informieren. Diese bestand aus zwei Annahmen:
- Frustration löst stets irgendeine Form der Aggression aus.
- Aggression ist stets eine Folge von Frustration.

In sozialen Situationen können sich Aggressionen und Frustrationen über eine gewisse Zeitspanne abwechseln und sich dabei u.U. allmählich verstärken. Am Anfang steht vielleicht eine noch relativ harmlose Bemerkung, die eine Art Kettenreaktion auslöst, weil darauf eine heftigere Antwort folgt, die abermals eine stärkere Gegenmaßnahme hervorruft, bis schließlich möglicherweise sogar eine Prügelei entsteht. Man kann dieses Geschehen auch mit einer Spirale vergleichen, denn der Prozeß ist dadurch gekennzeichnet, daß sich die Erregung spiralförmig hochschraubt.

Besonders die sogenannten *Slapstick*-Filme haben vielfach Kettenreaktionen der geschilderten Art zum Inhalt gehabt. Der Filmserie »Dick und Doof« entstammt ein typisches Beispiel, das Abbildung 7.8 wiedergibt. Die Bildfolge zeigt zunächst die Darsteller *Laurel* und *Hardy* mit einem Weihnachtsbaum, der

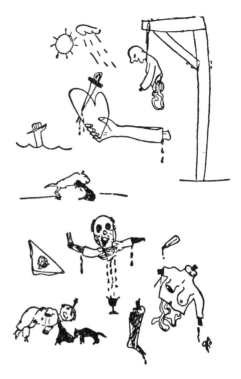

Abb. 7.7
*Kritzelzeichnungen offenkundig aggressiven Inhalts, die ein wiederholt frustrierter Teilnehmer eines Experiments hergestellt hat*

kurz darauf einem Fremden angeboten werden soll. Diesen frustriert jedoch die Aufdringlichkeit der Verkäufer, und deshalb reagiert er mit einer unfreundlichen Geste, die *Laurel* und *Hardy* nicht unbeantwortet lassen, denn sie beginnen daraufhin mit der Zerstörung des Hauses ihres »schwierigen« Kunden. Sie müssen jedoch dafür büßen: Der Hausbesitzer rächt sich, indem er auf das Auto der ungebetenen Verkäufer einschlägt. Was im Film zur Belustigung der Zuschauer in Szene gesetzt worden ist, hat allerdings sehr folgenschwere Entsprechungen in der Auseinandersetzung zwischen Nationen, die sich

Abb. 7.8
*Ein Beispiel aus der Filmserie »Dick und Doof« für die allmähliche Steigerung der Aggression durch einen Prozeß wechselseitiger Herausforderung*

gegenseitig so lange bedrohen, beleidigen und herausfordern, bis der Prozeß in eine kriegerische Auseinandersetzung übergeht.

Kritiker trugen sehr bald nach der Veröffentlichung der Frustrations-Aggression-Hypothese zahlreiche Belege zusammen, die Zweifel an der Berechtigung der ursprünglichen Annahmen entstehen ließen. Setzen Aggressionen tatsächlich stets Frustrationen voraus? Muß ein *Killer*, der einen Mord in bezahltem Auftrag ausführt, stets frustriert werden, bevor er seine Tat ausführen kann? Ist die Besatzung eines Bombenflugzeugs während des Krieges so lange nicht bereit, die tödliche Last über Wohngebieten auszuklinken, bis irgendwelche Wünsche unbefriedigt bleiben? Arnold Buss (1963) belegte mit seinen Experimenten sehr eindringlich, daß Aggressionen nicht unbedingt Frustrationen voraussetzen. Er ließ z. B. Versuchspersonen die Rolle eines Lehrers spielen, der einen »Schüler« im Nebenzimmer mit schmerzhaften Elektroschocks verschiedener Stärke für Fehler in einer Lernaufgabe »bestrafen« sollte (der »Lehrer« wußte nicht, daß tatsächlich kein »Schüler« an ein Schockgerät angeschlossen war). Während ihres »Unterrichts« wurden einige »Lehrer« systematisch frustriert, andere nicht. Buss stellte fest, daß frustrierte Versuchspersonen nur wenig härter als nicht frustrierte »bestraften«. Er beobachtete außerdem, daß mit einer Erhöhung der Frustration nicht die Stärke der Aggression anstieg.

Auch die zweite Behauptung der Yale-Psychologen, Frustration würde *immer* zu Aggression führen, muß zurückgewiesen werden. Buss folgerte aus seinen Untersuchungen, daß sogar starke Frustration keineswegs immer zu Aggressionen, wohl aber zur Entwicklung von Angst und Niedergeschlagenheit führen kann. Die grauenhaften Bedingungen, unter denen die Häftlinge der Konzentrationslager während der NS-Zeit in Deutschland ihr Leben fristen mußten, führten weniger zu offenen Aggressionen als zum völligen Desinteresse an der Umwelt. Diese Gleichgültigkeit war den Gesichtern der Insassen des KZs Buchenwald im Jahre 1945 unmittelbar vor ihrer Befreiung durch die alliierten Streitkräfte deutlich anzusehen (s. Abbildung 7.9).

Es ist zu berücksichtigen, daß die Frustrations-Aggression-Hypothese mechanistischen Denkweisen entsprungen ist. Einige ihrer Kritiker wiesen nach, daß Menschen keineswegs immer gleichartig reagieren, wenn ihr zielgerichtetes Verhalten blockiert wird. In einem Experiment von James Kulik und Roger Brown (1979) sollten sich Studenten z. B. an einer Spendensammlung beteiligen. Sie wußten nicht, daß die Leute, die sie jeweils telefonisch um eine »milde Gabe« baten, in Wirklichkeit Vertraute der Experimentatoren waren und als solche in einer vorher vereinbarten Weise reagierten. Unter der einen Bedingung wies ein solcher Vertrauter die Frage, ob er spenden wollte, sehr schroff und auf unfreundliche Weise zurück. Er beschimpfte Organisationen, die Geld sammeln ließen, aufs heftigste. Unter einer anderen Bedingung wurde die Bitte der Sammelnden praktisch ebenso zurückgewiesen. Der Gesprächspartner bekundete aber seine grundsätzliche Sympathie für Wohlfahrtsorganisationen. Da er aber vor kurzem arbeitslos geworden sei, könne er sich keine Spende leisten. Wie reagierten nun die Studen-

Abb. 7.9
*Insassen des Konzentrationslagers Buchenwald unmittelbar vor ihrer Befreiung*

ten auf die beiden Bedingungen, unter denen sie ihr Ziel jeweils nicht erreichen konnten? Kulik und Brown versuchten zunächst das Maß der Verärgerung ihrer Versuchspersonen zu messen, indem die Wucht gemessen wurde, mit der diese den Hörer auf die Gabel zurücklegten. Ebenso protokollierten die Experimentatoren die Anzahl aggressiver Äußerungen während des Telefongesprächs. Insgesamt zeigte sich bei den Studenten mehr Verärgerung und stärkere Aggressionen, wenn ihre Bitte ohne nachvollziehbare Gründe zurückgewiesen worden war. Viele Alltagsbeobachtungen bestätigen solche Befunde. Wie reagieren z.B. Kunden, die in einem Supermarkt längere Zeit an der Kasse gestanden haben, um dann zu erfahren, daß die Kasse geschlossen wird? Dies hängt von mehreren Umständen ab: Wer bereits einige Zeit in der Schlange gewartet hat, reagiert auf eine solche Situation aggressiver als ein anderer, der sich gerade erst angestellt hat. Von Bedeutung ist weiterhin, welche Begründung für die Schließung der Kasse gegeben wird. Wenn ein Kunde erfährt, er müsse sich woanders anstellen, weil die Kassiererin nun eine Tasse Kaffee trinken gehen wolle, reagiert er wahrscheinlich aggressiver, als wenn er die Schließung der Kasse zu Kenntnis nehmen muß, weil die Angestellte einen Schwächeanfall erlitten hat. Dennoch ist der Wartende in beiden Fällen frustriert worden (Ahmed, 1982). Wahrscheinlich ist außerdem von Bedeutung, welche Erwartungen Kunden an den Service eines Supermarktes stellen: Wer täglich ›Schlange stehen‹ muß und vom Personal stets unfreundlich bedient wird, dürfte auf ein frustrierendes Ereignis der geschilderten Art anders reagieren als solche Kunden, die bereits gesteigerte Erwartungen an die Bedienung haben. Auf die Möglichkeit eines grundsätzlich vergleichbaren Zusammenhangs haben einige politisch interessierte Sozialpsychologen aufmerksam gemacht. Wie Info-Kasten 7.2 ausführlicher darstellt, steigt nach ihrer Meinung in einer Gesellschaft mit unzulänglichen Lebensbedingungen erst dann die Wahrscheinlichkeit eines Ausbruchs sozialer Unruhen und gewalttätig ausgetragener Proteste, wenn bei ihren Mitgliedern positive Erwartungen auf Besserung der Situation entstanden sind.

Der ursprünglich von den Yale-Psychologen behauptete Zusammenhang zwischen Frustration und Aggression war also eindeutig zu eng gefaßt worden. Leonard Berkowitz (1978, 1988) hat sich deshalb um eine Überarbeitung der Theorie bemüht, damit ihr eine völlige Zurückweisung erspart blieb. Frustrationen, so schlußfolgerte er, *können* Aggressionen zur Folge haben, vorausgesetzt, sie rufen auf emotionaler Ebene Ärger oder – wie andere meinen – einfach nur innere Erregung hervor (Zillmann, 1983). Auf diese Weise entsteht eine innere Bereitschaft für aggressive Verhaltensweisen, die allerdings nur gezeigt werden, wenn gleichzeitig Hinweisreize in der Umwelt dem Wahrnehmenden ihre Angemessenheit signalisieren. Da Waffen einen hohen Wert als aggressive Hinweisreize besitzen, wird aggressives Reagieren eines verärgerten Menschen bereits wahrscheinlicher, wenn sich in seinem Blickfeld z.B. eine Pistole finden sollte (Berkowitz und LePage, 1967). Ärger kann allerdings sowohl durch Frustration als auch durch andere Ereignisse hervorgerufen werden, wie z.B. durch Schmerz oder Bedrohung. Der Zusammenhang wird jedenfalls nicht mehr so eng gesehen, wie es die Forscher der Yale-Gruppe taten. Ob ein Frustrierter tatsächlich Aggressionen zeigt, hängt auch von weiteren gerade vorliegenden Bedingungen, vor allem von solchen der äußeren Situation ab.

## Info-Kasten 7.2:
**Wird das Auftreten von Revolutionen und sozialen Unruhen in einer Gesellschaft wahrscheinlicher, nachdem sich die Lebensverhältnisse ihrer Mitglieder verbessert haben?**

Als Kanzler der Bundesrepublik Deutschland versicherte *Helmut Kohl* den Bewohnern der ehemaligen DDR in zahlreichen Reden zur Bundestagswahl 1990, es würde nach der Wiedervereinigung »keinem schlechter gehen, aber vielen besser«. Durch diese Äußerungen wurden seinerzeit Erwartungen geweckt, die sich während der anschließenden Jahre keineswegs für alle Einwohner der neuen Bundesländer problemlos erfüllten. Möglicherweise sind nachfolgende Unruhen, wie sie sich vor allem seit dem Spätsommer 1992 in feindlichen Aktionen gegenüber Ausländern ereigneten, u. a. auch als Folge frustrierter Erwartungen in der Bevölkerung entstanden.

Vielfach wird fälschlich angenommen, daß soziale Unruhen oder Revolutionen ihren besten Nährboden in Zeiten haben, in denen die Menschen unter den gegebenen Lebensumständen besonders stark leiden müssen. Während des gesamten 18. Jahrhunderts, so läßt sich historischen Quellen entnehmen, besserte sich die wirtschaftliche Situation Frankreichs zwar langsam, aber dennoch stetig. Die Bauern, die der Französischen Revolution entscheidenden Anstoß gege-

Abb. 7.10
*Soziale Unruhen können u.a. auch entstehen, wenn optimistische Erwartungen enttäuscht werden, die nach einer Zeit der Unterdrückung entstanden sind.*

ben hatten, besaßen im Jahre 1789 einen Lebensstandard, der gegenüber früheren Jahrzehnten eindeutig höher war. Vielen Bewohnern Mittel- und Osteuropas ging es beim Ausbruch der Französischen Revolution noch viel schlechter. »Wenn Verzweiflung über erbärmliche Lebensverhältnisse eine Bedingung für die Entstehung einer Revolution wäre, dann hätten sich die Franzosen als letzte zur Teilnahme an einer Revolution entschließen müssen«, erklärt der Historiker Carl Gustavson (1955) und fährt fort: »Extremes Leiden oder extreme Armut scheint eher Gleichgültigkeit als Rebellion hervorzurufen, denn die Menschen solcher Lebensumstände sind einfach zu sehr darum bemüht, bloß zu überleben, statt sich gedanklich noch mit der Regierung auseinanderzusetzen. ... Die Franzosen als Volk vermehrten ihren Reichtum während des gesamten 18. Jahrhunderts, während die Regierung zunehmend zahlungsunfähig wurde. Der Gegensatz zwischen der Finanzsituation der Regierung und der Bevölkerung insgesamt ist ein Hinweis auf ein Mißverhältnis von einem derartigen Ausmaß, daß darin ein wesentlicher Grund für die Revolution liegen konnte. ... Die Revolution entstand nicht aus einer Notlage, sondern aus Stärke und Hoffnung.« Ähnlich hatte sich bereits fast hundert Jahre früher der französische Geschichtsschreiber Alexis de Tocqueville (1856) geäußert. Er schrieb nach eingehender Auseinandersetzung mit den Ereignissen der Französischen Revolution: »Revolutionen entstehen keineswegs immer als Folge einer allmählichen Verschlechterung der Lebensverhältnisse. Nationen, die geduldig und fast unbewußt die schlimmsten Unterdrückungen ertragen haben, rebellieren in dem Moment offen gegen die Knechtschaft, da sich die Lebensverhältnisse zu bessern beginnen. Mißstände, die geduldig so lange ertragen worden sind, wie sie unvermeidlich erschienen, werden unerträglich, sobald die Aussicht auf ein Entrinnen geweckt worden ist.« Auch Karl Marx erkannte wenigstens in einem seiner Aufsätze an, die er 1849 als Chefredakteur für die *Neue Rheinische Zeitung* schrieb, daß mit sozialen Unruhen zu rechnen ist, wenn sich die wirtschaftliche Lage der Arbeiter verbessert, aber nicht mit dem wachsenden Wohlstand der Kapitalisten Schritt hält (Marx und Engels, 1951).

Lassen sich solche Feststellungen verallgemeinern? Die Politischen Psychologen Ivo und Rosaline Feierabend (1972) überprüften die Zusammenhänge durch ein Studium von Ereignissen in 84 Ländern. Es ergab sich eine eindeutige Beziehung zwischen der Anzahl sozialer Unruhen (Streiks, Aufstände, Revolten) und wirtschaftlicher Frustration. Nachdem sich die Lebensverhältnisse für Bewohner eines Landes mit unzureichender wirtschaftlicher Entwicklung (geringes Pro-Kopf-Einkommen, mangelnde Nahrungsversorgung, unzureichende Anzahl von Telefonanschlüssen, unzulängliche ärztliche Versorgung) etwas gebessert haben, werden weitere Fortschritte kritischer gesehen. Da es stets einige Zeit dauert, bis die günstige wirtschaftliche Entwicklung eines Landes von der Mehrheit der Bewohner erfahren wird, ergibt sich in der Regel die Situation, daß die tatsächlichen Fortschritte hinter den Erwartungen zurückbleiben, und daraus entstehen Frustrationen. In den Worten von Feierabend und Feierabend: Die sozialen und wirtschaftlichen Bedingungen, »die Wünsche und Erwartungen großer Teile der Bevölkerung vereiteln, (werden) als Nährboden politischer Aggressivität gesehen.« Obwohl sich also die Lebensverhältnisse eines Landes objektiv verbessern, wächst die Wahrscheinlichkeit aggressiver Reaktionen ihrer Bewohner.

In den Anfangsstadien der Wiedervereinigung Deutschlands mußte man ebenfalls damit rechnen, daß die Erwartungen der Wirklichkeit vorauseilten. Psychologen hätten, wären sie um Rat gefragt worden, die Politiker deshalb dringend gemahnt, die damals anfänglich ohnehin vorhandenen optimistischen Erwartungen durch optimistische Prognosen nicht noch zu erhöhen.

### 7.2.2.4 Situative Bedingungen zur Förderung aggressiver Verhaltensweisen

Da Frustration oder Verärgerung nicht unbedingt Aggressionen nach sich ziehen, stellt sich die Frage nach den zusätzlichen Bedingungen im Sinne von Berkowitz (s. S. 306). Bereits bei Darstellung der Theorie des Sozialen Lernens (s. S. 197 f.) wurde mitgeteilt, daß aggressives Verhalten eines Vorbildes von Beobachtern nachgeahmt werden kann. Albert Bandura hat wiederholt betont, daß solche Nachahmungen nicht automatisch, sondern nur unter bestimmten Voraussetzungen erfolgen. Ähnliches läßt sich für die Reaktionen auf Frustration feststellen: Einige Bedingungen fördern das Auftreten von Aggressionen geradezu, während andere eher hemmend wirken. Auf die Frage, in welchen Situationen mit einer gesteigerten Aggressionsbereitschaft zu rechnen ist, nennen Sozialpsychologen mit ziemlich hoher Übereinstimmung zum einen solche, in denen Handelnde anonym bleiben, zum anderen solche, in denen die soziale Verantwortung auf Autoritätspersonen übertragen werden kann.

Man weiß schon sehr lange, daß Menschen in der Anonymität Verhaltensweisen zeigen können, die für sie unter anderen Bedingungen nicht kennzeichnend sind. Es war sicherlich kein Zufall, daß der gerichtlich bestellte Henker zu früheren Zeiten häufig eine Kapuze trug (s. Abbildung 7.11); der Vollstrecker eines Todesurteils konnte dahinter seine Anonymität wahren, und das half ihm offenbar, seine grausamen Maßnahmen auszuführen.

In der Bundesrepublik Deutschland ist, ebenso wie in vielen anderen Ländern, die Todesstrafe abgeschafft. Werden aber Insassen von Gefängnissen erheblich würdiger behandelt? Besteht nicht zumindest die Gefahr, daß die herrschende Atmosphäre in Vollstreckungsanstalten die Verwirklichung eines »menschenwürdigen Strafvollzugs« erschwert? Das in Info-Kasten 7.3 beschriebene Experiment mag einzelne Bedingungen etwas übertrieben haben. Zu beachten ist auch, daß das Aufsichtspersonal des eingerichteten Gefängnisses keine angemessene Ausbildung erhalten hatte; es zeigt aber, wie schnell psychisch gesunde Studenten in zugewiesene Rollen hineinwachsen und bereit sind, Verhaltensweisen zu zeigen, die sie unter anderen Bedingungen scharf mißbilligen.

Eine andere Bedingung, unter der eine Minderung der Selbstverantwortung erfolgen kann, ist bei Menschenansammlungen gege-

Abb. 7.11
*Pariser Henker aus dem 14. Jahrhundert*

## Info-Kasten 7.3:
### Wie verhalten sich Studenten, wenn sie die Rolle von Gefangenen und Aufsehern zu spielen haben?

Philip Zimbardo (et al., 1982), Sozialpsychologe an der Stanford-Universität in Kalifornien, und seine Mitarbeiter suchten durch eine Anzeige in einer Tageszeitung Studenten zur Teilnahme an einem Experiment. Für ihre Mitwirkung erhielten diese U$ 15 pro Tag. Die Psychologen wählten nach eingehenden klinischen Untersuchungen 21 junge Männer aus, die den Eindruck machten, daß sie psychisch gesund waren. Die Experimentatoren teilten diesen Freiwilligen mit, daß einige von ihnen die Rolle von Gefangenen, andere die Rolle von Aufsehern übernehmen sollten. Bemerkenswerterweise zogen alle vor, sich als »Gefangene« an dem Experiment zu beteiligen. Tatsächlich erfolgte die Zuweisung zu diesen Rollen nach dem Zufall; die so ausgewählten »Gefangenen« und »Aufseher« unterschieden sich voneinander deshalb nicht grundsätzlich.

Zimbardo war bemüht, während des gesamten Experiments eine Atmosphäre der Anonymität zu schaffen, d. h., es sollte alles so unpersönlich wie möglich zugehen. Die »Gefangenen« wurden eines Tages von der örtlichen Polizei abgeholt; sie erfuhren, daß sie wegen Einbruchs oder anderer Vergehen verhaftet seien. Nachdem das Abtasten ihrer Körper keine Hinweise auf verborgene Waffen ergeben hatte, wurden die Festgenommenen in Handschellen zum »Gefängnis« transportiert.

In der Haftanstalt hatten sich die Festgenommenen auszuziehen, damit Maßnahmen zur Entlausung durchgeführt werden konnten. Um ihnen jede Besonderheit im Aussehen zu nehmen, zog man ihnen gleichförmige Kittel an, auf die hinten und vorne die Erkennungsnummer genäht worden war. Anstelle einer Kahlrasur des Kopfes mußte jeder eine Kappe aus Nylon tragen. Anschließend erfolgte die Einsperrung in eine Drei-Mann-Zelle. Bei der Anrede wurde fortan nur noch die jeweilige Häftlingsnummer genannt.

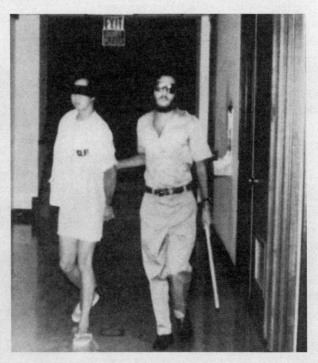

Abb. 7.12
*»Gefangene« und »Aufseher« in Zimbardos Experiment*

Die »Aufseher« trugen eine Khakiuniform. Zur Erhöhung ihrer Anonymität war ständig eine reflektierende Brille aufzusetzen. Als Zeichen ihrer »Macht« besaßen sie einen Schlagstock, eine Trillerpfeife, Handschellen und die Zellenschlüssel. Ihr Auftrag lautete, für Ordnung zu sorgen. In der Behandlung der Gefangenen blieb ihnen aber ein erheblicher Spielraum; jegliche Anwendung von Gewalt war ihnen jedoch untersagt. Wie verhielten sich nun diese »Aufseher« gegenüber den »Gefangenen«?

Bei den »Aufsehern« ließen sich keine Gesten der Freundlichkeit beobachten, und es gab keine Hinweise auf Hilfsbereitschaft. Das Aufstellen in der Reihe zum Abzählen wurde von zehn Minuten auf bis zu zwei Stunden verlängert, wobei die »Gefangenen« kräftig beschimpft wurden. Die »Aufseher« weckten nachts gelegentlich »Gefangene«, um sie z. B. zu zwingen, pausenlos ihre Häftlingsnummer aufzusagen. Die »Gefangenen« mußten in anderen Situationen auf Anordnung lachen, ein Lied singen, ein ernstes Gesicht machen, sich gegenseitig verschmähen und verspotten. Man ließ sie sogar die Toilette mit bloßen Händen reinigen. Nach einer anfänglichen Meuterei, die mit aller Härte beendet wurde, verhielten sich die »Gefangenen« nur noch passiv, unterwürfig, hilflos; sie wurden schwermütig. Während der ersten fünf Tage mußten vier von zehn »Gefangenen« vorzeitig entlassen werden; unkontrolliertes Weinen, Wutausbrüche, heftige Angstzustände, Denkstörungen und schwere Depressionen waren der Grund. Bei einem »Gefangenen« entstand als Reaktion auf die Belastungen am ganzen Körper ein Hautausschlag.

Zimbardo hatte eine Dauer des Experiments von 14 Tagen geplant; er mußte es am sechsten Tag abbrechen. Die Studenten, die wegen ihrer guten psychischen Gesundheit und Widerstandskraft ausgewählt worden waren, fingen als »Gefangene« an, krankhafte Reaktionen zu zeigen, wodurch eine Fortführung des Experiments unverantwortlich erschien. Zimbardo (1971) schreibt dazu: »Nach nur sechs Tagen mußten wir unser Scheingefängnis schließen, denn es war schrecklich, was wir sahen. Es war weder uns noch der Mehrheit der Versuchspersonen klar, ob sie noch sie selbst waren und wo ihre Rollen begannen. Die Mehrheit war tatsächlich ›Gefangener‹ und ›Aufseher‹ geworden. Es gelang ihnen nicht mehr, eindeutig zwischen Rollenspiel und sich selbst zu unterscheiden. Es gab dramatische Veränderungen in praktisch jedem Aspekt ihres Verhaltens, im Denken und Fühlen. In weniger als einer Woche brachte die Erfahrung der Gefangenschaft (vorübergehend) die Lernergebnisse des bisherigen Lebens zum Erlöschen. Menschliche Werte waren zeitweilig aufgehoben, Selbstkonzepte wurden herausgefordert, und die häßlichste, primitivste, krankhafte Seite der menschlichen Natur trat an die Oberfläche. Wir waren entsetzt, denn wir sahen, wie einige junge Männer (›Aufseher‹) andere junge Männer behandelten, als wären sie verabscheuungswürdige Tiere, wobei sie die Grausamkeit noch genossen. Andere junge Männer (›Gefangene‹) wurden unterwürfig, entmenschlichte Roboter, die nur an Flucht dachten, an ihr eigenes Überleben und ihren schnell wachsenden Haß gegenüber den Aufsehern.«

Zimbardo verbrachte einen ganzen Tag nach Beendigung des Experiments damit, die Teilnehmer über die Hintergründe und Zielsetzungen des Experiments zu informieren. Er unternahm alle Anstrengungen, um zu erreichen, daß die Erfahrungen während des Experiments keine dauerhaften Schäden hinterließen. Die jährlichen Nachuntersuchungen ergaben, daß die während der Gefängniszeit entwickelten Beklemmungen und Gedanken sehr schnell nach ihrem Abschluß wieder verschwanden. Aber die während des Experiments gewonnen Einsichten in die eigene Person gingen nicht wieder verloren.

ben. Der einzelne verschwindet dabei bildlich gesehen in der »Masse«. Die gleichzeitige Anwesenheit mehrerer Menschen wirkt bei vielen enthemmend. Angriffe gegenüber anderen können leichter ausgeführt werden, weil sich die Verantwortung beim gemeinsamen Vorgehen auf viele verteilt und für den einzelnen somit abgeschwächt ist. Außerdem erschwert das Auftreten in der Masse die Verfolgung und spätere Ahndung der Taten bestimmter Menschen.

Die Aufgabe, die sich der Polizei bei gewaltsamen Demonstrationen oder sozialen Unruhen stellen kann, ist nicht immer einfach zu erfüllen. Die Uniformierung der Ordnungskräfte führt zunächst einmal zu einem ähnlichen Aussehen. Da die Polizisten zudem noch als Mannschaft (s. Abbildung 7.13) auftreten, ist eine Bedingung gegeben, die die Anonymität des einzelnen vorübergehend erhöht und seine soziale Verantwortung kurzzeitig herabsetzt; damit ist eine Voraussetzung geschaffen, die auf das Entstehen von Aggressionen sehr wohl förderlich wirken kann. In der Ausbildung zum Polizeidienst wird großer Wert darauf gelegt, daß Berufsanwärter lernen, bei kritischen Einsätzen ein hohes Maß an Selbstkritik zu bewahren.

In der Anonymität verbleibt ein Mensch gewissermaßen »namenlos«. Wer als »Unentdeckter« die Rechte anderer verletzt hat, kann praktisch von keinem Gericht zur Verantwortung gezogen werden. Unzählige Male mußte sich die Justiz in der Vergangenheit aber auch mit Personen beschäftigen, die gegen grundlegende Menschenrechte verstoßen hatten, ohne daß sie dazu der Anonymität bedurften. Warum waren Menschen während der nationalsozialistischen Herrschaft bereit, den Insassen in Konzentrationslagern mit unglaublicher Grausamkeit entgegenzutreten? Weshalb hatte der Staatssicherheitsdienst in der ehemaligen DDR offenbar keine Schwierigkeiten, Mitarbeiter zu gewinnen, die zu

Abb. 7.13
*Eine Bedingung, die den Eindruck eigener Anonymität steigern und die Absenkung sozialer Verantwortung fördern kann*

Taten bereit waren, durch die das Leben und Zusammenleben von Mitmenschen massiv beeinträchtigt, vielfach unerträglich wurde? Wenn solche Täter später zur Verantwortung gezogen wurden, entwarfen sie von sich selbst nicht selten das Bild von Staatsbürgern, die lediglich den Anordnungen der Obrigkeit Folge geleistet und den bestehenden Gesetzen entsprochen hätten.

Beeindruckt von der hohen Bereitschaft vieler Menschen, sogar Morde auszuführen, wenn der entsprechende Befehl einer herrschenden Autorität vorliegt, fragte sich Stanley Milgram (1965, 1974), ob sich ein solcher Gehorsam auch unter experimentellen Bedingungen herbeiführen lasse. Er schuf – ebenso wie Arnold Buss (s. S. 305) – eine Situation, in der die Versuchspersonen als »Lehrer« in einem angeblichen Lern- und Gedächtnisexperiment einen »Schüler« (tatsächlich ein Mitarbeiter des Versuchsleiters) für Fehler mit schmerzhaften Schocks zu bestrafen hatte. Die Anweisung lautete, die ersten Fehler mit leichten Schocks (15–60 Volt), weitere mit mäßigen (75–120 Volt), starken (135–180 Volt), sehr starken (195–240 Volt), heftigen (225–300 Volt) und extremen Schocks (315–360 Volt) zu ahnden, bis als vorletzte Stufe ein

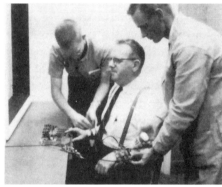

Abb. 7.14
*Milgrams Experimente zeigten, daß viele Menschen von »Autoritäten« zu veranlassen sind, antisoziale Verhaltensweisen zu zeigen, die sie unter normalen Bedingungen verurteilen.*

Hebel zu betätigen war, der die Kennzeichnung »Gefahr« (375–420 Volt) besaß. Die letzte Kategorie trug nur noch die Bezeichnung XXX (435–450 Volt).

Selbstverständlich erhielt der »Schüler«, der seine richtigen und falschen Antworten nach einer genau festgelegten Reihenfolge abzugeben hatte, keinerlei Schocks. Seine Anweisung lautete, nach Betätigung des 300-Volt-Hebels durch den »Lehrer« Schmerzen vorzutäuschen, sodann heftig gegen die Wand zu klopfen und ab sofort jede Antwort zu verweigern. Bei dieser Reaktion erfuhr der »Lehrer« vom anwesenden Versuchsleiter, daß dieses Verhalten als Fehler gewertet und entsprechend bestraft werden müßte. Seiner Anweisung folgend verstärkte der »Schüler« seinen Protest, nachdem der »Lehrer« den Hebel mit der Aufschrift 315 Volt betätigt hatte. Nach der Verabreichung der noch härteren Strafen vernahm der »Lehrer« aus dem Nebenraum, in dem das vermeintliche Opfer saß, keinerlei Äußerungen mehr. Wenn die eigentliche Versuchsperson, der »Lehrer«, sich von diesem Moment an weigerte, weitere Strafen zu verabreichen, erhielt er viermal hintereinander die ernste Mahnung, das Experiment nicht in Frage zu stellen und gemäß den Anweisungen fortzufahren. Wie verhielten sich nun die Versuchspersonen?

Von den insgesamt 40 Teilnehmern des Experiments weigerte sich keiner, einen Schock von weniger als 300 Volt zu verabreichen. Fünf Versuchspersonen gaben bei diesem Strafmaß auf, neun leisteten bei Voltstärken zwischen 315 und 375 endgültig Widerstand, und 26 Teilnehmer bestraften ihre »Schüler« mit 450 Volt! Nachuntersuchungen haben inzwischen ergeben, daß sich Menschen anderer Nationen in einer solchen Experimentalsituation keineswegs unterschiedlich verhalten. In der deutschen Studie waren 85 Prozent der »Lehrer« bereit, nach der entsprechenden Aufforderung den stärksten Schockhebel zu betätigen (Mantell, 1971). Es war keineswegs zu übersehen, daß die Versuchspersonen – zumindest bei der Verabreichung der härteren Strafen – gegen ernsthafte innere Widerstände zu kämpfen hatten, um den Anweisungen des Versuchsleiters weiterhin Folge leisten zu können. Es gibt zwar einige Teilnehmer, bei denen sich äußerlich keine ungewöhnlichen Symptome feststellen ließen; andere offenbarten jedoch Zeichen höchster Erregung: Sie zitterten und schwitzen, seufzten tief und schüttelten ihren Kopf vor Verzweiflung. Ein Beobachter der Szene lieferte den folgenden Protokollausschnitt: »Ich beobachtete einen gereiften und zunächst ausgeglichenen Geschäftsmann, als er den Experimentalraum lächelnd und selbstsicher betrat. Innerhalb von zwanzig Minuten war aus ihm ein zuckendes und stotterndes Wrack geworden, das sich sehr schnell dem Zustand des Nervenzusammenbruchs näherte. Unentwegt zog er an seinem Ohrläppchen und knetete seine Hände. Zu einem Zeitpunkt stieß er seine Faust in die Hand und murmelte: ›O Gott, mach ein Ende‹. – Aber dennoch fuhr er fort, auf jedes Wort des Experimentators zu hören und ihm bis zum Schluß zu gehorchen.«

Eine beachtliche Anzahl von Versuchspersonen war zweifellos deshalb zur Ausführung aggressiver Handlungen bereit, weil Milgram ihnen in der Autorität eines Wissenschaftlers einer renommierten Universität entgegengetreten war, auf den sie in der experimentellen Situation einen erheblichen Teil ihrer sozialen Verantwortung übertrugen. Ähnlich liegen die Verhältnisse, wenn eine anerkannte Obrigkeit entsprechende Verhaltensweisen anordnet, eventuell auch nur nahelegt. Milgram (1974) stellte jedenfalls nach den für ihn beunruhigenden Ergebnissen etwas resignierend fest: »Eine beträchtliche Anzahl von Menschen tut, was man ihr sagt, ohne Rücksicht auf das Ziel der geforderten Handlung und ohne Einschränkungen durch das Gewissen, jedenfalls so lange, wie sie davon ausgehen, daß der Befehl von einer anerkannten Autorität kommt.«

### 7.2.2.5 Ansätze zur Verminderung aggressiver Verhaltensweisen

Im Rahmen seiner Bemühungen zum Aufspüren jener Bedingungen, die Menschen zum Gehorsam verleiten, wurde Stanley Milgram (1974) unter anderem darauf aufmerksam, welche Rolle die räumliche Entfernung von »Lehrer« und »Schüler« spielt. Wenn der zu bestrafende Mensch vermeintlich im Nebenzimmer saß, folgten 63 Prozent der Versuchspersonen den Anordnungen des Versuchsleiters. Sofern sich »Lehrer« und »Schüler« in demselben Raum aufhielten, sank der Anteil gehorsamer Versuchspersonen auf 40 Prozent. Sofern der »Lehrer« seinen »Schüler« sogar anzufassen hatte (die Hand des zu Bestrafenden war auf eine Platte zu drücken, damit ein elektrischer Schock verabreicht werden konnte), fanden sich nur 30 Prozent der Versuchspersonen bereit, den Anordnungen des Versuchsleiters Folge zu leisten. Der räumlichen Nähe zwischen Menschen, der sozialen Distanz, kommt somit eine Schlüsselrolle hinsichtlich der Kontrolle der Aggressionsbereitschaft zu.

Menschen können nicht nur räumlich voneinander getrennt sein, sondern sind auch in der Lage, sich in sozial-emotionaler Hinsicht voneinander zu entfernen. Menschen mögen in unmittelbarer räumlicher Nähe leben, aber dennoch praktisch kaum etwas voneinander wissen, wenn sie vorhandene Gelegenheiten zum Austauschen von Meinungen, Einstellungen und Standpunkten nicht nutzen. Die Verstädterung mit all ihren Begleiterscheinungen hat die Entstehung der Distanzen zwischen den Menschen zweifellos gefördert.

In die Städte, die mit ihren großen Menschenansammlungen ohnehin schon der Anonymität Vorschub leisten, baute man teilweise gewaltige Hochhausviertel, dachte aber nicht immer daran, attraktive Begegnungsstätten für die Menschen einzurichten. Daraus folgt, daß sich viele Bewohner ihre Anonymität auch noch in den Häusern bewahren. Vielfach lernen sie nicht einmal ihre unmittelbaren Nachbarn kennen. Die Bereitschaft zur Übernahme sozialer Verpflichtungen bleibt unter einer solchen Bedingung gering; es besteht ohnehin die Neigung, diese »dem Staat« zu übertragen.

In eine solche Atmosphäre passen auch Schulen, die sich auf die Durchsetzung des Leistungsprinzips spezialisieren und denen es daher nicht mehr ausreichend gelingt, sozial-emotionale Bereiche der Schülerpersönlichkeit anzusprechen. Angesichts der empirisch zwar nicht nachgewiesenen (Schubarth et al., 1995), von den Medien aber immer wieder behaupteten, zunehmenden Gewalt an deutschen Schulen stellt sich die Frage, ob die Schule möglichen unerwünschten Entwicklungen (auch bezüglich der Rechtsradikalität) in hinreichendem Maße entgegenarbeitet. Auch außerhalb der Schulzeit ist es vielen Kindern nicht möglich, einen Mangel an sozial-emotionalen Kontakten auszugleichen. Norma und Seymour Feshbach (1981) beließen es nicht dabei, die Schule wegen der mangelnden För-

Abb. 7.15
*Die moderne Großstadt mit ihren Menschenansammlungen kann zum Nährboden für aggressives Verhalten werden, wenn die Menschen, die teilweise auf engem Raum zusammenleben, einander in sozialer Hinsicht fernbleiben.*

derung sozial-emotionaler Aspekte des Verhaltens zu kritisieren. Sie zeigten, wie ein Unterricht auf das Sozialverhalten von Schülern Einfluß nehmen kann. Grundschulkinder übten sich unter Anleitung der Psychologen 10 Wochen lang regelmäßig darin, die Gefühle anderer zu erkennen. Die Kinder lernten außerdem, sich in die Rolle ihrer Mitschüler zu versetzen und an deren Gefühlen teilzuhaben. Diese Kinder zeigten nach Abschluß des Sonderunterrichts eindeutig weniger aggressives Verhalten als Mitglieder einer Kontrollgruppe, die dieses Training nicht erhalten hatten. Der Ansatz von Feshbach und Feshbach besitzt den Vorteil, daß er die Fähigkeiten von Kindern fördert, Gefühle anderer wahrzunehmen und nachzuerleben (emotionale Empathie). Damit läßt sich die Aggressionsbereitschaft wirkungsvoller abbauen als durch Programme, die überwiegend kognitive Aspekte ansprechen (bzw. die kognitive Empathie fördern); letztere regen beispielsweise zu Übungen an, sich in die Rolle anderer zu versetzen (Miller und Eisenberg, 1988).

Was die jungen Versuchspersonen während des zehnwöchigen Kurses gelernt hatten, war offenkundig unvereinbar mit aggressivem Verhalten. Wer seine Sozialpartner besser versteht, sich in ihre Lage versetzen kann, Gefühle anderer erkennt und entsprechend reagieren kann, ist offenbar nicht bereit, gleichzeitig Aggressionen zu zeigen. Robert Baron (1976) hat noch eine weitere Möglichkeit benannt, dem Auftreten von Aggressionen entgegenzuwirken. Er gab Versuchspersonen die Gelegenheit, einem Versuchsleiter schmerzhafte Schocks zu verabreichen, der sie zuvor geärgert hatte. Bevor aber die »Bestrafung« stattfinden konnte, zeigte Baron einer Gruppe von Versuchspersonen humorvolle Zeichnungen, während andere Versuchspersonen Bilder schöner Landschaften oder abstrakter Kunst sahen. Versuchspersonen, die zum Lachen gebracht worden waren, verhielten sich viel weniger aggressiv als die Mitglieder der Vergleichsgruppe. Wenn es gelingt, einen verärgerten Menschen zum Lachen zu bringen, ihn aufzuheitern, ist ein emotionaler Zustand geschaffen worden, der mit Aggressionen nicht vereinbar ist. Diesen Zusammenhang kannten vermutlich auch die führenden Politiker der ehemaligen sozialistischen Länder, denn die für die Öffentlichkeit bestimmten Porträts zeigten in der Regel ernste und keine lachenden Gesichter. Brachten sie auf diese Weise ihre Entschlossenheit zum Ausdruck, Angriffe jeder Art jederzeit mit Gegenaggressionen zu begegnen?

Grundsätzlich ist der Mensch aber keineswegs – wie man das einmal formuliert hat – »zur Aggression verdammt« (Selg, 1982). Menschen können – ebenso wie Tiere – untereinander ein hohes Maß an Gewalttätigkeit ausüben. Wenn es aber in ihrem Interesse liegt, sind sie gleichzeitig auch in der Lage, Aggressionen außerordentlich wirkungsvoll zu unterdrücken (Lore und Schultz, 1993). Die Gefahr kriegerischer Auseinandersetzungen zwischen Industrienationen mag sich nach der Verfügung über Massenvernichtungswaffen und weiterer Entwicklungen verringert haben. Der Krieg, der nun noch geführt werden muß, ist gegen die Aggression selbst gerichtet, d. h. unter anderem gegen die ständig vorgeführten gewaltsamen Darstellungen in den Medien, gegen Verbrechen auf der Straße, gegen Gewalttätigkeit in der Familie und gegen sexuellen Mißbrauch (Goldstein und Keller, 1983). Die Motivations- und Sozialpsychologen kennen nach umfangreichen Forschungen zahlreiche Bedingungen, die aggressives Verhalten einerseits fördern und andererseits hemmen. Auf der Grundlage dieser Erkenntnisse wurden in jüngerer Zeit schulische Programme zum Abbau von Aggressionen entwickelt, Programme zur besseren mitmenschlichen Verständigung (Baron, 1983) und solche, die dem einzelnen gute Möglichkeiten geben, auf Streß und Frustrationen in konstruktiver Weise zu reagieren (Goldstein et al., 1976). Es fehlt also nicht an Beiträgen der Psychologie zur besseren Kontrolle der Aggression. Aggressionen können aber so lange nicht abgebaut werden, wie die Gesellschaft und jedes ihrer Mitglieder dies nicht wünschen (Lore und Schultz, 1993). So wird nicht selten auf die Notwendigkeit verwiesen, in der schulischen Ausbildung das Leistungsprinzip zu verwirklichen, ohne das sich eine Industrienation nicht im internationalen Wettbewerb behaupten könne. Ist die Förderung der Lernmotivation tatsächlich nur durch einen aggressiven Wettstreit von Schülern untereinander zu verwirklichen?

## 7.2.3 Einige Bedingungen zur Förderung der Lernmotivation

Zwischen »Motivation« und »Lernen« gibt es gewisse Zusammenhänge. Viele Menschen entnehmen beispielsweise ihrem Alltagswissen, daß man zum Lernen motiviert sein muß. Aber auch aus wissenschaftlicher Sicht gibt es zwischen den beiden Begriffen Beziehungen. So stellt beispielsweise Bernard Weiner (1990) fest: »Motivation läßt sich oft aus dem Lernen ableiten und Lernen verweist häufig auf Motivation.« Die entscheidende Frage lautet in diesem Zusammenhang: Kann man die Lernmotivation anregen? Darauf gibt es keine einfache Antwort. Durch Auseinandersetzung mit Leistungsanforderungen erleben die Schüler Erfolge und Mißerfolge. Wie sie darauf emotional reagieren, hängt davon ab, wie sie sich selbst und anderen diese Erfolge und Mißerfolge erklären. So entwickeln sich jeweils in den Lernbereichen, in denen die Schüler tätig sind, relativ überdauernde Selbstwirksamkeitserwartungen (engl. *self-efficacy*), von denen ihre weitere Lernmotivation entscheidend mitbestimmt wird. Von diesen Selbstwirksamkeitserwartungen hängt es vor allem ab, ob eine Person bei der Auseinandersetzung mit Leistungsanforderungen gesteigerte Anstrengungen und Ausdauer oder abnehmende Lernbereitschaft und schließlich »Hilflosigkeit« (s. S. 187 ff.) zeigt.

### 7.2.3.1 Vorstellungen über die eigenen Fähigkeiten

Wenn Kinder in die Schule kommen, wissen sie, daß der Lehrer ihnen dort Aufgaben stellen wird, die sie zu bearbeiten haben. Allerdings erfahren sie sehr bald, daß man in der Schule nicht immer erfolgreich ist, gelegentlich stellen sich auch Mißerfolge ein. Wenn man Jungen und Mädchen während der ersten Grundschuljahre fragt, wovon es abhängt, ob sie mehr oder weniger erfolgreich bei der Auseinandersetzung mit schulischen Aufgaben sind, werden die meisten in irgendeiner Form auf ihr »Können« verweisen. Um einen Text zu lesen, muß man lesen *können*. Wer das noch nicht *kann*, muß das Lesen üben. Anstelle von *Können* sprechen Psychologen auch vielfach von »Fähigkeit«. Wie gelingt es aber, sein Können oder seine Fähigkeit zu steigern? Wiederum erhält man von Jungen und Mädchen erster und zweiter Schuljahre aufschlußreiche Antworten, die sich nach Deborah Stipek (1993) folgendermaßen zusammenfassen lassen: Diese Kinder »nehmen an, daß kluge Menschen sich tüchtig anstrengen, und wenn man sich stark anstrengt, wird man klug. ... Wenn ein Mensch erfolgreich ist, dann muß er sich erheblich angestrengt haben, und er muß klug sein. Wenn er versagt, kann sich nicht stark angestrengt haben, und er kann nicht klug sein«. Demnach gehen sechs- und siebenjährige Kinder davon aus, daß das »Klug-sein« oder »Klug-werden« etwas ist, das sich keineswegs ihrem Einfluß entzieht. Wer sich nämlich anstrengt und fleißig arbeitet, kann seine Fähigkeiten entsprechend den in den ersten Grundschuljahren vorherrschenden Überzeugungen verbessern. Die überwiegend bei Erst- und Zweitkläßlern bestehende Vorstellung von den eigenen Fähigkeiten ist die eines *veränderlichen* Merkmals der Person, das sie kontrollieren und durch Anstrengungen verbessern können.

Wenn man ältere Grundschüler sowie Mädchen und Jungen weiterführender Schulen fragt, wovon die Qualität ihrer schulischen Leistungen abhängt, stellt man fest, daß in ihren Antworten zunehmend von Fähigkeiten die Rede ist, die ihnen *unveränderlich* erscheinen und auf die sie folglich auch keinerlei Einfluß zu haben glauben; so erklären sie beispielsweise einfach: »In Mathematik bin ich gut!« oder »die kann ich nicht«. Die Anstrengung dient ihnen nicht mehr dazu, eigene Fähigkeiten zu verbessern, sondern sie setzen sie lediglich ein, um unzulängliche Fähigkeiten auszugleichen. Wer demnach große Anstrengungen einsetzen muß, um schulische Anforderungen zu erfüllen, verfügt offenkundig über entsprechend geringe Fähigkeiten, denn der wirklich »begabte« Schüler ist in der Lage, schwierige Aufgaben auch ohne gesteigerte Anstrengung zu bewältigen (»Da brauche ich nichts für zu tun!«).

Die beiden genannten unterschiedlichen Vorstellungen von Schülern nehmen nach den Beobachtungen von Carol Dweck erheblichen Einfluß darauf, wie sie auf schulische Anforderungen reagieren (Dweck und Leggett, 1988). Wer sich seine Fähigkeiten als unveränderlich vorstellt, ist offenbar vor allem daran interessiert, sich vor sich selbst und anderen möglichst günstig darzustellen, d. h., den Eindruck zu erwecken, besonders befähigt zu sein. Gleichzeitig versuchen solche Schüler, alles zu vermeiden, was sie als weniger befähigt erscheinen läßt (sie melden sich beispielsweise in einer Lerngruppe nicht zu Wort, weil sie befürchten, etwas Falsches zu sagen, und das wiederum könnte weniger schmeichelhafte Rückschlüsse auf ihre Fähigkeit zulassen). Wer seine Fähigkeit für unveränderlich hält, aber offenkundig Anstrengungen aufbringen muß, um gute Leistungsnoten zu erhalten, läuft Gefahr, sein Ziel einer möglichst vorteilhaften Darstellung nicht zu erreichen, denn wer sich zu sehr anstrengen muß, »hat es offenbar nötig«; ihm mangelt es möglicherweise an ausreichendem Können. Wenn solche Schüler wiederholt Mißerfolge erfahren, also trotz aller Abwehrversuche ungünstige Bewertungen vom Lehrer erhalten, besteht die Gefahr, daß sie ziemlich schnell entmutigt werden. Tatsächlich hat es aus ihrer Sicht auch wenig Zweck, ihre Erfolgsbilanz durch gesteigerte Anstrengung zu verbessern, weil sie keinerlei Möglichkeiten sehen, die zugrundeliegenden Fähigkeiten zu verbessern. Sie könnten auf einen Mißerfolg mit sofortigem Rückzug reagieren und weitere Aufgaben aus dem Bereich möglichst meiden, in dem sie ihr Versagen erlebt haben.

Warum halten viele Schulanfänger ihre Fähigkeiten für veränderbar und kontrollierbar, während sie im weiteren Verlauf der Schulzeit zunehmend davon ausgehen, daß ihre Leistungen von eigenen Fähigkeiten abhängen, die für sie unveränderlich, also unkontrollierbar sind? Die inzwischen weithin akzeptierte Antwort lautet, daß die Schule mit ihrem jeweils angewandten Bewertungssystem entscheidend mitbestimmt, welche Vorstellungen die Schüler von ihrer Fähigkeit entwickeln (Ames und Archer, 1988). Wenn die schulische Bewertung ausschließlich oder zumindest überwiegend dadurch zustande kommt, daß der Lehrer Leistungen mehrerer Schüler (beispielsweise die Schüler einer Klasse) miteinander vergleicht und sie sodann in eine Rangordnung bringt, liegen Wettbewerbsbedingungen vor. Die Anzahl derjenigen Schüler, die ›sehr gute‹, ›gute‹, ›befriedigende‹ usw. Noten erhalten können, ist nämlich begrenzt. Da der einzelne immer wieder mit denselben Mitschülern verglichen wird, verändern sich seine Leistungsbewertungen im Laufe der Zeit nur verhältnismäßig wenig. Unter diesen Bedingungen entsteht beim Schüler nach und nach der Eindruck, daß die Bewertungen von seiner vergleichsweise stabilen Fähigkeit abhängen.

Wenn aber die Bewertung des Lehrers danach erfolgen würde, ob Schüler sich infolge ihrer Anstrengungen selbst verändern, manchmal also Fortschritte im Lernprozeß machen, gelegentlich aber auch Mißerfolge erfahren, erleben sie sich selbst als veränderlich. Wer beispielsweise einem Hobby nachgeht und sich dabei immer wieder herausfordernde Aufgaben stellt, weiß, daß es auf dem Weg zu einem erstrebten Ziel nicht immer nur vorangeht, denn es können sich Schwierigkeiten in den Weg stellen, die allerdings meistens durch verstärkte Anstrengungen zu überwinden sind. Auf diese Weise wird eine bedeutsame »Erkenntnis« gesammelt. Man erfährt einen gewissen Wechsel von Erfolgen und Mißerfolgen, und daraus zieht man den Schluß, daß die Fähigkeit veränderlich ist und durch eigene Anstrengung zu beherrschen ist.

### 7.2.3.2 Unterscheidung zwischen extrinsischer und intrinsischer Motivierung

Die von Dweck beschriebenen Schüler, die ihre Leistungen in einem bestimmten Unterrichtsfach auf veränderliche Fähigkeiten zurückführten, waren *intrinsisch* motiviert. Lernende bezeichnet man dann als intrinsisch motiviert, wenn sie sich einer Aufgabe aus *inneren* Gründen zuwenden, also etwa deshalb, weil ihnen die Betätigung Spaß macht, weil sie die dort vorfindbaren Aufgaben gerne bearbeiten, vielleicht auch nur, weil sie neugierig sind oder entsprechendes Interesse dafür bekunden. So ist man beispielsweise bei der Ausübung eines Hobbys intrinsisch motiviert. Gleiches gilt für ein Kind, das sich nach Erledigung seiner Pflichten gerne zurückzieht, um zu lesen, ohne daß es dazu von anderen gedrängt werden müßte.

Im Unterschied dazu sind Lernende *extrinsisch* motiviert, wenn sie etwas nur deshalb tun, weil andere sie dafür belohnen. Dwecks Schüler, die von einer unveränderlichen Fähigkeit ausgingen, waren extrinsisch motiviert, denn ihre Bereitschaft, die vom Lehrer gestellten Aufgaben zu bewältigen, war nur deshalb vorhanden, weil sie im Falle eines Erfolges mit einer guten Benotung rechneten, und diese wiederum hätte ihnen die Anerkennung guter Fähigkeiten bescheinigt. Die extrinsische Motivation wird auch angeregt, wenn man etwas nur tut, um ungünstige Benotungen oder unangenehme Erfahrungen anderer Art zu vermeiden.

Wenn Menschen davon ausgehen, daß sie die Anforderungen eines bestimmten Bereichs – etwa in der französischen Sprache, im Tischlerhandwerk, in einem speziellen medizinischen Fach oder in der Malerei – gut bewältigen können, dann schreiben sie sich darin *Kompetenz* zu, d. h., sie halten sich darin für befähigt. Edward Deci und Richard Ryan (1985, 1995) sind davon überzeugt, daß eine günstige Voraussetzung für eine intrinsische Motivierung gegeben ist, wenn Menschen sich in einem bestimmten Tätigkeitsfeld für kompetent halten. Wer also von sich sagt, ein Hobbykoch zu sein, hat sicherlich schon häufig erfahren, daß ihm das Zubereiten schmackhafter Gerichte meistens gelingt; es besteht die Überzeugung, *gut* im Kochen zu sein. Wer dagegen häufig Pflanzen in seinen Garten setzt, aber wiederholt erfahren muß, daß sie bald danach eingehen, daß ihm also vieles bei der Gartenarbeit mißlingt, wird aus solchen Erfahrungen vermutlich sehr bald den Schluß ziehen, für Pflanzen »kein geschicktes Händchen« zu haben, und das heißt: für solche Arbeiten, nicht genügend *kompetent* zu sein.

Nach Deci und Ryan ist mit einer intrinsischen Motivierung erst dann zu rechnen, wenn zusätzlich zur Wahrnehmung eigener Kompetenz auch der subjektive Eindruck besteht, »selbst-bestimmend« sein zu können. Dem Hobbygärtner macht es demnach nur dann Spaß, Arbeit in seinen Garten zu investieren, wenn er zum einen weiß, daß er dabei sein gesteigertes Können einsetzen kann, und zum anderen davon ausgehen darf, daß er das, was er dort zu tun hat, selbst oder wenigstens weitgehend selbst bestimmen kann. Auch ein »begabter« Hobbykoch wird sich nur dann gerne in die Küche begeben, wenn er selbst entscheiden kann, welche Gerichte er nach eigenen Rezepten herstellt. Sofern er aber erfahren muß, daß ihm fast jeder Schritt bei der Herstellung von Gerichten durch andere ziemlich genau vorgeschrieben wird, dürfte er selbst bei Wahrnehmung hoher eigener Kompetenz recht schnell die Lust verlieren, sich am Herd zu betätigen.

Man hat einmal vor einiger Zeit untersucht, welche Art der Motivierung für Menschen kennzeichnend ist, die bei ihrer Arbeit besonders erfolgreich, möglicherweise sogar hochgradig schöpferisch sind, wie etwa Schriftsteller, bildende Künstler, Wissenschaftler, aber auch kreativ Tätige in irgendeinem anderen Aufgabenbereich (Amabile, 1983, 1985). Es zeigte sich, daß diese Menschen praktisch ausnahmslos ihre Arbeit vollbracht haben, weil sie ihnen Spaß machte und innere Befriedigung gab; sie waren also intrinsisch motiviert. Ob Menschen studieren, als Wissenschaftler tätig sind, in der Wirtschaft arbeiten, als Piloten die Verantwortung für Flugzeuge und Passagiere tragen, sich in sportlichen Bereichen engagieren, es ergibt sich immer wieder das gleiche: Überdurchschnittliche Leistungen können offenbar nur erbracht werden, wenn ihnen eine intrinsische, nicht dagegen eine extrinsische Motivation zugrunde liegt (Spence und Helmreich, 1983).

Aus der Tatsache heraus, daß gute Leistungen auch von anderen hoch bewertet werden, könnte ein Konflikt mit weniger wünschenswerten Folgen entstehen. So wäre es möglich, daß ein Sportler über einen längeren Zeitraum intrinsisch motiviert ist, das tägliche intensive Training zu vollbringen. Sobald ihm dabei aber Spitzenleistungen gelingen, könnte er erfahren, daß er mit seinem Können auch Geld verdienen kann. Das gilt ebenso für die Künstlerin, die aus eigenem Antrieb gern malte und ihre Kompetenz auf diese Weise erheblich steigerte. Eines Tages nimmt sie vielleicht zur Kenntnis, daß ihre Bilder auch von anderen geschätzt werden und daß Interessenten bereit sind, dafür höhere Preise zu zahlen. Arbeiten die genannten Menschen zukünftig vielleicht nur noch vorwiegend deshalb, um *von anderen* dafür belohnt zu werden? Tritt unter solchen Bedingungen an die Stelle der intrinsischen vielleicht die extrinsische Motivierung?

### 7.2.3.3 Möglichkeit der Unterminierung intrinsischer Motivation

Im *Schatzkästchen jüdischer Volkskunde* von Nathan Ausubel (1948) wird von einem Schneider erzählt, der auf der Hauptstraße seiner Stadt ein kleines Geschäft eröffnet hatte. Da Straßenjungen ihn aber von diesem Platz wieder verdrängen wollten, standen sie jeden Tag vor seiner Tür und riefen »Jude! Jude!« Der Schneider war durch das Verhalten der Kinder sehr beunruhigt, und er verbrachte viele schlaflose Nächte, bis er schließlich eine Idee hatte, wie dem Ärgernis zu begegnen sei. Als am nächsten Tag die Rowdys wieder vor seiner Tür standen, erklärte er ihnen:

»Vom heutigen Tage an wird jeder zehn Cent von mir bekommen, der mich ›Jude‹ nennt.« Erfreut über diese »Belohnung« kehrten die Jungen am nächsten Tag wieder zurück, um wiederum »Jude! Jude!« zu rufen. Lächelnd kam der Schneider an die Tür, um seinen »Besuchern« zu erklären: »Zehn Cent sind zu viel. Ich kann euch heute nur fünf Cent geben.« Die Jungen waren auch mit der Hälfte zufrieden, und deshalb kamen sie auch am nächsten Tag wieder. Diesmal erhielten sie aber noch weniger. »Warum erhalten wir nur einen Cent?«, fragten sie enttäuscht. Der Schneider erwiderte, er könne ihnen nicht mehr geben. Doch die Jungen waren damit nicht mehr zufrieden: »Glaubst du, wir würden dich für ein lumpiges Centstück ›Jude‹ nennen?« – »Dann müßt ihr es lassen.« Der Schneider sah nach dieser letzten Auseinandersetzung seine ungebetenen Besucher nicht wieder.

Der Schneider wendet in der jüdischen Erzählung einen Zusammenhang an, der in eindeutigem Widerspruch zu Skinners Theorie der operanten Konditionierung steht (s. S. 177 f.). Kann es tatsächlich gelingen, eine Verhaltensweise, die spontan ausgeführt, also intrinsisch motiviert ist, durch Belohnung zu beenden? Mark Lepper, Richard Nisbett und Mitarbeiter (1973) haben sich in einem Experiment mit dieser Frage beschäftigt. Sie ließen Kinder im Vorschulalter eine Tätigkeit ausführen, für die sie intrinsisch motiviert waren. Sie durften mit Filzstiften Bilder malen. Einigen Kindern wurde mitgeteilt, sie würden für ihre Kunstwerke einen Preis erhalten, eine Anerkennungsurkunde mit einem vergoldeten Stern und einer roten Schleife. Tatsächlich erhielt jedes Kind dieser Gruppe nach sechs Minuten die genannte Belohnung. Bei anderen Versuchspersonen wurde keine Erwartung auf einen Preis geweckt, und sie gingen auch wirklich leer aus. Eine Woche später kehrten die Psychologen zurück, um die Kinder bei ihren freien Spielaktivitäten zu beobachten. Dabei zeigte sich, daß die Kinder der ersten Gruppe, die eine Belohnung für ihre Maltätigkeiten erwartet und erhalten hatten, sehr viel seltener spontan zu den Filzstiften griffen als die Versuchspersonen der zweiten Gruppe. Die belohnten Kinder beschäftigten sich zudem insgesamt weniger mit dem Malen als vor dem Experiment. Die Belohnung, so erklärten sich die Psychologen ihre Beobachtungen, hatte offenkundig die intrinsische Motivation der Kinder »unterminiert«. Dieses Unterminieren wird als Folge des *Überrechtfertigungseffekts* erklärt: Wenn ein Mensch eine Tätigkeit ausführt, für die es zwei Gründe gibt – sie ist für ihn erstens interessant, und sie wird zweitens noch belohnt –, hat er dafür zu viel Rechtfertigung (Überrechtfertigung). Deshalb erfolgt in einem solchen Fall eine Abwertung der intrinsischen Motivation (Reeve, 1992).

Die Folgen des Überrechtfertigungseffekts kann man auch bei Erwachsenen nachweisen. Man hat Studenten für das Zusammenlegen von Puzzle-Teilen in einigen Fällen bezahlt, in anderen nicht. Zu einem späteren Zeitpunkt stellte man diese Versuchspersonen vor die Wahl, sich mit einem weiteren Puzzle zu beschäftigen oder etwas anderes zu tun (z.B. Zeitschriften lesen). Zuvor belohnte Versuchspersonen entschieden sich seltener für ein weiteres Puzzle und erklärten zudem häufiger, solche Zusammensetzspiele würden ihnen keinen Spaß bereiten (Deci, 1971). Stehen diese Befunde aber nicht im Widerspruch zu vielen Beobachtungen im Alltag? Sollte das anerkennende Klatschen des Publikums das musikalische Interesse eines Solisten tatsächlich unterminieren? Entspricht es der Wirk-

Abb. 7.16
*Ist damit zu rechnen, daß der Gewinner eines Wettkampfes durch den Empfang einer Siegestrophäe sein intrinsisches Interesse an der sportlichen Betätigung verliert?*

lichkeit, daß Sportler, die für herausragende Leistungen einen Preis erhalten, ihre intrinsische Motivation verlieren? Darf ein Lehrer seinen Schüler für gute Leistungen grundsätzlich nicht mehr loben? Das hängt stets davon ab, wie eine Verstärkung von ihrem Empfänger wahrgenommen wird.

Grundsätzlich können Belohnungen zwei verschiedene Funktionen haben (Pittman und Heller, 1988). Wenn der Empfänger nach eigener Wahrnehmung eine Tätigkeit nur wegen des Entgelts ausführt, ist es unwahrscheinlich, daß die Tätigkeit fortgesetzt wird, wenn der materielle Anreiz wegfällt. In einem solchen Fall wird berücksichtigt, daß andere durch Vergabe oder Zurückhalten einer Belohnung kontrollieren, wann eine Verhaltensweise gezeigt werden soll und welches Ziel mit ihr anzustreben ist. Eine Belohnung, die eine solche Kontrollfunktion besitzt, wird die intrinsische Motivation höchstwahrscheinlich unterminieren. Sie kann aber auch informierend wirken. Der Handelnde entnimmt ihr, wie gut die von ihm erbrachte Leistung war. Sie stellt in diesem Fall eine Anerkennung für seine Kompetenz dar. Der Sportler, der einen Preis für einen erfolgreich bestandenen Wettbewerb erhält und aus dieser Ehrung schließt, daß er sich mit seinem Training auf dem richtigen Weg befindet, könnte sich eher zu noch mehr Anstrengungen angespornt fühlen. Aus seiner Sicht wird er nicht von anderen kontrolliert, sondern lediglich bestätigt.

Die Ausübung einer Tätigkeit hängt also davon ab, wie man sich seine eigene Motivation erklärt. Wenn man sich für die Beschäftigung mit einer Aufgabe die Erklärung gibt, daß sie »Spaß macht«, greift man auf Gründe zurück, die der *eigenen* Kontrolle unterliegen. Sobald aber Belohnungen *von außen* hinzukommen (»Ich tue es, um meinen Eltern einen Gefallen zu tun«, »ich mache es fürs Geld«), reicht die Rechtfertigung, die Tätigkeit sei ganz einfach interessant, möglicherweise nicht mehr aus; in einem solchen Fall wird die Tätigkeit beendet.

### 7.2.3.4 Förderung von Selbstwirksamkeitserwartungen

Auch Alfred Bandura, von dem bereits im Kapitel 4 die Rede war, hat bedeutsame Beiträge zur Lernmotivation und ihrer Förderung erbracht. Im Mittelpunkt seiner Arbeiten stehen Selbstwirksamkeitserwartungen (engl. *self-efficacy*). Diese Erwartungen kommen auf, wenn sich einem Menschen Aufgaben aus einem bestimmten Aufgabenbereich stellen. Ob er sie bewältigt, wird wesentlich auch davon bestimmt, welche Kompetenz er dafür mitbringt. Nach Banduras Beobachtungen hängt der Erfolg bei der Auseinandersetzung mit einer Aufgabe aber nicht so sehr davon ab, was er tatsächlich *kann;* viel bedeutsamer ist, für wie erfolgreich er sich selbst *einschätzt* (Cantor und Kihlstrom, 1987). Wenn Schüler vor der Klasse einen Vortrag zu halten haben, ist es für die Qualität der von ihnen zu erbringenden Leistung weniger bedeutsam, ob sie gute Vortragende sind, sondern vielmehr, ob sie sich für gute Vortragende halten. Die Selbstwirksamkeit geht also mit der subjektiven Einschätzung einher, ein Verhalten in einem bestimmten Aufgabenbereich zeigen zu können, unabhängig davon, wie gut man das, was gezeigt werden soll, wirklich kann.

Die von Bandura vorgeschlagene Unterscheidung ähnelt jener, die sich auch bei Dweck (s. S. 319) findet. Schülerinnen und Schüler, die sich an einer unveränderlichen Fähigkeit orientieren, richten ihre Aufmerksamkeit vor allem darauf, was sie können, während andere, die sich ihre Fähigkeiten als veränderlich vorstellen, sich vor allem dafür interessieren, was sie tun könnten, wenn sie sich anstrengen würden. Lohnt sich aber die Anstrengung? Ist mit einem Erfolg oder Mißerfolg zu rechnen? Die Antwort auf diese Frage hängt auch davon ab, wie man seine Selbstwirksamkeit, seine eigene Kompetenz einschätzt. Die Selbstwirksamkeit im Sinne von Bandura ist jeweils auf bestimmte Aufgabenbereiche bezogen. Man kann sich beispielsweise bezüglich seiner französischen Sprachkenntnisse sehr viel höher einschätzen als etwa in Hinblick auf seine englischen.

Menschen mit höheren und geringeren Sellbstwirksamkeitserwartungen unterscheiden sich darin, welche Erklärungen sie für ihre Erfolge und Mißerfolge finden. Wenn sie sich in Hinblick auf bestimmte Aufgabenbereiche für hoch selbstwirksam halten (»Ich kann gut Chemie«), führen sie einen (unerwartet) eingetretenen Mißerfolg auf unzureichende *Anstrengung* zurück, also auf einen Faktor, den sie kontrollieren können. Damit erkennen sie an, daß ihnen grundsätzlich Möglichkeiten zur Verfügung stehen, ihre Erfolgsbilanz zukünftig wieder zu verbessern. Menschen, die sich demgegenüber in einem Fach für wenig selbstwirksam halten (»in Chemie bin ich schwach«), neigen dazu, ihre Mißerfolge auf ihre (für unveränderlich gehaltene) Fähigkeit zurückzuführen (»ich bin einfach unfähig«). Sie gehen also davon aus, daß sie an ihren ungünstigen Leistungen nichts ändern können, und ihnen fehlt die Motivation, sich um Verbesserungen zu bemühen (»Ich kann das einfach nicht, und ich werde das auch niemals lernen können«).

Bandura (1989) ist davon überzeugt, daß Leistungsergebnisse (Erfolge und Mißerfolge) eines Menschen von seinen Selbstwirksamkeitserwartungen in einem bestimmten Aufgabenbereich *verursacht* werden. Er sieht also folgende Zusammenhänge:

*Hohe Selbstwirksamkeitserwartungen*
↓
*erhöhte Anstrengungen und Ausdauer*
↓
*Erfolge*

*Geringe Selbswirksamkeitserwartungen*
↓
*kaum Anstrengungen, rasche Entmutigung*
↓
*Mißerfolge*

Diese Zusammenhänge legen die Frage nahe, wie man die Entwicklung hoher Selbstwirksamkeitserwartungen bei Lernenden fördern kann. Bandura nennt vier Bedingungen, unter denen der Lernende Hinweise auf seine eigene Selbstwirksamkeit empfangen kann:

*1. Eigene Leistungsgeschichte.* Vorausgegangene Leistungsergebnisse wirken unmittelbar auf zukünftige Erwartungen ein. Wenn man in irgendeinem Aufgabenbereich überwiegend Erfolge erzielt hat, entstehen höhere Selbstwirksamkeitserwartungen, aber durch Mißerfolge werden sie gesenkt. Wenn einer Schülerin im Französischunterricht meistens gute Leistungen bescheinigt werden, steigert sich ihre Selbstwirksamkeit, wohingegen häufige Mißerfolge sich negativ auf ihre Erwartungen auswirken. Die Schülerin wird bemüht sein, dieses Fach so schnell wie möglich abzuwählen.

2. *Stellvertretende Erfahrungen.* Lernende müssen Erfolge und Mißerfolge nicht unbedingt selbst erfahren. Auch die Beobachtung anderer in Leistungssituationen wirkt auf die Entwicklung der eigenen Selbstwirksamkeit ein. Durch die Beobachtung von Vorbildern lassen sich also Erwartungen verändern (s. S. 197 ff.). Wenn man sich in einer Aufgabensituation befindet und dabei feststellt, daß andere, die der eigenen Person ähneln (sogenannte Bezugspersonen), erfolgreich sind, steigt das Zutrauen in die eigene Kompetenz (Bandura, 1986). »Wenn der (die) das kann«, so sagt sich der Beobachter, »muß ich das auch können«.

3. *Ermunterungen auf sprachlichem Wege.* Die Selbstwirksamkeitserwartungen werden durch »gutes Zureden« im Sinne eines ermutigenden Zuspruchs gefördert. Viele Eltern und Lehrer wissen das und wenden es intuitiv an: »Ich weiß, daß du es schaffen wirst!« sagt die Mutter vor einer entscheidenden Prüfung zu ihrer Tochter. Anstelle der Mutter können auch der Lehrer, der Trainer, der Freund oder die Freundin diese Zusicherung geben – diese Versicherungen müssen dem Empfänger aber unbedingt glaubwürdig erscheinen.

4. *Selbstbeobachtung eigener Gefühlszustände.* Lernende beachten schließlich auch, wie sie sich fühlen, wenn sie vor einer bestimmten Aufgabe stehen (Bandura, 1982).

Wenn man in einer Aufgabensituation »ein gutes Gefühl hat«, können sich allein dadurch die Erfolgserwartungen steigern, während ein unangenehmes Gefühl sie möglicherweise mindert.

Gefühle spielen bei der Lernmotivation insofern eine große Rolle, als sie letztlich der Motor sind, der Anstrengungen in Gang setzt oder Mutlosigkeit bewirkt.

### 7.2.3.5 Gefühlserleben im Gefolge von Leistungsergebnissen

Wenn eine Person sich anstrengt, eine sehr schwierige Aufgabe zu bewältigen, dann ist das Ziel nicht erreicht, wenn die Frage nach Erfolg oder Mißerfolg entschieden ist, denn die Erwartungen richten sich eigentlich auf die emotionalen Folgen von Leistungsergebnissen. Darauf hat die Lernmotivationsforschung bereits seit langem hingewiesen (Atkinson, 1964). Wie aber die Beobachtungen Weiners und seiner Mitarbeiter (1978) ergaben, sind die Zusammenhänge zwischen Leistungsergebnissen und emotionalen Folgen vergleichsweise komplex. Einige intensiv erlebte Gefühle hängen offenbar allein davon ab, ob man erfolgreich oder erfolglos bei einer Aufgabe war. Nach einem Erfolg ist man z. B. *glücklich,* erlebt *Freude, Befriedigung* oder fühlt sich einfach nur gut. Bei Mißerfolg ist man dagegen *niedergeschlagen, verdrossen* oder *verwirrt.* Solche rein »ergebnisabhängigen« Gefühle können sich unabhängig davon einstellen, ob man für das Zustandekommen seines Leistungsergebnisses seine *Fähigkeit,* seine *Anstrengung* oder den *Zufall* in Anspruch nimmt.

Es gibt andere emotionale Folgen, die bei bestimmten Erklärungen gehäuft auftreten. Wenn man einen Erfolg auf innere Ursachen (Fähigkeit, Anstrengung) zurückführt, ist man *stolz* auf das Geleistete. Man ist voller *Hoffnung*, das gute Ergebnis zukünftig wiederholen zu können. Bei Inanspruchnahme äußerer Ursachen (»die Aufgaben waren nicht allzu schwierig« oder »auch das Glück hat ein wenig mitgespielt«) sollte man sich im Falle eines Mißerfolges eingestehen, keine ausreichende Anstrengung aufgebracht zu haben. In einer solchen Situation ist mit dem Entstehen von *Schuldgefühlen* zu rechnen. Sofern man seinen Mißerfolg als Folge mangelnder Fähigkeit sieht, wird man wahrscheinlich *Beschämung* erleben (Weiner, 1986; Weiner et al., 1978, 1979).

Wie attraktiv einem Menschen also eine Leistungssituation erscheint, in der er sich mit bestimmten Aufgaben auseinandergesetzt hat, ergibt sich somit aus den jeweiligen »Handlungsfolgen«. Wie erlebt man sich selbst, wenn man soeben ein hochgestecktes Ziel erreicht hat, das man sich zu einem früheren Zeitpunkt selbst setzte? Der Weg dorthin, das mag man sich noch einmal vergegenwärtigen, war nicht immer leicht, aber man verlor nicht die Zuversicht, daß sich der Erfolg schließlich einstellen würde. Deshalb »hielt man durch«. Das Ziel ist nunmehr endlich erreicht, und man darf mit einiger Befriedigung, vielleicht sogar mit Stolz zu sich selbst sagen: »Ich habe es geschafft!« Ist dieses Gefühl nicht attraktiv genug, um sich ein weiteres, höheres Ziel zu setzen, wenn die Hoffnung besteht, es im Falle eines abermaligen Erfolges nochmals zu erleben?

Wie bereits festgestellt worden ist, wird durch einen Erfolg zudem das Gefühl eigener Selbstwirksamkeit gestärkt. Folglich kann man sich weiteren Aufgaben mit entsprechend gesteigerter Selbstsicherheit zuwenden. Die Erwartung, dabei abermals erfolgreich zu sein, dürfte auch die fördernde Wirkung auf die Lernmotivation nicht verfehlen!

Muß der Lernende nicht aber stets auch mit Mißerfolgen rechnen? Seine intrinsische Motivation bleibt bekanntlich nur dann erhalten, wenn er sich selbst Ziele setzt, bei deren Erreichung er seine Kompetenz erfährt, und das veranlaßt ihn nun einmal zur Auswahl solcher Aufgaben, bei denen der Erfolg keineswegs sicher vorhersagbar ist. Die Antwort ist klar: Eine Häufung von Mißerfolgen wirkt früher oder später bei jedem Menschen zur Beeinträchtigung seiner Motivation, aber gelegentliche Mißerfolge sind durchaus eine »natürliche« Konsequenz des Lernens, die keineswegs beeinträchtigend auf die Selbstwirksamkeitserwartungen wirken, vor allem dann, wenn man unter einer Orientierung an veränderlichen eigenen Fähigkeiten (s. S. 318 f.) gelernt hat, Erfolge auf innere Ursachen *(Anstrengung, Fähigkeit)* und Mißerfolge auf äußere Ursachen (z.B. *Zufall*) zurückzuführen, denn auf diese Weise erlebt man bei Erfolg – wie Weiner feststellen konnte – tiefe Zufriedenheit, im Falle von Mißerfolg weit weniger intensive Unzufriedenheit.

## Empfohlene Literatur zur Ergänzung und zur Vertiefung

*Eß- und Ernährungsverhalten:*
PUDEL, V. & WESTENHÖFER, J. ($^2$1998): *Ernährungspsychologie. Eine Einführung.* Göttingen: Hogrefe.

*Aggressionsforschung:*
SELG, H., MEES, U. & BERG, D. ($^2$1997): *Psychologie der Aggressivität.* Göttingen: Hogrefe.

*Leistungsmotivation:*
MIETZEL, G. (1998): Förderung der Lernmotivation. *In:* MIETZEL, G.: *Pädagogische Psychologie des Lernens und Lehrens.* Göttingen: Hogrefe, S. 323–390.

# 8. Psychologie der Gefühle und die Auseinandersetzung mit Streß

Während der Gründerjahre einer Wissenschaft, so wurde im Jahre 1933 in einem Aufsatz einer renommierten Fachzeitschrift der Psychologie erklärt, hätte man wohl stets damit zu rechnen, daß die jeweiligen Pioniere u. a. auch völlig unsinnige Theorien entwickelten (Meyer, 1933). Zur Überwindung solcher »Kinderkrankheiten« bedürfe es jeweils solcher Fachvertreter, die derartige Beiträge als »Humbug« entlarven können. Für den Autor des genannten Aufsatzes schien es im Jahre 1933 offenbar Anzeichen dafür zu geben, daß sich die Psychologie allmählich der Volljährigkeit näherte. Er hatte beobachtet, daß sich »in unserer wissenschaftlichen Psychologie« inzwischen niemand mehr mit dem menschlichen *Willen* beschäftigte. Deshalb wagte er die Vorhersage, daß es den *Gefühlen* (den Emotionen) ebenso ergehen würde. Entsprechend seiner damaligen Vorausschau sah er bereits 17 Jahre nach Veröffentlichung seines Aufsatzes, im Jahre 1950, nur noch Psychologen, die über diese beiden Begriffe lediglich lächeln konnten, weil sich für sie darin nur die Merkwürdigkeiten der Vergangenheit abbildeten. Lächeln heute, mehr als ein halbes Jahrhundert später, Fachvertreter der Psychologie tatsächlich nur noch über *Gefühle* und *Emotionen*, weil man ihrer Erforschung längst einen Platz in der Kuriositätenkiste zugewiesen hat? Ein Blick in die psychologische Literatur der jüngeren Vergangenheit bis zur Gegenwart offenbart, daß die menschlichen Gefühle für die Forschung keineswegs an Interesse eingebüßt haben; neue Erkenntnisse über diesen Forschungsgegenstand scheinen nach Mitteilung eines Beobachters geradezu zu explodieren (Buck, 1985). Gleichzeitig ist keine ernstzunehmende Stimme auszumachen, die eine seriöse Beschäftigung mit diesem bedeutsamen Bereich menschlichen Lebens und Erlebens als »Humbug« abzutun versucht.

Tatsächlich sind Gefühle aus der Psychologie des Menschen auch gar nicht wegzudenken. Wie würde sich das menschliche Leben und Erleben verändern, wenn es plötzlich keine Gefühle mehr gäbe? Die Phantasie reicht kaum aus, um eine solche Frage auch nur annähernd wirklichkeitsgetreu zu beantworten, denn von frühester Kindheit an sind unzählige Erfahrungen mit Gefühlen eng verbunden. Erst Gefühle, so wird behauptet, geben dem menschlichen Dasein seine Farbigkeit. Was wäre beispielsweise ein Leben ohne die Möglichkeit, Liebe für einen Partner zu erleben, Freude bei dem Wiedersehen mit einem hochgeschätzten Menschen, Stolz nach einem bestandenen Examen und Dankbarkeit nach empfangener Hilfe in tiefer Not? Bei den genannten Beispielen handelt es sich um Gefühle, die als angenehm erlebt werden. Ein Leben ohne Gefühle hieße aber auch, keine Trauer nach einem mitmenschlichen Verlust, keine Enttäuschung nach einem Vertrauensmißbrauch, keine Sorgen vor einer Prüfung und keine Verärgerung nach empfangener Beleidigung erleben zu können. Kann ein solches Dasein etwas anderes als öde und langweilig sein? Ein Lebewesen, das ohne irgendeine Gefühlsbeteiligung Informationen aufnimmt und verarbeitet, um das für eine Situation passende Verhalten zu bestimmen, gleicht einem Roboter (dem Techniker neuerdings allerdings auch Gefühle einzuprogrammieren versuchen).

Es hat wenig Sinn, dieses Gedankenspiel fortzusetzen, denn eine Menschheit ohne Gefühle hätte wahrscheinlich keine große Überlebenschance. Wären Eltern bereit, sich ihren Kindern zuzuwenden, wenn sie nichts für sie empfinden? Was könnte Menschen davon abhalten, sich überall und ständig gegenseitig Schaden zuzufügen und sich sogar zu töten, wenn Gefühle sie nicht daran hinderten? Warum sollte man gefährliche Situationen meiden, wenn keine Furcht vor ihrer Lebensbedrohlichkeit warnt? Allerdings hätte man auch nicht damit zu rechnen, daß Menschen z.B. aus Wut, Eifersucht oder Verzweiflung andere quälen oder gar töten!

Obwohl die Psychologie die Bedeutung der Gefühle für das menschliche Leben und Erleben anerkennt, ist sie weit davon entfernt, sie wissenschaftlich angemessen beschreiben und erfassen zu können. Gesicherte Erkenntnis ist aber, daß den Gefühlen physiologische Veränderungen zugrunde liegen, daß an ihrem Zustandekommen Kognitionen beteiligt sind und daß kulturelle Einflüsse mitbestimmen, wie Gefühle erlebt und dargestellt werden. Über einige dieser Erkenntnisse wird im vorliegenden Kapitel berichtet.

## 8.1 Kennzeichnung und Klassifikationen der Gefühle

Bei Erlebnisberichten stoßen Menschen häufig an die Grenzen, anderen vermitteln zu können, welche Gefühle sie in bestimmten Situationen erfahren haben. Ihre Gefühlserlebnisse seien »unglaublich«, »überwältigend«, »unwahrscheinlich mitreißend« gewesen, bekommt man vielfach zu hören. Oftmals müssen in solchen Situationen Mimik und Gestik mithelfen, Vergangenes noch einmal aufleben zu lassen. Nicht selten erkennt man aber inmitten eines noch so lebhaft und anschaulich vorgetragenen Berichts, daß sämtliche zur Verfügung stehenden Darstellungsmittel letztlich nur ein dürftiges Abbild dessen sind, was man wirklich erlebt hat. So gesteht man sich schließlich ein, man könne seine Gefühle gar nicht beschreiben; die Zuhörer müssen es schon selbst erlebt haben.

Kein Psychologe bezweifelt, daß die Selbsterfahrung eine Grundvoraussetzung darstellt, um Verständnis für Gefühlszustände zu gewinnen. Angesichts einer solchen Feststellung erhebt sich aber unwillkürlich die Frage, wie sich etwas zum Gegenstand von Untersuchungen machen läßt, das einem Menschen nur über sein eigenes Erleben zugänglich ist. Die fehlende Antwort auf diese Frage hat viele Psychologen bereits dazu gebracht, auf die Erforschung der Gefühle völlig zu verzichten. Andere waren nicht ganz so schnell bereit, angesichts der offenkundigen Schwierigkeiten sofort das Handtuch zu werfen. Immerhin ist nicht zu übersehen, daß Menschen auffallend übereinstimmende Antworten geben, wenn man ihnen Fragen zum Gefühlsbereich stellt. So zeigten beispielsweise Paul Ekman und seine Mitarbeiter (1973) Angehörigen verschiedener Nationen Fotos mit menschlichen Gesichtern, die denen in Abbildung 8.1 ähnelten. Sie wollten von ihnen wissen, welche Gefühlszustände die Gesichter jeweils zum Ausdruck bringen.

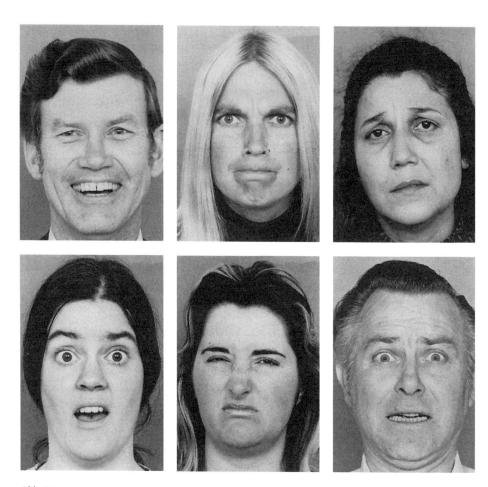

Abb. 8.1
*Welche Gefühle bringen diese Gesichter zum Ausdruck?*

Ekman stellte fest, daß Menschen mehrerer Kulturen zwar gewisse Unterschiede bei der Deutung eines Gesichtsausdrucks zeigen; angesichts des recht unterschiedlichen Erfahrungshintergrunds ist ihre Übereinstimmung aber beachtlich. Das gilt vor allem für die Darstellung von Gefühlen wie *Furcht, Wut, Ekel, Überraschung, Traurigkeit* und *Freude* (Ekman, 1992). Auch *Verachtung* wird von vielen Mitgliedern westlich und nicht-westlich orientierter Gesellschaften erkannt (Ekman und Heider, 1988). Unabhängig voneinander können Befragte ebenso mitteilen, welche Bedingungen solchen Gefühlen üblicherweise vorausgehen. Sie wissen also, wie ein Mensch normalerweise z. B. auf eine Beleidigung, eine Bedrohung oder einen Verlust reagiert (Ekman, 1984). Die Gesichter der Abbildung 8.1 bringen für die meisten Menschen von links nach rechts folgende Gefühle zum Ausdruck: *Fröhlichkeit, Wut, Traurigkeit, Überraschung, Ekel* und *Furcht*.

Angesichts der Fülle der Gefühlsbezeichnungen stellt sich mit besonderem Nachdruck die Forderung nach einer Ordnung. Es gibt zwar mehrere Vorschläge zur Klassifikation von Gefühlen, aber keiner hat bislang die Zustimmung sämtlicher Psychologen gefunden. Dennoch gibt es Übereinstimmungen in den Klassifikationsmerkmalen. Zum »Wissen« über Gefühle gehört, daß sie in unterschiedlicher Stärke auftreten. Man kann sich mehr oder weniger *fürchten* oder *freuen*, die *Wut* kann stärker oder schwächer sein. Es bereitet Befragten zudem keine Schwierigkeiten, Gefühle danach einzuteilen, ob sie als angenehm (z. B. *Freude* oder *Stolz*) oder unangenehm (z. B. *Furcht* oder *Beschämung*) erlebt werden. In der Vorstellung vieler Menschen stehen sich einige Gefühle näher als andere (Shaver et al., 1987). *Liebe* und *Freude* stehen ebenso wie z. B. *Traurigkeit* und *Furcht* in einer gewissen Nähe zueinander. Bestimmte Gefühle haben – zumindest in der Vorstellung der Befragten – einen derart großen Abstand voneinander, daß sie nach vorherrschender Überzeugung nicht gleichzeitig auftreten können; so erscheint es unvorstellbar, im Zustand gesteigerter *Furcht* auch noch *Liebe* zu erleben. Zu den gesicherten Erkenntnissen gehört schließlich auch, daß Gefühlserlebnisse mit bestimmten physiologischen Veränderungen einhergehen: So zittern beispielsweise die Hände, der Herzschlag beschleunigt sich, das Gesicht errötet oder erblaßt. Bei Gefühlen, so läßt sich zusammenfassend feststellen, handelt es sich um angenehme oder unangenehme Erlebniszustände unterschiedlicher Intensität, die jeweils unter bestimmten Bedingungen ausgelöst werden und mit körperlichen Ausdrucksformen (Mimik und Gestik) sowie mit physiologischen Veränderungen einhergehen.

## 8.2 Die Rolle des autonomen Nervensystems und der Hormone

Wie eng Gefühle mit physiologischen Veränderungen einhergehen, läßt sich vielen alltäglichen Äußerungen entnehmen. So hört man beispielsweise, daß jemandem vor *Schreck* die Haare zu Berge standen, daß man vor *Aufregung* zitterte, daß einem die *Angst* den kalten Schweiß auf die Stirn trieb oder daß man vor lauter *Entsetzen* wie versteinert war. Wenn man nachts in einer unbelebten Straße plötzlich eine Bedrohung wahrnimmt, beschleunigt sich sofort der Herzschlag, Schweiß tritt aus, und der Mund ist wie ausgetrocknet. Für all diese Veränderungen ist das autonome Nervensystem verantwortlich. Es regelt viele Prozesse im Körper automatisch. Es gibt aber – wie bereits im Info-Kasten 4.3 (s. S. 178 f.) dargestellt worden ist – bestimmte Möglichkeiten (z. B. *Biofeedback*), Kontrolle über diese Prozesse zu gewinnen. Das autonome Nervensystem besteht aus zwei »Ästen«, die auf den ersten Blick gegensätzliche Ziele verfolgen, sich tatsächlich aber ergänzen: der sympathische und der parasympathische Ast. Wie Abbildung 8.2 zeigt, stehen die meisten inneren Organe des Körpers mit beiden Ästen in Verbindung.

Man hat – allerdings in einer gewissen Vereinfachung – das sympathische System mit dem Gashebel eines Autos verglichen. Es stellt vor allem in Gefahrensituationen die für eine Reaktion erforderliche Energie bereit. Ein Mensch, der sich bedroht fühlt und daraufhin mit *Furcht* reagiert, benötigt diese Energie, um

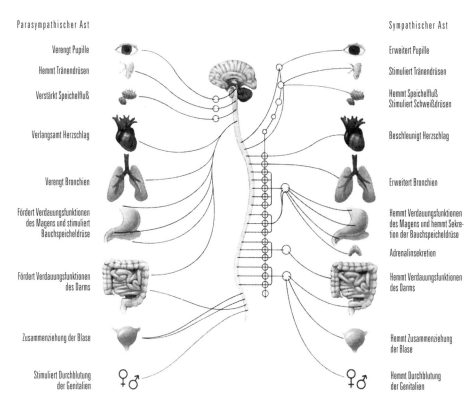

Abb. 8.2
*Das autonome Nervensystem besteht aus dem parasympathischen (links) und dem sympathischen Anteil (rechts). Beide Anteile sind mit denselben Organen verbunden, auf die sie aber unterschiedlich einwirken.*

entweder kämpfen oder fliehen zu können. In einer solchen Situation werden gleichzeitig aus Drüsen, die unmittelbar oberhalb der Niere liegen (Nebennierenmark), bio-chemische Stoffe abgesondert – man nennt sie *Hormone* –, die den Körper so lange in einem Erregungszustand halten, wie sie im Blut verbleiben. Zur bestmöglichen Versorgung der Muskeln bewirken das sympathische System und das Hormon Adrenalin z. B. die Abgabe von Zucker durch die Leber in das Blut und eine Beschleunigung des Herzschlags. Damit der Körper nicht überhitzt, sondern die Hautdrüsen Schweiß ab. Da sich mit dieser physiologischen Reaktion gleichzeitig der Hautwiderstand verändert, entstand der Gedanke, mit Hilfe eines sogenannten »Lügendetektors« den Wahrheitsgehalt von Aussagen zu überprüfen; Info-Kasten 8.1 schildert dieses Verfahren und seine Schwächen. Es ist weiterhin der Wirkung des sympathischen Systems und bestimmter Hormone zuzuschreiben, daß sich die Bronchien weiten, wodurch dem Kämpfenden oder Fliehenden die Ein- und Ausatmung erleichtert wird; er erhält mehr Sauerstoff. Das Herz schlägt schneller, und der Blutdruck steigt, damit die Muskeln besser mit Blut versorgt werden.

## Info-Kasten 8.1:
### Sagt der Lügendetektor die Wahrheit?

Um herauszufinden, ob eine Aussage der Wahrheit entspricht, entwickelten arabische Beduinen bereits vor mehreren Jahrhunderten ein einfaches Verfahren: Der Verdächtige mußte an einem heißen Eisen lecken. Im alten China zwang man Beschuldigte, Reispulver zu kauen, das nach einiger Zeit ausgespuckt werden mußte, damit man es auf seinen Feuchtigkeitsgehalt untersuchen konnte (Kleinmuntz und Szuko, 1984). Solche Methoden waren selbstverständlich nicht durch wissenschaftliche Erkenntnisse angeregt worden; sie hatten aber – wie sich nachträglich feststellen läßt – keineswegs eine abwegige Begründung. Man konnte nämlich davon ausgehen, daß ein Lügner wegen seiner Nervosität einen trockenen Mund bekam. Beim heißen Eisen verbrannte die Zunge sofort, da kein schützender Wasserdampf entstand.

Auch moderne Verfahren setzen darauf, daß die Nervosität eines Menschen bei absichtlich unwahren Aussagen gesteigert ist; infolgedessen versucht man, den Grad innerer Erregtheit zu messen. Man verwendet dafür ein Gerät, das allgemein unter der Bezeichnung »Lügendetektor« bekannt ist. Die Bezeichnung ist allerdings irreführend, denn es gibt kein Instrument, mit dem sich Lügen nachweisen lassen; man kann lediglich den Grad menschlicher Erregung erfassen, die unter dem Einfluß des sympathischen Systems entsteht. Dazu bedient man sich eines sogenannten

Abb. 8.3
*Messung und Aufzeichnung des Hautwiderstandes als Ausdruck innerer Erregung mit Hilfe eines Polygraphen*

Polygraphen (wörtlich: Vielschreiber, denn dieses Gerät registriert gleichzeitig mehrere Körperreaktionen).

Moderne Polygraphen messen gleichzeitig die Atemtätigkeit, den Herzschlag, den Blutdruck und den elektrischen Hautwiderstand. Zur Erfassung des letzteren werden auf der Haut jeweils zwei Elektroden befestigt, über die ein schwacher Strom fließt. Es hängt entscheidend von dem inneren Erregungsgrad eines Menschen ab, wieviel Widerstand der Körper dem Strom entgegensetzt. Bei Erregung wird der Hautwiderstand vermindert, weil Schweißabsonderung die elektrische Leitfähigkeit der Haut verändert.

Der Polygraph ist vielfach im Rahmen gerichtlicher Voruntersuchungen eingesetzt worden, um mit seiner Hilfe abschätzen zu können, ob ein Beschuldigter wahre Aussagen macht. Eine Schwierigkeit ergibt sich bei Anwendung dieser Methode dadurch, daß z. B. auf die Frage »Haben Sie Ihre Tante erschossen?« sowohl schuldige Menschen als auch unschuldige mit innerer Erregung reagieren (ebensowenig kann angenommen werden, daß der Befehl, an einem heißen Eisen zu lecken, irgendeinen Menschen unberührt läßt). Der Einsatz eines Polygraphen könnte folglich nur dann gerechtfertigt werden, wenn nachzuweisen wäre, daß ein Schuldiger auf eine solche Frage stärker anspricht als ein Unschuldiger. Das ist jedoch nicht der Fall. Es steht also kein absoluter Vergleichswert zur Verfügung. Auf die Kenntnis dieses Wertes kann aber keinesfalls verzichtet werden, denn die körperlichen Reaktionen bei wahren und unwahren Antworten stellen keine unveränderlichen Größen dar. Die Reaktionsweise eines Menschen hängt – wie David Lykken (1981) feststellt – einmal davon ab, wie leicht er überhaupt erregbar ist (Menschen unterscheiden sich in dieser Hinsicht ganz erheblich), außerdem von der Stärke der Furcht, verurteilt zu werden, und schließlich von dem Vertrauen, das ein Mensch in den Polygraphen setzt.

Lykken meint, man könne zwar mit Hilfe eines Polygraphen die Glaubwürdigkeit eines Angeklagten besser abschätzen als durch einen Münzwurf (also nach dem Zufall), aber – so fügt er hinzu – die Vernehmung eines Menschen durch gut geschulte Polizisten liefere ebenfalls bessere Ergebnisse als die Anwendung eines Zufallsverfahrens.

Lykken glaubt, bisher genannte Schwächen könnten durch ein Verfahren überwunden werden, das nur dem Täter zugängliche Kenntnisse anspricht. Wenn einem Verdächtigen z. B. fünf Namen von Banken vorgelesen werden, erwartet Lykken, daß der Schuldige nur auf jene Bank verstärkt reagiert, die er tatsächlich ausgeraubt hat. Weiterhin legt man ihm z. B. fünf Waffen vor, weil man davon ausgeht, daß nur der tatsächliche Räuber auf die Tatwaffe anspricht. Wenn man einem Tatverdächtigen zehn solcher Auswahlfragen vorlegt und dieser bei nur sechs Fragen auf jene Einzelheiten reagiert, die mit dem Schuldvorwurf in Zusammenhang stehen, vermutet Lykken lediglich ein Risiko von 1 zu 1000, daß er in Wirklichkeit unschuldig ist. Eine Überprüfung dieser Vorhersage steht noch aus.

Seit einiger Zeit werden in Amerika auch Geräte verwendet, bei denen der zu Beurteilende gar nicht mehr unbedingt bemerkt, daß seine Äußerungen einem »Lügendetektor« zugeführt werden. Der sogenannte »Psychologische Streß-Bewerter« erfaßt Veränderungen der Sprachlaute, die unter Streß (erhöhter innerer Anspannung) entstehen (Rice, 1978). Dieses Verfahren beruht auf der Annahme, daß die Muskeln, die ein Zittern in der Stimme bewirken, auf gesteigerte innere Spannungen reagieren. Die zu untersuchenden Gesprächsausschnitte können von einem Tonband oder aus einem Telefon stammen. Eine gewisse Gefahr, mit diesem Verfahren ethische Grundsätze zu verletzen, ist durchaus nicht auszuschließen.

In der Bundesrepublik Deutschland sowie in vielen anderen Ländern Europas ist der Einsatz von Polygraphen im Rahmen gerichtlicher Tatbestandsaufnahmen unzulässig. Allein die hohe Fehlerbelastung der Ergebnisse könnte dieses Verbot schon rechtfertigen (Raskin, 1987). Ließe sich der Verzicht auf dieses Gerät auch noch bei einer erheblichen Verbesserung vertreten? Die Frage ist zum gegenwärtigen Zeitpunkt nur schwer zu beantworten. Allerdings hätte man bei Zulassung polygraphischer Untersuchungen sehr bald mit einer weiteren Schwierigkeit zu rechnen. Ein Mensch kann nämlich grundsätzlich lernen, innere Reaktionen, die sich normalerweise seinem Einfluß entziehen, unter seine Kontrolle zu bringen (Barland & Raskin, 1975; s. hierzu Info-Kasten 4.3, S. 178). Für viele Menschen genügt es schon, sich bei jeder Frage auf die Zunge zu beißen oder den Fuß kräftig gegen den Boden zu stemmen, um eine physiologische Reaktion auszulösen. Auf diese Weise werden Unterschiede bei den Fragen eingeebnet (Honts et al., 1985). Bei gesetzlicher Zulassung von »Lügendetektoren« hätte man vielleicht mit der Einrichtung eines neuen gewinnträchtigen Geschäftszweiges zu rechnen: In geeigneten Kursen könnten Menschen trainiert werden, den Polygraphen zu »belügen«.

Das parasympathische System läßt sich eher mit der Bremse eines Kraftfahrzeugs vergleichen. Es wirkt daraufhin, die körperlichen Prozesse wieder zu »normalisieren«: Die Anzahl der Herzschläge pro Minute verringert sich nach Überwindung der Gefahrensituation wieder, die Trockenheit des Mundes läßt nach. Das Blut, das unter dem sympathischen Einfluß aus den zentralen Organen abgezogen wurde, kann ihnen wieder zugeleitet werden. Das parasympathische System gestattet es dem Körper, mit seiner Energie wieder sparsamer umzugehen und abermals Reserven anzulegen.

Letztlich steht das autonome Nervensystem unter der Kontrolle des Gehirns. Sonst würde das in Info-Kasten 4.3 beschriebene *Biofeedback* nicht funktionieren. Der Tierphysiologe kann auch bestimmte Teile des Gehirns benennen (Teile des sogenannten Hypothalamus), die nach elektrischer Reizung beim Tier Reaktionen auslösen, die normalerweise vom autonomen Nervensystem hervorgerufen werden. Bei einer Katze entsteht nach einer solchen Reizung eine Art Wutreaktion: Die Pupillen weiten sich, die Haare auf dem Rücken stellen sich senkrecht, die Krallen treten hervor; gleichzeitig stößt das Tier zischende und knurrende Laute aus. Im Falle einer Schädigung dieser Hirnteile zeigt die Katze dagegen keine sonderliche Erregung. Solche Beobachtungen zeugen von einer engen Verbindung zwischen Reizungen bestimmter Hirnbereiche, dem sympathischen System und emotionalen Erregungen (Kolb und Whishaw, 1985). Auch bei Menschen, die infolge von Unfällen oder Krankheiten Opfer von Hirnverletzungen geworden sind, hat man gehäuft eine gesteigerte Neigung beobachtet, bei geringfügigen Anlässen mit Wutausbrüchen und Aggressivität zu reagieren (Lewis, 1981).

Wenngleich es offenkundig zu sein scheint, daß es zwischen dem Gehirn, physiologischen Veränderungen und Gefühlserlebnissen Beziehungen gibt, bleibt eine Frage noch zu klären: Welcher Art sind die Beziehungen zwischen situativen Bedingungen (etwa Gefahrensituationen), dem Gehirn (z.B. Wahrnehmung einer Bedrohung), körperlichen Veränderungen (wie Händezittern, verstärktes Herzklopfen) und den Gefühlen (möglicherweise Furcht)? Antwort auf diese Fragen versuchen die Gefühlstheorien zu geben.

## 8.3 Theoretische Ansätze zur Erklärung von Gefühlserlebnissen

Wenn man den »gesunden Menschenverstand« fragt, dann gibt es nach William James (1884, 1890) eine einfache Abfolge: »Wir verlieren unseren Besitz, werden traurig und fangen an zu weinen. Wir begegnen einem Bär, erschrecken uns und laufen weg.« Kann der Ablauf aber nicht auch ganz anders erfolgen? »Meine Theorie«, so erklärte James, »lautet im Gegensatz dazu, daß körperliche Veränderungen unmittelbar der Wahrnehmung des erregenden Ereignisses folgen und daß unsere Wahrnehmung der Veränderungen im Körper der Gefühlszustand *ist*. ... Wir sind traurig, weil wir weinen, ... ängstlich, weil wir zittern. ... Ohne die körperlichen Zustände, die der Wahrnehmung folgen, würde die letztere ihrer Form nach rein kognitiv sein, blaß, farblos, ohne gefühlsmäßige Wärme.« Da ein dänischer Physiologe, Carl Lange, etwa zur gleichen Zeit recht ähnliche Gedanken geäußert hat, spricht man noch heute von der *James-Lange-Theorie der Gefühle*. Abbildung 8.4 veranschaulicht die behaupteten Zusammenhänge.

Die *James-Lange-Theorie* enthält einige Annahmen, um deren Überprüfung sich Psychologen bereits seit mehreren Jahrzehnten bemühen. Kann es sich bei den körperlichen Reaktionen beispielsweise auch um Muskelbewegungen handeln, die beim Laufen auftreten? James dachte vor allem an körperliche Veränderungen, die unter dem Einfluß des autonomen Nervensystems entstehen, also z. B. an Schwitzen, Zittern oder Herzklopfen. Liegen den Gefühlserlebnissen tatsächlich körperliche Veränderungen zugrunde? Entsprechen solchen Gefühlserlebnissen wie etwa Zorn, Trauer oder Wut jeweils *bestimmte*

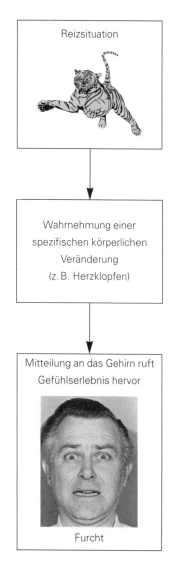

Abb. 8.4
*Nach der James-Lange Theorie der Gefühle ruft die Wahrnehmung eines Ereignisses oder Gegenstandes reflexhaft ein bestimmtes Muster körperlicher Veränderungen hervor. Nach Wahrnehmung dieser Veränderungen tritt ein entsprechendes Gefühlserlebnis auf.*

körperliche Veränderungen? Sind Menschen möglicherweise in der Lage, körperliche Veränderungen so genau wahrzunehmen und voneinander zu unterscheiden, daß sie darauf mit den jeweils angemessenen Gefühlserlebnissen reagieren können?

### 8.3.1 Das Gehirn als zentrale Schaltstelle für Gefühlserleben und körperliche Reaktionen

Was ein Mensch als Gefühl erlebt, ist nach der *James-Lange-Theorie* nichts anderes als die Wahrnehmung seiner eigenen körperlichen Reaktionen auf Auslöser-Reize. Der Physiologe Walter Cannon (1927) bestritt energisch, daß körperliche Veränderungen Gefühlserlebnisse verursachen können. Wenn die *James-Lange-Theorie* zutreffend wäre, so folgerte er, dann dürften Gefühle doch nur bei funktionierendem autonomen Nervensystem erlebbar sein. Das träfe jedoch nicht zu: Eine Katze, deren sympathische Nervenfasern durchtrennt wurden, zeigt die gleichen emotionalen Reaktionen auf einen bellenden Hund wie vorher. Die Aussagen von querschnittsgelähmten Erwachsenen, denen unterhalb einer schweren Rückenverletzung keinerlei Körperempfindungen mehr möglich sind, schienen den Beobachtungen an Tieren zu widersprechen. George Hohmann (1966), selbst teilweise gelähmt, gelangte nach Befragung zahlreicher Patienten zu dem Ergebnis, daß Gefühlserlebnisse um so schwächer erlebt werden, je höher die Verletzung an der Wirbelsäule erfolgt war. So erklärten z.B. Querschnittsgelähmte, die infolge eines Unfalls lediglich in den Beinen empfindungslos waren, der Unfall hätte ihre Gefühlserlebnisse nicht verändert. Eine ganz andere Antwort erhielt Hohmann von solchen Unfallopfern, die eine Verletzung im Bereich der Halswirbelsäule erlitten hatten, von der praktisch ihr gesamter Körper (unterhalb dieser Wirbel) betroffen war. Diese Menschen erklärten, daß sie Gefühle wie *Furcht, Wut* oder *Trauer* nach dem Unfall bei weitem nicht mehr so intensiv erleben konnten. Zu beachten ist allerdings, daß Hohmann seine Studien in den sechziger Jahren durchgeführt hat. Damals wirkte die Therapie stärker darauf hin, sich im Falle einer Querschnittslähmung mit ihren Folgen abzufinden. In neuerer Zeit haben sich die Ziele der Behandlung jedoch geändert. Man fordert die Patienten nunmehr heraus, sich aktiv an die veränderten Lebensbedingungen anzupassen. Viele reagieren darauf, indem sie nach Abschluß der Therapie sehr viel zuversichtlicher in die Zukunft blicken und bemüht sind, wichtige Ziele zu erreichen. Die so behandelten Querschnittsgelähmten berichteten sehr wohl von Gefühlserlebnissen. Einige behaupteten sogar, sie würden Gefühle noch intensiver als vor der Verletzung erleben (Bermond et al., 1991; Chwalisz et al., 1988). Demnach scheint das Erleben von Gefühlen nicht, wie James und Lange annahmen, von der Wahrnehmung körperlicher Erregung abzuhängen. Die Aussagen der Querschnittsgelähmten stützen eher eine Theorie, die auf Walter Cannon (1927) und Philip Bard (1934) zurückgeht. Die behaupteten Zusammenhänge werden in Abbildung 8.5 dargestellt. Entscheidend ist nach der *Cannon-Bard-Theorie*, daß die Sinnesorgane Informationen über eine gefühlserregende Reizgegebenheit zunächst dem Gehirn (spezieller: dem Thalamus, dessen Bedeutung für das Gefühlserleben heute bestritten wird) übermitteln, das die empfangene Nachricht nach Verarbeitung sodann *gleichzeitig* in zwei Richtungen weitergibt:

nach »unten« zum autonomen Nervensystem, das die physiologische Erregung hervorruft, und nach »oben« zur Großhirnrinde, durch die das subjektive Gefühlserleben entsteht. Nach dieser Theorie sind physiologische Veränderungen nicht – wie Lange annahm – die Voraussetzung eines Gefühlserlebens, denn beide Reaktionen erfolgen gleichzeitig und unabhängig voneinander. Ganz läßt sich allerdings nicht ausschließen, daß die von den Querschnittsgelähmten mitgeteilten Gefühle eine Reaktion auf die Wahrnehmung des eigenen Gesichtsausdrucks darstellten (s. hierzu Info-Kasten 8.2, S. 340 f.).

Viele Wissenschaftler sind heute nicht mehr vorrangig an der Klärung interessiert, ob die physiologischen Grundlagen von Gefühlserlebnissen besser durch die *James-Lange-* oder durch die *Cannon-Bard-Theorie* erklärt werden. Gefühle sind nämlich mehr als eine automatische Reaktion auf Reize. Sie hängen unter anderem davon ab, wie Wahrnehmungen am eigenen Körper und wie situative Bedingungen interpretiert werden.

### 8.3.2 Beziehungen zwischen körperlichen Veränderungen und bestimmten Gefühlserlebnissen

William James meinte, Gefühlserlebnisse entstünden dadurch, daß körperliche Veränderungen wahrgenommen werden. Ein Mensch kann aber nur dann wissen, ob er z. B. *traurig*, *fröhlich* oder *zornig* ist, wenn jedem dieser Gefühlserlebnisse eine bestimmte körperliche Veränderung zugrunde liegt. Gerade diese Voraussetzung hielt Cannon aufgrund seiner Forschungsergebnisse für nicht gegeben. Nach seinen Beobachtungen können nach gleichen körperlichen Veränderungen recht

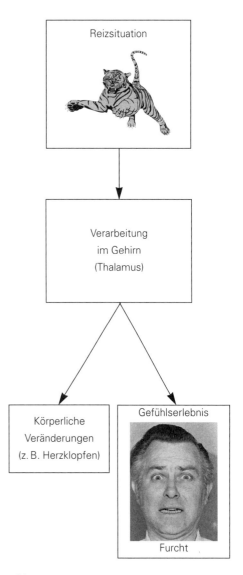

Abb. 8.5
*Nach der Cannon-Bard-Theorie der Gefühle führt die Wahrnehmung eines Ereignisses oder Gegenstandes zur Aktivierung bestimmter Teile des Gehirns (Thalamus), das die empfangenen Informationen nach erfolgter Verarbeitung gleichzeitig in zwei Richtungen weitergibt: nach »unten« zur Aktivierung des autonomen Nervensystems und nach »oben« zum Großhirn, das ein bewußtes Gefühlserlebnis entstehen läßt.*

unterschiedliche Gefühle erlebt werden. So geht beispielsweise mit intensiver Furcht ein schneller Herzschlag, hoher Blutdruck, eine beschleunigte Atmung und Schwitzen einher. Diese körperlichen Veränderungen lassen sich aber auch durch einen Hundertmeterlauf herbeiführen, ohne daß dieser normalerweise vergleichbare Gefühlserlebnisse nach sich zieht. Zudem reagiert der Körper in verschiedenen Situationen auf eine Bedrohung nicht immer gleichartig, obwohl derselbe Mensch dabei stets *Furcht* erlebt (Lang et al., 1972). Ist es demnach gesichert, daß Gefühlserlebnissen wie *Zorn, Trauer* oder *Fröhlichkeit* jeweils keine bestimmten körperlichen Veränderungen zugrunde liegen? Einigen neueren Forschungsergebnissen ist zu entnehmen, daß diese Möglichkeit nicht so sicher zurückzuweisen ist, wie es von Cannon noch angenommen wurde.

Gary Schwartz und seine Mitarbeiter (1981) luden Studenten ein, die bereits Erfahrungen als Schauspieler gesammelt hatten. Im Rahmen eines Experiments sollten sie sich möglichst lebhaft an frühere Ereignisse erinnern, bei denen sie *Freude, Traurigkeit, Wut* oder *Furcht* erlebt hatten. Während die Ereignisse und die damit einhergehenden Gefühle noch einmal durchlebt wurden, registrierte der Experimentator den Herzschlag, den Blutdruck während eines Herzschlags (systolischer Blutdruck) und zwischen den Herzschlägen (diastolischer Blutdruck). Tatsächlich gingen mit jedem der vier Gefühlserlebnisse andere physiologische Meßwerte einher: Wenn die Versuchspersonen sich an ein Ereignis erinnerten, bei dem sie *Freude* erlebten, schlug ihr Herz verhältnismäßig langsam, bei *Furcht* und *Wut* dagegen ziemlich schnell. Der diastolische Blutdruck erreichte den höchsten Wert bei *Wut*, den geringsten bei *Traurigkeit*,

während die Meßwerte bei *Freude* und *Furcht* dazwischen lagen. Bereits früher hatten andere Forscher behauptet, bei *Wut* hätten sie andere physiologische Meßwerte erhalten als bei *Furcht*; auch zwischen *Fröhlichkeit* und *Traurigkeit* seien ihnen Unterschiede aufgefallen (Averill, 1969; Ax, 1953).

Die Versuchspersonen von Schwartz und seinen Mitarbeitern waren in der Lage, durch Erinnerung an frühere Ereignisse bestimmte Gefühlserlebnisse herbeizuführen. Auf diese Möglichkeit wies bereits William James hin. Er entwickelte seine Gefühlstheorie zu einer Zeit, da er vom Tod beider Elternteile schwer getroffen war. Er befand sich deshalb in einem Zustand tiefer Traurigkeit (Miller und Buckhout, 1973). James hatte allerdings entdeckt, wie er seiner Niedergeschlagenheit entgegenwirken konnte. Er erklärte nämlich: »Wenn wir eigene unerwünschte Gefühlszustände überwinden wollen, müssen wir beharrlich und beim ersten Auftreten kaltblütig über körperliche Veränderungen jene entgegengesetzten Zustände herbeiführen, die wir fördern wollen« (James, 1884). Wer also seiner Niedergeschlagenheit entgegentreten möchte, dem empfiehlt James, sich um fröhliche Verhaltensweisen zu bemühen. Dieser Ratschlag hat mehrere Untersuchungen angeregt, über die Info-Kasten 8.2 berichtet.

Insgesamt scheint es so zu sein, daß zumindest einige Grundgefühle auf physiologischer Ebene voneinander zu unterscheiden sind. Fraglich ist allerdings, ob Menschen die körperlichen Veränderungen auch benennen können, wie James glaubte. Zwar hört man gelegentlich die Feststellung, einem sei »vor Schreck fast das Herz stehengeblieben« oder »einem sei ganz merkwürdig in der Magengegend geworden«. Ein genaues Nachprüfen ergibt jedoch, daß es den meisten Menschen –

## Info-Kasten 8.2:
### Kann man durch Veränderung seines Gesichtsausdrucks eigene Gefühlserlebnisse beeinflussen?

Gelegentlich versuchen Freunde und Bekannte einen Menschen, dem ein Mißgeschick widerfahren ist, durch die Aufforderung aufzumuntern, »gute Miene zum bösen Spiel zu machen« oder »einfach darüber zu lachen«. Ist ein solcher Ratschlag tatsächlich geeignet, einer traurigen Stimmung entgegenzuwirken? Kann man auf diese Weise wirklich wieder fröhlich werden? Mit dieser Frage beschäftigen sich Psychologen bereits seit einiger Zeit. Ob sich über die Gesichtsmuskeln Einfluß auf das eigene Gefühlserleben nehmen läßt, kann jedermann nach Ausführung folgender Anweisung bei sich selbst überprüfen: »*Heben Sie die Augenbrauen an und verringern Sie deren Abstand. Ziehen Sie Ihre Augenlider weit nach oben. Ziehen Sie schließlich Ihre Lippen waagerecht auseinander in Richtung beider Ohren.*« Das Aussehen des Gesichts nach Befolgung dieser Anweisung gibt Abbildung 8.6 wieder. Stellt sich schließlich das Erleben von *Furcht* ein?

Bereits Charles Darwin (1872) berichtete, er habe festgestellt, daß Gefühle sich verstärken, wenn sie durch einen entsprechenden körperlichen Ausdruck unterstützt würden. Diese Behauptung trifft offenbar zu, denn je mehr man sich in Erwartung eines schmerzhaften Schocks absichtlich bemüht, über die Mimik Schmerz und Furcht zum Ausdruck zu bringen – möglicherweise sogar in einer gewissen Übertreibung –, desto schwerer läßt sich das schmerzhafte Erlebnis ertragen und desto mehr erhöht sich die gemessene physiologische Erregung (Lanzetta et al., 1976). Demnach lassen sich schmerzhafte Reize besser ertragen, wenn man sich bemüht, auf solche mit einem bewußt gleichgültigen Gesichtsausdruck zu reagieren. Nicht in allen Untersuchungen (Matsumoto, 1987) gelang es, bei Versuchspersonen entsprechende Gefühle auszulösen, nachdem diese durch ihr Gesicht z. B. *Trauer, Zorn* oder *Fröhlichkeit* zum Ausdruck gebracht hatten (sogenannte Gesichts-Rückkoppelungs-Hypothese), andere Experimente erbrachten allerdings bemerkenswerte Ergebnisse.

Paul Ekman und seine Mitarbeiter (1983) wiesen ihre Versuchspersonen an, bestimmte Gesichtsmuskeln nacheinander zu bewegen. In einer Situation sollte ihr Gesicht schließlich *Furcht* zum Ausdruck bringen. Unter anderen Bedingungen wurden Anweisungen zur Veränderung der Muskeln solange gegeben, bis ihr Gesicht *Wut, Überraschung, Ekel, Traurigkeit* oder

Abb. 8.6
*Nach genauer Anweisung zur Veränderung bestimmter Muskeln (siehe Text) sollte das Gesicht schließlich Furcht zum Ausdruck bringen.*

# Psychologie der Gefühle und die Auseinandersetzung mit Streß

*Fröhlichkeit* darstellte (s. hierzu Abbildung 8.1, s. S. 330). Ekman vermied aber ausdrücklich jeden Hinweis auf Gefühle; er beschränkte sich auf Anweisungen zur Veränderung der Gesichtsmuskeln. Während die Versuchspersonen den jeweiligen Anordnungen zu folgen versuchten, wurden an ihrem Körper physiologische Messungen durchgeführt. Dabei zeigte sich, daß den Gesichtsdarstellungen bestimmte Meßwerte entsprachen. Ihr Herzschlag verringerte sich z.B., wenn ihr Gesicht *Ekel* zum Ausdruck brachte, das Herz schlug dagegen schneller bei der Darstellung von *Traurigkeit*, *Furcht* oder *Wut*. Bei der Darstellung von *Ekel* sank die Hauttemperatur, und bei *Wut* stieg sie an. Es genügte also offenbar, über die Gesichtsmuskeln ein bestimmtes Gefühl zum Ausdruck zu bringen, um auch Veränderungen des autonomen Nervensystems registrieren zu können.

In einem anderen Experiment (Strack et al., 1988) wurden Versuchspersonen unter einem Vorwand gebeten, einen Bleistift entweder zwischen die Lippen oder zwischen die Zähne zu nehmen, wie es Abbildung 8.7 darstellt. Unter diesen beiden Bedingungen sollten sie Karikaturen beurteilen. Über welche Bilder amüsierten sie sich mehr, über welche weniger? Das hing nicht nur von den Karikaturen, sondern auch davon ab, ob sie den Bleistift mit den Zähnen oder mit den Lippen festhielten. Wie läßt sich dieser Zusammenhang erklären?

Wenn der Bleistift zwischen den Lippen gehalten wird, ist das Lachen erschwert, und Karikaturen erscheinen weniger lustig. Der Bleistift zwischen den Zähnen fördert dagegen einen lachenden Gesichtsausdruck, und unter dieser Bedingung behaupteten Versuchspersonen, sie hätten sich über dieselben Karikaturen viel mehr

Abb. 8.7
*Wenn man einen Bleistift mit den Zähnen festhält, fördert man die Muskeln, die ein Lachen bewirken, während das Lachen erschwert wird, wenn ein Bleistift mit den Lippen gehalten wird.*

amüsiert. Von Bedeutung ist, daß den Versuchspersonen gar nicht aufgefallen war, daß ihr Gesicht unter der einen Bedingung dem Lachen näher war als unter der anderen.

Es ist zur Zeit noch strittig, weshalb über die Gesichtsmuskeln Gefühle zu verändern sind. Erhält das Gehirn über das autonome Nervensystem Informationen über den Gesichtsausdruck, um sodann bei bestimmten Muskelveränderungen entsprechende Gefühle auszulösen? Einige Forscher halten das für möglich (Izard, 1977). Andere weisen aber auch daraufhin, daß es offenbar Gefühle ohne Gesichtsausdruck und Gesichtsausdruck ohne Gefühle gibt (Mandler, 1984). Es wird an anderer Stelle noch darauf eingegangen, daß ein körperlicher Ausdruck (wie z. B. Lächeln) nicht nur eine emotionale, sondern ebenso eine soziale Mitteilung enthält (s. S. 349 ff.). Infolgedessen verweist ein Lächeln nicht unbedingt auch auf einen fröhlichen Erlebniszustand (Kraut und Johnston, 1979). Da es offenbar keine genetisch verankerte feste Beziehung zwischen Gefühlserleben und Gefühlsdarstellung gibt, hat Ekman Versuchspersonen mit schauspielerischen Erfahrungen und Fähigkeiten ausgewählt. Nach seiner eigenen Einschätzung sind nur etwa 15 Prozent aller Menschen in der Lage, sich gewissermaßen künstlich einen Gesichtsausdruck zu schaffen, der Gefühle möglichst echt zum Ausdruck bringt. Auch *Shakespeare* wußte offenbar, daß sich einige Menschen sehr gut verstellen können, indem sie mit ihrer Mimik etwas darstellen, was ihren inneren Gefühlen in keiner Weise entspricht. In seinem Schauspiel *Heinrich IV.* läßt *Shakespeare* nämlich den *Herzog von Gloster* im dritten Aufzug, 2. Szene, sagen:

*Kann ich doch lächeln und im Lächeln morden*
*Und rufen »schön« zu dem, was tief mich kränkt,*
*Die Wangen netzen mit erzwungenen Tränen*
*Und mein Gesicht zu jedem Anlaß passen.*

selbst nach längerem Training – außerordentlich schwerfällt, kleinere Veränderungen innerer Organe zu bemerken. Wenn man also beispielsweise den Herzschlag einer Versuchsperson objektiv kontrolliert und sie bittet, eine Veränderung in der Pulsfrequenz mitzuteilen, dann erhält man auffallend oft falsche Angaben (Mandler, 1975). Danach sind Zweifel an der Behauptung angebracht, körperliche Veränderungen seien die Grundlage für Gefühlserlebnisse. Folglich stellt sich nochmals die Frage, woher ein Mensch weiß, ob er z.B. *fröhlich* oder *traurig, freundlich* oder *zornig* ist. Eine vielbeachtete Antwort hat Stanley Schachter gegeben; sie soll im folgenden dargestellt und erläutert werden.

### 8.3.3 Gefühlserlebnisse als Ergebnis physiologischer Erregung und kognitiver Prozesse

Wenn es Menschen tatsächlich sehr schwer fallen sollte, Veränderungen innerer Organe festzustellen, dann müßte man sie doch auch leicht über »innere Zustände« täuschen können. Man hat männlichen Studenten zehn erotische Bilder (Abbildungen aus dem *Playboy*-Magazin) gezeigt, während man ihnen über Kopfhörer Herzschläge zuspielte, die sie für ihre eigenen hielten (Valins, 1966). Tatsächlich ließ jedoch ein Experimentator das Herz nach einem bestimmten Plan bei einigen Bildern schneller, bei anderen langsamer schlagen. Als die Versuchspersonen gefragt wurden, welche Bilder ihnen am attraktivsten erschienen, entschieden sie sich in der Regel für jene, deren

Darbietung von einem vergleichsweise schnellen Herzschlag begleitet war. Wurde der Anregungsgehalt der Bilder auch beachtet? Das ist nicht auszuschließen, aber die Versuchspersonen achteten stets mehr auf den Herzschlag. Der Experimentator konnte mit seiner Einflußnahme erreichen, daß jedes von ihm beliebig ausgewählte Bild in Hinblick auf die Attraktivität hoch eingeschätzt wurde.

Selbst wenn ein Mensch innere Veränderungen bei sich feststellen könnte, dann »weiß« er nach Stanley Schachter und Jerome Singer noch lange nicht, welches Gefühl sie zum Ausdruck bringen (Schachter und Singer, 1962). Die beiden Forscher stimmten also mit James darin überein, daß körperliche Veränderungen dem Gefühlserleben vorausgehen müssen. Sie bezweifelten jedoch, daß jedem Gefühl unterscheidbare innere Prozesse entsprechen (Untersuchungsergebnisse, wie die von Schwartz et al. [s. S. 339] lagen damals noch nicht vor!). Wenn man beispielsweise feststellt, daß sich der eigene Herzschlag beschleunigt, die Hände zittern und der Mund austrocknet, dann muß man entscheiden, welches Gefühl gerade erfahren wird. Die Theorie von Schachter und Singer hat man einmal etwas respektlos als »Jukebox-Theorie der Gefühle« bezeichnet (Mandler, 1962). Nach dem gewählten Vergleich ist der Erregungszustand mit Abläufen vergleichbar, die bei den alten Schallplattenautomaten nach Einwurf einer Münze stattfanden. Das System war aktiviert, d. h. bereit, die Musik zu spielen. Welches Stück aber gewählt wurde – ein Marsch, ein Liebeslied oder ein quirliger Tanz –, hing vom Knopfdruck des Benutzers bzw. davon ab, wie dieser seine Umgebung interpretierte. Ein Liebespaar wird vielleicht nicht unbedingt Marschmusik hören wollen, und die Teilnehmer an einer Karnevalsparty sehnen sich möglicherweise nicht nach den Klängen eines sanften Liebesliedes. Wenn ein Mensch physiologisch erregt ist, aber keine Erklärung dafür hat, wird er versuchen, diese wahrgenommenen Erregungen durch Beachtung von Hinweisreizen zu benennen. Wenn man beispielsweise die letzten Sekunden eines Tennisspiels beobachtet, wird man den beschleunigten Herzschlag, das Schwitzen und die schnelle Atmung wahrscheinlich auf Aufregung zurückführen. Sofern die gleichen physiologischen Reaktionen aber auf dem Weg zum Zahnarzt auftreten sollten, würde man vermutlich Angst als Ursache benennen. Schachter und Singer berücksichtigen in ihrer *Zweifaktoren-Theorie der Gefühle* also physiologische Erregungen *und* deren Interpretation.

Zur Überprüfung ihrer Annahmen führten Stanley Schachter und Jerome Singer zu Beginn der sechziger Jahre (1962) ein Experiment durch, das Psychologen besonders nachhaltig beeindruckt haben muß, denn diese haben bis zur Gegenwart jede Gelegenheit genutzt, um es ausführlich schildern zu können. Obwohl dieses Experiment zahlreiche methodische Mängel aufwies, die Ergebnisse keineswegs völlig in Einklang mit den Erwartungen von Schachter und Singer standen und in Nachprüfungen niemals zu bestätigen waren (Marshall und Zimbardo, 1979; Reisenzein, 1983), hat diese Studie bis heute offenbar nicht an Attraktivität verloren.

Den Versuchspersonen teilten Schachter und Singer mit, sie interessierten sich für den Einfluß von Vitaminen auf optische Wahrnehmungsprozesse. Aus diesem Grunde würde man ihnen *Suproxin* einspritzen, bei dem es sich angeblich um ein Vitamin-Präparat handelte. Tatsächlich enthielt die Spritze aber Adrenalin, das bekanntlich u. a. die Atmung beschleunigt, leichtes Zittern hervorruft sowie beschleunigend auf den Herzschlag wirkt (s. S. 331 ff.). Damit das Adrenalin seine volle Wirkung entfalten konnte, wurde jede Versuchsperson unter einem Vorwand gebeten, im Wartezimmer Platz zu nehmen. Dort traf sie auf einen anderen Menschen, der dem Anschein nach ebenfalls an dem Versuch teilnahm, tatsächlich aber als Vertrauter des Versuchsleiters eine genau vorgeschriebene Rolle zu spielen hatte. Unter der einen Bedingung zeigte er ein Verhalten, das den Eindruck ausgelassener Stimmung erwecken sollte: Er schmiß Papierflugzeuge in die Luft, warf zerknülltes Papier schwungvoll in den Papierkorb und spielte mit einem vorhandenen Reifen. In der anderen Situation trafen Versuchspersonen auf einen »Wartenden«, der ärgerlich reagierte und wütend erklärte, er würde den Fragebogen des Experimentators nicht ausfüllen. Als die Versuchspersonen nach Verlassen des Wartezimmers gefragt wurden, wie sie sich selbst fühlten, ergaben sich interessante Unterschiede. Nach Beobachtung eines offenbar verärgerten Menschen erklärten viele, sie seien wütend, während Zeugen ausgelassener Verhaltensweisen fröhliche Stimmung vorgaben. Aber nur jene Versuchspersonen berücksichtigten situative Hinweisreize, die keine angemessene Erklärung für ihre Erregungssteigerung hatten. Teilnehmer des Experiments, die von vornherein über die erregungssteigernde Wirkung der ihnen eingespritzten Substanz angemessen informiert worden waren, blieben von dem Verhalten des Vertrauten weitgehend unbeeinflußt. In diesen experimentellen Ergebnissen sahen Schachter und Singer eine Bestätigung ihrer Zweifaktoren-Theorie.

Schachter und Singer versuchten mit ihrem Experiment nachzuweisen, daß körperliche Reaktionen interpretiert werden müssen, bevor bestimmte Gefühle erlebt werden können. Sie hatten die Wirkung des Adrenalins allerdings nur unzureichend kontrolliert. Die Erregung war möglicherweise bereits wieder vermindert, als die Versuchspersonen dem Vertrauten des Versuchsleiters im Wartezimmer begegneten. In einem anderen Experiment hat man Versuchspersonen eine Substanz eingespritzt, die keinerlei erregende Wirkung auf den Organismus ausübte. Unter dieser Bedingung hätten die Versuchspersonen nach Schachter und Singer keine oder nur geringe Gefühlserlebnisse haben dürfen. Das war jedoch nicht der Fall. Im Wartezimmer ließen sich die Versuchspersonen von einer fröhlichen ebenso wie von einer wütenden Stimmung anstecken (Plutchik und Ax, 1967). Die Annahme von Schachter und Singer, daß die Entstehung einer inneren Erregung als unerläßliche Voraussetzung zum Erleben von Gefühlen zu gelten hat, ist sicherlich nicht zutreffend. Menschen können auch dann noch bestimmte Gefühle, so etwa Wut oder Furcht, erleben, nachdem sie Drogen eingenommen haben, die eine vom autonomen Nervensystem ausgehende Erregungssteigerung verhindern (Reisenzein, 1983).

Es ist zweifellos das Verdienst von Schachter und Singer, auf die Bedeutung von Kognitionen hingewiesen zu haben. Völlig außer acht ließen sie allerdings den Einfluß der Hinweisreize, die der eigene Körper liefert. Es wurde bereits darauf hingewiesen, daß sich Gefühle wie Furcht, Ärger oder Fröhlichkeit auf physiologischer Ebene unterscheiden lassen (s. S. 339). Kann Gefühlserleben beim Menschen auch ohne kognitive Beteiligung zustande kommen? Der Psychologe Carroll Izard (1989) hat diese Frage zumindest in Hinblick auf einige Emotionen bejaht.

Izard beobachtete u.a., wie zwei Monate alte Kinder sich verhielten, wenn ihnen im

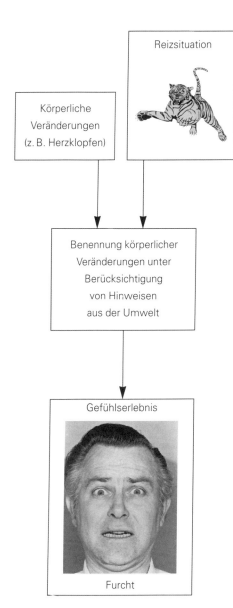

Abb. 8.8
*Nach der Zweifaktoren-Theorie der Gefühle wird nach Wahrnehmung einer unspezifischen körperlichen Veränderung (physiologische Erregung) deren Ursache in der unmittelbaren Umgebung gesucht. Die wahrgenommene körperliche Veränderung wird sodann im Einklang mit der gefundenen Ursache interpretiert.*

Rahmen einer Schutzimpfung eine Spritze gegeben wurde (Izard et al., 1983). Zumeist folgte auf den schmerzhaften Reiz eine Art Wutreaktion. Nach Izards Überzeugung könnten kognitive Prozesse bei so kleinen Kindern noch keine Rolle spielen, denn sie wären zur Interpretation der Situation noch gar nicht imstande. Er vermutet deshalb, daß es angeborene Reaktionen auf bestimmte gefühlsauslösende Reize gibt. Hirnteile, die unterhalb des Großhirns liegen, könnten eine automatische Verarbeitung vornehmen. Bei anderen Gefühlsreaktionen ist die Beteiligung kognitiver Prozesse dagegen unerläßlich. Wie reagiert man beispielsweise, wenn man als Fußgänger vor einer Ampel wartet und plötzlich von einem weiteren Passanten von hinten angestoßen wird? Die unmittelbare Reaktionen auf das schmerzhafte Zusammentreffen ist vielleicht Wut oder Verärgerung. Möglicherweise entdeckt man aber, daß ein Blinder den Zusammenstoß hervorgerufen hat. Könnte unmittelbar darauf die Verärgerung nicht durch ein anderes Gefühl, möglicherweise durch Mitleid, ersetzt werden? Ein komplexes Gefühl wie Mitleid ist allerdings durch primitivere Hirnteile nicht mehr hervorzurufen. Man muß nämlich u. a. zunächst den Gegenstand in der Hand des Mitmenschen als Blindenstock erkennen. Außerdem muß man einsehen, daß der Blinde den Zusammenstoß nicht absichtlich hervorgerufen hat. Bei dieser Art des Gefühlserlebens ist die Mitwirkung kognitiver Prozesse, auf deren Bedeutung Schachter und Singer nachdrücklich hingewiesen haben, unerläßlich. Auch Emotionen wie beispielsweise Eifersucht, Stolz, Zufriedenheit und Enttäuschung können ohne kognitive Beteiligung nicht entstehen (Zajonc et al., 1989). Die Suche nach einer Theorie, die der außerordentlich komplexen Gefühlswelt des Menschen gerecht wird, ist mit Izards Beitrag noch lange nicht abgeschlossen. Sein Gedanke, daß vielleicht nicht alle Gefühle auf gleiche Weise zu erklären sind, könnte für die Forschung aber eine beachtenswerte Anregung darstellen.

Um das menschliche Erleben von Gefühlen zu erklären, reicht es offenkundig nicht aus, eine einzige Theorie in Anspruch zu nehmen. An dem Zustandekommen sind sowohl Kognitionen als auch körperliche Veränderungen, die unter der Kontrolle des autonomen Nervensystems stehen, sowie Gesichtsmuskeln beteiligt. All diese Prozesse beeinflussen sich wechselseitig. Emotionen sind demnach sowohl eine Sache des »Herzens« als auch des »Kopfes«. Einige Gefühle können offenbar vom Zentralnervensystem unmittelbar verarbeitet werden, ohne daß es einer inneren Erregung bedarf. Wie die Beobachtung kindlicher Reaktionen auf Schmerzreize zeigt, kommen einige Gefühlsreaktionen offenbar auch ohne Beteiligung kognitiver Prozesse zustande.

### 8.3.4 Die Theorie entgegengesetzter Prozesse

Keine Theorie der Gefühle kann für sämtliche Beobachtungen eine Erklärung anbieten. Bekannt ist z. B., daß viele Jogger zu Beginn ihres Lauftrainings höchst unangenehme Gefühle erleben. Warum laufen sie aber dennoch regelmäßig? Fallschirmspringer berichten, sie hätten vor und während ihres ersten Sprungs extrem starke Furcht erlebt. Wie haben sie dieses Gefühl allmählich überwunden? Was veranlaßt Menschen, regelmäßig in die Sauna zu gehen? Wer jemals entsprechende Erfahrungen sammeln konnte, kennt das höchst unangenehme Gefühl, das sich unmittelbar nach

Abb. 8.9
*Freihandklettern ruft ebenso wie Fallschirmspringen bei jedem Anfänger erhebliche Furchterlebnisse hervor. Die Theorie der entgegengesetzten Prozesse erklärt, warum solche gefährlichen Sportarten für einige Menschen zu einer attraktiven Freizeitbeschäftigung werden können.*

Betreten eines Dampfbades bei einigen Menschen einstellt. – Die *James-Lange-Theorie* kann auf solche Fragen keine Antwort geben; sie versucht zudem, vor allem Gefühlsabläufe und nicht die Aufeinanderfolge mehrerer Gefühle zu erklären. Das gleiche gilt für Schachters Theorie, der ebensowenig zu entnehmen ist, weshalb sich Bergsteiger an steilen Felswänden hoch- oder abseilen, obwohl sie in keinem Moment die Gefährlichkeit der Situation völlig leugnen können. Richard Solomon (1980; Solomon und Corbit, 1973) meint, daß man zur Erklärung der genannten Ereignisse eine Eigenschaft des autonomen Nervensystems heranziehen kann: Wenn man das Nervensystem in eine Richtung drängt, wird es mit gleicher Kraft zurückdrängen (Mook, 1987); es ist stets um Ausgleich bemüht. Auf eine anfänglich positive Gefühlsreaktion wird eine negative folgen und umgekehrt. Wenn also beispielsweise unter einer Bedingung ein angenehmes Gefühl (A-Zustand) entsteht, etwa ein Glücksgefühl oder Freude, dann wird dieses einen B-Zustand in Gang setzen, der dem ersten entgegengesetzt ist: Man erlebt also z. B. Unlust. Da beide Zustände als Gegenspieler auftreten, muß B mindernd auf A wirken, was eine Abschwächung des angenehmen Zustandes zur Folge hat. Zudem überdauert B den A-Zustand, der ersteren ja ausgelöst hat. Da A früher verschwindet, verstärkt sich der B-Zustand sogar ohne seinen Gegenspieler noch. Man fühlt sich bei dieser Theorie mit Solomon (1980) an den Puritanismus erinnert: Gutes im Leben muß stets mit Unbehagen bezahlt werden, aber im Unglück besteht die Aussicht auf bessere Zeiten. Bereits *Platon* läßt *Sokrates* im *Phaidon* sagen: »Sonderbar, Freude ist doch das, was die Menschen angenehm nennen. In wie seltsamer Beziehung steht es zu dem, was sein Gegensatz zu sein scheint, zum Schmerzlichen: Zugleich wollen die beiden nicht im Menschen weilen; so aber ein Mensch der Freude nachgeht und nach der Freude greift, muß er auch Schmerz hinnehmen und umgekehrt, als hingen die zwei an einem Ende zusammen. ... Wenn also der Mensch schon den Schmerz hat, bekommt er nachher noch die Freude und umgekehrt. So scheint es auch mir jetzt zu ergehen: Nachdem ich infolge der Fesseln im Beine Schmerzen gehabt habe, scheint jetzt das Wohlbehagen nachzukommen.« Am Beispiel eines Fallschirmspringers ist zu verdeutlichen, welche Prozesse ablaufen, nachdem er erstmals unter starker Furcht aus einem Flugzeug in großer Höhe ausgestiegen ist, eine solche Übung aber dennoch mehrmals wiederholt, und schließlich bereit ist, das Fallschirmspringen zu seinem Hobby zu erklären (Mook, 1987).

Der erste Fallschirmsprung dürfte für jeden Menschen mit starker Furcht, ja geradezu mit Panikgefühlen verbunden sein (der A-Zustand). Solomons Theorie besagt nun, daß nach Auslösung einer ersten Gefühlsreaktion ein weiteres Gefühl aktiviert wird, das zum ersten im Gegensatz steht. Nach Entstehung von Panik oder Furcht wird der B-Zustand in Gang gesetzt, den der Fallschirmspringer als Erleichterung erfahren kann. Dieser entgegengesetzte Prozeß weist allerdings ein bedeutsames Kennzeichen auf: Er kommt langsamer in Gang und verschwindet auch nicht so schnell wie der A-Zustand. Nachdem der Springer sicher gelandet ist, erscheint er zunächst noch von dem vorausgegangenen Ereignis überwältigt: Er schweigt. Erst nach einigen Minuten tritt an die Stelle der Furcht ein schwaches Glücksgefühl. Viele Menschen kennen das positive Gefühl nach Überwindung einer Gefahrensituation. Weshalb wagt ein Fallschirmspringer, der die erregende Furcht vor und während des Sprungs aber noch in deutlicher Erinnerung haben dürfte, überhaupt noch weitere Sprünge? Nach der Theorie der entgegengesetzten Prozesse verändern die A- und B-Zustände allmählich ihren Charakter.

Nach einigen weiteren Absprüngen verstärkt sich der B-Zustand, der mindernd auf den A-Zustand wirkt. Die Furcht verringert sich, und infolgedessen kann der Fallschirmspringer einem weiteren Sturz in die Tiefe mit mehr Gelassenheit entgegensehen (es ist ja bisher niemals etwas passiert). Was also beim ersten und vielleicht noch bei einigen weiteren Absprüngen als Erleichterung erlebt worden ist, wandelt sich mit jeder weiteren Erfahrung allmählich in Freude, die wegen ihrer wachsenden Stärke der Furcht zunehmend entgegenwirkt. Der Saunabesucher oder der Jogger durchlaufen die gleichen Prozesse. Die anfänglichen negativen Zustände (A-Zustände) rufen auch in diesen Fällen entgegengesetzte Prozesse hervor: Nach wiederholten Erfahrungen beim Joggen, nach mehreren Besuchen in der Sauna wächst allmählich die Stärke der mit dem B-Zustand verbundenen angenehmen Erlebnisse.

Solomon sieht einen Vorteil seiner Theorie darin, daß sie auch Abhängigkeiten erklären kann, die nach Einnahme von Rauschdrogen entstehen. Wer zum erstenmal Heroin zu sich nimmt, erlebt zunächst für kurze Zeit ein außerordentlich intensives Lustgefühl (auch *rush* genannt), das vergleichsweise schnell in einen weniger intensiven, aber angenehmen Erlebniszustand übergeht. Der A-Zustand geht zu Ende, sobald die Wirkung der Droge nachläßt. Daraufhin folgt ein unangenehmer B-Zustand, der das Verlangen nach einer weiteren Drogenzufuhr entstehen läßt. Die sogenannten Entzugssymptome des B-Zustandes verschwinden anfänglich auch von allein wieder. Nach mehrfacher Wiederholung der Drogeneinnahme muß man allerdings die Erfahrung machen, daß sich die Gefühlsreaktionen allmählich verändern: Auf das intensive Lustgefühl *(rush)* muß man vergeblich warten, und die angenehme Erlebnisse des A-Zustandes treten kaum noch oder gar nicht mehr auf. Dafür verstärken sich aber die Entzugssymptome, das heißt, sie werden intensiver und dauern länger. Dieser unangenehme B-Zustand ist dadurch zu beenden, daß abermals zur Droge gegriffen wird, die das positive Gefühl aber nur noch kurz oder gar nicht mehr auslöst. Damit ist ein Teufelskreis entstanden: Die Bemühungen des abhängigen Drogenkonsumenten sind nach wiederholter Einnahme des Rauschgifts nicht mehr darauf gerichtet, den allenfalls noch in geringer Stärke erlebbaren A-Zustand herbeizuführen. Vielmehr verabreicht er sich weitere Drogen, um die außerordentlich unangenehmen Entzugserlebnisse zu verringern. Mit jeder weiteren Drogeneinnahme verstärkt sich der B-Zustand allerdings nur noch mehr. Die leider immer noch nicht zufriedenstellend arbeitenden Drogentherapien sind darauf gerichtet, den Drogenabhängigen wieder aus diesem Teufelskreis zu befreien (Solomon, 1980).

Auf den ersten Blick mag es unverständlich erscheinen, warum der Körper es so einrichtet, daß positiven Gefühlen stets negative folgen und umgekehrt. Hat es nicht aber auch Vorteile, wenn Zustände von Traurigkeit überwunden werden, weil sich früher oder später entgegengesetzte Gefühle durchsetzen? Der Gedanke an einen fortdauernden Glückszustand mag zwar attraktiv erscheinen; wird mit einem solchen nicht aber die Anpassung an die Umwelt erschwert, möglicherweise sogar verhindert? Das vermutet auch Douglas Mook (1987), wenn er feststellt: »Es könnte für uns keineswegs vorteilhaft sein, wenn wir zu lange in einem Freudentaumel verbleiben. In der Wildnis, in der wir uns einmal entwickelt haben, gab es für unsere Vorfahren viele Aufgaben und viele Gefahren. Deshalb mußten sie auch im Zustand der Freude einen klaren Kopf behalten. Vielleicht ist aus dieser Notwendigkeit ein System entstanden, das mäßigend auf Freude wirkte.« Das Wort »vielleicht« ist in diesem Zitat bedeutsam, denn Mook weist darauf hin, daß die Theorie der entgegengesetzten Prozesse noch eingehender geprüft werden muß, denn erst danach ist zu entscheiden, »ob die Theorie in die richtige Richtung zielt oder ganz einfach nur Einfallsreichtum offenbart«.

## 8.4 Die Übermittlung von Gefühlserlebnissen in sozialen Kontakten

Zu Beginn der fünfziger Jahre erhielten Techniker den Auftrag, die Luftsicherheit zu verbessern. Da der Flugverkehr ständig zunahm, sollte im Funkbetrieb u. a. eine bessere Nutzung des vorhandenen Frequenzbandes erreicht werden. Die Techniker entwickelten ein Verfahren, das ohne Beeinträchtigung des Informationsinhaltes obere und untere Frequenzen der menschlichen Stimme herausfilterte. Da es ihnen auf diese Weise gelang, die Anzahl der Funkkanäle zu erhöhen, konnten fortan mehr Gespräche zwischen dem Kontrollturm und den Piloten gleichzeitig geführt werden. Es stellte sich jedoch sehr schnell heraus, daß das Verfahren von der Besatzung in den Cockpits nicht angenommen wurde. In der damaligen Zeit galt ein Landemanöver noch mehr als heute als ein risikoreiches Unternehmen. Der Pilot mußte sich dabei stark konzentrieren und gleichzeitig von einem Fluglotsen geleitet werden, auf den er sich möglichst weitgehend verlassen konnte. Das von den Technikern entwickelte Verfahren übermittelte jedoch Stimmen, die auch von einem Roboter stammen konnten, denn die Mitteilungen schienen völlig gefühllos gesprochen zu sein. Die Piloten wollten während des Landeanflugs mit einem Fluglotsen sprechen, der ihnen Vertrauen vermittelte, und das gelang nicht bei völlig eintönigen Stimmen. Das technisch einwandfreie Verfahren ist in der ursprünglich entwickelten Form niemals über das Erprobungsstadium hinausgekommen, weil es die Gefühlsbeteiligung mitmenschlicher Kommunikation regelrecht herausgefiltert hatte (Bootzin et al., 1986). Die Techniker mußten erst lernen, Stimmen so zu verschlüsseln, daß deren Menschlichkeit erhalten blieb.

Der Kontakt zwischen Lebewesen könnte nicht funktionieren, wenn es keine allgemein verständliche Sprache der Gefühle gäbe. Wie ist diese Sprache aber entstanden? Bereits Darwin hatte nach seinen sorgfältigen Beobachtungen die Überzeugung vertreten, daß das Überleben einer Art gefährdet ist, wenn der Gefühlsausdruck keine genetische Verankerung besitzt. Inzwischen trugen Reisende, die unterschiedliche Kulturen dieser Erde studiert haben, viele Belege dafür zusammen, daß Menschen bei der Darstellung ihrer Gefühle nicht immer die gleichen Regeln befolgen. Den jeweiligen Darstellungsregeln entnimmt man nicht nur, mit welchen Gefühlen jeweils auf bestimmte Ereignisse zu reagieren ist, sondern auch, welche Gefühle man offen zeigt und welche vor anderen zu verbergen sind. Mit Hilfe der Darstellungsregeln läßt sich schließlich auch ermitteln, was ein Mensch durch einen bestimmten körperlichen Ausdruck anderen mitzuteilen versucht.

### 8.4.1 Biologische Grundlagen des Gefühlsausdrucks

Im Jahre 1872 schrieb Charles Darwin ein Buch mit dem Titel *Der Ausdruck der Gemüthsbewegungen bei den Menschen und den Tieren*, in dem er sehr sorgfältig schilderte, welchen Gesichtsausdruck Tiere und Menschen bei verschiedenen Gefühlserlebnissen zeigen. Wenn Tiere z. B. ihre Zähne entblößen, dann signalisieren sie ihrem Gegner, daß sie bereit sind, ihn zu beißen. Darwin wies darauf hin, daß auch der Mensch durch »Zähne-Zeigen« seine Wut zum Ausdruck bringen kann. Hat sich ein weites Öffnen der Augen beim Staunen oder bei Furcht vielleicht deshalb entwickelt, weil dieser Ausdruck die Sehleistungen verbesserte? Darwin war davon überzeugt, daß der körperliche Ausdruck von Gefühlen wegen seiner weiten Verbreitung eine genetische Grundlage besitzt und nicht als Ergebnis von Lernprozessen zustande gekommen ist. Als es noch keine verbale Sprache gab, diente der Gefühlsausdruck nach Meinung Darwins als Mittel zur gegenseitigen Verständigung z. B. beim Jagen, bei der Verteidigung gegenüber Angreifern oder beim Bau von Höhlen. Wie hätte eine Zusammenarbeit sonst funktionieren sollen?

Es dauerte fast hundert Jahre, bis der von Darwin behauptete Zusammenhang das Interesse von Psychologen erregte. Sollte der Gefühlsausdruck wirklich eine genetische Grundlage besitzen? Dafür gibt es tatsächlich Hinweise. Blind geborene Kinder, die keine Gelegenheit haben, Gesichter anderer Menschen zu beobachten, bringen ihre Gefühle ebenso zum Ausdruck wie gleichaltrige Kinder mit normaler Sehtüchtigkeit (Goodenough, 1932; Eibl-Eibesfeldt, 1973).

Wenn der Gesichtsausdruck bei bestimmten Gefühlen tatsächlich eine genetische Grundlage besitzt, dann müßte er doch von Menschen der verschiedensten Kulturen stets in übereinstimmender Weise gedeutet werden. Diesen Überlegungen ging bereits Darwin nach. Er ließ Untersuchungen in mehreren Ländern durchführen, die aber modernen methodischen Anforderungen nicht standhalten. So stützte er sich z. B. auf die Berichte eines *Mr. Scott* vom Botanischen Garten Kalkuttas. Dieser hatte beobachtet, wie die Frau eines Gärtners auf ihr sterbendes Kind reagierte (Darwin, 1872; Ekman, 1973).

In neuerer Zeit haben Paul Ekman und seine Mitarbeiter (Ekman und Friesen, 1971) die von Darwin (1872) eingesetzte Methode wieder aufgegriffen und verfeinert. Sie wandten sich an Studenten in fünf verschiedenen Nationen mit der Bitte, ähnlichen wie in Abbildung 8.1 (S. 330) dargestellten Bildern Gefühlsbezeichnungen zuzuordnen, die in die jeweilige Muttersprache übersetzt worden waren. Die Ergebnisse zeigten eine überraschend hohe Übereinstimmung. Amerikaner, Brasilianer, Chilenen, Argentinier und Japaner ordneten trotz ihres unterschiedlichen kulturellen Hintergrundes den einzelnen Bildern überwiegend die gleichen Gefühlsbegriffe zu. Ekman war aber mit seinem Ergebnis noch nicht zufrieden. Konnte die ziemlich hohe Übereinstimmung möglicherweise dadurch entstanden sein, daß die Studenten z. B. Filme und andere Bilddarstellungen gesehen hatten, die in der Gegenwart keine nationalen Grenzen mehr kennen? Um diese Fehlerquelle auszuschließen, unternahm Ekman (et al., 1969; Ekman und Friesen, 1971) eine Reise zum isoliert lebenden *Fore*-Stamm auf Neu-Guinea, wo es kein bedrucktes Papier, keinen Funk und auch kein Fernsehen gab. Die meisten Bewohner dieser entlegenen Region hatten in ihrem ganzen Leben keinen Kontakt mit anderen Menschen außerhalb ihres eigenen Stammes gehabt.

Ekman ließ kleine Geschichten in die Sprache dieses Stammes übersetzen. So hörten seine Versuchspersonen z. B. die Geschichte einer Frau, die ganz allein zu Hause ist und keinerlei Waffen (Messer, Axt, Pfeil und Bogen) für die Selbstverteidigung zur Verfügung hat. Plötzlich steht ein Wildschwein in ihrer Haustür. Beim Anblick des Tieres fürchtet die Frau sich sehr. Um mitzuteilen, welchen Gesichtsausdruck die Frau nach Meinung der Befragten gezeigt hat, standen Fotos zur Auswahl, die denen in Abbildung 8.1 im Kern ähnlich waren. Die Angehörigen des Stammes auf Neu Guinea stimmten mit westlich orientierten Studenten weitgehend darin überein, welche Bilder *Fröhlichkeit, Traurigkeit, Wut* oder *Ekel* darstellten. Sie hatten lediglich Schwierigkeiten, *Überraschung* und *Furcht* voneinander zu unterscheiden. Vielleicht waren überraschende Ereignisse für diese Menschen in der Regel auch gefährlich.

Die Angehörigen des *Fore*-Stammes sollten schließlich auch wiedergeben, mit welchem Gesichtsausdruck sie auf die in den Geschichten beschriebenen Situationen reagieren würden. Ekman fotografierte ihre Darstellungsversuche, um die Bilder anschließend seinen Studenten vorlegen zu können (s. Abbildung 8.10). Die Amerikaner deuteten die Gefühle in Übereinstimmung mit der Darstellungsabsicht; sie hatten allerdings auch Schwierigkeiten, bei den Angehörigen des *Fore*-Stammes zu unterscheiden, wann sie *Überraschung* und wann sie *Furcht* zum Ausdruck brachten.

Wie läßt sich erklären, daß Menschen in Argentinien ebenso wie in den USA, in Japan oder Indonesien ebenso wie in entlegenen Gegenden grundlegende Gefühle weitgehend auf gleiche Weise durch ihre Mimik darstellen (Ekman und Heider, 1988)? Ekman (1992) stimmt mit *Darwin* darin überein, daß Gene, die alle Menschen offenbar gemeinsam besitzen, bereits seit der Geburt auf den Ausdruck grundlegender Gefühle einwirken. Zumindest über Gefühle wie *Fröhlichkeit, Traurigkeit, Wut* oder *Ekel* können sich Menschen in der ganzen Welt ziemlich gut miteinander verständigen! Im Alltagsleben werden allerdings viel mehr Gefühle zum Ausdruck gebracht, die offenbar dem Einfluß des Lernens unterliegen.

## 8.4.2 Regeln zur Darstellung von Gefühlen in sozialen Situationen

Wenn alle Menschen dieser Erde ihre Gefühle in gleicher Weise zum Ausdruck bringen würden, dürften Mißverständnisse und daraus entstehende Konflikte nicht mehr auftreten. Vielfältige Beobachtungen des alltäglichen Lebens zeigen jedoch, daß das nicht der Fall ist. Amerikaner lachen im allgemeinen häufiger als Deutsche. Angehörige beider Nationen haben offenbar unterschiedliche Auffassungen darüber, wann ein Lachen angemessen ist und wann nicht. Ihre unterschiedliche Lerngeschichte kann zu Mißverständnissen führen. So stellen nach Geschäftsverhandlungen Amerikaner nicht selten fest, ihre deutschen Gesprächspartner seien kühl und zurückhaltend gewesen, während die Deutschen meinen, die Amerikaner hätten hinter ihrem Lächeln wahre Gefühle versteckt (Hall und Hall, 1990). Japaner lachen sogar noch häufiger als Amerikaner, um negative Gefühle zu überspielen. Auch daraus können Mißverständnisse entstehen, wie der folgende Vorfall belegt. In einem Kursus, in dem ausländische Studenten verschiedener Herkunft die Sprache ihres Gastlandes erlernten, entwickelte sich einmal folgender Konflikt: Ein arabischer Student berichtete bei einer Diskussion von einer Tradition seines Heimatlandes. Eine Einzelheit seiner Schilderung rief bei einem japanischen Studenten peinliche Gefühle hervor. Dieser reagierte daraufhin in typisch japanischer Weise: Er lächelte. Der Araber sah diesen Gesichtsausdruck und erkundigte sich, was an den arabischen Sitten so lustig sei. Der so angesprochene Japaner fühlte sich jetzt nicht nur peinlich berührt, sondern außerdem öffentlich gedemütigt. Er konnte aber auch auf diese Situation wiederum nur mit Lächeln

»Du freust dich, weil dein Freund gekommen ist.«   »Du bist traurig, weil dein Kind gestorben ist.«

 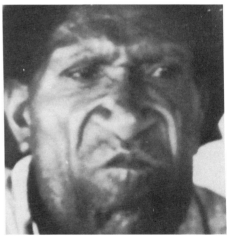

»Du bist verärgert und zum Kämpfen bereit.«   »Du siehst ein totes Schwein, das dort schon seit einiger Zeit liegt.«

Abb. 8.10
*In einer Untersuchung von Paul Ekman auf Neu-Guinea sollten Angehörige des Fore-Stammes darstellen, mit welchem Gesichtsausdruck sie auf Ereignisse reagieren würden, die ihnen in Form kurzer Geschichten beschrieben wurden.*

reagieren. Um seine Beschämung zu verbergen, mußte er – zu seinem Unglück – nun aber auch noch kichern. Da sich der Araber jetzt ebenfalls beschämt fühlte, ging er auf den Japaner zu, um wütend auf ihn einzuschlagen, bis sich der Dozent zwischen die Streitenden stellte (Tavris, 1982).

Der arabische Sprachschüler ging offenbar davon aus, daß *Lächeln* stets einen heiteren Gefühlszustand zum Ausdruck bringt. Ein solches Verständnis ist ja u. a. auch durch die Arbeiten Darwins und Ekmans nahegelegt worden. Es gibt aber auch eine andere Sichtweise: Lächeln entsteht in einem sozialen Umfeld, und dort soll es etwas bewirken. Man lächelt beispielsweise, um seinen Mitmenschen auf diese Weise eine Mitteilung zu machen. Das lachende Gesicht bei einer Begrüßung verweist demnach nicht unbedingt auf Fröhlichkeit des Darstellenden, sondern enthält eine Botschaft an den Partner: »Ich bin ein freundlicher Mensch« oder »Ich möchte, daß wir freundlich miteinander verkehren«. Robert Kraut und Robert Johnston (1979) stellen fest, daß sich beide Sichtweisen keineswegs ausschließen müssen: »Soziale Kontakte rufen manchmal Fröhlichkeit hervor, und die mag ihrerseits zum Lächeln führen.« Im Beisein anderer ist man zudem sehr viel eher bereit, seine Fröhlichkeit zu zeigen. Wenn kein anderer Mensch anwesend ist, kann man sich über ein bestimmtes Ereignis freuen, ohne daß dieses Gefühlserlebnis nach außen dargestellt werden muß.

Mit dieser sozialen Funktion des Gesichtsausdrucks war der arabische Sprachstudent offenbar nicht vertraut. Der Japaner lächelte nicht, weil er sich über einen Mitschüler amüsierte, sondern weil er den Anwesenden etwas mitteilen wollte, was jeder Angehörige seiner Kultur auch verstanden hätte. Woher weiß ein Beobachter normalerweise, was ein Mensch mit einem bestimmten Körperausdruck mitteilen will? Die Antwort entnimmt er den sogenannten »Darstellungsregeln«. Dem Araber waren die Darstellungsregeln der japanischen Kultur sicherlich fremd.

In jeder Kultur gibt es Darstellungsregeln, die entscheidend mitbestimmen, wann und wie Menschen in ihren alltäglichen Kontakten Gefühle zum Ausdruck bringen (Ekman und Friesen, 1975). Zum einen entnimmt man diesen Regeln, wie auf verschiedene Ereignisse zu reagieren ist. So zeigen beispielsweise in vielen Ländern Asiens Angehörige und Freunde eines Verstorbenen Freude, weil der Tote nach ihrem Glauben nunmehr den irdischen Qualen entronnen ist und im Jenseits ein glückliches Auferstehen erleben wird. Demgegenüber bringt man bei Beerdigungen in christlich bestimmten westlichen Kulturen Trauer zum Ausdruck. Mit dem Ausdruck der Trauer teilt man anderen etwas über die eigene Lebenssituation mit. Der Beobachter entnimmt dieser Darstellung z. B., daß es unangemessen wäre, in der Anwesenheit des Trauernden lustige Geschichten zu erzählen. Darstellungsregeln bestimmen auch, wie auf Geschmacks- und Geruchsreize zu reagieren ist. So rufen etwa bestimmte Speisen, die einem typischen Chinesen positive Gefühle entlocken, bei vielen Europäern nur Ekel hervor. So würde ein europäischer Gast seinen chinesischen Freunden durch seinen Gesichtsausdruck mitteilen wollen, daß sie ihn bitte nicht zu sehr drängen mögen, eine angebotene Speise auch zu essen. Ob die Gastgeber diese Mitteilung verstehen, hängt letztlich davon ab, ob sie die zugrundeliegende Darstellungsregel zumindest erahnen können.

Die Darstellungsregeln einer Kultur legen u. a. die Stärke der jeweils gezeigten Gefühle fest. In vielen Ländern des Mittelmeerraumes bringen Gesichter erlebte Trauer viel stärker zum Ausdruck als in Mitteleuropa. Demgegenüber zeigen Engländer ihre Gefühle – wenn überhaupt – nur untertrieben nach außen; man spricht vom britischen *understatement*. In der Jugendkultur der achtziger Jahre hat sich eine Darstellungsregel entwickelt, nach der es für einen jungen Menschen unangemessen ist, seine Gefühle zu zeigen, und zwar auch in Situationen, in denen die Eltern z. B. *Freude, Aufregung* oder *Entsetzen* zeigen würden. Der Jugendliche muß bei entsprechenden Anlässen *cool* bleiben und damit nach außen den Eindruck erwecken, seine Gefühle völlig unter Kontrolle zu haben und unterdrücken zu können. Auch die Geschlechter folgen in der Regel nicht den gleichen Darstellungsregeln. Frauen neigen im Vergleich zu Männern zum einen dazu, ihre Gefühle im allgemeinen stärker zum Ausdruck zu bringen (Ross und Mirowsky, 1984); sie sind zum anderen auch eher bereit, negative Gefühle wie *Furcht, Traurigkeit* oder *Einsamkeit* in sozialen Situationen überhaupt zu zeigen (Cherulnik, 1979; Hacker, 1981). Über »unmännliche« Gefühle können Männer zumeist nur mit solchen Frauen sprechen, die sie lieben, aber nicht mit gleichgeschlechtlichen Freunden. Insgesamt erzählen Männer aber in vertraulichen Gesprächen mit Freundinnen und Ehefrauen lieber von ihren Stärken als von ihren Sorgen und Schwächen (Peplau, 1983). Das Gefühl der Einsamkeit kann sowohl bei Männern als auch bei Frauen auftreten; aber dem weiblichen Geschlecht fällt es leichter, mit Personen ihres Vertrauens darüber zu sprechen (Borys und Perlman, 1985). Da die Regeln, die ein solches Verhalten mitbestimmen, nicht genetisch bestimmt sind, können sie sich jederzeit ändern.

Darstellungsregeln können schließlich auch fordern, bestimmte Gefühle zu »maskieren«, indem an ihrer Stelle andere zum Ausdruck gebracht werden. Die Höflichkeit gebietet es häufig, einem anderen Menschen ein freundliches Gesicht zu zeigen, obwohl man sich über ihn geärgert hat. Zwischen Angehörigen der japanischen und anderen Kulturen kann es wegen dieser Regel sogar zu Mißverständnissen kommen, wie das obige Beispiel zeigt. Dem arabischen Sprachschüler war offenkundig unbekannt, daß Japaner häufig lachen oder lächeln, um ihren Ärger, ihre Sorgen oder ihre Abneigung zu verbergen. »Japaner lernen ... die Notwendigkeit, sich einen Kräftevorrat im Falle einer Krise zu bewahren, um nicht nackend und entblößt zu sein«, erläutert Solomon Asch (Asch, 1952; siehe auch Morsbach, 1973).

### 8.4.3 Möglichkeiten der Vortäuschung »falscher« Gefühle

Die Forderung zur Maskierung bestimmter Gefühle in der japanischen Kultur, bei der es sich letztlich um eine Form der Höflichkeit handelt, kann vor allem bei solchen Kontaktpartnern zu Konflikten führen, die mit dieser Regel nicht vertraut sind. Denkbar sind selbstverständlich viele weitere und ganz andere Anlässe zur Verschleierung »wahrer« Gefühle. So gibt es Täuschungsmanöver, die aus reinem Eigennutz entstanden sind. Der Kriminelle versucht, vor seinem Richter einen unschuldigen Eindruck zu hinterlassen. Der gerissene Geschäftsmann ist bemüht, seinem Kunden zu verbergen, daß er ihm ein Produkt minderer Qualität »anzudrehen« versucht. Solche Täuschungen gelingen bekanntlich einigen Menschen besser als anderen. Paul Ekman (1985) hat beispielsweise *Adolf Hitler* bescheinigt, ein »hervorragender Darsteller« gewesen zu sein, »dem es ohne Schwierigkeit gelang, in überzeugender Weise negative Gefühle zu verfälschen.« So besuchte *Hitler* vor Ausbruch des Zweiten Weltkriegs den britischen Premierminister *Chamberlain*, um ihm zu versichern, er wolle eine kriegerische Auseinandersetzung unter allen Umständen vermeiden, während sich die deutsche Armee be-

Abb. 8.11
*Adolf Hitler gilt als Meister in der Vortäuschung falscher Gefühle. Wegen dieser »Begabung« gelang es ihm vermutlich, andere Menschen, so auch den britischen Premierminister Chamberlain, über seine wahren Absichten zu täuschen.*

reits zum Angriff auf die Tschechoslowakei rüstete. Da beide Staatsmänner über einen Dolmetscher miteinander sprachen, war es *Chamberlain* nicht möglich, auf Anzeichen in den sprachlichen Äußerungen zu achten, die ihm *Hitlers* Lügen vielleicht verraten hätten.

Im Rahmen sozialer Kontakte ist es wichtig, den Wahrheitsgehalt der Mitteilungen anderer abschätzen zu können, wenngleich die Folgen nicht immer so verhängnisvoll sein müssen wie im Falle von Diktatoren, die es in der Regel meisterhaft verstehen, falsche Gefühle vorzutäuschen. Müßte es durch sehr gute Beobachtungen nicht aber stets gelingen, anderen hinter die »Maske« zu schauen? Sigmund Freud war davon überzeugt, daß jede schauspielerische Leistung in dieser Hinsicht Schwächen aufweist, denn er stellte fest: »Wer Augen hat zu sehen und Ohren zu hören, überzeugt sich, daß die Sterblichen kein Geheimnis verbergen können. Wessen Lippen schweigen, der schwätzt mit den Fingerspitzen; aus allen Poren dringt ihm der Verrat« (Freud, 1905). Wenn es aber tatsächlich den meisten Menschen nicht gelingt, ihre wahren Gefühle völlig vor anderen zu verbergen, ist zu fragen, durch welche Art von Äußerungen sie sich verraten. Worauf sollte man besonders achten, wenn man durch die Fassade eines Menschen hindurchzuschauen wünscht?

Paul Ekman und Wallace Friesen (1974) zeigten Studentinnen Filme mit abschreckenden Darstellungen. So wurde u. a. vorgeführt, wie Gliedmaßen amputiert und schwere Brandverletzungen behandelt wurden. Im Anschluß an die Vorführung wandte sich der Experimentator an seine Versuchspersonen, um sich bei ihnen nach dem Filminhalt zu erkundigen. Einige der Studentinnen wurden gebeten, sich während des Interviews zu verstellen und so zu tun, als ob sie schöne Darstellungen gesehen hätten. Während der Befragung filmte man ihr gesamtes Verhalten. Anschließend wurden die Aufzeichnungen (ohne Ton) einem Publikum vorgeführt, das nun herausfinden sollte, welche Studentinnen die Wahrheit sagten und welche sich – den Anweisungen folgend – verstellten. Tatsächlich fanden die meisten Betrachter heraus, welche Studentinnen die Wahrheit sagten und welche zu täuschen versuchten. Ekman und Friesen interessierten sich nun dafür, durch welche Körperäußerungen sich die Dargestellten verrieten. Einigen Betrachtern wurde deshalb nur das Gesicht, anderen nur der übrige Körper gezeigt. Wird die Wahrheit von

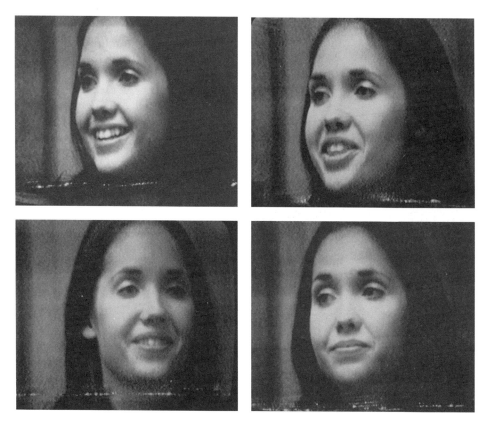

Abb. 8.12
*Lächeln unter verschiedenen Bedingungen. Welches Lächeln gibt erlebte Gefühle ehrlich wieder?*

allen Körperteilen in gleicher Weise mitgeteilt? Nach den Beobachtungen von Ekman und Friesen ist die Frage klar zu verneinen. Die Gesichter gaben deutlich weniger Aufschluß als der übrige Körper. Wie lassen sich diese Unterschiede erklären?

Für Ekman (1980) gibt es keine Zweifel, daß das menschliche Gesicht besser als jeder andere Körperteil Gefühle zum Ausdruck bringen kann. Immerhin – so meint er – ließen sich mit Hilfe entsprechender Muskelbewegungen etwa 7000 unterscheidbare Ausdrucksformen des Gesichts darstellen (Goleman, 1981). Das Gesicht bringt aber nicht nur verschiedene Gefühle besonders gut zum Ausdruck, es läßt sich auch am besten kontrollieren, wenn andere getäuscht werden sollen. Worauf sollte man achten, wenn man von einem Menschen wissen will, wie er wirklich fühlt? Die vorliegenden Forschungsergebnisse legen eine klare Rangfolge nahe (Zuckerman et al., 1981): Vor dem gut kontrollierbaren und deshalb weniger aufschlußreichen Gesichtsausdruck geben Bewegungen des übrigen Körpers (Körperhaltung und Gesten), am besten aber Sprechweisen (Stimmlage, Unregelmäßigkeiten beim Sprechen und Pausen) Aufschluß über tatsächliche Gefühle eines Menschen (DePaulo et al., 1985).

Ekman ließ die Feststellung, daß das Gesicht mit seinen besonders vielseitigen Darstellungsmöglichkeiten nicht mehr verrät, als allgemein angenommen wird, jedoch keine Ruhe. Ist dem Gesicht womöglich doch mehr zu entnehmen, wenn man sich nicht auf seinen Allgemeineindruck verläßt, sondern eine besonders genaue Prüfung vornimmt? Ekman (Ekman, Friesen und O'Sullivan, 1988) holte sich aus seinem Archiv noch einmal die Aufzeichnungen zum Ausdrucksverhalten jener Studentinnen, die früher einmal den Film mit den abschreckenden Darstellungen gesehen hatten. Ist in ihrem gespielten Lächeln nicht doch ein verräterischer Hinweis verborgen? Die sorgfältige Prüfung ließ Ekman fündig werden: Seine Studentinnen lachten zwar bei ehrlichen und verstellten Antworten gleich häufig. Aber die Art ihres Lächelns zeigte kleine Unterschiede, die beim genauen Vergleich der Bilder von Abbildung 8.12 zu entdecken sind.

Das Bild links oben in der Abbildung 8.12 ist das einzige, das ein ehrliches Lächeln darstellt. Auf den übrigen Bildern bemüht sich die Versuchsperson, fröhlich zu erscheinen, obwohl sie Fragen zu einem Film abstoßenden Inhalts beantwortet. Bei sorgfältiger Betrachtung lassen sich aus ihrem Lächeln auch andere Gefühle ablesen. Sowohl die Bilder rechts oben als auch links unten zeigen Hinweise auf Abscheu durch eine leicht angehobene Oberlippe. Das Bild rechts unten bringt mit den leicht abgesenkten Mundwinkeln auch Traurigkeit zum Ausdruck. Das Gesicht – so zeigen die Beispiele Ekmans – steht nicht unter vollständiger Kontrolle des Menschen, der »falsche« Gefühle vorzutäuschen versucht.

## 8.5 Streß: Folgen und Bewältigung

Als Hans Selye (1956) in den zwanziger Jahren an der Universität zu Prag Medizin studierte, war die vorherrschende Lehrmeinung noch, daß jede Krankheit ihre besonderen Ursachen hat. Bei der Beobachtung von Kranken, die dem jungen Studenten vorgeführt wurden, fiel dem jungen Selye jedoch etwas auf, was seinen Lehrern zu entgehen schien: Obwohl die Patienten an den verschiedensten Krankheiten litten, wiesen sie eine Gemeinsamkeit auf: Sie sahen alle »krank« aus, hatten keinen Appetit und lagen teilnahmslos in ihren Betten. Selye vermutete, daß diese Anzeichen die Folge allgemeiner Belastungen waren, die mit einer schweren Krankheit einhergehen. Einige Jahre später, Selye hatte sein Medizinstudium inzwischen abgeschlossen und war nach Kanada ausgewandert, stieß er bei Tierexperimenten abermals auf eine Erscheinung, die ihm zu denken gab: Der lebende Körper schien eine allgemeine unspezifische Reaktionsform zu besitzen, um sich gegen Schäden zu wehren. »Gelänge es«, so überlegte er damals, »den Reaktionsmechanismus klarzulegen, durch den die Natur selbst gegen Schädigungen der verschiedensten Art kämpft, dann würden wir lernen, wie diese Reaktion verstärkt werden kann, wann immer sie mangelhaft ist.« Diese Gedanken faszinierten den jungen Assistenten derartig, daß er sich kurzerhand entschloß, seine Zukunftspläne neu zu formulieren: Er war nunmehr bereit, dem ›Streßproblem‹ sein weiteres Leben zu widmen.

Im Rahmen seiner ersten Arbeiten in einem neuen Forschungsbereich führte Selye Experimente durch, die jeden Tierfreund zu stärkstem Protest herausgefordert hätten: Er setzte die Tiere besonders kalten Temperaturen aus, ließ sie über längere Zeiträume hungern, hinderte sie am Einschlafen und fütterte sie mit giftigen Stoffen. Diese Bedingungen stellen für jedes Lebewesen eine außerordentliche Belastung dar. Die Tiere waren – wie Selye es nannte – Streß ausgesetzt.

Entwicklungsgeschichtlich hatte es sicherlich Vorteile, wenn der Körper von Tier und Mensch beim Auftreten lebensbedrohlicher Ereignisse unverzüglich *alarmiert* wurde und sofort *Widerstand* leisten konnte. Ein von einem Raubtier angegriffener Mensch konnte sich wegen seiner Körperreaktionen blitzschnell in Sicherheit bringen oder der Gefahr wirkungsvoll entgegentreten. Auch heute noch zeigt der menschliche Körper auf viele Ereignisse Alarm- und Widerstandsreaktionen. Im Unterschied zu seinen Vorfahren ist es aber für einen modernen Menschen in der Regel nicht mehr angemessen, in solchen Situationen mit *Kampf-* oder *Fluchtverhalten* (s. S. 331 f.) zu reagieren. Fortdauernde Alarmreaktionen können sogar schädigend auf den Körper und seine Funktionen wirken. Der Mensch der Gegenwart muß deshalb lernen, mit Belastungen zu leben, statt ihr Opfer zu werden und schließlich vor *Erschöpfung* zusammenzubrechen.

## 8.5.1 Kennzeichnung von Streß

Nachdem eine medizinische Arbeitsgruppe vor einiger Zeit die Literatur studiert hatte, die sich im Verlauf von 35 Jahren im Bereich der Streßforschung angesammelt hat, gelangten ihre Mitglieder zu der Feststellung, daß bislang »niemand eine Definition für Streß vorgelegt hat, die wenigstens eine Mehrheit der Streßforscher befriedigen würde« (Elliott und Eisdorfer, 1982). Der Begriff *Streß* kommt aus dem Bereich der Technik, wo man ihn benutzt, um äußere Kräfte zu beschreiben, die auf Material einwirken und dort Spannungen hervorrufen. Weshalb fällt es Wissenschaftlern so schwer, sich auf die Bedeutung dieses Begriffs zu einigen? Das liegt daran, daß es von subjektiven Bedingungen abhängt, ob Streßreaktionen auftreten oder nicht. Für Selye stellten sich die Zusammenhänge noch etwas einfacher dar: Wenn er seinen Mäusen in unregelmäßigen Abständen und über eine längere Zeitdauer schmerzhafte Schocks verabreichte, ließen sich ihre Reaktionen in der Regel vorhersagen: Sie entwickelten u. a. Magengeschwüre oder starben, vielfach auch nach Wiederherstellung normaler Lebensbedingungen. Beim Menschen sind die Zusammenhänge zwischen Umwelteinwirkung und Verhalten komplizierter.

Bereits der Philosoph Epiktet (etwa 50–138 n. Chr.) erklärte: »Nicht die Dinge selbst beunruhigen die Menschen, sondern die Vorstellungen von den Dingen« (Epiktet, 1966). Wie Menschen auf alltägliche Ereignisse reagieren, hängt von ihrer jeweiligen Wahrnehmung ab. Die laute Musik, die aus der Wohnung eines Nachbarn schallt, mag einigen Anwohnern »auf die Nerven gehen«, während andere sie kaum zur Kenntnis nehmen. Ebenso unterschiedlich reagieren Menschen auf Stausituationen während einer Autofahrt, auf Verspätungen von Eisenbahnen oder auf die Folgen eines vorübergehenden Stromausfalls. Auch einem notwendig gewordenen Besuch beim Zahnarzt, einer bevorstehenden Prüfung oder einem zu erwartenden Gerichtstermin kann man entweder mit Unbehagen und Besorgtheit oder mit Gelassenheit und Zuversicht entgegensehen. Stets ist von Bedeutung, wie man die jeweiligen Ereignisse *bewertet*. Werden sie als bedrohlich wahrgenommen? Können sie beeinträchtigend auf das Wohlergehen wirken? Die Antwort auf solche Fragen hängt auch von der *Einschätzung* eigener Voraussetzungen ab, einer unangenehmen oder bedrohlichen Situation wirksam entgegentreten zu können. Die Vorbereitungen auf ein Examen können als streßvoll erlebt werden, wenn das Zutrauen in die eigenen Kenntnisse und Fähigkeiten gering ist. Ein anderer Kandidat sieht in dem bevorstehenden Examen eine Herausforderung, der er wegen seiner guten Vorbereitung mit Optimismus entgegensieht.

Eine Definition von Streß sollte also berücksichtigen, daß Menschen sich einerseits darin unterscheiden, wie sie Ereignisse wahrnehmen, und zum anderen darin, wie sie aufgrund ihrer eigenen Kenntnisse und Fähigkeiten ihre Voraussetzungen einschätzen, darauf wirksam reagieren zu können. Man hat sowohl Merkmale der Person, Merkmale der Situation als auch die Beziehungen zwischen diesen in Betracht zu ziehen. Richard Lazarus und Susan Folkman (1984) sowie viele weitere Psychologen sprechen erst dann von Streß, wenn ein Mensch zu der Gewißheit gelangt, daß er den Anforderungen einer vorliegenden Situation nicht gewachsen ist und er selbst nicht über hinreichende Voraussetzungen verfügt, um eine Bedrohung der eigenen Person erfolgreich abzuwehren. Wegen der fortbestehenden Gefahrenwahrnehmung tritt Furcht auf, die nicht nur beeinträchtigend auf kognitive Funktionen (mangelnde Konzentration, Erinnerungsstörungen u.s.w.) wirkt, sondern auch Veränderungen des autonomen Nervensystems auslöst, wodurch es u.a. zu ständiger Muskelverspannung, Müdigkeit und Appetitlosigkeit kommt. Auf derartige Zusammenhänge wurde man vor einigen Jahrzehnten auch in einem Werk der Textilindustrie aufmerksam (Colligan et al., 1979; Kerckhoff und Back, 1968).

In einer Abteilung, in der Oberbekleidung hergestellt wurde, traten innerhalb weniger Tage bei vielen Beschäftigten Symptome auf, die alle Merkmale einer Epidemie zu tragen schienen. Bei 62 Angestellten zeigten sich vor allem Übelkeit, Benommenheit, Schwindelgefühle und gelegentlich Erbrechen. Einige der Erkrankten mußten in die örtliche Klinik eingeliefert werden, die meisten meldeten sich krank, um sich zu Hause auszukurieren. Fast alle Betroffenen erklärten, sie seien unmittelbar vor dem Auftreten der ersten Symptome von einem Insekt gebissen worden. Vertreter des örtlichen Gesundheitsamtes, Kammerjäger und andere Experten waren jedoch nicht in der Lage, Tiere ausfindig zu machen, die als Verursacher der beschriebenen Symptome in Frage gekommen wären. Konnten die Symptome möglicherweise eine ganz andere Ursache haben? War es nicht bemerkenswert, daß die meisten »Erkrankungen« an den zwei Tagen auftraten, die der erstmaligen Berichterstattung der Medien über diesen Vorfall folgten? Warum wurden überwiegend verheiratete Frauen mit Kindern davon betroffen? Weshalb arbeiteten die Betroffenen überwiegend in derselben Schicht und in einer bestimmten Abteilung zusammen? Warum traten die Symptome ausgerechnet in einer Zeit auf, in der die Menge der anfallenden Arbeit besonders hoch war? (Im Juni erfolgt regelmäßig die Fertigstellung der Herbstproduktion.) Die Antwort auf diese Fragen führte zur Aufklärung der merkwürdigen Symptome. Es waren vor allem solche Arbeiter bzw. Arbeiterinnen erkrankt, die für Streßeinwirkungen eine besondere Anfälligkeit besaßen: verheiratete Frauen mit Kindern, die sich mit gesteigerten Arbeitsanforderungen, die durch Überstunden zu erbringen waren, auseinanderzusetzen hatten und befürchten mußten, den hohen Belastungen nicht standhalten zu können. Unter solchen Streßbedingungen konnten sich die genannten Symptome entwickeln, und bei Fortdauer der außerordentlich hohen Anforderungen über einen längeren Zeitraum häuften sich die Krankmeldungen. Info-Kasten 8.3 berichtet über die Verminderung der Immunabwehr des Körpers unter Streß.

### 8.5.2 Entstehungsbedingungen von Streß

Lebewesen müssen sich ständig wechselnden äußeren und inneren Bedingungen (auch der Körper verändert sich!) anpassen. Erhöhte Anforderungen stellen sich nach Entstehung *kritischer Lebensereignisse*, von denen bereits im zweiten Kapitel die Rede war (s. S. 106 f.). Ihr Kennzeichen ist es, daß nach ihrem Auftreten vertraute Gewohnheiten – zumindest vorübergehend – aufzugeben sind und eine Neuanpassung an veränderte Lebensbedingungen bewältigt werden muß. Welche Anforderungen stellen diese Ereignisse an den einzelnen? Können sie ihn auch überfordern? Solche Fragen versuchten Psychologen mit Hilfe eines Fragebogens zu beantworten. Darin wurden 43 Lebensereignisse benannt, denen jeweils bestimmte Belastungswerte zugeordnet waren (Holmes und Rahe, 1967). Danach ist mit dem *Tod des Ehepartners* (100) der höchste Belastungsgrad verbunden; geringere Werte werden für eine *Scheidung* (73), beim *Auszug des jüngsten Kindes aus dem Elternhaus* (29), beim *Schuleintritt* oder *-abschluß* (26) und bei *Feiertagen* (12) angesetzt. Angesichts der unterschiedlichen subjektiven Wahrnehmung eines Ereignisses und stark voneinander abweichender Einschätzungen der eigenen Voraussetzungen zu ihrer Bewältigung erscheint die allgemeine Zuordnung eines Belastungswertes jedoch fragwürdig. Im großen und ganzen berücksichtigt der Fragebogen aber, daß – wie wiederholt bestätigt wurde – positive Veränderungen im Leben zu erheblich weniger Streß führen als negative, also solche, die als bedrohlich oder beunruhigend erfahren werden (Sarason und Spielberger, 1979). Es sind allerdings nicht die unerwünschten Lebensereignisse an sich, die zu Streß führen. Erst wenn ein Betroffener ein Ereignis negativ *einschätzt*, besteht die *Möglichkeit*, daß mit seinem Auftreten Streß verbunden ist (Sarason et al., 1982). Vielleicht sind es aber auch gar nicht die großen Lebensereignisse, sondern deren Begleiterscheinungen, die wesentlich zum Streßerleben beitragen. Danach wäre es nicht unbedingt die Scheidung an sich, die das alltägliche Leben schwer werden läßt, sondern die damit verbundenen Streitereien, die finanziellen Probleme, die ungeklärten Fragen der Vormundschaft, Schwierigkeiten bei der Wohnungssuche usw.

Hinzu kommen die kleinen lästigen Ärgernisse und Frustrationen, die den Streß eines normalen Alltags ausmachen. Man regt sich beispielsweise über die unpünktlichen Busse und Straßenbahnen, die Staus im Straßenverkehr, das schlechte Wetter, die undichte Wasserleitung, die verlegten Schlüssel und über den kranken Hund auf. Einige Psychologen meinen, daß die meisten Menschen die »großen« Lebensereignisse ziemlich gut bewältigen; diese litten vielmehr unter den verhältnismäßig kleinen Ärgernissen, weil diese das

## Info-Kasten 8.3:
## Vermindert sich unter Streß die Fähigkeit des Körpers, Krankheiten abzuwehren?

In einer medizinischen Fachzeitschrift fand sich im Jahre 1884 der Hinweis, daß die von Teilnehmern eines Begräbnisses erlebte Trauer als Nährboden für Krankheiten angesehen werden müsse (Baker, 1987). Sigmund Freud war davon überzeugt, daß unbewußte Konflikte eines Menschen körperliche Symptome hervorrufen können. Er war damit Wegbereiter der *psychosomatischen Medizin*, in der untersucht wird, wie die Psyche auf den Körper *(soma)* wirkt. Noch heute wird fälschlich angenommen, daß die Ursache psychosomatischer Erkrankungen »im Kopf« liege. Heute weiß man, daß der gesamte Körper beteiligt ist, wenn Psychisches auf den Körper wirkt und umgekehrt. Die Immunabwehr funktioniert nicht unabhängig, wie lange angenommen worden ist, sondern wird u.a. vom Zentralnervensystem und den inneren Drüsen mitkontrolliert. Die Erforschung des Immunsystems liefert dafür eindrucksvolle Beispiele (Buske-Kirschbaum et al., 1990).

Wenn in einen Körper z.B. Viren oder Bakterien eindringen, müssen sie bekämpft werden. Dem Immunsystem fallen dabei zwei wichtige Aufgaben zu: Es muß diese Eindringlinge (sogenannte Antigene) erkennen und vernichten oder sie wenigstens unwirksam machen. Bei dieser Abwehr helfen die weißen Blutkörperchen, die sich kräftig vermehren, sobald Antigene in den Körper eingedrungen sind. Das Immunsystem kann z.B. Krebszellen zerstören. Abbildung 8.13 zeigt in achttausendfacher Vergrößerung eine Krebszelle im Vordergrund. Im Hintergrund befindet sich ein weißes Blutkörperchen bestimmter Art, das die Krebszelle auf chemischem Wege so lange zur Schwellung veranlaßt, bis sie platzt.

Verändert sich das Immunsystem des Körpers unter Streß? Dieser Frage ist man zunächst in Tierversuchen nachgegangen (Stern, 1988). Zwei Gruppen von Ratten haben z.B. die gleiche Anzahl und Intensität elektrischer Schocks erhalten. Die Tiere der einen Gruppe waren allerdings in der Lage, diese unangenehmen Reize (durch Drehen eines Rades) auszuschalten; diese Maßnahme beendete die Schockeinwirkung auch für die Ratten der anderen Gruppe, die keinerlei Kontrolle besaßen. Bei den Tieren, die den unangenehmen Reiz abschalten konnten, war keine Veränderung des Immunsystems nachzuweisen, wohl aber bei den Tieren, die den Reizen hilflos ausgesetzt waren (Laudenslager et al., 1983). Krebstumore, die man Tieren eingepflanzt hat, vergrößern sich unter dem Einfluß von Streß während der nachfolgenden Wochen. Bei nicht gestreßten Ratten wurde das Wachstum der Geschwulst dagegen vom Immunsystem verhindert (Sklar und Anisman, 1981). Lassen sich diese Be-

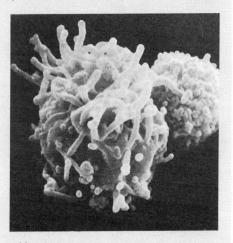

Abb. 8.13
*Achttausendfache Vergrößerung einer Krebszelle (im Vordergrund) und eines weißen Blutkörperchens (im Hintergrund).*

funde auch auf den menschlichen Organismus übertragen (Dorian und Garfinkel, 1987)?

Statistiken zeigen deutlich, daß nach dem Tod des Lebenspartners für die jeweils Verwitweten ein gesteigertes Risiko besteht, an Krebs zu erkranken. Könnte es nicht sein, daß die Trauer des überlebenden Partners schwächend auf sein Immunsystem wirkt? Um diese Möglichkeit zu überprüfen, haben Steven Schleifer und seine Mitarbeiter (1983) 15 Männern, deren Ehepartnerinnen an Brustkrebs gestorben waren, zwei Blutproben entnommen, und zwar eine vor der Verwitwung und die zweite innerhalb von zwei Monaten nach dem tragischen Ereignis. Bei vielen Männern ergab die Blutuntersuchung eine Verminderung der körperlichen Abwehr nach dem Tod der Frau, d.h., sie besaßen ein höheres Erkrankungsrisiko. Grundsätzlich vergleichbare Zusammenhänge gibt es auch beim weiblichen Geschlecht. Die Entfernung der Brust infolge einer Krebserkrankung stellt in jedem Fall ein besonders schwer zu verarbeitendes Lebensereignis für viele Frauen dar. Dennoch werden einige Patientinnen damit besser fertig als andere. In einer Studie hat man das weitere Schicksal operierter Frauen verfolgt und gleichzeitig die Einstellung zu ihrem veränderten Körper berücksichtigt. Dabei ergab sich, daß Frauen, die ihr Schicksal vergleichsweise gelassen hinnahmen und bemüht waren, sich nicht zu beklagen, länger überlebten als andere, die verzweifelt und hilflos wirkten (Pettingale et al., 1985). Vermutlich hatte das positive Denken, die lebensbejahende Einstellung bei den hier untersuchten Frauen einen günstigen Einfluß auf das Immunsystem ausgeübt.

Inzwischen gibt es weitere Hinweise darauf, daß es auch eine Beziehung zwischen Immunsystem und Stimmungslage gibt. Man bat Studenten, acht Wochen lang regelmäßig ihre Stimmungen zu protokollieren. Gleichzeitig wurden Proben ihres Speichels untersucht. Es zeigte sich deutlich, daß die Immunabwehr an Tagen guter Stimmung besser funktionierte als an Tagen trüber Stimmung (Stone et al., 1987). Zu beachten ist, daß nicht der tatsächlich auf einen Menschen einwirkende Streß unmittelbar Einfluß auf das Immunsystem nimmt und damit die gesundheitliche Gefährdung hervorruft. Entscheidend sind vielmehr die unterschiedlichen Möglichkeiten des einzelnen, den Streß abzuwehren. Es sind diejenigen Menschen, die sich vom Streß »unterkriegen« lassen, die mit einer Schwächung ihres Immunsystems rechnen müssen (Locke et al., 1984). Kann man sich um die Vermehrung der weißen Blutkörperchen aktiv bemühen? Das scheint nach vorliegenden Untersuchungsergebnissen keineswegs aussichtslos zu sein.

Howard Hall (1983) setzte gesunde Versuchspersonen unter Hypnose, um ihnen dann den Befehl zu geben, sich die weißen Blutkörperchen in ihrem Körper bildlich als »kräftige«, »mächtige« Haie vorzustellen, die durch den Blutstrom schwimmen und mit ihren Zähnen »schwache« und »verwirrte« Keime angreifen, die Erkältungen und Grippe hervorrufen. Diese Haie – so wurde den Hypnotisierten weiterhin suggeriert – würden ihren Körper gegen Krankheiten schützen. Anschließend hypnotisierten sich diese Personen zweimal in der Woche selbst, wobei sie sich die Geschichte von den Haien erzählten. Jüngere Teilnehmer Halls, die leicht zu hypnotisieren waren, zeigten nach den Sitzungen eine Vermehrung ihrer weißen Blutkörperchen. Weitere Bemühungen laufen darauf hinaus, über die Klassische Konditionierung eine Stärkung der Immunabwehr zu erreichen (Cohen und Ader, 1988). Robert Ader und Nathan Cohen (1982) haben Experimente über Geschmacksabneigung (s. S. 167 f.) durchgeführt, wobei sie – rein zufällig, wie sie später erklärten (Ader, 1991) – eine Substanz verwendeten, die das Immunsystem schwächte. Sie mußten während der Extinktionsphasen im Anschluß ihrer Konditionierungsversuche feststellen, daß ihre Versuchstiere unerwartet starben. Sie gingen diesem »beunruhigenden«

Vorfall nach und stellten fest, daß Zuckerwasser zu einem konditionierten Reiz geworden war, der die Funktion erworben hatte, die Absenkung der Immunabwehr auszulösen. Menschen können demnach, ohne daß ihnen dieses bewußt ist, ihre Immunabwehr gegenüber bestimmten Umwelteinwirkungen vermindern und dadurch beispielsweise für eine Krebserkrankung anfälliger werden. Sollte es durch Konditionierung nicht ebenso möglich sein, das Immunsystem zu stärken?

Das Interesse an der Erforschung des Zusammenhangs von Streß und Immunabwehr wird einmal durch die Hoffnung genährt, dem Erkrankungsrisiko entgegenzuwirken. Weiterhin sprechen zahlreiche Beobachtungen dafür, daß der Prozeß des Alterns zumindest teilweise von einem zunehmenden Versagen des Immunsystems vor allem in späteren Lebensabschnitten verursacht wird. Einige Autoren prüfen deshalb ernsthaft die Frage, ob es gelingen könnte, durch den Einsatz von Hypnose, die sich ja förderlich auf das Immunsystem auszuwirken scheint, ein vorzeitiges Altern zu verhindern und eine Erhöhung der Lebenserwartung zu erreichen (Elkind, 1981; Morse, 1989).

tägliche Leben fast ständig begleiten (Delongis et al., 1982).

Ärgernisse, die nur vorübergehend auftreten, führen bei den meisten Menschen nicht zum Streßerleben. Wirkliche Probleme treten erst auf, wenn die Streßeinwirkung zu einem Dauerzustand wird. Die alleinerziehende Mutter, die von den Anforderungen ihres Berufs, der Erziehung ihrer Kinder und der Führung des Haushalts unentwegt überfordert wird, läuft Gefahr, ihre Gesundheit zu beeinträchtigen. Wenn dann noch ein geringes Einkommen, unzureichende Wohnverhältnisse und unbefriedigende Aufgaben bei der Arbeit hinzukommen, sind wesentliche Bedingungen einer Dauereinwirkung von Streß gegeben. Ebenso stellt die Tätigkeit des Fluglotsen höchste Anforderungen an seine Konzentration. Ihn begleitet die ständige Sorge, im Moment einer kurzen Unaufmerksamkeit einen Fehler zu begehen, der den Tod Hunderter von Flugzeugpassagieren zur Folge haben kann. Streßbedingungen liegen stets vor, wenn Menschen sich an einem Arbeitsplatz überfordert fühlen, wenn mehr von ihnen erwartet wird, als sie nach ihrer subjektiven Einschätzung leisten können (Taylor, 1986).

Unter Bedingungen ständiger Überforderung muß der Eindruck entstehen, daß wesentliche Ereignisse nicht mehr oder nur noch unzulänglich zu kontrollieren sind. Damit werden sie gleichzeitig unvorhersagbar. Tieren und Menschen gelingt es zumeist nicht, sich an solche Bedingungen anzupassen. Während des Zweiten Weltkrieges fand man bei Bewohnern von Städten, die ziemlich regelmäßig bombardiert wurden, weniger Anzeichen von Angst und Besorgtheit als bei der Bevölkerung umliegender ländlicher Orte, die sehr viel seltener, dafür aber unvorhersagbar

Abb. 8.14
*Viele kleine Ärgernisse des Alltagslebens, wie beispielsweise Staus im Straßenverkehr, tragen wesentlich zum Streßerleben vieler Menschen bei.*

aus der Luft angegriffen wurden (Vernon, 1941). Menschen können sogar schwierige Bedingungen über mehrere Jahre hinweg bewältigen, sofern sie dabei nur den Eindruck bewahren, Kontrolle über wesentliche Ereignisse zu behalten oder – was noch wichtiger zu sein scheint (Thompson, 1981) – das Gefühl haben, sie wenigstens vorhersagen zu können (Laudenlager und Reite, 1984). Verlust der Kontrolle führt zur erlernten Hilflosigkeit (s. S. 187 f.).

### 8.5.3 Persönlichkeit und Streßgefährdung

Die Behauptung, im Industriezeitalter gebe es nun einmal Streß und jedermann sei ihm hilflos ausgeliefert, ist genauso unzutreffend wie die Aussage, in reichen Nationen stünden Lebensmittel in Fülle zur Verfügung und keiner könne dem Angebot widerstehen. Nicht zu verkennen ist allerdings, daß Menschen sich darin unterscheiden, wie sie auf Angebote, Verführungen und Herausforderungen reagieren. Bestünde nicht ebenso die Möglichkeit, daß ein bestimmter Lebensstil den Streß regelrecht herbeiführt? Sind einige Menschen aufgrund bestimmter Merkmale ihrer Persönlichkeit möglicherweise mehr gefährdet als andere, an den Folgen ihrer gesteigerten Streßerfahrungen zu erkranken? Zu Beginn der sechziger Jahre meldeten sich zwei Herzspezialisten zu Wort, die auf solche Fragen eine einfache Antwort zu geben versuchten. Meyer Friedman und Ray Rosenman (1959, 1974) hatten einige Jahre zuvor von ihrer Sekretärin einen entscheidenden Hinweis erhalten, der ihre weiteren Forschungen bestimmen sollte. Sie hatte die beiden Ärzte darauf aufmerksam gemacht, daß die Stühle im Wartezimmer sehr abgenutzt aussahen, abgesessen war aber auffälligerweise nur jeweils die vordere Hälfte der Sitzflächen. Friedman und Rosenman hatten bereits früher bemerkt, daß vieler ihrer Herzpatienten eigentlich »Un-Patienten«, also Ungeduldige, waren: Sie kamen selten früher als zum vereinbarten Zeitpunkt zur Sprechstunde, und sie hatten es stets eilig, die Praxis wieder zu verlassen (Fishman, 1987). Waren es diese Patienten, die auf ihren Stühlen stets wie auf dem Sprung saßen und das Warten kaum ertragen konnten? Gab es vielleicht einen Zusammenhang zwischen der Rastlosigkeit dieser Patienten und ihrem Herzleiden?

Friedman und Rosenman stellten zunächst zwei Anträge, um für die Erforschung eines Zusammenhangs zwischen koronaren Herzerkrankungen und emotionalem Streß finanzielle Unterstützung zu erhalten. Jedesmal erhielten die Mediziner einen ablehnenden Bescheid. Als Begründung erfuhren sie, daß Psychiater, denen die Anträge zur Begutachtung zugeschickt worden waren, den Herzspezialisten nicht zutrauten, Gefühle erforschen zu können. Man riet Friedman und Rosenman deshalb, einfach von einem *Typ-A-Verhaltensmuster* zu sprechen und damit ein neues Forschungsfeld für sich in Anspruch zu nehmen, auf dem damals noch niemand besondere Kenntnisse besaß. Ein weiterer Antrag, der diese Bezeichnung trug, wurde genehmigt, und damit war ein neuer Fachbegriff in den Bereich der Medizin eingeführt worden (Fishman, 1987).

Der A-Typ, wie Friedman und Rosenman ihn fortan nannten, beschreibt einen Menschen, der sehr stark vom Konkurrenzdenken beherrscht ist, zum aggressiven Verhalten neigt und stets mit seiner Zeit geizt; selbst kürzere Wartezeiten kann er kaum ertragen. Man findet ihn ständig auf der linken Spur der

Autobahn, wo er versucht, sich durch häufiges Betätigen seiner Lichthupe ungehinderte Fahrt zu erkämpfen (offenkundig besteht auch ein höheres Unfallrisiko für A-Typ-Menschen [Suls und Sanders, 1988]). Er ist ein ausgesprochenes »Arbeitstier«, das ärgerlich wird, wenn andere ihn bei seinen Tätigkeiten stören. Ihm gelingt es kaum, Kontrolle abzugeben oder auf Machtbefugnisse freiwillig zu verzichten (Miller et al., 1985; Strube und Werner, 1985). Man hat A-Typen als ständigen »Wirbelwind« bezeichnet und sie mit Jongleuren verglichen, die stets zu viele Bälle gleichzeitig in der Luft haben, aber nicht bereit sind, auch nur einen davon fallenzulassen (Crider et al., 1989). Anfänglich wurde der A-Typ ausschließlich unter Männern gesucht. Inzwischen weiß man, daß unter Frauen ähnliche Verbindungen von Verhaltensweisen zu finden sind (Matthews und Carra, 1982). Zu Beginn ihrer Forschungen glaubten Friedman und Rosenman, es gäbe noch einen B-Typ, der dadurch zu kennzeichnen sei, daß er die Merkmale vom A-Typ nicht besaß. Später zählten sie solche Menschen zum B-Typ, die sich mit Streßsituationen *anders* auseinandersetzten als A-Typ-Menschen. B-Typ-Menschen werden als ruhiger, geduldiger und ausgeglichener beschrieben. Sie nehmen sich nur Arbeiten vor, die sie bewältigen können. Wenn man den B-Typ bei seiner Arbeit stört, reagiert er in der Regel nicht mit negativen Emotionen. Nach Beobachtung von über 1000 zunächst gesunden Männern über einen Zeitraum von acht Jahren stellte Rosenman fest, daß koronare Herzerkrankungen bei Menschen, die Merkmale des Typ-A aufwiesen, zweieinhalbmal häufiger auftraten als bei B-Typen (Rosenman et al., 1975). Koronare Herzerkrankungen entwickeln sich infolge bestimmter Lebensbedingungen (u. a. auch Ernährung) im Verlauf mehrerer Jahre allmählich. Die Arterien, über die der Herzmuskel mit Blut versorgt wird, verhärten sich und verlieren ihre Elastizität (sogenannte *Arteriosklerose*). Da sich bei dieser Erkrankung an den Innenwänden der Blutgefäße fettreiche Ablagerungen bilden, verringert sich der Blutdurchfluß, bis schließlich die Gefahr einer völligen Blockierung entsteht. In einem solchen Fall wird die Versorgung (vor allem mit Sauerstoff) bestimmter Teile des Herzmuskels unterbrochen, und als Folge tritt eine teilweise oder völlige Zerstörung des Herzmuskels ein. Es kommt – spätestens jetzt – zum Herzinfarkt.

Für etwa 20 Jahre nachdem Friedman und Rosenman die Öffentlichkeit erstmals über den Zusammenhang von A-Typ und Herzerkrankungen informiert hatten, schien eine Studie nach der anderen den behaupteten Zusammenhang zu bestätigen. Etwa um 1980 änderte sich die Situation jedoch. Plötzlich tauchten in mehreren Untersuchungen A-Typen auf, denen ein völlig gesundes Herz bestätigt werden mußte (Fishman, 1987, Wright, 1988). Wie läßt sich diese auffallende Kehrtwende in der Forschung erklären? – Im Grunde bestätigt sich damit, was man in der Psychologie eigentlich schon lange wußte: Menschen zeigen so vielfältige Verhaltensweisen, daß es nicht gelingen kann, sie alle nach wenigen Kategorien (Typen) zu ordnen. Besitzen nicht wenigstens einige Menschen, die man zuvor als »A-Typen« klassifiziert hatte, Merkmale, die mit Herzerkrankungen in Beziehung stehen? Die Suche nach einer Antwort auf diese Frage erscheint sehr viel erfolgversprechender. Tatsächlich lassen sich einige Zusammenhänge inzwischen genauer formulieren: Menschen, die bereits auf einen verhältnismäßig geringen Anlaß mit *Feindseligkeit* reagieren, besitzen ein höheres Risiko, eine Herzerkrankung zu entwickeln und daran zu sterben. Wer feindselig reagiert und sich stets unter Zeitdruck fühlt, besitzt ungünstige Voraussetzungen, positive Kontakte zu Mitmenschen aufzubauen, die *soziale Unterstützung* (s. hierzu S. 373) und damit Schutz vor Streß bieten können. Als weiteres Merkmal ist die *Selbstbezogenheit* in den Blickpunkt geraten (Booth-Kewley und Friedman, 1987; Scherwitz et al., 1985). Im Rahmen von Interviews war es Larry Scherwitz aufgefallen, daß bei befragten Studenten der Blutdruck angestiegen war, wenn sie »ich«, »mir«, »mich« oder »mein« sagten. Einige Typ-A-Menschen nannten tatsächlich solche ich-bezogenen Fürwörter doppelt so häufig wie Nicht-A-Typen und deren Blutdruck nahm Werte an, die als Bluthochdruck eingestuft werden mußten. Scherwitz beobachtete weiterhin, daß Menschen, deren Äußerungen vergleichsweise häufig selbstbezogene Begriffe enthielten, einen hohen Anteil an Patienten mit blockierten Arterien stellen. Ob ein Mensch Herzkrankheiten entwickelt, hängt demnach weniger von seiner Tätigkeit, auch nicht von seiner Arbeitsgeschwindigkeit, sondern vielmehr von der zugrundeliegenden Motivation ab. Entsprechend stellen Scherwitz und seine Mitarbeiter fest: »Wenn Individuen ehrgeizig, wetteifernd oder eilig aus rein selbstbezogenen Gründen sind, besteht für sie ein größeres Risiko, als wenn sie ehrgeizig und wetteifernd sind, um anderen oder höheren Idealen zu dienen« (Scherwitz et. al., 1985).

Einige Menschen, darunter auch solche, die Friedman und Rosenman als dem A-Typ zugehörig klassifiziert hatten, besitzen bessere Voraussetzungen als andere, Streß auch in belastenden Situationen abzuwehren. Das bestätigen ebenso Untersuchungen von Suzanne Kobasa (1979; Maddi und Kobasa, 1984). Sie

Abb. 8.15
*Menschen, die aus eigennützigen Gründen Merkmale des Typ-A-Verhaltens zeigen, tragen ein erhöhtes Risiko, Opfer einer Herzerkrankung zu werden.*

hat sich über viele Jahre mit mehr als 800 Angestellten mittlerer und höherer Positionen in einem Großunternehmen beschäftigt. Im Gegensatz zu den ihr in den siebziger Jahren vorliegenden Untersuchungsergebnissen interessierte sie sich für positive Merkmale, die Menschen helfen können, den Einfluß von Streß und seinen Folgen abzuwehren. Einige der von ihr beobachteten Berufstätigen hatten innerhalb des Untersuchungszeitraums mindestens ein kritisches Lebensereignis zu verkraften, wie etwa eine innerbetriebliche Versetzung oder die Erkrankung eines Familienmitglieds. Von Interesse war nun für Kobasa, wer von diesen Angestellten entweder leicht oder schwer erkrankte, also z. B. eine Erkältung oder eine Hepatitis (Leberentzündung) entwickelte. Angestellten, die nach einem oder mehreren kritischen Lebensereignissen nicht erkrankten, bescheinigt Kobasa *Widerstandsfähigkeit*. Die widerstandsfähigen Angestellten weisen mindestens drei Merkmale auf, die andere nicht besitzen: Kennzeichnend ist für sie erstens die Überzeugung, daß sie Kontrolle über ihr Leben haben (s. hierzu auch S. 187 f.). Sie fühlen sich kritischen Lebensereignissen nicht hilflos ausgeliefert. Sie zweifeln niemals daran, daß sie Einfluß auf Ereignisse und andere Menschen nehmen können. Zweitens sind sie in ihrem Leben feste Verpflichtungen eingegangen. Sie haben eine stabile sozial-emotionale Bindung entwickelt, und das, was sie tun, ist für sie persönlich wichtig. Worauf es bei den widerstandsfähigen Menschen ankommt, ist nicht so sehr, welcher Sache oder welcher Person sie sich verpflichtet fühlen, sondern, daß es etwas gibt, für das sie sich voll einsetzen, seien es ihre persönlichen Ziele, ihre Freunde, ihre Familie, ihre Arbeit oder ihre Religion. Widerstandsfähigkeit verbindet sich drittens mit der Bereitschaft, neue und unvorhersehbare Ereignisse nicht als Bedrohung, sondern als Herausforderung zu sehen. Statt zuerst zu fragen, welche Verluste kritische Lebensereignisse mit sich bringen, sehen sie in der veränderten Situation eine Chance, die auch ihre Neugier und Motivation wecken kann.

Anstatt Situationen zu meiden, die ihnen Streß bringen könnten, gehen widerstandsfähige Menschen entschlossen auf sie zu. Dabei verbessern sie ständig ihre Voraussetzungen, um auf solche Herausforderungen erfolgreich zu reagieren. Kobasas Beschreibung einer widerstandsfähigen Persönlichkeit beansprucht noch keine Vollständigkeit. Ein Merkmal, das in ihrem Bericht unerwähnt bleibt, ist der Humor, dessen Bedeutung seit langem anerkannt ist. Bereits im Alten Testament heißt es: »Ein fröhliches Herz ist die beste Medizin; ein gedrücktes Gemüt dörrt das Gebein aus« (*Sprüche* 17, 22). Für Sigmund Freud (1940) war der Humor der bedeutsamste Abwehrprozeß. Die kanadischen Psychologen Rod Martin und Herbert Lefcourt (1983) erkundigten sich bei ihren Studenten einmal nach ihren negativen kritischen Lebensereignissen und danach, inwieweit ihre Stimmung durch sie beeinträchtigt wurde. Wer keine Möglichkeiten sieht, in solchen Situationen seiner Niedergeschlagenheit entgegenzutreten, ist gedanklich fast unentwegt und ausschließlich mit seinen eigenen Enttäuschungen und persönlichen Unzulänglichkeiten beschäftigt. »Der Lachende«, so wetterte *Bert Brecht* (1938) in seinem Gedicht *An die Nachgeborenen*, »hat die furchtbare Nachricht nur noch nicht empfangen.« Wer aber humorvoll genug ist, um den »furchtbaren Nachrichten« auch noch merkwürdige und komische Seiten abzugewinnen, ist nach den Beobachtungen von Martin und Lefcourt weniger gefährdet, in Niedergeschlagenheit, Verzagtheit und Verärgerung unterzugehen, als einer, der darin ausschließlich Schreckliches entdeckt. Sofern ein Mensch nach einem traurigen Ereignis seinen Humor nicht völlig verliert, besitzt er die Möglichkeit, es auch aus einem anderen Blickwinkel zu betrachten. Wenn er dabei noch die »Verrücktheit« der Situation entdecken kann, befindet er sich bereits auf dem besten Weg, seine Kontrolle und damit eine wichtige Voraussetzung zurückzugewinnen, die zur Abwehr von Streß unerläßlich ist (Nezu et al., 1988). Eltern und Lehrer sollten deshalb alles tun, um schon bei Kindern den Sinn für Humor zu entwickeln (Martin, 1989). Gemeint ist in diesem Zusammenhang aber nicht der Humor, der auf Kosten anderer erfolgt, der verhöhnt oder andere lächerlich macht. Menschen, die zu einem solchen sozial negativen Humor neigen, befinden sich meist nicht in einem guten Gesundheitszustand (Carroll, 1990).

Zu vermuten ist weiterhin, daß optimistische Menschen bessere Voraussetzungen besitzen als Pessimisten, dem Streß wirksam entgegenzutreten. Michael Scheier und

Charles Carver (1987) berichten von einer Untersuchung, in der man ältere Personen gebeten hatte, alle positiven und negativen Ereignisse aufzuschreiben, die sie in näherer Zukunft noch erwarteten. Nach zwei Jahren nannten die Optimisten im Vergleich zu den Pessimisten weniger Krankheitssymptome. Die Optimisten fühlten sich allgemein besser, litten seltener an Erkältungen, mußten nicht so oft ihrer Arbeitsstätte wegen Krankheit fernbleiben und besaßen insgesamt mehr Energien für ihre Aktivitäten als die Pessimisten. Vielleicht ist der bessere Gesundheitszustand der Optimisten darauf zurückzuführen, daß sie den Streß als solchen gar nicht wahrnahmen. Zudem widerfuhren ihnen im Zeitraum von zwei Jahren weniger Ereignisse, die mit Streß verbunden sein können.

### 8.5.4 Möglichkeiten zur Abwehr von Streß

Wenn Menschen Anforderungen ausgesetzt sind, die sie – tatsächlich oder nach subjektiver Einschätzung – außerordentlich belasten, befinden sie sich in einer Problemsituation, die bewältigt werden muß, weil sie andernfalls eine Beeinträchtigung des persönlichen Wohlergehens zur Folge hat. Welche Maßnahmen sind in einer solchen Situation zu ergreifen? Ein Psychiater, der sich diese Frage stellte, weil er im Bereich der Streßforschung arbeitete, wandte sich an einen buddhistischen Mönch, um von ihm zu hören, wie man seiner Meinung nach mit den Schwierigkeiten des Lebens fertig wird. »Erzählen Sie mir doch bitte, wie man Streß am besten managen kann.« Nachdem der Mönch die Frage gehört hatte, mußte er zunächst lächeln. Das Problem, so erläuterte er dem Psychiater, liege bereits in der Formulierung seiner Frage! Warum ginge er denn von vornherein davon aus, daß alles immer gemanagt und kontrolliert werden müsse? »Gefühle seien doch keine aufsässigen Wesen, die der Mensch immer nur zähmen müsse« (Wade und Tavris, 1987). Es ist nicht bekannt, wie der Psychiater auf diese Belehrung reagiert hat. Dem kurzen Gesprächsausschnitt läßt sich jedoch entnehmen, daß der Psychiater und der Mönch unterschiedlichen Denktraditionen angehören. Hätte sich der westlich ausgerichtete Psychiater an einen japanischen Kollegen gewandt, wäre er vielleicht auch auf Unterschiede in Therapien aufmerksam geworden, die in beiden Kulturkreisen entwickelt worden sind.

In vielen Teilen der Welt sind sich Therapeuten einig in dem Bemühen, Menschen bei der Lösung ihrer persönlichen Probleme behilflich zu sein. Wie ist aber dieses Ziel zu erreichen? Sigmund Freud verglich die Psychoanalyse mit einem »Kampf«, in dessen Verlauf die Krankheitssymptome zunehmend beseitigt werden müssen. Seine Therapie will nichts Neues einführen, sondern »wegnehmen und herausschaffen«, wie ein Chirurg (Freud, 1910). Freuds Ziel war erreicht, wenn der Patient nicht mehr länger an seinen Symptomen litt und Ängste und Hemmungen überwunden waren. Auch Verhaltenstherapeuten versuchen, Auffälligkeiten zu beseitigen. Solche Bemühungen haben sich in einer Kultur entwickelt, in der sich die irrige Ansicht festgesetzt hat, daß Menschen stets glücklich und ohne Schwächen sein können. Wenn sie es nicht sind, bedürfen sie einer »Behandlung«, mit deren Hilfe gewünschte Veränderungen verhältnismäßig leicht herbeizuführen sind (Zilbergeld, 1983). Kulturen fernöstlicher Prägung sehen die Möglichkeit einer Veränderung weniger optimistisch, wie sich an der in

Japan weit verbreiteten *Morita-Therapie* aufzeigen läßt. Ihr Hauptziel ist es nicht, wie John Weisz und seine Mitarbeiter (1984) feststellen, Symptome zu beseitigen. Morita-Therapeuten versuchen vielmehr, Menschen zu einer anderen Betrachtungsweise zu veranlassen. »Die Klienten werden ermutigt, Symptome als einen natürlichen Teil ihrer selbst zu betrachten und sie als solche zu akzeptieren.« Sie sollen sich trotz ihrer Symptome unter die Leute begeben, mit ihnen zur Arbeit gehen und sich normal verhalten (Reynolds, 1980). Ein Morita-Klient erklärt z. B.: »Ich würde sagen, daß ich vollkommen geheilt bin. Ich kann immer noch genau die Bedingungen benennen, die ich für meine Symptome gehalten habe. ... Diese Sorgen und Ängste geben mir Anlaß, mich gründlich auf die von mir zu erledigende Arbeit vorzubereiten. Sie halten mich davon ab, gleichgültig zu werden. Sie sind Ausdruck meines Wunsches, weiter zu wachsen und mich weiter zu entwickeln. Ich habe nichts weiter zu tun als weiterzumachen und meine Symptome das sein zu lassen, was sie sind« (Kora, 1967).

Die Morita-Therapie bringt eine Sichtweise zum Ausdruck, die sich in sämtlichen Lebensbereichen Japans nachweisen läßt (Weisz et al., 1984). Auch fernöstliche Sprichwörter preisen die Tugend, sich dem Unvermeidlichen fügen zu können (Azuma, 1984). Hinter der japanischen Redensart, *Weiden brechen nicht unter der Schneelast*, steckt beispielsweise die Überzeugung, daß der Mensch elastisch genug ist, um auch bei Anhäufung von Schwierigkeiten zu überleben. Wenn es heißt,

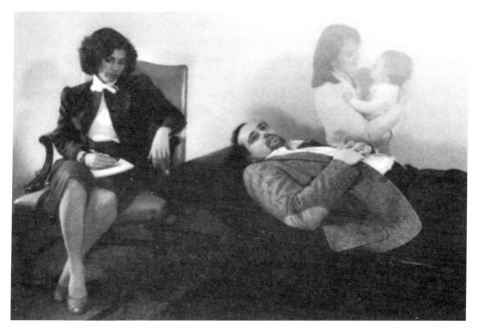

Abb. 8.16
*In der Psychoanalyse und in anderen Therapien westlicher Prägung besteht das Ziel, unangenehme Symptome und deren Ursachen zu beseitigen. Sie unterscheiden sich von fernöstlichen Behandlungsmethoden, die weniger darauf zielen, Symptome zu verändern, als deren Wahrnehmung durch den Klienten.*

daß *wahre Toleranz bedeutet, auch das nicht mehr zu Tolerierende zu tolerieren*, dann bringt die japanische Weisheit zum Ausdruck, daß es in jedem Lebenslauf nun einmal Ereignisse gibt, die eigentlich untragbar sind. Man wäre aber gut beraten, sie als unvermeidlich hinzunehmen, statt mit Auflehnung nutzlos Energie zu vergeuden.

Im Verlauf seines Lebens wird der Mensch wiederholt vor die Wahl gestellt, Vorgefundenes, wenn möglich, entweder zu verändern oder, sofern es sich seiner Einflußnahme entzieht, zu akzeptieren. Das Studium fernöstlicher Denkweisen führt zu der Einsicht, daß »die Toleranz des eigentlich nicht mehr zu Tolerierenden« unter bestimmten Voraussetzungen die bessere Lösung eines vorliegenden Problems darstellt. Menschen setzen sich unnötig unter Streß, wenn sie sich *stets* von der Vorstellung leiten lassen, Unerwünschtes müsse bekämpft und möglichst beseitigt werden; die Wirklichkeit lehrt, daß ein solches Ziel nicht immer zu erreichen ist. Entsprechend lassen sich Maßnahmen zur Abwehr von Streß in zwei breite Kategorien einteilen: Maßnahmen der ersten Kategorie zielen darauf, die Reaktionen eines Menschen auf streßvolle Ereignisse, nicht aber diese selbst zu verändern (in der Medizin verabreicht man z. B. Schmerzmittel, die zwar die unangenehmen Empfindungen ausschalten, nicht aber deren Auslöser). Zur zweiten Kategorie gehören Maßnahmen, mit deren Hilfe eine Veränderung jener Bedingungen versucht wird, unter denen Streß erlebt wird (so entfernt der Chirurg durch einen operativen Eingriff einen Schmerzauslöser). Auch in der Psychotherapie müssen Menschen zumeist lernen, »das Veränderbare zu verändern und den Rest zu akzeptieren« (Weisz et al., 1984). So muß auch ein Alkoholiker bestimmte Tatsachen einfach zur Kenntnis nehmen (»Ich bin ein Alkoholiker«) und Kontrolle über Verhaltensweisen gewinnen, die seinen derzeitigen Zustand aufrechterhalten oder gar verschlechtern (z. B. die Zurückweisung jeglichen Alkohols); deshalb erscheint ein von den *Anonymen Alkoholikern* wieder aufgegriffenes, wahrscheinlich von Reinhold Niebuhr 1934 erstmals gesprochenes Gebet sehr sinnvoll (Troll, 1972): *Gib mir die Kraft, das Unveränderliche gelassen hinzunehmen. Gib mir den Mut, das zu verändern, was möglich und notwendig ist, und die Weisheit, den Unterschied zu erkennen.*

### 8.5.4.1 Abwehr von Streß durch Veränderung menschlicher Reaktionen

Da das autonome Nervensystem bei Streß bestimmte körperliche Veränderungen herbeiführt, wie etwa Verspannung der Muskeln, Anstieg des Blutdrucks, Verengung der Blutgefäße usw. (s. S. 331 f.), stellt sich die Frage nach geeigneten Methoden, um solchen Reaktionen entgegenzuwirken. Es ist unstritten, daß sich mit *Schlaf-* und *Beruhigungsmitteln* schnell eine Verringerung des körperlichen Erregungszustandes erreichen läßt. Sie eignen sich jedoch nicht zur längeren Anwendung, weil sie sehr schnell Abhängigkeit schaffen. Solche Medikamente versetzen den Patienten zudem in einen passiven Zustand, anstatt ihn bei der Suche und Anwendung aktiver Maßnahmen zur Streßbewältigung zu unterstützen. Um eine Streßkontrolle über einen längeren Zeitraum zu erreichen, kann man auf verschiedene Formen von *Entspannungsübungen* zurückgreifen, zu denen auch das bereits an anderer Stelle vorgestellte *Biofeedback* gehört (s. S. 178 f.).

Es mag nach einem ersten Eindruck widersinnig erscheinen, daß auch *gymnastische*

Abb. 8.17
*Regelmäßige sportliche Betätigung ist geeignet, negativen Folgen von Streß entgegenzuwirken.*

*Übungen* geeignet sind, den Folgen von Streß entgegenzutreten, denn beides wirkt ja erregend. Wer aber aktiven und anstrengenden Sport betreibt, hat sicherlich bereits erlebt, daß die den körperlichen Anstrengungen folgende Ruhephase, die mehrere Stunden andauert, körperlich und geistig entspannend wirkt. Wenn es Menschen zudem gelingt, in ihren Tagesablauf regelmäßige sportliche Übungen einzuplanen, verfügen sie über ein höheres Maß an Kontrolle als andere, die dafür keine Gelegenheit finden. Der Sportler entwickelt zudem im Verlauf seiner Übungen das Gefühl, seinen Körper in hohem Maße beherrschen zu können (Plante und Rodin, 1990). Diese Überzeugung hilft ihm, den unkontrollierten Erregungssteigerungen bei Streß entgegenzutreten (Benson und Proctor, 1984; Rejeski et al., 1991).

Streßerlebnisse gehen nicht nur mit körperlichen Veränderungen einher, sondern sie werden auch häufig von negativen Gefühlen begleitet. Auf wahrgenommene Bedrohungen reagieren Menschen mit Furcht und Besorgtheit. Sigmund Freud erkannte nach ausführlichen Gesprächen mit seinen Patienten, wie sie Ängste und andere negative Gefühle mit Hilfe verschiedener Mechanismen abwehrten. Nach Freud handelt es sich bei solchen *Abwehrmechanismen* um unbewußte Maßnahmen zur Leugnung oder Verzerrung der Wirklichkeit. Psychologen der Gegenwart sprechen von automatisch ablaufenden kognitiven Manövern, die praktisch von jedem Menschen zur Abwehr negativer Gefühle eingesetzt werden. Unter bestimmten Voraussetzungen können Abwehrmechanismen sehr wohl Vorteile haben. Wenn eine Schülerin sich bei den Vorbereitungen auf ein Examen besser konzentrieren kann, indem sie die Bedeutung einer guten Bewertung herunterspielt (»Hauptsache, ich bestehe die Prüfung«), verzerrt sie zwar die Wirklichkeit, verschafft sich damit aber vielleicht bessere Lernbedingungen. Nachteilige Wirkungen hat eine solche Selbsttäuschung jedoch, wenn die Examenskandidatin sich selbst so überzeugend beschwindelt, daß sie ihre Vorbereitungen vernachlässigt und dadurch die Gefahr einer ungünstigen Benotung erhöht. Auch Raucher wissen, daß sie mit ihrem Zigarettenkonsum auf dem Wege sind, ihre Gesundheit systematisch zu ruinieren, und daß sie mit einem vorzeitigen Lebensende zu rechnen haben. Da sie aber unter Einsatz eines Abwehrmechanismus die tatsächliche Gefahr leugnen, gelingt es ihnen (sicherlich nicht zu ihrem Vorteil), die in einer solchen Situation an sich zu erwartende Furcht unter Kontrolle zu halten.

Ein Examenskandidat hat grundsätzlich

auch die Möglichkeit, das Bedrohliche des bevorstehenden Ereignisses dadurch zu mindern, daß er sich rechtzeitig und ausreichend vorbereitet. Ein Raucher könnte sich entscheiden, keine Zigarette mehr anzurühren. Welche Möglichkeiten besitzt aber ein Patient, der sich einem chirurgischen Eingriff unterziehen muß? Hilft es ihm, wenn er eine *Neubewertung* des bevorstehenden Ereignisses vornimmt? Es ist völlig normal, wenn Menschen einer Operation mit Furcht entgegensehen. Man hat den Patienten einer chirurgischen Station einmal erklärt, daß es zumeist nicht von einem Ereignis selbst, sondern von der Art und Weise der Wahrnehmung des Ereignisses abhängt, ob Streß auftritt. Die Kranken wurden darauf hingewiesen, daß auch eine Operation Vorteile hat, denn immerhin wird sie durchgeführt, um einen Zustand zu verbessern. Die Patienten sollten sich außerdem vergegenwärtigen, daß sie mit dem Klinikaufenthalt eine gute Gelegenheit erhalten, sich einmal richtig auszuruhen, während andere für sie sorgen und ihnen erhöhte Aufmerksamkeit widmen. An die positive Seite sollten sich die Patienten immer erinnern, sobald sie sich angesichts der bevorstehenden Operation wieder zu fürchten begannen. Hat diese Neubewertung zu einer Verminderung von Streß geführt? Auf jeden Fall wirkte sie mindernd auf das Schmerzerleben und beschleunigend auf den anschließenden Heilungsprozeß (Langer et al., 1975).

### 8.5.4.2 Abwehr von Streß durch Veränderung der belastenden Situation

Man nimmt nicht selten eine bevorstehende Situation, mit der man nicht in allen Einzelheiten vertraut ist, als bedrohlich wahr. Man kann sich auf ein zukünftiges Ereignis vorbereiten, indem man sich damit eingehend beschäftigt. In der Raumfahrt werden Astronauten, die sehr sorgfältig aus dem Bewerberkreis ausgewählt worden sind, während eines längeren Trainings mit fast jedem möglichen Ereignis während eines Raumflugs vertraut gemacht. Es ist auf diese Personalauslese und auf die außerordentlich gründlichen Vorbereitungen zurückzuführen, daß Astronauten während der Flüge bislang keine Hinweise auf Streßerleben gegeben haben. Die Anforderungen während des Fluges entsprechen ihren Fähigkeiten. Sofern dennoch eine schwierige Situation eintritt, befolgen sie die zuvor eingehend geübte Strategie, zunächst eine kurze Pause einzulegen, sich Verständnis für die Situation zu verschaffen, Lösungen zu suchen, um sich nach deren Bewertung für die beste Vorgehensweise zu entscheiden, die dann ausgeführt wird (Cox, 1978; Wolfe, 1979).

Bekanntlich stehen auch Patienten vor einem chirurgischen Eingriff unter erheblichem Streß. Hilft man ihnen, wenn man mit ihnen das bevorstehende Ereignis eingehend bespricht? Wie reagieren Patienten, wenn man ihnen über die üblichen Informationen (vermutete Dauer der Operation, Art der Narkose usw.) hinaus mitteilt, womit sie *nach* dem Eingriff rechnen müssen? Hilft es Patienten, wenn sie hören, welche Schmerzen zu erwarten sind und wie sie diesen durch Entspannung bestimmter Muskeln, erforderlichenfalls aber auch mit Hilfe wirksamer Schmerzmittel entgegentreten können? Klinische Beobachtungen haben gezeigt, daß Patienten nach derartig ausführlichen Vorbesprechungen nur halb so viele Schmerzmittel verlangen und das Krankenhaus im Durchschnitt drei Tage früher verlassen können als andere, die lediglich durch das Routinegespräch am Vorabend der Operation vorbereitet worden sind (Egbert et al., 1964).

Wenn man Patienten vorher über den Ablauf und die Folgen eines chirurgischen Eingriffs informiert, bietet man ihnen *soziale Unterstützung* an, das heißt, Hilfen zur Verbesserung ihrer Voraussetzungen zur Streßbewältigung. Allgemein gilt, daß Notsituationen besser ertragen werden, wenn man sie nicht allein zu durchleben hat (Schachter, 1959). Sobald Menschen nach eigenem Eindruck Streß erfahren, wächst ihr Bedürfnis zum Aufsuchen sozialer Kontakte (Cutrona, 1986). Gute Bekannte, Freunde und Verwandte haben mehrere Möglichkeiten, durch soziale Unterstützung Streß zu verringern (Cohen und McKay, 1984). Wenn eine junge Frau zum erstenmal eine Schwangerschaft erlebt, dann erhält sie vielleicht von ihrer eigenen Mutter oder von erfahrenen Freundinnen *informative* Unterstützung. Sie erfährt von ihnen Näheres über den weiteren Verlauf der Schwangerschaft und wie darauf am besten zu reagieren ist. Vor allem in fortgeschrittenen Stadien mag es der werdenden Mutter helfen, von anderen *tatkräftige* Unterstützung zu erhalten; so hilft man ihr bei der Erledigung täglicher Pflichten, bietet ihr Fahrdienste mit dem Auto an usw. Wenn der Partner oder die Freunde der Schwangeren regelmäßig ihre Zuneigung oder Sympathie bestätigen und wiederholt zum Ausdruck bringen, wie sehr ihnen ihr Wohlergehen am Herzen liegt, bieten sie *emotionale* Unterstützung an. Sie wirkt häufig steigernd auf das Selbstwertgefühl und erhöht die Zuversicht, daß das aktuelle Lebensereignis mit seinen Anforderungen zu meistern ist.

Soziale Unterstützung verbessert die Voraussetzungen, dem Streß wirksamer entgegenzutreten. Aus dem klinischen Bereich gibt es dafür zahlreiche Belege. Nach einem chirurgischen Eingriff erholen sich Patienten um so schneller, je häufiger sie von ihrem Partner bzw. ihrer Partnerin Besuch erhalten (Kulik und Mahler, 1989). Die Lebenserwartung von Menschen, die keine Familienanbindung haben, keinem Freundeskreis angehören und auch an sozialen Aktivitäten ihrer Wohngemeinde nicht teilnehmen, ist eindeutig vermindert (Berkman und Syme, 1979; Schradle und Dougher, 1985), die Wahrscheinlichkeit einer Erkrankung erhöht. Wenn Menschen verstärktem Streß (wie z.B. Prüfungen) ausgesetzt sind, besitzen solche, die von einem Freundeskreis soziale Unterstützung empfangen können, einen deutlichen Vorteil gegenüber anderen, die zumeist allein sind: Das Immunsystem (s. Info-Kasten 8.3) wird bei Angehörigen eines sozialen Netzes weniger geschwächt (Jemmott et al., 1983; Kiecolt-Glaser et al., 1984). Soziale Unterstützung kann zwar keine wirksame Medizin zur Behandlung von Krankheiten ersetzen; sie liefert aber einen beachtlichen Schutz vor den ungünstigen Einflüssen alltäglicher Belastungen und kritischer Lebensereignisse.

### Empfohlene Literatur zur Ergänzung und zur Vertiefung:

ROST, W. (1990): *Die Emotionen: Die Elixiere des Lebens.* Berlin: Springer.
ULICH, D. (³1995): *Das Gefühl. Eine Einführung in die Emotionspsychologie.* Weinheim: PVU.
ULICH, D. & MAYRING, P. (1992): *Psychologie der Emotionen.* Stuttgart: Kohlhammer.

# 9. Psychologie sozialer Prozesse

Der Arzt Gustave Le Bon (1895) war über das Verhalten der »Massen« während der Französischen Revolution entsetzt. Wie konnte aus einem Volk ein derartiger Pöbelhaufen werden? »Allein durch die Tatsache«, so behauptet Le Bon, »Glied einer Masse zu sein, steigt der Mensch ... mehrere Stufen von der Leiter der Kultur hinab. Als einzelner war er vielleicht ein gebildetes Individuum, in der Masse ist er ein Triebwesen, also ein Barbar. ... Verschiedene besondere Eigenschaften der Massen, wie Triebhaftigkeit, Reizbarkeit, Unfähigkeit zum logischen Denken, Mangel an Urteil und kritischem Geist, Überschwang der Gefühle und noch andere sind bei Wesen einer niedrigeren Entwicklungsstufe, wie beim Wilden und beim Kinde, ebenfalls zu beobachten.« Die Handlungen der Massen »stehen viel öfter unter dem Einfluß des Rückenmarks als unter dem des Gehirns«.

Zweifellos hat Le Bon für seine Behauptungen die Zustimmung einer beachtlichen Zahl von Lesern gefunden, Schätzungen gehen in die Millionen. Er wandte ein erfolgreiches Rezept an, das Peter Hofstätter (1957) einmal folgendermaßen beschrieb: »Es gilt bloß der ›Masse‹ alle nur erdenklichen üblen Eigenschaften und Neigungen zuzuschreiben. Da werden Fabelwesen erfunden, die – so heißt es – mit oder aus dem Rückenmark heraus in Bildern, und nicht in Begriffen, denken, die sich in einem Dauerzustand der Wut befinden, die blind, dumm und begierig sind, deren durchaus qualitätenlose Gemeinheit ganz außer Zweifel steht.« Nachdem man auf etwa zweihundert Seiten den in der Masse auftretenden Menschen auf diese Weise als erbärmliches und daher höchst verachtenswertes Wesen dargestellt hat, braucht man dem Leser nur noch zu versichern, daß er nach Lektüre von Le Bons »*Psychologie der Massen*« das abscheuliche Tun der Masse durchschaut habe und sich voller Entsetzen von dieser abwenden könne. In den Worten Hofstätters: »Nunmehr ragt der einsichtige Leser, auch wenn gar keine weiteren Merkmale der Ausgezeichnetheit vorhanden sein sollten, weit heraus; er ist im eigenen Urteil beinahe schon ein ›Großer‹, höchstwahrscheinlich ein Angehöriger der Elite. ... Ich bin nicht Masse, weil ich die Massenhaftigkeit der anderen durchschaue« (Hofstätter, 1957).

Wenn der Mensch allein auftritt, so lassen sich Le Bons Behauptungen zusammenfassen, dann ist er durchaus zu vernünftigem Denken und Handeln in der Lage. Sobald er sich aber in der Begleitung anderer befindet, muß man, selbst im Falle hervorragender Gelehrter, damit rechnen, daß »der kritische Geist eines jeden von ihnen sofort schwindet«. Le Bon hat – das ist nicht zu leugnen – das Interesse der Psychologie auf soziale Prozesse gelenkt. Sozialpsychologen sind seinen Feststellungen aber entschieden entgegengetreten, denn diese beruhen nicht auf systematischen Beobachtungen, sondern geben seine eigenen Vorurteile wieder, die wiederum ein Abbild der damaligen Zeit waren. Es trifft einfach nicht zu, daß sich alle Menschen in einer Masse stets gleichförmig verhalten und nur Unüberlegtes tun. Es ist sehr wohl möglich, daß Menschen in der Masse anders als in der Alleinsituation auftreten. Le Bon hat aber übersehen, daß Menschen, die von anderen, vielleicht auch nur vorübergehend, isoliert sind, sehr wohl ebenfalls unvernünftig und rein emotional handeln können (Milgram und Toch, 1969).

Um ein besseres Verständnis vom Verhalten in sozialen Situationen zu gewinnen, haben Sozialpsychologen u. a. studiert, wie Menschen einander wahrnehmen. Viele alltägliche Begegnungen zwischen Personen gleichen und verschiedenen Alters bleiben flüchtig, sie dauern häufig nur wenige Sekunden. Aus einigen spontanen Kontakten entwickeln sich aber Beziehungen, die von Sympathie, Freundschaft oder sogar Liebe getragen werden. Wovon hängt es ab, ob Menschen Gleichgültigkeit oder positive Gefühle füreinander empfinden? Einige Antworten der Sozialpsychologen werden im folgenden wiedergegeben.

## 9.1 Gewinnung eines Eindrucks von anderen durch soziale Wahrnehmung

Im Rahmen einer ungewöhnlichen Untersuchung erschien am Empfangsschalter von acht verschiedenen psychiatrischen Kliniken vor einiger Zeit jeweils eine Person mit der Bitte um Aufnahme. Die Notwendigkeit einer medizinischen Behandlung wurde in allen Fällen mit Wahnvorstellungen (Halluzinationen) begründet, in deren Verlauf auffällige Stimmen zu hören waren. Dem Aufnahme-Arzt nannten die Hilfesuchenden ihren Namen und Beruf. Während des Gesprächs gaben sie bereitwillig Auskunft über ihre Lebensverhältnisse und persönlichen Erfahrungen. Nach ihrer Einweisung in die Anstalt berichteten die Patienten niemals wieder von irgendwelchen Symptomen. Sie erklärten auf Befragen stets, daß sie seit ihrer Aufnahme keine Stimmen mehr gehört hätten. Sie erzählten den Ärzten aufrichtig von den jeweils erlebten Gefühlen. Sie verschwiegen auch nicht die Angst und Nervosität, die sie während der ersten Tage in der geschlossenen Anstalt bei sich beobachtet hatten.

Das Besondere dieser Studie lag darin, daß es sich bei den acht Personen um »falsche« Patienten handelte; sie waren nämlich Mitarbeiter von David Rosenhan (1973), einem Professor für Psychologie und Rechtskunde. Die während der Aufnahme geäußerte Feststellung, an Wahnvorstellungen zu leiden und Stimmen zu hören, entsprach nicht der Wahrheit und war vorher gemeinsam vereinbart worden. Während des nachfolgenden Klinikaufenthalts wurden keine Mitteilungen mehr gefälscht. Während einige »echte« Patienten schon einmal zweifelten, daß Rosenhans Mitarbeiter tatsächlich krank seien, blieb der Schwindel dem Klinikpersonal völlig verborgen. Rosenhans Studie weist zweifellos Schwächen auf, und auch den Ausführungen seines abschließenden Berichts muß man nicht in allen Einzelheiten zustimmen (Spitzer, 1975, 1976). Dennoch machte Rosenhan die Fachwelt in drastischer Form auf die Notwendigkeit aufmerksam, sich bei der Erklärung von Symptomen und bei Entscheidungen über Behandlungsformen stets vor Augen zu halten, daß auf die Wahrnehmung anderer Menschen, auf die soziale Wahrnehmung, Fehler einwirken können.

Die Aufgabe, vor der ein Arzt steht, der über die Notwendigkeit einer Einweisung in eine psychiatrische Klinik zu entscheiden hat, ist keineswegs einfach. Er muß nämlich einem ihm zunächst unbekannten Menschen Fragen stellen, diesen möglichst genau beobachten und sich aufgrund der Reaktionen ein Bild von seiner Persönlichkeit machen. Liegt tatsächlich eine Erkrankung vor? Worunter könnte der Patient leiden? Wie sind seine mehr oder weniger ungewöhnlichen Verhaltensweisen zu verstehen? Der Arzt muß versuchen, solche Fragen durch soziale Wahrnehmung zu beantworten. Durch *soziale Wahrnehmung* verschafft man sich einen Eindruck von der Persönlichkeit anderer Menschen, um sie verstehen zu können. Wie entsteht nach Beobachtung von Ausdruck und Verhalten ein mehr oder weniger umfassendes Bild von der Persönlichkeit?

### 9.1.1 Die Entstehung erster Eindrücke

Die Ärzte in der Rosenhan-Untersuchung mußten sich im Rahmen der ersten Begegnung mit den ›Patienten‹, die um Aufnahme baten, einen Eindruck verschaffen. Ebenso wie im Alltagsleben steht nur verhältnismäßig wenig Zeit zur Verfügung, um eine derartig schwierige Aufgabe zu bewältigen. Nach der Beobachtung von Verhaltensweisen und der Auswertung sprachlicher Mitteilungen müssen Merkmale der Persönlichkeit erschlossen werden. Worauf achtet man vor allem bei solchen ersten Eindrücken? Kann man sich darauf überhaupt verlassen? Ist man bereit, sein Bild von einem anderen Menschen zu verändern, wenn sich bei weiteren Begegnungen Einblicke eröffnen, die anfänglich verborgen blieben?

#### 9.1.1.1 Erste Aufschlüsse durch Beachtung der äußeren Erscheinung

Wer auf einer Großstadtstraße an vielen Fußgängern vorbeigeht, hat nicht ausreichend Zeit, um jeden einzelnen zu mustern. Wenn aber soziale Kontakte bevorstehen, die kürzere oder längere Zeit andauern können, ist es bedeutsam, sich von einem anderen Menschen möglichst rasch ein Bild zu machen, damit man sein Verhalten vorhersagen kann und weiß, wie auf ihn am besten zu reagieren ist. Dieser Prozeß der Eindrucksbildung beginnt bereits in den ersten Augenblicken einer Begegnung. Worauf achten Menschen bei ihren ersten Eindrücken am meisten? Die Aufmerksamkeit richtet sich zuerst auf das äußere Erscheinungsbild. Selbst wenn man mit einem anderen Menschen nur sehr kurze Zeit gemeinsam verbracht hat, ist man auf Befragen anschließend fast immer in der Lage, dessen Geschlecht und seine ethnische Zugehörigkeit zu benennen. Auch auffallende Merkmale, wie z. B. ein ungewöhnlich kleiner oder großer Körperwuchs sowie ein beträchtlicher Leibesumfang, erregen die Aufmerksamkeit. In den Blick fällt ebenso schnell, wie »gut« ein anderer Mensch aussieht.

Körperliche Merkmale spielen beim ersten Eindruck nicht nur deshalb eine große Rolle, weil sie leicht zugänglich sind. Sie werden auch beachtet, weil sie nach einer vorherrschenden Überzeugung Hinweise auf zugrundeliegende Persönlichkeitsmerkmale liefern. Bereits vor vielen Jahrzehnten beobachtete der Journalist Walter Lippman (1922), daß ein Mensch völlig überfordert ist, der sich bereits während der ersten Kontakte einen Eindruck von seinem Gegenüber verschaffen muß. Er ist gar nicht in der Lage, auf alle Merkmale zu achten, die ihm mit den Augen,

Ohren, mit den Tast- und Geruchssinnesorganen usw. in jedem Augenblick zugänglich sind. Deshalb muß er eine Auswahl vornehmen, die ihm durch *Stereotype* ermöglicht wird. Stereotype stellen ein Vorwissen bereit, dem zu entnehmen ist, auf welche äußeren Merkmale man bei einem Unbekannten achten muß (männlich oder weiblich, jung oder alt, Schwarzer oder Weißer usw.) und wie die ausgewählten Informationen zu ergänzen sind. Unter Inanspruchnahme seines Vorwissens geht man also über das Beobachtete hinaus. Man schreibt einem anderen Menschen Merkmale zu, die dieser keineswegs besitzen muß, die aber im Einklang mit dem jeweiligen Stereotyp des Wahrnehmenden stehen (s. hierzu ausführlicher S. 379 und 395 ff.).

Die »Patienten« der Rosenhan-Studie haben sich wahrscheinlich im Rahmen ihrer ersten Vorstellung weitgehend normal verhalten. Auf die einzige Besonderheit, mit der sie sich letztlich Aufnahme in eine psychiatrische Klinik verschafften, wiesen sie die Ärzte ausdrücklich hin: Sie behaupteten, sie würden Stimmen hören. Nachdem die Mediziner von dieser Symptomatik gehört hatten, entnahmen sie ihrer Persönlichkeitstheorie, daß sie offenbar »Geisteskranke« (vermutlich Schizophrene) vor sich hatten. Um zu diesem Eindruck, zu dieser Diagnose zu gelangen, nahmen die Psychiater u. a. Wissen in Anspruch, das in einschlägigen Lehrbüchern veröffentlicht ist. Auch im alltäglichen Leben greifen Menschen auf Inhalte ihrer Persönlichkeitstheorien zurück, um sich ein Bild von ihren Mitmenschen zu machen. Ihre »privaten« oder – wie man sie auch nennt – »naiven« Theorien enthalten allerdings Zusammenhänge, die nur selten einer kritischen Überprüfung unterzogen werden.

### 9.1.1.2 Vorwissen durch implizite Persönlichkeitstheorien

Menschen können über einen Fremden bereits nach verhältnismäßig kurzen Kontakten Aussagen machen, bei denen sie über das Beobachtete weit hinausgehen. Karen Dion und ihre Mitarbeiterinnen (1972) zeigten einmal ihren Studenten Fotos, auf denen entweder sehr attraktive, aber auch durchschnittlich aussehende oder weniger attraktive Menschen dargestellt waren. Die Studenten sollten auf der Grundlage der Bilder u. a. beurteilen, welche Persönlichkeitsmerkmale die jeweils Dargestellten besaßen. Das Ergebnis fiel ziemlich eindeutig aus: Den gut aussehenden Personen hat man die günstigsten Persönlichkeitsmerkmale zugeschrieben. Den sehr attraktiven Menschen wurden verhältnismäßig häufig u.a. die Kennzeichnungen *freundlich, interessant, bescheiden, sozial, talentiert* usw. zugeschrieben. Bei ihren Beurteilungen hatten die Studenten offenbar ein *Schönheitsstereotyp* in Anspruch genommen, das ihrer Überzeugung entsprach, wonach »wer ›schön‹ ist, auch ›gut‹ sein muß«. Weiterhin beachten Menschen z. B., wie stark das Gesicht eines Erwachsenen dem eines Babys ähnelt (Berry, 1991). Selbstverständlich sind sich die Beobachter in jedem Moment des tatsächlichen Lebensalters ihres Gegenübers bewußt. Dennoch werden einem Erwachsenen, dessen Gesicht Merkmale eines Babys aufweist (rundlicher Schädel, große Stirn, große Augen, flache Nase und kleines Kinn), verstärkt Eigenschaften wie *naiv, aufrichtig, hilflos, freundlich* und *warmherzig* zugeschrieben. Selbst der Schuldspruch vor Gericht kann von diesen äußeren Merkmalen mitbestimmt werden. Wenn einem Angeklagten vorgeworfen wird, er habe versäumt, einen Kunden vor den Gefahren eines Produkts zu

Abb. 9.1
*Durch Prozesse der sozialen Wahrnehmung erschließt man sich Merkmale der Persönlichkeit. Man geht also über das Beobachtbare hinaus. Durch welche Persönlichkeitsmerkmale sind die hier dargestellten Personen zu kennzeichnen?*

warnen, wird ihm, wenn sein Gesicht die typischen Schädelformen eines Erwachsenen besitzt, häufiger absichtliche Täuschung vorgeworfen. Ein Angeklagter mit den Gesichtszügen eines Babys kommt dagegen eher mit dem (milderen) Vorwurf der Nachlässigkeit davon; man traut ihm keine Betrugsabsicht zu (Berry und McArthur, 1988). Vor allem bei ersten Eindrücken besteht die Neigung, einem zu beurteilenden Menschen Eigenschaften zuzuschreiben, die dem »Vorwissen« des Beobachters entnommen sind und für den Beobachteten gar nicht kennzeichnend sein müssen. Der Einfluß dieses Vorwissens auf die Personenwahrnehmung wird in der Sozialpsychologie bereits seit mehreren Jahrzehnten untersucht.

Solomon Asch (1946) hatte seinen Studenten folgende Eigenschaften zur Kennzeichnung eines nicht anwesenden Menschen genannt: *intelligent – geschickt – eifrig – kühl – entschlossen – praktisch – bedacht*. Die Bitte, den so Gekennzeichneten noch umfassender zu beschreiben, bereitete den Studenten offenbar keine Schwierigkeiten. Wiederum gingen sie weit über die Beschreibungen hinaus, die Asch ihnen gegeben hatte. Ein Student schrieb: »Eine sehr ehrgeizige und begabte Person, die alles, was ihr auf dem Weg zum Ziel begegnet, beiseite räumt. Sie will ihren eigenen Weg gehen. Sie ist entschlossen, nicht nachzugeben, ganz gleich, was passiert.« Können Menschen auch dann Persönlichkeitsbeschreibungen vornehmen, wenn man ihnen noch weniger Informationen liefert? Zur Klärung dieser Frage teilte Asch einigen Versuchspersonen lediglich mit, daß die zu beurteilende Person *warmherzig* sei, und andere erfuhren von ihm nur, daß sie *kühl* sei. Aber auch nach so spärlichen Informationen erhielt er umfassende Antworten. Seine Studenten beschrieben die *warmherzige*, aber nicht die *kühle* Person als großzügig, klug, glücklich und gutaussehend. Asch war von solchen Antworten überrascht, und deshalb fragte er eine seiner Versuchspersonen, warum sie einen *warmherzigen* Menschen so positiv beurteilt hatte. Ihre Antwort lautete: »*Warmherzigkeit* geht mit anderen Qualitäten einher. Eine Person, die warmherzig ist, ist zugleich freundlich und folglich auch fröhlich.« Wie gelingt es einem Menschen, nach Kenntnis eines Persönlichkeitsmerkmals weitere zu erschließen? Sie nehmen dabei Vorwissen in Anspruch, das aus einer *impliziten Persönlichkeitstheorie* abgeleitet wird (Bruner und Tagiuri, 1954).

Dieser impliziten Persönlichkeitstheorie entnimmt man, in welcher Beziehung Eigenschaften zueinander stehen. Für die von Asch befragte Versuchsperson bestand z. B. eine enge Beziehung zwischen *warmherzig, freundlich* und *fröhlich*. Nachdem sie gehört hatte, daß ein Mensch als *warmherzig* zu kennzeichnen war, entnahm sie ihrem Vorwissen, welche anderen Merkmale er ebenfalls besitzen mußte. Implizite Persönlichkeitstheorie und Stereotype sind zwei Begriffe, die sich auf dasselbe Vorwissen beziehen. Stereotype stützen sich zunächst auf körperliche Merkmale, die dann um Persönlichkeitsmerkmale ergänzt werden. Bei der impliziten Persönlichkeitstheorie liegt, wie im Falle der Experimente von Asch, ein Persönlichkeitsmerkmal vor, und man erschließt daraufhin weitere.

Weil Menschen sich in der Regel nicht mit ihrer Persönlichkeitstheorie auseinandersetzen und ihr Vorhandensein ihnen oftmals gar nicht bewußt ist, nennt man diese implizit. Häufig meidet man ausdrücklich Situationen, in denen ihre Überprüfung erfolgen könnte. Wenn man von anderen erfährt, ein bestimmter Lehrer oder Vorgesetzter sei *unbeliebt* und *kühl*, dann entnimmt man vielleicht seiner impliziten Persönlichkeitstheorie, daß er auch *unfreundlich* und *abweisend* sein muß. Man wird sich angesichts dieser Kennzeichnung sicherlich nicht mit einer Bitte um Hilfe an ihn wenden.

### 9.1.1.3 Anfangseffekte in der Personenwahrnehmung

Dem psychologischen Alltagswissen entstammt die Aussage, daß die ersten Eindrücke die wichtigsten sind. Ist man tatsächlich nur widerwillig bereit, seinen ersten Eindruck zu korrigieren, wenn spätere Beobachtungen ihm widersprechen? Solomon Asch (1946) untersuchte diese Frage, indem er zwei verschiedenen Gruppen von Versuchspersonen zwei Eigenschaftslisten darbot und die Versuchspersonen anschließend bat, Personen, die Träger dieser Eigenschaften waren, näher zu kennzeichnen:

Liste A: *Intelligent, fleißig, impulsiv, kritisch, halsstarrig, neidisch*

Liste B: *Neidisch, halsstarrig, kritisch, impulsiv, fleißig, intelligent*

Beide Listen enthalten offenkundig die gleichen Begriffe; es wurde lediglich die Reihenfolge umgedreht. Dennoch entstanden bei den Mitgliedern der beiden Gruppen unterschiedliche Eindrücke. Hörer der Liste A dachten an eine befähigte Person, die einige Schwächen besaß. Die Begriffe der Liste B ließen dagegen an einen Menschen denken, der erhebliche menschliche Schwächen aufwies. Wenn man sich von einem anderen Menschen einen Eindruck verschafft und dabei anfänglichen Informationen mehr Gewicht als nachfolgenden gibt, spricht man von einem Anfangseffekt (engl.: *primacy-effect*).

Asch erklärte Anfangseffekte damit, daß die zuerst gewonnenen Eindrücke einen Verständnisrahmen schaffen, in den nachfolgende Informationen eingeordnet werden. Man geht also z. B. davon aus, daß ein *intelligenter* Mensch *fleißig* ist, um seine Ziele zu erreichen. Er ist *impulsiv*, d. h. voller Schwung, um seine Aufgaben zu erledigen. Seine *kritische Einstellung* hindert ihn, sich mit jedem – eventuell auch einem zweitklassigen – Arbeitsergebnis zufriedenzugeben. Seine *Halsstarrigkeit* hilft ihm, seine Ziele nicht so schnell aufzugeben, und *neidisch* beobachtet er andere, die seine Leistungen noch übertreffen.

Die Liste B schafft mit dem Begriff *neidisch* einen Anfangseffekt. Es erscheint kaum möglich, mit einem so gekennzeichneten Menschen dauerhaft befriedigende Kontakte aufzubauen, zumal wenn dieser auch noch *halsstarrig* seine Standpunkte vertritt. Da anderen gegenüber *kritisch* ist, wird man von ihm kaum etwas erwarten können. Außerdem muß mit seiner *Impulsivität* gerechnet werden, d. h., seine Unbeherrschtheit läßt keine Vorhersage seines Verhaltens zu. Sein *Fleiß* zielt nur darauf, andere zu übertreffen – und dann ist dieser Mensch auch noch *intelligent*, kalt und berechnend. Das sind ausreichende Gründe, ihm nicht zu trauen!

Anfangseffekte sind sicherlich unter anderem eine Folge unterschiedlicher Aufmerksamkeitszuwendung, denn sie treten nicht auf, wenn man Versuchspersonen ausdrücklich auffordert, sämtlichen Begriffen die gleiche Beachtung zu schenken (Anderson und Hubert, 1963). In den Asch-Studien haben Versuchspersonen die zuerst genannten Merkmale als verhältnismäßig wichtig aufgefaßt. Entsprechend könnten sie den ersten Begriffen mehr Beachtung entgegengebracht haben. Danach hat sich möglicherweise der Eindruck durchgesetzt, bereits ausreichend informiert zu sein; die später folgenden Begriffe hat man möglicherweise kaum noch wahrgenommen. Nach dieser Erklärung werden nachfolgende Informationen nicht anders interpretiert, sondern lediglich weniger beachtet.

Die Rosenhan-Studie zeigte, daß Verhaltensweisen, die nach Aufnahme in die geschlossene Anstalt nicht mit dem ersten Eindruck übereinstimmten, zu wenig Beachtung fanden. Andere Beobachtungen wurden als Ausdruck der diagnostizierten Krankheit interpretiert. Als das Krankenhauspersonal einmal beobachtet hatte, daß ein Patient ein Notizbuch führte, wurde dies in seiner Krankenkartei als *auffälliges* Verhalten vermerkt; in der besonderen Umgebung einer geschlossenen Anstalt war ein solches Verhalten offenbar bemerkenswert. Das Auf- und Abgehen auf dem Korridor, durch das ein anderer Patient seiner Langeweile zu entgehen versuchte, schien für die klinischen Beobachter Angst zum Ausdruck zu bringen. Normale Verhaltensweisen paßten offenbar nicht in das Bild eines »geisteskranken« Menschen; sie blieben folglich weitgehend unbeachtet. Ein echter Patient verriet einem falschen Patienten, wie man den besten Eindruck auf das Klinikpersonal machte (Rosenhan, 1973): »Erzähl ihnen nicht, daß es dir gut geht! Das glauben sie dir nicht. Sag ihnen, daß du krank bist, aber du befindest dich auf dem Weg der Besserung. Das nennen sie hier Einsicht, und damit entlassen sie dich!« Einigen »Patienten« gelang es nach 19 Tagen nur mit Hilfe von Verwandten und Freunden, die Anstalten wieder zu verlassen. Keiner wurde dabei als »geheilt« bezeichnet. Die Ärzte bestätigten in den Entlassungspapieren eine fortbestehende Geisteskrankheit (Schizophrenie); lediglich die Symptomfreiheit ließ es ihnen als vertretbar erscheinen, die »Kranken« versuchsweise zu entlassen. Aber, so erklärt Rosenhan (1973), »das Etikett überdauert die Entlassung und damit die unbestätigte Erwartung, daß [der Patient] sich wieder wie ein Schizophrener verhalten wird.« In der Novelle »Einer flog übers Kuckucksnest« (Kesey, 1962) werden in dramatischer Weise die Schwierigkeiten eines Menschen dargestellt, sich in einer geschlossenen psychiatrischen Anstalt normal zu verhalten. Der Held der Geschichte, *Randle Patrick McMurphy*, wird schließlich mit Elektroschocks und mit noch massiveren Maßnahmen gefügig gemacht. Im Alltagsleben bedarf es nicht derartig massiver Methoden. Info-Kasten 9.1 stellt dar, daß sich Menschen in sozialen Situationen anpassen können, wenn man entsprechende Erwartungen an sie richtet.

Abb. 9.2
*In der Novelle ›Einer flog übers Kuckucksnest‹ (hier ein Bild aus dem Film) wird in dramatischer Weise das Schicksal eines Mannes geschildert, der eine psychiatrische Anstalt einem Gefängnis vorzog und in der geschlossenen Anstalt gefügig gemacht wurde.*

### 9.1.2 Ursachenzuschreibung in der Personenwahrnehmung

Menschen beschränken sich in der Regel nicht darauf, sich von anderen einen Eindruck zu verschaffen. Häufig ist es für die Fortdauer

## Info-Kasten 9.1:
## Warum erbringen Schüler im Verlauf eines Schuljahres Leistungen, die zunehmend den Erwartungen ihrer Lehrer entsprechen?

Der in Deutschland geborene und im Jahre 1933 in die USA ausgewanderte Sozialpsychologe Robert Rosenthal beschäftigte sich bereits bei der Zusammenstellung der Untersuchungsergebnisse für seine Dissertation mit der Frage, wie diese entstanden sein mochten. Es konnte sehr wohl sein, »daß ich unbeabsichtigt meine Versuchspersonen in der Weise beeinflußt hatte, daß sie sich so verhielten, wie ich es von ihnen erwartet hatte. Ich konnte das in meiner Dissertation nicht belegen, aber es war eine Hypothese, die weiterhin im Raum stand«, weiß Rosenthal (1991) aus seiner Erinnerung zu berichten. Seinen Verdacht prüfte er anschließend in der Arbeit mit Studenten, die sich in der Planung, Durchführung und Auswertung von Experimenten üben sollten.

Unter anderem ließ Rosenthal seine Studenten ein Tierexperiment durchführen. Sie sollten an fünf Tagen beobachten, wie Ratten lernen, die Irrgänge eines Labyrinths zu vermeiden, um möglichst schnell zu einem Ziel mit Futterbelohnung zu gelangen. Der einen Hälfte seiner jungen Experimentatoren (tatsächlich in der Funktion von Versuchspersonen) teilte Rosenthal zu Beginn des Experiments mit, er habe für sie nur »kluge« Ratten, also ausschließlich solche Tiere ausgewählt, die eine gute Lernfähigkeit besäßen.

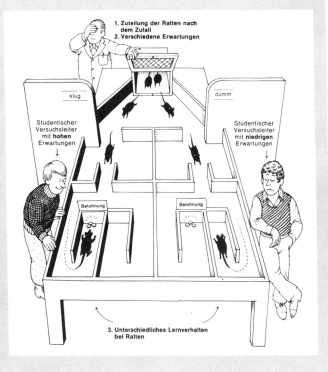

Abb. 9.3
*Studentische Versuchsleiter beobachten vermeintlich »kluge« (links) und »dumme« (rechts) Ratten.*

Die andere Hälfte der Versuchspersonen erfuhr, daß sie mit »dummen« Tieren zu experimentieren hätte, die voraussichtlich nur sehr geringe Lernfortschritte zeigen würden. In Wirklichkeit unterschieden sich die beiden Gruppen jedoch nicht; denn sämtliche Ratten waren von Rosenthal nach dem Zufall ausgewählt worden (Rosenthal und Fode, 1963).

Das spätere Studium der Beobachtungsprotokolle zeigte, daß die Studenten für die als »klug« bezeichneten Ratten an allen fünf Tagen bessere Lernleistungen registriert hatten als für die »dummen«. Auf die eine oder andere Weise mußten die bei den Experimentatoren geweckten Erwartungen Einfluß auf ihre jeweiligen Untersuchungsergebnisse genommen haben. Damit war der »Erwartungseffekt« in die Diskussion gebracht worden. Wenn Experimentatoren in der Lage sind, das Lernverhalten von Nagetieren allein schon durch ihre Erwartungen zu verändern, so folgerte Rosenthal damals, dann müßte es doch möglich sein, auch menschliches Verhalten über Erwartungshaltungen zu ändern. Zur Überprüfung seiner Vermutung führte Rosenthal zahlreiche Untersuchungen durch. Besonders viel Aufsehen erregte eine Studie, die mögliche Einflüsse von Lehrererwartungen auf Schüler aufdecken sollte.

Zusammen mit einer Mitarbeiterin besuchte Rosenthal eine Grundschule, um in mehreren Klassenstufen einen Test durchzuführen (Rosenthal und Jacobson, 1968). Den Lehrern gegenüber wurde erklärt, daß die Ergebnisse Auskunft über das zukünftige Leistungsverhalten der Schüler geben würden. Kurz darauf kehrten die Forscher zurück, um den jeweiligen Lehrern mitzuteilen, daß einzelne (tatsächlich nach dem Zufall ausgewählte) Schüler aufgrund der Testergebnisse gute Lernfortschritte für die nächste Zeit erwarten ließen. Am Ende des Schuljahres wiederholte Rosenthal seine Testprüfung. Dabei fand er, daß die ursprünglich zufällig ausgewählten Schüler – vor allem in den untersten Klassenstufen – im Vergleich zu den übrigen Klassenkameraden verhältnismäßig große Leistungsfortschritte erzielt hatten.

Rosenthals Untersuchungsergebnisse in der Schule sind unmittelbar nach ihrem Bekanntwerden – vor allem auch in methodischer Hinsicht – heftig kritisiert worden (Elashoff und Snow, 1971). Tatsächlich ist es außerordentlich unwahrscheinlich, daß Lehrer bereit sind, aufgrund von Unterrichtserfahrungen entwickelte Urteile über Schüler zu korrigieren und in Einklang mit den Ergebnissen eines einmalig durchgeführten Tests zu bringen. Deshalb blieb die Frage zunächst offen, ob die Leistungsfähigkeit von Schülern allein schon dadurch zu fördern ist, daß man Lehrer veranlaßt, günstige Erwartungen an sie heranzutragen. Hat die Forschung seit den klassischen Rosenthal-Studien klären können, welche Wirkung Lehrererwartungen auf Schülerleistungen ausüben?

Nach den Ergebnissen zahlreicher Untersuchungen (Brophy, 1983; Brophy und Good, 1974) darf heute als gesichert gelten, daß Lehrer bereits zu Beginn eines Schuljahres Erwartungen über die Leistungen ihrer Schüler entwickeln und daß die meisten Schüler diese Erwartungen erfüllen: Lernende, die von ihren Lehrern für fähig gehalten werden, zeigen bessere Leistungen als andere, denen die Lehrer weniger zutrauen. Wie ist es zu erklären, daß die meisten Schüler mit ihren Leistungen die Erwartungen ihrer Lehrer im Verlauf des Schuljahres erfüllen? Die Antworten, ob sie nun von Sozialpsychologen oder von Pädagogischen Psychologen stammen, erscheinen auf den ersten Blick widersprüchlich.

Menschen neigen dazu, andere so wahrzunehmen, wie sie nach ihren Erwartungen sein müßten. Wenn sie darüber hinaus – eventuell ohne sich dessen bewußt zu sein – auf soziale Ereignisse oder Persönlichkeitsmerkmale ihrer Adressaten so einwirken, daß diese sich an die Erwartungen anpassen, liegt eine *sich selbst erfüllende*

*Prophezeiung* vor. Für den Soziologen Robert Merton (1957) »ist die sich selbst erfüllende Prophezeiung zu Beginn eine *falsche* Definition der Situation. Sie ruft neues Verhalten hervor, durch das ursprünglich falsche Vorstellungen *wahr* werden. Die trügerische Gültigkeit der sich selbst erfüllenden Prophezeiung verewigt die Voherrschaft des Irrtums. Der Prophet wird nämlich den Ablauf der tatsächlichen Ereignisabläufe als Beweis dafür benennen, daß er von Anfang an recht hatte.«

Rosenthal hat mit seinem eingangs erwähnten Tier-Experiment anschaulich dargestellt, wie ursprünglich falsche Vorstellungen wahr werden können. Nach Rosenthals Untersuchungsergebnissen bestand zunächst allgemein die Überzeugung, daß solche sich selbst erfüllenden Prophezeiungen auch im Klassenzimmer weit verbreitet sind. Gegen diese Auffassung haben sich jedoch viele Pädagogische Psychologen gewandt. Wenn Experimentatoren, vor allem auch in der Sozialpsychologie, in ihren Studien sich selbst erfüllende Prophezeiungen nachgewiesen hätten, so läge das daran, daß sie den Versuchspersonen durch erhebliche Einschränkung ihrer Sozialkontakte kaum Gelegenheit böten, einander kennenzulernen und falsche Erwartungen zu korrigieren. Das sei im normalen Unterricht anders. Lehrer besitzen sehr viel mehr Zeit und Gelegenheit, sich ein zutreffendes Bild von ihren Schülern zu machen (Brophy, 1983). Zu diesem Ergebnis kommt auch eine Untersuchung in sechsten Klassen, die anfänglich bestehende Erwartungen von Lehrern mit den Zensuren ihrer Schüler und den Ergebnissen von Schulleistungstests über ein ganzes Schuljahr verglichen hat. Sich selbst erfüllende Prophezeiungen im Klassenzimmer lassen sich zwar nachweisen, sie spielen aber dennoch eine vergleichsweise geringe Rolle. Es gibt allerdings eine gewisse Abhängigkeit vom Alter: Kinder in der Grundschule sind einer solchen Beeinflussung noch etwas zugänglicher als ältere Schüler, deren Selbstbild bereits stärker gefestigt ist (Braun, 1976; Swann und Ely, 1984; West und Anderson, 1976). Die Autoren der Studie, die sich auf sechste Klassen beschränkte, ziehen aus ihren Ergebnissen den Schluß, daß Schüler mit ihren Leistungen deshalb in hohen Maße die Erwartungen ihrer Lehrer erfüllen, weil deren Erwartungen weitgehend auf zutreffenden Beurteilungen beruhen (Jussim, 1991; Jussim und Eccles, 1992).

eines sozialen Kontaktes von erheblicher Bedeutung, daß man weiß, was hinter den Äußerungen eines Kontaktpartners steht. Wenn ein junger Mann einer jungen Frau ein freundliches Kompliment über ihr gutes Aussehen macht, wird sie sich vielleicht fragen, ob seine Äußerung ernst gemeint ist oder ob er nur eine günstige Voraussetzung schaffen will, damit sie ihm eine Bitte erfüllt. Wenn ein Mann von einer Frau geneckt wird, versucht er vielleicht herauszufinden, ob sie wirklich Sympathien für ihn empfindet oder tatsächlich etwas Lächerliches an ihm entdeckt hat. Eine Klärung in diesen beiden Situationen erfolgt auf dem Wege der Ursachenzuschreibung (Kausalattribuierung), über Prozesse also, von denen bereits die Rede war (s. S. 318 ff.).

Wie ausgeprägt die menschliche Neigung sein kann, Beobachtetes auf eine Ursache zurückzuführen, untersuchte der belgische Psychologe Albert Michotte (1954) in einem Experiment, das mit einfachem Material sehr leicht zu wiederholen ist. Er verwendete eine Pappscheibe, auf die er zwei Linien in schwarz und grau gezeichnet hatte (s. Abbildung 9.4). Die Scheibe wurde senkrecht auf eine Achse gesteckt. Ein davor aufgebauter Schirm verdeckte die Gesamtansicht; lediglich ein waagerechter Schlitz – er ist auf der Abbildung gestrichelt dargestellt – gab einen Durchblick

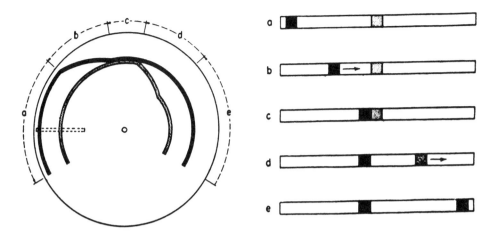

Abb. 9.4
*Linkes Bild: Darstellung einer Scheibe, die sich dreht und durch einen waagerechten Schlitz ausschnittsweise zu betrachten ist. Dabei entsteht der Eindruck zweier Quadrate, die sich aufeinander zu und wieder voneinander weg bewegen (rechtes Bild).*

frei. Wenn man durch diesen Schlitz sah, war von den beiden Linien nur ein winziger Ausschnitt zu sehen; sie erschienen dem Betrachter deshalb als graues oder schwarzes Quadrat. Eine langsame Drehung der Scheibe um ihre Achse rief beim Betrachter den Eindruck hervor, daß sich die Quadrate in waagerechter Richtung hin- und herbewegten.

Durch langsames und gleichmäßiges Drehen der Scheibe scheint sich z. B. A (schwarzes Quadrat) auf B (graues Quadrat) zuzubewegen, um dort ganz kurz anzuhalten. Unmittelbar danach gewinnt der Betrachter den Eindruck, daß sich B in Bewegung setzt. Sofern die Annäherung von A schneller als die anschließende Bewegung von B ist, sieht es so aus, als sei das Abrücken von B durch A verursacht worden; einige von Michottes Versuchspersonen meinten in der Kommentierung ihrer Wahrnehmungen, B könnte *ärgerlich* auf A gewesen sein. Wenn A sich dagegen langsam angenähert hatte und sich B daraufhin schneller entfernte, interpretierten die Versuchspersonen die Bewegung von B als spontane Flucht, die durch *Furcht* vor A motiviert sein konnte. Von diesem Eindruck berichteten die Betrachter vor allem nach einem vergleichbar kurzen »Kontakt« zwischen A und B. Wenn demgegenüber ein längerer Kontakt bestanden hatte, deuteten die Betrachter das Wahrgenommene als vorübergehende Eintracht zwischen zwei Gefährten, die sich jedoch im Verlauf des Kontakts zerstritten und schließlich auseinandergingen.

Der österreichische Psychologe Fritz Heider (1946; 1958) hat als erster darauf hingewiesen, daß Sozialpsychologen nur ein sehr eingeschränktes Verständnis vom menschlichen Verhalten gewinnen könnten, wenn sie unbeachtet ließen, welche Ursachen die Beobachter diesem jeweils zuschreiben. Wenn sich z. B. eine Ehe in einer Krise befindet, hängt ihr Fortbestehen nicht unwesentlich von den Erklärungen (d. h. Ursachenzuschreibungen) der Partner ab. Sofern eine Frau beispielsweise feststellt, daß sie von ihrem Mann zunehmend weniger beachtet wird, muß sie herausfinden, ob seine Zuneigung abgenommen hat oder ob seine Arbeit ihn so stark in Anspruch nimmt, daß für sie nicht mehr ausreichend Zeit und Energie bleibt. Sollte die Frau das Verhalten ihres Mannes auf abnehmende Zuneigung zurückführen, wird sie sich vielleicht weit weniger um den Erhalt der Partnerschaft bemühen, als wenn sie Überarbeitung für die wahrscheinliche Erklärung hält (Bradbury und Fincham, 1988).

Heider war davon überzeugt, daß alle Menschen ihr Alltagswissen in Anspruch nehmen und sich damit wie »naive« Psychologen verhalten, um sich selbst sowie andere besser verstehen zu können und Verhalten vorhersagbarer werden zu lassen. Die Theorie der Ursachenzuschreibung hat zum Inhalt, welche Regeln »der Mensch auf der Straße« anwendet, um beobachtetes (eigenes und fremdes) Verhalten auf eine oder mehrere Ursachen zurückzuführen, und wie sich die jeweils gefundenen – zutreffenden oder unzutreffenden – Erklärungen auf das nachfolgende Verhalten auswirken. Sicherlich suchen Menschen nicht unentwegt nach Erklärungen für Beobachtetes. Wenn man z. B. mit seinem Auto und einem geplatzten Reifen auf einer Straße steht, ist man wahrscheinlich vor allem daran interessiert, ob irgendein Fahrer anhält und hilft; man sucht nicht pausenlos nach einer Ursache, warum wiederholt Fahrzeuge an einem vorbeigefahren sind (Ross und Fletcher, 1985).

### 9.1.2.1 Regeln zur Bestimmung innerer und äußerer Ursachen

Harold Kelley (1967) war von Heiders Gedanken sehr beeindruckt. Wenn Menschen Verhalten auf innere oder äußere Ursachen zurückführen, dann müssen sie dabei bestimmte Regeln anwenden. Woher weiß man, ob ein Film, den ein Freund empfohlen hat, wirklich gut ist? Nach Kelley ergibt sich die Antwort erst, nachdem man einige Detektivarbeit geleistet hat. Man wird hierfür vor allem drei verschiedene Informationen beachten: Besonderheit, Übereinstimmung und Beständigkeit.

Die *Besonderheit* hängt davon ab, wie ungewöhnlich oder einzigartig das Urteil des Freundes über den von ihm empfohlenen Film ist. Handelt es sich bei dem Freund um einen Menschen, der Filme meistens gut findet (geringe Besonderheit), oder unterscheidet sich sein Urteil von Beurteilungen anderer Filme, die er früher besucht hat (hohe Besonderheit). Man wird weiterhin berücksichtigen, welche *Übereinstimmung* zwischen dem Urteil des Freundes und den Bewertungen anderer Menschen besteht. Der Freund kann mit seiner Empfehlung ziemlich allein dastehen (geringe Übereinstimmung), denn alle anderen, die den Film gesehen haben, haben sich negativ über ihn geäußert. Wenn sich allerdings andere nach dem Besuch der Vorstellung ebenso positiv geäußert haben wie der Freund, liegt eine hohe Übereinstimmung vor. Schließlich achtet man auf die *Beständigkeit* des Urteils. Die *Beständigkeit* bezieht sich darauf, ob ein Mensch ein beobachtetes Verhalten immer in einer bestimmten Situation zeigt oder ob er auf diese unterschiedlich reagiert. Äußert sich der Freund immer noch positiv, nachdem er den Film wiederholt gesehen hat (hohe Beständigkeit)? Empfiehlt er den Film vielleicht nicht mehr, nachdem er ein weiteres Mal in dem Kino war, das diesen Film zeigt (geringe Beständigkeit)?

Der Übersicht von Abbildung 9.5 läßt sich entnehmen, unter welchen Voraussetzungen ein Mensch innere und wann er äußere Ursachen zur Erklärung beobachteten Verhaltens in Anspruch nimmt. Wenn die Besonderheit, Übereinstimmung und Beständigkeit jeweils hoch sind, wird nach Kelleys Theorie eine äußere Ursachenzuschreibung vorgenommen. Dagegen erklärt man mit inneren Ursachen, wenn Besonderheit und Übereinstimmung niedrig, die Beständigkeit dagegen hoch ist.

Grundsätzlich ist es durchaus möglich, daß ein Verhalten gleichzeitig auf mehrere Ursachen zurückzuführen ist. So lobt ein Lehrer z. B. einen Schüler, weil dieser wirklich gute Leistungen erbracht hat oder auch, weil er diesem trotz schwacher Leistungen Mut zusprechen will. Man sagt etwas Nettes zu einem Menschen, weil dieser es wirklich verdient hat oder weil man hofft, dieser sei danach eher bereit, eine Bitte zu erfüllen. Der Freund lobt einen Film, weil dieser wirklich gut ist oder weil er in das Lichtspieltheater seines Vaters möglichst viele Zuschauer zu locken versucht. Wenn mehrere gleich plausible Ursachen als Erklärung für ein Verhalten zur Auswahl stehen, muß man sich für eine entscheiden. Nach der *Abwertungsregel* wird die eingeschätzte Wahrscheinlichkeit, daß die verbleibenden Ursachen richtig sein könnten, herabgesetzt. Wenn man also den Eindruck hat, ein anderer lobt einen Film nur deshalb, weil er an vielen Besuchern interessiert ist, sinkt das Vertrauen, daß die positive Stellungnahme etwas mit der Qualität des Films zu tun hat.

### 9.1.2.2 Fehler in der Ursachenzuschreibung

Wenn man die von Kelley aufgestellten Regeln stets beachten würde, wären Ursachenzuschreibungen fehlerfrei vorherzusagen. Obwohl ihre Anwendung Zeit und Energie erfordert, stützen sich Menschen bei ihren Ursachenzuschreibungen tatsächlich häufig auf logische Überlegungen (Trope, 1989). Manchmal erscheint es ihnen aber offenkundig nützlich, sich mit der naheliegendsten, aber keineswegs ausreichend geprüften Erklä-

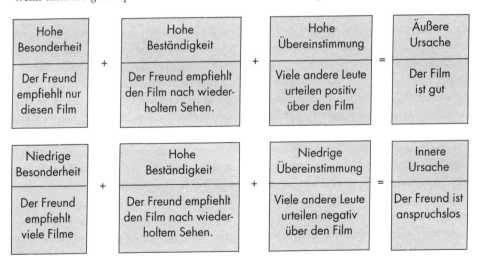

Abb. 9.5
*Kelleys Theorie der Ursachenzuschreibung berücksichtigt Informationen über die Besonderheit, Übereinstimmung und Beständigkeit.*

rung zufriedenzugeben. So hat beispielsweise in einer Familie der Sohn des Hauses ohne Absprache das tragbare Radio aus dem Raum seiner Schwester geholt. Auf welchen Täter richtet sich vermutlich sofort der Verdacht, wenn das Mädchen abermals das Radio vermissen sollte? Einige Ursachenzuschreibungen sind in bestimmten Situationen offenbar nützlicher als in anderen. Wenn beispielsweise ein Schüler mit einer ungünstigen Benotung seiner schulischen Arbeit nach Hause kommt, versucht er der Kritik seiner Eltern vorzubeugen, indem er den Grad der behaupteten Übereinstimmung (im Sinne Kelleys) anhebt und erklärt, daß *fast alle* in seiner Klasse schwache Zensuren erhalten hätten. Ebenso wie auf das Verhalten allgemein wirken Gefühle und Voreingenommenheiten auch auf die Prozesse der Ursachenzuschreibung. Zwei weitere Fehler in der Ursachenzuschreibung werden im folgenden kurz vorgestellt.

Lee Ross (1977) sprach von einem *grundlegenden Fehler in der Ursachenzuschreibung*, um damit eine weit verbreitete Neigung von Beobachtern zu bezeichnen: Wenn sie Verhaltensweisen anderer erklären, unterschätzen sie häufig die Vielfältigkeit der situativen Einflüsse, während sie gleichzeitig die Rolle innerer Ursachen überschätzen. Es gibt Hinweise, daß dieser *grundlegende* Fehler das Ergebnis automatischer Prozesse in der Informationsverarbeitung darstellt (s. S. 140). Wenn man also beobachtet, daß ein anderer Mensch auf der Treppe ausrutscht, ist man zumeist unmittelbar bereit, diesem *Ungeschicklichkeit* zuzuschreiben. Sofern allerdings ein Anlaß besteht, sich mit dieser Ursachenzuschreibung noch einmal bewußt auseinanderzusetzen, könnte dem grundlegenden Fehler entgegengewirkt werden und eine Ursache in der Situation (feuchter oder sehr glatter Treppenbelag) gefunden werden. Diese situative Ursachenzuschreibung wäre das Ergebnis kontrollierter Prozesse der Informationsverarbeitung (Gilbert, 1989). Es überrascht nicht, daß dieser Fehler im Alltagsleben vergleichsweise häufig auf die Beurteilungen anderer Menschen einwirkt, zumindest in solchen (westlich orientierten) Kulturen, die jedem ihrer Mitglieder hohe Verantwortlichkeit für das eigene Schicksal auferlegen (Jellison und Green, 1981). Man hat einmal Lehrer gefragt, wie sie sich die Mathematikleistungen ihrer Schüler erklären (Meyer und Butzkamm, 1975). Die Befragten neigten mit 90 Prozent ihrer Angaben in sehr ausgeprägter Weise dazu, Leistungsunterschiede mit Merkmalen der Schüler-Persönlichkeit (also mit inneren Ursachen) in Beziehung zu setzen. Am häufigsten nahmen sie die *Fähigkeit* in Anspruch, auch die *Anstrengung* wurde ziemlich häufig genannt und schließlich auch *sonstige Persönlichkeitsfaktoren* (z. B. Unselbständigkeit, mangelnde Konzentration, Ängstlichkeit, Nervosität usw.). Äußere Ursachen, wie z. B. häusliche Lebensverhältnisse der Schüler, die Qualität des Unterrichts usw. fehlten in den Antworten der Lehrer in auffallender Weise.

Viele Menschen widerstehen dem Einfluß des grundlegenden Fehlers in der Ursachenzuschreibung selbst dann nicht, wenn sie wissen, daß von ihnen beobachtete Verhaltensweisen eindeutig von der Umwelt veranlaßt worden sind. In einer Untersuchung sollten sich Versuchspersonen mit einem Menschen unterhalten. Ihnen war bekannt, daß dieser Mensch *im Auftrag des Versuchsleiters* entweder freundliches oder unfreundliches Verhalten zeigte (Napolitan und Goethals, 1979). Bei einer anschließenden Befragung waren die Versuchspersonen davon überzeugt, daß hinter den freundlichen Verhaltensweisen ein

»wirklich freundlicher« Mensch stand, während andere meinten, daß den unfreundlichen Verhaltensweisen »echte Unfreundlichkeit« zugrunde lag. Obwohl die Versuchspersonen also von dem erzwungenen Rollenspiel wußten, zogen sie innere Ursachen zur Erklärung des Verhaltens vor.

Es fällt auf, daß Menschen bei der Erklärung ihres *eigenen* Verhaltens dazu neigen, Ursachen bevorzugt in der Situation zu suchen. Wer auf einer Treppe ausrutscht, wird möglicherweise deren Glätte (also eine äußere Ursache) verfluchen, während Beobachter des Unfalls wahrscheinlich eher dazu neigen, auf Ungeschicklichkeit zu schließen. Viele weitere Beispiele für die *unterschiedliche Ursachenzuschreibung bei Selbst- und Fremdbeobachtung* (Jones und Nisbett, 1972) liefern streitende Menschen. Die unterschiedlichen Sichtweisen von Beteiligten an einem Konflikt erschweren dessen Bewältigung erheblich (Passer et al., 1978), wie die folgenden Ausschnitte aus einem Streitgespräch zeigen (Forsyth, 1987):

Beobachter: *Du hast mich gestern abend nicht angerufen!*
Handelnder: *Ich hatte wirklich viel zu tun, denn ich mußte mich auf die Klausur vorbereiten.*
Beobachter: *Du liebst mich nicht mehr!*
Beobachter: *Hast du dich um die Wäsche gekümmert?*
Handelnder: *Oh, das habe ich vergessen.*
Beobachter: *Du bist niemals verantwortlich.*
Handelnder: *Das stimmt, denn ich habe mich wirklich um anderes zu kümmern.*

Während der Beobachter offenkundig innere Ursachen bevorzugt (mangelnde Liebe, Verantwortungslosigkeit), greift der Handelnde bevorzugt auf äußere Ursachen (Klausuranforderungen, Inanspruchnahme durch andere Dinge) zurück.

Wenn man Studenten fragt, warum sie sich ihr besonderes Studienfach ausgewählt haben, werden sie in ihren Antworten vermutlich äußere Ursachen benennen: Das Fach ist einfach interessant. Wenn man dieselben Studenten dagegen fragt, warum ihre Freunde die gleichen Studienentscheidungen getroffen haben, antworten sie als Beobachter zumeist, das liege an den besonderen Interessen und Begabungen ihrer Freunde (Nisbett et al., 1973). Aus solchen Beobachtungen sollte nicht geschlossen werden, daß Menschen die Ursachen ihres eigenen Verhaltens *niemals* bei sich selbst sehen (s. hierzu die Ergebnisse der Ursachenzuschreibung nach Erfolg und Mißerfolg, S. 323). Sozialpsychologen haben aber viele Belege dafür gesammelt, daß Beobachter das Verhalten anderer häufiger als ihr eigenes auf innere Ursachen zurückführen. Wie kommt diese Neigung zustande? Dafür gibt es mehrere Gründe. *Erstens* weiß man mehr über sich selbst als über andere (Monson und Snyder, 1977). Der Mensch hat sich bereits in vielen verschiedenen Situationen beobachtet und dabei erlebt, wie sehr das eigene Verhalten von den jeweiligen Situationen abhängt. Man weiß also aus eigener Erfahrung, daß man selbst keineswegs immer gleich freundlich ist, sondern auf verschiedene Menschen sehr unterschiedlich reagieren kann. Die eigene Freundlichkeit hängt demnach ganz klar von der jeweiligen Situation ab. Vielfach beobachtet man andere Menschen dagegen nur unter bestimmten Bedingungen und, wenn man sie darin als freundlich erlebt hat, neigt man zu der Feststellung, daß sie allgemein freundlich sein müssen. *Zweitens* besteht eine ausgeprägte Neigung, sich selbst als beweglich und anpassungsfähig zu sehen, während man andere lieber so sieht,

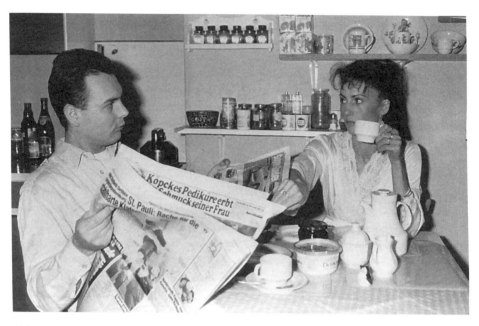

Abb. 9.6
*Streitende unterliegen häufig einem Fehler in der Ursachenzuschreibung. Sie führen das Verhalten des »Gegners« auf innere Ursachen zurück, während sie das eigene Verhalten als Ergebnis situativer Einflüsse sehen. Mit dieser Erklärung erschweren sie sich selbst die Möglichkeit, ihre Konflikte gemeinsam zu bewältigen.*

daß sie vorhersagbar sind; das gelingt am besten, wenn man unveränderliche innere Ursachen unterstellt (Sande et al., 1988). Schließlich ist *drittens* zu beachten, daß sich die Aufmerksamkeitsrichtung eines Handelnden von der eines Beobachters unterscheidet. Ein Handelnder, jemand, der beispielsweise auf der Treppe stolpert, richtet seine Aufmerksamkeit vorrangig auf die Umgebung (also auf die Treppenstufen), in der er Merkmale wahrnimmt, denen er die Funktion einer Ursache zuschreibt (und dort nimmt er z. B. wahr, daß die Stufen glatt sind). Für den Beobachter springt dagegen das Verhalten des Handelnden ins Auge (sein Ausrutschen auf der Treppe »fällt auf«). Da das Verhalten des Handelnden in den Blickpunkt gerät, besteht nach Jones und Nisbett (1972) eine Neigung des Beobachters, ihn als Verursacher des Unfalls zu sehen.

Über einen weiteren Fehler in der Ursachenzuschreibung, der zudem erhebliche Folgen für leidende Menschen haben kann, berichtet Info-Kasten 9.2. Wer sich bereits in Not befindet, wird von einem Beobachter möglicherweise auch noch für sein Schicksal verantwortlich gemacht, denn ein Opfer kann den Glauben des Beobachters »an eine gerechte Welt« erschüttern. Wie gelingt es, diesen Glauben wieder herzustellen? Eine Möglichkeit besteht darin, in einem Urteil – oder besser Vor-Urteil – festzustellen, daß das Opfer sein Schicksal schon irgendwie verdient haben wird.

## Info-Kasten 9.2:
### Kann der Glaube an eine gerechte Welt sich nachteilig auf Menschen in Not auswirken?

Über Zeitung und Fernsehen erfährt man täglich von unzähligen schrecklichen Ereignissen auf dieser Welt. Diese Nachrichten werden ergänzt durch ebensowenig erfreuliche persönliche Erfahrungen im Alltag. Könnte man selbst nicht auch Opfer schwerer Erkrankungen, Verkehrsunfälle oder krimineller Taten werden? Müßte eine solche Möglichkeit den einzelnen nicht ständig beunruhigen? In der Tat wären Schicksalsschläge für niemanden vorhersagbar und vermeidbar, wenn sie ausschließlich als Ergebnis des Zufalls gesehen würden. Man kann ein unerwünschtes Ereignis aber auch so erklären, daß sein bedrohlicher Charakter für den Wahrnehmenden gemindert oder gar beseitigt wird. In einem solchen Fall wird die angstauslösende Bedrohung abgewehrt.

Im Dienste einer solchen Abwehr steht auch der »Glaube an eine gerechte Welt«, auf dessen Funktion Melvin Lerner (1975, 1980; Lerner und Miller, 1978) hingewiesen hat. Nach einer in dieser Gesellschaft vorherrschenden Überzeugung, die in der Tradition christlicher Ethik wurzelt, sorgt die Gerechtigkeit in dieser Welt dafür, daß jedermann das bekommt, was er verdient, und jeder das verdient, was er bekommt. Die guten Menschen werden belohnt, die schlechten erhalten ihre wohlverdiente Strafe. »Menschen«, so stellt Lerner fest, »... glauben an eine gerechte Welt, damit sie in einem Gefühl des Vertrauens, der Hoffnung und Zuversicht ihrer Zukunft entgegensehen können.« Wie reagiert ein Mensch nun auf die Nachricht, daß Menschen Opfer von Gewaltverbrechen, Naturkatastrophen, Unfällen usw. geworden sind?

Um den Glauben an eine »gerechte Welt« nicht aufgeben zu müssen, kann der Mensch eine von zwei Maßnahmen ergreifen: Er bemüht sich entweder selbst, dem Opfer zu helfen, oder er entscheidet, daß das Opfer sein Schicksal verdient haben muß. Im Fall der zweiten Maßnahme redet er sich ein, daß das Unglück nur schlechte Menschen trifft. Er entscheidet, daß die unheilvollen Ereignisse »schon irgendwie« von den Opfern verschuldet sein müssen. Das Unheil – so die Selbsttäuschung – trifft nur solche Menschen, die Böses getan haben. Bei einer solchen Sichtweise ist man vor Unheil geschützt, weil man selbst ja nur Gutes tut (Lerner et al., 1976).

In einer Untersuchung, in der ein Gerichtsverfahren nachgespielt wurde, hatten »Angeklagte« sich dafür zu verantworten, eine verheiratete, eine geschiedene Frau oder ein sexuell unerfahrenes Mädchen vergewaltigt zu haben. Als man die »Richter« (die eigentlichen Versuchspersonen) um ihr Strafmaß bat, ergab sich, daß sie den Mißbrauch eines unerfahrenen Mädchens härter ahndeten als die Vergewaltigung einer geschiedenen Frau. Allerdings brachten die »Richter« ebenso zum Ausdruck, daß sie das Mädchen und die Ehefrau stärker als eine Geschiedene dafür verantwortlich machten, die Tat mitveranlaßt zu haben (Jones und Aronson, 1973). Nach Meinung der Experimentatoren bedrohte der Gedanke, daß ein unerfahrenes Mädchen oder eine Ehefrau vergewaltigt werden konnte, zu sehr den Glauben der »Richter« an eine gerechte Welt. Um ihren Glauben aber bewahren zu können, gaben sie den genannten Beschuldigten eine Mitschuld. Martin Symonds (1975), ein Psychiater, berichtet von weit über hundert Gesprächen mit Menschen, die Opfer von Vergewaltigungen, Überfällen oder von Entführungen geworden sind. Immer wieder erzählten ihm diese Opfer, daß ihre Umwelt sie in der

Regel eher getadelt habe, als ihnen mit Mitgefühl zu begegnen. Sogar schwer kranke Menschen, z.B. Krebspatienten, entwickeln nicht selten den Eindruck, für frühere Missetaten nunmehr büßen zu müssen (Abrams und Finesinger, 1953; siehe auch: Ferring und Filipp, 1987; Montada, 1987). Der Glaube an eine gerechte Welt hilft vielleicht einem Menschen, der das Leiden anderer beobachtet, das Gefühl einer Bedrohung zu mindern. Gleichzeitig müssen aber die Opfer, die am meisten auf das Mitgefühl und die Hilfe anderer angewiesen sind, oft auf diese Weise erfahren, daß Beobachter ihnen die Schuld für ihr unglückliches Schicksal zuweisen.

## 9.2 Unterschiedliche Wahrnehmung von Menschen aus Wir- und Fremdgruppen

Wenn Angehörige eines Sportvereins sich über die Mitglieder eines konkurrierenden Clubs äußern, dann wird man allgemein feststellen, daß »die anderen« ungünstiger beurteilt werden als »unsere Leute«. Wie stark die Urteile zwischen der »Wir-Gruppe« (der man selbst auch angehört) und der »Fremdgruppe« (der »die anderen« angehören) voneinander abweichen, hängt nicht zuletzt davon ab, wie stark der *Zusammenhalt* der eigenen Gruppe ist. Der Grad des Zusammenhalts ergibt sich aus der Anziehungskraft, die eine Gruppe insgesamt auf ihre Mitglieder ausübt. Je attraktiver die eigene Gruppe erscheint, desto mehr setzt man sich von anderen ab. Es ist verständlich, daß Mitglieder eines erfolgreichen Sportvereins sich wenig positiv über Angehörige eines anderen, ziemlich erfolglosen Clubs äußern. Das Entstehen unterschiedlicher Urteile über Wir- und Fremdgruppen hat Muzafer Sherif (Sherif und Sherif, 1953) vor mehreren Jahrzehnten durch Beobachtung elfjähriger Jungen studiert, die er zur Teilnahme an Ferienlagern eingeladen hatte, die aber von den Forschungsinteressen nichts wußten. In einer seiner Untersuchungen teilte er die Teilnehmer unter Mißachtung bereits entstandener Sympathiebeziehungen ziemlich willkürlich in zwei Gruppen ein. Bereits nach kurzer Zeit entwickelten die Gruppenmitglieder jeweils ein Zusammengehörigkeitsgefühl. Es

Abb. 9.7
*In Ferienlagern ließ Muzafer Sherif zwei Gruppen elfjähriger Jungen Spiele im Wettstreit austragen. Während die Bereitschaft zum Eintreten für Belange der eigenen Gruppen zunahm, steigerten sich Aggressionen gegenüber Mitgliedern der jeweils anderen Gruppe.*

entstand eine Gruppenstruktur mit Führerpositionen, Bannern als Gruppensymbol usw. In einer zweiten Untersuchungsphase wurden für die beiden Gruppen wiederholt Wettstreitsituationen geschaffen. Durch sorgfältige Beobachtung der beiden Gruppen wurde Sherif auf zwei Entwicklungen aufmerksam: Zum einen steigerte sich nach jedem Wettkampf bei den Mitgliedern beider Gruppen das Wir-Gefühl erheblich und damit gleichzeitig ihre Bereitschaft, für die Belange der eigenen Gruppe einzutreten. Zum anderen häuften sich Vorfälle offener Aggressionen gegenüber Mitgliedern der jeweils anderen Gruppe. Dabei beschränkten sich die Jungen nicht auf abwertende Bemerkungen, sondern die Gruppen trugen die sich häufenden Konflikte in wilden Kämpfen aus.

Treten soziale Spannungen zwischen Gruppen und gegenseitige Abwertungen nur als Folge von Wettbewerben auf? Diese Frage hat der britische Psychologe Henri Tajfel (1970, 1981) eingehender untersucht. Er lud zu mehreren Experimenten Versuchspersonen ein, die er nach verschiedenen, stets oberflächlichen Gesichtspunkten jeweils in zwei Gruppen einteilte. So trennte er sie beispielsweise nach einem Münzwurf und gab ihnen Bezeichnungen wie »die Blauen« und »die Gelben«. Wiederholt wies er die Versuchspersonen ausdrücklich daraufhin, daß die Einteilung in Gruppen völlig willkürlich erfolgt sei. Vor Abschluß des Experiments bat Tajfel jeden Teilnehmer stets, »Belohnungen« an alle anderen Versuchspersonen (Wir- und Fremdgruppen) zu verteilen und eine Bewertung vorzunehmen. Es ergab sich regelmäßig das gleiche Ergebnis: Versuchspersonen neigten dazu, Mitglieder der eigenen Gruppe höher zu belohnen als die der Fremdgruppe. Ebenso fielen die Beurteilungen für Mitglieder der Wir-Gruppe in der Regel günstiger aus. Die Versuchspersonen zeigten also eine allgemeine Neigung, die Mitglieder der eigenen Gruppe zu begünstigen, auch wenn die Grundlage zur Aufteilung nach dem Zufall erfolgt war. Um diesen Abwertungseffekt zu erreichen, mußte Tajfel die Mitglieder einer Gruppe überhaupt nicht miteinander in Kontakt treten lassen, und es war auch nicht erforderlich, die Gruppen einen Wettstreit austragen zu lassen. Möglicherweise hat sich aber die Gruppeneinteilung nach dem Zufall mindernd auf das Selbstwertgefühl ausgewirkt, so daß die einzige Möglichkeit, sich wieder aufzuwerten, in der Abwertung anderer bestand (Lemyre und Smith, 1985).

Die von Tajfel beobachteten Beurteilungsunterschiede entstehen vor allem aus der Voreingenommenheit, die eigene Gruppe positiv zu sehen (»Wir sind eben doch die Besseren«), und aus der Neigung, Fremdgruppen ungünstiger einzuschätzen (Brewer, 1979; Rosenbaum und Holtz, 1985). Tajfel hat allerdings nicht genügend berücksichtigt, daß es auch von Merkmalen der Person abhängt, wie die Bewertungen von Wir- und Fremdgruppe erfolgen. Entsprechend stellt Werner Herkner (1991) fest, daß ein Mensch, der z.B. wegen guter eigener Leistungen, infolge der Anerkennung durch andere usw. mit sich selbst zufrieden ist, weniger dazu neigt, Fremdgruppen zu diskriminieren, als ein unzufriedener Mensch mit geringem Selbstwertgefühl. Einige Menschen verschaffen sich aber offenbar ein günstigeres Selbstbild, indem sie Mitglieder von Fremdgruppen abwerten und mißhandeln, vor allem im Falle einer Bedrohung ihres Selbstwertgefühls (Croker et al., 1987).

Neben der Möglichkeit, die eigene Gruppe anders als »die andere« Gruppe zu bewerten, gibt es noch weitere Unterschiede in der Wahrnehmung von Wir-Gruppen und Fremdgruppen. Von weißen Europäern hört man nicht selten, für sie hätten Schwarze oder Chinesen fast alle das gleiche Aussehen. Umgekehrt unterlaufen Schwarzen und Chinesen verhältnismäßig viele Fehler, wenn sie aussagen sollen, welche Weißen sie zuvor schon einmal gesehen haben (Brigham, 1985). Die gleiche Neigung tritt auf, wenn man seinen Blick nicht auf Unterschiede im Aussehen richtet, sondern abschätzen soll, wie sich Menschen in ihren Meinungen, Einstellungen oder Persönlichkeitsmerkmalen voneinander unterscheiden. Allgemein scheinen sich aus der Sicht eines Wahrnehmenden Mitglieder von Fremdgruppen sehr viel mehr zu ähneln als die Angehörigen der eigenen Gruppe. »Die anderen«, so wird nicht selten behauptet, »sind doch alle gleich.« Demgegenüber entdeckt man in den eigenen Reihen ein sehr viel abwechslungsreicheres Bild. Die Engländer, so könnte ein Deutscher feststellen, sind alle unterkühlt, aber seine eigenen Landsleuten seien zu unterschiedlich, um sie nach wenigen Merkmalen so einfach charakterisieren zu können.

Der allgemein vorherrschende Eindruck, Mitglieder von Fremdgruppen würden sich einander sehr stark ähneln, ist wenigstens teilweise auf mangelnde Erfahrungen zurückzuführen. Insgesamt ergeben sich viele Gelegenheiten, Menschen der eigenen Gruppe dabei zu beobachten, wie sie auf die vielfältigen Situationen des Alltagslebens sehr verschiedenartig reagieren. Demgegenüber hat man in der Regel verhältnismäßig wenige Kontakte zu Angehörigen aus Fremdgruppen. Die Schwierigkeit, Unterschiede im Aussehen bei Menschen anderer ethnischer Gruppen zu entdecken, ist vermutlich auf einen solchen Erfahrungsmangel zurückzuführen. Allerdings reicht diese Erklärung nicht aus. Die meisten Menschen haben sicherlich sehr viele Kontakte mit Angehörigen des anderen Geschlechts. Dennoch neigen Männer dazu, die Unterschiede zu unterschätzen, die bei Frauen bezüglich bestimmter Einstellungen bestehen, während sie dem eigenen Geschlecht sehr viel mehr Vielfalt zubilligen. Eine entsprechende Wahrnehmungsverzerrung findet sich auch beim weiblichen Geschlecht (Park und Rothbart, 1982).

Zu beachten ist, daß die Einteilung der Menschen in Wir- und Fremdgruppen nach einem subjektiven Merkmal erfolgt. So kann eine Frau in einer Situation »die Männer« als Fremdgruppe sehen, während sie bei einer anderen Gelegenheit die männlichen Mitglieder ihrer Familie zur Wir-Gruppe rechnet und ebenso das männliche Geschlecht mit einbezieht, wenn sie von »wir Europäer« spricht. Die Einteilung in Wir- und Fremdgruppen erfolgt jeweils nach dem Merkmal, das für einen Wahrnehmenden in einer vorliegenden Bedingung besonders in den Blick gerät oder von anderen besonders herausgestellt wird (Brewer und Miller, 1984). Tajfel wies seine Versuchspersonen ausdrücklich darauf hin, nach welchem Merkmal sie sich von »den anderen« unterschieden. Wenn Männer sich in einer Diskussion über »die Frauen« unterhalten, weiß jeder, daß nunmehr das Geschlecht als Unterscheidungsmerkmal von Bedeutung ist. In Sherifs Ferienlager reichte die Kenntnis aus, daß dort noch eine andere Gruppe existierte, um von »den anderen« sprechen zu können. Die Unterscheidung zwischen »denen« und »wir« wurde noch deutlicher in den Blickpunkt gerückt, nachdem die Gruppen zum Wettstreit herausgefordert worden waren.

## 9.3 Psychologie des Vorurteils

Die Grundschullehrerin Jane Elliott (1992) erklärte ihren durchschnittlich neun Jahre alten Jungen und Mädchen zu Beginn ihrer Unterrichtsstunde eines Morgens, daß braunäugige Menschen nicht nur klügere, sondern auch sauberere und einfach bessere Menschen seien als blauäugige. Die Lehrerin forderte die Schüler mit braunen Augen auf, sich in die vordersten Reihen zu setzen, während die Kinder mit blauen Augen die hinteren Sitzplätze einnehmen sollten. Den Braunäugigen wurden außerdem zahlreiche Privilegien versprochen (z. B. zusätzliche Pausen). Sehr bald nach dieser Ankündigung reagierten die Kinder mit braunen Augen auf die Mitteilungen ihrer Lehrerin, indem sie z. B. die Blauäugigen neckten und verhöhnten. Fortan fanden keine Kontakte mehr zwischen den auf diese Weise entstandenen Gruppen statt. Die Blauäugigen beschrieben sich selbst als *traurig, schlecht, dumm, häßlich* und *gemein*. Es entstand sogar ein Kampf, weil ein Junge einen anderen wegen seiner blauen Augen beleidigt hatte. Am nächsten Morgen erklärte die Lehrerin ihrer Klasse, ihr sei ein Irrtum passiert. Es seien die Blauäugigen, bei denen es sich tatsächlich um die besseren und intelligenteren Menschen handelte, und entsprechend wurden alle Maßnahmen wiederholt und der veränderten Situation angepaßt. Unmittelbar darauf begannen die blauäugigen Kinder, die braunäugigen zu necken und zu verhöhnen. Es reichte offenbar aus, daß eine Autoritätsperson junge Menschen nach einem willkürlich ausgewählten Merkmal in eine »gute« und eine »schlechte« Gruppe einteilte, um das Verhalten der Mitglieder zu verändern und Konflikte zwischen den Gruppen entstehen zu lassen. Ähnliche Erfahrungen sammelte Sherif mit seinen elfjährigen Jungen.

Nachdem die Teilnehmer am Ferienlager nach Abschluß der Eingewöhnungsphase in ihren Gruppen jeweils ein Wir- und damit ein Zusammengehörigkeitsgefühl entwickelt hatten, begannen zwischen ihnen Wettkämpfe. Bei mehreren sportlichen Ereignissen waren Punkte zu gewinnen, und jedes Mitglied der siegreichen Gruppe sollte einen besonders attraktiven Preis, ein Fahrtenmesser, erhalten. Während der ersten Spiele waren die Sportler offenkundig noch bemüht, sich sportlich fair zu verhalten. Aber im weiteren Verlauf sank die Fairneß gegenüber dem Spielgegner sehr schnell ab. Nach den Beobachtungen von Sherif traten bei den Jungen nach Einführung der Wettkämpfe gehäuft Vorurteile auf, d. h., diese zeigten negative Einstellungen gegenüber den Mitgliedern der rivalisierenden Gruppe. Die Vorurteile verstärkten sich noch nach einer Siegesfeier für die Gewinner. Die Veranstaltungsleiter hatten dafür gesorgt, daß die »erfolgreiche« Gruppe zu einem früheren Zeitpunkt den Ort der Feier erreichte. Die dadurch begünstigten Mitglieder nutzten ihren Vorsprung, denn es war von den Eisportionen und den besten Gebäckstücken nicht viel übrig geblieben, als die Verlierergruppe eintraf. Bei den Verlierern verstärkten sich die Vorurteile daraufhin nur noch mehr. Deutlich erkennbar waren – wie bei jedem Vorurteil – kognitive, emotionale und Verhaltensanteile.

Den kognitiven Anteil des Vorurteils brachte jede Gruppe als negatives Stereotyp über »die anderen« zum Ausdruck. In ihrem *Fremd*-Stereotyp nannten sie »die anderen« *feige, Stinker, schmutzige Schweine* und *dreckige Spieler*. Diese Kennzeichen wurden unkritisch auf jedes Mitglied der Fremdgruppe übertragen. Verhaltensunterschiede, die jeder neutrale Beobachter unter »den anderen« ohne weiteres entdeckt hätte, blieben von den Vorurteilsträgern unbeachtet. Jede Gruppe besaß aber auch ein Selbstbild, das Wir-Stereotyp, das erwartungsgemäß sehr viel schmeichelhaftere Kennzeichnungen enthielt; so bezeichneten sich die Mitglieder selbst u. a. als *mutig, unübertrefflich* und *freundlich*.

Der emotionale Anteil des Vorurteils wurde durch feindliche Gefühle, durch Ablehnung oder gar Haß gegenüber »den anderen« zum Ausdruck gebracht. Die negative Einstellung zeigte sich besonders deutlich in Verhaltensweisen, durch die Mitglieder der Fremdgruppe herabgesetzt, geradezu beleidigt wurden. Man nennt die negativen Handlungen, die auf ein Vorurteil zurückgehen, *Diskriminierung*. In einer Situation wurde beispielsweise die Gruppenfahne der Gegner verbrannt, man durchstöberte ihre Zimmer, und bei einer Schlacht, in der Äpfel als Wurfgeschosse eingesetzt wurden, gingen Fensterscheiben zu Bruch. Obwohl nur Jungen für das Ferienlager ausgesucht worden waren, die keinerlei Auffälligkeiten gezeigt hatten, gewann man in diesem Stadium der Untersuchung den Eindruck, daß es sich – in den Worten Sherifs (1966) – um eine »niederträchtige, gestörte und verkommene Bande von Jungen« handelte.

Weshalb führte der Wettbewerb in den Ferienlagern Sherifs zu weit verbreiteten Vorurteilen und dramatischen Konflikten zwischen den Gruppen? Eine Erklärung besagt, daß Menschen danach streben, lebensnotwendige Güter ebenso wie Annehmlichkeiten einigermaßen gerecht zu verteilen. Sherif hatte nicht nur für die Unterlegenheit einer Gruppe im Wettbewerb gesorgt, sondern deren Mitglie-

Abb. 9.8
*In Sherifs Ferienlager gab es nach Einführung des Wettstreits zwischen den Gruppen zahlreiche Beispiele für Diskriminierung. Die Darstellung zeigt einen Einbruch in die Unterkunft der gegnerischen Gruppe.*

der zusätzlich frustriert, indem er den siegreichen Mitgliedern zuerst Zugang zu den attraktiven Leckereien eröffnete. Diese Erfahrungen mußten bei den Unterlegenen das Gefühl entstehen lassen, benachteiligt, ja geradezu betrogen worden zu sein. Mit einer solchen Bedingung liefert man einen ausgesprochenen Nährboden für soziale Konflikte. Fraglich ist allerdings, ob eine gerechtere Verteilung die Entstehung von Vorurteilen verhindert hätte. Die Gruppen übten auf ihre Mitglieder ja bereits nach wenigen Tagen und vor Beginn der Wettkampfphase eine gewisse Anziehungskraft aus. Gleichzeitig hatte sich bei den Mitgliedern das Selbststereotyp entwickelt, »besser« zu sein, also der jeweils attraktiveren Gruppe anzugehören. Eine solche Sichtweise geht in der Regel mit der Überzeugung einher, daß die eigene Gruppe eine bessere Behandlung verdient, während »andere« angesichts der ihnen zugeschriebenen Zweitrangigkeit nicht die gleichen Ansprüche stellen können.

Die Ereignisse, die Sherif in seinem Ferienlager herbeiführte, glichen jenen Konflikten, die in vielen Teilen dieser Welt ständig vorkommen. Der Wettbewerb spielt dabei stets eine besondere Rolle. Da die Vorräte an Lebensnotwendigem oder an »Luxusgütern« in jeder Gesellschaft begrenzt sind, ist mit ständigen Kämpfen zu rechnen, aus denen einige Menschen erfolgreicher als andere hervorgehen. Wenn eine gesellschaftliche Gruppe mehr Land besitzt, bessere berufliche Positionen innehat und mehr Macht ausübt, reagieren die Benachteiligten oder Verlierer häufig mit Frustrationen und neidvollen Gefühlen. Die daraus entstehenden Spannungen verstärken sich, wenn es ihnen nicht gelingt, die Ergebnisse des Verteilungskampfes zu verändern. Viele Vorurteile dieser Welt sind zweifellos als Folge ungleich ausgegangener Verteilungskämpfe anzusehen (Olzak und Nagel, 1986).

Bedeutungsvoller als der tatsächliche Grad an Entbehrungen ist der Grad *relativer Entbehrungen*. Nach der deutschen Wiedervereinigung setzten viele Politiker auf die Solidarität der Bevölkerung in den westlichen Bundesländern, um den wirtschaftlich ruinierten Ländern des östlichen Teils Deutschlands zu helfen. Sozialpsychologen sahen jedoch die Gefahr einer anderen Reaktion. Der erreichte hohe Lebensstandard im Westen der Bundesrepublik war nach der Wiedervereinigung niemals ernsthaft in Gefahr. Bewohner der westlichen Bundesländer entwickelten aber dennoch ein Vorurteil gegenüber den »Ossis«, das weniger von Gewinnen oder Verlusten des einzelnen, wohl aber von der Sorge geprägt war, Bewohner der früheren Bundesrepublik *als Gruppe* könnten den zuvor erreichten Lebensstandard verlieren (siehe hierzu auch: Bobo, 1988).

Wenn sich mehrere Gruppen darum bemühen, mehr oder weniger gemeinsam Erwirtschaftetes oder bereits vorhandene Güter untereinander aufzuteilen, erscheint es Mitgliedern zumeist gerecht, der eigenen Gruppe verhältnismäßig große Anteile zuzugestehen und den verbleibenden kleineren Anteil – dem wahrgenommenen verminderten Verdienst entsprechend – konkurrierenden Gruppen zuzuweisen. Da Menschen stets irgendwelchen Gruppen angehören, wäre es wirklichkeitsfern, als Ziel eine völlige Abschaffung von Vorurteilen ins Auge zu fassen. Man kann aber sehr wohl den Bemühungen Sherifs folgen und zu klären suchen, wie man starken Vorurteilen und vor allem den damit verbundenen Diskriminierungen entgegenwirken kann. Info-Kasten 9.3 nennt einige Methoden, die mit Erfolg zur Minderung von Gruppenkonflikten eingesetzt worden sind.

## Info-Kasten 9.3:
## Wie kann man der Entstehung sozialer Konflikte als Folge von Vorurteilen entgegenwirken?

Im Jahre 1992 kam es in der Bundesrepublik Deutschland zu zahlreichen Anschlägen gegen Ausländer, die in weiten Teilen der Bevölkerung Unverständnis und Abscheu hervorriefen. Man hoffte, den Diskriminierungen durch bestimmte Maßnahmen entgegenwirken zu können. Unter anderem druckten Zeitungen und Illustrierte Anzeigen gegen Ausländerhaß, und in Fernsehspots berichteten ausgewählte Personen von ihren guten Erfahrungen mit Menschen, die in Deutschland lebten und arbeiteten, aber in einer anderen Kultur aufgewachsen waren. Lassen sich mit Hilfe der Massenmedien auf diese Weise tatsächlich Einstellungen ändern? Gestützt auf gleichartige Maßnahmen in den USA stellt der Sozialpsychologe John Brigham (1991) fest: »Die Kampagnen sind nicht sehr wirkungsvoll gewesen, denn sie haben nur kleine Einstellungsveränderungen bewirkt.« Einstellungen gegenüber ethnischen Gruppen sind für jene Menschen, die sie vertreten, bedeutsam, und bedeutsame Einstellungen sind nun einmal am schwersten zu verändern. Und ein anderer Sozialpsychologe ergänzt, daß es zum Wesen des Menschen gehöre, daß er nicht, während er ruhig sitzt, von Informationen zu beeinflussen ist, die seinen Überzeugungen widersprechen (Aronson, 1988). Ist daraus zu folgern, daß eine Gesellschaft hilflos zusehen muß, wie einzelne Mitglieder ihren Haß gegenüber bestimmten Menschengruppen offen zum Ausdruck bringen? Nachdem man sich die Ergebnisse jahrzehntelanger Forschung angesehen hat, kann man diese Frage glücklicherweise verneinen. Bestimmte Bedingungen stellen gute Voraussetzungen dar, Spannungen zwischen sozialen Gruppen zu verringern.

Zu den ältesten Empfehlungen der Sozialpsychologie gehört, Mitglieder verschiedener Gruppen, zwischen denen Vorurteile bestehen, möglichst viel in Kontakt treten zu lassen. Durch häufige Begegnungen sollten sich die Menschen besser kennenlernen und zu der Überzeugung gelangen, daß ihre stereotypen Vorstellungen über »die anderen« falsch waren. In den USA hob man die Gesetze zur Rassentrennung auf, und fortan wurden die weißen und schwarzen Schüler in öffentlichen Schulen gemeinsam unterrichtet. Insgesamt hatte diese Maßnahme jedoch nicht die erwarteten Ergebnisse erbracht. Vielfach stiegen die negativen Vorurteile nach Aufhebung der Rassentrennung sogar noch. Das Selbstwertgefühl der Schwarzen, das man auf diese Weise zu steigern hoffte, blieb entweder unverändert oder es nahm – in einigen Fällen – sogar noch ab (Amir und Sharan, 1984; Stephan, 1985). Die Befürworter der »Kontakt-Hypothese« hatten übersehen, daß in jenen Gegenden Amerikas, in denen Weiße und Schwarze in einem Zeitraum von mehr als 300 Jahren besonders eng zusammengelebt hatten, die stärksten Diskriminierungen auftraten. In solchen Fällen reicht es nicht aus, den unterschiedlichen Gruppen einfach Begegnungsmöglichkeiten zu eröffnen. Auch die meisten Juden hatten vor der Machtergreifung Hitlers enge Kontakte zu Nicht-Juden und wurden dennoch Opfer schlimmster Verfolgung. Vorurteile lassen sich nicht korrigieren, wenn Schwarze dem Weißen als Schuhputzer, Diener oder gar Sklaven begegnen. Ein Abbau von Vorurteilen kann nur stattfinden, wenn Gruppen unterschiedlicher ethnischer Herkunft und Angehörige verschiedener Rassen als gleichwertige Menschen miteinander in Kontakt treten.

Auch Sherif fand in seinem Ferienlager sehr schnell heraus, daß es nicht ausreichte, die Gruppen nach Beendigung der Wettspiele einfach zusammenzuführen. Er ließ sie gemeinsam Filme betrachten und zusammen die Mahlzeiten einnehmen. Dies gab den Gegnern jedoch nur Gelegenheiten für weitere Streitereien. Daraufhin stellte Sherif *beide* Gruppen vor Aufgaben, die sie nur gemeinsam lösen konnten. Eine Leitung, die von allen benötigtes Wasser lieferte, mußte repariert werden. Der Lastwagen, der die Lebensmittel anlieferte, blieb stecken und war nur dann eine steile Straße heraufzuziehen, wenn alle mitmachten.

Die von Sherif verwendeten Aufgaben waren so ausgewählt worden, daß sie lösbar waren. Alle Mitglieder beider Gruppen sollten gute Chancen besitzen, einen Beitrag zur Überwindung aufgetretener Schwierigkeiten zu leisten. Was wäre aber geschehen, wenn das Wasser trotz der Reparaturarbeiten nicht angekommen wäre, wenn der Lastwagen sich nicht von der Stelle gerührt hätte? Der erwünschte Effekt wäre wahrscheinlich nicht eingetreten. *Erfolgreiche* Zusammenarbeit zwischen Gruppen ist nämlich eine wesentliche Voraussetzung, um negative Einstellungen zwischen ihnen abzubauen (Worchel, 1986). Wenn gegnerische Gruppen bei gemeinsamen Anstrengungen versagen, besteht die Gefahr, daß sich ihre Beziehungen noch zusätzlich verschlechtern, weil sie sich die Schuld gegenseitig zuschieben. Weiterhin ist wichtig, daß die Gruppen tatsächlich an Aufgaben zusammenarbeiten, zu denen jeder Teilnehmer einen Beitrag leisten kann.

Ein Schulsystem, das durch sein Zensurensystem zum Wettbewerb herausfordert, besitzt ungünstige Voraussetzungen zur Zusammenführung von Gruppen aller möglichen Art; Schüler sind bekanntlich nicht nur danach einzuteilen, ob sie die deutsche oder eine andere Staatsangehörigkeit besitzen. Sie unterscheiden sich darüber hinaus nach ihren Leistungen, ihrem Aussehen, ihrem Geschlecht usw. Wenn sich unter Wettbewerbssituationen Kinder unterschiedlicher Herkunft begegnen, wird die Prüfungsangst nur verstärkt, und das wirkt eher steigernd auf die Feindseligkeiten zwischen den Gruppen (Wilder und Shapiro, 1989). Insgesamt gilt, daß ein Unterricht, der zu echter Zusammenarbeit im Lernen anregt, die wirkungsvollste Methode zum Abbau von Vorurteilen darstellt, die bis heute bekannt ist (McConahay, 1981). Auch die von der Grundschullehrerin Jane Elliott eingesetzte Methode (s. S. 395), nach der Schüler Vorurteile und Diskriminierungen selbst erlebt haben, hat sich unter verschiedenen Bedingungen beim Abbau negativer Einstellungen gegenüber Fremdgruppen bewährt (Weiner und Wright, 1973).

Abb. 9.9
*Um die verfeindeten Gruppen wieder zusammenzuführen, stellte Sherif ihnen Aufgaben, die nur durch gemeinsamen Einsatz zu bewältigen waren. Die Darstellung zeigt, wie Mitglieder beider Gruppen einen Lastwagen eine steile Straße heraufziehen, wobei sie übrigens dasselbe Seil nutzten, das sie zuvor beim Tauziehen als Gegner verwendet hatten.*

Die Vermutung, daß einige Menschen bereitwilliger Vorurteile übernehmen als andere, besteht schon seit langem. Theodor Adorno und seine Mitarbeiter (1950) sprachen von einer *autoritären Persönlichkeit*, wenn Menschen u. a. Träger starker negativer Vorurteile sind. Diese Forscher waren in starkem Maße psychoanalytisch orientiert. Deshalb glaubten sie, daß die autoritäre Persönlichkeit im frühen Lebensalter unter bestimmten elterlichen Erziehungsstilen entstünde. Wenn Kinder sehr bestimmende Väter und eher strafende Mütter hätten, die Anpassung an bestehende Normen und strikten Gehorsam forderten, wäre damit zu rechnen, daß sich daraus unsichere, unselbständige und feindlich eingestellte Menschen entwickelten, die sich als Erwachsene aggressiv gegen jeden richteten, der ihnen schwach erscheint oder einer Minderheitengruppe angehört.

Patricia Devine (1989) bestätigt, daß einige Menschen mehr als andere zu Vorurteilen neigen. Nach ihrer Meinung unterscheiden sie sich allerdings nicht in der Kenntnis der Stereotype, die in ihrer jeweiligen Gesellschaft vorherrschen. Diese Stereotype fließen bei jedermann mit in die automatischen Prozesse ein, die in frühen Abschnitten der Wahrnehmung schnell und unkontrolliert die Informationen verarbeiten, welche die Sinnesorgane über einen anderen Menschen vermitteln (s. S. 140). Devine erhielt in einem ihrer Experimente Hinweise dafür, daß Menschen mit sehr schwacher Neigung zu Vorurteilen ihr Stereotyp zensieren, sobald es ihnen bewußt wird. Diese Personen wandten sich also ausdrücklich dagegen, das Stereotyp als gültig anzuerkennen. Demgegenüber unternehmen Menschen mit starker Neigung zu Vorurteilen nichts, um das Ergebnis der automatischen Verarbeitungsprozesse zurückzuweisen. Diese Personen akzeptieren also die Stereotype.

## 9.4 Von der Begegnung zur sozialen Anziehung

Wie die Untersuchungen zur sozialen Wahrnehmung gezeigt haben, kann man sich bereits nach außerordentlich kurzer Beobachtungszeit ein Bild von einem Fremden machen. Stereotype bestimmen wesentlich mit, welcher erste Eindruck entsteht und wie auf einen Unbekannten am besten zu reagieren ist. So weiß eine Verkäuferin, wie sie ihren neuen Kunden behandeln muß. Der Zollbeamte entscheidet schon nach kurzer Musterung eines ankommenden Reisenden, ob er sich dessen Gepäck etwas genauer ansehen sollte, und die Kellnerin in einem Restaurant entnimmt ihrem ersten Eindruck, welche Gerichte sie ihrem Gast am besten empfiehlt. Das Zustandekommen solcher Kontakte im Alltagsleben ergibt sich vor allem aus einer sachlichen Zielsetzung und weniger, vielleicht überhaupt nicht, weil der eine Sozialpartner unbedingt dem anderen begegnen wollte. Beide wären demnach mehr oder weniger austauschbar. Dies schließt nicht aus, daß man bei solchen zumeist nur vergleichsweise kurzen sozialen Kontakten für einige Menschen mehr, für andere weniger Sympathie empfindet. Insgesamt verlaufen viele solcher Begegnungen jedoch ohne größere Gefühlsbeteiligung. Zumeist wecken sie auch nicht spontan den Wunsch, die Kontakte fortzusetzen oder zu einem späteren Zeitpunkt wieder aufzunehmen. Ebensowenig ist aber zu übersehen, daß sich viele gefestigte Sozialbeziehungen auf Begegnungen zurückführen lassen, die im Umfeld alltäglicher Beschäftigungen entstanden sind (Marwell et al., 1982). Während des zunächst gar nicht beabsichtigten ersten Zusammentreffens muß etwas geschehen sein, was die Motivation der Beteiligten geweckt hat, die Kontakte fortzuführen. Weitere Bedingungen haben offenbar bewirkt, daß sich Sozialbeziehungen entwickeln konnten, die sich nicht nach kurzer Zeit wieder aufgelöst haben. Solche Bedingungen sind offenbar nicht stets vorauszusetzen, denn viele Menschen beklagen sich über ihre Mißerfolge bei wiederholten Bemühungen zum Aufbau einer dauerhaften Partnerschaft. Sie möchten ihre Einsamkeit überwinden und erhoffen sich von der Psychologie Antwort auf die Frage, wie man Freunde gewinnt. Sie werfen damit ein Problem auf, das im 5. Jahrhundert v. Chr. auch einen Philosophen der Antike beschäftigte.

Sokrates bekannte im Platonischen Dialog *»Lysis«:* »Seit meiner Jugend habe ich den Wunsch nach einem bestimmten Besitz, so wie jeder andere wieder nach einem anderen Besitz begehrt. Der eine wünschte sich, Pferde zu besitzen, ein anderer Hunde, der Gold und jener Ehren. Mich lassen diese Dinge kühl; hingegen bin ich leidenschaftlich auf den Besitz von Freunden aus und möchte lieber einen guten Freund haben als die beste Wachtel oder den besten Hahn von der ganzen Welt, ja beim Zeus, sogar lieber als ein Pferd oder einen Hund. ... Wenn ich euch beide nun sehe, dich und *Lysis*, bin ich erschüttert und preise euch glücklich, daß ihr schon in so jungen Jahren imstande seid, diesen Besitz rasch und leicht zu erwerben, und daß du diesen liebenswerten Knaben so schnell und völlig für dich gewinnen konntest, und er wiederum dich. Ich hingegen bin von solchem Besitz so weit entfernt, daß ich nicht weiß, wie einer der Freund des anderen wird.«

Die Frage, auf die Sokrates keine Antwort wußte, läßt sich auch in der Gegenwart noch keineswegs umfassend beantworten. Was kennzeichnet Menschen, die bereits nach einer ziemlich kurzen Begegnung Sympathie füreinander empfinden? Was hat sie veranlaßt, einen zunächst nur durch Sachumstände herbeigeführten sozialen Kontakt zu verlängern und schließlich ein weiteres Treffen zu vereinbaren? Worauf ist zurückzuführen, daß sich nach einer vielleicht zufälligen Begegnung zwischen Menschen Freundschafts- oder Liebesbeziehungen entwickelt haben? Welche Rolle haben Persönlichkeitsmerkmale bei diesem Prozeß gespielt? Wie erklärt sich, daß es vielen Menschen keine besonderen Schwierigkeiten bereitet, bevorzugte Sozialpartner zu werden, während anderen die Überwindung ihrer Einsamkeit nicht gelingt? Angeregt von solchen Fragen haben Sozialpsychologen jene Bedingungen aufzudecken versucht, unter denen Menschen für andere attraktiv werden.

### 9.4.1 Vertrautheit durch wiederholte Begegnungen

Robert Zajonc (1968, 1970) zeigte seinen Versuchspersonen Wörter, die sie sicherlich niemals zuvor gesehen hatten. Er behauptete, sie entstammten der türkischen Sprache. Sie sollten raten, welche Wörter eine gute und welche eine weniger gute Bedeutung haben könnten. Die Antwort der Befragten stimmten in auffallender Weise überein: *Civadra, Jandara* und *Lokanta* weckten bei ihnen eher den Verdacht, etwas Gutes zu bezeichnen, als *Saricik, Afworbu* oder *Ikitittaf*. Wie gelangten die Versuchspersonen zu dieser unterschiedlichen Einschätzung? – Zajonc hatte den Versuchspersonen die positiv bewerteten Wörter zuvor lediglich häufiger dargeboten als die negativ bewerteten. Zum einen bestimmten die Wörter ihrem Erscheinungsbild nach selbst die Antworten. Zum anderen hingen die Bewertungen auch davon ab, wie häufig die Versuchspersonen die Wörter zuvor gesehen hatten. Mit chinesischen Schriftzeichen, sinnlosen Silben und menschlichen Gesichtern ließen sich gleiche Wirkungen erzielen. Keineswegs findet sich dieser Zusammenhang nur unter den Bedingungen eines Experimentalraumes. Als der Eiffelturm im Jahre 1889 fertiggestellt worden war, stieß diese »groteske« Konstruktion weithin auf Ablehnung, weil sie als häßlich empfunden wurde. In der Zwischenzeit wurde dieses Bauwerk der Öffentlichkeit in zahllosen Abbildungen immer wieder dargestellt, und infolgedessen ist es längst zu einem liebenswerten Symbol von Paris geworden (Harrison, 1977). Hat nicht im übrigen jedermann selbst schon erfahren, daß ein Schlager, der zum »Ohrwurm« geworden ist, ursprünglich beim erstmaligen Hören nur Gleichgültigkeit, vielleicht sogar Ablehnung hervorgerufen hatte? Politiker kennen die Wirkung eines häufigen Erscheinens vor der Bevölkerung sehr genau, denn sie lassen zumeist kaum eine Gelegenheit aus, in den Medien aufzutreten. Info-Kasten 9.4 schildert ein Experiment, in dem die Häufigkeit einer Reizdarbietung ausreichte, um Ratten zu Liebhabern von Mozarts Kompositionen zu machen.

Wie stark eine häufige Begegnung von Menschen fördernd auf deren Sozialbeziehungen wirkt, konnte in einer Polizeischule nachgewiesen werden (Segal, 1974). In dieser besonderen Ausbildungsstätte wurden die Polizeianwärter den Kursen und den Schlafzimmern stets nach dem Anfangsbuchstaben ihres Familiennamens zugewiesen. Nach

»Liebst du mich wirklich, Anton? – oder ist es nur, weil ich zufällig auch im 14. Stock wohne?«

Abb. 9.10
*Die Häufigkeit sozialer Kontakte zwischen Personen wirkt förderlich auf die Entwicklung einer Sozialbeziehung.*

sechs Wochen ergab eine Befragung, daß insgesamt 65 neue Freundschaften unter den Teilnehmern entstanden waren. In 29 Fällen (45 Prozent) besaßen die Nachnamen der jeweiligen Freunde entweder die gleichen Anfangsbuchstaben oder solche, die im Alphabet benachbart sind. Wegen der eigenartigen Klassenzusammenstellung und Zimmerzuweisung war es wahrscheinlicher, daß sich *Schmidt* mit *Schneider* oder mit *Richter*, nicht aber mit *Apel* angefreundet hatte.

## Info-Kasten 9.4:
### Wie werden Ratten zu Mozart-Liebhabern?

Der amerikanische Psychologe Henry Cross hat zusammen mit seinen Mitarbeitern (Cross et al., 1967) Ratten vom Zeitpunkt der Geburt an täglich verschiedenartige Musik vorgespielt. Die erste Gruppe hörte 52 Tage jeweils 12 Stunden lang Kompositionen von *Mozart*. Musikstücke mit und ohne Gesang reichten von der *Zauberflöte* über Symphonien bis zu Kammermusik. Der zweiten Gruppe wurden während der gleichen Zeitdauer Stücke von *Schönberg* dargeboten. Auch hier waren einige Darbietungen mit, andere ohne Gesang, darunter *Pierrot lunaire, Verklärte Nacht* und *Kol Nidre*, während eine dritte Gruppe keinerlei musikalische Erfahrungen sammeln konnte. Nach einer Pause von 15 Tagen wurde überprüft, ob sich bei den Tieren bestimmte Vorlieben entwickelt hatten. Die Ratten wurden in einen zweigeteilten Käfig gesetzt. Sofern sie in den einen Teil liefen, konnten sie *Mozart*-Musik hören, während ihnen im anderen Teil ein *Schönberg*-Programm vorgespielt wurde. Sämtliche in dieser Testphase dargebotenen Kompositionen waren für die Tiere neu. Es offenbarten sich eindeutige Vorlieben. Ratten, die anfänglich *Mozart* gehört hatten, entschieden sich nunmehr für weitere *Mozart*-Musik, während die Tiere der zweiten Gruppe häufiger *Schönberg* hörten. Die Ratten der dritten Gruppe (ohne musikalische »Früherziehung«) zogen übrigens die Kompositionen *Mozarts* solchen *Schönbergs* vor.

Insgesamt hatte sich in diesem Experiment also gezeigt, daß die wiederholte Darbietung von (musikalischen) Reizen ausreicht, um für diese Vorlieben entstehen zu lassen. Läßt sich auf ähnliche Weise der Musikgeschmack bei Menschen beeinflussen? Kann ein Mensch, der die Musik *Schönbergs* ablehnt, umgestimmt werden? Die Frage läßt sich so allgemein nicht beantworten. Helen Mull (1957) spielte Musikstudenten wiederholt *Schönbergs* Streichquartett Opus 31 vor. Anschließend erkundigte sie sich nach veränderten Einstellungen. Von 16 Versuchspersonen hatten vier anfänglich erklärt, sie hörten *Schönberg* gerne. Nach wiederholter Darbietung des genannten Stücks erklärten acht, sie würden es nunmehr gerne hören. Elf Versuchspersonen hatten ihr Urteil mehr oder weniger zum Positiven hin verändert. Aber ein großer Liebhaber von *Schönberg* war nach Hören seiner Musik in keinem Fall entstanden.

In einer anderen Untersuchung hat man Gesichter fotografiert und aus den Negativen zweierlei Arten von Abzügen hergestellt: ein normales Bild und ein seitenverkehrtes. Dann fragte man die Dargestellten und deren Freundinnen, welches dieser zwei Bilder ihnen besser gefiel. Die Antworten hingen davon ab, womit die Befragten jeweils mehr vertraut waren. Wenn es um das eigene Foto ging, wurde das seitenverkehrte ausgewählt (schließlich hatte man sich so ja auch jeden Tag im Spiegel gesehen), dagegen bevorzugten die Freundinnen das normale Foto (Mita et al., 1977).

Läßt sich den dargestellten Zusammenhängen womöglich entnehmen, daß man einen Menschen bereits dadurch zum Freund gewinnt, daß man ihm häufig genug begegnet? Die Frage ist zu verneinen, denn die Häufigkeit der Begegnung bestimmt nicht ausschließlich darüber, welche soziale Zuneigung sich entwickelt. Polizeiakten läßt sich entnehmen, daß die Täter bei Überfällen und Morden nicht selten miteinander verwandt sind oder dicht beieinander wohnen; im allgemeinen entstammen sie also demselben sozialen Milieu (Berscheid und Walster, 1978).

## 9.4.2 Gleich und gleich gesellt sich gern

Robert Zajonc entdeckte nicht nur, daß man die Attraktivität von Gehörtem oder Gesehenem durch Wiederholungen steigern kann. Seine Versuchspersonen meinten auch, ein Mensch, den sie vergleichsweise häufig gesehen hatten, sei ihnen selbst verhältnismäßig ähnlich (Moreland und Zajonc, 1982). »Gleich und gleich gesellt sich gern«, besagt eine bekannte Redensart, und bereits im Jahre 400 v. Chr. berichtete Aristoteles in seinem Werk »Rhetorik« von eben dieser Beobachtung. Er stellte fest, daß der Mensch jene als Freunde auswählt, die mit ihm darin übereinstimmen, was gut und böse ist. »Und man liebt die Freunde und Verehrer seiner Freunde und die, die sie selber lieben, sowie die von den Geliebten geliebten.« Nach Aristoteles findet man solche Menschen sympathisch, die der eigenen Person ähneln und die die eigenen Wünsche teilen. Sozialpsychologen haben inzwischen viele Belege zusammengetragen, denen sich eindeutig entnehmen läßt, daß die Partner stabiler Freundschafts- und Liebesbeziehungen hohe Übereinstimmung in ihren Einstellungen und Meinungen aufweisen. Das gilt für Kinder, für Studenten, für Berufstätige, für Menschen im Ruhestand und viele andere (Clore, 1975). Sobald Menschen entdeckt haben, daß sie mit jemandem etwas gemeinsam haben, entwickeln sie ein gewisses Gefühl der Zusammengehörigkeit (Arkin und Burger, 1980). Gleichzeitig besteht eine starke Abneigung gegenüber anderen, die »ganz anders fühlen und denken« als man selbst (Rosenbaum, 1986).

Nachdem der Zusammenhang zwischen Ähnlichkeit und sozialer Anziehungskraft erstmalig auf breiter Ebene nachgewiesen worden war (Byrne, 1971), bestand zunächst der Eindruck, man habe eine einfache Gesetzmäßigkeit aufgedeckt: Je größer die Übereinstimmung zwischen Menschen, desto stärker ist die Anziehungskraft, die sie aufeinander ausüben (Byrne, 1971). Die Verhältnisse sind jedoch komplizierter. Zunächst einmal dauert es einige Zeit, bis Menschen nach einer ersten Begegnung herausgefunden haben, ob sie wirklich zusammenpassen (Curran und Lippold, 1975). Während der ersten Kontakte spricht man vor allem über offensichtliche Gemeinsamkeiten (Freizeitbeschäftigungen, Hobbys, Vorlieben für bestimmte Musikrichtungen etc.). Wenn Menschen für eine gewisse Dauer in Kontakt miteinander bleiben, wirken Ähnlichkeit und Anziehungskraft wechselseitig aufeinander. Man paßt sich bereitwilliger einem Menschen an, dem man Sympathien entgegenbringt, oder man vermindert in seiner Wahrnehmung tatsächlich bestehende Unterschiede (Clark und Reis, 1988).

Obwohl Menschen, die eine stabile Sozialbeziehung entwickelt haben, sich hinsichtlich ihres Aussehens, ihres Bildungsgrades und ihrer Intelligenz auffallend ähneln, achten sie bei der Auswahl ihrer Freunde offenbar vor allem darauf, daß zwischen ihnen eine höhere Übereinstimmung in den Glaubensüberzeugungen, Einstellungen und Interessen besteht. Wie läßt sich diese Feststellung erklären? Dafür gibt es zweifellos mehrere Gründe. Übereinstimmung stellt zunächst einmal eine gute Grundlage für häufigeres Zusammensein und gemeinsame Unternehmungen dar, ob es sich nun um den Besuch von Sportveranstaltungen, um gemeinsame Tanzkurse oder einfach um Wanderungen handelt. Wenn man außerdem weiß, daß ein anderer mit eigenen Auffassungen übereinstimmt, dann fühlt man sich in seinem eigenen Standpunkt bestätigt (s. hierzu auch S. 412 ff.), und das gibt Selbstvertrauen. Menschen, die sich in wesentlicher Hinsicht ähneln, erwarten auch weitere angenehme und befriedigende Kontakte, da ein wesentlicher Grund für häufige Streitereien entfällt (Gonzales et al., 1983).

Kann man aber wirklich allgemein davon ausgehen, daß sich nur »gleich und gleich gern gesellt«? Behauptet der Volksmund nicht ebenso, daß Gegensätze sich anziehen? Gibt es nicht den unterwürfigen Mann, der eine befriedigende Partnerschaft mit einer dominierenden Frau führt? Man denke auch an einen Menschen, der gerne erzählt; er wird sich in der Gesellschaft eines Menschen wohler fühlen, der es vorzieht zuzuhören. Fraglich ist aber, ob solche Beispiele tatsächlich als Beleg dafür zu werten sind, daß Unterschiede sich anziehen, denn immerhin müssen die Partner in der Art ihrer Rollenaufteilung Übereinstimmung gefunden haben. Kaum vorstellbar ist auch, daß man einem Menschen geduldig zuhört, der eigenen Auffassungen ständig widerspricht. Tatsächlich ist es Sozialpsychologen bislang nicht gelungen, Belege für die Behauptung zu finden, daß Gegensätze sich anziehen (Buss, 1985). Selbst wenn sich in einer stabilen Sozialbeziehung auch Unterschiede finden, ist dennoch davon auszugehen, daß der Zusammenhalt der Partner durch die mächtige Wirkung ihrer Übereinstimmungen in den für sie wesentlichen Bereichen gesichert bleibt.

### 9.4.3 Die Norm der Gegenseitigkeit

Liebende bestätigen sich, vor allem in den Anfangsstadien ihrer Beziehung, vergleichsweise häufig ihre positiven Gefühle füreinander. Solche Bekundungen haben zweifellos das Ziel, die Zuneigung des Partners zu vertiefen. Nach der Norm der Gegenseitigkeit erwidern Menschen Zuneigung, die ihnen andere entgegenbringen. Ebenso gilt das Gegenteil: Man empfindet Abneigung gegenüber Menschen, die einen ablehnen. Läßt sich aus solchen Zusammenhängen ableiten, daß man für einen anderen dadurch anziehender wird, daß man ihm seine Zuneigung gesteht? Das hängt u. a. davon ab, ob diese Zuneigung tatsächlich besteht oder ob sie lediglich behauptet wird, um sich eine Gegenleistung zu erschleichen. Ein Vertreter, der mit Komplimenten auf das Kaufmotiv seiner möglichen Kunden fördernd einzuwirken hofft, kommt auf diese Weise wahrscheinlich nicht zum Ziel, weil er durchschaut wird.

Auf einen bemerkenswerten Zusammenhang ist Elliot Aronson (Aronson und Linder, 1965) aufmerksam geworden. Er stellte fest, daß seine Versuchspersonen die Sympathie eines Fremden erwiderten, der ihnen während des gesamten Kontakts Zuneigung entgegengebracht hatte. Sehr viel mehr Anziehungskraft gewann jedoch ein Mensch, der seine ursprüngliche Abneigung allmählich in Zuneigung änderte. Aronson erkannte, daß seine Befunde Folgen für die langfristige Stabilität von Paarbeziehungen haben können. Besteht nicht die Möglichkeit, daß Männer und Frauen, die sich in einer Partnerschaft über einen längeren Zeitraum unerschütterlich ihre Zuneigung bestätigt haben, anfälliger gegenüber Verführungsversuchen eines Dritten außerhalb der Partnerschaft werden? Ein Fremder,

der sich zunächst neutral oder sogar negativ verhalten hat, könnte eventuell erreichen, daß eine Ehefrau ihn attraktiver findet als ihren langjährigen zuverlässigen Partner. Er muß lediglich seine anfänglich negative Einstellung allmählich in eine positive verändern. Entsprechendes gilt für einen Ehemann, der außerhalb seiner Ehe einer fremden Frau begegnet, die ihre anfängliche Zurückhaltung langsam aufgibt und ihm gegenüber schließlich wachsende Wertschätzung bekundet. Da es einem Fremden offenbar verhältnismäßig leicht gelingen kann, die Zuneigung eines Ehepartners zu gewinnen, wäre doch zu vermuten, daß dieser unter den genannten Bedingungen vergleichsweise anfällig für die Aufnahme einer außerehelichen Beziehung wird. Aronson (1988) bringt allerdings die Überzeugung zum Ausdruck, daß diese Gefährdung nicht für solche Ehen besteht, die gut funktionieren und deren Partner ehrlich und offen miteinander reden.

### 9.4.4 Sozial-emotionale Bindung durch Liebe

Über Jahrtausende war es vor allem den Schriftstellern überlassen, über *Liebe* zu schreiben und darzustellen, welche mitmenschlichen Probleme durch sie entstehen können. Die Notwendigkeit zur wissenschaftlichen Erforschung der Liebe wurde erst in allerjüngster Zeit erkannt. Menschen sind dafür bekannt, daß sie im Namen der Liebe lügen, betrügen, stehlen und sogar morden, und die Psychologen, so beklagen Robert Sternberg und Susan Grajek (1984), wissen noch nicht einmal, was Liebe ist. Dennoch stießen die ersten Anträge auf Bereitstellung von Forschungsgeldern keineswegs nur auf Befürworter, teilweise riefen sie sogar Unverständnis und scharfe Kritik hervor. Den Antragstellern wurde entgegengehalten, daß es dem Wunsche Millionen von Menschen entspräche, wenn »einige Dinge im Leben noch geheimnisvoll blieben«, und infolgedessen könnte man mit Sicherheit darauf verzichten, eine Antwort auf die Frage zu erhalten, »warum ein Mann sich in eine Frau verliebt und umgekehrt« (Rubin, 1988). Solchen Stellungnahmen folgte bisweilen noch die Empfehlung, mit Steuergeldern nicht die erotische, sondern die wissenschaftliche Neugier zu befriedigen. Zweifellos lag bei dieser Auseinandersetzung ein gewaltiges Mißverständnis vor, denn seriös arbeitende Sozialpsychologen wollten zu keiner Zeit das Geheimnis aufdecken, das die Geschlechter bei ihren Begegnungen erleben können. Nicht zu übersehen ist aber, daß Liebesbeziehungen eine zentrale Rolle im Leben des Menschen spielen, auch wenn nicht immer, wie in Homers griechischem Epos *Ilias*, Tausende von Schiffen aufgrund dieses Gefühlserlebens auf die Reise geschickt werden. Es gibt – glücklicherweise – unzählige Menschen, die ihre Möglichkeit zur Entwicklung einer Liebesbeziehung als Ausdruck höchsten Glücks betrachten. Zugleich ist doch ebensowenig zu leugnen, daß gescheiterte Liebesbeziehungen Verzweiflung, tiefe Traurigkeit, Ausweglosigkeit und andere Erlebnisweisen schaffen können und daß daraus sogar der Entschluß zum Selbstmord erwachsen kann. Im Falle von Scheidungen sind möglicherweise auch Kinder von der Unfähigkeit der Eltern betroffen, ihre Partnerschaftskonflikte zu bewältigen. Sollte die Erforschung der Liebe dazu beitragen, solchen unerwünschten Entwicklungen zunächst nur in einem bescheidenen Umfang entgegenzuwirken, würde es sich bei aufgewandten Forschungsmitteln zweifellos um eine sinnvolle Investition handeln.

Sozialpsychologen haben eine Unterscheidung aufgegriffen, die bereits aus der Antike stammt: die sehr intensiv erlebte romantische Liebe heben sie von der allmählich sich aufbauenden partnerschaftlichen Liebe ab. Beide treten unabhängig voneinander auf; häufig entwickelt sich aber die eine Beziehung aus der anderen.

### 9.4.4.1 Romantische Liebe als zeitlich begrenzter Gefühlsausbruch

Das Studium einschlägiger Zeitschriften über einen Zeitraum von etwa 200 Jahren hinweg hat ergeben, daß sich das Ideal romantischer Liebe in einer Industrienation im Verlauf von etwa 200 Jahren sehr allmählich entwickelt hat. Es ist durch mindestens fünf Annahmen gekennzeichnet (Lantz et al., 1975; 1977; Michener et al., 1986):

1. Wahre Liebe kann ohne vorherige Kontakte aus heiterem Himmel entstehen.
2. Für jeden Menschen gibt es nur einen Menschen (»wenn der [die] Richtige kommt«), der die wahre Liebe entfacht.
3. Wahre Liebe kennt keine Hindernisse (»die Liebe wird schließlich siegen«).
4. Der Mensch, in den wir uns verlieben, erscheint (fast) perfekt.
5. Man sollte seinen Gefühlen folgen, d.h., man sollte sich bei der Auswahl seines Liebespartners nur auf seine Liebe verlassen und sich nicht nach anderen (z.B. Vernunfts-)Gesichtspunkten entscheiden.

Die heute vielfach geteilte Auffassung, daß Liebe als Voraussetzung für eine dauerhafte Partnerschaft (Ehe) vorhanden sein muß, stellt eine verhältnismäßig moderne »Erfindung« dar. Sie findet sich keineswegs in sämtlichen Kulturen. In Gesellschaften, in denen Eltern die Ehepartner für ihre Kinder aussuchen, geht man von einer umgekehrten Reihenfolge aus: Die Zusammenführung eines Paares wird als Voraussetzung für die Entwicklung von Liebe gesehen. Der Psychologe Keith Davis (1985) meint, daß sich die Gefühle romantisch verliebter Menschen nach zwei Merkmalsbündeln ordnen lassen: einem Leidenschaftsbündel und einem Fürsorglichkeitsbündel (s. Abbildung 9.11).

Abb. 9.11
*Die romantische Liebe läßt sich nach Keith Davis durch zwei Merkmalsbündel kennzeichnen: Leidenschaft und Fürsorglichkeit.*

Die meisten romantischen Liebesbeziehungen beginnen mit einer tief empfundenen Zuneigung zu einem Partner bzw. einer Partnerin. Man ist hochgradig fasziniert von dem Menschen, in den man sich verliebt hat. In seinen Gedanken beschäftigt man sich außerordentlich häufig – manchmal bis zur Besessenheit – mit ihm. Die Beziehung der romantisch Verliebten besitzt Ausschließlichkeit. Das Aussehen weiterer Personen des anderen Geschlechts, die grundsätzlich auch als Liebespartner in Frage kämen, erscheint mit der Festigung der eigenen Liebesbeziehung um so weniger attraktiv, je mehr sich die eigene Liebesbeziehung stabilisiert (Simpson et al., 1990). Soziale Aktivitäten außerhalb der eigenen Partnerschaft werden zunehmend vernachlässigt oder gar nicht mehr wahrgenommen. Romantisch Verliebte erleben ständig das Verlangen, einander nahe zu sein, und dieser Wunsch nach räumlicher Nähe schließt häufig den Wunsch nach sexuellen Kontakten ein. Unerschütterlich ist die selbst eingegangene Verpflichtung, diesem Menschen auch im Falle von Hindernissen die Treue zu halten. Man setzt sich vorbehaltlos für ihn ein und verteidigt ihn gegen Vorwürfe aller Art. Um die Wünsche des geliebten Menschen erfüllen zu können, ist man jederzeit zu Opfern bereit. Unter welchen Bedingungen entsteht nun eine solch intensive Gefühlsbindung?

Nach der römischen Sage müssen Menschen damit rechnen, von einem vergoldeten Liebespfeil des schelmischen Gottes Amor getroffen zu werden. Seine Opfer verlieben sich unmittelbar darauf in alles, was im Falle eines solchen Ereignisses gerade in ihrer Nähe ist: in einen Mann, eine Frau, aber auch in ein Tier. Elaine Hatfield (Berscheid und Walster, 1974, 1978) meint, daß in dieser Sagengestalt tatsächlich ein Stückchen Wahrheit steckt.

Zur Erklärung der romantischen Liebe greift sie einige Vorstellungen auf, die sich in Schachters Zweifaktoren-Theorie der Gefühle finden. Wie bereits im achten Kapitel dargestellt worden ist (s. S. 342 f.), hängen die Gefühlserlebnisse eines Menschen davon ab, wie dieser sich die Beschleunigung seines Herzschlags, das Zittern seiner Hände, das Erröten seines Gesichts und andere vom autonomen Nervensystem hervorgerufene Veränderungen erklärt. Wenn ihm die Verursachung unklar ist, kann er die Erregung praktisch auf jede plausible Gegebenheit der Umwelt zurückführen. Ein Opfer Amors dürfte auf einen Liebespfeil zunächst mit physiologischer Erregung reagieren. Sodann sucht es in der unmittelbaren Umgebung nach einer möglichen Ursache. Eine anwesende Frau kann einen Mann veranlassen, sich seinen gesteigerten physiologischen Erregungszustand als Liebe zu erklären. In Unkenntnis von Schachters Theorie empfahl der römische Philosoph Ovid (43 v. Chr. – ca. 18 n. Chr.) in seinem Werk *Ars Amatoria (Liebeskunst)* jungen Männern, mit einer Frau, deren Leidenschaft sie erwecken wollten, einen Gladiatorenkampf zu besuchen. Ovid baute – aus heutiger Sicht – darauf, daß eine weibliche Zuschauerin ihre Erregung angesichts der männlichen Begleitung auf Liebe und sexuelle Erregung zurückführt. Schachters Theorie erklärt vielleicht auch die verhältnismäßig hohe Anzahl spontaner Liebschaften, die Soldaten in Kriegszeiten eingehen. *Shakespeare* verarbeitete in seiner Liebestragödie *Romeo und Julia* noch einen weiteren Effekt. Die Eltern der beiden Liebenden versuchten ständig, die Beziehung des Paares zu beenden. Die für alle Beteiligten erregenden Szenen bewirkten jedoch das Gegenteil: Die romantische Zuneigung von *Romeo* und *Julia* verstärkte sich

Abb. 9.12
*Im Rahmen kriegerischer Auseinandersetzung gibt es viele Situationen, die zu einer physiologischen Erregung führen, und diese kann u.U. als Liebe interpretiert werden.*

durch die häuslichen Auseinandersetzungen nur noch mehr.

### 9.4.4.2 Partnerschaftliche Liebe als Grundlage dauerhafter Paarbeziehungen

Im Zustand romantischer Verliebtheit unterliegen Paare häufig der Illusion, sie hätten nunmehr »den liebsten Menschen der Welt« gefunden. Es erscheint ihnen unvorstellbar, daß die von diesem ganz besonderen Partner ausgelösten Gefühle jemals wieder verschwinden könnten. Jedes Liebespaar muß jedoch die Erfahrung machen, daß die romantische Liebe ein endliches Erleben darstellt (wenngleich sie sich mit einem anderen Partner wiederholen kann). Einige Paare werden schon nach einer Dauer von drei Monaten, andere vielleicht erst nach zwei Jahren vor die Frage gestellt, was sie weiterhin verbindet, nachdem eine Abkühlung der intensiv erlebten Leidenschaft erfolgt ist. Dieses Abkühlen einer romantischen Liebe kann zu Enttäuschungen führen und vor allem für diejenigen Menschen Probleme aufwerfen, die eine solche Liebe als Voraussetzung einer Ehe ansehen. Wer an der Illusion festhält, in einer »wahren« Liebesbeziehung müßte das intensive Gefühlserleben unvermindert fortbestehen, wird wahrscheinlich an der vorgenommenen Partnerwahl zu zweifeln beginnen. Steht vielleicht der Anstieg der Scheidungszahlen im Verlauf der letzten Jahrzehnte wenigstens teilweise damit im Zusammenhang, daß Menschen zunehmend unerfüllbare Erwartungen an die romantische Liebe gestellt haben?

Wenn eine Paarbeziehung nach Abkühlung der romantischen Liebe fortbestehen soll, müssen die Partner bereit und in der Lage sein, ihre Bindung auf eine veränderte Grundlage zu stellen. Sie haben die Aufgabe, ein Verhältnis zu entwickeln, das – einem Vorschlag von Elaine Hatfield (1988) folgend – heute allgemein als partnerschaftliche Liebe bezeichnet wird. Sie ist im Unterschied zur romantischen Liebe sehr viel schwerer zu kennzeichnen. Da man von ihr nicht »ergriffen« wird, muß die Beziehung aktiv gestaltet werden. Das gelingt allerdings nur, wenn beide Partner ausdrücklich die Verpflichtung übernehmen (in der englischen Sprache verwendet man in diesem Zusammenhang den Begriff *commitment*), die Zukunft gemeinsam zu gestalten. Die Liebe zum Partner und das beiderseitige *commitment* geben einer Beziehung erst die Stabilität, denn ohne sie wären die Partner vermutlich nicht bereit, sich mit

Abb. 9.13
*Die Sozialbeziehung zweier Menschen kann nur überdauern, wenn die Partner neben ihrer gegenseitigen Zuneigung zu einem »commitment« bereit sind.*

Wenn der Volksmund behauptet, Liebe mache blind, dann kann sich diese Aussage nur auf die romantische Liebe beziehen, denn die Entwicklung einer partnerschaftlichen Beziehung setzt die beiderseitige Bereitschaft voraus, in sehr persönlichen Gesprächen private Gedanken (heimliche Wünsche, Sorgen und Hoffnungen) preiszugeben, damit zwischen ihnen eine Vertrauensgrundlage entstehen kann. Sowohl Männer als auch Frauen bekunden dann die größte Zufriedenheit mit ihrer Partnerschaft, wenn es ihnen möglich ist, offen über alles miteinander zu sprechen. Die Gelegenheit zum Sprechen über gemeinsame Interessen, Meinungen und Überzeugungen wird in einer Liebesbeziehung als außerordentlich wichtig angesehen (Sternberg und Grajek, 1984). Übrigens galt noch vor wenigen Generationen das vertrauliche Gespräch keineswegs als wichtige Voraussetzung für das Fortbestehen einer Partnerschaft, denn es war geradezu kennzeichnend für das Viktorianische Zeitalter (etwa zwischen 1830 und 1900), daß die Ehepartner keine Gespräche miteinander führten, in denen sie persönliche Gedanken ausgetauscht oder gar über sexuelle Probleme gesprochen hätten. Es bedurfte eines Sigmund Freud, der mit seiner »Redekur« (s. S. 40) einen Beitrag leistete, dieser »Sprachlosigkeit« entgegenzuwirken (Hendrick und Hendrick, 1992). Erst mit Überwindung dieses Zeitalters gewann das Miteinander-Sprechen an Bedeutung, das heutigen Partnern einer Liebesbeziehung fast schon selbstverständlich erscheint. Wesentlich für das Fortbestehen einer partnerschaftlichen Liebe ist weiterhin das Besorgtsein um das Wohlergehen des Partners, das auch die romantische Liebesbeziehung kennzeichnet und das in einer partnerschaftlichen Beziehung nicht nur fortbesteht, sondern mit

viel Energie und häufig auch unter großem Zeitaufwand um die Bewältigung der sicher auftretenden Konflikte zu bemühen. Während durch die Liebe vor allem die Gefühle zum Partner erlebt werden, handelt es sich beim *commitment* um die verbindliche Entscheidung zum Zusammenbleiben. Liebe und *commitment* sind nicht in jedem Fall untrennbar miteinander verbunden, denn zwischen zwei Menschen kann eine intensive Liebesbeziehung bestehen, ohne daß sie gleichzeitig Pläne für eine langdauernde gemeinsame Zukunft schmieden. Ebenso beobachtet man Paare, die sich fest auf ihre beiderseitige Treue verlassen können, obwohl sich in ihren Kontakten praktisch keine Hinweise mehr auf Liebe bzw. emotionale Zuneigung zeigen (Kelley, 1983).

wachsender Stabilität sogar noch als verpflichtender erlebt wird. Diese Anforderung ist allerdings nur erfüllbar, wenn die Partner zum gegenseitigen Opfer bereit sind, das heißt, wenn sie dem anderen etwas geben können, ohne damit stets die Erwartung zu verbinden, dafür etwas zurückzubekommen.

Menschen würden sich nicht mit erheblichem Zeit- und Energieeinsatz um die Bewahrung ihrer Partnerschaft bemühen, sie wären nicht bereit, Opfer zu erbringen, wenn sie ihre stabile Beziehung nicht als großen Wert erfahren würden. Eine Trennung mag zwar in bestimmten Situationen unausweichlich sein, sicherlich stellt sie aber keine einfache Lösung der bestehenden Probleme dar. Für die meisten Menschen ist sie vielmehr ein außerordentlich schmerzliches Lebensereignis, dessen Folgen nicht ohne weiteres überwunden werden (Hetherington et al., 1979).

## 9.5 Der Einfluß von Gruppen auf ihre Mitglieder

Bei einer Begegnung zweier Menschen könnten viele Fragen auftreten. Kann man einen Menschen, der einem sympathisch erscheint, einfach ansprechen? Wie stark darf man sich ihm körperlich nähern? Ist es für einen Mann zulässig, eine unbekannte Frau kurzerhand zu einem Abendessen einzuladen? Wie verhält man sich anläßlich eines Wiedersehens bei der Begrüßung? Umarmt man den Kontaktpartner, um ihm gleichzeitig auf beiden Wangen einen Kuß zu geben? Wie lange darf man ihm in die Augen blicken? Solche Fragen ließen sich noch um viele weitere ergänzen. Selbstverständlich kennt jeder Leser die Antworten. Ein Vergleich verschiedener Kulturen zeigt jedoch, daß die Antworten nicht überall auf dem Erdball gleich ausfallen. Kulturen unterscheiden sich in den Antworten. Verhaltensweisen, die in einer Gesellschaft als freundliche Eröffnung einer Begegnung verstanden würden, werten andere als Beleidigung (s. hierzu auch S. 351 ff. – Darstellungsregeln).

Wie fremdartig Gepflogenheiten in anderen Gesellschaften sein können, erfuhr der amerikanische Sozialpsychologe David Myers (1988), der sich während des Sommer-Semesters 1984 für einige Zeit an der Universität Mannheim aufhielt. Er erinnert sich noch sehr genau an den Besuch seiner ersten Veranstaltung. Als der Professor seine Vorlesung beendet hatte, wollte Myers zum Klatschen anheben, doch er bemerkte noch rechtzeitig, daß kein Anwesender die Hände zusammenschlug. Die Hörer klopften vielmehr mit ihren Fingerknöcheln auf die Tische. Was konnte diese Reaktion der Studenten bedeuten? Myers machte sich blitzschnell einige Gedanken: »Mißbilligten sie den Vortrag, indem sie durch ihr Klopfen ihr Mißfallen zum Ausdruck brachten? Sicherlich würde sich aber doch zumindest nicht jeder an einer offenen Brüskierung einer solchen Respektsperson beteiligen. Auch die Gesichter brachten keinerlei Mißfallen zum Ausdruck. Nein, ich entschied mich dafür, daß dieses ein deutscher Beifallssturm sein mußte. Also leistete auch ich einen Beitrag zu dem Chorus.« Weshalb hatte sich Myers den anderen angepaßt? Warum war er sich nicht treu geblieben? Er hätte doch klatschen können, während die anderen klopften. Für seine soziale Anpassung kommen zwei Gründe in Frage (Deutsch und Gerard, 1955). Man verhält sich entweder *konform*, weil andere wichtige Informationen vermitteln können oder, um auf diese Weise zu vermeiden, von anderen sozial zurückgewiesen zu werden. Beides konnte Myers Anpassungsbereitschaft mitbestimmt haben, denn einerseits mußte er einfach lernen, wie man sich an einer deutschen Universität nach einer akademischen Veranstaltung verabschiedet, und andererseits wollte er als Gast vermutlich nicht riskieren, nach seinen ersten Erfahrungen in Deutschland gleich zurückgewiesen zu werden.

### 9.5.1 Bestimmung sozialer Wirklichkeiten

Wenn man Informationen benötigt, die letztlich als Ergebnis sozialer Übereinkünfte entstanden sind, beachtet man am besten, wie sich andere verhalten. Eben dies tat auch Myers. In einem Experiment, das bereits in den dreißiger Jahre durchgeführt worden ist, studierte Muzafer Sherif (1935, 1936), wie sich Menschen Informationen verschaffen, die sie nicht der physischen Umgebung entnehmen, sondern die ihnen nur ihre Mitmenschen vermitteln können.

Sherif machte sich eine Erscheinung zunutze, die jeder kennt, der einmal während der Dämmerung den Himmel betrachtet hat, als bereits ein erster heller Stern zu entdecken war. Wegen einer physiologischen Eigenart des menschlichen Auges *scheint* sich der strahlende Himmelskörper hin- und herzubewegen. Sherif holte diesen Effekt in seinen Experimentalraum. Er bot seinen Versuchspersonen in einem völlig verdunkelten Raum einen Lichtpunkt dar und bat sie um Abschätzung, wie stark sich dieser nach ihrem Wahrnehmungseindruck bewegte. Tatsächlich blieb der Lichtpunkt unverändert an einer bestimmten Stelle. Man bezeichnet diese Täuschung als *autokinetisches Phänomen* (*auto* = selbst und *kinetisch* = bewegend). Kennzeichnend für Sherifs Aufgabe war es, daß sie Anforderungen stellte, denen das menschliche Auge nicht gewachsen ist. Aus diesem Grunde mußten auf seiten der Versuchspersonen Unsicherheiten entstehen.

Sherif brachte seine Versuchspersonen zunächst jeweils einzeln in den Raum und bat sie, die Bewegungsweite des Lichtpunktes zu schätzen. Dabei fand er heraus, daß die Angaben mehrerer Beurteiler recht unterschiedlich ausfielen. Einige Versuchspersonen meinten z. B., der Lichtpunkt bewege sich nur in einem Bereich von 2 bis 4 cm, während andere glaubten, eine Bewegungsweite von 15 oder gar 20 cm beobachtet zu haben. Die wiederholt abgegebenen Schätzurteile jeder einzelnen Versuchsperson begannen allmählich, sich zu *stabilisieren*, d. h., sie schwankten nur noch innerhalb eines engeren Bereichs. Einige Versuchspersonen nannten also nur noch Werte, die in unmittelbarer Nähe von 15 lagen, während von anderen Zahlen zu hören waren, die sich um die drei herum gruppierten. Damit hatten sich jeweils individuelle Richt- und Bezugswerte herausgebildet.

Sherifs entscheidende Frage lautete nun, welche Reaktionen sich zeigen, wenn Menschen mit unterschiedlichen Bezugswerten Gelegenheit zur gegenseitigen Beeinflussung erhalten. Deshalb brachte er u. a. drei Versuchspersonen zusammen, deren Schätzwerte sich in der Alleinsituation auf 3, 8 und 16 stabilisiert hatten. Wiederum bot Sherif den Lichtpunkt dar; er forderte die Anwesenden auf, ihre Schätzurteile laut zu nennen. Nach mehrfacher Wiederholung dieser Situation war zu beobachten, daß die Versuchspersonen sich infolge gegenseitiger Beeinflussung einander anglichen. Die erwähnten drei Versuchspersonen nannten alle schließlich Werte, die in der Nähe von 9 cm lagen.

Im letzten Teil des Experiments hatten die Versuchspersonen ihr Schätzurteil noch einmal in einer Alleinsituation abzugeben. Es fiel auf, daß sie an den Werten festhielten, die sie zuvor in der Gruppensituation genannt hatten. Die in der Gemeinsamkeit bestimmten Werte sind offenbar von jedem einzelnen als relativ verbindlich akzeptiert worden.

Den Versuchspersonen Sherifs war infolge gewisser Unzulänglichkeiten des menschlichen Auges die Erfassung der physikalischen Wirklichkeit nicht möglich. Obwohl es ihnen gar nicht bewußt geworden war, hatten sie sich in ihrem Urteil einander angenähert und an die Stelle der unzugänglichen physikalischen Wirklichkeit eine *soziale Wirklichkeit* gesetzt. Wie verhalten sich Menschen in einer Situation, in der sie die gestellte Aufgabe unabhängig von den Beurteilungen anderer lösen könnten, weil ihnen alle Informationen zugänglich sind?

## 9.5.2 Vermeidung sozialer Zurückweisung durch Anpassung an andere

Als Solomon Asch Psychologie studierte und sich in den vierziger Jahren auf die Sozialpsychologie spezialisierte, bestimmten die Behavioristen noch weitgehend die Lehrinhalte und das methodische Vorgehen. Zu ihrer mechanistischen Vorstellung gehörte, daß Organismen an alle möglichen Umweltbedingungen angepaßt werden können (s. S. 32 f.). Asch lernte auch Sherifs Experiment zum autokinetischen Phänomen kennen. Er bezweifelte aber, daß Menschen sich *allgemein* so leicht beeinflussen lassen, wie es viele seiner Fachkollegen annahmen und wie Sherif es bei seinen Versuchspersonen beobachtet hatte. Sofern die Reizbedingungen eine eindeutige Beurteilung zulassen, so folgerte er, werden Studenten zu einem zutreffenden Urteil gelangen, von dem sie sich nicht so ohne weiteres abbringen lassen werden. Wenn sie beispielsweise bestätigen sollen, daß Männer im Durchschnitt 20 cm größer sind als Frauen, daß die sehr alte Generation nur aus Frauen besteht, daß männliche Neugeborene eine Lebenserwartung von 25 Jahren haben und daß die meisten Angehörigen der Gesellschaft im Durchschnitt sechs Mahlzeiten einnehmen und mit etwa vier bis fünf Stunden Schlaf auskommen (Tuddenham und MacBride, 1959), dann werden sie solche unsinnigen Feststellungen – so die Vermutung – doch als falsch zurückweisen. Zur Überprüfung seiner Erwartungen führte Asch (1956) ein Experiment durch, das inzwischen – ebenso wie das von Sherif – einen festen Platz in der Geschichte der Psychologie einnimmt.

Das Experiment von Asch scheint auf den ersten Blick in das Gebiet der Wahrnehmungspsychologie zu gehören. Sieben Studenten sitzen mit einem Versuchsleiter in einem Raum. Der Versuchsleiter fordert sie auf, Linien gleicher Länge herauszusuchen. In jedem Versuchsdurchgang werden nebeneinander zwei Karten dargeboten (s. Abbildung 9.14). Auf der rechten Karte finden sich drei senkrechte Linien unterschiedlicher Länge. Die Versuchspersonen haben jeweils diejenige Linie zu benennen, die nach ihrem Eindruck die gleiche Länge wie ein Vergleichsreiz auf der linken Karte aufweist.

Die von Asch ausgewählten Aufgaben sind nicht schwierig. Infolgedessen unterliefen den Versuchspersonen in der Alleinsituation auch praktisch keine Fehler. Wie verhält sich aber

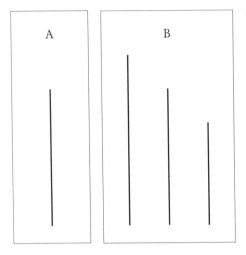

Abb. 9.14
*Reiz-Darbietung in einem Asch-Experiment: Welche Linie der Karte B weist die gleiche Länge wie die von Karte A auf?*

ein Mensch, wenn sechs gleichzeitig anwesende Personen einmütig und ziemlich gelassen eine falsche Antwort geben? An dem Asch-Experiment nahmen sechs Vertraute des Versuchsleiters teil, die den Auftrag hatten, bei einigen Durchgängen übereinstimmend eine unzutreffende Antwort zu geben. Wie reagierten die eigentlichen, die naiven Versuchspersonen (sie wußten selbstverständlich nichts von den Absprachen mit dem Versuchsleiter) auf diese Äußerungen, die ihrem eigenen Wahrnehmungseindruck eindeutig widersprachen? Von 123 »echten« Versuchspersonen schlossen sich 76 Prozent mindestens einmal dem falschen Urteil der Mehrheit an; 58 Prozent reagierten unter den genannten Umständen sogar zwei- oder mehrfach fehlerhaft. Das Verhalten der Versuchspersonen widersprach den ursprünglichen Erwartungen Aschs in beträchtlichem Maße.

Die abschließenden Befragungen ergaben, daß es keiner der Versuchspersonen leichtgefallen war, die fehlende Übereinstimmung mit der Mehrheit der Anwesenden zu ertragen. Einige glaubten zunächst, daß irgendwelche Tricks oder optische Täuschungen im Spiel gewesen sein könnten. Während des weiteren Untersuchungsverlaufs begannen einige, an sich selbst zu zweifeln, indem sie ihren Gesichtssinn, ihre Urteilsfähigkeit, ja sogar ihren geistigen Zustand in Frage stellten. Andere waren zwar von der Richtigkeit ihres Schätzwertes überzeugt, aber sie schlossen sich dennoch der Mehrheit an. So entschied sich insgesamt eine Mehrheit für eine Antwort, die ihrem ursprünglichen (und sicherlich zutreffendem) Wahrnehmungseindruck widersprach. Eine Versuchsperson erklärte in der anschließenden Befragung: »Die anderen hätten denken können, ich sei sonderbar.« Eine weitere sagte, »Ich meine, die Mehrheit hat meistens recht«, und eine dritte hielt es für richtig, »sich in Rom wie die Römer zu verhalten«.

Durch die Ergebnisse zahlreicher Nachuntersuchungen unter teilweise veränderten Bedingungen weiß man inzwischen etwas genauer, unter welchen Voraussetzungen sich Menschen mehr oder weniger bereitwillig dem Urteil anderer anpassen. Der Druck zur Übernahme eines Urteils steigt mit der Größe der Gruppe, erreicht aber bei etwa sechs oder sieben Mitgliedern seine höchste Ausprägung (Wilder, 1977). Nicht unbedeutend ist auch, daß sich Aschs Versuchspersonen einer Gruppe von Fremden gegenübersahen. Freunde drohen im Falle fehlender Übereinstimmung nicht sofort mit sozialer Zurückweisung, folglich muß man nicht gleich um sein Ansehen fürchten, wenn man Menschen widerspricht, mit denen man sehr vertraut ist (McKelvey und Kerr, 1988). Weiterhin sinkt die Bereitschaft zur Übernahme einer als unzutreffend wahrgenommenen Gruppenmeinung, wenn der einzelne einen Verbündeten hat, der dem Gruppendruck ebenfalls widersteht (Asch, 1956). Der zweite Abweichler von der Mehrheitsmeinung muß interessanterweise noch nicht einmal die Auffassung der eigentlichen Versuchsperson vertreten. Allein die Wahrnehmung, daß ein anderer auch nicht bereit ist, das Urteil der Gruppe zu übernehmen, fördert die Unabhängigkeit (Allen und Levine, 1971).

Wenn Aschs Versuchspersonen vor allem eine Zurückweisung vermeiden wollten, muß angenommen werden, daß eine verhältnismäßig hohe Anpassungsbereitschaft an die Mehrheit dann besonders ausgeprägt ist, wenn das eigene (abweichende) Urteil laut, d.h. für alle vernehmlich, verkündet werden muß. Tatsächlich widerspricht ein ziemlich hoher Prozentsatz von Versuchsperson der Gruppenmehrheit, wenn das Urteil anonym abgegeben werden kann (Deutsch und Gerard, 1955). Man gibt also in der Öffentlichkeit unter bestimmten Bedingungen Stellungnahmen ab, von denen man innerlich gar nicht überzeugt ist.

Ist der Schluß berechtigt, daß die Versuchspersonen in den Asch-Experimenten ebenso gehorsam waren wie die meisten Teilnehmer in den Milgram-Studien (s. S. 313)? Ein gewisser, vielleicht sogar sehr bedeutsamer Unterschied zwischen beiden Experimenten sollte nicht unbeachtet bleiben. Milgrams Versuchspersonen benannten in der Regel einen Schuldigen dafür, daß sie der Aufforderung zur Bestrafung des »Schülers« gefolgt waren. Die Versuchspersonen der Asch-Experimente versuchten hingegen nicht selten abzustreiten, daß sie sich den Urteilen anderer angepaßt hatten.

### 9.5.3 Die Reaktion der Mehrheit auf ihre Außenseiter

Die heimlichen Mitarbeiter von Asch beschränkten sich darauf, für alle deutlich hörbare (falsche) Antworten zu nennen. Sie unternahmen keinerlei Versuche, die jeweilige Versuchsperson von ihrem Urteil abzubringen. Wie reagiert aber die Mehrheit einer *normalen* Gruppe, wenn einzelne ihrer Mitglieder Meinungen vertreten, die von denen der Mehrheit abweichen? Bleiben sie auch so gelassen wie die Vertrauten des Asch-Experiments? Dieser Frage ist Stanley Schachter (1951) einmal nachgegangen.

Schachter richtete Diskussionsgruppen ein, die sich aus sechs bis sieben Versuchspersonen zusammensetzten. Es kamen noch weitere Gesprächsteilnehmer hinzu, bei denen es sich – in Unkenntnis der anderen – wiederum um Vertraute des Versuchsleiters handelte. Diese Vertrauten hatten vorher eingeübte Rollen zu spielen, u.a. die Rollen eines »Konformisten« und eines »Extremisten«. Während sich der *Konformist* stets der Mehrheitsmeinung anschloß, setzte sich der *Extremist* davon ausdrücklich ab: Er vertrat beharrlich einen abweichenden Standpunkt. Wie reagiert nun eine Gruppe einerseits auf konformes und andererseits auf abweichendes Verhalten? Es ergaben sich eindeutige Unterschiede in den Reaktionsweisen. Unmittelbar nach der ersten Darlegung einer abweichenden Meinung wurde der Extremist von den übrigen Mitgliedern besonders häufig angesprochen; man wandte sich sieben- bis elfmal häufiger an ihn als an den Konformisten. Der Außenseiter sollte offenkundig zur Aufgabe seines Standpunktes überredet werden. Bereits nach wenigen Minuten schien sich aber bei den meisten Gruppenmitgliedern die Auffassung durchzusetzen, daß ihre Bemühungen aussichtslos waren. Daraufhin wurde der Extremist ignoriert. Die Wahlen, die nach Abschluß der Diskussion durchgeführt wurden, eröffneten ihm keine Chancen mehr, in einer anderen attraktiven Gruppe mitzuarbeiten. Die Mehrheit der Gruppe lehnte ihn einfach als unsympathisch ab. Demgegenüber bestanden keinerlei Bedenken, mit einem Konformisten weiterhin zusammenzuarbeiten.

Vor allem Gruppen, die eine hohe Anziehungskraft auf ihre Mitglieder ausüben, sind offenbar nicht bereit, abweichende Meinungen zu tolerieren. Schon geringe Auffassungsunterschiede können zu einem Entzug der Sympathie führen (Levine, 1980). Nach solchen Befunden überrascht es, daß sich immer wieder Menschen bereit finden, anderen Mitgliedern ihrer Gruppe zu widersprechen. Tatsächlich würde eine Kultur ja auch erstarren, wenn alle Menschen sich stets nur bestätigen würden, »was man schon immer wußte«. Im übrigen wird man bei einem Blick in die menschliche Geschichte auf viele »Außenseiter« aufmerksam. In der Vergangenheit hat es stets Menschen gegeben, denen es trotz erheblichen Widerstandes gelungen ist, die öffentliche Meinung wenigstens bis zu einem gewissen Grade in ihre Richtung zu ziehen.

### 9.5.4 Veränderung von Mehrheitsüberzeugungen durch Außenseiter

Seit dem klassischen, autokinetischen Experiment von Muzafer Sherif richtete sich das Interesse vieler Sozialpsychologen über mehrere Jahrzehnte auf die Frage, wie Menschen sich einander anpassen und auf diese Weise konformes Verhalten zeigen. Zweifellos müßte jede Gesellschaft im Chaos enden, wenn ihre Mitglieder nicht bereit wären, Regeln des Zusammenlebens zu beachten. In einem Land mit Rechtsverkehr kann man nicht einfach die linke Straßenseite befahren. Wer an einer Beerdigungsfeier in einer Badehose teilnimmt, wird bei einer Trauergemeinde nur Empörung und Zurückweisung auslösen. Kann eine Gesellschaft aber wirklich wünschen, daß sich ihre Mitglieder ausnahmslos dem Standpunkt der Mehrheit anpassen? Haben sich die Wissenschaften nicht letztlich dadurch entwickelt, daß immer wieder einzelne ihrer Vertreter bereit waren, Gedanken auch dann weiter zu verfolgen, wenn sie zunächst auf breite Ablehnung gestoßen sind? Der französische Sozialpsychologe Serge Moscovici (Moscovici und Nemeth, 1974) verweist in diesem Zusammenhang auf die Beiträge von Galilei, Darwin, Freud und auf viele andere historische Persönlichkeiten.

Bevor Galileo Galilei seine Stimme erhob, galt es als unerschütterliche Selbstverständlichkeit, daß sich die Sonne um die Erde dreht. Als Galilei dieser Sichtweise widersprach und statt dessen behauptete, die Planeten umkreisten die Sonne, geriet er u. a. in einen heftigen Konflikt mit der alles beherrschenden katholischen Kirche. Vor einem Ketzergericht wurde Galilei unter schwerem Druck gezwungen, seine Lehre zu widerrufen. Dennoch fuhr er fort, der Öffentlichkeit Beobachtungen vorzulegen, die seine Theorie bestätigten. Allmählich gelang es Galilei, die Sicherheit seiner Widersacher zu erschüttern. Wie konnte Galilei diesen Einfluß auf die Mehrheit gewinnen?

In dem Film *Die zwölf Geschworenen* wird auf dramatische Weise vorgeführt, wie sich ein einzelner im Verlauf der Beratung gegen eine Mehrheit von elf Stimmen wendet, die zunächst für einen Schuldspruch gestimmt hatte. Der zwölfte Geschworene, dargestellt von

# Psychologie sozialer Prozesse

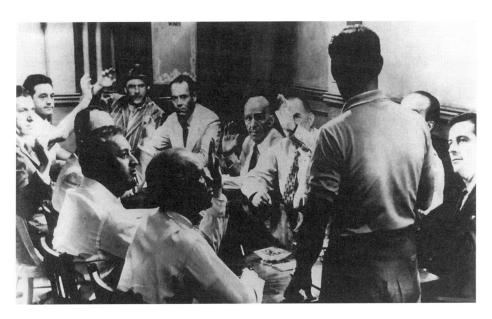

Abb. 9.15
*In dem Film »Die zwölf Geschworenen« wird auf dramatische Weise dargestellt, wie ein einzelner durch Beharrlichkeit und feste Entschlossenheit Einfluß auf das Urteil einer Mehrheit gewinnen kann.*

Henry Fonda, hält den Angeklagten von Anfang an für unschuldig. Dem anfänglichen Außenseiter gelingt es während der konfliktreichen Sitzung schließlich, einen Geschworenen nach dem anderen zur Änderung des Schuldspruchs zu veranlassen. Der in diesem Film geschilderte Einfluß eines Außenseiters auf die Mehrheit kommt in Gerichtssälen nur selten vor (Stasser et al., 1982). Es fehlt dort einfach an Persönlichkeiten, die das Format eines Menschen haben, den Henry Fonda verkörperte.

Serge Moscovici war von den historischen Gestalten, die ihre Auffassungen gegen eine Mehrheit durchzusetzen versuchten, so beeindruckt, daß er beschloß, zusammen mit seinen Mitarbeitern den Einfluß von Minderheiten auf die jeweilige Mehrheit im Experimentalraum zu studieren (Moscovici et al., 1969). Er lud vier Versuchspersonen zur Teilnahme an einem Experiment ein, das als Studie zur Untersuchung von Farbwahrnehmungen vorgestellt wurde. Zwei weitere Versuchspersonen waren Vertraute des Versuchsleiters, die sich allerdings als solche nicht zu erkennen gaben. Den Teilnehmern zeigte er eine Serie von blauen Farbdarstellungen unterschiedlicher Intensität, die an die Wand projiziert wurden. Die Versuchspersonen sollten mitteilen, ob das projizierte Bild blau oder grün sei. Mit den Vertrauten war zuvor vereinbart worden, auf die Dias regelmäßig (fälschlich) mit *grün* zu reagieren. Während des Experiments erklärten die (echten) Versuchspersonen in 8 Prozent ihrer Äußerungen, sie hätten eine grüne Farbe gesehen. In der anschließenden Alleinbefragung meinte ein Drittel der Versuchspersonen, während des Experiments sei ihnen mindestens einmal ein grünes Dia vorgeführt worden. Einer Minderheit (den zwei »Eingeweihten«) war es offenkundig gelungen, auf die Urteile einer Mehrheit einen beachtenswerten Einfluß zu nehmen. Zwar geht es Außenseitern stets ebenso wie den Versuchspersonen in den Schachter-Experimenten: sie erfreuen sich keinerlei Beliebtheit, die Mehrheit kann aber unter bestimmten Voraussetzungen sehr wohl bereit sein, ihnen Tüchtigkeit und Aufrichtigkeit zuzuerkennen (Levine, 1980, Bassili und Provencal, 1988). Man muß offenbar keine freundschaftlichen Beziehungen entwickeln, um Einfluß auf Menschen zu gewinnen. Unter welchen Voraussetzungen können Außenseiter Mehrheiten erschüttern? Dieser Frage ist Moscovici (1985) seit längerer Zeit nachgegangen.

Die Macht einer Mehrheit ergibt sich ausschließlich aus ihrer großen Anzahl, während Minderheiten nur durch ihren *Verhaltensstil* Beeinflussungsmöglichkeiten gewinnen können. Es kommt nicht so sehr darauf an, was sie sagen, sondern *wie* sie ihre Auffassungen zum Ausdruck bringen. Minderheiten stehen vor allem vor der Aufgabe, sich bei den Angehörigen der Mehrheit Gehör zu verschaffen, also von ihnen zur Kenntnis genommen zu werden. Weiterhin muß die Mehrheit in der fälschlichen Annahme erschüttert werden, eine allseits geteilte Auffassung zu vertreten. Durch das Infragestellen der vermeintlichen Einmütigkeit werden Spannungen ausgelöst, die ihrerseits die Mitglieder von Mehrheiten motivieren, sich mit der Minderheitenmeinung zu beschäftigen (Moscovici und Mugny, 1983). In den *Zwölf Geschworenen* konnte der anfängliche Außenseiter die Mehrheit nur deshalb von ihrem Urteil abbringen, weil er sich immer wieder zu Wort meldete, unerschütterlich an seiner Überzeugung festhielt und innerlich entschlossen war, den Angeklagten von einem lückenhaft begründeten Schuldvorwurf des Staatsanwaltes zu entlasten. Minderheiten müssen ihren Standpunkt *konsequent* vertreten, sie dürfen keine Selbstzweifel erkennen lassen, und ihre Mitglieder sollten stets als Einheit auftreten (Moscovici und Personnaz, 1980). Sie dürfen aber auch nicht als starr und zu sehr festgelegt erscheinen; die Angesprochenen sollten von ihnen den Eindruck der Offenheit und geistigen Beweglichkeit gewinnen (Nemeth et al., 1974). Übrigens befanden sich auch Moscovici und weitere europäische Sozialpsychologen in einer Minderheitenrolle gegenüber den ihnen zahlenmäßig weit überlegenen amerikanischen Kollegen. Diese waren seit den Asch-Studien fast ausschließlich mit dem Einfluß der Mehrheit auf ihre Mitglieder beschäftigt. In Bestätigung seiner eigenen Auffassung gelang es Moscovici schließlich durch Beharrlichkeit und Standfestigkeit, seine nordamerikanischen Kollegen von der etwas einseitigen Ausrichtung abzubringen. In den USA sind inzwischen zahlreiche Arbeiten erschienen, in denen die Einflüsse von Mehrheiten *und* Minderheiten untersucht worden sind.

Sofern es Minderheiten gelingt, sich gegenüber einer Mehrheit überhaupt Gehör zu verschaffen, ist ihr Einfluß verhältnismäßig nachhaltig, weil sie zu den persönlichen Überzeugungen vordringen können, die normalerweise besonders schwer zu verändern sind. Die Versuchspersonen von Asch haben ihre Anpassung an die Mehrheit nur in deren Gegenwart aufrechterhalten. In der anschließenden Alleinsituation gaben sie dagegen nur noch zutreffende Urteile ab. Mehrheiten können ihre Mitglieder zwar zu »öffentlichen Bekenntnissen« drängen, die aber keineswegs in Übereinstimmung mit den inneren Überzeugungen stehen müssen. Darin liegen die Grenzen diktatorischer Regime, die eine auffällige

# Psychologie sozialer Prozesse 419

Vorliebe zum Versammeln von Massen besitzen, um ihnen Treuebekundungen abzuverlangen. Sie setzen offenkundig mehr auf die Macht der Beeinflussung von Mehrheiten und zwingen die Bevölkerung zum Gehorsam. Im Verlauf menschlicher Geschichte, so schreibt Charles Snow (1961), sind scheußliche Verbrechen vor allem durch gehorsames Befolgen von Befehlen und weit weniger durch den Widerstand von Minderheiten begangen worden.

Nach Charlan Nemeth (1986) kommt standhaften Einzelkämpfern und Minderheiten bei der Suche nach Problemlösungen eine bedeutsame Rolle zu. Sie müssen keineswegs immer im Recht sein und unterliegen sehr wohl Irrtümern. Dadurch aber, daß sie unabhängig bleiben und ihre Argumente standhaft vertreten, können sie andere veranlassen, über ihre Ausgangssituation noch einmal nachzudenken, Problemsituationen von verschiedenen Blickwinkeln aus zu betrachten und über unterschiedliche Lösungsmöglichkeiten nachzudenken. Eine demokratische Staatsform, die auch Minderheiten toleriert und zu Wort kommen läßt, besitzt folglich die besten Voraussetzungen zur Bewältigung all jener Probleme, vor die sich die Menschheit gestellt sieht, in der Gegenwart wie in der Zukunft! Der grundlegende Irrtum Le Bons bestand darin, die Leistungsfähigkeit von Menschen, die in der Mehrzahl auftreten, völlig verkannt zu haben.

Abb. 9.16
*Diktatorische Regime organisieren häufig Massenveranstaltungen, in denen Ergebenheitsbekundungen erwartet werden. Durch einheitlich vorgeführte Treuegelöbnisse, wie auf dem Parteitag der NSDAP in Nürnberg (1940), erhofften sich die Machthaber, Einfluß auf Andersdenkende zu gewinnen.*

Empfohlene Literatur zur Ergänzung und zur Vertiefung:

HERKNER, W. ($^5$1996): *Lehrbuch Sozialpsychologie*. Bern: Huber.
MANN, L. ($^{10}$1994): *Sozialpsychologie*. Weinheim: PVU.

# Literaturverzeichnis

Die am Schluß der einzelnen Quellen jeweils in eckigen Klammern genannten Ziffern geben an, auf welcher Seite (bzw. auf welchen Seiten) das jeweilige Buch oder der jeweilige Aufsatz zitiert werden.

ABRAHAM, W.C., CORBALLIS, M.C. & WHITE, K.G. (Eds.)(1991): *Memory mechanisms: A tribute to G.V. Goddard.* Hillsdale, NJ: Erlbaum.

ABRAMS, R.D. & FINESINGER, J.E. (1953): Guilt reactions in patients with cancer. *Cancer, 6,* S. 33–45. [392]

ADAMS, W.L., GARRY, P.J., RHYNE, R. & HUNT, W.C. (1990): Alcohol intake in the healthy elderly: Changes with age in a cross-sectional and longitudinal study. *Journal of the American Geriatrics Society, 38,* S. 211–216. [67, 68]

ADER, R. (1991): Classically conditioning the immune system. *In:* CROOKS, R.L. & STEIN, J., S. 198. [362]

ADER, R. & COHEN, N. (1982): Behaviorally conditioned immunosuppression and murine systemic lupus erythematosus. *Science, 215,* S. 1534–1536. [362]

ADORNO, T.W., FRENKEL-BRUNSWIK, E., LEVINSON, D.J. & SANFORD, R.N. (1950): *The authoritarian personality.* New York: Harper. [400]

AHMED, S.M.S. (1982): Factors affecting frustrating and aggressive relationships. *Journal of Social Psychology, 116,* S. 173–177. [306]

AINSWORTH, M.D.S. & WITTIG, B.A. (1969): Attachment and exploratory behavior on one-year-olds in a strange situation. *In:* FOSS, B.M. (Ed.), S. 111–136. [93]

ALEXANDER, R.D. (1987): *The biology of moral systems.* New York: Aldine de Gruyter. [78]

ALLEN, V.I. & LEVINE, J.M. (1971): Social support and conformity: The role of independent assessment of reality. *Journal of Experimental Social Psychology, 7,* S. 48–58. [415]

ALLPORT, G.W. (1968): *Gestalt und Wachstum in der Persönlichkeit.* Meisenheim/Glan: Hain. [160]

AMABILE, T.M. (1983): *The social world of creativity.* New York: Springer. [321]

AMABILE, T.M. (1985): Motivation and creativity: Effects of motivational orientation on creative writers. *Journal of Personality and Social Psychology, 48,* S. 393–399. [321]

AMATO, P.R. (1983): Helping behavior in urban and rural environments: Field studies based on taxonomic organization of helping episodes. *Journal of Personality and Social Psychology, 45,* S. 571–586. [22]

AMES, C. & ARCHER, J. (1988): Achievement goals in the classroom. Students' learning strategies and motivation processes. *Journal of Educational Psychology, 80,* S. 260–270. [319]

AMIR, Y. & SHARAN, S. (1984): *School desegregation: Cross cultural perspective.* Hillsdale, NJ: Erlbaum. [398]

ANASTASI, A. (1958): Heredity, environment, and the question »how?«. *Psychological Review, 65,* S. 197–208. Dt. (1972): Vererbung, Umwelt und die Frage nach dem »Wie«. *In:* EWERT, O.M. (Hrsg.), S. 19–30. [73, 224]

ANASTASI, A. (1982): *Psychological testing.* New York: Macmillan Publishing. [49]

ANDERSON, D.R., LORCH, E.P., FIELD, D.E., COLLINS, P.A. & NATHAN, J.G. (1986): Television viewing at home: Age trends in visual attention and time with T.V. *Child Development, 57,* S. 1024–1033. [100]

ANDERSON, J.R. (1980): *Cognitive psychology and its implications.* San Francisco: Freeman. [260]
ANDERSON, N.H. & HUBERT, S. (1963): Effects of concomitant verbal recall on order effects in personality impression formation. *Journal of Verbal Learning and Verbal Behavior, 2,* S. 379–391. [380]
ANTROBUS, J.S. (Ed.)(1970): *Cognition and affect.* Boston: Little, Brown.
AREND, R., GOVE, F.L., & SROUFE, L.A. (1979): Continuity of individual adaptation from infancy to kindergarten: A predictive study of ego-resiliency and curiosity in preschoolers. *Child Development, 50,* S. 950–959. [97]
ARISTOPHANES (1970): *Die Wolken.* Stuttgart: Reclam. [38]
ARISTOTELES: *Rhetorik.* Paderborn: Schöningh. [404]
ARKIN, R.M. & BURGER, J.M. (1980): Effects of unit relation tendencies on interpersonal attraction. *Social Psychology Quarterly, 43,* S. 380–391. [404]
ARONS, L. (1976): Sleep-assisted instruction. *Psychological Bulletin, 83,* S. 1–40. [161]
ARONSON, E. ($^5$1988): *The social animal.* San Francisco: Freeman. [398, 406]
ARONSON, E. & LINDER, D. (1965): Gain and losses of esteem as determinants of interpersonal attractiveness. *Journal of Experimental Social Psychology, 1,* S. 156–172. [405]
ASCH, S.E. (1946): Forming impressions of personality. *Journal of Abnormal and Social psychology, 41,* S. 258–290. [379, 380]
ASCH, S. E. (1952): *Social psychology.* Englewood Cliffs, NJ: Prentice Hall. [354]
ASCH, S.E. (1956): Studies of independence and conformity: A minority of one against a unanimous majority. *Psychological Monographs, 70,* (9, whole No. 416). [413, 415]
ASIMOV, I. (1979): Sensation and the senses. In: BRAUN, J. & LINDER, D.E.: *Psychology today. An introduction.* New York: Random House, S. 269. [110]
ATCHLEY, R.C. (1975): The life course, age grading, and age-linked demands for decision making. *In:* DATAN, N. & GINSBERG, L.H. (Eds.), S. 261–278. [106]
ATKINSON, J.W. (1964): *An introduction to motivation.* Princeton, NJ: Van Nostrand. [321]
ATKINSON, R.C. & SHIFFRIN, R.M. (1968): Human memory: A proposed system and its control processes. *In:* SPENCE, K.W. & SPENCE, J.T. (Eds.), Vol. 2. S. 89–195. [244]
ATKINSON, R.C. & SHIFFRIN. R.M. (1971): The control of short-term memory. *Scientific American, 225,* S. 82–90. [244]
AUSUBEL, N. (1948): *Treasury of Jewish folklore.* New York: Crown; Applied psychology, S. 440–441. [319]
AVERILL, J.R. (1969): Autonomic response patterns during sadness and mirth. *Psychophysiology, 5,* S. 399–414. [339]
AX, A.F. (1953): The physiological differentiation between fear and anger in humans. *Psychosomatic Medicine, 15,* S. 433–442. [339]
AZUMA, H. (1984): Secondary control as a heterogeneous category. *American Psychologist, 39,* S. 970–971. [369]

BACH, S & KLEIN, G.S. (1957): The effects of prolonged subliminal exposure to words. *American Psychologist, 12,* S. 397–398. [137]
BAHRICK, H.P. (1984): Semantic memory content in permastore: Fifty years of memory for Spanish learned in school. *Journal of Experimental Psychology: General, 113,* S. 1–29. [265, 266]
BAHRICK, H.P., BAHRICK, P.O. & WITTLINGER, R.P. (1975): Fifty years of memory for names and faces: A cross-sectional approach. *Journal of Experimental Psychology: General, 104,* S. 54–75. [242]
BAKER, G.H.B. (1987): Invited Review. Psychological factors and immunity. *Journal of Psychosomatic Research, 31,* S. 1–10. [361]

BALSAM, P.D. & TOMIE, A. (Eds.)(1985): *Context and learning*. Hillsdale, NJ: Erlbaum.
BALTES, P.B. (1973): Prototypical paradigms and questions in life-span research on development and aging. *The Gerontologist, 13,* S. 458–467. [62]
BALTES, P.B., REESE, H.W. & LIPSITT, L.P. (1980): Life-span developmental psychology. *Annual Review of Psychology, 31,* S. 65–110. [104]
BANDURA, A. (1965): Influence of models' reinforcement contingencies on the acquisition of imitated responses. *Journal of Personality and Social Psychology, 1,* S. 589–595. [198]
BANDURA, A. (1967): The role of modeling processes in personality development. *In:* HARTUP, W.W. & SMOTHERGILL, N.L. (Eds.), S. 42–58. [197]
BANDURA, A. (1982): Self-efficacy mechanisms in human agency. *American Psychologist, 37,* S. 122–147. [325]
BANDURA, A. (1986): *Social foundations of thought and action: A social cognitive theory.* Englewood Cliffs, NJ: Prentice Hall. [197]
BARASH, D.P. (1979): *The whispering within.* New York: Harper & Row. [61]
BARD, P. (1934): On emotional expression after decortication with some remarks on certain theoretical views. Parts I and II. *Psychological Review, 41,* S. 424–449. [337]
BARKER, R.G., DEMBO, T. & LEWIN, K. (1941): Frustration and regression: An experiment with young children. *University of Iowa Studies in Child Welfare, 18.* [303]
BARLAND, G.H. & RASKIN, D.C. (1975): An evaluation of field techniques in the detection of deception. *Psychophysiology, 12,* S. 321–330. [335]
BARON, R.A. (1976): The reduction of human aggression: A field study of the influence of incompatible reactions. *Journal of Applied Social Psychology, 6,* S. 260–274. [317]
BARON, R.A. (1983): The control of human aggression. An optimistic perspective. *Journal of Social and Clinical Psychology, 1,* S. 97–119. [317]
BARON, R.A. (1987): Interviewer's mood and reactions to job applicants: The influence of affective states on applied social judgments. *Journal of Applied Social Psychology, 17,* S. 911–926. [55]
BARTLETT, F.C. (1932): *Remembering.* Cambridge: Cambridge University Press. [261]
BASSILI, J.N. (Ed.)(1989): *On-line cognition in person-perception.* Hillsdale, NJ: Erlbaum.
BASSILI, J.N. & PROVENCAL, A. (1988): Perceiving minorities: A factor-analytic approach. *Personality and Social Psychology Bulletin, 14,* S. 5–15. [418]
BASTINE, R. ($^2$1990): *Klinische Psychologie.* Band 1: *Grundlagen und Aufgaben klinischer Psychologie: Definition, Klassifikation und Entstehung psychischer Störungen.* Stuttgart: Kohlhammer. [46, 47]
BAUM, A., TAYLOR, S.E. & SINGER, J.E. (Eds.)(1984): *Handbook of psychology and health. Vol. IV. Social psychological aspects of health.* Hillsdale, NJ: Erlbaum.
BECK, A.J. & SHIPLEY, B.E. (1989): *Special report: Recidivism of prisoners released in 1983.* Washington, DC.: Department of Justice. [183]
BECKWITH, B.E., TILL, R.E., RENO, C.R. & POLAND, R.E. (1990): Dose-dependent effects of DDAVP on memory in healthy young males: A preliminary study. *Peptides, 11,* S. 473–476. [271]
BEECROFT, R. (1966): *Classical conditioning.* Goleta, CA: Psychonomic Press. [167]
BENNETT, A.M.H. (1961): Sensory deprivation in aviation. *In:* SOLOMON, P. et al. (Eds.), S. 161–173. [128]
BENNETT, H.L. (1988): Perception and memory for events during adequate general anesthesia for surgical operations. *In:* PETTINATI, H.M. (Ed.), S. 193–231. [136]
BENNETT, W. & GURIN, J. (1982): *The dieter's dilemma.* New York: Basic Books. Dt. (1983): *Vom Sinn und Unsinn der Diätkuren.* München: Tomus. [291, 294]
BENSON, H. & PROCTOR, W. (1984): *Beyond the relaxation response.* New York: Times Books. [371]

BERKMAN, L. & SYME, S.L. (1979): Social networks, host resistance, and mortality: A nine-year follow-up study of Alameda County residents. *American Journal of Epidemiology, 109*, S. 186–204. [373]
BERKOWITZ, L. (Ed.)(1974): *Advances in experimental social psychology.* Vol. 7. New York: Academic Press.
BERKOWITZ, L. (Ed.)(1977): *Advances in experimental social psychology.* Vol 10. New York: Academic Press.
BERKOWITZ, L. (1978): Whatever happened to the frustration-aggression hypothesis? *American Behavioral Scientist, 21,* S. 691–708. [306]
BERKOWITZ, L. (Ed.)(1981): *Advances in experimental social psychology.* Vol 14. New York: Academic Press.
BERKOWITZ, L. (1987): Mood, self-awareness, and willingness to help. *Journal of Personality and Social Psychology, 52,* S. 721–729. [23]
BERKOWITZ, L. (1988): Frustrations, appraisals, and aversively stimulated aggression. *Aggressive Behavior, 14,* S. 3–11. [306]
BERKOWITZ, L. & LEPAGE, A. (1967): Weapons as aggression-eliciting stimuli. *Journal of Personality and Social Psychology, 7,* S. 202–207. [306]
BERKOWITZ, L. & WALSTER, E. (Eds.)(1976): *Advances in experimental social psychology.* Vol. 9. New York: Academic Press.
BERMOND, B., NIEUWENHUYSE, B, FASOTTI, L., & SCHUERMAN, J. (1991): Spinal cord lesions, peripheral feedback, and intensities of emotional feelings. *Cognition and Emotion, 5,* S. 201–220. [337]
BERNARD, L.L. (1924): *Instinct: A study in social psychology.* New York: Holt, Rinehart. [286]
BERNSTEIN, I.L. (1978): Learned taste aversions in children receiving chemotherapy. *Science, 200,* S. 1302–1303. [169]
BERNSTEIN, I.L. & BORSON, S. (1986): Learned food aversion: A component of anorexia syndromes. A component of anorexia syndromes. *Psychological Review, 93,* S. 462–472. [170]
BERRY, D.S. (1991): Attractive faces are not all created equal: Joint effects of facial babyness and attractiveness on social perception. *Personality and Social Psychology Bulletin, 17,* S. 523–531. [377]
BERRY, D.S. & MCARTHUR, L.Z. (1988): What's in a face? Facial maturity and the attribution of legal responsibility. *Personality and Social Psychology Bulletin, 14,* S. 23–33. [379]
BERSCHEID, E. & WALSTER, E. (1974): Physical attractiveness. *In:* BERKOWITZ, L. (Ed.), S. 158–216. [408]
BERSCHEID, E. & WALSTER, E. ($^2$1978): *Interpersonal attraction.* Reading, Mass.: Addison-Wesley. [404, 408]
BIEDERMAN, I. (1989): The uncertain case for cultural effects in pictorial object recognition. *Behavioral and Brain Sciences, 12,* S. 74–75. [149]
BINET, A. (1913): *Les idées modernes sur les enfants.* Paris: Flammarion. Dt. (1927): *Die neuen Gedanken über das Schulkind* (2. Aufl.). Leipzig: Wunderlich. [228]
BINET, A. & HENRI, V. (1895): La psychologie individuelle. *Année psychologique, 2,* S. 411–463. [224]
BIRBAUMER, N. & SCHMIDT, R.F. ($^2$1991): *Biologische Psychologie.* Berlin: Springer. [122]
BIRCH, D., ATKINSON, J.W. & BONGORT, K. (1974): Cognitive control of action. *In:* WEINER, B. (Ed.), S. 71–84. [285]
BIRCH, H.C. (1945): The relation of previous experience to insightful problem solving. *Journal of Comparative and Physiological Psychology, 38,* S. 367–383. [196]
BLAKEMORE, C. (1977): *Mechanics of mind.* Cambridge: University Press. [224]
BLATT, S.J. & STEIN, M.I. (1959): Efficiency in problem solving. *Journal of Psychology, 48,* S. 193–206. [214]
BLEHAR, M.P. (1974): Anxious attachment and defensive reactions associated with day care. *Child Development, 45,* S. 683–692. [97]

Bobo, L. (1988): Attitudes toward the black political movement: Trends, meaning, and effects of racial policy preferences. *Social Psychology Quarterly, 51*, S. 287–302. [397]

Boff, K.R., Kaufman, L. & Thomas, J.P. (Eds.)(1986): *Handbook of perception and human performance, Vol. II: Cognitive processes and performance.* New York: Wiley.

Bolger, N., Caspi, A., Downey, G. & Moorehouse, M. (Eds.)(1988): *Persons in context: Developmental processes.* Cambridge: Cambridge University Press.

Bolles, R.C. (1979): *Learning theory.* New York: Holt, Rinehart & Winston. [163]

Booth-Kewely, S. & Friedman, H.S. (1987): Psychological predictors of heart disease. *Psychological Bulletin, 101*, S. 343–362. [366]

Bootzin, R.R., Bower, G.H., Zajonc, R.B. & Hall, E. ($^6$1986): *Psychology today. An introduction.* New York: Random House. [349]

Bornstein, R.F. (1989): Subliminal techniques as propaganda tools. Review and critique. *Journal of Mind and Behavior, 10*, S. 231–262. [137]

Bornstein, R.F. & D'Agostino (1993): Stimulus recognition and the mere exposure effect. *Journal of Personality and Social Psychology, 63*, S. 545–552. [137]

Bornstein, R.F., Leone, D.R. & Galley, D.J. (1987): The generalizability of subliminal mere exposure effects: Influence of stimuli perceived without awareness on social behavior. *Journal of Personality and Social Psychology, 53*, S. 1070–1079. [137]

Borys, S. & Perlman, D. (1985): Gender differences in loneliness. *Personality and Social Psychology Bulletin, 11*, S. 63–74. [354]

Bouchard, T.J. & McGue, M. (1981): Familial studies of intelligence. A review. *Science, 212*, S. 1055–1059. [74]

Bousfield, W.A. (1953): The occurrence of clustering in the free recall of randomly arranged associates. *Journal of General Psychology, 49*, S. 229–240. [243]

Bower, G.H. (1981): Mood and memory. *American Psychologist, 36*, S. 129–148. [268]

Bower, G.H. & Clark, M.C. (1969): Narrative stories as mediators for serial learning. *Psychonomic Science, 14*, S. 181–182. [276]

Bower, G.H., Gilligan, S.G. & Monteiro, K.P. (1981): Selectivity of learning caused by affective states. *Journal of Experimental Psychology: General, 110*, S. 451–473. [274]

Bower, G.H. & Hilgard, E.R. ($^5$1981): *Theories of learning.* Englewood Cliffs, NJ: Prentice-Hall. Dt. ($^5$1983): *Theorien des Lernens.* Stuttgart: Klett-Cotta. [163]

Bower, T.G.R. ($^2$1981): *Development in infancy.* San Francisco: Freeman. [144]

Bowlby, J. (1958): The nature of the child's tie to his mother. *International Journal of Psychoanalysis, 39*, S. 35–373. [92]

Bowlby, J. ($^2$1982): *Attachment and loss.* New York: Basic Books. [92]

Bradbury, T.N. & Fincham, F.D. (1988): Individual difference variables in close relationships: A contextual model of marriage as an integrative framework. *Journal of Personality and Social Psychology, 54*, S. 713–721. [386]

Bransford, J.D. (1979): *Human cognition.* Belmont, CA: Wadsworth. [274]

Bransford, J.D. & Stein, B.S. (1984): *The IDEAL problem solver. A guide for improving thinking, learning, and creativity.* New York: Freeman. [220]

Braun, B.G. (1990): Multiple personality disorder: An overview. *The American Journal of Occupational Therapy, 44*, S. 971–976. [211]

Braun, C. (1976): Teacher expectation: Sociopsychological dynamics. *Review of Educational Research, 46*, S. 185–213. [384]

Bray, G. & Bethune, J. (Eds.)(1974): *Treatment and management of obesity.* New York: Harper & Row.
Brenner, K. (1984): Der Zeuge: das am wenigsten zuverlässige Beweismittel. *Kriminalistik, 38,* S. 490, 507–511. [263]
Bretherton, I. & Waters, E. (Eds.)(1985): Growing points of attachment theory and research. *Monographs of the Society for Research in Child Development, 50,* Serial No. 209.
Breuer, J. & Freud, S. (1895): *Studien über Hysterie.* Leipzig: Deuticke. [40]
Brewer, M.B. (1979): In-group bias in the minimal intergroup situation: A cognitive-motivational analysis. *Psychological Bulletin, 86,* S. 307–324. [393]
Brewer, M.B. & Miller, N. (1984): Beyond the contact hypothesis: Theoretical perspectives on desegregation. *In:* Miller, N. & Brewer, M.B. (Eds.), S. 281–302. [394]
Brigham, J.C. (1985): Race and eyewitness identifications. *In:* Worchel, S. & Austin, W.G. (Eds.), S. 260–282. [394]
Brigham, J.C. ($^2$1991): *Social psychology.* Boston: Little, Brown & Company. [398]
Brigham, J.C. & Wrightsman, L. (Eds.)(1982): *Contemporary issues in social psychology.* Monterey, CA: Brooks/Cole.
Broad, W.J. (1984): Pentagon is said to focus on ESP for wartime use. *The New York Times,* January 10. [118]
Broadbent, D.E. (1958): *Perception and communication.* London: Pergamon. [139]
Broberg, D.J. & Bernstein, I.L. (1987): Candy as a scapegoat in the prevention of food aversions in children receiving chemotherapy. *Cancer, 60,* S. 2344–2347. [170]
Broca, P. (1861): Sur le volume de la forme du cerveau suivant les individus et survant les races. *Bulletin Société d'Anthropologie.* Vol. 3, part 2, 13ff. [25, 26]
Bronfenbrenner, U. (1975): Nature and nurture: A reinterpretation of evidence. *In:* Montagu, A. (Ed.), S. 114–144. [75]
Brook, P. (1964): Filming a masterpiece. *Observer Weekend Review,* 26. July, S. 21, 23. [297]
Brookhart, J.M. & Mountcastle, V.B. (Eds.)(1984): *Handbook of physiology, the nervous system III.* Bethesda, MD: American Physiological Society.
Brophy, J. (1983): Research on the self-fulfilling prophecy and teacher expectations. *Journal of Educational Psychology, 75,* S. 631–661. [383, 384]
Brophy, J. & Good, T. (1974): *Teacher-student relationships: Causes and consequences.* New York: Holt, Rinehart & Winston. Dt. (1976): *Die Lehrer-Schüler-Interaktion.* München: Urban & Schwarzenberg. [383]
Brown, A.S. (1991): A review of the tip-of-the tongue experience. *Psychological Bulletin, 109,* S. 204–223. [259]
Brown, B. (1974): *New mind, new body.* New York: Harper & Row. [178]
Brown, C. (1976): Teacher expectations: Sociopsychological dynamics. *Review of Educational Research, 46,* S. 185–213. [384]
Brown, R. & McNeill, D. (1966): The »tip of the tongue« phenomenon. *Journal of Verbal Learning and Verbal Behavior, 5,* S. 325–337. [259, 259]
Brownell, K.D. (1988): Yo-yo dieting. *Psychology Today, 22,* S. 20–23. [294]
Bruner, J. & Tagiuri, R. (1954): The perception of people. *In:* Lindzey, G. (Ed.), S. 634–654. [379]
Buchner, A. (1993): *Implizites Lernen. Probleme und Perspektiven.* Weinheim: PVU. [136]
Buck, R. (1985): Prime theory: An integrated view of motivation and emotion. *Psychological Review, 92,* S. 389–413. [328]
Buckhout, R. (1974): Eyewitness testimony. *Scientific American, 231,* S. 23–31. [243]

BURT, C.L. (1943): Ability and income. *British Journal of Educational Psychology, 13*, S. 83–98. [233]
BUSKE-KIRSCHBAUM, A., KIRSCHBAUM, C. & HELLHAMMER, D. (1990): Psychoneuroimmunologie. *In:* SCHWARZER, R. (Hrsg.), S. 35–43. [361]
BUSS, A.H. (1963): Physical aggression in relation to differential frustrations. *Journal of Abnormal and Social Psychology, 67*, S. 1–7. [305, 313]
BUSS, D.M. (1985): Human mate selection. *American Scientist, 73*, S. 47–51. [405]
BYRNE, D. (1971): *The attraction paradigm.* New York: Academic Press. [404]

CAMPBELL, B. & CHURCH, R. (Eds.)(1969): *Punishment and aversive behavior.* New York: Appleton-Century-Crofts.
CAMPOS, J.J., BARRETT, K.C., LAMB, M.E., GOLDSMITH, H.H. & STENBERG, C. (1983): Socioemotional development. *In:* MUSSEN, P.H., HAITH, M. & CAMPOS, J.J. (Eds.), S. 783–915. [96]
CANNON, W.B. (1927): The James-Lange theory of emotions: A critical examination and an alternate theory. *American Journal of Psychology, 39*, S. 106–124. [337]
CANNON, W.B. & WASHBURN, A.L. (1912): An explanation of hunger. *American Journal of Psychology, 29*, S. 441–454. [289]
CANTOR, N. & KIHLSTROM, J.F. (1987): *Personality and social intelligence.* Englewood Cliffs, NJ: Prentice-Hall. [323]
CARROLL, J.L. (1990): The relationship between humor appreciation and perceived physical health. *Psychology: A Journal of Human Behavior, 27*, S. 34–37. [367]
CARSON, R.C., BUTCHER, J.N. & COLEMAN, J.C. ($^8$1988): *Abnormal psychology.* Glenview, Ill.: Scott, Foresman. [210]
CASE, R. (1985): *Intellectual development: A systematic reinterpretation.* New York: Academic Press. [102]
CECI, S.J. & LIKER, J. (1986): Academic and nonacademic intelligence: an experimental separation. *In:* STERNBERG, R.J. & WAGNER, R.K. (Eds.), S. 119–142. [238]
CENTER FOR RESEARCH ON AGGRESSION (Ed.)(1983): *Prevention and control of aggression.* New York: Pergamon Press.
CHAGNON, N.A. & IRONS, W. (1979): *Evolutionary biology and human behavior: An anthropological perspective.* North Scituate, MA: Duxbury. [78]
CHANG, T.M. (1986): Semantic memory: Facts and models. *Psychological Bulletin, 99*, S. 199–220. [260]
CHASE, W.G. & SIMON, H.A. (1973): Perception in chess. *Cognitive Psychology, 4*, S. 55–81. [252]
CHERRY, E.C. (1953): Some experiments on the recognition of speech with one or two ears. *Journal of the Acoustical Society of America, 25*, S. 975–979. [134, 138]
CHERRY, E.C. & TAYLOR, W.K. (1954): Some further experiments on the recognition of speech with one and two ears. *Journal of the Acoustical Society of America, 26*, S. 554–559. [138]
CHERULNIK, P.D. (1979): Sex differences in the expression of emotion in a structured social encounter. *Sex Roles, 5*, S. 413–424. [354]
CHI, M.T.H. (1978): Knowledge structures and memory development. *In:* SIEGLER, R. (Ed.), S. 73–96. [103]
CHI, M.T.H., FELTOVICH, P.J. & GLASER, R. (1981): Categorization and representation of physical problems by experts and novices. *Cognitive Science, 5*, S. 121–152. [214]
CHI, M.T.H. & KLAHR, D. (1975): Span and rate of apprehension in children and adults. *Journal of Experimental Child Psychology, 19*, S. 434–439. [101]
CHWALISZ, K. DIENER, E. & GALLAGHER, D. (1988): Autonomic arousal feedback and emotional experience. *Journal of Personality and Social Psychology, 54*, S. 820–828. [337]

CLARK, M.S. & REIS, H.T. (1988): Interpersonal processes in close relationships. *Annual Review of Psychology, 39*, S. 609–672. [404]

CLORE, G.L. (1975): *Interpersonal attraction: An overview.* Morristown, NJ: General Learning Press. [404]

COHEN, I.S. (Ed.)(1989): *The G. Stanley Hall lecture series.* Vol. 9. Washington, DC: American Psychological Association.

COHEN, N. & ADER, R. (1988): Immunomodulation by classical conditioning. *Advances in Biochemical Psychopharmacology, 44*, S. 199–202. [362]

COHEN, S. & McKAY, G. (1984): Social support, stress, and the buffer hypothesis: A theoretical analysis. *In:* BAUM, A., TAYLOR, S.E. & SINGER, J.E. (Eds.), S. 253–267. [373]

COLEMAN, J.C., BUTCHER, J.N. & CARSON, R.C. ($^7$1984): *Abnormal psychology.* Glenview, Ill.: Scott Foresman. [51]

COLLIGAN, M.J., URTES, M.-A., WISSEMAN, C., ROSENSTEEL, R.E., ANANIA, T.L. & HORNUNG, R.W. (1979): An investigation of apparent mass psychogenic illness in an electronics plant. *Journal of Behavioral Medicine, 2*, S. 297–309. [359]

COLLINS, A.M. & QUILLIAN, M.R. (1969): Retrieval time from semantic memory. *Journal of Verbal Learning and Verbal Behavior, 8*, S. 240–247. [206, 260]

CONGDON, M.H. & ABELS, B.S. (1983): *Multiple personality: Etiology, diagnosis and treatment.* New York: Human Sciences Press. [211]

COOK, E., HODES, R. & LANG, P. (1986): Preparedness and phobia: Effects of stimulus content on human visceral conditioning. *Journal of Abnormal Psychology, 95*, S. 195–207. [170]

COON, D.J. (1982): Eponymy, obscurity, Twitmyer, and Pavlov. *Journal of the History of the Behavioral Sciences, 18*, S. 255–262. [163]

COREN, S. (1989): Cross-cultural studies of visual illusions: The physiological confound. *Behavioral and Brain Sciences, 12*, S. 76–77. [149]

COREN, S., PORAC, C. & WARD, L.M. (1978): *Sensation and perception.* New York: Academic Press. [112]

CORSINI, R.J. (Ed.)(1981): *Handbook of innovative psychotherapies.* New York: Wiley. [50]

COWAN, W.M. (1979): The development of the brain. *Scientific American, 241*, S. 112–133. [79]

COX, T. (1978): *Stress.* Baltimore: University Park. [372]

CRAIK, F.I.M. & LOCKHART, R.S. (1972): Levels of processing: A framework for memory research. *Journal of Verbal Learning and Verbal Behavior, 11*, S. 671–684. [245]

CRIDER, A.B., GOETHALS, G.R., KAVANAUGH, R.D. & SOLOMON, P.R. ($^3$1989, $^4$1993): *Psychology.* New York: HarperCollins. [365]

CRIDER, A.B., GOETHALS, G.R., KAVANAUGH, R.D. & SOLOMON, P.R. (1989): A conversation with Sandra Scarr. *In:* CRIDER et al. (Eds.), S. 324–325. [76]

CROCKER, J., THOMPSON, L.L., McGRAW, K.M. & INGERMAN, C. (1987): Downward comparison, prejudice, and evaluation of others: effects of self-esteem and threat. *Journal of Personality and Social Psychology, 52*, S. 907–916. [393]

CROOKS, R.L. & STEIN, J. ($^2$1991): *Psychology. Science, Behavior, and life.* Fort Worth, TX: Holt, Rinehart and Winston.

CROSS, H.A., HALCOMB, C.G. & MATTER, W.M. (1967): Imprinting or exposure learning in rats given early auditory stimulation. *Psychonomic Science, 7*, S. 233–234. [403]

CROUTER, A.C., PERRY-JENKINS, M., HUSTON, T.L., McHALE, S.M. (1987): Processes underlying father involvement in dual-earner and single-earner families. *Developmental Psychology, 23*, S. 431–440. [96]

CUNNINGHAM, J.D., STARR, P.A. & KANOUSE, D.E. (1979): Self as actor, active observer, and passive observer. *Journal of Personality and Social Psychology, 37*, S. 1146–1152. [23]

CURRAN, J.P. & LIPPOLD, S. (1975): The effects of physical attraction and attitude similarity on attraction in dating dyads. *Journal of Personality, 44,* S. 528–539. [404]

CUTRONA, C.E. (1986): Behavioral manifestation of social support: A microanalytic investigation. *Journal of Personality and Social Psychology, 51,* S. 201–208. [373]

DAGENBACK, D., CARR, T.H. & WILHELMSEN, A. (1989): Task-induced strategies and near-threshold priming: Conscious influences on unconscious processing. *Journal of Memory and Language, 28,* S. 412–443. [137]

DALY, M. & WILSON, M. (1988): *Homicide.* New York: Aldine de Gruyter. [78]

DARLEY, J.M. & BATSON, C.D. (1973): From Jerusalem to Jericho: A study of situational and dispositional variables in helping behavior. *Journal of Personality and Social Psychology, 27,* S. 100–108. [22]

DARLEY, J.M., GLUCKSBERG, S. & KINCHLA, R.A. ($^5$1991): *Psychology.* Englewood Cliffs, NJ: Prentice Hall. [22, 215]

DARLEY, J.M. & LATANÉ, B. (1968): Bystander intervention in emergencies: Diffusion of responsibility. *Journal of Personality and Social Psychology, 8,* S. 377–383. [17, 20, 21, 23, 24, 215]

DARWIN, C. (1871): *The descent of man and selection in relation to sex.* London: Murray. Dt. (1894): *Die Abstammung des Menschen und die geschlechtliche Zuchtauswahl.* Leipzig: Reclam. [340, 349, 350]

DARWIN, C. (1872): *The expression of emotions in man and animals.* London: Murray. Dt.: *Der Ausdruck der Gemuethsbewegungen bei den Menschen und den Tieren.* Stuttgart: Schweizerbart. [340]

DATAN, N. & GINSBERG, L.H. (Eds.)(1975): *Life-span developmental psychology: Normative life crisis.* New York: Academic Press.

DAVIDOFF, L.L. (1987): *Introduction to psychology.* New York: McGraw-Hill. [212]

DAVIS, H. & HURWITZ, H.M.B. (Eds.)(1977): *Operant-Pavlovian interactions.* Hillsdale, NJ: Lawrence Erlbaum Associates.

DAVIS, K.E. (1985): Liebe ist: Freundschaft plus. *Psychologie heute, 12,* S. 43–47. [407]

DAWKINS, R. (1976): *The selfish gene.* London: Oxford University Press. [77]

DECI, E. (1971): Effects of externally mediated rewards on intrinsic motivation. *Journal of Personality and Social Psychology, 18,* S. 105–115. [320]

DECI, E.L. & RYAN, R.M. (1985): *Intrinsic motivation and self-determination in human behavior.* New York: Plenum Press. [320]

DECI, E.L. & RYAN, R.M. (1993): Die Selbstbestimmungstheorie der Motivation und ihre Bedeutung für die Pädagogik. *Zeitschrift für Pädagogik, 39,* S. 223–238. [320]

DELONGIS, A., COYNE, J.C., DAKOF, G., FOLKMAN, S. & LAZARUS, R.S. (1982): Relationship of daily hassles, uplifts, and major life events to health status. *Health Psychology, 1,* S. 119–136. [363]

DENNIS, W. (1960): Causes of retardation among institutional children: Iran. *Journal of Genetic Psychology, 96,* S. S. 874–892. [90]

DENNIS, W. & DENNIS, M.G. (1940): The effect of cradling practices upon the onset of walking in Hopi children. *Journal of Genetic Psychology, 56,* S. 77–86. [89, 90]

DENNIS, W. & NAJARIAN, P. (1957): Infant development under environmental handicap. *Psychological Monographs, 71* (No. 436). [90]

DEPAULO, B.M., STONE, J. & LASSITER, G.D. (1985): Deceiving and detecting deceit. *In:* SCHLENKER, B.R. (Ed.), S. 323–370. [356]

DEREGOWSKI, J.B. (1973): Illusions and culture. *In:* GREGORY, R.L. & GOMBRICH, E.H. (Eds.), S. 161–191. [148]

DEREGOWSKI, J.B. (1980): *Illusions, patterns and pictures: A cross-cultural perspective.* London: Academic Press. [149]

DEREGOWSKI, J.B. (1989): Real space and represented space: Cross-cultural perspectives. *Behavioral and Brain Sciences, 12,* S. 51-119. [149]

DE TOCQUEVILLE, A. (1856): *The old regime and the French Revolution.* New York: Harper Brothers. [308]

DEUTSCH, M. & GERARD, H.B. (1955): A study of normative and informational social influence upon individual judgment. *Journal of Abnormal and Social Psychology, 51,* S. 629-636. [411, 415]

DE VALOIS, R.L. & JACOBS, G.H. (1984): Neural mechanisms of color vision. *In:* BROOKHART, J.M. & MOUNTCASTLE, V.B. (Eds.), S. 425-456. [125]

DEVINE, P.G. (1989): Stereotypes and prejudice: Their automatic and controlled components. *Journal of Personality and Social Psychology, 56,* S. 5-18. [400]

DE WIED, D., VAN WIMERSMA GREIDANUS, Tj. B., BOHUS, B., URBAN, I. & GISPEN, W.H. (1976): Vasopressin and memory consolidation. *Progress in Brain Research, 45,* S. 181-194. [271]

DIENSTBIER, R.A. (Ed.)(1990): *Nebraska symposium on motivation.* Vol. 38. Lincoln: University of Nebraska Press.

DIETERICH, R. (1987): Lernen im biofeedback-induzierten Entspannungszustand. *Zeitschrift für Pädagogische Psychologie, 1,* S. 99-111. [162]

DION, K.K., BERSCHEID, E. & WALSTER, E. (1972): What is beautiful is good. *Journal of Personality and Social Psychology, 24,* S. 285-290. [377]

DÖRNER, D. (1989): *Die Logik des Mißlingens. Strategisches Denken in komplexen Situationen.* Reinbek: Rowohlt. [58, 238]

DÖRNER, D., KREUZIG, H.W., REITHER, F., STÄUDEL, T. (Hrsg.)(1983): *Lohhausen: Vom Umgang mit Unbestimmtheit und Komplexität.* Bern: Huber. [238]

DOLLARD, J.R., DOOB, L.W., MILLER, N.E., MOWRER, O.H. & SEARS, R.R. (1939): *Frustration and aggression.* New Haven, Conn.: Yale University Press. Dt. (1994): *Frustration und Aggression.* Weinheim: PVU. [302]

DORFMAN, P. (1989): Industrial and organizational psychology. *In:* GREGORY. W.L. & BURROUGHS, W.J. (Eds.), S. 75-126. [56]

DORIAN, B. & GARFINKEL, P.E. (1987): Stress, immunity and illness: A review. *Psychological Medicine, 17,* S. 393-407. [362]

DORSEY, G. (1987): The love doctor. *Hartford Courant/Northeast,* February 8, S. 12-21, 33-35.

DOWD, M. (1984): Twenty years after the murder of Kitty Genovese, the question remains: Why? *The New York Times,* March 12, B1, B4. [23]

DRENTH, P.J. (1989): Personalselektion und -plazierung. *In:* GREIF, S. et al., (Hrsg.), S. 371-379. [56]

DRUCKMAN, D. & SWETS, J. (1988): *Enhancing human performance.* Washington, D.C.: National Academy of Sciences Press. [118, 270]

DUCKRO, P.N & CANTWELL-SIMMONS, E. (1989): A review of studies evaluating biofeedback and relaxation training in the management of pediatric headache. *Headache, 29,* S. 428-433. [178]

DUNCKER, K. (1935): *Zur Psychologie des produktiven Denkens.* Berlin: Springer. [221]

DWECK, C.S. (1986): Motivational processes affecting learning. *American Psychologist, 41,* S. 1040-1048. [324, 326]

DWECK, C.S. (1990): Toward a theory of goals: Their role in motivation and personality. *In:* DIENSTBIER, R.A. (Ed.), S. 199-235. [324]

DWECK, C.S. & LEGGETT, E.L. (1988): A social-cognitive approach to motivation and personality. *Psychological Review, 95,* S. 256-273. [325, 326]

DWECK, C.S. & LICHT, B.G. (1980): Learned helplessness and intellectual achievement. *In:* SELIGMAN, M.E.P. & GARBER, J. (Eds.), S. 197–221. [190]

EBBINGHAUS; H. (1885): *Über das Gedächtnis. Untersuchungen zur experimentellen Psychologie.* Leipzig: Duncker & Humblot. Neuauflage: (1971) Darmstadt: Wissenschaftliche Buchgesellschaft. [250, 265]

EDWARDS, A.E. & ACKER, L.E. (1972): A demonstration of the long-term retention of a conditioned GSR. *Psychosomatic Science, 26*, S. 27–28. [172]

EGBERT, L.D., BATTIT, G.E., WELCH, C.E. & BARTLETT, M.K. (1964): Reduction of postoperative pain by encouragement and instruction of patients. *The New England Journal of Medicine, 270*, S. 825–827. [373]

EGETH, H.E. (1993): What do we *not* know about eyewitness identification? *American Psychologist, 48*, S. 577–580 [265]

EGETH, H.E. & MCCLOSKEY, M. (1984a): Eyewitness identification: What can a psychologist tell a jury? *American Psychologist, 38*, S. 550–563. [264]

EGETH, H.E. & MCCLOSKEY, M. (1984b): The jury is still out. *American Psychologist, 39*, S. 1068–1069. [264]

EIBL-EIBESFELDT, I. (1973): The expressive behavior of the deaf-and-blind-born. *In:* VON CRANACH, M. & VINE, I. (Eds.), S. 163–194. [350]

EINSTEIN, A. & FREUD, S. (1932): *Warum Krieg?* Dijon: Imprimerie Darantière, S. 25–62. [297]

EKMAN, P. (Ed.)(1973): *Darwin and facial expression. A century of research in review.* New York: Academic Press. [350]

EKMAN, P. (1973): Cross-cultural studies of facial expression. *In:* EKMAN, P. (Ed.), S. 169–222. [329]

EKMAN, P. (1980): *The face of man.* New York: Garland STPM Press. [356]

EKMAN, P. (1984): Expression and the nature of emotion. *In:* SCHERER, K.S. & EKMAN, P. (Eds.), S. 319–343. [330]

EKMAN, P. (1985): *Telling lies.* New York: Norton. [354]

EKMAN, P. (1992): Facial expression and emotion. *American Psychologist, 48*, S. 384–392. [330, 351]

EKMAN, P. & FRIESEN, W.V. (1971): Constants across cultures in the fact of emotion. *Journal of Personality and Social Psychology, 17*, S. 124–129. [350]

EKMAN, P. & FRIESEN, W.V. (1974): Detecting deception from the body or face. *Journal of Personality and Social Psychology, 29*, S. 288–298. [355]

EKMAN, P. & FRIESEN, W.V. (1975): *Unmasking the face.* Englewood Cliffs, NJ: Prentice-Hall. [353]

EKMAN, P., FRIESEN, W.V. & O'SULLIVAN, M. (1988): Smiles when lying. *Journal of Personality and Social Psychology, 54*, S. 414–420. [357]

EKMAN, P. & HEIDER, K.G. (1988): The universality of a contempt expression: A replication. *Motivation and Emotion, 12*, S. 303–308. [330, 351]

EKMAN, P., LEVENSON, R.W. & FRIESEN, W.V. (1983): Autonomic nervous system activity distinguished between emotions. *Science, 211*, S. 1208–1210. [340]

EKMAN, P, SORENSON, E.R. & FRIESEN, W.V. (1969): Pancultural elements in facial displays in emotions. *Science, 764*, S. 86–88. [350]

ELASHOFF, J.D. & SNOW, R.E. (1971): *Pygmalion reconsidered.* Worthington, Ohio: Jones. Dt. (1972): *Pygmalion auf dem Prüfstand.* München: Kösel. [383]

ELKIND, L. (1981): Effects of hypnosis on the aging process. *Journal of the American Society of Psychosomatic Dentistry and Medicine, 28*, S. 132–137. [363]

ELLIOT, G.R. & EISDORFER, C. (1982): *Stress and human health.* New York: Springer. [358]

ELLIOT, J., zitiert nach: ZIMBARDO, P.G. (1992). [395]
ELLIOTT, E.S. & DWECK, C.S. (1988): Goals: An approach to motivation and achievement. *Journal of Personality and Social Psychology, 54,* S. 5–12. [325]
ELMER-DEWITT, P. (1994): The genetic revolution. *Time, 143(3),* S. 32–39. [71]
EMMONS, W.H. & SIMON, C.W. (1956): The non-recall of material presented during sleep. *American Journal of Psychology, 69,* S. 76–81. [161]
EPIKTET (1966): *Handbüchlein der Moral.* Herausgegeben von SCHMIDT, H. Stuttgart: Kröner. [358]
ERDELYI, M.H. (1985): *Psychoanalysis: Freud's cognitive psychology.* New York: Freeman. [40]
ERDELYI, M.H. & GOLDBERG, B. (1979): Let's not sweep repression under the rug: Toward a cognitive psychology of repression. *In:* KIHLSTROM, J.F. & EVANS, F.J. (Eds.), S. 355–402. [269]
ERICKSON, M.F., SROUFE, L.A., EGELAND, B. (1985): The relationship between quality of attachment and behavior problems in preschool in a high-risk sample. *In:* BRETHERTON, I. & WATERS, E. (Eds.), S. 147–166. [98]
ERON, L.D. (1982): Parent-child interaction, television violence and aggression of children. *American Psychologist, 37,* S. 197–211. [201]
ERON, L.D. (1987): The development of aggressive behavior from the perspective of a developing behaviorism. *American Psychologist, 42,* S. 435–442. [201]
EVANS, R.I. (1974): A conversation with Konrad Lorenz about aggression, homosexuality, pornography, and the need for a new ethic. *Psychology Today, 8,* S. 83–93. [200]
EWERT, O.M. (Hrsg.)(1972): *Entwicklungspsychologie.* Band. 1. Köln: Kiepenheuer & Witsch.

FAHRION, S.L. & NORRIS, P.A. (1990): Self-regulation of anxiety. *Bulletin of the Menninger Clinic, 54,* S. 217–231. [178]
FANCHER, R.E. (1979): *Pioneers in psychology.* New York: Norton. [225]
FANCHER, R.E. (1985): *The intelligence men: Makers of the IQ controversy.* New York: Norton. [72]
FARBER, S. (1981): *Identical twins reared apart: A reanalyis.* New York: Basic Books. [75]
FECHNER, G.T. (1860): *Elemente der Psychophysik.* Band 1. Leipzig: Breitkopf und Härtel. [29]
FEIERABEND, I.K., FEIERABEND, R.L. & GURR, T.R. (Eds.)(1972): *Anger, violence, and politics.* Englewood Cliffs, NJ: Prentice-Hall.
FEIERABEND, I.K. & FEIERABEND, R.L. (1972): Systemic condition of political aggression: An application of frustration-aggression theory. *In:* FEIERABEND, I.K., FEIERABEND, R.L. & GURR, T.R. (Eds.), S. 136–183. [308]
FEIRING, C., FOX, N.A. JASKIR, J. & LEWIS, M. (1987): The relation between social support, infant risk status, and mother-infant interactions. *Developmental Psychology, 23,* S. 400–405. [98]
FERNANDEZ, A. & GLENBERG, A.M. (1985): Changing environmental context does not reliably affect memory. *Memory & Cognition, 13,* S. 333–345. [268]
FERRING, D. & FILIPP, S.-H. (1987): Die Rolle kausaler Zuschreibungen und Kontrollwahrnehmungen in der Anpassung an chronische Erkrankungen. *Forschungsberichte aus dem Projekt Psychologie der Krankheitsbewältigung, Nr. 12.* Trier: Universität Trier. [392]
FESHBACH, S. (1989): Fernsehen und antisoziales Verhalten. *In:* GROEBEL, J. & WINTERHOFF-SPURK, P. (Hrsg.), S. 65–75. [200]
FESHBACH, N.D. & FESHBACH, S. (1981): Empathy training and the regulation of aggression: Potentialities and limitations. Paper presented at the Western Psychological Association. [315]
FICHTER, M.M. & WITTCHEN, H.-U. (1980): *Nicht ärztliche Psychotherapie im In- und Ausland. Zur psychotherapeutischen Versorgung durch nicht-ärztliche Berufsgruppen.* Weinheim: Beltz. [46]

FIEDLER, F. (1986): The contribution of cognitive resources and leader behavior to organizational performance. *Journal of Applied Social Psychology, 6*, S. 532–548.

FIEDLER, F. (1992): Time-based measures of leadership experience and organizational performance: A review of research and a preliminary model. *Leadership Quarterly, 3*, S. 5–23.

FILIPP, S.-H. (1982): Kritische Lebensereignisse als Brennpunkte einer angewandten Entwicklungspsychologie des mittleren und höheren Erwachsenenalters. *In:* OERTER, R., MONTADA, L. u.a. (Hrsg.), S. 769–788. [106]

FILIPP, S.-H. (Hrsg.)($^2$1990): *Kritische Lebensereignisse.* Weinheim: PVU. [106]

FISHMAN, J. (1987): Type A on trial. *Psychology Today, 21*, S. 42–50. [364, 365]

FLAVELL, J.H. (1970): Development studies of mediated behavior. *In:* REESE, H.W. & LIPSETT, L.P. (Eds.), S. 181–211. [102]

FLAVELL, J.H., FRIEDRICHS, A.G. & HOYT, J.D. (1970): Developmental changes in memorization processes. *Cognitive Psychology, 1*, S. 324–340. [102]

FÖRSTERLING, F. & STIENSMEIER-PELSTER, J. (Hrsg.)(1994): *Attributionstheorie.* Göttingen: Hogrefe.

FORSYTH, D.R. (1987): *Social psychology.* Monterey, CA: Brooks/Cole. [389]

FOSS, B.M. (Ed.)(1969): *Determinants of infant behavior.* Vol. 4. London: Methuen.

FRANK, J.D. (1966): Galloping technology: A social disease. *Journal of Social Issues, 22*, S. 1–14. [112]

FRANKEL, K.A. & BATES, J.E. (1990): Mother-toddler problem solving: Antecedents of attachment, home behavior, and temperament. *Child Development, 61*, S. 810–819. [97]

FRANQUEMONT, C. (1979): Watching, watching, counting, counting. *Human Nature, 2*, S. 82–84. [197]

FREEDMAN, J.L., SEARS, D.O. & CARLSMITH, J.M. (1978): *Social psychology.* Englewood Cliffs, NJ: Prentice-Hall. [22]

FREUD, A., BIBRING, E., HOFFER, W. KRIS, E. & ISAKOWER, O. (Hrsg.)($^6$1981): *Sigmund Freud: Gesammelte Werke.* Band 5. Werke aus den Jahren 1904–1905. Frankfurt: S. Fischer.

FREUD, S. (1905): Bruchstück einer Hysterie-Analyse, *In:* FREUD, A., BIBRING E., HOFFER, W. KRIS, E. & ISAKOWER, O. (Hrsg.)(1981), S.163–286. [355]

FREUD, S. (1910): *Fünf Vorträge gehalten zur zwanzigjährigen Gründungsfeier der Clark University in Worcester, Mass., September 1909.* Leipzig: Deuticke. [368]

FREUD, S. (1940): *Der Witz und seine Beziehung zum Unbewußten.* Frankfurt: S. Fischer. [367]

FRIED, P.A. & WATKINSON, B. (1990) Thirty-six and forty-eight month neurobehavioral follow-up of children prenatally exposed to marijuana, cigarettes, and alcohol. *Journal of Developmental and Behavioral Pediatrics, 11*, S. 49–58. [81]

FRIEDMAN, M. & ROSENMAN, R.H. (1959): Association of overt behavior patterns with blood and cardiovascular findings: Blood cholesterol level, blood clotting time, incidence of arcus senilis, and coronary heart disease. *Journal of the American Medical Association, 169*, S. 1286–1296. [364]

FRIEDMAN, M. & ROSENHAN, R.H. (1974): *Type A behavior and your heart.* New York: Knopf. Dt. (1975): *Der A-Typ und der B-Typ.* Reinbek: Rowohlt. [364]

FRODI, A.M., LAMB, M.E., HWANG, C.-P. & FRODI, M. (1982): Father-mother-infant interaction in traditional and non-traditional Swedish families. A longitudinal study. *Alternative Lifestyles, 5*, S. 142–163. [92]

FRY, P.S. (Ed.)(1984): *Changing conceptions of intelligence and intellectual functioning: Current theory and research.* Amsterdam: Elsevier Science Publishers B.V.

GALANTER, E. (1962): *New directions in psychology.* New York: Holt, Rinehart & Winston. [113]

GALTON, F. (1869): *Hereditary genius: An inquiry into its laws and consequences.* London: Macmillan. Dt. (1910): *Genie und Vererbung.* Leipzig: Klinkhardt. [72]

GALTON, F. (1883): *Inquiries into human faculty and its development.* London: Macmillan. [225]

GAMBLE, T.J. & ZIGLER, E. (1986): Effects of infant day-care: Another look at the evidence. *American Journal of Orthopsychiatry, 56,* S. 26–42. [96]

GARCIA, J., HANKINS, W.G. & RUSINIAK, K.W. (1974): Behavioral regulation of the milieu interne in man and rat. *Science, 4,* S. 123–124. [167]

GARCIA, J. & KOELLING, R.A. (1966): Relation of cue to consequence in avoidance learning. *Psychonomic Science, 4,* S. 122–124. [167]

GARCIA, J., RUSINIAK, K.W. & BRETT, L.P. (1977): Conditioning food-illness aversions in wild animals: Caveat Canonici. *In:* DAVIS, H. & HURWITZ, H.M.B. (Eds.), S. 273–311. [168]

GARDNER, H. (1983): *Frames of mind: The theory of multiple intelligences.* New York: Basic Books. Dt. ($^2$1998): *Abschied vom IQ. Die Rahmen-Theorie der vielfachen Intelligenzen.* Stuttgart: Klett-Cotta. [238]

GARDNER, H. (1985): *The mind's new science.* New York: Basic Books. [238]

GATES, A.I. (1917): Recitation as a factor in memorizing. *Archives of Psychology, 6,* S. 1–104. [274]

GAUGLER, B.B., ROSENTHAL, D.B., THORNTON, G.C. & BENTSON, C. (1987): Meta-analysis of assessment center validity. *Journal of Applied Psychology, 72,* S. 493–511. [56]

GEBERT, D. (1989): Assessment Center. *In:* GREIF, S. et al. (Hrsg.), S. 145–149. [55, 56]

GEEN, R.G. & DONNERSTEIN, E.I. (Eds.)(1983): *Aggression: Theoretical and empirical reviews.* Vol. 1. New York: Academic Press.

GELB, S.A. (1986): Henry H. Goddard and the immigrants, 1910–1917: The studies and their social context. *Journal of the History of the Behavioral Sciences, 22,* S. 324–332. [232]

GERBNER, G., GROSS, L., ELEEY, M.F., JACKSON BEECK, M., JEFFRIES-FOX, S. & SIGNORIELLI, N. (1977): TV violence profile no. 8: The highlights. *Journal of Communication, 27,* S. 171–180. [200]

GESELL, A. (1928): *Infancy and human growth.* New York: Macmillan. Dt. (1931): *Körperliche Entwicklung in der frühen Kindheit.* Halle a.d. S.: Marhold. [89]

GHISELLI, E. (1966): *The validity of occupational aptitude tests.* New York: Wiley. [235]

GILBERT, D.T. (1989): Thinking lightly about others: Automatic components of the social inference process. *In:* ULEMAN, J.S. & BARGH, J.A. (Eds.), S. 189–211. [388]

GLADWIN, T. (1970): *East is a big bird.* Cambridge, Mass.: Harvard University Press. [236]

GLICKMAN, S.E. (1977): Comparative psychology. *In:* MUSSEN, P. & ROSENZWEIG, M.R. et al. (Eds.), S. 629–702. [196]

GODDARD, H.H. (1917): Mental tests and the immigrant. The *Journal of Delinquency, 2,* S. 243–277. [232]

GODDEN, D.R. & BADDELEY, A.D. (1975): Context-dependent memory in two natural environments: On land and under water. *British Journal of Psychology, 66,* S. 325–332. [268]

GOLD, P.E. & STONE, W.S. (1988): Neuroendocrine effects on memory in aged rodents and humans. *Neurobiology of Aging, 9,* S. 709–718. [272]

GOLD, P.E., VOGT, J. & HALL, L.J. (1986): Posttraining glucose effects on memory: Behavioral and pharmacological characteristics. *Behavioral and Neural Biology, 46,* S. 145–155. [272]

GOLDFIELD, E.C. (1989): Transition from rocking to crawling: Postural constraints on infant movement. *Developmental Psychology, 25,* S. 913–919. [92]

GOLDING, W. (1954): *Lord of the flies.* New York: Wideview/Perigee. Dt. (1956): *Herr der Fliegen.* Frankfurt/Main: S. Fischer. [295]

GOLDNER, C.G. (1989): Subliminal-Kassetten: Unterschwelliger Betrug? *Psychologie heute, 16,* S. 40–45. [136]

GOLDSMITH, H.H. & CAMPOS, J.J. (1986): Fundamental issues in the study of early temperament: The Denver twin temperament study. *In:* LAMB, M.E., BROWN, A.L. & ROGOFF, B. (Eds.), S. 231–283. [83]

GOLDSTEIN, A.P. & KELLER, H.R. (1983): Aggression prevention and control: Multitargeted, multichannel, multiprocess, multidisciplinary. *In:* CENTER FOR RESEARCH ON AGGRESSION (Ed.), S. 338–350. [317]

GOLDSTEIN, A.P., SPRATFKIN, R.P., & GERSHAW, N.J. (1976): *Skill training for community living.* New York: Pergamon Press. [317]

GOLDSTEIN, E.B. ($^3$1989): *Sensation and perception.* Belmont, CA.: Wadsworth. [131]

GOLEMAN, D. (1981): The 7.000 faces of Dr. Ekman. *Psychology Today, 15,* S. 43–49. [356]

GONZALES, H.M., DAVIS, J.M., LONEY, G.L., LUKENS, C.K. & JUNGHANS, C.M. (1983): Interactional approach to interpersonal attraction. *Journal of Personality and Social Psychology, 44,* S. 1192–1197. [405]

GOODENOUGH, F. (1932): Expression of the emotions in a blind-deaf child. *Journal of Abnormal and Social Psychology, 48,* S. 216–232. [350]

GOODNOW, J.J. (1986): Some lifelong everyday forms of intelligent behavior: organizing and reorganizing. *In:* STERNBERG, R.J. & WAGNER, R.K. (Eds.), S. 143–162. [238]

GORDON-SALANT, S. (1986): Effects of aging on response criteria in speech-recognition tasks. *Journal of Speech and Hearing Research, 29,* S. 155–162. [114]

GOTTESMAN, I.I. (1974): *Developmental genetics and ontogenetic psychology.* Minneapolis: University of Minnesota Press. [72]

GOULD, S.J. (1981): *The mismeasure of man.* New York: Norton. [225, 232, 233]

GRAWE, K. (1992): Psychotherapie zu Beginn der neunziger Jahre. *Psychologische Rundschau, 43,* S. 132–162. [50]

GRAY, P. (1991): *Psychology.* New York: Worth Publishers. [46]

GREEN, D.M. & SWETS, J.A. (1966): *Signal detection and psychophysics.* New York: Wiley. [114]

GREENFIELD, N.S. & STERNBACH, R.A. (Eds.)(1972): *Handbook of psychophysiology.* New York: Holt, Rinehart & Winston.

GREGG, McA. (1941): Congenital cataract following German measles in the mother. *Transactions of the Ophthalmological Society of Australia, 3,* S. 35–40. [79]

GREGORY, R.L. & GOMBRICH, E.H. (Eds.)(1973): *Illusion in nature and art.* New York: Scribner.

GREGORY, W.L. & BURROUGHS, W.J. (Eds.)(1989): *Introduction to applied psychology.* Glenview, Ill.: Scott, Foresman.

GREIF, S., HOLLING, H. & NICHOLSON, N. (Hrsg.)(1989): *Arbeits- und Organisationspsychologie. Internationales Handbuch in Schlüsselbegriffen.* München: PVU.

GROEBEL, J. (1986): Fernseh- und Videogewalt: Der aktuelle Forschungsstand. *Unterrichtswissenschaft, 14,* S. 154–167. [200]

GROEBEL, J. (1988): Sozialisation durch Fernsehgewalt. Ergebnisse einer kulturvergleichenden Studie. *Publizistik, 33,* S. 468–480. [200]

GROEBEL, J. & WINTERHOFF-SPURK, P. (Hrsg.)(1989): *Empirische Medienpsychologie.* München: PVU.

GROSSMANN, K., GROSSMANN, K.E., SPANGLER, G., SUESS, G. & UNZNER, L. (1985): Maternal sensitivity and newborns' orientation responses as related to quality of attachment in Northern Germany. *In:* BRETHERTON, I. & WATERS, E. (Eds.), S. 233–256. [95]

GROVE, G.L. & KLIGMAN, A.M. (1983): Age-associated changes in human epidermal cell renewal. *Journal of Gerontology, 38,* S. 137–142. [104, 105]

GUILFORD, J.P. (1967): *The nature of human intelligence.* New York: McGraw-Hill. [234]

GUILFORD, J.P. (1982): Cognitive psychology's ambiguities. Some suggested remedies. *Psychological Review, 89,* S. 48–59. [234]

GULLAHORN, J.E. (Ed.)(1979): *Psychology and women: In transition.* New York: Wiley.

GUSTAVSON, C. (1955): *A preface to history.* New York: McGraw-Hill. [308]

GUSTAVSON, C.R., GARCIA, J. HAWKINS, W.G. & RUSINIAK, K.W. (1974): Coyote predation control by aversive conditioning. *Science, 184,* S. 581–583. [168]

HABER, R. & STANDING, L.G. (1966): Direct measures of short-term visual storage. *Quarterly Journal of Experimental Psychology, 21,* S. 43–54. [242]

HACKER, H.M. (1981): Blabbermouths and clans: Sex differences in self-disclosure in same-sex and cross-sex friendship dyads. *Psychology of Women Quarterly, 5,* S. 385–401. [354]

HAISCH, J. & ZEITHER, H.-P. (1991): *Gesundheitspsychologie: Zur Sozialpsychologie der Prävention und Krankheitsbewältigung.* Heidelberg: Asanger. [44]

HALL, E.T. & HALL, M. (1990): *Understanding cultural differences.* Yarmouth, ME: Intercultural Press. [351]

HALL, H. (1983): Hypnosis and the immune system: A review for cancer and the psychology of healing. *American Journal of Clinical Hypnosis, 25,* S. 92–103. [362]

HAMMERL, M. & GRABITZ, H.-J. (1994): Unbewußtes Lernen: Ein bewußter Vorgang? *Psychologische Rundschau, 45,* S. 36–39. [191]

HANS, V.P. (1989): Psychology and law. *In:* GREGORY, W.L. & BURROUGHS, W.J. (Eds.), S. 322–367. [46]

HARDIN, G. (1968): The tragedy of the commons. *Science, 162,* S. 1243–1248. [44, 45]

HARDIN, G. (1977): *The limits of altruism. An ecologist's view of survival.* Bloomington: Indiana University Press. [44]

HARLOW, H.F. (1949): The formation of learning sets. *Psychological Review, 56,* S. 51–65. [196]

HARRISON, A.A. (1977): Mere exposure. *In:* BERKOWITZ, L. (Ed.), S. 39–83. [402]

HARTGE, T. (1987): Üben überflüssig? *Pädagogische Beiträge, 11,* S. 16–20. [270]

HARTUP, W.W. & SMOTHERGILL, N.L. (Eds.)(1967): *The young child: Reviews of research.* Washington: National Association for the Education of Young children.

HARVEY, J.H., ICKES, W.J. & KIDD, R.F. (Eds.)(1978): *New directions in attribution research,* Vol. 2. Hillsdale, NJ: Erlbaum.

HATFIELD, E. (1988): Passionate and companionate love. *In:* STERNBERG, R.J. & BARNES, M.L. (Eds.), S. 191–217. [409]

HAWKINS, H.L. & PRESSON, J.C. (1986): Auditory information processing. *In:* BOFF, K.R., KAUFMAN, L. & THOMAS, J.P. (Eds.), Chapter 26, S. 1–64. [134]

HAWLEY, W.D. (Ed.)(1981): *Effective school desegregation.* Beverly Hills, CA.: Sage.

HEARNSHAW, L.S. (1979): *Cyril Burt: Psychologist.* Ithaca, NY: Cornell University Press. [233]

HEIDER, F. (1946): Attitudes and cognitive organization. *Journal of Psychology, 21,* S. 107–112. [385]

HEIDER, F. (1958):*The psychology of interpersonal relations.* New York: Wiley. Dt. (1977): *Psychologie der interpersonalen Beziehungen.* Stuttgart: Klett. [385]

HELMHOLTZ, H. v. (1856): *Handbuch der physiologischen Optik.* Leipzig: Voss. [123]

HENDRICK, S.S. & HENDRICK, C. (1992): *Romantic love.* Sage: Newbury Park. [410]

HERING, E. (1905): *Grundzüge der Lehre vom Lichtsinn.* Berlin: Springer. [124]

HERKNER, W. ($^5$1991): *Lehrbuch Sozialpsychologie.* Bern: Huber. [303]

HERMAN, C.P. & MACK, D. (1975): Restrained and unrestrained eating. *Journal of Personality, 84,* S. 647–660. [203]

HETHERINGTON, E.M., COX, M. & COX, R. (1979): Stress and coping in divorce. *In:* GULLAHORN, J.E. (Ed.), S. 95–128. [411]

HILGARD, E.R. (1987): *Psychology in America: A historical survey.* San Diego: Harcourt Brace Jovanovich. [13]

HINSON, R.E., POULOS, C.X., THOMAS, W. & CAPPELL, H. (1986): Pavlovian conditioning and addictive behavior: Relapse to oral-self-administration of morphine. *Behavioral Neuroscience, 100,* S. 368–375. [166]

HIRST, W., SPELKE, E.S., REAVES, C.C., CAHARACK, G. & NEISSER, U. (1980): Dividing attention without alternation or automaticity. *Journal of Experimental Psychology: General, 109,* S. 98–117. [140]

HOFFMAN, L.W. (1984): Maternal employment and the young child. *In:* PERLMUTTER, M. (Ed.), S. 101–127. [96]

HOFFMAN, L.W. (1989): Effects of maternal employment in the two-parent family. *American Psychologist, 44,* S. 283–292. [96]

HOFSTÄTTER, P.R. (1957): *Gruppendynamik. Kritik der Massenpsychologie.* Hamburg: Rowohlt. [374]

HOGARTH, R.M. (Ed.)(1982): *New directions for methodology of social and behavioral science: Question framing and response consistency.* San Francisco: Jossey-Bass.

HOHMANN, G.W. (1966): Some effects of spinal cord lesions on experienced emotional feelings. *Psychophysiology, 3,* S. 143–156. [337]

HOLMES, T.H. & RAHE, R.H. (1967): The social readjustment rating scale. *Journal of Psychosomatic Research, 11,* S. 213–218. [360]

HOLT, E.B. (1931): *Animal drive and the learning process, an essay toward radical empiricism.* Vol. 1. New York: Holt. [286]

HONTS, C.R., HODES, R.L. & RASKIN, D.C. (1985): Effects of physical countermeasure on the physiological detection of deception. *Journal of Applied Psychology, 70,* S. 177–187. [335]

HOPKINS, B. & WESTRA, T. (1988): Maternal handling and motor development: An intracultural study. *Genetic, Social and General Psychology Monographs, 14,* S. 377–420. [91]

HOROWITZ, F.D. (Ed.)(1975): *Review of child development research.* Chicago: University of Chicago Press.

HOUSTON, J.P. (1985): *Motivation.* New York: Macmillan. [292]

HRDY, S.B. (1981): *The women that never evolved.* Cambridge, MA.: Harvard University Press. [78]

HUBEL, D.H. (1988): *Eye, brain, and vision.* New York: Scientific American. Dt. (1989): *Auge und Gehirn. Neurobiologie des Sehens.* Heidelberg: Spektrum der Wissenschaft. [123]

HUBEL, D.H. & WIESEL, T.N. (1962): Receptive fields, binocular interactions and functional architecture in the cat's visual cortex. *Journal of Physiology, 160,* S. 106–154. [153]

HUBEL, D.H. & WIESEL, T.N. (1979): Brain mechanisms of vision. *Scientific American, 241,* S. 150–162. [153]

HUDSON, W. (1960): Pictorial depth perception in subcultural groups in Africa. *Journal of Social Psychology, 52,* S. 183–208. [149]

HUESMAN, L.R., LAGERSPETZ, K. & ERON, L.D. (1984a): Intervening variables in the TV violence-aggression relation. *Developmental Psychology, 20,* S. 746–775. [200]

HUESMAN, L.R., ERON, L.D., LEFKOWITZ, M.M. & WALDER, L.O. (1984b): Stability of aggression over time and generations. *Developmental Psychology, 20,* S. 1120–1134. [200]

HUNT, J.M. (1982): Toward equalizing the developmental opportunities of infants and preschool children. *Journal of Social Issues, 38,* S. 163–191. [64]

HUSTON, T. & KORTE, C. (1976): The responsive bystander: Why he helps. *In:* LICKONA, T. (Ed.), S. 269–284. [23]

HYMAN, R. (1989): The psychology of deception. *In:* ROSENZWEIG, M.R. (Ed.): *Annual Review of Psychology, 40,* S. 133–154. [118]

INGLEFINGER, F.J. (1944): The late effects of total and subtotal gastrectomy. *New England Journal of Medicine, 231,* S. 321–327. [290]

IZARD, C.E. (1977): *Human emotion.* New York: Plenum. Dt. (1981): *Die Emotionen des Menschen.* Weinheim: Beltz. [342]

IZARD, C.E. (1989): The structure and functions of emotions: Implications for cognition, motivation, and personality. *In:* COHEN, I.S. (Ed.), S. 39–73. [344]

IZARD, C.E., HEMBREE, E.A., DOUGHERTY, L.M. & SPIZZIRRI, C.C. (1983): Changes in facial expressions of 2- and 19-month-old infants following acute pain. *Developmental Psychology, 19,* S. 418–426. [345]

JAMES, W. (1884): What is an emotion? *Mind, 9,* S. 188–205. [336, 339]

JAMES, W. (1890): *The principles of psychology.* New York: Holt. [336]

JELLISON, J.M. & GREEN, J. (1981): A self-presentation approach to the fundamental attribution error: The norm of internality. *Journal of Personality and Social Psychology, 40,* S. 643–649. [388]

JEMMOTT, J.B., BORYSENKO, J.Z. BORYSENKO, M., MCCLELLAND, D.C., CHAPMAN, R., MEYER, D. & BENSON, H. (1983): Academic stress, power motivation, and decrease in secretion rate of salivary secretory immunoglobin A. *Lancet,* 1, S. 750–751. [373]

JENS, K.S. & EVANS, H.I. (1983) The diagnosis and treatment of multiple personality clients. Workshop presented at the Rocky Mountain Psychological Association, Snowbird [zit. nach: ROSENHAN, D. & SELIGMAN, D. (Eds.)(1989)]. [210]

JENSEN, A.R. (1987): Individual differences in the Hick paradigm. *In:* VERNON, P.A. (Ed.), S. 101–175. [226]

JOHN, E.R., CHESLER, P., BARTLETT, F. & VICTOR, I. (1968): Observation learning in cats. *Science, 159,* S. 1489–1491. [198]

JOHNSON, D.M., PARROTT, G.R. & STRATTON, R.P. (1968): Production and judgment of solutions to five problems. *Journal of Educational Psychology Monograph Supplement, 59,* Suppl. No. 6. [219]

JOHNSTON, M.K., KELLEY, C.S., HARRIS, F.R. & WOLF, M.M. (1966): An application of reinforcement principles to development of motor skills of a young child. *Child Development, 37,* S. 379–387. [183]

JONES, C. & ARONSON, E. (1973): Attribution of fault to a rape victim as a function of respectability of the victim. *Journal of Personality and Social Psychology, 26,* S. 415–419. [391]

JONES, E.E., KANOUSE, D.E, KELLEY, H.H., NISBETT, R.E., VALINS, S. & WEINER, B. (Eds.)(1972): *Attribution: Perceiving the causes of behavior.* Morristown, NJ: General Learning Press.

JONES, E.E. & NISBETT, R.E. (1972): The actor and the observer: Divergent perceptions of the causes of behavior. *In:* JONES, E.E., KANOUSE, D.E., KELLEY, H.H., NISBETT, R.E., VALINS, S. & WEINER, B. (Eds.), S. 75–85. [389, 390]

JONES, H.E. & KAPLAN, O.J. (1945): Psychological aspects of mental disorders in later life. *In:* KAPLAN, O.J. (Ed.), S. 98–156. [66]

JONES, M.C. (1924a): A laboratory study of fear. *Pedagogical Seminary, 31,* S. 310–311. [173]

JONES, M.C. (1924b): Elimination of children's fears. *Journal of Experimental Psychology, 7,* S. 381–390. [173]

JUSSIM, L. (1991): Social perception and social reality: A reflection-construction model. *Psychological Review, 98,* S. 54–73. [384]

JUSSIM, L. & ECCLES, J.S. (1992): Teacher expectations II: Construction and reflection of student achievement. *Journal of Personality and Social Psychology, 63,* S. 947–961. [384]

KAGAN, J. (1976): Emergent themes in human development. *American Scientist, 64*, S. 186–196. [93]
KAGAN, J., KEARSLEY, R. & ZELAZO, P. (1978): *Infancy: Its place in human development.* Cambridge, MA: Harvard University Press. [96]
KAHNEMAN, D., SLOVIC, P. & TVERSKY, A. (Eds.)(1982): *Judgment under uncertainty: Heuristics and biases.* Cambridge, MA: Cambridge University Press.
KAHNEMAN, D. & TVERSKY, A. (1984): Choices, values, and frames. *American Psychologist, 39*, S. 341–350. [218]
KAIL, R. ($^3$1990): *The development of memory in children.* New York: Freeman. [102]
KAMIN, L.J. (1969): Predictability, surprise, attention, and conditioning. *In:* CAMPBELL, B. & CHURCH, R. (Eds.), S. 279–296. [191]
KAMIN, L.J. (1973): Heredity, intelligence, politics, and psychology. Paper presented at the *Meeting of the Eastern Psychological Association,* Washington, D.C. [232]
KAMIN, L.J. (1974): *The science and politics of IQ.* New York: Wiley. [75]
KAMIYA, J. (1968): Conscious control of brain waves. *Psychology Today, 1*, S. 56–60. [178]
KANTOWITZ, B.H. & SORKIN, R.D. (1983): *Human factors: Understanding people system relationships.* New York: Wiley. [58]
KAPLAN, O.J. (Ed.)(1945): *Mental disorders in later life.* Stanford: Stanford University Press.
KARASU, T.B. (1986): The specificity versus nonspecificity dilemma: Toward identifying therapeutic change agents. *American Journal of Psychiatry, 143*, S. 687–695. [50]
KEENEY, T.J., CANIZZO, S.R. & FLAVELL, J.H. (1967): Spontaneous and induced verbal rehearsal in a recall task. *Child Development, 38*, S. 953–966. [102]
KEESEY, R.E. & POWLEY, T.L. (1986): The regulation of body weight. *Annual Review of Psychology, 37*, S. 109–133. [296]
KELLER, F.S. (1991): Burrhus Frederic Skinner (1904–1990). *Journal of the History of the Behavioral Sciences, 27*, S. 3–6. [33]
KELLER, H. (1917): *The story of my life: With her letters (1887–1901).* New York: Doubleday. Dt.: *Geschichte meines Lebens.* Bern: Scherz. [110]
KELLEY, H.H. (1967): Attribution theory in social psychology. *In:* LEVINE, D. (Ed.): *Nebraska symposium on motivation, 15*, S. 192–238. [386]
KELLEY, H.H. (1983): Love and commitment. *In:* KELLEY, H.H. et al. (Eds.), S. 265–314. [410]
KELLEY, H.H., BERSCHEID. E., CHRISTENSEN, A., HARVEY, J.H., HUSTON, T.L., LEVINGER, G., McCLINTOCK, E., PEPLAU, L.A. & PETERSON, D.R. (Eds.)(1983): *Close relationships.* San Francisco: Freeman.
KELLY, E.L. (1955): Consistency of the adult personality. *American Psychologist, 10*, S. 659–681. [211]
KELLY, G.A. (1958): The theory and technique of assessment. *Annual Review of Psychology, 9*, S. 323–352. [48]
KERCKHOFF, A.C. & BACK, K.W. (1968): *The June bug: A study of hysterical contagion.* New York: Appleton-Century-Crofts. [359]
KERR, N. & BRAY, R. (Eds.)(1982): *The psychology of the courtroom.* New York: Academic Press.
KESEY, K. ($^{17}$1962): *One flew over the cuckoo's nest.* New York: Viking. Dt. (1978): *Einer flog übers Kuckucksnest.* Frankfurt/M.: Verlag 2001. [381]
KEYS, A., BROZEK, J., HENSCHEL, A. MICKELSEN, O. & TAYLOR, H. (1945): *Experimental starvation in man.* Minneapolis: University of Minnesota. [288]
KIECOLT-GLASER, J.K., SPEICHER, C.E., HOLLIDAY, J.E. & GLASER, R. (1984): Stress and the transformation of lymphocytes in Epstein-Barr virus. *Journal of Behavioral Medicine, 7*, S. 349–360. [373]

KIHLSTROM, J.F. & EVANS, F.J. (Eds.)(1979): *Functional disorders of memory.* Hillsdale, NJ: Erlbaum.

KIHLSTROM, J.F., SCHACTER, D.L., CORK, R.C., HURT, C.A. & BEHR, S.E. (1990): Implicit and explicit memory following surgical anesthesia. *Psychological Science, 1,* S. 303–306. [136]

KLAHR, D. & WALLACE, J.C. (1976): *Cognitive development: An information-processing view.* Hillsdale, NJ: Erlbaum. [100]

KLATZKY, R.L. ($^2$1980): *Human memory: Structures and processes.* San Francisco: Freeman. [254]

KLEINGINNA, P.R. & KLEINGINNA, A.M. (1981): A categorized list of motivation definitions, with a suggestion for a consensual definition. *Motivation and Emotion, 5,* S. 263–291. [283]

KLEINMUTZ, B. & SZUCKO, J.J. (1984): Lie detection in ancient and modern times. A call for contemporary scientific study. *American Psychologist, 39,* S. 766–776. [333]

KNAPP, P. (1967): Airway resistance and emotional state in bronchial asthma. *Psychosomatic Medicine, 29,* S. 450–451. [178]

KOBASA, S.C. (1979): Stressful life events, personality, and health. An inquiry into hardiness. *Journal of Personality and Social Psychology, 37,* S. 1–11. [366]

KÖHLER, I. (1956): Der Brillenversuch in der Wahrnehmungspsychologie mit Bemerkungen zur Lehre von der Adaptation. *Zeitschrift für experimentelle und angewandte Psychologie, 3,* S. 381–417. [122]

KÖHLER, W. (1917): *Intelligenzprüfungen an Anthropoiden.* Abhandlungen der Preußischen Akademie der Wissenschaften. Berlin: Königliche Akademie der Wissenschaften. [194]

KÖHLER, W. (1978): Gestalt psychology today. *Presidential address to the 67th annual convention of the American Psychological Association.* Cincinnati, Ohio, September 1959. [34]

KOESTLER, A. [1964]: *The act of creation.* New York: Dell. [217]

KOLATA, G. (1985): Obesity declared a disease. *Science, 227,* S. 1019–1020. [293]

KOLB, B. & WHISHAW, I.Q. ($^2$1985): *Fundamentals of human neuropsychology.* New York: Freeman. [335]

KOLLAR, E.J. & FISHER, C. (1980): Tooth induction in chick epithelium: Expression of quiescent genes for enamel synthesis. *Science, 207,* S. 993–995. [71]

KOPPENAAL, R.J. (1963): Time changes in the strength of A-B, A-C lists: Spontaneous recovery? *Journal of Verbal Learning and Verbal Behavior, 2,* S. 310–319. [267]

KORA, T. (1967): *Jibun wo shiru (Know thyself).* NHK reprint of radio broadcast (zitiert nach WEISZ et al., 1984). [369]

KRAUT, R.E. & JOHNSTON, R.E. (1979): Social and emotional messages of smiling: An ethological approach. *Journal of Personality and Social Psychology, 9,* S. 1539–1553. [342, 353]

KRUMM, V. (1993): Aggression in der Schule. *In:* SCHMÄLZLE, U. (Hrsg.), S. 153–202[315]

KULIK, J.A. & BROWN, R. (1979): Frustration, attribution of blame, and aggression. *Journal of Experimental Social Psychology, 15,* S. 183–194. [305]

KULIK, J.A. & MAHLER, H.I.M. (1989): Social support and recovery from surgery. *Health Psychology, 8,* S. 221–238. [373]

KUNST-WILSON, W.R. & ZAJONC, R.B. (1980): Affective discrimination of stimuli that cannot be recognized. *Science, 207,* S. 557–558. [137]

KURENT, J.E. & SEVER, J.L. (1977): Infectious diseases. *In:* WILSON, J.G. & FRASER, F.C. (Eds.), S. 225–259. [83]

LAMB, M.E., BROWN, A.L. & ROGOFF, B. (Eds.)(1986): *Advances in developmental psychology.* Vol. 4. Hillsdale, NJ: Erlbaum.

LAMB, M.E., THOMPSON, R.A., GARDNER, W., CHARNOW, E.L. & CONNELL, J.P. (1985): *Infant-mother attachment: The origins and developmental significance of individual differences in strange situation behavior.* Hillsdale, NJ.: Erlbaum. [98]

LANG, P.J., RICE, D.G. & STERNBACH, R.A. (1972): The psychophysiology of emotion. *In:* GREENFIELD, N.S. & STERNBACH, R.A. (Eds.), S. 623–643. [339]

LANGER, E.J., JANIS, I.L. & WOLFER, J.A. (1975): Reductions of psychological stress in surgical patients. *Journal of Experimental Social Psychology, 11,* S. 155–165. [372]

LANTZ, H.R., KEYES, J. & SCHULTZ, M. (1975): The American family in the preindustrial period: From base lines in history to change. *American Sociological Review, 40,* S. 21–36. [407]

LANTZ, H.R., SCHULTZ, M. & O'HARA, M. (1977): The changing American family from the preindustrial to the industrial period: A final report. *American Sociological Review, 42,* S. 406–421. [407]

LANZETTA, J.T., CARTWRIGHT-SMITH, J. & KLECK, R.E. (1976): Effects of nonverbal dissemination on emotional experience and autonomic arousal. *Journal of Personality and Social Psychology, 33,* S. 354–370. [340]

LASHLEY, K. (1950): In search of the engram. *Society for Experimental Biology, Symposium, 4,* S. 454–482. [271]

LATANÉ, B. & NIDA, S. (1981): Ten years of research on group size and helping. *Psychological Bulletin, 89,* S. 308–324. [21]

LAUDENSLAGER, M.L. & REITE, M.L. (1984): Losses and separations: Immunological consequences and health implications: *In:* SHAVER, P. (Ed.), S. 285–312. [364]

LAUDENSLAGER, M.L., RYAN, S.M., DRUGAN, R.C., HYSON, R.L. & MAIER, S.F. (1983): Coping and immunosuppression: Inescapable shock suppresses lymphocyte proliferation. *Science, 231,* S. 568–570. [361]

LAVE, J. (1988): *Cognition in practice.* Cambridge: Cambridge University Press. [237]

LAZARUS, R.S. & FOLKMAN, S. (1984): *Stress, appraisal, and coping.* New York: Springer. [359]

LE BON, G. (1895): *Psychologie des foules.* Paris: Alcan. Dt. (1964): *Psychologie der Massen.* Stuttgart: Kröner. [374]

LEGROS, J., GILOT, P., SERON, X., CLAESSENS, J., ADAM, A., MOEGLEN, J.M., AUDIBERT, A. & BERCHIER, P: (1978): Influence of vasopressin on learning and memory. *Lancet, 1,* S. 41–42. [271]

LEMYRE, L. & SMITH, P.M. (1985): Intergroup discrimination and self-esteem in the minimal group paradigm. *Journal of Personality and Social Psychology, 49,* S. 660–670. [393]

LEPPER, M.R., GREENE, D. & NISBERT, R.E. (1973): Undermining children's intrinsic interest with extrinsic rewards: A test of the overjustification hypothesis. *Journal of Personality and Social Psychology, 28,* S. 129–137. [319]

LERNER, M.J. (1975): The justice motive in social behavior. *Journal of Social Issues, 31,* S. 1–19. [391]

LERNER, M.J. (1980): *The belief of a just world: A fundamental delusion.* New York: Plenum. [391]

LERNER, M.J. & MILLER, D.T. (1978): Just world research and the attribution process: Looking back and ahead. *Psychological Bulletin, 85,* S. 1030–1051. [391]

LERNER, M.J., MILLER, D.T. & HOLMES, J.G. (1976): Deserving and the emergence of forms of justice. *In:* BERKOWITZ, L. & WALSTER, E. (Eds.), S. 134–160. [391]

LERNER, R.M. & HULTSCH, D.F. (1983): *Human development. A life-span perspective.* New York: McGraw-Hill. [108]

LESTER, D. (1977): Multiple personality: A review. *Psychology, 14,* S. 54–59. [210]

LEVINE, J.M. (1980): Reaction to opinion deviance in small groups. *In:* PAULUS, P.B. (Ed.), S. 375–429. [416, 418]

LEVITT, M.J., WEBER, R.A. & CLARK, M.C. (1986): Social network relationships as sources of maternal support and well-being. *Developmenhtal Psychology, 16,* S. 425–432 [98]

LEVY, J. (1985): Right brain, left brain. Fact and fiction. *Psychology Today, 19,* S. 38–44. [31]

LEVY, J., TREVARTHEN, C. & SPERRY R.W. (1972): Perception of bilateral chimeric figures following hemispheric disconnection. *Brain, 95,* S. 61–78. [30]

LEWIS, D.O. (Ed.)(1981): *Vulnerabilities to delinquencies.* New York: Spektrum Medical and Scientific Books. [335]

LEY, R. (1990): *A whisper of espionage: Wolfgang Köhler and the apes of Tenerife.* Garden City Park, NY: Avery. [194, 195]

LICKONA, T. (Ed.)(1976): *Moral development and behavior.* New York: Holt, Rinehart & Winston.

LINDSAY, P.H. & NORMAN, D.A. ($^2$1977): *Human information processing.* New York: Academic Press; Dt. (1981): *Einführung in die Psychologie. Informationsaufnahme und -verarbeitung beim Menschen.* Berlin: Springer. [255]

LINDZEY, G. (Ed.)(1954): *Handbook of social psychology.* Cambridge, MA: Addison-Wesley.

LINDZEY, G. & ARONSON, E. (Eds.)($^1$1969, $^3$1985): *Handbook of social psychology.* Reading, Mass.: Addison-Wesley.

LINZ, D., DONNERSTEIN, E. & PENROD, S. (1984): The effects of long-term exposure to violence against women. *Journal of Communication, 34,* S. 130–147. [200]

LIPPMAN, W. (1922): *Public opinion.* New York: Harcourt, Brace. [376]

LLOYD-STILL, J.D. (Ed.)(1976): *Malnutrition and intellectual development.* Littleton, Mass.: Publishing Sciences Group.

LOCKE, E.A. & SCHWEIGER, D.M. (1979): Participation in decision-making. One more look. *In:* STAW, B.M. (Ed.), S. 265–339. [58]

LOCKE, S.E., KRAUS, L., LESERMAN, J., HURST, M.W., HEISEL, J.S. & WILLIAMS, R.M. (1984): Life change stress, psychiatric symptoms, and natural killer cell activity. *Psychosomatic Medicine, 46,* S. 441–453. [362]

LOCKHART, R.S. & CRAIK, F.I.M. (1990): Levels of processing: A retrospective commentary on a framework for memory research. *Canadian Journal of Psychology, 44,* S. 87–122. [245]

LOFTUS. E.F. (1980): *Memory.* Reading, Mass.: Addison-Wesley. [255, 269]

LOFTUS, E.F. (1993a): Psychologists in the eyewitness world. *American Psychologist, 48,* S. 550–552. [265]

LOFTUS, E.F. (1993b): The reality of repressed memories. *American Psychologist, 48,* S. 518–537.

LOFTUS, E.F. & KLINGER, M.R. (1992): Is the unconscious smart or dumb? *American Psychologist, 47,* S. 761–765. [140]

LOFTUS, E.F. & LOFTUS, G.R. (1980): On the permanence of stored information in the human brain. *American Psychologist, 35,* S. 409–420. [255]

LOFTUS, E.F., MILLER, D.G. & BURNS, H.J. (1978): Semantic integration of verbal information into a visual memory. *Journal of Experimental Psychology, 4,* S. 19–31. [264]

LOFTUS, E.F. & ZANNI, G. (1975): Eyewitness testimony: The influence of the wording of a question. *Bulletin of the Psychonomic Society, 5,* S. 86–88. [264]

LONDON, M. & BRAY, D.W. (1980): Ethical issues in testing and evaluation for personnel decisions. *American Psychologist, 35,* S. 890–901. [49]

LORE, R.K. & SCHULTZ, L.A. (1993): Control of human aggression. A comparative perspective. *American Psychologist, 48,* S. 16–25. [317]

LORENZ, K. (1963): *Das sogenannte Böse.* Wien: Borotha-Schoeler. [301]

LUCHINS, A. (1942): Mechanization in problem solving: The effect of Einstellung. *Psychological Monographs, 54*, No. 248. [222]

LURIA, A.R. (1968): *The mind of a mnemorist*. New York: Basic Books. [280]

LUTKENHAUS, P., GROSSMANN, K.E. & GROSSMANN, K. (1985): Infant-mother attachment at twelve months and style of interaction with a stranger at the age of three years. *Child Development, 56*, S. 1538–1542. [97]

LYKKEN, D.T. (1981): *A tremor in the blood: Uses and abuses of the lie detector*. New York: McGraw-Hill. [334]

LYKKEN, D.T. (1982): Research with twins: The concept of emergenesis. *Psychophysiology, 19*, S. 361–373. [74, 233]

MACCOBY, E.E. (1990): Gender and relationships: A developmental account. *American Psychologist, 45*, S. 513–520. [78]

MACKAY, D.G. (1973): Aspects of the theory of comprehension, memory, and attention. *Quarterly Journal of Experimental Psychology, 25*, S. 22–40. [138]

MADDI, S.R. & KOBASA, S.C. (1984): *The hardy executive: Health under stress*. Homewood: Dow Jones-Irwin. [366]

MALINA, R.M. (1979): Secular changes in size and maturity. *In:* ROCHE, A.F. (Ed.), S. 59–102. [88]

MANDLER, G. (1962): Emotion. *In:* NEWCOMB, T.M. (Ed.), S. 267–343. [343]

MANDLER, G. (1975): *Mind and emotion*. New York: Wiley. [342]

MANDLER, G. (1984): *Mind and body*. New York: Norton. [342]

MANTELL, D.M. (1971): The potential for violence in Germany. *Journal of Social Issues, 27*, S. 101–112. [314]

MARCEL, A.J. (1983): Conscious and unconscious perception: Experiments on visual masking and word recognition. *Cognitive Psychology, 15*, S. 197–237. [137]

MAREK, G.R. (1975): *Toscanini*. London: Vision. [242]

MARROW, A.J., BOWERS, D.G. & SEASHORE, S.E. (1967): *Management by participation*. New York: Harper & Row. [58]

MARSHALL, G. & ZIMBARDO, P. (1979): The affective consequence of »inadequately explained« physiological arousal. *Journal of Personality and Social Psychology, 37*, S. 970–988. [343]

MARTIN, R.A. (1989): Humor and the mastery of living: Using humor to cope with the daily stresses of growing up. *Journal of Children in Contemporary Society, 20*. S. 135–154. [367]

MARTIN, R.A. & LEFCOURT, H.M. (1983): Sense of humor as a moderator of the relation between stressor and moods. *Journal of Personality and Social Psychology, 45*, S. 1313–1324. [367]

MARTINEZ, J., WEINBERGER, S. & SCHULTHEIS, G. (1988): Enkephalins and learning and memory: A review of evidence for a site of action outside the blood-barrier. *Behavioral and Neural Biology, 49*, S. 192–221. [272]

MARWELL, G., MCKINNEY, K., SPRECHER, S., SMITH, S. & DELAMATER, J. (1982): Legitimizing factors in the initiation of heterosexual relationships. Paper presented at the International Conference on Personal Relationships. Madison, WI (zit. nach: MICHENER, H. E., DELAMATER, J.D. & SCHWARTZ, S.J., 1986). [401]

MARX, K. & ENGELS, F. (1951): Wage labour and capital. *In:* MARX, K. & ENGELS, F. (Eds.), S. 66–97. [308]

MARX, K. & ENGELS, F. (1951): *Selected works in two Volumes*. Moscow: Foreign Languages Publishing House.

MASLING, J. (Ed.)(1983): *Empirical studies in psychoanalysis*. Hillsdale, NJ: Erlbaum.

MASLOW, A. H. (²1970): *Motivation and personality.* New York: Harper & Row. [42]
MASLOW, A.H. (1971): *The farther reaches of the human mind.* New York: Viking. [42]
MATHEWS, K.E. & CANNON, L.K. (1975): Environmental noise level as determinant of helping behavior. *Journal of Personality and Social Psychology, 24,* S. 323–350. [23]
MATTHEWS, K. & CARRA, J. (1982): Suppression of menstrual distress symptoms: A study of type A behavior. *Journal of Personality and Social Bulletin, 8,* S. 146–151. [365]
MATSUMOTO, D. (1987): The role of facial response in the experience of emotion: More methodological problems and a meta-analysis. *Journal of Personality and Social Psychology, 52,* S. 769–774. [340]
MAYNARD-SMITH, J. (1974): The theory of games and the evolution of animal conflict. *Journal of Theoretical Biology, 47,* S. 209–221. [302]
MAYO, E. (1933): *Human problems of an industrial civilization.* New York: Macmillan. [54]
MCCLELLAND, D.C. (1973): Testing for competence rather than for »intelligence«. *American Psychologist, 28,* S. 1–14. [235]
MCCLOSKEY, M. & ZARAGOZA, M. (1985): Misleading post-event information and memory for events. *Journal of Experimental Psychology: General, 114,* S. 1–16. [264]
MCCONAHAY, J.B. (1981): Reducing racial prejudice in desegregated schools. *In:* HAWLEY, W.D. (Ed.), S. 35–53. [399]
MCCONNELL, J.V., JACOBSON, A.L., & KIMBLE, D.P. (1959): The effects of regeneration upon retention of a conditioned response in the planarian. *Journal of Comparative and Physiological Psychology, 52,* S. 1–5. [371]
MCCORMICK, E.J. & ILGEN, D. (⁷1980): *Industrial psychology.* Englewood Cliffs, NJ: Prentice-Hall. [56]
MCGAUGH, J.L. (1988): Modulation of memory storage processes. *In:* SOLOMON, P.R., GOETHALS, G.R., KELLEY, C.M. & STEPHENS, B. (Eds.), S. 33–64. [272]
MCGAUGH, J.L. (1990): Significance and remembrance: The role of neuromodulatory systems. *Psychological Science, 1,* S. 15–25. [272]
MCKELVEY, W. & KERR, N.H. (1988): Differences in conformity among friends and strangers. *Psychological Reports, 62,* S. 759–762. [414]
MCKOON, G., RATCLIFF, R. & DELL, G.S. (1986): A critical evaluation of the semantic-episodic distinction. *Journal of Experimental Psychology: Learning, Memory and Cognition, 12,* S. 295–306. [258]
MERTON, R.R. (1957): *Social theory and social structure.* New York: Free Press. [384]
METZGER, W. (²1975): *Gesetze des Sehens.* Frankfurt a.M.: Kramer. [144]
MEYER, M. (1933): That whale among the fishes - the theory of emotions. *Psychological Review, 40,* S. 292–300. [328]
MEYER, W.-U. & BUTZKAMM, A. (1975): Ursachenerklärung von Rechennoten: I. Lehrerattribuierungen. *Zeitschrift für Entwicklungspsychologie und Pädagogische Psychologie, 7,* S. 53–66. [388]
MICHELS, R. (1990): Psychoanalysis: The second century. *Harvard Mental Health Letter, 7,* S. 5–7. [50]
MICHENER, H.A., DELAMATER, J.D., SCHWARTZ, S.H. (1986): *Social psychology.* San Diego: Harcourt Brace Jovanovich. [407]
MICHOTTE, A. (²1954): *La perception de la causalité.* Louvain: Publ. Univ. Louvain. Dt. (1982): *Die phänomenale Kausalität.* Bern: Huber. [384]
MIETZEL, G. (1998): *Pädagogische Psychologie des Lernens und Lehrens.* Göttingen: Hogrefe.
MILGRAM, S. (1965): Some conditions of obedience and disobedience to authority. *Human Relations, 67,* S. 371–378. [313]

MILGRAM, S. (1974): *Obedience to authority*. New York: Harper & Row. Dt. (1974): *Das Milgram-Experiment: Zur Gehorsamsbereitschaft gegenüber Autorität*. Hamburg: Rowohlt. [313, 315]

MILGRAM, S. & TOCH, H. (1969): Collective behavior: Crowds and social movements. *In:* LINDZEY, G. & ARONSON, E. (Eds.), Vol. 4, S. 507–610. [375]

MILLER, G.A. (1956a): The magical number seven, plus or minus two: Some limits on our capacity for processing information. *Psychological Review, 63,* S. 81–97. [101, 250]

MILLER, G.A. (1956b): Human memory and the storage of information. *IRE Transactions on Information Theory,* Vol. IT-2, S. 129–137. [101, 251]

MILLER, G.A. & BUCKHOUT, G.A. ($^2$1973): *Psychology: The science of mental life*. New York: Harper & Row. [339]

MILLER, J. (1983): States of mind. New York: Pantheon. [28]

MILLER, N. & BREWER, M.B. (Eds.)(1984): *Groups in contact: The psychology of desegregation*. New York: Academic Press.

MILLER, P.A. & EISENBERG, N. (1988): The relation of empathy to aggressive and externalizing antisocial behavior. *Psychological Bulletin, 107,* S. 215–225. [316]

MILLER, S.M., LACK, E.R. & ASROFF, S. (1985): Preference for control and the coronary-prone behavior pattern. *Journal of Personality and Social Psychology, 49,* S. 492–499. [365]

MILLER, T., GREEN, C. & MEAGHER, R. (Eds.)(1982): *Handbook of clinical health psychology*. New York: Plenum Press.

MILNER, B. (1966): Amnesia following operation on the temporal lobes. *In:* WHITTY, C.W.M & ZANGWILL, O.L. (Eds.), S. 109–133. [247]

MILNER, B., CORKIN, S. & TEUBER, H.H. (1968): Further analysis of the hippocampal amnesic syndrome: 14-year follow-up study of H.M. *Neuropsychologia, 6,* S. 215–234. [246, 247]

MITA, T.H., DERMER, M. & KNIGHT, J. (1977): Reversed facial images and the mere exposure hypothesis. *Journal of Personality and Social Psychology, 35,* S. 597–601. [403]

MITCHELL, S.L. (1816): A double consciousness, or duality of person in the same individual. *Medical Repository, 3,* S. 185–191. [209]

MIYAKE, K., CHEN, S.-J. & CAMPOS, J.J. (1985): Infant temperament, mother's mode of interaction, and attachment in Japan: An interim report. *In:* BRETHERTON, I. & WATERS, E. (Eds.), S. 276–297. [94]

MONSON, T.C. & SNYDER, M. (1977): Actors, observers, and the attribution process: Toward a reconceptualization. *Journal of Experimental Social Psychology, 13,* S. 89–111. [389]

MONTADA, L. (1987): Die Bewältigung von »Schicksalsschlägen« - erlebte Ungerechtigkeit und wahrgenommene Verantwortlichkeit. *Berichte aus der Arbeitsgruppe »Verantwortung, Gerechtigkeit, Moral«,* Nr. 40. Trier: Universität Trier. [392]

MONTAGU, A. (Ed.)(1975): *Race and IQ*. New York: Oxford University Press.

MONTAGU, A. (1976): *The nature of human aggression*. New York: Oxford University Press. [258, 302]

MOOK, D.G. (1987): *Motivation. The organization of action*. New York: Norton. [291, 346, 347, 348]

MOORE, K.L. ($^3$1989): *Before we are born*. Philadelphia: Saunders. [76, 79]

MOORE, T.E. (1982): Subliminal advertising: What you see is what you get. *Journal of Marketing, 46,* S. 38–47. [136]

MORAY, N. (1959): Attention in dichotic listening: Affective cues and the influence of instructions. *Quarterly Journal of Experimental Psychology, 12,* S. 214–220. [138]

MORELAND, R.L. & ZAJONC, R.B. (1982): Exposure effects in personal perception: Familiarity, similarity and attraction. *Journal of Experimental Social Psychology, 18,* S. 395–415. [404]

MORGAN, C.T. & DEESE, J. (1969): *How to study*. New York: McGraw-Hill. [274]

MORSBACH, H. (1973): Aspects of nonverbal communication in Japan. *Journal of Nervous and Mental Diseases, 157,* S. 262–277. [354]
MORSE, D.R. (1989): The effects of hypnosis on reducing premature mortality and enhancing vigorous longevity. *The Australian Journal of Clinical Hypnotherapy and Hypnosis, 10,* S. 55–63. [363]
MOSCOVICI, S. (1985): Social influence and conformity. *In:* LINDZEY, G. & ARONSON, E. (Eds.), S. 347–412. [418]
MOSCOVICI, S., LAGE, E. & NAFFRECHOUX, M. (1969): Influence of a consistent minority on the responses of a majority in a color perception task. *Sociometry, 32,* S. 365–380. [417]
MOSCOVICI, S. & MUGNY, G. (1983): Minority influences. *In:* PAULUS, P. (Ed.), S. 41–64. [418]
MOSCOVICI, S. & NEMETH, C. (1974): Social influence II: Minority influence. *In:* NEMETH, C. (Ed.). S. 217–249. [416]
MOSCOVICI, S. & PERSONNAZ, B. (1980): Studies in social influence: V. Minority influence and conversion behavior in a perceptual task. *Journal of Experimental Social Psychology, 16,* S. 270–282. [418]
MULL, H.K. (1957): The effect of repetition upon the enjoyment of modern music. *Journal of Psychology, 43,* S. 155–162. [403]
MURCHISON, C. (Ed.)(1961): A *history of psychology in autobiography.* New York: Russell & Russell, Vol. 3, S. 263–270 (Edward Lee Thorndike). [174]
MUSSEN, P.H., HAITH, M. & CAMPOS, J.J. (Eds.)($^4$1983): *Handbook of child psychology: Vol. 2. Infancy and developmental psychobiology.* New York: Wiley. Dt. ($^6$1998): *Lehrbuch der Kinderpsychologie.* Band 1 und 2. Stuttgart: Klett-Cotta
MUSSEN, P.H. & ROSENZWEIG, M.R. et al. (Eds.)($^2$1977): *Psychology. An introduction.* Lexington, Mass.: D.C. Heath.
MYERS, D.G. ($^2$1988): *Social psychology.* New York: McGraw-Hill. [17, 263, 411]

NAPOLITAN, D.A. & GOETHALS, G.R. (1979): The attribution of friendliness. *Journal of Experimental Social Psychology, 15,* S. 105–113. [388]
NAYLOR, J.C. & LAWSHE, C.H. (1958): An analytical review of the experimental basis of subception. *Journal of Psychology, 46,* S. 75–96. [136]
NEBES, R.D. (1974): Hemispheric specialization in commissurotomized man. *Psychological Bulletin, 81,* S. 1–14. [31]
NEISSER, U. (1967): *Cognitive psychology.* Englewood Cliffs, NJ.: Prentice Hall. [255]
NEMETH, C. (Ed.)(1974): *Social psychology: Classic and contemporary integration.* Chicago: Rand McNally. [418]
NEMETH, C. (1986): Differential contributions of majority and minority influence. *Psychological Review, 93,* S. 23–32. [419]
NEUGARTEN, B.L. (1979): Time, age, and the life cycle. *American Journal of Psychiatry, 136,* S. 887–894. [107]
NEUGARTEN, B.L. (1980): Acting one's age: New rules for old. *Psychology Today, 13,* S. 66–80. [107]
NEWCOMB, T.M. (Ed.)(1962): *New directions in psychology I.* New York: Holt, Rinehart & Winston.
NEWELL, A. & SIMON, H. (1972): *Human problem solving.* Englewood Cliffs, NJ: Prentice Hall. [216]
NEZU, A., NEZU, C. & BLISSETT, S. (1988): Sense of humor as a moderator of the relation between stressful events and psychological distress: A prospective analysis. *Journal of Personality and Social Psychology, 54,* S. 520–525. [367]
NISBETT, R.E., CAPUTO, C., LEGANT, P. & MARACEK, J. (1973): Behavior as seen by the actor and as seen by the observer. *Journal of Personality and Social Psychology, 27,* S. 154–164. [389]

NISBETT, R.E. & ROSS, L. (1980): *Human inference, strategies and shortcomings of social judgment.* Englewood Cliffs, NJ: Prentice Hall. [219]
NORMAN, D.A. (1988): *The psychology of everyday things.* New York: Basic Books. [58]

ODEN, G.G. (1987): Concept, knowledge, and thought. *Annual Review of Psychology, 38,* S. 203–227. [205]
OERTER, R. & MONTADA, L. (1982, ²1987): *Entwicklungspsychologie. Ein Lehrbuch.* München: PVU.
OGDEN, J. & CORKIN, S. (1991) Memories of H.M. *In:* ABRAHAM, W.C., CORBALLIS, M.C. & WHITE, K.G. (Eds.), S. 195–215. [246, 247, 262]
OLZAK, S. & NAGEL, J. (1986): *Competitive ethnic relations.* New York: Academic Press. [397]
OSKAMP, S. (1984): *Applied social psychology.* Englewood Cliffs, NJ: Prentice-Hall. [58]
OWENS, J., BOWER, G.H. & BLACK, J. (1979): The »soap opera« effect in story recall. *Memory & Cognition, 7,* S. 185–191. [262]

PARK, B. & ROTHBART, M. (1982): Perception of out-group homogeneity and levels of social categorization: Memory for the subordinate attributes of in-group and out-group members. *Journal of Personality and Social Psychology, 42,* S. 1051–1068. [394]
PARLOFF, M.B. (1976): Shopping for the right therapy. *Saturday Review,* February 21, S. 14–20. [50]
PASSER, M.W., KELLEY, H.H. & MICHELA, J.L. (1978): Multidimensional scaling of the causes for negative interpersonal behavior. *Journal of Personality and Social Psychology, 36,* S. 951–962. [389]
PAULUS, P.B. (Ed.)(1980): *Psychology of group influence.* Hillsdale, NJ: Erlbaum.
PAULUS, P.B. (Ed.)(1983): *Basic group processes.* New York: Springer.
PAWLOW, I.P. (1953–1955): *Sämtliche Werke.* Berlin: Akademie Verlag. [163]
PEA, R. D. (1993): Learning scientific concepts through material and social activities: Conversational analysis meets conceptual change. *Educational Psychologist, 28,* S. 265–277.
PECK, J.W. (1978): Rats defend different body weights depending on palatability and accessibility of their food. *Journal of Comparative and Physiological Psychology, 92,* S. 555–570. [291]
PENFIELD, W. (1975): *The mystery of the mind.* Princeton: Princeton University Press. [255]
PEPLAU, L.A. (1983): Roles and gender. *In:* KELLEY, H. et al. (Eds.), S. 220–264. [354]
PERLMUTTER, M. (Ed.)(1984): *Parent-child interactions and parent-child relations in child development. Minnesota Symposia on Child Psychology.* Vol. 17. Hillsdale, NJ: Erlbaum.
PERLMUTTER, M. & HALL, E. (²1992): *Adult development and aging.* New York: Wiley & Sons. [104]
PETRI, H.L. (1986): *Motivation: Theory and research.* Belmont, CA: Wadsworth. [291]
PETTINATI, H.M. (Ed.)(1988): *Hypnosis and memory.* New York: Guilford Press.
PETTINGALE, K.W., MORRIS, T., GREER, S. & HAYBITTLE, J.L. (1985): Mental attitudes to cancer: An additional prognostic factor. *Lancet, 8431,* S. 750–751. [362]
PFUNGST, O. (1907): *Das Pferd des Herrn von Osten (Der kluge Hans).* Leipzig: Hirzel. Nachgedruckt unter dem Titel (1977): *Der kluge Hans - ein Beitrag zur nicht-verbalen Kommunikation.* Frankfurt/M.: Fachbuchhandlung für Psychologie. [188, 189]
PIAGET, J. (1947): *La psychologie de l'intelligence.* Paris: Colin. Dt. (1971): *Psychologie der Intelligenz.* Freiburg: Olten. [35]
PIAGET, J. & INHELDER, B. (1969): *The psychology of the child.* New York: Basic Books. Dt.: (1972): *Die Psychologie des Kindes.* Freiburg: Olten. [35]
PILIVIAN, I., RODIN, J. & PILIVIAN, J. (1969): Good Samaritanism: An underground phenomenon? *Journal of Personality and Social Psychology, 13,* S. 289–299. [23]
PITTMAN, T.S. & HELLER, J.F. (1988): Social motivation. *Annual Review of Psychology, 38,* S. 461–489. [320]

PLANTE, T.G. & RODIN, J. (1990): Physical fitness and enhanced psychological health. *Current Psychology: Research and Reviews, 9,* S. 3–24. [371]

PLOMIN, R. & DUNN, J. (Eds.)(1986): *The study of temperament: Changes, continuities, and challenges.* Hillsdale, NJ: Erlbaum.

PLUTCHIK, R. & AX, A.F. (1967): A critique of »determinants of emotional state« by Schachter and Singer (1962). *Psychophysiology, 4,* S. 79–82. [344]

POLIVY, J. & HERMAN, C.P. (1985): Dieting and binging: A causal analysis. *American Psychologist, 40,* S. 193–201. [294]

POSNER, M.I. & PETERSEN, S.E. (1990): The attentional system of the human brain. *Annual Review of Neuroscience, 13,* S. 25–42. [131]

POSTMAN, L. (1975): Verbal learning and memory. *Annual Review of Psychology, 49,* S. 808–823. [253]

POSTMAN, L. (Ed.)(1962): *Psychology in the making: History of selected research problems.* New York: Knopf.

POWERS, P.A., ANDRIKS, J.L. & LOFTUS, E.F. (1979): Eyewitness accounts of females and males. *Journal of Applied Psychology, 64,* S. 339–347. [264]

PREMACK, D. (1959): Toward empirical behavior laws. *Psychological Review, 66,* S. 219–233. [180]

PREMACK, D. (1962): Reversibility. *Science, 136,* S. 255–257. [181]

PRICE, R.H., GLICKSTEIN, M., HORTON, D.L. & BAILEY, R.H. (1982): *Principles of psychology.* New York: Holt, Rinehart and Winston. [26]

PSYCHOLOGIE HEUTE REDAKTION (Hrsg.)(1985): *Geschafft. Über Arbeit, keine Arbeit und Freizeit.* Weinheim: Beltz.

PUDEL, V. & WESTENHÖFER, J. (1991): *Ernährungspsychologie. Eine Einführung.* Göttingen: Hogrefe. [292, 295, 296]

PUTMAN, F.W. (1991): Dissociative disorders in children and adolescents. A developmental perspective. *Psychiatric Clinics of North America, 14,* S. 519–531. [211]

RABBITT, P.M.A. & DORNIC, S. (Eds.)(1975): *Attention and performance.* Vol. 5, London: Academic Press.

RANDI, J. (1982): *The truth about Uri Geller.* Buffalo, NY: Prometheus. [118]

RANDI, J. (1987): *The faith healers.* Buffalo, NY: Prometheus. [118]

RASKIN, D.C. (1987): Methodological issues in estimating polygraph accuracy in field application. *Canadian Journal of Behavioral Science, 19,* S. 389–404. [335]

REESE, H.W. & LIPSETT, L.P. (Eds.)(1970): *Advances in child development and behavior.* Vol. 5. New York: Academic Press.

REEVE, J. (1992): *Understanding motivation and emotion.* Fort Worth: Harcourt Brace Jovanovich. [319]

REISENZEIN, R. (1983): The Schachter theory of emotion: Two decades later. *Psychological Bulletin, 94,* S. 239–264. [343, 344]

REJESKI, J., GREGG, E., THOMPSON, A. & BERRY, M. (1991): The effects of varying doses of acute aerobic exercise on psychophysiological stress responses in highly trained cyclists. *Journal of Sport and Exercise, 13,* S. 188–199. [371]

RESCORLA, R.A. (1988): Pavlovian conditioning: It's not what you think it is. *American Psychologist, 43,* S. 151–160. [33]

RESCORLA, R.A., DURLACH, P.J. & GRAU, J.W. (1985): Contextual learning in Pavlovian conditioning. In: BALSAM, P.D. & TOMIE, A. (Eds.), S. 23–56. [193]

REYNOLDS, D.K. (1980): *The quiet therapies: Japanese pathways to personal growth.* Honolulu: The University of Hawaii Press. [369]

RHINE, J.B. (1934): *Extra-sensory perception.* Boston: Boston Society for Psychic Research. [117]

Rice, B. (1978): The new truth machine. *Psychology Today, 12,* S. 61–78. [334]
Rice, B. (1982): The Hawthorne-effect: Persistence of a flawed theory. *Psychology Today, 16,* S. 71–74. Dt. (1985): Die Geschichte des Hawthorne-Effekts: Legenden sterben langsam. *In:* Psychologie heute Redaktion (Hrsg.), S. 73–78. [54]
Rice, B. (1984): Imagination to go. *Psychology Today, 18,* S. 48–52. [217]
Richards, D.D. & Goldfarb, J. (1986): The episodic memory of conceptual development: An integrative viewpoint. *Cognitive Development, 1,* S. 183–219. [258]
Ridley, M. & Dawkins, R. (1981): The natural selection of altruism. *In:* Rushton, J.P. & Sorrentino, R.M. (Eds.), S. 19–39. [77]
Rips, L.J., Shoben, E.J. & Smith, E.E. (1973): Semantic distance and the verification of semantic relations. *Journal of Verbal Learning and Verbal Behavior, 12,* S. 1–20. [261]
Roberts, A.H. (1985): Biofeedback. *American Psychologist, 40,* S. 938–941. [178]
Roche, A.F. (Ed.)(1979): Secular trends in human growth, maturation, and development. *Monographs of the Society for Research in Child Development, 44,* No. 173.
Rock, I. (1978): *An introduction to perception.* New York: Macmillan. [151]
Rock, I. (1984): *Perception.* San Francisco: Freeman. [152]
Roediger, H.L. (1990): Implicit memory. *American Psychologist, 45,* S. 1043–1056. [136]
Roethlisberger, F. & Dickson, W. (1939): *Management and the worker.* Cambridge, MA.: Harvard University Press. [54]
Rogers, C.R. (1951): *Client-centered therapy.* Boston: Houghton Mifflin. Dt. (³1981): *Die klientenzentrierte Gesprächstherapie.* München: Kindler. [42]
Rogers, C.R. (1961): *On becoming a person.* Boston: Houghton Mifflin. Dt. (1982): *Entwicklung der Persönlichkeit.* Stuttgart: Klett-Cotta. [42]
Rogge, K.-E. (1981): *Physiologische Psychologie. Ein Lehrbuch.* München: U&S. [125]
Rosch, E.H. (1973): Natural categories. *Cognitive Psychology, 41,* S. 328–350. [205]
Rosch, E.H., Mervis, C.B., Gray, W., Johnson, D. & Boyes-Braem, P. (1976): Basic objects in natural categories. *Cognitive Psychology, 8,* S. 382–439. [205]
Rosenbaum, M.E. (1986): The repulsion hypothesis: On the non-development of relationships. *Journal of Personality and Social Psychology, 51,* S. 1156–1166. [404]
Rosenbaum, M.E. & Holtz, R. (1985): The minimal intergroup discrimination effect: Out-group derogation, not in-group favorability. Paper presented at the American Psychological Association convention (zit. nach: Myers, D.G. (1988). [393]
Rosenhan, D.L. (1973): On being sane in insane places. *Science, 179,* S. 250–258. [375, 381]
Rosenhan, D.L & Seligman, D. (²1989): *Abnormal psychology.* New York: Norton. [211]
Rosenman, R.H., Brand, R.J., Jenkins, D., Friedman, M., Straus, R. & Wurm, M. (1975): Coronary heart disease in the Western Collaborative Group Study: Final follow-up experience of 8 ½ years. *Journal of the American Medical Association, 233,* S. 872–877. [365]
Rosenthal, R. (1991): Do we get what we expect? *In:* Crooks, R.L. & Stein, J., S. 660–661. [382]
Rosenthal, R. & Fode, K.L. (1963): The effect of experimenter bias on the performance of the albino rat. *Behavioral Science, 8,* S. 183–189. [383]
Rosenthal, R. & Jacobson, L. (1968): *Pygmalion in the classroom.* New York: Holt, Rinehart & Winston. Dt. (1971): *Pygmalion im Unterricht.* Weinheim: Beltz. [383]
Ross, C.A., Norton, G.R. & Wozney, K. (1989): Multiple personality disorder: An analysis of 236 cases. *Canadian Journal of Psychiatry, 34,* S. 413–418. [210]
Ross, C.E. & Mirowsky, J. (1984): Men who cry. *Social Psychology Quarterly, 47,* S. 138–146. [354]

Ross, L. (1977): The intuitive psychologist and his shortcomings: Distortions in the attribution process. *In:* Berkowitz, L. (Ed.), Vol. 10, S. 173–220. [388]

Ross, M. & Fletcher, G.J.O. (1985): Attribution and social perception. *In:* Lindzey, G. & Aronson, E. (Eds.), Vol. 2, S. 73–122. [386]

Rubin, Z. (1988): Preface. *In:* Sternberg, R.J. & Barnes, M.L. (Eds.), S. vii-xii. [406]

Rushton, J.P. & Sorrentino, R.M. (Eds.)(1981): *Altruism and helping behavior.* Hillsdale, NJ: Erlbaum.

Rutkowski, G.K., Gruder, C.L. & Romer, D. (1983): Group cohesiveness, social norms, and bystander intervention. *Journal of Personality and Social Psychology, 44,* S. 545–552. [23]

Saariluoma, P. (1985): Chess players' intake of task-relevant cues. *Memory and Cognition, 13,* S. 385–391. [252]

Sameroff, A.J. & Chandler, M.J. (1975): Reproductive risk and the continuum of caretaking casualty. *In:* Horowitz, F.D. (Ed.), Vol. 4, S. 187–244. [85]

Samuelson, F.J.B. (1980): Watson's Little Albert, Cyril Burt's twins, and the need for a critical science. *American Psychologist, 35,* S. 619–625. [172]

Sande, G.N., Goethals, G.R. & Radloff, C.E. (1988): Perceiving one's traits and others': The multifaceted self. *Journal of Personality and Social Psychology, 54,* S. 13–20. [390]

Sarason, I.G., Levine, H.M. & Sarason, B.R. (1982): Assessing the impact of life changes. *In:* Miller, T., Green, C. & Meagher, R. (Eds.), S. 377–401. [360]

Sarason, I.G. & Spielberger, C.D. (Eds.)(1979): *Stress and anxiety.* Vol. 6. The Series in Clinical and Community Psychology. Washington, D.C.: Hemisphere. [360]

Saufley, W.L., Otaka, S.R. & Bavaresco, J.L. (1985): Context independence. *Memory & Cognition, 13,* S. 522–528. [268]

Scarr, S. (1988): How genotypes and environments combine: Developmental and individual differences. *In:* Bolger, N., Caspi, A., Downey, G. & Moorehouse, M. (Eds.), S. 217–244. [83]

Scarr, S. & McCartney, K. (1983): How people make their own environments: A theory of genotype-environment effects. *Child Development, 54,* S. 424–435. [83, 85]

Scarr, S. & Weinberg, R.A. (1983): The Minnesota adoption studies: Genetic differences and malleability. *Child Development, 54,* S. 260–267. [86]

Schachter, S. (1951): Deviation, rejection and communication. *Journal of Abnormal and Social Psychology, 46,* S. 190–208. [415]

Schachter, S. (1959): *The psychology of affiliation.* Stanford, CA: Stanford University Press. [373]

Schachter, S. & Singer, J.E. (1962): Cognitive, social, and physiological determinants of emotional state. *Psychological Review, 69,* S. 379–399. [343]

Schaffer, H.R. & Emerson, P.E. (1964): The development of social attachments in infancy. *Monographs of the Society for Research in Child Development, 29,* Serial No. 94. [93]

Schaie, K.W. (1965): A general model for the study of developmental change. *Psychological Bulletin, 64,* S. 92–107. [67]

Schaie, K.W. (1977): Toward a stage theory of adult cognitive development. *Journal of Aging and Human Development, 8,* S. 129–138. [67]

Scheier, M.F. & Carver, C.S (1987): Dispositional optimism and physical well-being: The influence of generalized outcome expectancies on health. *Journal of Personality, 55,* S. 169–210. [367, 368]

Scheils, D. (1978): A cross-cultural study of beliefs in out-of-body experiences, waking and sleeping. *Journal of the Society for Psychical Research, 49,* S. 697–741. [117]

Scherer, K.S. & Ekman, P. (Eds.)(1984): *Approaches to emotion.* Hillsdale, NJ: Erlbaum.

SCHERWITZ, L., GRAHAM, L.E. & ORNISH, D. (1985): Self-involvement and the risk factors for coronary heart disease. *Advances, 2,* S. 6–18. [366]

SCHLEIFER, S.J., KELLER, S.E., CAMERINO, M., THORNTON, J.C. & STEIN, M. (1983): Suppression of lymphocyte stimulation following bereavement. *Journal of the American Medical Association, 250,* S. 364–377. [362]

SCHLENKER, B.R. (Ed.)(1985): *The self and social life.* New York: McGraw-Hill.

SCHMÄLZLE, U. (Hrsg.)(1993): *Mit Gewalt leben. Arbeit am Aggressionsverhalten in Familie, Kindergarten und Schule.* Frankfurt: Knecht.

SCHMITT, N. & ROBERTSON, I. (1990): Personnel selection. *Annual Review of Psychology, 41,* S. 289–319. [56]

SCHNEIDER-ROSEN, K., BRAUNWALD, K.G., CARLSON, V. & CICCHETTI, D. (1985): Current perspectives in attachment theory: Illustration from the study of maltreated infants. *In:* BRETHERTON, I. & WATERS, E. (Eds.), S. 194–210. [93]

SCHRADLE, S.B. & DOUGHER, M.J. (1985): Social support as a mediator of stress. *Clinical Psychology Review, 5,* S. 641–661. [373]

SCHULTZ, D.P. & SCHULTZ, S.E. ($^6$1990): Psychology and industry today. New York: Macmillan. [57, 211]

SCHULTZ, R., BRAUN, R.G. & KLUFT, R.P. (1989): Multiple personality disorder: Phenomenology of selected variables in comparison to major depression. *Dissociation, 2,* S. 45–51. [211]

SCHWARTZ, G.E., WEINBERGER, D.A. & SINGER, J.A. (1981): Cardiovascular differentiation of happiness, sadness, anger, and fear following imagery and exercise. *Psychosomatic Medicine, 43,* S. 343–364. [339]

SCHWARTZ, S. (1987): *Pavlov's heirs. Classic psychology experiments that changed the way we view ourselves.* London: Angus & Robertson. Dt. (1988): *Wie Pawlow auf den Hund kam ... Die 15 klassischen Experimente der Psychologie.* Weinheim: Beltz. [229]

SCHWARZER, R. (Hrsg.)(1990): *Gesundheitspsychologie. Ein Lehrbuch.* Göttingen: Hogrefe. [44]

SCRIBNER, S. (1986): Thinking in action: some characteristics of practical thought. *In:* STERNBERG, R.J. & WAGNER, R.K. (Eds.), S. 13–30. [237]

SEARS, R.R., HOVLAND, C.I. & MILLER, N.E. (1940): Minor studies of aggression. I. Measurement of aggressive behavior. *Journal of Psychology, 9,* S. 277–281. [302]

SEGAL, M.H., CAMPBELL, D.T. & HERSKOVITS, M.J. (1966): *The influence of culture on visual perception.* Indianapolis: Bobbs-Merrill. [151]

SEGAL, M.W. (1974): Alphabet and attraction: An unobtrusive measure of the effects of propinquity in a field setting. *Journal of Personality and Social Psychology, 30,* S. 654–657. [402]

SELG, H. (Hrsg.)($^6$1982): *Zur Aggression verdammt?* Stuttgart: Kohlhammer. [317]

SELIGMAN, M.E.P. (1973): Fall into helplessness. *Psychology Today, 7,* S. 43–48. [190, 191]

SELIGMAN, M.E.P. & GARBER, J. (Eds.)(1980): *Human helplessness: Theory and application.* New York: Academic Press.

SELIGMAN, M.E.P. & HAGER, J.L. (1972): Biological boundaries of learning: The sauce-Béarnaise syndrome. *Psychology Today, 6,* S. 59–61, 84–87. [166, 167]

SELIGMAN, M.E.P. & MAIER, S.F. (1967): Failure to escape traumatic shock. *Journal of Experimental Psychology, 74,* S. 1–9. [187, 189]

SELYE, H. (1956): *The stress of life.* New York: McGraw-Hill. Dt. (1957): *Stress beherrscht unser Leben.* Düsseldorf: Econ. [357]

SHAFFER, L.H. (1975): Multiple attention in continuous verbal tasks. *In:* RABBITT, P.M.A. & DORNIC, S. (Eds.), S. 157–167. [140]

SHANNON, B. (1979): Yesterday, today and tomorrow. *Acta Psychologica, 43,* S. 469–476. [259]

SHAVER, P. (Ed.)(1984): *Review of personality and social psychology: 5.* Beverly Hills, CA: Sage. [331]
SHAVER, P., SCHWARTZ, J., KIRSON, D. & O'CONNOR, C. (1987): Emotion knowledge: Further exploration of a prototype approach. *Journal of Personality and Social Psychology, 52,* S. 1061–1086. [331]
SHEPHARD, R.N. (1967): Recognition memory for words, sentences and pictures. *Journal of Verbal Learning and Verbal Behavior, 6,* S. 156–163. [242]
SHEPHARD, T.H. (1986): Human teratogenicity. *Advances in Pediatrics, 33,* S. 225–268. [81]
SHERIF, M. (1935): A study of some social factors in perception. *Archives of Psychology, 27,* S. 1–60. [412]
SHERIF, M. (1936): *The psychology of group norms.* New York: Harper & Row. [412]
SHERIF, M. (1966): *In common predicament: Social psychology of intergroup conflict and cooperation.* Boston: Houghton Mifflin. [396]
SHERIF, M. & SHERIF, C.W. (1953): *Groups in harmony and tension.* New York: Harper & Row. [392]
SHIFFRIN, R.M. & SCHNEIDER, W. (1977): Controlled and automatic information processing: II. Perceptual learning, automatic attending, and a general theory. *Psychological Review, 84,* S. 127–190. [140]
SHIRLEY, M.M. (1933): *The first two years.* Minneapolis: University of Minnesota Press. [62]
SIEGEL, S. (1984): Pavlovian conditioning and heroin overdose: Reports by overdose victims. *Bulletin of the Psychonomic Society, 22,* S. 428–430. [166]
SIEGEL, S., HINSON, R.E., KRANK, M.D., McCULLY, J. (1982): Heroin »overdose« death: The contribution of drug-associated environmental cues. *Science, 216,* S. 436–437. [166]
SIEGLER, R.S. (Ed.)(1978): *Children's thinking: What develops?* Hillsdale, NJ: Erlbaum.
SILVERMAN, L.H. (1983): Subliminal psychodynamic activation method: Overview and comprehensive listing of studies. *In:* MASLING, J. (Ed.), Vol. 1, S. 69–100. [136]
SIMON, C.W. & EMMONS, W.H. (1955): Learning during sleep? *Psychological Bulletin, 52,* S. 328–342. [161]
SIMON, C.W. & EMMONS, W.H. (1956): Responses to material presented during various levels of sleep. *Journal of Experimental Psychology, 51,* S. 89–97. [161]
SIMPSON, J.A., GANGESTAD, S.W. & LERMA, M. (1990): Perception of physical attractiveness: Mechanisms involved in the maintenance of romantic relationships. *Journal of Personality and Social Psychology, 59,* S. 1192–1201. [408]
SIMS, E.A.H. (1974): Studies in human hyperphagia. *In:* BRAY, G. & BETHUNE, J. (Eds.), S. 28–43. [291]
SINGER, J.L. & SINGER, D.G. (1981): *Television, imagination, and aggression: A study of preschoolers.* Hillsdale, NJ: Lawrence Erlbaum. [200]
SKEELS, H. (1966): Adult status of children with contrasting early life experiences: A follow-up study. *Monographs of the Society for Research in Child Development, 31,* Whole No. 105. [64]
SKINNER, B.F. (1938): *The behavior of organisms: An experimental analysis.* New York: Appleton-Century-Crofts. [177]
SKINNER, B.F. (1953): *Science and human behavior.* New York: Macmillan. [177]
SKINNER, B.F. (1956): A case history in scientific method. *American Psychologist, 11,* S. 221–233. [186]
SKINNER, B.F. (1984): *A matter of consequence.* New York: Knopf. [176]
SKLAR, L.S. & ANISMAN, H. (1981): Stress and cancer. *Psychological Bulletin, 89,* S. 369–406. [361]
SLADE, A. (1987): Quality of attachment and early symbolic play. *Developmental Psychology, 23,* S. 78–85. [97]
SLOCHOWER, J. (1976): Emotional labelling of overeating in obese and normal weight individuals. *Psychosomatic Medicine, 38,* S. 131–139. [294]
SLOVIC, P., FISHHOFF, B. & LICHTENSTEIN, S. (1982): Response mode, framing, and information-processing effects in risk assessment. *In:* HOGARTH, R. M. (Ed.), S. 21–36. [219]
SNOW, C.P. (1961): Either-or. *Progressive* (February), S. 24–25. [419]

SOLOMON, P., KUBZANSKY, P.E., LEIDERMAN, P.H., MENDELSON, J.H., TRUMBULL, R. & WEXLER, D. (Eds.)(1961): *Sensory deprivation.* Cambridge, Mass.: Harvard University Press.
SOLOMON, P.R., GOETHALS, G.R., KELLEY, C.M. & STEPHENS, B. (Eds.)(1988): *Memory: Interdisciplinary approaches.* New York: Springer.
SOLOMON, R.L. (1980): The opponent-process theory of acquired motivation: the costs of pleasure and the benefits of pain. *American Psychologist, 35,* S. 691–712. [346, 347, 348]
SOLOMON, R.L. & CORBIT, J.D. (1973): An opponent-process theory of motivation. Part II: Cigarette addiction. *Journal of Abnormal Psychology, 81,* S. 158–171. [346]
SPADA, H., OPWIS, K. & DONNEN, J. (1985): *Die Allmende-Klemme: Ein umweltpsychologisches soziales Dilemma.* Freiburg: Forschungsberichte des Psychologischen Instituts der Albert-Ludwigs-Universität. [44]
SPANOS, N.P., WEEKES, J.R. & BERTRAND, L.D. (1985): Multiple personality: A social psychological perspective. *Journal of Abnormal Psychology, 94,* S. 362–376. [211]
SPEARMAN, C. (1904): »General intelligence« objectively determined and measured. *American Journal of Psychology, 15,* S. 201–293. [233]
SPEARMAN, C. (1927): *The abilities of man.* New York: Macmillan. [234]
SPELKE, E.S., HIRST, W.C. & NEISSER, U. (1976): Skills of divided attention. *Cognition, 4,* S. 215–230. [140]
SPENCE, J.T. (Ed.)(1983): *Achievement and achievement motives: Psychological and sociological approaches.* San Francisco: Freeman.
SPENCE, J.T. & HELMREICH, R.L. (1983): Achievement related motives and behavior. *In:* SPENCE, J.T. (Ed.), S. 10–74. [321]
SPENCE, K.W. & SPENCE, J.T. (Eds.)(1968): *The psychology of learning and motivation: Advances in research and theory.* Vol. 2. New York: Academic Press.
SPERLING, G. (1960): The information available in brief visual presentations. *Psychological Monographs, 74,* S. 1–29. [245]
SPERRY, R.W. (1964): The great cerebral commissure. *Scientific American, 210,* S. 42–52. [29]
SPERRY, R.W. (1982): Some effects of disconnecting the cerebral hemisphere. *Science, 217,* S. 1223–1226. [29]
SPITZ, R. ($^3$1973): *Die Entstehung der ersten Objektbeziehungen.* Stuttgart: Klett. [63, 64]
SPITZER, R.L. (1975): On pseudoscience in science, logic in remission, and psychiatric diagnosis: A critique of D.L. Rosenhan's »On being sane in insane places«. *Journal of Abnormal Psychology, 84,* S. 442–452. [375]
SPITZER, R.L. (1976): More on pseudoscience in science and the case of psychiatric diagnosis: A critique of D.L. Rosenhan's »On being sane in insane places« and »The contextual nature of psychiatric diagnosis«. *Archives of General Psychiatry, 33,* S. 459–470. [375]
SPRENGER, J. & INSTITORIS, H. (1906): *Der Hexenhammer [Malleus Maleficarum].* Berlin: Barsdorf. [51]
SQUIRE, L.R. (1982): The neuropsychology of human memory. *Annual Review of Neuroscience, 5,* S. 241–273. [258]
SQUIRE, L.R. (1987): *Memory and brain.* New York: Oxford University Press. [247, 258, 273]
SROUFE, L.A., FOX, N.E. & PANCAKE, V.R. (1983): Attachment in developmental perspective. *Child Development, 54,* S. 1615–1627. [97]
STADLER, M., SEEGER, F. & RAEITHEL, A. ($^2$1977): *Psychologie der Wahrnehmung.* München: Juventa. [129]
STAGNER, R. (1988): *A history of psychological theory.* New York: Macmillan. [165]
STASSER, G., KERR, N.L. & BRAY, R.M. (1982): The social psychology of jury deliberation. Structure, process, and product. *In:* KERR, N. & BRAY, R. (Eds.), S. 221–256. [417]

STAW, B.M. (Ed.)(1979): *Research in organizational behavior.* Vol. 1. Greenwich, C.T.: JAI Press.
STEIN, Z.A. & SUSSER, M.W. (1976): Prenatal nutrition and mental competence. *In:* LLOYD-STILL, J.D. (Ed.), S. 39–79. [84]
STEIN, Z., SUSSER, M., SAENGER, G. & MAROLLA, F. (1975): *Famine and development: The Dutch hunger winter of 1944–1945.* Oxford: Oxford University Press. [84]
STEPHAN, W.G. (1985): Intergroup relations. *In:* LINDZEY, G. & ARONSON, E. (Eds.), Vol. II, S. 599–658. [308]
STERN, V. F. (1988): Psychoimmunology. *Psychotherapy Patient, 4,* S. 13–32. [361]
STERN, W. (1912): *Die psychologischen Methoden der Intelligenzprüfung und deren Anwendung an Schulkindern.* Leipzig: Barth. [223]
STERNBERG, R.J. (1984): A contextual view of the nature of intelligence. *In:* FRY, P.S. (Ed.), S. 7–34. [239, 406, 410]
STERNBERG, R J. (1988): *The triarchic mind.* New York: Cambridge Press. [240]
STERNBERG, R.J. (1991a): Death, taxes and bad intelligence tests. *Intelligence, 15,* S. 257–269. [223]
STERNBERG, R.J. (1991b): What should intelligence tests measure? *In:* CROOKS, R.L. & STEIN, J., S. 488–489. [223, 240]
STERNBERG, R.J. & BARNES, M.L. (Eds.)(1988): *The psychology of love.* New Haven, CT.: Yale University Press. [240]
STERNBERG, R.J. & GRAJEK, S. (1984): The nature of love. *Journal of Personality and Social Psychology, 47,* S. 312–329. [406, 410]
STERNBERG, R.J. & WAGNER, R.K. (Eds.)(1986): *Practical intelligence. Nature and origins of competence in everyday world.* Cambridge: Cambridge University Press. [223]
STERNBERG, S. (1966): High-speed scanning in human memory. *Science, 153,* S. 652–654. [253]
STERNBERG, S. (1969): Memory scanning: Mental processes revealed by reaction time experiments. *Acta Psychologica, 30,* S. 276–315. [253]
STIPEK, D. (1993): *Motivation to learn: Theory to practice.* Boston: Allyn & Bacon. [318]
STONE, A.A., COX, D.S., VALDIMARSDOTTIR, H., JANDORF, N. & NEALE, J.M. (1987): Evidence that secretory IgA antibody is associated with daily mood. *Journal of Personality and Social Psychology, 52,* S. 988–993. [362]
STRACK, F., MARTIN, L.L. & STEPPER, S. (1988): Inhibiting and facilitating conditions of the human smile: A nonobstrusive test of the facial feedback hypothesis. *Journal of Personality and Social Psychology, 54,* S. 768–777. [341]
STRATTON, G.M. (1897): Vision without reversion of the retinal image. *Psychological Review, 4,* S. 463–481. [122]
STREISSGUTH, A.P., SAMPSON, P.D. & BARR, H.M. (1989): Neurobehavioral dose-response effects of prenatal alcohol exposure in humans from infancy to adulthood. *Annals of the New York Academy of Sciences, 562,* S. 145–158. [81]
STROOP, J.R. (1935): Studies of interference in serial verbal reactions. *Journal of Experimental Psychology, 18,* S. 643–662. [132]
STRUBE, M.J. & WERNER, C. (1985): Relinquishment of control and the Type A behavior pattern. *Journal of Personality and Social Psychology, 48,* S. 688–701. [365]
STUNKARD, A.J. (1975): Presidential address - 1974: From explanation to action in psychosomatic medicine: The case of obesity. *Psychosomatic Medicine, 37,* S. 195–236. [297]
STUNKARD, A.J., SÖRENSEN, T.I.A., HANIS, C., TEASDALE, T.W., CHAKRABORTY, R.,

SCHULL, W.J. & SCHULSINGER, F. (1986): An adoption study of human obesity. *New England Journal of Medicine, 314,* S. 193–198. [292]

SULLOWAY, F.J. (1979): *Freud, biologist of the mind.* New York: Basic Books; Dt. (1982): *Freud. Biologie der Seele. Jenseits der psychoanalytischen Legende.* Hohenheim: Köln-Lövenich. [40]

SULS, J. & SANDERS, G.S. (1988): Type A behavior as a general risk factor for physical behavior. *Journal of Behavioral Medicine, 11,* S. 201–226. [365]

SUMMERS, W.K., MAJOVBSKI, L.V., MARSH, G.M., TACHIKI, K. & KLING, A.K. (1986): Oral tetrahydroaminoacridine in long-term treatment of senile dementia, Alzheimer's type. *New England Journal of Medicine, 315,* S. 1241–1245. [272]

SWANN, W.B. & ELY, R.J. (1984): A battle of wills: Self-verification versus behavioral confirmation. *Journal of Personality and Social Psychology, 46,* S. 1287–1302. [384]

SYMONDS, M. (1975): Victims of violence: Psychological effects and aftereffects. *American Journal of Psychoanalysis, 35,* S. 19–26. [391]

TAJFEL, H. (1970): Experiments in intergroup discrimination. *Scientific American, 223,* S. 96–102. [393]

TAJFEL, H. (1981): *Human groups and social categories: Studies in social psychology.* London: Cambridge University Press. [393]

TANNER, J.M. (1971): Sequence, tempo, and individual variation in the growth and development of boys and girls aged twelve to sixteen. *Daedalus, 100,* S. 907–930. [88]

TAPPERT, H.T. (1967): *Luther's works.* Vol. 54: *Table talk.* Philadelphia: Fortress Press. [51]

TARCHANOFF, J.R. (1885): Über die willkürliche Acceleration der Herzschläge beim Menschen. *Archiv für Physiologie, 35,* S. 109–135. [178]

TARPY, R.M. & MAYER, R.E. (1978): *Foundations of learning and memory.* Glenview, Ill.: Scott, Foresman. [248]

TAVRIS, C. (1982): *Anger: The misunderstood emotion.* New York: Simon and Schuster. [352]

TAYLOR, F.W. (1911): *The principles of scientific management.* New York: Harper. Dt. (1913): *Die Grundsätze wissenschaftlicher Betriebsführung.* München: Oldenbourg. [54]

TAYLOR, H.F. (1980): *The IQ game.* New Brunswick, NJ: Rutgers University Press. [75]

TAYLOR, S.E. (1986): *Health psychology.* New York: Random House. [297, 363]

TERMAN, L.M. (1916): *The measurement of intelligence.* Boston: Houghton Mifflin. [232]

THALER, R.H. (1985): Mental accounting and consumer choice. *Marketing Science, 4,* S. 199–214. [218]

THIERY, A. (1896): Über geometrische Täuschungen. *Philosophische Studien, 12,* S. 67–126. [150]

THIGPEN, C.H. & CLECKLEY, H. (1954): *The three faces of Eve.* Kingsport, TN: Kingsport Press. [209]

THOMPSON, J.K., JARVIE, G.J., LAKEY, B.B. & CURETON, J.J. (1982): Exercise and obesity: Etiology, physiology, and intervention. *Psychological Bulletin, 91,* S. 55–79. [296]

THOMPSON, S.C. (1981): Will it hurt less if I can control it? A complex answer to a simple question. *Psychological Bulletin, 90,* S. 89–101. [364]

THORNDIKE, E.L. (1898): Animal intelligence: An experimental study of the associative process in animals. *Psychological Review Monograph,* No 8. [174, 197, 202]

THURSTONE, L.L. (1938): Primary mental abilities. *Psychometric Monographs,* No. 1. [234]

TIMBERLAKE, W. &. ALLISON, J. (1974): Response deprivation: An empirical approach to instrumental performance. *Psychological Review, 81,* S. 146–166. [181]

TIMBERLAKE, W. & FARMER-DOGAN, V.A., (1991): Reinforcement in applied settings: Figuring out ahead of time what will work. *Psychological Bulletin, 110,* S. 379–391. [181]

TOLMAN, E.C. (1932): *Purposive behavior in animals and men.* New York: The Century Company. [194]

TOLMAN, E.C. & HONZIK, C.H. (1930): Introduction and removal of reward, and maze performance in rats. *University of California Publications in Psychology, 4,* S. 257–275. [193]

TOMKINS, S.S. (1970): A theory of memory. *In:* ANTROBUS, J.S. (Ed.), S. 59–130. [256]

TOOBY, J. & COSMIDES, L. (1989) Evolutionary psychologists need to distinguish between the evolutionary process, ancestral selection pressures, and psychological mechanisms. *Behavioral and Brain Sciences, 12,* S. 724–725. [78]

TOWELL, A., MUSCAT, R. & WILLNER, P. (1989): Noradrenergic receptor interactions in feeding elicited by stimulation of the paraventricular hypothalamus. *Pharmacology, Biochemistry, and Behavior, 32,* S. 133–139. [291]

TREISMAN, A. (1986): Features and objects in visual processing. *Scientific American, 255,* S. 106–115. [154]

TREISMAN, A. & GORMICAN, S. (1988): Feature analysis in early vision: Evidence from search asymmetries. *Psychological Review, 95,* S. 15–48. [154]

TRIVERS, R.L. (1971): The evolution of reciprocal altruism. *Quarterly Review of Biology, 46,* S. 35–57. [77]

TROLL, T. (1972): *Preisend mit vielen schönen Reden. Deutschland deine Schwaben für Fortgeschrittene.* Hamburg: Hoffmann und Campe. [370]

TROPE, Y. (1989): The multiple roles of context in dispositional judgment. *In:* BASSILI, J.N. (Ed.), S. 123–140. [387]

TSCHUKITSCHEFF, I.P. (1930): Über den Mechanismus der Hungerbewegungen des Magens. I. Einfluß des »Satten« und »Hunger«-Blutes auf die periodische Tätigkeit des Magens. *Archiv für die Gesamte Psychologie, 223,* S. 251–264. [290]

TUDDENHAM, R.D. (1962): The nature and measurement of intelligence. *In:* POSTMAN, L. (Ed.), S. 469–525. [228]

TUDDENHAM, R.D. & MacBRIDE, P.D. (1959): The yielding experiment from the subject's point of view. *Journal of Personality, 27,* S. 259–271. [413]

TULVING, E. (1972): Episodic and semantic memory, *In:* TULVING, E. & DONALDSON, W. (Eds.), S. 381–403. [256]

TULVING, E. (1974): Cue-dependent forgetting. *American Scientist, 62,* S. 74–82. [267]

TULVING, E. (1983): *Elements of episodic memory.* New York: Oxford University Press. [258]

TULVING, E. (1985): How many memory systems are there? *American Psychologist, 40,* S. 385–398. [257]

TULVING, E. (1986): What kind of hypothesis is the distinction between episodic and semantic memory? *Journal of Experimental Psychology: Learning, Memory and Cognition, 12,* S. 307–311. [256]

TULVING, E. & DONALDSON, W. (Eds.)(1972): *Organization of memory.* New York: Academic Press.

TURK, D.C., MEICHENBAUM, D.H. & BERMAN, W.H. (1979): Application of biofeedback for the regulation of pain: A critical review. *Psychological Bulletin, 86,* S. 1322–1338. [179]

TURNBULL, C. (1962): *The forest people.* New York: Simon & Schuster. [148]

TVERSKY, B. & TUCHIN, M (1989): A reconciliation of the evidence on eyewitness testimony: Comments on McCloskey and Zaragoza. *Journal of Experimental Psychology: General, 118,* S. 86–91. [264]

ULEMAN, J.S. & BARGH, J.A. (Eds.)(1989): *Unintended thought.* New York: Guilford.

ULICH, E. ($^2$1992): *Arbeitspsychologie.* Zürich: Verlag der Fachvereine. [55]

VALINS, S. (1966): Cognitive effects of false heart-rate. *Journal of Personality and Social Psychology, 4,* S. 400–408. [342]

van IJZENDOORN, M.H. & KROONENBERG, P.M. (1988): Cross-cultural patterns of attachment: A meta-analysis of the strange situation. *Child Development, 59,* S. 147–156. [94]

VASTA, R., HAITH, M.M. & MILLER, S.A. (1992): *Child psychology. The modern science.* New York: Wiley. [81]

VAUGHN, B.E., EGELAND; B.R., SROUFE, L.A. & WATERS, E. (1979): Individual differences in infant-mother attachment at twelve and eighteen months: Stability and change in families under stress. *Child Development, 50,* S. 971–975. [98]

VELDEN, M. (1982): *Die Signalentdeckungstheorie in der Psychologie.* Stuttgart: Kohlhammer. [114]

VERNON, P. (1941): Psychological effects of air raids. *Journal of Abnormal and Social Psychology, 36,* S. 457–476. [364]

VERNON, P.A. (Ed.)(1987): *Speed of information-processing and intelligence.* Norwood, NJ: Ablex. [226]

VERNON, P.A. (1987): New developments in reaction time research. *In:* VERNON, P.A. (Ed.), S. 1–20. [226]

VITIELLO, M.V., CARLIN, A.S., BECKER, J., BRADLEY, B. & DUTTON, J. (1989): The effect of subliminal oedipal and competitive stimulation on dart throwing: Another miss. *Journal of Abnormal Psychology, 98,* S. 54–56. [136]

VOKEY, J.R. & READ, J.D. (1985): Subliminal messages: Between the devil and the media. *American Psychologist, 40,* S. 1231–1239. [137]

VON CRANACH, M. & VINE, I. (Eds.)(1973): *Social communication and movement.* New York: Academic Press.

VON SENDEN, M. (1960): *Space and sight: The perception of space and shape in the congenitally blind before and after operation.* New York: Free Press. [141]

VROOM, V.H. & JAGO, A.G. (1988): *Managing participation in organizations.* Englewood Cliffs, NJ: Prentice-Hall. [58]

VURPILLOT, E. (1968): The development of scanning strategies and their relation to visual differentiation. *Journal of Experimental Child Psychology, 6,* S. 632–650. [100]

WADDEN, T.A. & STUNKARD, A.J. (1985): Adverse social and psychological consequences of obesity. *Annals of Internal Medicine, 103,* S. 10620–10670. [293]

WADE, C. & TAVRIS, C. (1987; 1993³): *Psychology.* New York: Harper & Row. [15, 368]

WAGNER, R.K. & STERNBERG, R.J. (1986): Tacit knowledge and intelligence in everyday world. *In:* STERNBERG, R.J. & WAGNER, R.K. (Eds.), S. 51–83. [236]

WALBERG, H.J. (1987): Studies show curricula efficiency can be attained. *NASSP Bulletin, 71,* S. 15–21. [185]

WALD, G. (1964): The receptors of human color vision. *Science, 145,* S. 1007–1017. [123]

WALLERSTEIN, R.S. (1989): The psychotherapy research project of the Menninger Foundation: An overview. *Journal of Consulting and Clinical Psychology, 57,* S. 195–205. [50]

WALTER-BUSCH, E. (1989): *Das Auge der Firma.* Stuttgart: Enke. [54]

WALTERS, J.M. & GARDNER, H. (1986): The theory of multiple intelligences: Some issues and answers. *In:* STERNBERG, R.J. & WAGNER, R.K. (Eds.), S. 163–182. [228, 238]

WATERS, E., WIPPMAN, J. & SROUFE, L.A. (1979): Attachment, positive affect, and competence in the peer group: Two studies in construct validation. *Child Development, 50,* S. 821–829. [97]

WATSON, J.B. (1913): Psychology as the behaviorist views it. *Psychological Review, 20,* S. 158–177. [14]

WATSON, J.B. (1919): *Psychology from the standpoint of a behaviorist.* Philadelphia: Lippincott. [14]

WATSON, J.B. (1925): *Behaviorism.* New York: Norton. Dt. (1968): *Behaviorismus.* Köln: Kiepenheuer u. Witsch. [32, 202]

WATSON, J.B. & RAYNER, R. (1920): Conditioned emotional reactions. *Journal of Experimental Psychology, 3,* S. 1–14. [171, 1972]

WATSON, P. (1981): *Twins: An uncanny relationship?* Chicago: Contemporary Books. [75]

WATT, R.J. (1988): *Visual processing: Computational, psychophysical, and cognitive research.* Hillsdale, NJ.: Erlbaum. [152]

WEIL, A. (1974a): Parapsychology: Andrew Weil's search for the true Geller. *Psychology Today, 8,* S. 45–50. [117]

WEIL, A. (1974b): Andrew Weil's search for the true Geller. Part II. The letdown. *Psychology Today, 8,* S. 74–87, 82. [117, 118]

WEINER, B. (Ed.)(1974): *Cognitive views of human motivation.* New York: Academic Press.

WEINER, B. (1979): A theory of motivation for some classroom experiences. *Journal of Educational Psychology, 71,* S. 3–25. [322]

WEINER, B. (1986): *An attributional theory of motivation and emotion.* New York: Springer. [323]

WEINER, B. (1990): History of motivational research in education. *Journal of Educational Psychology, 82,* S. 616–622. [318]

WEINER, B. (1993): On sin versus sickness. A theory of perceived responsibility and social motivation. *American Psychologist, 48,* S. 957–965. Dt. (1994): Sünde versus Krankheit: Die Entstehung einer Theorie wahrgenommener Verantwortlichkeit. *In:* FÖRSTERLING, F. & STIENSMEIER-PELSTER, J. (Hrsg.), S. 1–25. [23]

WEINER, B. ($^3$1994): Motivationspsychologie. Weinheim: PVU. [211]

WEINER, B., RUSSELL, D. & LERMAN, D. (1978): Affective consequences of causal ascriptions. *In:* HARVEY, J.H., ICKES, W.J. & KIDD, R.F. (Eds.), S. 59–88. [323]

WEINER, B., RUSSELL, D. & LERMAN, D. (1979): The cognition-emotion process in achievement-related contexts. *Journal of Personality and Social Psychology, 37,* S. 1211–1220. [323]

WEINER, M.J. & WRIGHT, F.E. (1973): Effects of undergoing arbitrary discrimination upon subsequent attitudes toward a minority group. *Journal of Applied Social Psychology, 3,* S. 94–102. [399]

WEINERT, A. (1987): *Lehrbuch der Organisationspsychologie: Menschliches Verhalten in Organisationen.* München: PVU. [55]

WEINGARTNER, H., GOLD, P., BULLENGER, J., SMALLBERG, S., SUMMERS, R., RUBINOW, D., POST, R. & GOODWIN, F. (1981): Effects of vasopressin on human memory functions. *Science, 211,* S. 601–603. [271]

WEINRAUB, M., BROOKS, J. & LEWIS, M. (1977): The social network: A reconsideration of the concept of attachment. *Human Development, 20,* S. 31–47. [92]

WEISS, J.M., GOODMAN, P.A., LOSITO, B.G., CORRIGAN, S., CHARRY, J.M. & BAILEY, W.H. (1981): Behavioral depression produced by an uncontrollable stressor: Relationship of norepinephrine, dopamine, and socrotin levels in various regions of rat brain. *Brain Research Reviews, 3,* S. 167–205. [190]

WEISZ, J.R., ROTHBAUM, F.M. & BLACKBURN, T.C. (1984): Standing out and standing. *In:* The psychology of control in America and Japan. *American Psychologist, 39,* S. 955–969. [369, 370]

WELLS, G. (1993): What do we know about eyewitness identification? *American Psychologist, 48,* S. 553–571. [265]

WELLS, G.L. & LOFTUS, E.F. (Eds.)(1984): *Eyewitness testimony.* Cambridge: Cambridge University Press.

WELLS, G.L. & MURRAY, D.M. (1984): Eyewitness confidence. *In:* WELLS, G.L. & LOFTUS, E.F. (Eds.), S. 155–170. [265]

WERNER, E., BIERMAN, J. & FRENCH, F. (1971): *The children of Kauai.* Honolulu: University of Hawaii. [85]

WERNER, E. & SMITH, R. (1977): *Kauai's children come of age.* Honolulu: University of Hawaii. [85]

WERNER, E. & SMITH, R. (1982): *Vulnerable but invincible: A study of resilient children.* New York: McGraw-Hill. [85]

WERTHEIMER, M. (1970): *A brief history of psychology.* New York: Holt, Rinehart and Winston. Dt. (1971): *Kurze Geschichte der Psychologie.* München: Piper. [34, 41]

WEST, C. & ANDERSON, T. (1976): The question of preponderant causation in teacher expectancy research. *Review of Educational Research, 46,* S. 613–630. [384]

WESTENHÖFER, J. (1991): *Gezügeltes Essen und Störbarkeit des Eßverhaltens.* Göttingen: Hogrefe. [292]

WESTENHÖFER. J. & PUDEL, V. (1990): Einstellung der deutschen Bevölkerung zum Essen. *Ernährungsschau, 37,* S. 311–316. [292]

WHITTY, C.W.M. & ZANGWILL, O.L. (Eds.)(1966): *Amnesia.* London: Butterworths.

WIENER, E.L. (1977): Controlled flight into terrain accidents. *Human Factors, 19,* S. 171–180. [131]

WIGDOR, A.K. & GARNER, W.R. (Eds.)(1982): *Ability testing: Uses, consequences. and controversies.* Washington, DC: National Academy Press. [235]

WILDER, D.A. (1977): Perception of groups, size of opposition, and social influence. *Journal of Experimental Social Psychology, 13,* S. 253–268. [414]

WILDER, D.A. & SHAPIRO, P.N. (1989): Role of competition-induced anxiety in limiting the beneficial impact of positive behavior by an out-group member. *Journal of Personality and Social Psychology, 56,* S. 60–69. [399]

WILLIAMS, R.L. (1974): Scientific racism and IQ: The silent mugging of the black community. *Psychology Today, 7,* S. 32–41, 101. [232]

WILSON, E.O. (1975): *Sociobiology: The new Synthesis.* Cambridge, MA: Harvard University Press. [299]

WILSON. E.O. (1978): *On human nature.* Cambridge, MA: Harvard University Press. [77]

WILSON, J.G. & FRASER, F.C. (Eds.)(1977): *Handbook of Teratology:* Vol. 1. *General principles and etiology.* New York: Plenum.

WILSON, R.S. & MATHENY, A.P. jr. (1986): Behavior genetics research in infant temperament: The Louisville twin study. *In:* PLOMIN, R. & DUNN, J. (Eds.), S. 81–97. [83]

WINNICK, M. (1979): Starvation studies. *Human Nature Manuscript Series,* 4. [289]

WOLFE, T. (1979): *The right stuff.* New York: Farrar, Straus & Giroux. [372]

WOODWORTH, R.S. & SCHLOSBERG, H. (1954): *Experimental psychology* (rev. ed.). New York: Henry Holt. [212]

WORCHEL, S. (1986): The role of cooperation in reducing intergroup conflict. *In:*

WORCHEL, S. & AUSTIN, W.G. (Eds.), S. 288–304. [399]

WORCHEL, S. & AUSTIN, W.G. (Eds.)(1985, ²1986): *Psychology of intergroup relations.* Chicago: Nelson.

WRIGHT, L. (1988): The type A behavior pattern and coronary artery disease: Quest for the active ingredients and the elusive mechanism. *American Psychologist, 43,* S. 2–14. [365]

YERKES, R.M. (Ed.)(1921): Psychological examining in the United States Army. *Memoirs of the National Academy of Sciences, 15.* [232]

YUSSEN, S.R. & BERMAN, L. (1981): Memory predictions for recall and recognition in first-, third-, and fifth-grade children. *Developmental Psychology, 17,* S. 224–229. [102]

ZAJONC, R.B. (1968): Attitudinal effects of mere exposure. *Journal of Personality and Social Psychology, 9,* Monograph Suppl., No. 2, part 2, S. 2–27. [401]

ZAJONC, R.B. (1970): Brainwash: Familiarity breeds comfort. *Psychology Today, 3,* S. 33–35, S. 60–64. [401]

ZAJONC, R.B., MURPHY, S.T. & INGLEHART, M. (1989): Feeling and facial efference: Implications of the vascular theory of emotion. *Psychological Review, 96,* S. 395–416. [345]

ZARAGOZA, M. & MCCLOSKEY, M. (1989): Misleading postevent information and the memory impairment hypothesis: Comment on Bell and reply to Tversky and Tuchin. *Journal of Experimental Psychology: General, 118*, S. 92–99. [264]

ZARAGOZA, M., MCCLOSKEY, M. & JAMIS, M. (1987): Misleading postevent information and recall of the original event: Further evidence against the memory impairment hypothesis. *Journal of Experimental Psychology: Learning, Memory, and Cognition, 13*, S. 36–44. [264]

ZEDECK, S. & CASCIO, W.F. (1984): Psychological issues in personnel decisions. *Annual Review of Psychology, 35*, S. 461–518. [55]

ZELAZO, P., ZELAZO, N.A. & KOLB, S. (1972): »Walking« in the newborn. *Science, 176*, S. 314–315. [91]

ZESKIND, P.S. & LESTER, B.M. (1981): Analysis of cry features in newborns with differential fetal growth. *Child Development, 52*, S. 207–212. [84]

ZILBERGELD, B. (1983): *The shrinking of America: Myths of psychological change.* Boston: Little, Brown. [368]

ZILLMANN, D. (1983): Arousal and aggression. *In:* GEEN, R.G. & DONNERSTEIN, E.I. (Eds.), S. 75–101. [306]

ZIMBARDO, P.G. (1971): *The psychological power and pathology of imprisonment.* A statement prepared for the U.S. House of Representatives Committee on the Judiciary, Subcommittee No. 3: Hearings on prison reform. San Francisco, CA, Oct. 25. [311]

ZIMBARDO, P.G. ($^{13}$1992): *Psychology and life.* New York: HarperCollins Publisher. Dt. ($^{5}$1992): *Psychologie.* Berlin: Springer.

ZIMBARDO, P.G., HANEY, C., BANKS, W.C. & JAFFE, D. (1982): The psychology of imprisonment. *In:* BRIGHAM. J.C. & WRIGHTSMAN, L. (Eds.), S. 230–245. [310]

ZIMMER, D.E. (1986): *Tiefenschwindel. Die endlose und beendbare Psychoanalyse.* Reinbek: Rowohlt. [40]

ZUCKERMAN, M., DEPAULO, B.M. & ROSENTHAL, R. (1981): Verbal and nonverbal communication of deception. *In:* BERKOWITZ, L. (Ed.), S. 1–59. [356]

# Register

Abmagerungskuren 296 f.
Abruf von Inhalten
    aus dem Kurzzeitgedächtnis 253 f.
    aus dem Langzeitgedächtnis 255 ff.
Abrufreize, fehlende 267 f.
Abwehrmechanismen 371
Adaptation der Sinnesorgane 115 f.
Aggression
    als angeborene Motivation 301 f.
    als Folge von Frustration 303 f.
    Erklärungen für – 295 f.
    Feindliche – 300
    Instrumentelle – 300
    Kennzeichnung der – 299 ff.
    Maßnahmen zum Abbau von – 315 ff.
    und Anonymität 309, 312
    und Dampfkesseltheorien 301
    und Fernsehkonsum 199 ff.
    und Gehorsam 313 ff.
    und Instinkt 301
    und Nachahmungen 309 f., 198
    und situative Bedingungen 309, 309, 312 ff.
    und Verärgerung 306
Aggressivität
    und Fernsehen 199 ff.
Alkohol-Embryopathie 81 f.
Alles-oder-Nichts-Prinzip 116, 119
Allmende-Klemme 44
Alzheimersche Krankheit 270, 272
Anfangseffekte 380 f.
Angewandte Psychologie 44 ff.
Anlage-Umwelt-Problem 72 ff.
*Anna O.*, Fallgeschichte von 39 f.
Anstrengung
    als Leistungsursache 321 f.
Arbeitspsychologie 50 ff.
Arbeitszufriedenheit 58 f.
Ärgernisse, kleine 363
Assessment Center 56

Attraktivität, soziale
    und Gleichheitshypothese 404 f.
    und Häufigkeit der Begegnung 401 f.
Aufarbeitende Wiederholung 253
Auffällige Verhaltensweisen
    und ihre Behandlung in der Vergangenheit 51 ff.
Aufmerksamkeit
    als Kontrollprozeß 249
    Entwicklung der – 100 f.
    Filtertheorie der – 139 f.
    in der Wahrnehmung 131 ff.
    Kennzeichnung der – 131 f.
    Theorien der – 139 ff.
    und Gedächtnis 270, 273
    Verteilte – 134, 138
Ausformung 182 f.
Außenseiter, in der Gruppe 415 ff.
Außersinnliche Wahrnehmung 117 f.
    Erfahrungen außerhalb des Körpers 117
    Hellsehen 117
    Kontakte mit Verstorbenen 117
    Telepathie 117
    Zukunftsvisionen 117
Autokinetisches Phänomen 412 f.
Automatische Prozesse
    in der Wahrnehmung 140
    und Vorurteile 400
Autonomes Nervensystem
    und Emotionen 331 f., 335 ff.
Autoritäre Persönlichkeit
    und Vorurteile 400
Aversiver Reiz 182
Axon 125 f., 272

Bedeutungszuschreibung
    als Kontrollprozeß 249 f.
Begriffe
    als Klassen 203 f.
    Netzwerke von -n 206 ff., 260 f.

Begriffsbildung 203 ff.
Begriffslernen
   Merkmalsansatz 203 f.
   Prototypansatz 205 ff.
Behalten
   Möglichkeiten der Förderung 269 ff.
   von Bildmaterial 242 f.
Behavioristische Sichtweise 14, 27, 32 f., 357, 41 ff., 54, 176, 202, 287
Beobachtungslernen 197 f.
Beratung
   als Aufgabe der Klinischen Psychologie 46, 49
Beruhigungsmittel
   und Streß 370
Bestrafung 183 ff.
Binet-Skalen 224, 226 ff.
Biofeedback 178 f.
Biologische Sichtweise 25 ff.
Blinder Fleck 127
Blitzlicht-Erinnerungen 272 f.
Blockierung
   in der Klassischen Konditionierung 192 f.

Cannon-Bard-Theorie der Gefühle 337 f.
*Charcot, Jean-Martin* 53
Chromosom 69 f.
Cocktailparty-Effekt 138, 140
Contergan-Katastrophe 79

Darstellungsregeln von Emotionen 351 ff.
Darstellungszielorientierung
   in der Lernmotivation 324 f.
*Darwin, Charles* 72, 77, 174, 224 f., 301 f., 340, 349 f. 353, 416
Datenabhängige Prozesse 152 ff.
Definition
   Merkmals- 18 f.
   operationale 18 f.
Depressionen
   als Folge erlernter Hilflosigkeit 190 f.
Diagnostik
   als Methode der Klinischen Psychologie 47
   Kennzeichnung der - 47 f.
Dichotisches Hören 134, 138 f.
Diskrimination 171
Diskriminativer Reiz 186 f.

Effektgesetz 175 f.
Einsicht, Lernen durch - 194 ff.
*Einstein, Albert* 212, 222, 297
Elementarismus 33 ff., 129 f.
Embryo 79
Emotionen
   Darstellungsregeln von - 351 ff.
   in sozialen Situationen 349 ff.
   Izards Theorie der - 344 f.
   James-Lange-Theorie der - 336 f.
   Jukebox-Theorie der - 343
   Kennzeichnung der - 329
   Klassifikation der - 331
   Schachter-Theorie der - 342 f.
   Theorie entgegengesetzter Prozesse 346 ff.
   und autonomes Nervensystem 331 ff.
   und Gesichts-Rückkoppelungs-Hypothese 340 ff.
   und Gesichtsausdruck 340 f.
   und Hormone 332
   und physiologische Veränderungen 331 ff.
   Vortäuschung falscher - 354 ff.
Emotionspsychologie 328 ff.
Emotionstheorien 336 ff.
Empfindung 131
Engramm 266
Entfernungswahrnehmung 144 ff.
Entgegengesetzte Prozesse
   Theorie der - 346 ff.
Entwicklung
   - kognitiver Funktionen 98 ff.
   - und Reifungsprozesse 89 ff.
   biologische Grundlagen der - 68 ff.
   motorische - 62, 88 ff.
   Psychologie der menschlichen - 61 ff.
   und nichtnormierte Einflüsse 107 ff.
   vorgeburtliche - 76, 79 ff.
Entwicklungspsychologie
   Kennzeichnung der - 62 ff.
*Epiktet* 358
Episodisches Gedächtnis 257 f.
Erhaltungswiederholung 252
Erinnerung
   unvollständige - 259 f.
Erlernte Hilflosigkeit 187 ff.

Erste Eindrücke
  Entstehung 376 ff.
  und äußere Erscheinung 376 f.
Erwartungseffekt 382 ff.
Eßverhalten
  und innere Kontrolle 289 ff.
  und seine Erklärung 288 ff.
Experiment, Kennzeichnung des -s 19 ff.
Extinktion
  in der Klassischen Konditionierung 170
  in der Operanten Konditionierung 185 f.
extrinsische Motivation 318

Fähigkeit
  als konstante Leistungsursache 321 f.
  als veränderliche Leistungsursache 324 f.
Farbensehen
  Erklärung des -s 122 ff.
Farbentheorie
  Dreifarbentheorie 123
  Theorie der Gegenfarben 124 f.
Farbkonstanz 147
*Fechner, Gustav Theodor* 111
Ferienlager, Sherifs Untersuchungen 392 ff., 395 ff.
Fernsehen und aggressives Verhalten 198 ff.
Figur-Grund-Wahrnehmung 141 f.
Filtertheorie der Aufmerksamkeit 139 f.
Flugunglücke 128, 131
Forensische Psychologie 45
Formkonstanz 147
Formwahrnehmung 141 f.
Fötales Alkoholsyndrom 81
Fötus 80
Fremdgruppe
  Kennzeichnung der - 392
  und Diskriminierung 393 f.
*Freud, Sigmund* 37 ff., 47, 48,
  50, 53, 268 f., 282, 297 f. 301,
  355, 361, 367 f., 371, 410, 416
Frustration
  Kennzeichnung 302
Frustrations-Aggression-Hypothese 302 ff.
Funktionale Gebundenheit 220 f.
Furcht vor Mißerfolg 323
Furchtreaktionen
  Erlernen von - 171
Gedächtnis
  als Informationsverarbeitung 243 ff.
  Entwicklung des -s 101 ff.
  episodisches - 257 f.
  implizites - 136
  Kontrollprozesse 249 f.
  Kurzzeit- 248 ff.
  Langzeit- 255 ff.
  Mehrspeichermodell 244 f.
  Meta- 102
  Möglichkeiten der Förderung 269 ff.
  prozedurales - 257 f.
  semantisches - 257 f.
  und Aufmerksamkeit 270, 273, 249 f.
  und DNS-Moleküle 271
  und fehlende Abrufreize 267 f.
  und Hormone 271 f.
  und Neurobiologie 270, 271 ff.
  und Organisation 258 ff.
  und Schemata 261
  und Überlernen 275
  und Übungstätigkeit 270, 273
Gedächtnispsychologie 242 ff.
Gefangenenexperiment 310 f.
Gefühle, Psychologie der - 328 ff.
Gefühle, siehe: Emotionen 329
Gefühlsausdruck
  biologische Grundlagen 349 ff.
  Deutung des -s 349 f.
Gegenkonditionierung 173
Gegenseitigkeit, Norm der - 405 f.
Gehorsamsstudie 313 ff.
*Geller, Uri* 117
Gene 70 f.
  dominante - 71
  Ein- Ausschaltmechanismus der - 71
  Reaktionsmöglichkeiten der - 72
  rezessive - 71
Genotypus 71
Gerechte Welt
  Glaube an eine - 390
Geschlechtschromosomen 70
Geschmacksabneigung, 167 f., 169 f.

Gesichts-Rückkoppelungs-Hypothese 340 ff.
Gespräch
    in der Klinischen Psychologie 48
Gestaltgesetze 143 f.
Gestaltpsychologie
    Begründer der – 34
    und Denken 194, 221
    und Wahrnehmung 129, 141, 154
Gesundheitspsychologie 44
Gezügelte Esser 293

Haut und Zellerneuerung
    Veränderungen mit dem Alter 104 f.
Hawthorne-Effekt 54
Helligkeitskontraste 125 f.
Hellsehen 117
Heuristische Problemlösungen 216
Hilfeleistung 18 ff., 23 ff.
    und Anzahl der Zeugen 20 f.
    und Lärm 22 f.
    und Stimmung 23
    und Wohnortgröße 22
Hirnhälften, getrennte 28 ff.
Hirnreizung
    und Erinnerungsleistungen 255
Hoffnung auf Erfolg 323
*Hogarth, William* 146
Hormone
    und Emotionen 332
Hospitalismus 63 f.
Humanistische Sichtweise 41 ff.
    in der Arbeitspsychologie 55
    in der Klinischen Psychologie 48
Humor und Streßgefährdung 367
Hungerstudie 288 f.

Immunsystem
    und Stimmungslage 362
    und Streß 361 ff.
Implizite Persönlichkeitstheorie 377
Implizites Gedächtnis 136
Implizites Lernen 136
Implizites Wissen
    und Intelligenz 236 f.
Informationsverarbeitung

und Gedächtnis 243 ff.
und Intelligenz 240 f., 243
Ingenieurpsychologie 57 ff.
Instinkt
    als Erklärung motivierten Verhaltens 286
Instrumentelle Konditionierung
    und Effektgesetz 175 f.
    und Versuch-und-Irrtum-Lernen 174 f.
Intelligenz 223
    als allgemeine Fähigkeit 233 ff.
    als Prozeß 240 f.
    gemessen durch IQ-Tests 228 ff.
    Messung der – 224 f., 226 ff.
    praktische – 235 ff.
    Primärfaktoren der – 234
    und implizites Wissen 236
    und Reaktionsschnelligkeit 226
    und Umweltbedingtheit 239 f.
    Zwei-Faktoren-Theorie der – 233 f.
Intelligenz-Quotient 228
Intrinsische Motivation 318
    Unterminierung 319
    Voraussetzungen der Entstehung 320 f.
Introspektion 13
IQ 229
IQ-Tests 228 ff.
    als Ausleseverfahren 231 f.

James-Lange-Theorie der Gefühle 336 f.
Jo-Jo-Diät 294 f.
Jukebox-Theorie der Emotionen 343

Katharsishypothese 199 f.
Kausalattribuierung, *siehe:* Ursachenzuschreibung
*Keller, Helen* 110
Klassische Konditionierung 162
    und Blockierung 192 f.
    und Diskrimination 171
    und Abbau von Furchtreaktionen 171 f.
    und Erlernen von Furchtreaktionen 173
    und Extinktion 170
    und Gegenkonditionierung 173
    und Geschmacksabneigung 167 f., 169 f.
    und Rauschdrogen 165 f.
    und Reaktion auf Rauschdrogen 165 f.

und spontane Erholung 170
Klinische Psychologen
  im Beratungswesen 46, 49
  im Erziehungswesen 46
  im Gesundheitswesen 46
Klinische Psychologie
  Aufgaben 46 ff.
  und Diagnostik 47 f.
*Kluger Hans* 188 f.
Kognitionsgeleitete Prozesse 152 ff.
Kognitive Landkarten 193 f.
Kognitive Sichtweise 33 ff.
*Kohl, Helmut* 307
Kohorten-Effekt 66 f.
Konditionierung
  instrumentelle – 174174 ff.
  klassische – 162 ff.
  operante – 173 ff.
Konformität in sozialen Situationen 413 ff.
Konformitätsdruck 413
Kontrollprozesse
  Aufmerksamkeit 249 f.
  Bedeutungszuschreibung 249 f.
*Kraepelin, Emil* 52
*Kraft, Conrad* 128 f.
Krebsrisiko und Streß 361 f.
Kriminalpsychologie 45
Kritische Lebensereignisse 106, 360
Kritische Phasen in der vorgeburtlichen Entwicklung 81 ff.
Kurzzeitgedächtnis 248 ff.
  als Werkbank 254 f.
  und »Wiederholung im Kopf« 246, 252 f.
  und Abruf von Inhalten 253 f.

Längsschnittstudien 64 ff.
Langzeitgedächtnis 255 ff.
  und Organisation 258 ff.
  und Vergessen 265 ff.
Latentes Lernen 193 f.
Lebensabschnitt
  Vorgeburtlicher – 76, 79 ff.
Lebensereignisse
  kritische – 106 f.
  unzeitgemäße – 107 f.

  zeitgemäße – 107 f.
Lehrererwartung
  und Schülerleistung 383
Lerneinstellungen 196
Lernen
  durch Konditionierung 162 ff.
  durch Nachahmung 197 ff.
  implizites – 136
  Kennzeichnung 157 ff.
  kognitive Sichtweisen 191 ff.
  latentes – 193 f.
  und Verhalten 157 f.
  Versuch-und Irrtum – 174 ff., 212
  während des Schlafs 161 f.
Lernmotivation
  Bedingungen der – 318 ff.
  und Darstellungszielorientierung 324
  Förderung der – 318 ff.
  und Lernzielorientierung 324
  und emotionale Folgen 325 f.
Lernpsychologie 157 ff.
Lerntheorien 160
Lernzielorientierung, in der Lernmotivation 324 ff.
Liebe 406 ff.
  partnerschaftliche – 409 ff.
  romantische – 407 ff.
  und Vertraulichkeit 410
Liebe, romantische –
  Geschichtliche Entwicklung 407 ff.
  Zugeschriebene Kennzeichen 407 ff.
  Zweifaktoren-Theorie 408
*Locke, John* 32
*Lope de Vega* 162
Lügendetektor 333 ff.

Massenpsychologie 374, 419
  Kritik der – 374 f.
Medizinische Sichtweise von Verhaltensauffälligkeiten 53 f.
*Mesmer, Franz Anton* 52 f.
Metagedächtnis 102
*Mill, James* 72 f.
*Mill, John Stuart* 72
Minderheiten, Einfluß auf Mehrheiten 416 ff.

Mittel-Ziel-Analyse 216 f.
Mnemotechniken 275 ff.
Modellernen 197 ff.
Mond-Täuschung 152
Morita-Therapie 369 f.
Motivation 283 f.
   extrinsische – 318
   intrinsische – 318
   soziale – 400 f.
   und Lernen 318 ff.
Motivationspsychologie 282 ff.
Motive
   als Erklärung motivierten Verhaltens 286 f.
Motiviertes Vergessen 268 f.
Motiviertes Verhalten
   Kennzeichnung 283
   und Aktivierung 283 ff.
   und Zielgerichtetheit 285
Motorik
   Entwicklung der – 62, 88 ff.
Motorische Entwicklung 88 ff.
Müller-Lyersche Täuschung 148, 151
Multiple Persönlichkeit 209 ff.
Mütterliche Berufstätigkeit 96 f.

Negative Verstärkung – 181 f.
Nervenzelle, Aufbau einer – 272
Netzhaut des Auges 125
Neurobiologie 270
   und Gedächtnis 271
Neurotransmitter 272
*Newton, Sir Isaac* 120
Nischen-Auswahl 86

Objektivität 48
Operante Konditionierung 173 ff.
   und Ausformung 182
   und Bestrafung 183 ff.
   und diskriminative Reize 186 f.
   und negative Verstärkung 181 f.
   und partielle Verstärkung 185 f.
   und positive Verstärkung 177
   und Verhaltenskontrolle 176
Optische Täuschungen 147 ff.
Organisation
   von Gedächtnisinhalten 258 ff.
   der Wahrnehmung 141
Organisationspsychologie 50
*Ovid* 408

Paarbeziehungen
   Stabilität von – 405
Pädagogische Psychologie 44
Partielle Verstärkung 185 f.
Partnerschaftliche Liebe 409 ff.
   Kennzeichnung 409 f.
Personalauswahl 55 f.
Pessimismus und Streßgefährdung 367 f.
Phänotypus 71
Phi-Phänomen 34
Phrenologie 224 f.
*Piaget, Jean* als kognitiver Psychologe 35 f.
*Pinel, Philippe* 52
*Platon* 243, 347
Platz-Lernmethode 277 ff.
Ponzo-Täuschung 148
Positive Verstärkung 197 ff.
Praktische Intelligenz 235 ff.
Premack-Prinzip 180 f.
Problemfindung 213
Problemlösen 202 ff.
   als Prozeß 212 ff.
   Lösungssuche 215 f.
   Mittel-Ziel-Analyse 216
   Situations- und Zielanalyse 213 ff.
   und Algorithmen 215 f.
   und Bewertung von Lösungsmöglichkeiten 217, 219
   und Einstellungen 222
   und frühere Erfahrungen 220 ff.
   und funktionale Gebundenheit 220 f.
   und Heuristik 216
   und logische Fehlschlüsse 218 f.
Prophezeiung, sich selbst erfüllende 384
Prozedurales Gedächtnis 257 f.
Psychoanalyse 37 ff.
   Kritik der – 50
   und Abwehrmechanismen 371
   und Symptombeseitigung 368
   und Todestrieb 297

Psychokinese 117
Psychologie
  als Forschungsgebiet 15 ff.
  Kennzeichnung der – 14
Psychologischer Streß-Bewerter 334
Psychotherapie 49 f.
  und Symptombeseitigung 368

Querschnittstudien 66 ff.

Rauschdrogen
  und Klassische Konditionierung 165 f.
  Abhängigkeit von – 348
  Toleranz 165 f.
Redekur 40, 410
Reflex, angeborener 163
Refraktärphase 119
Reifungsprozesse 89 ff.
Reizbedingungen
  zur Erregung von Aufmerksamkeit 132 ff.
Revolutionen
  und soziale Unruhen 307 f.
Rezeptor 116
Romantische Liebe 407 ff.
Rückwirkende Hemmung 267

Schachter-Theorie der Emotionen 342 f.
Schäden, angeborene 84 f.
Schlüsselwort-Methode 277
Schwelle
  absolute – 112
  Unterschieds- 112
Schwellenwert
  neuraler – 116
Sehorgan
  Aufbau des -s 120 f.
  Rezeptoren des -s 116, 120 f.
Selbst- und Fremdbeobachtung
  Ursachenzuschreibung in der – 388 ff.
Selbstkonzept 208, 211 f.
Selbst-Verwirklichung 42 f.
  und soziale Verantwortung 43
Selbstwirksamkeitserwartungen
  und deren Förderung 323 f.

und ermutigender Anspruch 325
und stellvertretende Erfahrungen 325
Veränderung durch Erfolge und Mißerfolge 324 f.
Semantisches Gedächtnis 257 f.
Sensorisches Register 245, 247 f.
*Shakespeare, William* 61, 342, 408
Sichtweisen menschlichen Verhaltens 25
  behavioristische – 14, 27, 32 f., 35 f., 41 ff., 54, 176, 202, 287
  biologische – 25 ff.
  humanistische 41 ff.
  kognitive 33 ff.
  psychoanalytische 37 ff., 371
Signalentdeckungstheorie 114 f.
Sinnesorgane
  Adaptation der – 115 f.
  allgemeine Kennzeichen 111 f.
  als Transduktoren 116
Sinnvolle Einheiten im Kurzzeitgedächtnis 250 f.
*Sokrates* 347, 401
Sollwerttheorie des Eßverhaltens 291 f.
Sozial-emotionale Bindung
  Einflüsse auf weitere Entwicklung 95, 97 f.
  Entwicklung der – 92 ff.
  Phasen der – 92
  Qualitäten der – 93 ff.
  und mütterliche Berufstätigkeit 96 f.
Soziale Konflikte
  Entstehungsbedingungen 398 f.
  Maßnahmen zur Verminderung 398 f.
Soziale Prozesse 374 ff.
Soziale Unterstützung 373
Soziale Wahrnehmung 375 ff.
  erste Eindrücke 376
  und Fehler 387 ff.
  Kelleys Theorie 386 f.
  und Anfangseffekte 380 f.
  und implizite Persönlichkeitstheorien 377
Soziale Wirklichkeit 412 f.
Sozialmotivation 400 f.
Soziobiologie 77 f.
Spontane Erholung 170
SQR3-Methode 274 f.
Stereotyp 377

Streß
   Abwehr von – 368 f.
   Entstehungsbedingungen von – 360, 363 f.
   Kennzeichnung von – 358 ff.
   und Ärgernisse 360, 363
   und Beruhigungsmittel 370
   und Entspannungsübungen 370 f.
   und Immunsystem 361 ff.
   und Krebsrisiko 361 f.
   und kritische Lebensereignisse 360
   und sportliche Betätigung 370 f.
Streßabwehr und situative Bedingungen 372 f.
Streßgefährdung
   und A-Typ-Verhaltensmuster 364 f.
   und B-Typ-Verhaltensmuster 365 f.
   und Humor 367
   und Persönlichkeit 364 f.
   und Pessimismus 367 f.
   und Widerstandsfähigkeit 366 f.
Streßsituationen
   und Behalten 272
Stroop-Effekt 132
Synapse 272

Taylorismus 50, 54
Telepathie 117
Teratogene 81
Test, psychologischer
   als Methode der Klinischen Psychologie 49
Theorie, Kennzeichnung der – 24 f.
Therapie als Aufgabe der Klinischen Psychologie 49 f.
Toleranz bei Rauschdrogen 165 f.
Tragödie der gemeinschaftlichen Nutzungen 44
Transduktion 116
Triebe als Erklärung motivierten Verhaltens 286 f.
*Twitmyer, Edwin* 163
Typ-A-Verhaltensmuster 364 f.

Übergewichtigkeit 292 ff.
   und Gesundheit 293
Überlernen 275
Überrechtfertigungseffekt 319
Umkehrbilder 142
Umkehrbrille 121 f.

Umweltpsychologie 44 f.
Unterminieren
   intrinsicher Motivation 319
Unterscheidungsreize 186 f.
Unterschwellige Wahrnehmung
   im Experiment 136
   in der Werbung 135
unzeitgemäße Lebensereignisse 107 f.
Ursachenzuschreibung
   Grundlegender Fehler in der – 388 ff.
   in der Selbst- und Fremdbeobachtung 389 f.
   in der Sozialen Wahrnehmung 381 ff.
   nach Leistungsergebnissen 320 ff.

*van Leeuwenhoek, Antoni* 68 f.
Variable
   abhängige – 20
   unabhängige – 20
Veränderungen
   altersnormierte – 104 ff.
   Erforschung von – 64 ff.
Verarbeitungstiefe und Erinnerungsleistung 254
Verdrängung 269
Vergessen
   und seine Erklärung 265 ff.
Vergessenstheorien
   und fehlende Abrufreize 267 f.
   und Interferenz 266
   und motiviertes Vergessen 268 f.
   und Spurenverfall 266
Verstärker-Hierarchie 181
Verstärkung
   als Reiz 177
   als Verhaltensweise 180
   negative – 181 f.
   partielle – 185 f.
   positive – 177, 197 ff.
Versuch-und-Irrtum-Verhalten 174, 212
*Vicary, James* 135
Vorauswirkende Hemmung 267
Vorgeburtliche Entwicklung 76, 79 ff.
   und kritische Phasen 81
Vorurteile 395
   Abbau von – 398 f.
   und automatische Prozesse 400

und autoritäre Persönlichkeit 400
und soziale Konflikte 395 ff.

Wahrnehmung
    außersinnliche – 117 f.
    automatische Prozesse in der – 140
    datenabhängige Prozesse in der – 152 ff.
    Gestaltgesetze der – 143 f.
    Kennzeichnung der – 128 f.
    kognitionsgeleitete Prozesse in der – 152 ff.
    Konstanzen in der – 147
    kulturvergleichende Studien zur – 148 f.
    soziale – 375 ff.
    und Aufmerksamkeit 131 ff.
    und Empfindungen 131
    und Organisation 141
    von Entfernungen 144 ff.
    von Figur und Grund 141 f.
Wahrnehmungskonstanzen 147
Wahrnehmungspsychologie 110 ff.
*Weber, Ernst-Heinrich* 111

Webersches Gesetz 112 f.
Wiederholung von Gedächtnisinhalten
    Aufarbeitende – 253
    Erhaltende – 252
Wir- und Fremdgruppen
    Unterscheidung zwischen – 392 ff.
Wirklichkeit, soziale 412 f.

*Young, Thomas* 123

zeitgemäße Lebensereignisse 107 f.
Zeugen
    Erinnerungsleistung von – 242 f.
Zeugenaussagen
    Zuverlässigkeit von – 242 f., 263 ff.
Zukunftsvisionen 117
Zweifaktoren-Theorie
    der romantischen Liebe 408
    der Intelligenz 233 f.
Zweifaktoren-Theorie der Emotionen 342
Zwillingsforschung 73

# Bildnachweise

Abb. 1.1: G. Mietzel/N. Poersch.
Abb. 1.2: Davidoff, L. (1987): *Introduction to psychology.* McGraw-Hill: New York, S. 9; Quelle: Archives of the History of American Psychology. University of Akron. Akron/Ohio.
Abb. 1.3: Tilker, H.A. et al. (1974): *Social psychology. Explorations in understanding.* Del Mar, CA: CRM Books, S. 379; Quelle: Brown Brothers.
Abb. 1.4: Mauritius Bildagentur.
Abb. 1.5: Gazzanigia, M.S. (1964): The splitbrain in man. *Scientific American,* 217, S. 25.
Abb. 1.6: Lindzey, G, Hall, C.S. & Thompson, R.F. (1975): *Psychology.* New York: Worth Publishers, S. 55; Quelle: Sperry (1968).
Abb. 1.7: Wade, C. & Tavris, C. ($^3$1993): *Psychology.* New York: HarperCollins, S. 99.
Abb. 1.8: Hilgard, E.R., Atkinson, R.C. & Atkinson, R.L. ($^6$1975): *Introduction to psychology.* New York: Harcourt, Brace Jovanovich, S. 54.
Abb. 1.9: Morris, C.G. ($^2$1976): *Psychology. An introduction.* Englewood Cliffs, NJ: Prentice Hall, S. 10; Quelle: Underwood and Underwood.
Abb. 1.10: Davidoff, L. (1987), a.a.O., S. 148.
Abb. 1.11: Bugelski, B.R. & Alampay, D.A. (1961): *Canadian Journal of Psychology, 15,* S. 206.
Abb. 1.12: Rubin, Z. & McNeil, E.B. ($^4$1985): *Psychology. Being human.* New York: Harper & Row, S. 330; Quelle: The Bettmann Archives.
Abb. 1.13: Sulloway, F.J. (1982): *Freud. Biologie der Seele. Jenseits der psychoanalytischen Legende.* Hohenheim: Köln-Lövenich, S. 96.
Abb. 1.14: *Rogers:* Atkinson, R.L., Atkinson, R.C., Smith, E.E. & Bem, D.J. ($^{10}$1990): *Introduction to psychology.* San Diego: Harcourt Brace Jovanovich, S. 523.
*Maslow:* Lahey, B.B. ($^2$1986): *Psychology.* Dubuque, Iowa: WCB, S. 19; Quelle: The Bettmann Archives.
Abb. 1.15: Santrock, J.W. (1986): *Psychology.* Dubuque, Iowa: WCB, S. 516, Historical Picture Service, Chicago.
Abb. 1.16: Carlson, N.R. (1987): *Discovering psychology.* Boston: Allyn and Bacon, S. 272, Quelle: Lew Merrim/Monkmeyer Press Photo Service.
Abb. 1.17: Darley, J.M. et al. ($^5$1991): *Psychology.* Englewood Cliffs, N.J.: Prentice Hall, S. 558; Quelle: American Museum of Natural History.
Abb. 1.18: *linkes Bild:* Sdorow, L.M. ($^2$1993): *Psychology.* Madison, Wisconsin: Brown & Benchmark, S. 593: The Bettmann Archives.
*rechtes Bild:* Santrock, J.W. (1986), a.a.O., S. 516, Historical Picture Service, Chicago
Abb. 1.19: RWE Energie, 45128 Essen.
Abb. 2.1: Wrightsman, S. & Sanford, A. ($^4$1975): *Psychology: A scientific study of human behavior.* Monterey, CA: Brooks/Cole, S. 65; nach Shirley, M.M. (1933): The first two years. A study of

|  |  |
|---|---|
|  | twenty-five babies. Vol. 2. *Institute of Child Welfare Monograph*, No. 7. Minneapolis: University of Minnesota Press. |
| Abb. 2.2: | MUNSINGER, H. (1971): *Fundamental of child development.* New York: Holt, Rinehart & Winston, S. 4; Quelle: NEEDHAM (1959): *From a history of Embryology.* New York: Abelard-Schuman. |
| Abb. 2.3: | MORRIS, C.G. ($^2$1976), a.a.O., S. 33. |
| Abb. 2.4: | SHAPIRO, J. et al. (1969): Isolation of pure lac operon DNA. *Nature*, 224, S. 768-774. |
| Abb. 2.5: | HARRIS, J.R. & LIEBERT, R.M. ($^3$1991): *The child.* Englewood Cliffs, NJ: Prentice Hall; Quelle: Pam Hasegawa/Taustus Photos. |
| Abb. 2.6: | WADE, C. & TAVRIS, C. (1987): *Psychology.* New York: Harper and Row, S. 443; Quelle: Dr. Karl Fredgal. |
| Abb. 2.7: | HETHERINGTON, E.M. & PARKE, R.D. (1975): *Child psychology. A contemporary viewpoint.* New York: McGraw-Hill, S. 56; Quelle: RUGH, R. & SHETTLES, L. (1971): *Conception to birth: The drama of life's beginning.* New York: Harper & Row. |
| Abb. 2.8: | MOORE, K.L. ($^3$1989): *Before we are born.* Philadelphia: Saunders. |
| Abb. 2.9: | HILGARD, E.R. et al. ($^6$1975), a.a.O., S. 365; Quelle: Habrace. |
| Abb. 2.10: | MUNN, N.L., FERNAL, L.D. & FERNAL, P.S. ($^3$1974): *Introduction to psychology.* Boston: Houghton Mifflin, S. 65; Quelle: American Museum of Natural History. |
| Abb. 2.11: | WHITTAKER, J.O. (1970): *Introduction to psychology.* Philadelphia: Saunders, S. 89; Quelle: DENNIS, W. Brooklyn College. |
| Abb. 2.12: | VURPILLOT, E. (1968): The development of scanning strategies and their relation to visual differentiation. *Journal of Experimental Child Psychology*, 6, S. 632–650. |
| Abb. 2.13: | ROBBINS, W.J. (1929): *Growth.* New Haven, NC: Yale University Press. |
| Abb. 2.14: | Nach: ATCHLEY, R.C. (1975): The life course, age grading, and age-linked demands for decision making. *In:* DATAN, N. & GINSBERG, L.H. (Eds.)*: Life-span developmental psychology: Normative life crisis.* New York: Academic Press., S. 261–278. |
| Abb. 3.1: | BUSKIST, W. & GERBING, D.W. (1990): *Psychology. Bounderies and frontiers.* Glenview, Ill.: Scott, Foresman/Little, Brown; Quelle: Condé Nast Publications, S. 148. |
| Abb. 3.2: | KENDLER, H.H. ($^3$1974): *Basic psychology.* Menlo Park, CA: Benjamin, S. 75; Quelle: US Air Force. |
| Abb. 3.3: | HILGARD, E.R. et al ($^6$1975), a.a.O., S. 152. |
| Abb. 3.4: | BROWN, R. & HERRNSTEIN, R.J. (1984): *Grundriß der Psychologie.* Berlin: Springer, S. 442. |
| Abb. 3.5: | Klett-Cotta Archiv. |
| Abb. 3.6: | COREN, S. , PORAC, C. & WARD, L.M. ($^2$1984): *Sensation and perception.* New York: Academic Press. |
| Abb. 3.7: | SCHIFFMAN, H.R. ($^2$1982): *Sensation and perception: An integrated approach.* New York: Wiley. |
| Abb. 3.9: | GOLDSTEIN, E.B. ($^3$1989): *Sensation and perception.* Belmont, CA.: Wadsworth, S. 2. |
| Abb. 3.10: | BERNSTEIN, D.A. et al. ($^2$1991): *Psychology.* Boston: Houghton Mifflin, S. 197; Quelle Ronald C. James. |
| Abb. 3.12: | Deutsche Flugsicherung, 63067 Offenbach a.M. |
| Abb. 3.14: | MORRIS, C.G. ($^2$1976), a.a.O., S. 319. |
| Abb. 3.16: | Thorsten Mietzel. |
| Abb. 3.17: | HILGARD, E.R. et al. ($^6$1975), a.a.O., S. 142. |
| Abb. 3.18: | HILGARD, E.R. et al. ($^6$1975), a.a.O., S. 137. |

Abb. 3.19: GREGORY, R.L. & GOMBRICH, E.H. (Eds.)(1973): *Illusion in nature and art.* New York: Scribner, S. 171.
Abb. 3.20: HILGARD, E.R. et al. (⁶1975), a.a.O., S. 137; rechtes Bild: BERNSTEIN, D.A., ROY, E.J. SKRULL, T.K. & WICKENS, C.D. (²1991): *Psychology.* Boston: Houghton Mifflin, S. 195.
Abb. 3.21: DAVIDS, A. & ENGEN, T. (1975): *Introductory psychology.* New York: Random House, S. 202: Paolo Koch, Rapho Guillomete.
Abb. 3.22: SCHIFFMAN, H.R. (²1982): *Sensation and perception: An integrated approach.* New York: Wiley.
Abb. 3.24: MORRIS, C. G. (²1976), a.a.O., S. 331.
Abb. 4.1: G. MIETZEL/U. MEURER.
Abb. 4.2: MISCHEL, W. & MISCHEL, H.N. (1977): *Essentials of psychology.* New York: Random House, S. 27.
Abb. 4.3: LINDGREN, H.C., BYRNE, D. & PETRINOWICH, L. (²1966): *Psychology: An introduction to a behavioral science.* New York: Wiley & Sons, S. 128; Quelle: PAVLOW, I.P. (1928) *Lectures on conditioned reflexes.* New York: International Universities Press.
Abb. 4.4: GARCIA, J., RUSINIAK, K.W. & BRETT, L.P. (1977): Conditioning food-illness aversions in wild animals: Caveat Canonici. *In:* DAVIS, H. & HURWITZ, H.M.B. (Eds.)(1977): *Operant-Pavlovian interactions.* Hillsdale, NJ: Lawrence Erlbaum Associates., S. 273-311.
Abb. 4.5: MORRIS, C.G. (²1976), a.a.O., S. 132.
Abb. 4.6: KAGAN, J. & HAVEMAN, E. (³1968): *Psychology: An introduction.* New York: Harcourt Brace Jovanovich, S. 23; Quelle: Ken Heyman.
Abb. 4.7: LERNER, R.M. et al. (1984): Psychology. New York: Macmillan, S. 186.
Abb. 4.8: ENGLE, T.L. & SNELLGROVE, L. (⁶1974): *Psychology. Its principles and applications.* New York: Harcourt Brace Jovanovich, S. 39.
Abb. 4.9: G. MIETZEL/N. POERSCH.
Abb. 4.10: SMITH, R.E., SARASON, I.G. & SARASON, B.R. (³1986): *Psychology. The frontiers of behavior.* New York: Harper & Row, S. 205.
Abb. 4.11: HETHERINGTON, E.M. & PARKE, R.D. (1975): *Child psychology. A contemporary viewpoint*, New York: McGraw-Hill, S. 163; Quelle: *Science World*, Vol. 22. No. 4. 1971.
Abb. 4.12: PFUNGST, O. (1907): *Das Pferd des Herrn von Osten (Der kluge Hans).* Leipzig: Hirzel. Nachgedruckt unter dem Titel (1977): *Der kluge Hans - ein Beitrag zur nicht-verbalen Kommunikation.* Frankfurt/M.: Fachbuchhandlung für Psychologie.
Abb. 4.13: LAMBERT, J., MCCULLERS, J.C. & MELLGREN, R.L. (1976): *Foundations of psychology.* New York: Harper and Row, S. 187.
Abb. 4.14: SMITH, R.E. et al. (³1986), a.a.O., S. 225; Quelle: Sidney Harris.
Abb. 4.15: TOLMAN, E.C. & HONZIK, C.H. (1930): *Introduction and removal of reward and maze performance in rats.* University of California Publications in Psychology, Vol. 4.
Abb. 4.16: HABER, A. & RUNYON, R.P. (1974): *Fundamentals of psychology.* Reading, MA: Addison-Wesley; Quelle: HARLOW, H.F., University of Wisconsin Primate Laboratory.
Abb. 4.17: Ullstein Bilderdienst.
Abb. 5.1: H. MIETZEL.
Abb. 5.2: DAVIDOFF, L.L. (³1987), a.a.O., S. 225.
Abb. 5.3: RUBIN, Z. & MCNEIL, E.B. (1985), a.a.O., S. 196.
Abb. 5.4: COLLINS, A.M. & QUILLIAN, M.R. (1969): Retrieval time from semantic memory. *Journal of Verbal Learning and Verbal Behavior,* 8, S. 240–247.

Abb. 5.5: GEIWITZ, J. (1976): *Looking at ourselves. An invitation to psychology.* Boston: Little, Brown & Co, S. 433; Quelle: Museum of Modern Art, Still Library/ 20th Century Fox.
Abb. 5.6: DARLEY, J.M. et al. ($^5$1991), a.a.O., S. 278.
Abb. 5.7: H. Bahlsens Keksfabrik KG, 30655 Hannover.
Abb. 5.8: KENDLER, H.H. ($^3$1974), a.a.O., S. 411; Quelle: St Petersburg Times, Photo by Ricardo Ferro.
Abb. 5.9: DARLEY, J.M. et al., a.a.O., S. 279.
Abb. 5.10: BLAKEMORE, C. (1977): *Mechanics of mind.* Cambridge: University Press, S. 6; Quelle: Radio Times Hulton Picture Library.
Abb. 5.11: WADE, C. & TAVRIS, C. ($^2$1993), a.a.O., S. 388.
Abb. 5.12: Ullstein Bilderdienst.
Abb. 5.13: FELDMAN, R.S. (1987): *Understanding psychology.* New York: McGraw-Hill, S. 218; Quelle: American Museum of Natural History.
Abb. 6.2: HILGARD, E.R. et al. ($^6$1975), a.a.O., S. 211.
Abb. 6.5: KLATZKY, R.L. (1975): *Human memory. Structures and processes.* San Francisco: Freeman and Co., S. 67.
Abb. 6.6: THORSTEN MIETZEL.
Abb. 6.7: RUBIN, Z. & McNEIL, E.B. (1985), a.a.O., S. 167; Quelle: The Bettmann Archives
Abb. 6.8: BARTLETT, F.C. (1932): *Remembering.* Cambridge: Cambridge University Press, S. 180.
Abb. 6.9: LOFTUS, G.R. & LOFTUS, E.F. (1976): *Human memory. The processing of information.* Hillsdale, NJ: Erlbaum, S. 261.
Abb. 6.10: GEROW, J.R. ($^2$1989): Psychology: *An introduction.* Glenview, Ill.: Scott, Foresman and Comp., S. 50.
Abb. 6.11: Mauritius Bildagentur.
Abb. 6.12: KAGAN, J. & HAVEMAN ($^3$1968), a.a..O., S. 98; Quelle: The Bettmann Archives.
Abb. 7.1: HABER, A. & RUNYON, R.P. (1974): *Fundamentals pf psychology.* Reading, MA: Addison-Wesley, S. 429; Quelle NEAL MILLER.
Abb. 7.2: WHITTAKER, J.O. (1970), a.a.O., S. 161; Quelle: Life, Inc.
Abb. 7.3: *Psychology Today. An introduction* ($^3$1975), S. 319; Quelle: Nat Antler after F.A. GILDARD (1953): *The human senses.* New York: Wiley.
Abb. 7.4: Mauritius Bildagentur.
Abb. 7.5: Mauritius Bildagentur.
Abb. 7.6: BRIGHAM, J.C. (1986): *Social psychology.* Boston: Little, Brown and Corp., S. 249; Quelle: MOMA/Film Stills. Archives/Allen-Hodedon Productions.
Abb. 7.7: HOFSTÄTTER, P.R. (1957): *Gruppendynamik. Kritik der Massenpsychologie.* Hamburg: Rowohlt, S. 101, nach SEARS, R.R., HOVLAND, C.I. & MILLER, N.E. (1940): Minor studies of aggression. I. Measurement of aggressive behavior. *Journal of Psychology,* 9, S. 277–281.
Abb. 7.8: TILKER, H.A. et al. (1974), a.a.O., S. 514, 515; Quelle: Big Business, produced by MGM.
Abb. 7.9: HILGARD, E.R. et al. ($^6$1975), a.a.O., S. 437; Quelle: M. Bourke-White.
Abb. 7.10: dpa GmbH, Frankfurt/M.
Abb. 7.11: TILKER, H.A. et al. (1974), a.a.O., S. 364; Quelle: The Bettmann Archives.
Abb. 7.12: MIDDLEBROOK, P.N. (1974): *Social psychology and modern life.* New York: Knopf, S. 34.
Abb. 7.13: dpa GmbH, Frankfurt/M.
Abb. 7.14: HILGARD, E.R. et al. ($^6$1975), S. 553; Quelle: Aus dem Film *Obedience,* New York University Film Library.
Abb. 7.15: Mauritius Bildagentur.

Abb. 7.16: Mauritius Bildagentur.
Abb. 8.1: EKMAN, PAUL, Human Interaction Laboratory, UCSF.
Abb. 8.3: G. MIETZEL/ U. MEURER.
Abb. 8.4: THORSTEN MIETZEL.
Abb. 8.5: THORSTEN MIETZEL.
Abb. 8.6 EKMAN, PAUL, Human Interaction Laboratory, UCSF
Abb. 8.7 MATLIN, M.W. (1992): *Psychology.* Fort Worth, TX: Harcourt Brace Jovanovich, S. 414.
Abb. 8.8: THORSTEN MIETZEL.
Abb. 8.9: dpa GmbH, Frankfurt/M.
Abb. 8.10: EKMAN, PAUL, Human Interaction Laboratory, UCSF.
Abb. 8.11: FEST, J.C. (1973): *Hitler. Eine Biographie.* Frankfurt: Ullstein, S. 758.
Abb. 8.12 EKMAN, PAUL, Human Interaction Laboratory, UCSF.
Abb. 8.13 RUBIN, Z. & McNEIL, E.B. (1985), a.a.O., S. 368; Quelle: Dr. John Roder, Department of Microbiology, Queens University, Kingston, Canada.
Abb. 8.14: dpa GmbH, Frankfurt/M.
Abb. 8.15: Ullstein Bilderdienst.
Abb. 8.16: CARLSON, N.R. (1988), a.a.O., S. 515; Quelle: Susan Rosenberg/Photo Researchers.
Abb. 8.17: Mauritius Bildagentur.
Abb. 9.1: HANNELORE MIETZEL.
Abb. 9.2: Deutsche Institut für Filmkunde e.V., 60596 Frankfurt.
Abb. 9.3: MIDDLEBROOK, P.N. (1974): *Social psychology and modern life.* New York: Knopf, S. 34.
Abb. 9.4: MICHOTTE, A. ($^2$1954): *La perception de la causalité.* Louvain: Publ. Univ. Louvain.
Abb. 9.6: Ullstein Bilderdienst.
Abb. 9.7: SHERIF, M. & SHERIF, C. (1956): *Groups in harmony and tension.* New York Harper & Row.
Abb. 9.8: SHERIF, M. & SHERIF, C. (1956), a.a.O.
Abb. 9.9: SHERIF, M. & SHERIF, C. (1956) a.a.O.
Abb. 9.10: FREEDMAN, J.L., CARLSMITH, J.M. & SEARS, D.O. (1970): *Social psychology.* Englewood Cliffs, N J: Prentice Hall, S. 67; Quelle: Claude, The New Yorker.
Abb. 9.11: DAVIS, K.E. (1985): Liebe ist: Freundschaft plus. *Psychologie heute,* 12, S. 43-47.
Abb. 9.12: WORCHEL, S. & SHEBILSKE, W. ($^3$1989), a.a.O., S. 441; Quelle: Historical Picture Service.
Abb. 9.13: MICHENER, H.A., DeLAMATER, J.D. & SCHWARTZ, S.H. (1986): *Social psychology.* San Diego: Harcourt Brace Jovanovich, S. 333; Quelle: Peter Menzel, Stock, Boston.
Abb. 9.15: Deutsche Institut für Filmkunde e.V., 60596 Frankfurt.
Abb. 9.16: SEVERY, L.J., BRIGHAM, J.C. & SCHLENKER, B.R. (1976): *A contemporary introduction to social psychology.* New York: McGrawHill, S. 323; Quelle: Pictorial Parade/EPA.

# Interaktives Multimediales Tutorium
## (Gerd Mietzel, Frank Bick und Team)

Unter der Internetadresse: http://www.regiosurf.net/supplement finden interessierte Leser ein Tutorium zum Lehrbuch »Wege in die Psychologie«, das Möglichkeiten zur Vertiefung und Erweiterung des Gelesenen eröffnet.

Voraussetzung zur Benutzung des Tutoriums ist die Installation eines Netscape Communicator ab der Version 4.5, der im Internet kostenlos zur Verfügung steht.

Was erwartet den Besucher der Internetadresse http://www.regiosurf.net/supplement?

- Interaktive Übungen
- Viele praktische Beispiele zu den Theorien
- Ergänzendes Grundlagenwissen aus verschiedenen Bereichen, z. B. Physik
- Wörterbuch psychologischer Fachbegriffe
- Kurze Biographien bekannter Psychologen
- Fragen zur Überprüfung des eigenen Wissens

Virtuelle Sprechstunde mit den Autoren des Tutoriums ... und vieles mehr, lassen Sie sich überraschen!

Paul H. Mussen / John J. Conger / Jerome Kagan / Aletha C. Huston:
**Lehrbuch der Kinderpsychologie**
Aus dem Amerikanischen von Irmgard Hölscher
Band 1: 514 Seiten, broschiert, mit
zahlreichen Abbildungen und Fotos, ISBN 3-608-94218-1

Band 2: 441 Seiten, broschiert, mit
zahlreichen Abbildungen und Fotos, ISBN 3-608-94219-X

Beide Bände zusammen 955 Seiten, broschiert, ISBN 3-608-94220-3

Der erste Band des Lehrbuchs der Kinderpsychologie beginnt mit der Zeit vor der Geburt und schließt mit der kognitiven und sprachlichen Entwicklung in der Kindheit ab.

Der zweite Band legt den Schwerpunkt auf die Entwicklung der individuellen und sozialen Identität in den letzten Jahren der Kindheit wie auch der Pubertät.

Jedes Kapitel beginnt mit einem ausführlichen Inhaltsverzeichnis, gefolgt von einer Zusammenfassung des Kapitels, die die Studenten dabei unterstützen soll, das Kapitel unter einem bestimmten Aspekt zu lesen und die Einzelheiten in ein Gesamtkonzept zu integrieren. Am Ende eines Kapitels befindet sich neben einem Glossar, in dem alle Fachbegriffe erläutert werden, Fragen zum Inhalt, um die aktive Auseinandersetzung mit dem gelesenen Kapitel zu fördern, und schließlich ausführliche Literaturempfehlungen mit weiterführender Literatur.

Ein unverzichtbares Lehrbuch für Studenten der Psychologie, Pädagogik und Sozialpädagogik, aber auch für Lehrer, Sozialarbeiter, Jugendrichter und Erziehungsberater.

**Eleanor E. Maccoby:**
**Psychologie der Geschlechter**
*Sexuelle Identität in den verschiedenen Lebensphasen*
Aus dem Amerikanischen von Elisabeth Vorspohl
444 Seiten, gebunden, ISBN 3-608-94183-5

Was bedeutet es eigentlich, von den anatomischen Unterschieden einmal abgesehen, Junge oder Mädchen, Mann oder Frau zu sein? Wie wird jeder von uns durch sein Weiblich- oder Männlichsein geprägt? Die renommierte Psychologin Eleanor Maccoby untersucht hier, wie Individuen ihre sexuelle Identität in verschiedenen Lebensabschnitten zum Ausdruck bringen. Ein Buch über Sexualität im weitesten Sinn, das Antworten darauf gibt, wie das Geschlecht unsere Entwicklung von der frühesten Kindheit über die Adoleszenz bis ins Erwachsenenalter beeinflußt.

**Jürg Willi:**
**Psychologie der Liebe**
*Persönliche Entwicklung durch Partnerbeziehungen*
328 Seiten, gebunden, ISBN 3-608-94336-6

Zweisamkeit ist immer ein Weg, denn eine Liebesbeziehung ist immer auch eigennützig und spannungsgeladen, nie nur harmonisch und selbstlos. Liebespartner sind einander die kompetentesten Kritiker und unerbittlichsten Herausforderer. Und doch bleibt zwischen Liebespartnern immer ein Rest von Fremdheit und Geheimnis. Und das ist so etwas wie der geheime Motor langer Liebe.
»Nichts stimuliert die persönliche Entwicklung stärker als eine konstruktive Liebesbeziehung. Nichts schränkt die persönliche Entwicklung stärker ein und nichts verunsichert sie stärker als eine destruktive Liebesbeziehung. Der Mensch benötigt andere Menschen, allen voran den Liebespartner zur Entfaltung seines persönlichen Potentials.«